U0940934

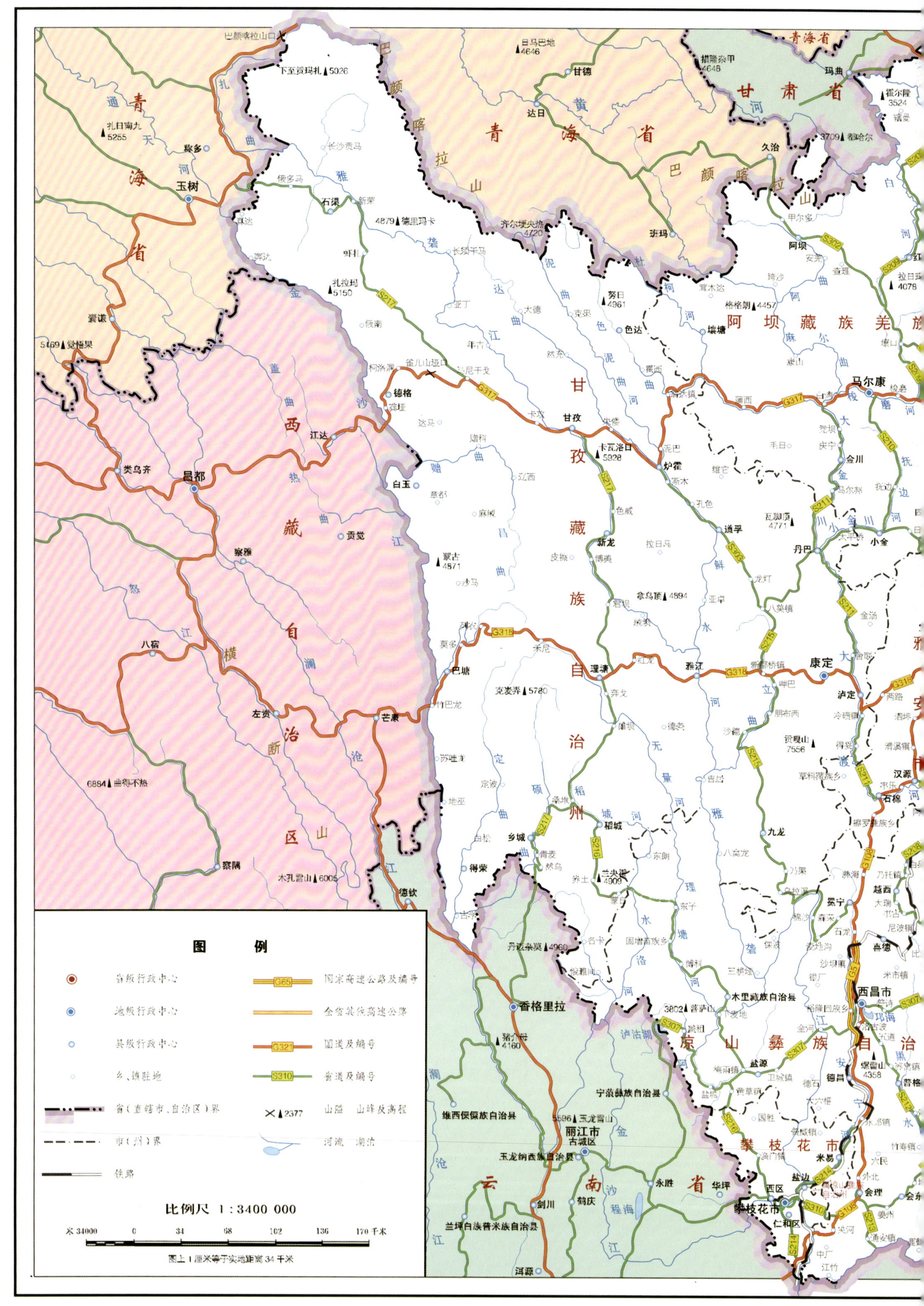

图 例
省级行政中心
地级行政中心
县级行政中心
乡、镇驻地
省（直辖市、自治区）界
市（州）界
铁路
G65 国家高速公路及编号
全省其他高速公路
G321 国道及编号
S310 省道及编号
山隘 山峰及高程
河流 湖泊
比例尺 1:3400 000
米 34000 0 34 68 102 136 170 千米
图上1厘米等于实地距离34千米
青海省
甘肃省
西藏自治区
云南省
甘孜藏族自治州
阿坝藏族羌族自治州
凉山彝族自治州
攀枝花市
巴颜喀拉山
横断山
通天河
金沙江
雅砻江
大渡河
澜沧江
怒江
玉树
称多
囊谦
玛曲
久治
班玛
达日
甘德
石渠
德格
白玉
甘孜
炉霍
道孚
色达
壤塘
马尔康
丹巴
小金
康定
泸定
雅江
理塘
巴塘
乡城
稻城
得荣
新龙
九龙
木里藏族自治县
盐源
西昌市
德昌
米易
盐边
攀枝花市
西区
仁和区
会理
江达
昌都
类乌齐
贡觉
察雅
八宿
左贡
芒康
察隅
德钦
香格里拉
维西傈僳族自治县
丽江市 古城区
玉龙纳西族自治县
宁蒗彝族自治县
永胜
华坪
剑川
鹤庆
兰坪白族普米族自治县
洱源
泸沽湖
程海
贡嘎山 7556
雀儿山垭口
巴颜喀拉山口
木孔雪山 6005
玉龙雪山 5596

四川省公路交通图

甘肃省
陕西省
湖北省
重庆市
贵州省
云南省
湖南省
广西壮族自治区
成都市
绵阳市
德阳市
广元市
巴中市
达州市
南充市
广安市
遂宁市
资阳市
内江市
自贡市
乐山市
眉山市
宜宾市
泸州市
重庆市
陇南市
汉中市
安康市
遵义市
贵阳市
毕节市
六盘水市
安顺市
都匀市
凯里市
昭通市
宣威市

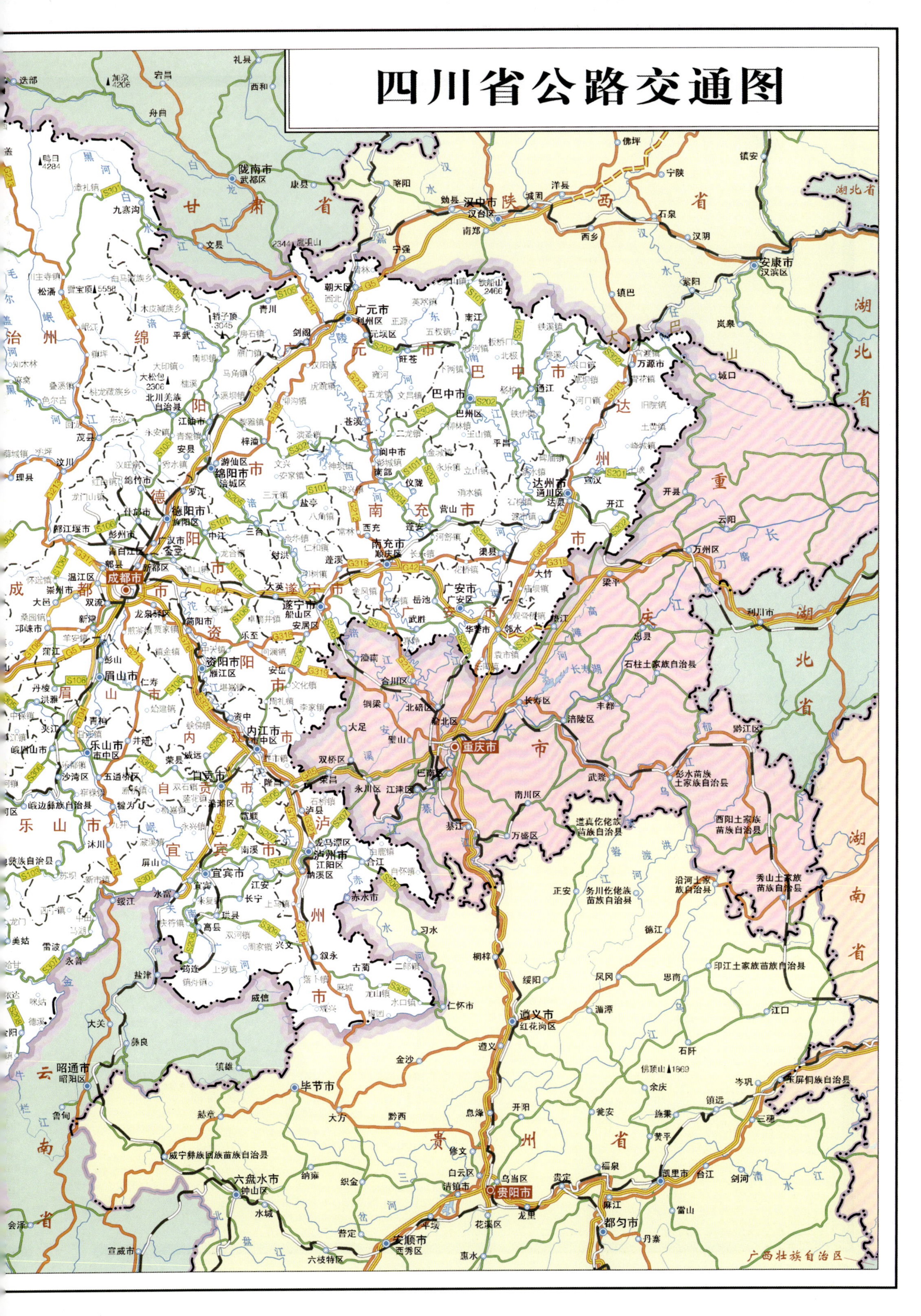

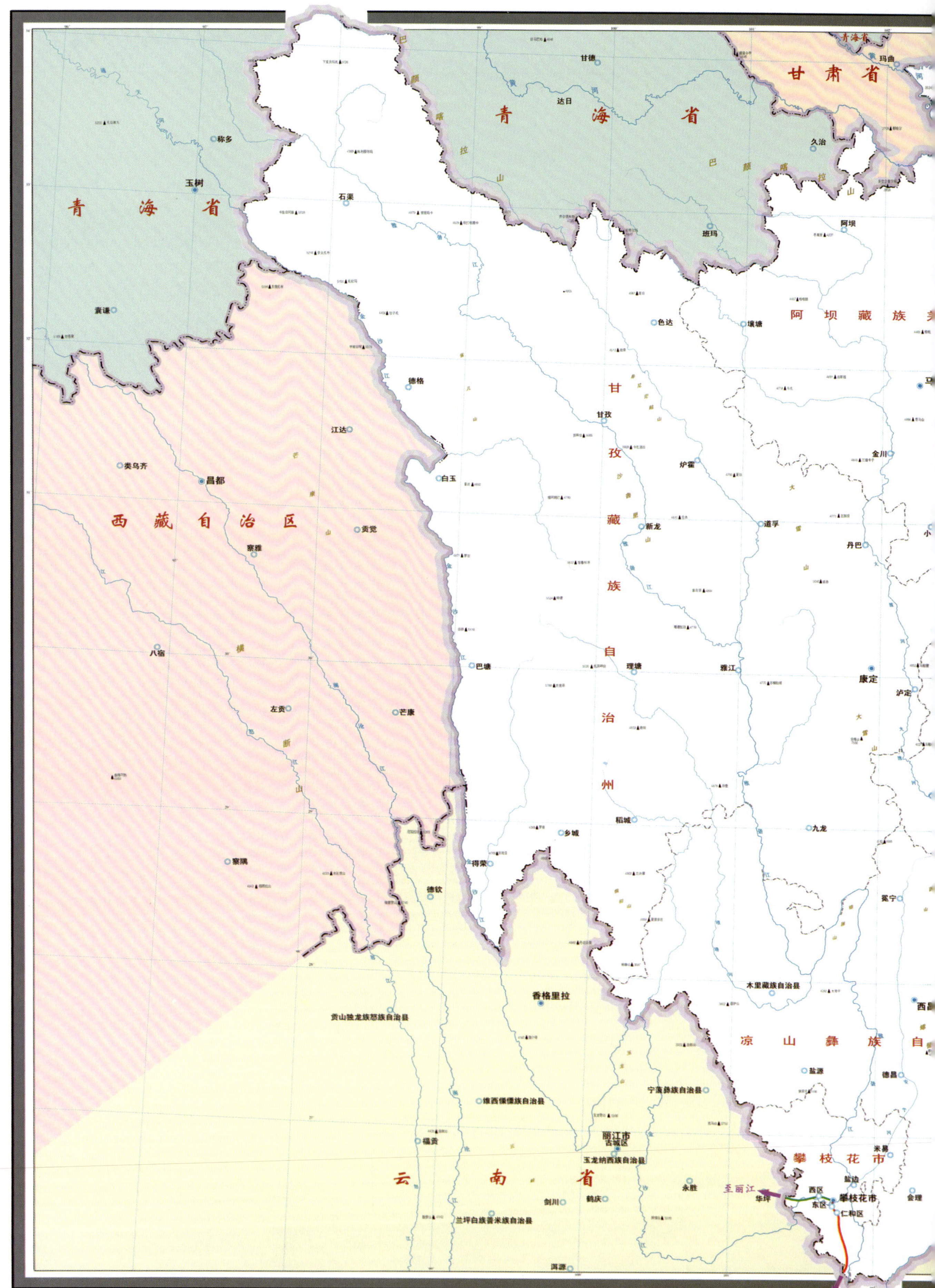

青海省
甘肃省
青海省
青海省
西藏自治区
甘孜藏族自治州
阿坝藏族羌
凉山彝族自
云南省
攀枝花市
玛曲
甘德
达日
久治
称多
玉树
石渠
班玛
阿坝
囊谦
色达
壤塘
德格
甘孜
江达
类乌齐
昌都
白玉
炉霍
金川
贡觉
察雅
新龙
道孚
丹巴
八宿
巴塘
理塘
雅江
康定
泸定
左贡
芒康
稻城
九龙
乡城
察隅
得荣
德钦
冕宁
木里藏族自治县
香格里拉
贡山独龙族怒族自治县
盐源
德昌
宁蒗彝族自治县
维西傈僳族自治县
丽江市
古城区
玉龙纳西族自治县
福贡
米易
盐边
永胜
至丽江
华坪
西区
东区
攀枝花市
仁和区
会理
剑川
鹤庆
兰坪白族普米族自治县
洱源
至昆明
巴颜喀拉山
巴颜喀拉山

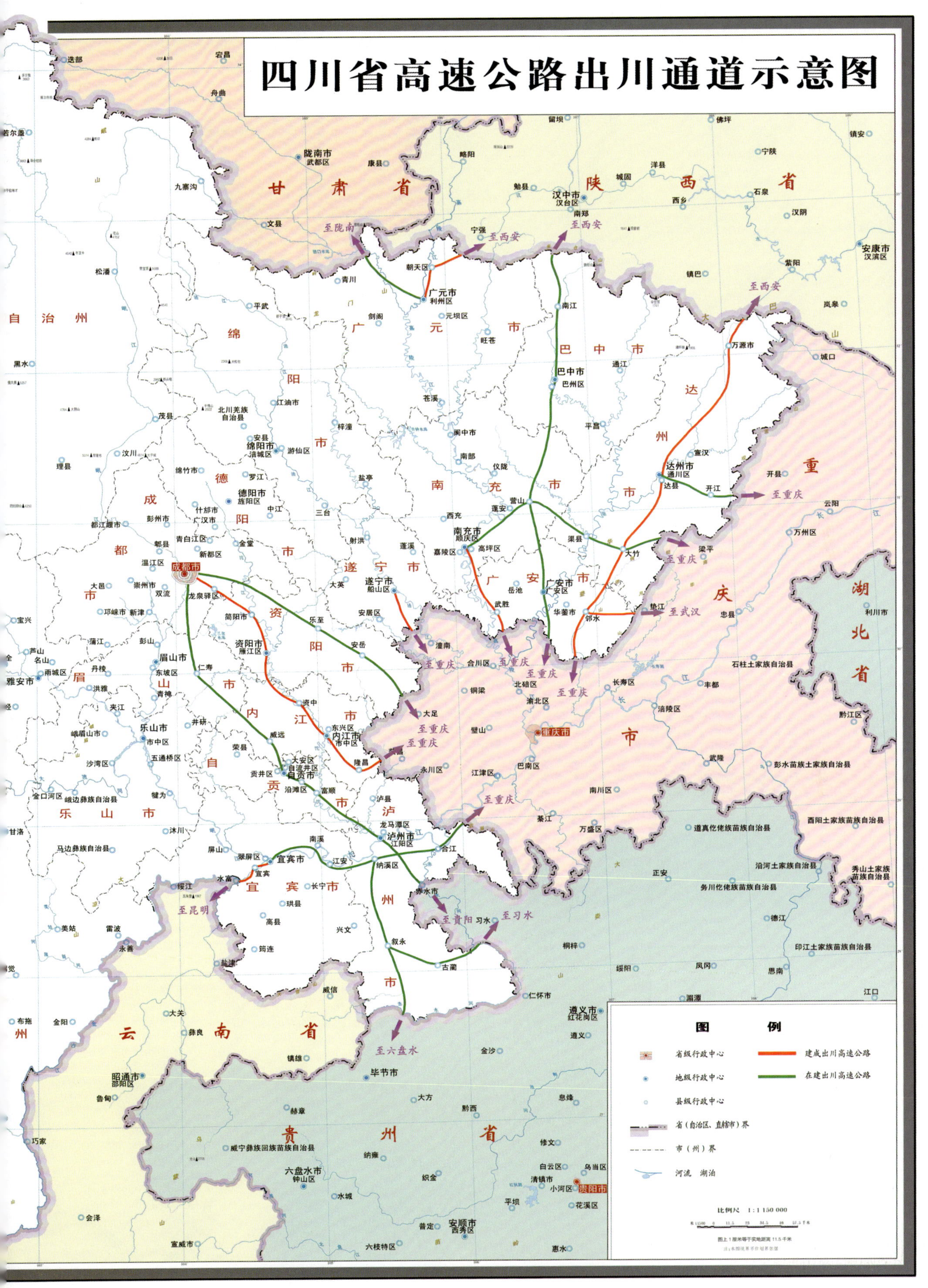
四川省高速公路出川通道示意图
甘肃省
陕西省
重庆市
湖北省
贵州省
云南省
陇南市
武都区
汉中市
汉台区
安康市
汉滨区
至陇南
至西安
至西安
至西安
至重庆
至重庆
至武汉
至重庆
至重庆
至重庆
至重庆
至重庆
至重庆
至重庆
至重庆
至贵阳
至习水
至昆明
至六盘水
广元市
利州区
朝天区
巴中市
巴州区
达州市
通川区
南充市
顺庆区
广安市
广安区
遂宁市
船山区
成都市
资阳市
雁江区
内江市
市中区
自贡市
自流井区
泸州市
江阳区
宜宾市
绵阳市
涪城区
德阳市
旌阳区
眉山市
东坡区
乐山市
市中区
雅安市
雨城区
重庆市
遵义市
红花岗区
毕节市
六盘水市
钟山区
昭通市
昭阳区
贵阳市
安顺市
西秀区
图例
省级行政中心
地级行政中心
县级行政中心
省（自治区、直辖市）界
市（州）界
河流 湖泊
建成出川高速公路
在建出川高速公路
比例尺 1:1 150 000
图上1厘米等于实地距离11.5千米

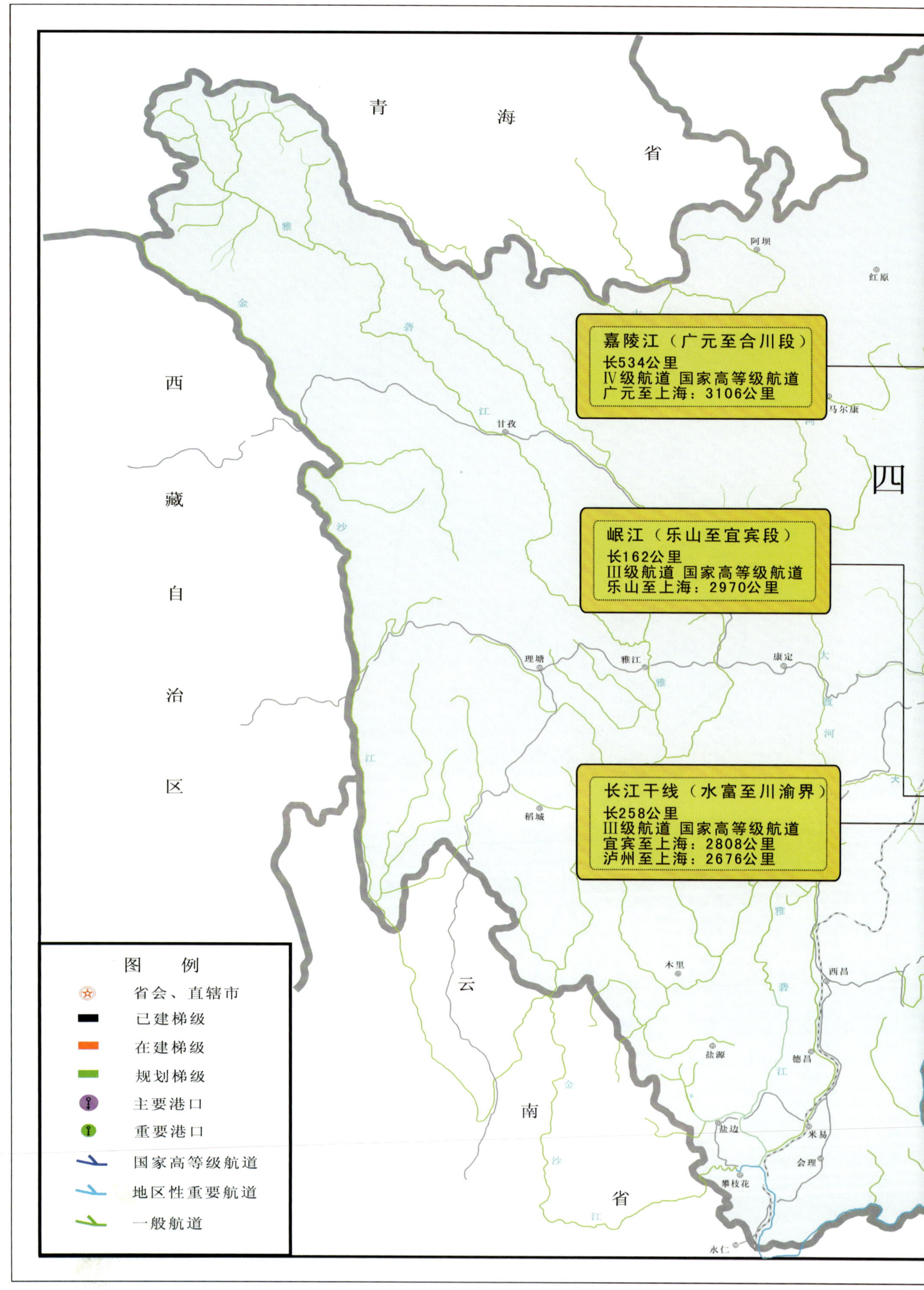
青
海
省
阿坝
红原
嘉陵江（广元至合川段）
长534公里
Ⅳ级航道 国家高等级航道
广元至上海：3106公里
马尔康
甘孜
四
西
藏
自
治
区
岷江（乐山至宜宾段）
长162公里
Ⅲ级航道 国家高等级航道
乐山至上海：2970公里
理塘
雅江
康定
长江干线（水富至川渝界）
长258公里
Ⅲ级航道 国家高等级航道
宜宾至上海：2808公里
泸州至上海：2676公里
稻城
木里
西昌
盐源
德昌
盐边
米易
会理
攀枝花
永仁
云
南
省
图　例
省会、直辖市
已建梯级
在建梯级
规划梯级
主要港口
重要港口
国家高等级航道
地区性重要航道
一般航道

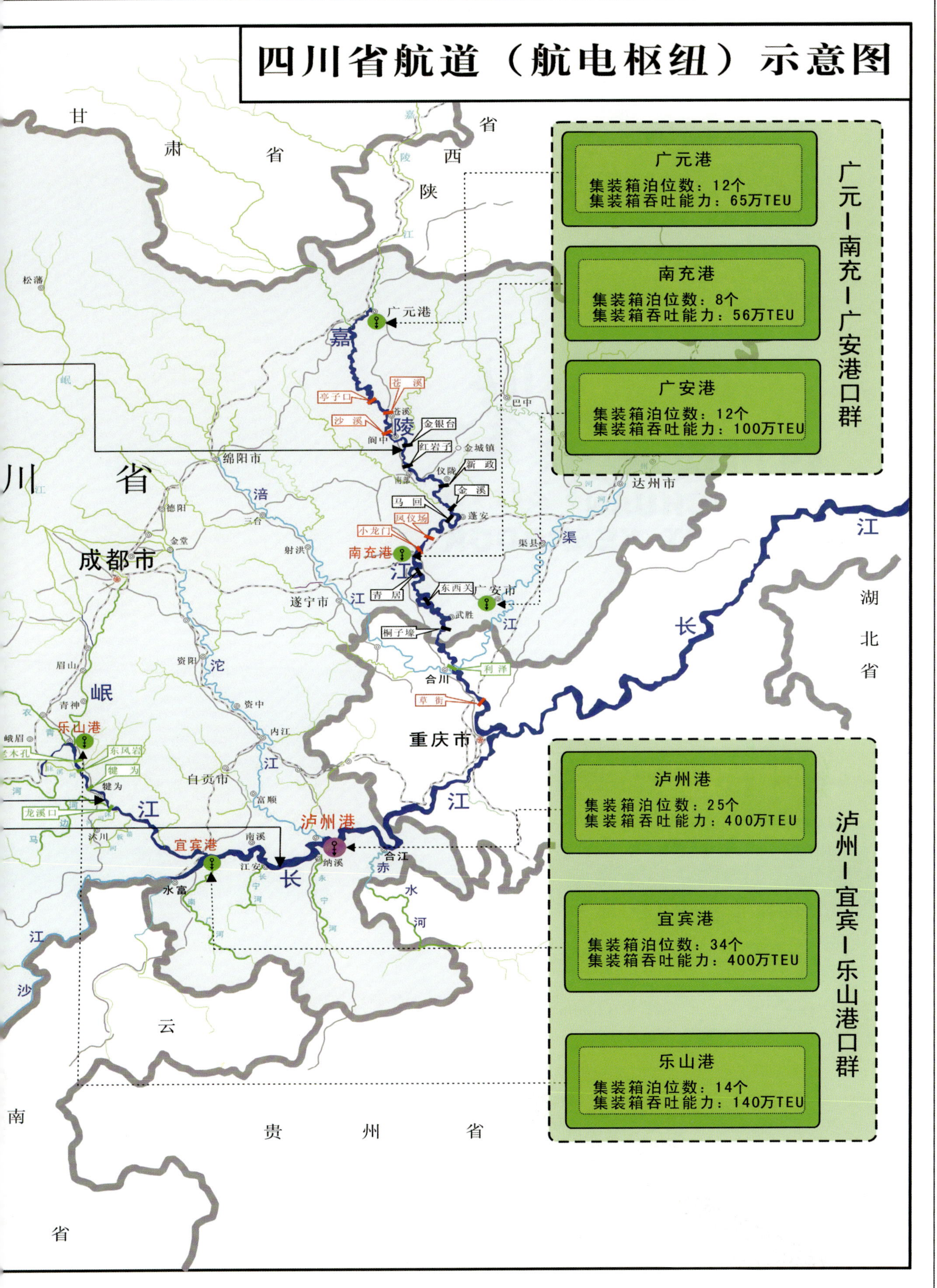
四川省航道（航电枢纽）示意图
广元—南充—广安港口群
广元港
集装箱泊位数：12个
集装箱吞吐能力：65万TEU
南充港
集装箱泊位数：8个
集装箱吞吐能力：56万TEU
广安港
集装箱泊位数：12个
集装箱吞吐能力：100万TEU
泸州—宜宾—乐山港口群
泸州港
集装箱泊位数：25个
集装箱吞吐能力：400万TEU
宜宾港
集装箱泊位数：34个
集装箱吞吐能力：400万TEU
乐山港
集装箱泊位数：14个
集装箱吞吐能力：140万TEU
甘肃省
陕西省
湖北省
贵州省
云南省
四川省
成都市
重庆市
绵阳市
达州市
遂宁市
自贡市
广安市
嘉陵江
岷江
沱江
涪江
渠江
长江
赤水河
广元港
南充港
泸州港
宜宾港
乐山港
亭子口
苍溪
沙溪
金银台
红岩子
新政
金溪
马回
凤仪场
小龙门
青居
东西关
桐子壕
利泽
草街
东风岩
犍为
龙溪口

四川交通年鉴 2013

SICHUAN TRANSPORT YEARBOOK

四川交通年鉴

SICHUAN 2013 TRANSPORT YEARBOOK

四川省交通运输厅交通史志总编室 编

四川出版集团 四川科学技术出版社

图书在版编目(CIP)数据

四川交通年鉴. 2013/四川省交通运输厅交通史志总编室编.
-成都:四川科学技术出版社,2013.12
ISBN 978-7-5364-7827-5

Ⅰ.①四… Ⅱ.①四… Ⅲ.①交通运输业-四川省-2013
-年鉴 Ⅳ.①F512.771-54

中国版本图书馆 CIP 数据核字(2013)第 315599 号

四川交通年鉴(2013)

编　　者　四川省交通运输厅交通史志总编室
组稿编辑　康利华
责任编辑　戴　林
封面设计　益　人
责任出版　邓一羽
出版发行　四川出版集团・四川科学技术出版社
　　　　　成都市三洞桥路 12 号　邮政编码 610031
成品尺寸　210mm×285mm
　　　　　印张 20.75　字数 1245 千　插页 164
印　　刷　深圳市佳信达印务有限公司
版　　次　2013 年 12 月成都第一版
印　　次　2013 年 12 月深圳第一次印刷
定　　价　260.00 元
ISBN 978-7-5364-7827-5

■本书如有缺页、破损、装订错误,请寄回印刷厂调换。
■如需购本书,请与本社邮购组联系。
地址/成都市三洞桥路 12 号　电话/(028)87734035
邮政编码/610031　网址:www.sckjs.com

《四川交通年鉴》编委会

《四川交通年鉴》编辑部

《四川交通年鉴·2013》分部主任、特约撰稿人

分部主任

聂　平　厅公路局

王宗荣　厅航务局

王晓世　厅运管局

陈光华　厅高管局(厅高速公路交通执法总队)

特约撰稿人

周　芳　厅办公室

冯书明　厅文明办

潘玉华　厅法规处

黄静兰　厅规划处

赵　伟　厅财务处

李天洲　厅人事处

陈莉娟　厅建管处

宋薇平　厅运输处

刘宏林　厅城客处

李　军　厅安全处

丁　敏　厅审计处

谢富刚　厅科教处

周　翔　厅外经外事处

张冰姿　厅纪检组(厅监察室)

张元龙　厅公安处

单　贝　厅离退休处

李向东　厅直机关党委

凌　晋　省交战办

翁邦柱　厅公路局

郝苑苑　厅公路局

朱　江　厅航务局(省地方海事局、省船舶检验局)

杨钱梅　厅航务局(省地方海事局、省船舶检验局)

唐　科　厅运管局

熊代强　厅高管局(厅高速公路交通执法总队)

李济杉　厅高管局(厅高速公路交通执法总队)

敬川平　省交通运输工会

徐燕林　四川交职院

刘淑林　厅公路设计院

匡成刚　厅公路设计院

郑超宇　厅交通设计院

陈　苹　厅结算中心

刘孝明　厅质监局

李文刚　厅质监局

钱育锋　厅造价站

谭孝辉　厅造价站

李　薇　监理处

黄小元　大件处

雷世闻　交通宣传中心

冯少华　厅信息中心

王　峣　川高公司

孙　淳　成渝公司
杨　宇　成渝公司
高晓娜　省港航公司
吴　凯　川西片区公司
余培蓓　川西片区公司
吕　宁　川西片区公司
徐国梅　川中片区公司
杨　越　川中片区公司
周大川　川北片区公司
李亚伶　川东片区公司
黄　陶　川东片区公司
蒋春燕　川东片区公司
杨家驹　川南片区公司
商祥平　攀西公司
周星凌　成渝公司成雅分公司
魏　明　成乐公司
何　勇　都汶公司
曹邢懿　都汶公司
付晓君　雅眉乐公司
肖　锋　广巴公司
吴　明　广巴公司
熊　杰　广甘公司
赵国平　纳黔公司
石　峰　成绵公司
周　芳　成德南公司
张映发　九黄机场公司
王定全　成都机场公司
沈晓梅　成都城北公司
古智猛　成都市交通运输委员会
肖　茂　自贡市交通运输局
晏　政　自贡市交通运输局
胡晓莉　攀枝花市交通运输局
李　智　泸州市交通运输局
岳　娉　泸州市交通运输局
陈昌群　泸州市交通运输局
季　涛　德阳市交通运输局
曾　甦　德阳市交通运输局
练才伟　绵阳市交通运输局
张　霜　绵阳市交通运输局
吴文斌　广元市交通运输局
赵仕仁　广元市交通运输局
黄火平　遂宁市交通运输局
彭高华　内江市交通运输局
罗明刚　乐山市交通运输委员会
申安荣　南充市交通运输局
刘永红　南充市交通运输局
谢胜东　南充市交通运输局
隆兴银　宜宾市交通运输局
李自东　达州市交通运输局
刘　毅　广安市交通运输局
江　杨　广安市交通运输局
郭　亮　巴中市交通运输局
李艳梅　巴中市交通运输局
崔炳龙　雅安市交通运输局
魏　平　眉山市交通运输局
刘书全　眉山市交通运输局
吴培琦　资阳市交通运输局
刘世文　阿坝州交通运输局
陈晓敏　甘孜州交通运输局
冯丽萍　凉山州交通运输局
何　莉　凉山州交通运输局

编辑说明

一、《四川交通年鉴》是反映四川交通各方面发展情况的大型专业年鉴，是逐年编纂连续出版的资料性工具书。2013 年卷是继 1987 年创刊以来的第 27 部。全书 80 余万字、1000 幅图片，反映 2012 年四川交通的基本面貌、发展状况和取得的新成就、新经验以及出现的新问题。它由四川科学技术出版社出版，国内外公开发行。

二、本年鉴框架结构一般分三个层次：类目、分目、条目。全书设《特载》《概况》《大事记》《交通基础设施建设》《交通运输》《交通管理》《科技·教育·文化》《党群工作》《市州交通》《政策法规选编》《先进集体·先进人物》《统计资料》《附录》13 个类目。由于内容特点，《特载》《大事记》《政策法规选编》和《先进集体·先进人物》只设两个层次。为了突出年度特点，本年鉴在彩页部分特设《2012 交通成就》《数字交通》《芦山抗震救灾》《高速公路》《巴中平昌农村公路》《四川抗战功勋路——乐西公路》专栏；在内文部分将《交通基础设施建设》类目下的《地方公路建设》分目更改为《国省干线公路建设》，《交通管理》类目下的《高速公路管理》和《高速公路管理与交通执法》两个分目合并为《高速公路管理暨交通执法》并取掉该类目下的《九寨黄龙机场营运管理与建设》分目。条目为全书的主要表现形式。

三、本年鉴基本内容分为综合情况、动态信息和辅助资料三部分。主要记述上一年度信息资料，特殊资料、背景资料等适当上溯下延。全书注重体现专业特点、时代特征和年度特色，力求在充分反映成绩和经验的同时，如实反映存在的问题和不足。

四、本年鉴注重收录图片资料，分彩页和内文配图两种形式编录，力求全书图文并茂。彩页以专题化、系列化的形式，重点反映四川交通大事、要事和主要建设成就；内文配图以文系图，形象直观地补充反映相关内容。

五、本年鉴稿件和资料由四川省交通运输厅机关各处(室)、厅直有关单位和各市(州)交通运输局(委)及四川省交通投资集团有限公司所属有关单位提供，并经各单位(部门)领导审核和保密审查。主要统计数据以省交通运输厅业务主管部门提供的统计资料为准。

六、本年鉴注重提高实用性，刊载有四川省公路交通图、四川省高速公路出川通道示意图和四川省航道(航电枢纽)示意图。

七、为行文简洁，在目录前特制《有关机构(单位)全称简称对照表》和《四川省已成高速公路全称简称对照表》，在《附录》类目《参考资料》分目刊载《常用缩略语注释》。

八、本年鉴具有双重检索功能，书前列有内文中英文目录和彩页目录，书后配有索引。

有关机构(单位)全称简称对照表

全　称	简　称
中华人民共和国交通运输部	交通运输部
中华全国总工会	全国总工会
发展和改革委员会	发展改革委
经济委员会	经委
纪律检查委员会	纪委
国有资产监督管理委员会	国资委
精神文明建设指导委员会	文明委
中国共产党四川省委员会	省委
四川省人民政府	省政府
四川省人民代表大会常务委员会	省人大
中国人民政治协商会议四川省委员会	省政协
中共四川省委直属机关工作委员会	省直机关工委
四川省安全生产监督管理局	省安监局
四川省质量技术监督局	省质监局
四川省交通投资集团有限责任公司	省交投集团
四川省铁路产业投资集团有限责任公司	省铁投集团
亚洲开发银行	亚行
招商银行股份有限公司	招商银行
国家开发银行	开行
中国工商银行	工行
四川省交通运输厅	省交通运输厅
四川省人力资源和社会保障厅	省人力资源社会保障厅
四川省国土资源厅	省国土资源厅
四川省交通运输厅办公室	厅办公室
四川省交通运输厅精神文明办公室	厅文明办
四川省交通运输厅政策法规处	厅法规处
四川省交通运输厅综合规划处	厅规划处
四川省交通运输厅财务处	厅财务处
四川省交通运输厅人事劳动处	厅人事处
四川省交通运输厅建设管理处	厅建管处
四川省交通运输厅审计处	厅审计处
四川省交通运输厅运输管理处	厅运输处
四川省交通运输厅安全监督管理处	厅安全处
四川省交通运输厅科技教育处	厅科教处
四川省交通运输厅外经外事处	厅外经外事处
四川省纪委驻厅纪检组 监察厅驻厅监察室	厅纪检组 (监察室)
四川省交通运输厅公安处	厅公安处
四川省交通运输厅离退休人员工作处	厅离退休处
四川省交通运输厅城市公共客运指导处	厅城客处
中共四川省交通运输厅直属机关委员会	厅直机关党委
四川省交通运输厅战备办公室	厅战备办
四川省国防动员委员会交通战备办公室	省交战办
四川省交通运输厅公路局	厅公路局
四川省交通运输厅航务管理局	厅航务局
四川省交通运输厅道路运输管理局	厅运管局
四川省交通运输厅高速公路管理局 四川省交通运输厅高速公路交通执法总队	厅高管局 厅高速公路交通执法总队
四川省交通运输工会委员会	省交通运输工会
四川交通职业技术学院	四川交职院
四川省交通运输厅公路规划勘察设计研究院	厅公路设计院
四川省交通运输厅交通勘察设计研究院	厅交通设计院
四川省交通运输厅高速公路监控结算中心	厅结算中心
四川省交通运输厅工程质量监督局	厅质监局
四川省交通运输厅交通建设工程造价管理站	厅造价站
四川省重点公路工程监理处 四川公路工程咨询监理公司	监理处 监理公司
四川省大件公路管理处	大件处
四川省交通宣传中心	交通宣传中心
四川省交通运输厅信息中心	厅信息中心
四川省交通运输厅交通史志总编室	厅史志总编室
四川高速公路建设开发总公司	川高公司
四川成渝高速公路股份有限公司	成渝公司
四川省港航开发有限责任公司	省港航公司
四川成都绕城(东段)高速公路有限责任公司(川西片区)	川西片区公司
四川成南高速公路有限责任公司(川中片区)	川中片区公司
四川省川北高速公路股份有限公司(川北片区)	川北片区公司
四川川东高速公路有限责任公司(川东片区)	川东片区公司
四川省川南高等级公路开发股份有限公司(川南片区)	川南片区公司
四川攀西高速公路开发股份有限公司	攀西公司
四川成渝高速公路股份有限公司成雅分公司	成渝公司成雅分公司
四川成渝高速公路股份有限公司成仁分公司	成渝公司成仁分公司
四川成乐高速公路有限责任公司	成乐公司
四川都汶公路有限责任公司	都汶公司
四川雅眉乐高速公路有限责任公司	雅眉乐公司
四川达陕高速公路有限责任公司	达陕公司

全　称	简　称
四川广南高速公路有限责任公司	广南公司
四川广甘高速公路有限责任公司	广甘公司
四川纳黔高速公路有限责任公司	纳黔公司
四川雅西高速公路有限公司	雅西公司
四川成绵高速公路有限公司	成绵公司
四川成德南高速公路有限责任公司	成德南公司
四川鑫福高速公路投资有限公司	鑫福公司
四川巴南高速公路有限责任公司	巴南公司
四川达万高速公路有限责任公司	达万公司
四川巴达高速公路有限责任公司	巴达公司
成都机场高速公路有限责任公司	成都机场公司
成都城北出口高速公路有限公司	成都城北公司
四川嘉陵江桐子壕航电开发有限公司	桐子壕公司
四川岷江港航电开发有限责任公司	岷江公司
四川广安承平港务有限公司	承平公司
四川南充都京港务有限公司	都京公司
四川嘉陵江新政航电开发有限公司	新政公司
四川嘉陵江金沙江航电开发有限公司	金溪公司
四川嘉陵江小龙门航电开发有限公司	小龙门公司
四川嘉陵江凤仪航电开发有限公司	凤仪公司
四川港航嘉陵江金沙航电开发有限公司金银台分公司	金银台分公司
四川港航嘉陵江金沙航电开发有限公司沙溪分公司	沙溪分公司
四川嘉陵江苍溪航电开发有限公司	苍溪公司
四川渠江金盘子航电开发有限公司	金盘子公司
成都市交通运输委员会	成都市交委
乐山市交通运输委员会	乐山市交委
阿坝藏族羌族自治州交通运输局	阿坝州交通运输局
甘孜藏族自治州交通运输局	甘孜州交通运输局
凉山彝族自治州交通运输局	凉山州交通运输局
四川长通港口有限公司	长通公司
四川长江水运有限责任公司	长运公司

四川省已成高速公路全称简称对照表

全　称	简　称
成都至重庆高速公路	成渝高速公路
成都至绵阳高速公路	成绵高速公路
成都城北出口高速公路青龙场至白鹤林	成都城北高速公路
成都至双流机场高速公路	成都机场高速公路
内江至宜宾高速公路	内宜高速公路
成都至乐山高速公路	成乐高速公路
成都至都江堰高速公路	成灌高速公路
隆昌至纳溪高速公路	隆纳高速公路
成都至雅安高速公路	成雅高速公路
达州至重庆高速公路	达渝高速公路
遂宁至回马高速公路	遂回高速公路
成都至南充高速公路	成南高速公路
广安至邻水高速公路	广邻高速公路
南充至广安高速公路	南广高速公路
绵阳至广元高速公路	绵广高速公路
成都至温江至邛崃高速公路	成温邛高速公路
成都至彭州高速公路	成彭高速公路
宜宾至水富高速公路	宜水高速公路
西昌至攀枝花高速公路	西攀高速公路
遂宁至重庆高速公路	遂渝高速公路
攀枝花至田房高速公路	攀田高速公路
南充至重庆高速公路	南渝高速公路
邻水至垫江高速公路	邻垫高速公路
都江堰至映秀高速公路	都映高速公路
泸沽至黄联关高速公路	泸黄高速公路
成都绕城高速公路	成都绕城高速公路
南充绕城高速公路	南充绕城高速公路
广元至巴中高速公路	广巴高速公路
邛崃至名山高速公路	邛名高速公路
乐山至宜宾高速公路	乐宜高速公路
绵阳至遂宁高速公路	绵遂高速公路
雅安至西昌高速公路	雅西高速公路
广元至陕西高速公路	广陕高速公路
达州至陕西高速公路	达陕高速公路
广元至南充高速公路	广南高速公路
纳溪至贵州高速公路	纳黔高速公路
映秀至汶川高速公路	映汶高速公路
巴中至南充高速公路	巴南高速公路
成都至德阳至南部高速公路	成德南高速公路
乐山至雅安高速公路乐山至峨眉段	乐雅高速公路
宜宾至泸州高速公路	宜泸高速公路
广元至甘肃高速公路	广甘高速公路
达州至万州高速公路	达万高速公路
成都至自贡至泸州至赤水高速公路（内自段、成仁段）	成自泸赤高速公路
内江至遂宁高速公路	内遂高速公路
成都至绵阳复线高速公路	成绵复线高速公路

目 录

国省干线公路建设

农村公路建设

汽车站场建设

公路养护

航电枢纽建设

港口建设

公路水路勘察设计

交通运输

交通管理

交通审计

政务管理

人事劳动管理

外经外事

交通公安

交通战备

科技·教育·文化

交通科技

交通教育

交通信息化建设

交通宣传

交通史志年鉴

党群工作

党团建设

纪检监察

工会工作

文明行业创建

市州交通

成都市交通

自贡市交通

攀枝花市交通

泸州市交通

德阳市交通

绵阳市交通

广元市交通

遂宁市交通

内江市交通

乐山市交通

南充市交通

宜宾市交通

达州市交通

广安市交通

巴中市交通

雅安市交通

眉山市交通

资阳市交通

阿坝藏族羌族自治州交通

甘孜藏族自治州交通

凉山彝族自治州交通

政策法规选编

先进集体·先进人物

统计资料

公路水路运输综合统计

公路交通统计

内河航运统计

固定资产投资统计

交通事故统计

附录

参考资料

机构及领导名录

彩页目录

Main Contents

2012交通成就

2012年，在省委、省政府和交通运输部的领导下，全省交通运输系统超常努力，爬坡奋进，交通运输发展取得新成效。

西部综合交通枢纽建设取得新突破

交通建设投资继续保持高位增长，全年完成投资1195亿元，同比增长19.3%。高速公路网加速形成，新建成雅西、映汶等16个项目1327公里，新建成出川通道4个，宜宾至叙永高速公路开工建设。新改建国省干线公路2074公里，藏区彝区干线公路建设加快推进，国省干线公路等级明显提升。新改建农村公路2.24万公里、农村公路桥梁137座，新建成农村渡改桥236座，涌现出平昌县等一批农村公路建设先进典型。省政府制发《关于加快长江等内河水运发展的实施意见》，泸州港建成全省首个百万标箱大港，嘉陵江渠化工程、渠江广安段航运工程、南充港、广元港等水运重点项目加快推进，岷江港航电综合开发前期工作取得实质性进展。成都龙泉公路货运集散中心等3个物流枢纽项目开工建设，泸州客运中心站等7个客运枢纽项目建成投运。

交通运输保障能力显著增强

全省客运车辆达5万辆，通公路的乡镇、建制村客车通达率分别达93%和76%，集装箱车辆达1486辆，城市公交车、出租汽车发展到2.4万辆和4.1万辆。全省新开业省际水运企业11家，新投入营运1000载重吨以上标准船舶38艘、9万载重吨。全省公路客、货运量分别达26.6亿人次和15.8亿吨，同比增长10%和13%。水路客、货运量分别达3276万人次和7161万吨，同比分别增长6.3%和12.5%；港口集装箱吞吐量突破16万标箱，同比增长48%。安全运送进出川大型设备170批次419件（套）。圆满完成春运、十一“黄金周”运输任务。

体制机制改革迈出新步伐

建立与金融监管部门、银行业金融机构及省级相关部门间的协调联动机制。高速公路交通执法、公安交警、营运公司和地方政府形成三方联勤联动机制。省政府印发《关于进一步促进全省道路运输行业健康稳定发展的通知》，城市公交、出租汽车行业稳定健康发展。政府还贷二级公路收费一次性整体取消。

行业管理服务水平进一步提升

深入开展交通重点项目建设质量年活动，工程建设进度、质量总体受控。强化安全监管和应急保障，完成公路安保工程1747公里，交通运输安全生产形势总体稳定。加强公路养护管理，路况服务水平不断改善。雅西高速公路“科技示范工程”通过交通运输部正式验收，取得40余项国际国内领先技术创新成果并在全国推广应用。交通运输行政执法形象“四统一”建设有序推进。干部队伍建设和党风廉政建设不断加强，形成风清气正、干事创业、推进跨越的氛围环境。

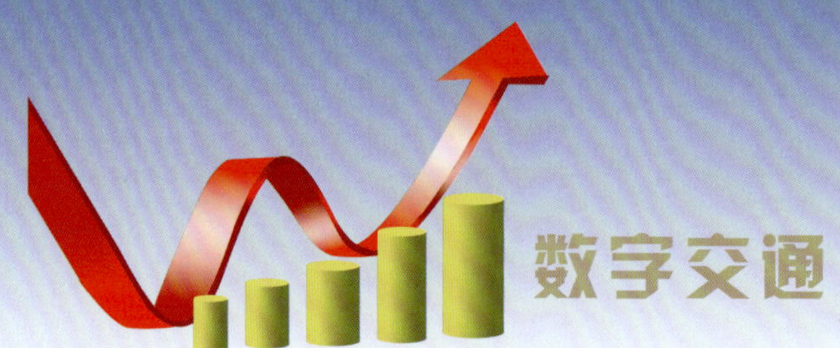

数字交通

¥ 2012年四川交通建设完成投资（亿元）

交通建设完成投资：1195

（连续两年突破千亿元）

2012年四川公路里程年底达到数（公里）

公路总里程：293499

国道：8505　省道：12442　县道：40664

乡道：52050　村道：174918　专用公路：4920

2012年四川高速公路建设情况

高速公建设完成投资：736亿元

通车里程：4334.2公里

2012年四川内河航运建设情况

水运和港口建设完成投资：48亿元

航道里程：11726公里

2012年四川农村公路建设情况

农村公路建设完成投资：173亿元

通车里程：27.3万公里

2012年四川公路客货运输量

旅客运输量：266338万人次　　旅客周转量：10047117万人公里

货物运输量：158396万吨　　货物周转量：13251917万吨公里

2012年四川水路客货运输量

旅客运输量：3276万人次　　旅客周转量：27283万人公里

货物运输量：7161万吨　　货物周转量：1036767万吨公里

2012年四川客货站场建设情况

客货站场建设完成投资：25亿元

客运站：2091个　　货运站：17个　　简易站及招呼站：5417个

北京时间2013年4月20日8时2分，雅安市芦山县（北纬30.3度，东经103.0度）发生7.0级地震，震源深度13公里。

芦山地震及其引发的山体滑坡、崩塌等次生灾害给灾区交通基础设施带来损害，据统计，至2013年5月，全省受损公路6800公里，其中5条高速公路及18条国省干线公路1600公里、县乡村公路5200公里；受损桥梁、水运设施码头、汽车场站分别为511座、80处、27处。雅安市损毁公路2986公里，其中国道318线、省道210线等国省干线公路，芦山、宝兴县干线公路及18个乡镇公路交通全面瘫痪。震中芦山、宝兴灾区公路塌方总计200余万方，148座桥梁不同程度受损，12座危桥急需抢修。成都、甘孜等6个市（州）21个县的交通基础设施不同程度受损。

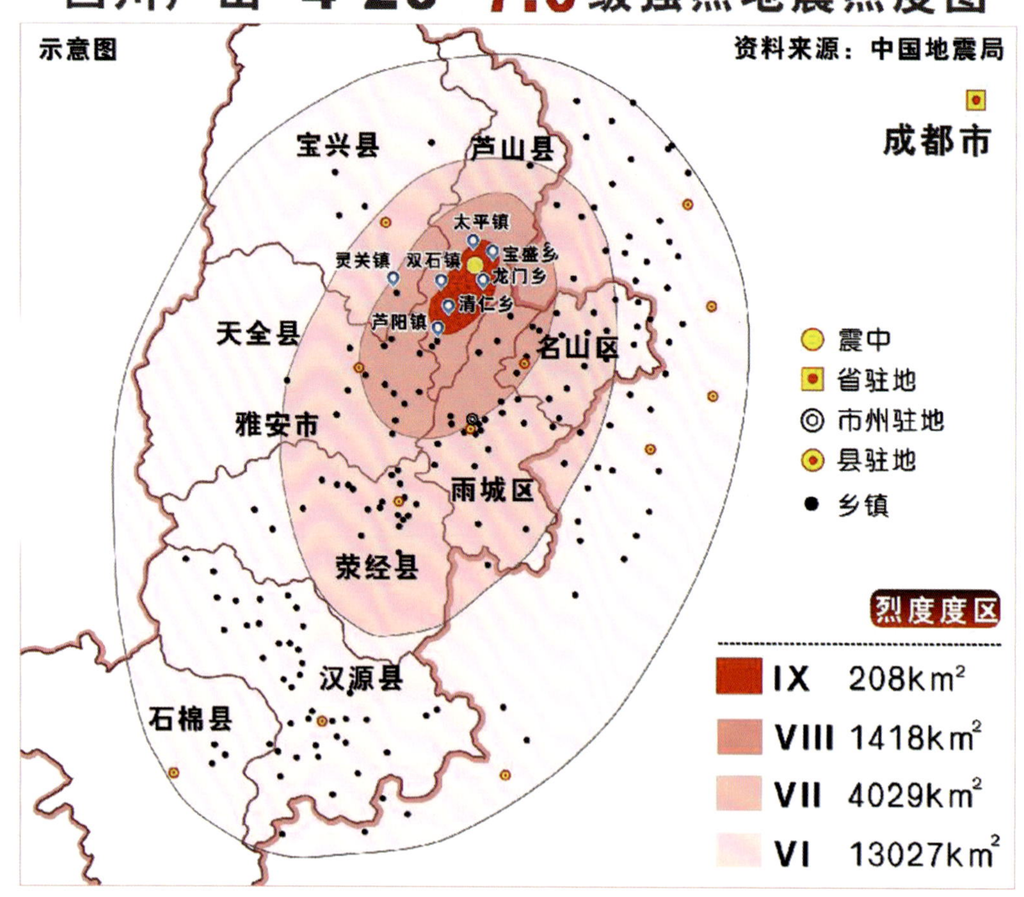

道路受损情况

道路受损情况

道路受损情况

第一时间　启动应急预案

8时30分，省交通运输厅迅速反应，紧急行动，即刻启动应急预案。同时，按照省委、省政府的部署，成立芦山7.0级强烈地震交通保障组前线指挥部，四川省副省长王宁任指挥长，省交通运输厅党组书记、厅长彭琳任副指挥长。

抗震救灾　救援车免费通行

9时许，厅长彭琳与厅党组成员、副厅长鲜雄、黄英权、张琪一道，率领交通运输厅第一批抗震抢险人员奔赴芦山震中。路上，彭琳厅长电话部署，要求通往雅安市灾区的7条高速公路免收所有车辆通行费，四川境内的所有高速公路对救援车辆实行免费通行。

同时，省交通运输厅成立了以党组副书记、副厅长周道平为组长的后方保障组，负责抗震救灾后勤保障、物资供应、设备人员调动。

争分夺秒　交通人奋战生命线

震后4小时，打通国道318线和雅安到芦山的公路。

震后16小时，芦山县所有乡镇打通可绕行到达的生命通道。

震后30小时，打通省道210线芦山至宝兴的公路。

震后77小时，芦山、宝兴县所有乡镇道路全部抢通，形成两个以上生命通道的环行线路。

震后不到4天，基本恢复重灾区交通。

1

2

1 2013年6月1日，交通运输部部长杨传堂（中）在国道318线风吹岭垮塌现场了解工程情况

2 2013年6月1日，交通运输部部长杨传堂（前右二）在副省长王宁（前右三）和省交通运输厅厅长彭琳（前右一）陪同下看望一线保通人员

3 2013年5月1日，四川省省委书记王东明（前右二）、省长魏宏（前右一）等省领导在交通前线指挥部听取省交通运输厅厅长彭琳（前左一）汇报抢通保通工作

4 2013年5月1日，四川省省委书记王东明（正面一排右三）、省长魏宏（正面二排右四）看望慰问交通职工

1 2013年4月22日，四川省副省长王宁（前右一）在宝盛大桥指挥抢险

2 2013年4月27日，四川省副省长王宁（左二）、省交通运输厅厅长彭琳（左一）等辗转灾区多条公路指挥保通

3 2013年4月22日，省交通运输厅厅长彭琳等在宝盛大桥指挥抢险

4 四川省交通运输厅抗震救灾指挥部

5 2013年4月20日晚，部、省、厅领导在灾区连夜会商抢通方案

6 2013年4月25日，省、厅领导在灾区与抢通保通单位商讨防止次生灾害措施

1 2013年4月24日，省交通运输厅厅长彭琳（左一）在交通抗震救灾前线指挥部接受新华社国内部经济采访室主任赵承（前右一）专访

2 2013年4月23日，央视著名主持人张泉灵采访省交通运输厅厅长彭琳（左一）。当晚，中央电视台《焦点访谈》栏目播出了“严防震区次生灾害”交通专题节目

3 2013年5月5日，省交通运输厅副厅长周道平（左三）在灾区指导道路保通和重点应急处治工程，并慰问坚守奋战在交通抗震救灾一线的干部职工

4 省交通运输厅副厅长白理成（前右一）在芦山地震灾区察看灾情

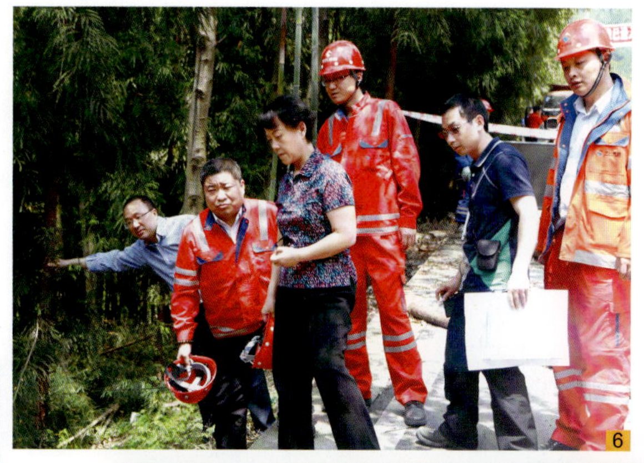

5 2013年4月21日，省交通运输厅副厅长鲜雄（左二）在灾区现场指挥抢险

6 2013年4月21日，省交通运输厅副厅长张晓燕（前中）在邛崃指挥抢险

7 2013年4月21日，省交通运输厅副厅长黄英权（中）在灾区现场指挥抢险

8 2013年4月21日，省交通运输厅副厅长张琪（右二）在芦山灾区指挥抢通

9 省交通运输厅副厅长冯文生（正面右二）参加新闻发布会

10 省交通运输厅纪检组组长李传林（左二）在灾损路段检查灾情

11 省交通运输厅直机关党委书记侯钫（正面左一）通过四川交通广播电视台交通频道，介绍四川交通抗震救灾相关情况

“4·20”芦山地震灾区交通保通图

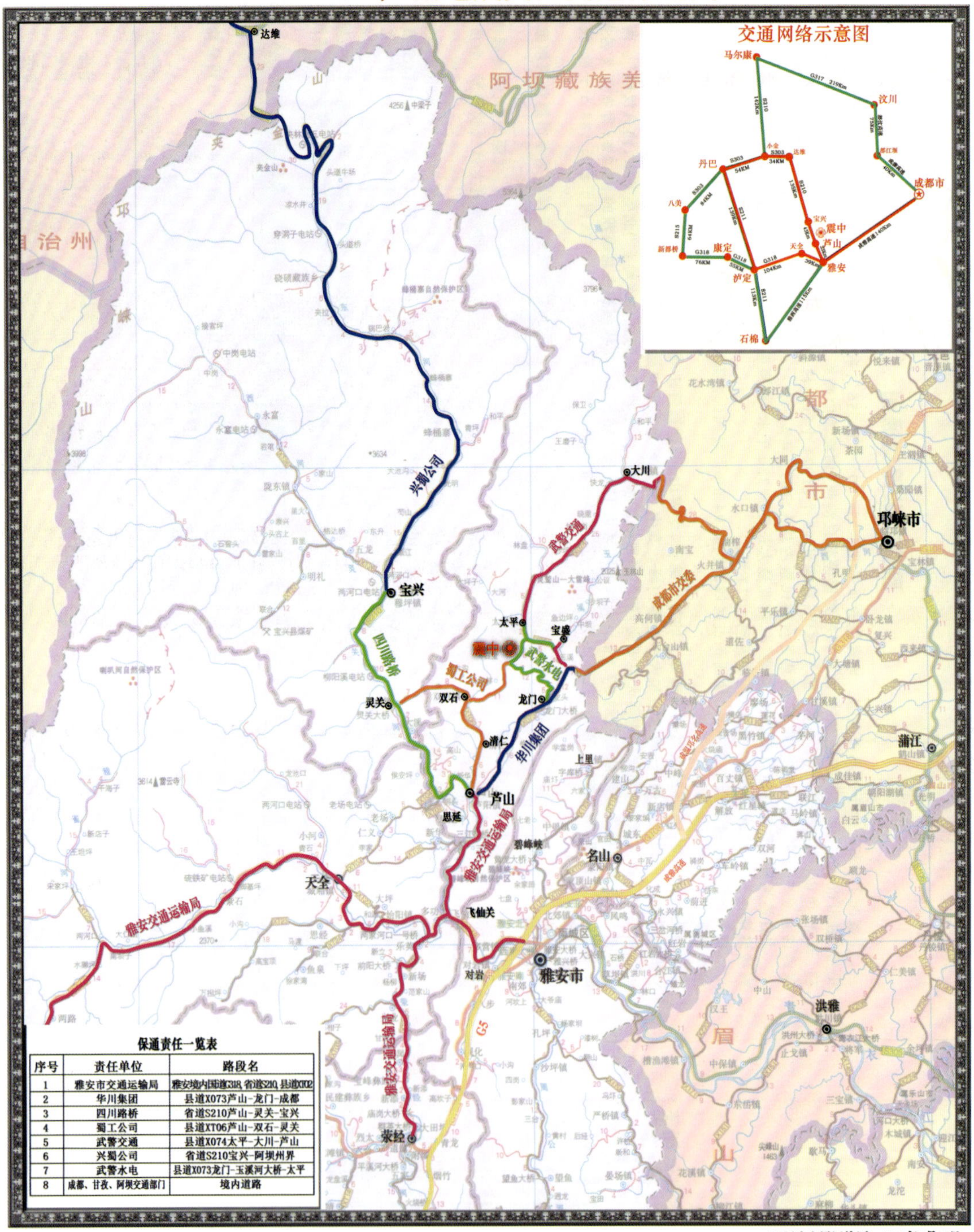

保通责任一览表

序号	责任单位	路段名
1	雅安市交通运输局	雅安境内国道G318、省道S210、县道X102
2	华川集团	县道X073芦山-龙门-成都
3	四川路桥	省道S210芦山-灵关-宝兴
4	蜀工公司	县道XT06芦山-双石-灵关
5	武警交通	县道X074太平-大川-芦山
6	兴蜀公司	省道S210宝兴-阿坝州界
7	武警水电	县道X073龙门-玉溪河大桥-太平
8	成都、甘孜、阿坝交通部门	境内道路

四川省交通运输厅　2013年4月25日

抢通作业现场

抢通作业现场

HYUNDAI
265LC-7

4
CAT

抢通作业现场

HYUNDAI

武警水电部队

PC
300

抢通保通的同时，全省交通运输系统积极保障抗震救灾应急运输：开通高速公路抗震救灾专用通道，实行全省高速公路网抗震救灾车辆免费通行；通往灾区的成雅、雅西、成温邛、邛名、成灌、成都绕城、都汶等7条高速公路实行全部车辆免费通行，并设置25个抗震救灾免费应急服务点；及时组织调动储备应急运力，保障救灾人员及物资运输。截至2013年5月7日8时，累计出动客车2542辆、货车3055辆，调集快艇3艘。

公路畅通，救灾物质源源不断运往灾区

高速公路

2012年，四川高速公路网加速形成，新建成雅西、映汶等16个项目1327公里，新建成出川通道4个。全省高速公路通车里程突破4000公里，四川高速公路通车里程再次居中国西部第一位。

高速公路出川通道示意图

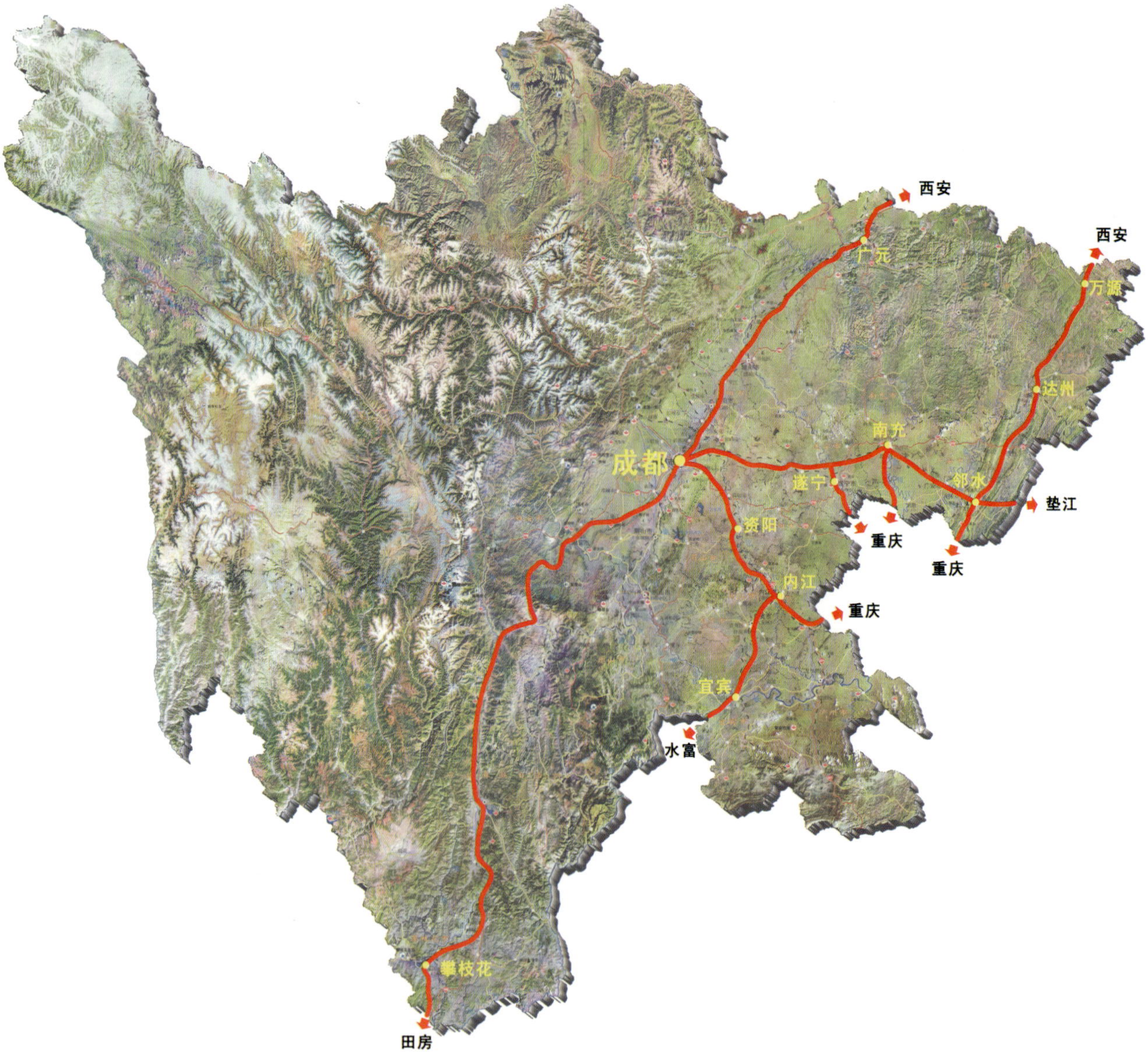

西安
广元
西安
万源
达州
南充
成都
遂宁
邻水
垫江
资阳
重庆
重庆
内江
重庆
宜宾
水富
攀枝花
田房

1 达陕高速公路
2 纳黔高速公路
3 广甘高速公路
4 达万高速公路

高速公路

1

BOT高速公路建设

2012年，成绵高速公路复线、内遂高速公路、成自泸赤高速公路成仁段、成自泸赤高速公路内自段、宜渝高速公路宜宾段等5个项目均按期建成通车，全年高速公路BOT项目建成通车503公里，是全省高速公路BOT项目建成通车里程最长的一年。至年底，全省高速公路BOT项目累计通车9个866公里，占全省营运高速公路4334公里的20%。

2

1 成绵高速公路复线

2 内遂高速公路

3 成自泸赤高速公路

4 宜渝高速公路南溪长江大桥

高速公路

雅西高速

雅西高速公路是国家高速公路网北京至昆明高速公路（G5）和八条西部大通道之一甘肃兰州至云南磨憨公路在四川境内的重要组成部分。路线全长240公里，采用双向四车道高速公路标准建设，设计行车时速80公里，整体式路基宽24.5米，沥青混凝土路面。工程造价超过200亿元。项目由川高公司投资建设，雅西公司作为项目业主负责建设管理。2007年3月路基施工企业开始进场施工，2012年4月28日全线贯通。

腊八斤大桥是曲线形连续刚构特大桥，长1106米、高230米，总造价1.8亿元，由厅公路设计院设计，路港集团承建。其10号主墩高达182.64米，为同类型桥梁世界第一高墩，墩身采取“钢管叠合柱”和C80号混凝土自密实浇筑工艺，为全国桥梁首创。这一创新减少28%的桥身自重和大量桩基使用，节约1/5的钢筋和水泥，具有显著的经济效益和社会效益。

“钢管叠合柱”具有抗震、抗裂性能，每幅采用4根直径142厘米的钢管，每节12米进行组拼（10号主墩为16个节段），管内灌注与花岗石强度相当、免振捣、质量均衡的自密实混凝土。这种拼积木式的施工方式，使作业更为简便，大大降低劳动强度、提高功效。

由于桥梁位于曲线上，桥址区覆盖层厚，地质条件差，不适宜建大跨拱桥，而设置斜拉桥、悬索桥又极不经济，从而成就了这一科技创新。

泥巴山特长隧道全长10公里，总造价11.65亿元，是西南地区最长公路隧道。隧道最大埋深1650米、洞口高程1540米。6000平方米地下风机房、5000米的单洞掘进和1500米通风斜井均为全国第一。

隧道项目由厅公路设计院设计，中铁隧道股份有限公司、中铁十二局集团有限公司承建。隧道通过17条大断层，存在岩爆、大变形以及涌突水等不良地质难题，工程难度极大。在施工过程中，安全顺利地处治每天达8.75万立方米的涌水，以及纵向达40米、最大深度达3.6米的强烈岩爆。

隧道设置4个巨大的通气斜井，排除受污染空气，吸入新鲜空气，被形象地称为“会呼吸的隧道”。利用自然风实现有效节能是泥巴山特长隧道的另一个亮点。泥巴山为大渡河和青衣江的主要分水岭，也是雅安市自然地理的重要分界线，利用“南边日出，北边雨”的自然景象产生的自然风可节能25%以上。

高速公路

干海子钢管混凝土桁架连续桥，是世界首座主梁、桥墩全部采用钢管混凝土桁式结构体系的桥梁。全长1811米，呈S曲线形，最小半径为354米，最大纵坡为3.6%，跨径分为44米、60米两种形式，钢管混凝土混合桥墩最高达107米，总造价2.8亿元，由厅公路设计院设计，中铁二十三局集团有限公司承建，2009年下半年开始施工。

大桥桥型及材质选择，节省混凝土9.8万立方米（可建一座腊八斤大桥）、钢材4000吨，成功解决架设面临小半径曲线、墩高（柔性）、跨数多和联长（全桥共三联，中间一联长达1100米）等一系列难题。

该桥通过采用现场工厂化加工制造钢管构件、再组拼成钢管节段、最后安装成桥梁，可减轻结构自重55%、减少桩基数量近一半，既是适合高地震烈度复杂地形的山区公路桥梁，同时也是适应场地狭窄、施工干扰大的城市桥梁推广。

干海子和铁寨子隧道是国际首创的双螺旋隧道，也是世界上首次将双螺旋隧道设计运用于高速公路越岭线上的隧道，由湖南省交通规划勘察设计院设计。干海子隧道长1755米，转弯半径约为600米，平均纵坡2.85%，造价1.9亿元，由中铁二十三局集团有限公司承建；铁寨子隧道长2931米，转弯半径约为600米，平均纵坡2.45%，造价3.4亿元，由中铁十二局集团有限公司承建。

两座双螺旋隧道位于拖乌山北坡栗子坪至铁寨子越岭线。该路段地形陡峻，走廊带狭窄，分布有铁寨子—曹古断裂及安宁河活动性断裂带，通过双螺旋展线方式，实现在直线距离为2.9公里的“V”形峡谷范围内通过螺旋展线11公里，连续爬升350米，为解决路线爬升、克服海拔高提供新范本，同时绕避不良地质，优化线形指标。

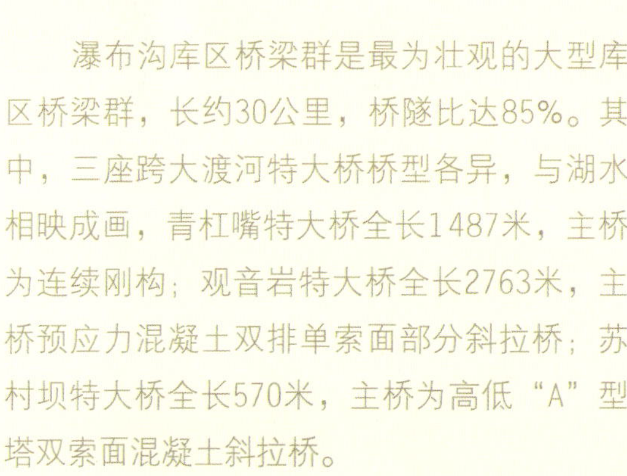

瀑布沟库区桥梁群是最为壮观的大型库区桥梁群，长约30公里，桥隧比达85%。其中，三座跨大渡河特大桥桥型各异，与湖水相映成画，青杠嘴特大桥全长1487米，主桥为连续刚构；观音岩特大桥全长2763米，主桥预应力混凝土双排单索面部分斜拉桥；苏村坝特大桥全长570米，主桥为高低“A”型塔双索面混凝土斜拉桥。

青杠嘴大桥在两侧还增设有人行道，方便两岸群众跨越大渡河。

平昌交通：扶贫攻坚 交通先行 统筹城乡“五化”推进

平昌县抢抓国家加大集中连片特困地区交通扶贫力度的重大机遇，着力推进农村公路建管养运协调发展新路。2012年，全县投资近10亿元，新改建农村公路980公里，实现建设投入、建设里程、建设质量、建设速度“四个超历史”。截至2012年底，全县乡乡通水泥（油）路，70%的村通水泥路，比2010年翻一番；100%的乡镇、45%的村通客运，村通客运比2010年提高25个百分点。在农村公路建设中，平昌县坚持“五个统筹”、推行“五化”模式（统筹城乡规划，推进公路建设标准化；统筹城乡力量，推进质量管理精细化；统筹城乡布局，推进公路管养规范化；统筹城乡市场，推进城乡客运一体化；统筹城乡资源，推进发展投入多元化），探索出一条贫困地区农村公路“建管养运”一体化发展的新路子。平昌县于2013年1月被四川省旅游局评定为“四川省乡村旅游示范县”。

1

1 2012年全省农村公路工作会议在平昌召开

2 省交通运输厅副厅长鲜雄（左三）检查指导平昌农村公路建设情况

3 公路养护迈上新台阶

4 公路进园区、进景区、进新区，带动群众脱贫致富

5 巴中平昌县灵山农村公路

发掘四川抗战历史　弘扬中华民族抗战精神

四川抗战功勋路——乐西公路

乐山市交通运输委员会

乐西公路是中华民族抗战时期修建的一条战略公路。路线起于四川省乐山，止于原西康省首府西昌，全长约525公里。于1939年8月筹建开工，1941年1月全线贯通，1941年7月全线通车。

筑路五大要旨

1. 连接滇缅公路，由川滇西路（乐西公路和西祥公路）至成都比川滇东路快捷295公里。

2. 由乐西公路，新辟至印度的康印公路（中印公路前身），构筑桂越、滇越之外的第三条国际通道。

3. 拟开发攀西和沿线矿产资源支撑抗日持久战。

4. 安康稳藏，筑路安康，促进康藏往来。

5. 绸缪战略迁都西昌,国民政府战略部署一旦重庆不保，从重庆再迁都到西昌，乐西公路是战时迁都的唯一通道。

川康筑路大动员

乐西公路全长525公里，工程分为打通期、畅通期、改善期。四川省21个县，西康省10个县，各组成民工联队，交通部、成都行辕、西昌行辕组织石工大队，先后动员24万各族民工、石工参与筑路。

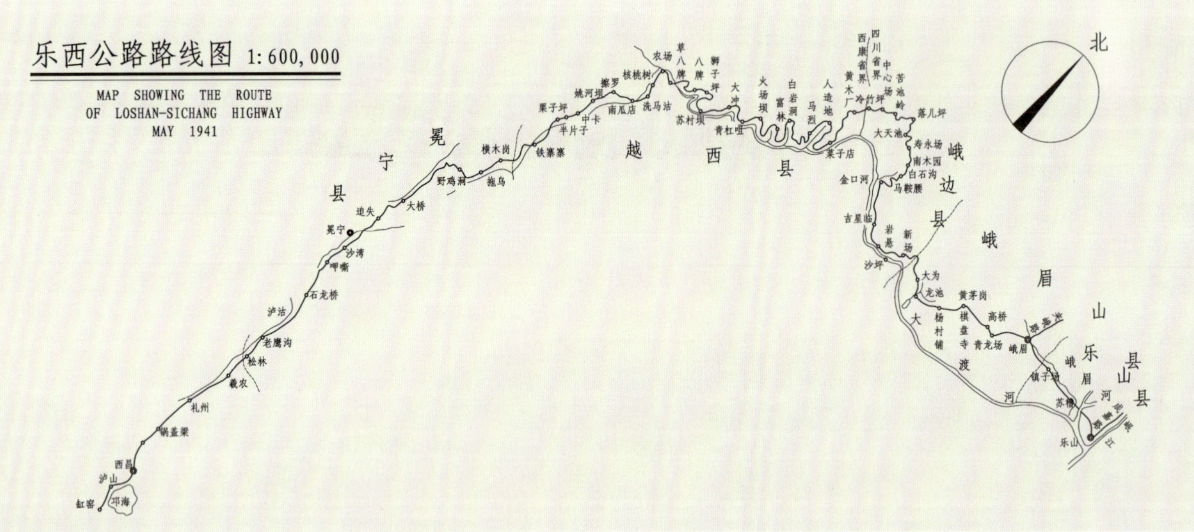

工程艰巨罕见

中国公路建设重心转移到西南后，公路修筑从过去沿海平原丘陵转入西南山地高原，乐西公路工程在全国已成公路中罕见艰巨。

蒋介石6次口谕、手谕赶工乐西公路

日军切断桂越交通线，日机对重庆狂轰滥炸，抗战局势严峻，蒋介石对乐西公路至为关注，先后6次下达赶工令。

1939年6月	必须迅速完成
1940年1月	乐西公路务于本年12月完成，否则照军事违命误期论罪
1940年2月	乐山至西昌公路于本年6月以前完成。其筑路程度烦于每星期日详报一次，新筑各公路之工作，应以此路为中心，其他公路令饬暂缓。
1940年9月	（一）所有乐西公路应征未到民工，限九月底前一律出齐。如再延误，县长应予撤职，仍令该县派工完成。 （二）此后交通部公路总管理处赵处长祖康到达乐西公路督工时，凡关修筑乐西公路事得就地指挥川康两省民工管理处长县长及其以下人员，如有办理不力，准予电请行辕查明惩处。希转饬所属有关机关及县长遵照为要。
1940年9月	不敷之石应速就地募练，抓紧工作。
1941年1月	加紧督饬赶办，即期完成，不得有误。

惊人的筑路死亡

全路死亡4000余人，平均每公里死亡8人

乐西公路修筑发生大量的死亡。主要为病亡、伤亡、饥寒死亡等。其死亡工程技术人员、民工、石工、包工、兵工4000余人，平均每公里躺下8人，为中国筑路史死亡之最。蓑衣岭为全路死亡之最，菩萨岗为全路病亡之最。

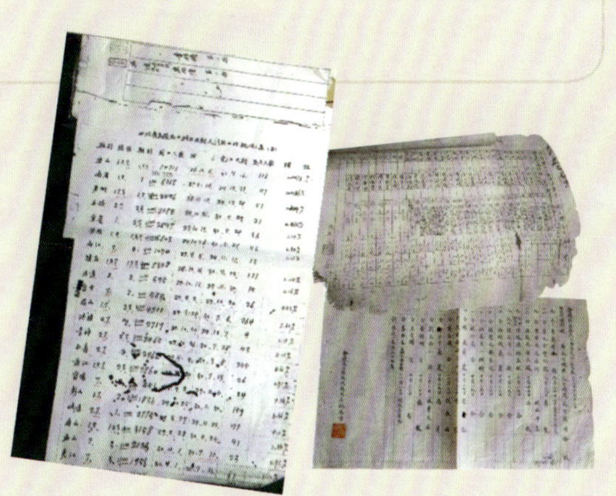

筑路伤亡统计

五总——我们的战区

冰天雪地，
冻不冷展示的热血，
狂风迷雾，
吹不散战士的喜悦，
还有山洪和暴雨，
也挡不住我们的劲旅！
抖擞精神，
冲锋陷阵，
奉到总攻的命令，
完成开路的使命！

自办乐西公路半月刊

公路宣传资料

纪念征服大渡河天堑修建翼王亭

蓑衣岭碑和蓝缕开缰碑

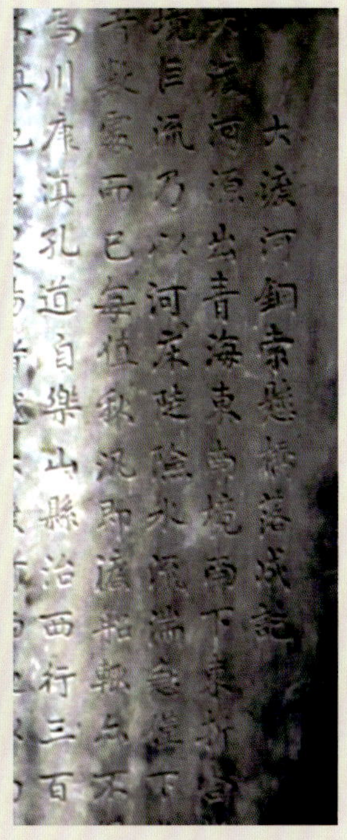

大渡河钢索悬桥纪念碑（局部）

乐西公路老照片

发掘公路历史　编写《乐西公路》

乐山市交通运输委员会于2011年元月成立《乐西公路》编辑部，并开展乐西公路调研和《乐西公路》撰写。编写人员足迹遍布半个中国，广泛查寻收集史料，行程数万公里，共收集数千万字史料，精心勾缕筛选，分析研究考证，经过一年零8个月的资料收集、撰写、编排付梓，2012年8月，值纪念抗战胜利67周年，乐西公路通车70周年之际，《乐西公路》正式出版发行。《乐西公路》全书25万字，详尽地描述了乐西公路修筑的背景、经过及发挥的作用。时任交通运输部部长李盛霖为该书作序。

香港大公报

《中国公路文化》

特 载

TE ZAI

世界自然遗产——九寨沟（五花海） 高 路 摄

厅公路局 制

在全省交通运输工作暨交通重点项目建设推进工作电视电话会议上的讲话

四川省人民政府省长　魏宏

省政府召开这次会议，主要是贯彻省委十届三次全会精神，对在新的起点上谋划今后一段时间交通运输工作、推进2013年重点交通项目建设进行动员部署。

现代条件下，交通运输兼具基础产业和现代服务业双重职能，不仅是国民经济重要的组成部分，也是经济增长的有力工具，综合交通发展还是区域发展竞争力的先决条件。专家测算，交通运输业的投入产出比达到1∶8以上，产生的直接和间接经济效益占到GDP的10%左右。平均1公里高速公路将消费钢材500～1500吨、消费水泥4000～12000吨。在建设周期内，每亿元公路建设投资带动的社会总产值接近3亿元，相应创造地区生产总值4000万元，为公路建筑业创造2000个就业机会，极大地带动相关产业发展和就业扩大。四川省过去5年仅公路水运投资就达3850多亿元，是新中国成立以来至2007年累计完成投资的2倍。交通大投资既带来交通条件的改善，使"蜀道难"变"蜀道通"更加成为现实；又使四川的综合商务成本优势得到增强，有力促进了产业投资和重大产业项目引进。可以肯定地说，大交通支撑大发展、大交通拉动大增长。

根据四川发展阶段性特征，在当前继续坚持交通先行发展有着特别重要的意义。近年来全省交通建设确实取得重大发展，但从四川多方面发展来看，更需要进一步推进交通的跨越式发展。目前全省高速公路密度仅0.89公里/百平方公里、0.54公里/万人，均低于全国0.996公里/百平方公里、0.71公里/万人的平均水平，与发达地区相比差距更大；全省公路等级仍然偏低，二级及以上公路仅占7.2%，还有20%的公路为等外级路，大量的干线公路需要升级改造；全省有347个乡镇未通油路，833个建制村未通公路，建制村通畅率仅66%，大量的农村公路需要建设。各种交通方式的统筹协调发展、三级公路网之间的互连互通、交通枢纽之间的衔接转换还远远不够，交通设施建设与运输物流产业发展以及全省经济发展不匹配、不协调的方面还很多。随着四川省经济总量和人民生活水平的提高，预计2020年客货运输需求将分别达到40亿人次和12.5万吨，对交通建设形成倒逼态势。保持交通投资强度，加大交通建设力度，对于四川省在生产总值进入两万亿元台阶之后，继续保持快于全国的经济增速具有重大意义。

客观上讲，在过去几年交通建设超常规发展的基础上，要持续保持高强度交通投资的压力更大。目前大量交通在建项目和规划项目都是投资需求多、技术要求高、安全风险大的"硬骨头"，筹资难度和推进难度更大。要加快弥补民族地区、革命老区和贫困山区的交通发展"短板"，面临着很多矛盾和特殊困难。但应看到，当前全省交通建设仍处于重要战略机遇期，也面临许多有利因素。特别是经济长期向好的发展将给交通建设有力支撑，国家在深入实施西部大开发战略中特别重视交通建设，全省上下支持交通建设的氛围良好。

一、加快推进现代综合交通运输体系建设

构建畅通高效的现代综合交通运输体系，是省委、省政府关于全省交通发展的重大决策和战略目标，是对西部综合交通枢纽建设的坚持和深化。十届三次全会部署统筹规划、适度超前建设重大基础设施中，又对此作了细化和明确。当前和今后一个时期，全省交通运输工作都要围绕实现这个目标去谋划思路，开展工作，组织力量。要组织开展《四川省现代综合交通运输体系发展规划》编制工作。要注重规划的前瞻性，根据全省经济社会发展需要和构建现代综合交通运输体系的目标，统筹考虑进出川通道、网络完善以及经济、资源、环境、人口密度等各方面因素；要注重规划的整体性，做好与国家有关规划、全省综合

性规划和专业规划、地方规划的协调对接，统筹各种运输方式布局；要注重规划的可操作性，既要考虑解决当前发展的“瓶颈”问题也要着眼未来的发展，既有总体的发展目标也要有切实可行的年度建设指标。在国家高速公路网规划中，四川省纳入规划的路线共19条，规划里程约8034公里，居全国第三位，约占全国规划总里程的5.9%，比原国家高速公路网规划里程所占比重提高2个百分点；新增里程4730公里，占全国新增里程的9.3%，居全国首位。在普通国道网规划中，四川省纳入规划总里程1.75万公里，居全国第二，占全国规划总里程的6.6%；新增1.2万公里，居全国首位，占全国新增里程7.5%。新规划实现了普通国道网对全省市、县的全覆盖。

加快出川大通道建设，是四川省交通建设的重点，务必及早谋划，统筹安排。要着眼于构建全方位的运输大通道，主动与周边省份协调联动，对接省级通道，畅通国家高速公路网，加快“四江六港”开发建设，融入全国综合交通大网络，实现与全国各大主要经济区和重要城市、港口码头的有效对接，架构起参与国内和国际竞争合作的新桥梁。要建设更加畅通的交通网络，重点构筑与城镇、产业、生产力布局相适宜的全覆盖、多层次、多功能的综合交通运输网络系统，促进区域、城乡、城市之间要素流通和分工协作，全面提升经济社会发展的交通承载力，支撑各梯次经济竞相跨越。到2017年底，基本建成运输快捷、功能配套、覆盖面广的高速公路网络，布局合理、结构完善、安全畅通的干线公路网，以“四江六港”（详见《附录》）为骨架的干支结合、水陆联运、功能完善的内河水运体系。建成兰渝、成渝客专、成绵乐客专、巴达等铁路，全省铁路运营和在建铁路里程达到7600公里。建成稻城亚丁机场、阿坝红原机场，基本完成省内其他机场的改扩建和迁建任务。要着眼于提升全省综合交通运输的现代化水平，以信息化为手段，全面加强各类高新技术的创新与应用，按照全国一流的标准，加快构建涵盖高速公路、国省干线、内河水运、道路运输等多个领域的全省综合性交通运输信息化监控指挥体系平台，全面提升综合交通运输体系的服务能力和水平。

二、奋力抓好今年的交通建设的主要工作

2013年是省委、省政府换届后的第一年，必须抓好交通投资工作，确保高速公路、国省干线、农村公路、内河水运建设力度不低于去年水平，确保完成投资1200亿元，力争完成投资1315亿元，实际增长20%。

（一）全力推进在建项目建设提速。要加快高速公路在建项目建设，确保2013年通车总里程突破5000公里、高速公路进出川大通道新增3条。要狠抓成都主枢纽项目建设，完善提升主枢纽功能，形成以成都为中心的一体化综合交通运输体系；要继续抓好省内干线路网和农村路网的改造建设项目，加快推进内部顺畅的网络体系建设；要统筹推进内河水运协调发展，确保广安港、南充港开港运营，全省港口集装箱吞吐能力达到190万标箱。加快推进成绵乐客专、成渝客专、兰渝铁路、成兰铁路等重点在建铁路项目建设，力争实现成绵乐客专工程竣工，确保成彭支线铁路建成投运。继续推进南充机场扩建工程、稻城亚丁机场、阿坝红原机场等在建项目，确保稻城亚丁机场2013年建成通航，阿坝红原机场年底完成试飞，南充机场

雅西高速公路　　　　雅西公司 供稿

扩建工程年底完工。

(二)要实现更多项目开工建设。构建现代综合交通运输体系的重头主要集中在前五年,开工又集中在头两年。因此必须抓好2013年开工工作,对符合开工条件的项目要抓紧开工,对达不到开工条件的项目要千方百计创造条件尽快开工。要围绕确保高速公路新开工建设500公里、力争1000公里的目标,加快推进"9+3+12"(详见《附录》)高速公路项目开工建设,其中雅(安)康(定)、汶(川)马(尔康)高速公路力争全线开工建设,成都新机场高速公路、成都经济区环线简阳至蒲江段实现开工,绵(阳)九(寨沟)高速公路力争控制性工程开工建设。启动实施干线公路联网畅通工程,重点实施一批纲举目张、联网成片,对区域性经济中心城市具有良好支撑作用的项目,提升路网整体运输能力。针对四川省全面建成小康社会的薄弱环节,抓紧启动实施甘孜州公路推进工程、凉山州交通推进工程和农村公路完善工程,大力夯实底部基础。及时启动实施国省干线公路大中修工程,确保取消政府还贷二级公路收费后,国省干线公路路况服务水平不下降。加快内河水运振兴发展,重点推进岷江港航电综合开发工作,争取尽快开工建设。要力争西成客专、成蒲铁路、成贵铁路等6个已批项目全面开工和新开工建设成昆铁路扩能米易至攀枝花段,抓好成都新机场、乐山、甘孜、巴中机场前期工作,力争年内获得泸州、宜宾机场工程可行性研究批复。

(三)要加强后续项目储备。围绕四川省构建现代综合交通运输体系和多点多极支撑发展战略,对接国家投资政策和产业政策,分层次、分区域,超前谋划和储备一批涉及交通的大项目好项目,重点推进一批互通能力强、地方政府积极性高的项目,不断完善项目储备,增强发展后劲。对已列入今年省重大项目计划的储备项目,要抓紧完善项目备案或核准报告、环境评价、土地预审、规划预审、项目初步设计等5大要件,争取提前开工建设。要进一步完善充实省市县三级项目库,按照续建、新开工、储备3个批次进行分类动态管理,根据项目的不同类型,梯次推进、滚动发展、分批建设。

三、切实加强对交通建设工作的领导和保障

交通建设是一项复杂的系统工程,涉及范围广、牵涉部门多、协调任务重,必须从组织领导、要素投入、建设环境、质量安全等重点环节入手,落实举措,强化保障。各级政府是推进本地交通建设的责任主体,要加强项目建设的组织领导,确保规划内项目尽早开工建设,切实加强对项目建设过程的监督管理,依法依规组织征地拆迁、补偿安置和社会保障工作,强化建设要素保障,确保项目顺利推进。省直有关部门要按照各自职责,加大协调服务力度,简化项目审批程序和环节,严格落实限时办结制和责任追究制。省交通建设联席会议要充分发挥协调沟通作用,落实目标任务,优化工作流程,加强前期工作进度;省交通运输厅要切实履行行业管理职责,搞好规划制订实施,做好对上的对接和对下的衔接,加强工作统筹,搞好协调服务,及时发现和帮助解决建设中的突出问题;省国土资源厅要在统筹调度的基础上,留足交通重点项目建设用地计划指标,限时审核转报项目用地申请,争取国土资源部尽快批复;省环境保护厅要加快编制环评报告,限时办结环评审批和转报工作。2013年省政府对各市(州)政府,省级有关部门、有关单位继续实行目标考核,严格落实奖惩举措。

2013年基本建设资金保障任务更加艰巨。省财政除了常规支出外,"4·20"芦山强烈地震抗震救灾和恢复重建又加大了财政支出。尽管如此,省委、省政府也在积极想办法,省政府在安排2013年地方政府债券和其他融资额度时,进一步加大对交通基础设施建设的投入力度,达到70亿元以上。各市(州)、区(县)政府都要加大对交通建设的投入,进一步创新思路,研究举措,多渠道筹集项目建设资金。一方面要稳定现有资金渠道,积极争取国家支持,发挥政府信用优势,加强银政、银企合作,用好国家金融组织贷款,解决交通建设资金需求。另一方面要创新投融资方式,推进合资合作,通过引进战略投资者,采用BOT、BT、股份制、股份合作制等方式推进交通建设;充分利用资本市场,发挥各类交通融资平台作用,通过整合优质资源、上市直接融资、发行企业债券等方式,最大限度地吸纳社会资本参与交通建设;建立完善市场进退机制,通过盘活存量,筹措建设资金,引导和吸纳更多的社会资本投资交通项目。省直有关部门要围绕资金筹措履职尽责、积极行动。省财政厅要及时拨付落实交通资金,省政府金融办要协调金融机构按信贷承诺及时足额到位项目贷款,省发展改革、财政、交通运输等部门要最大可能地争取国家对四川省交通建设的支持。各级政府也要加大交通建设政策引导力度,将交通项目建设纳入本地财政预算,保障交通建设推进方案全面启动实施。

交通项目建设不仅涉及到工程效益发挥的问题,更涉及到社会公共安全这一重大问题。各级各部门要严格按照"分级负责、属地管理"和"管建设必须管质量,管行业必须管安全"的原则,将质量和安全工作落到实处。要深入开展交通重点项目建设质量年活动,全面实行全过程、全因素、精细化管理,用"铁措施"将工程质量安全落实到操作一线。要完善工程建设招投标制度,规范交通建设市场秩序和项目管理行为,用"铁手腕"根治影响工程质量安全的问题。要完善廉政监督机制,深入开展交通建设领域商业贿赂治理工作,对建设资金管理、工程招投标、材料设备采购等都要做到"建章立制",实现"阳光操作",坚决用"铁心肠"管好工程质量安全。

——摘自2013年5月29日全省交通运输工作会议上讲话

奋勇当先 追赶跨越
加快构建畅通高效的现代综合交通运输体系

四川省交通运输厅党组书记、厅长 彭 琳

召开2013全省交通运输工作会议，主要是贯彻落实省委十届三次全会和全国交通运输工作会议精神，做好当前及今后时期的交通运输工作。

认真总结2012年及近五年四川交通运输工作

2012年，在省委、省政府和交通运输部的领导下，四川交通运输系统超常努力，爬坡奋进，交通运输发展取得新成效。

（一）西部综合交通枢纽建设取得新突破

交通建设投资继续保持高位增长，全年完成投资1195亿元，同比增长19.3%。高速公路网加速形成，新建成雅西、映汶等16个项目1327公里，新建成出川通道4个，宜宾至叙永高速公路开工建设。新改建国省干线公路2074公里，藏区彝区干线公路建设加快推进，国省干线公路等级明显提升。新改建农村公路2.24万公里、农村公路桥梁137座，新建成农村渡改桥236座，涌现出平昌县等一批农村公路建设先进典型。省政府制发《关于加快长江等内河水运发展的实施意见》，泸州港建成四川首个百万标箱大港，嘉陵江渠化工程、渠江广安段航运工程、南充港、广元港等水运重点项目加快推进，岷江港航电综合开发前期工作取得实质性进展。成都龙泉公路货运集散中心等3个物流枢纽项目开工建设，泸州客运中心站等7个客运枢纽项目建成投运。

（二）是交通运输保障能力显著增强

全省客运车辆达5万辆，通公路的乡镇、行政村客车通达率分别达93%和76%，集装箱车辆达1486辆，城市公交车、出租汽车发展到2.4万辆和4.1万辆。全省新开业省际水运企业11家，新投入营运1000载重吨以上标准船舶38艘、9万载重吨。全省公路客、货运量分别达26.6亿人次和15.8亿吨，同比增长10%和13%。水路客、货运量分别达3276万人次和7161万吨，同比分别增长6.3%和12.5%；港口集装箱吞吐量突破16万标箱，同比增长48%。安全运送进出川大型设备170批次419件（套）。圆满完成春运、十一“黄金周”运输任务。

（三）体制机制改革迈出新步伐

建立与金融监管部门、银行业金融机构及省级相关部门间的协调联动机制。高速公路交通执法、公安交警、营运公司和地方政府形成三方联勤联动机制。省政府印发《关于进一步促进全省道路运输行业健康稳定发展的通知》，城市公交、出租汽车行业稳定健康发展。政府还贷二级公路收费一次性整体取消。

（四）行业管理服务水平进步提升

深入开展交通重点项目建设质量年活动，工程建设进度、质量总体受控。强化安全监管和应急保障，完成公路安保工程1747公里，交通运输安全生产形势总体稳定。加强公路养护管理，路况服务水平不断改善。雅西高速公路“科技示范工程”通过交通运输部正式验收，取得40余项国际国内领先技术创新成果并在全国推广应用。交通运输行政执法形象“四统一”（详见《附录》）建设有序推进。干部队伍建设和党风廉政建设不断加强，形成风清气正、干事创业、推进跨越的氛围环境。

回顾近5年工作，四川交通走过了极具挑战、极不平凡、成效显著的历程。其主要有四个显著特点：

一是坚持以科学规划为统领，促进交通运输快速有序发展。按照“打开通道、构建枢纽、完善路网、提升功能”的思路，累计编制完善高速公路、国省干线、农村公路、内河水运等20多个规划和专项实施方案，并严格组织实施，增强了交通建设规划的引领性和约束性，促进了全省交通运输规范有序发展。

二是坚持以项目投资为抓手，实现交通基础设施跨越提升。抢抓扩大内需、地震灾后重建等历史机遇，坚持扩大投资规模、做大项目规模，三级路网建设和内河水运发展协同加快推进，取得历史性突破。五年全省公路水运建设累计完成投资3850多亿元，是建国以来至2007年58年累计完成投资的2倍。新开工建设高速公路项目43个4000公里，新建成通车高速公路项目27个2400公里，全省高速公路通车总里程达4334公里，建成和在建里程达到6647公里。新改建国省干线公路1.3万公里，新改建农村公路13.9万公里，全省农村公路总里程达26.7万公里。汶川地震灾后交通恢复重建胜利完成，基本形成灾区“生命线”公路网。“四江六港”（详见《附录》）加快建设，港口货物年吞吐能力达8915万吨，集装箱吞吐能力达165万标箱，建成和在建规模达233万标箱。

三是坚持以改革创新为动力，调动社会各界参与交通建设。全面开放交通投资市场，充分发挥市场机制作用，创新发展模式，以“多个积极性、多元主体、多种方式”调动社会各界参与交通建设的积极性。建立省、市（州）、县（市、区）三级联动机制，发挥各级政府的积极性，全面加强与各类金融机构的战略合作，有效整合集聚政府、银行、企业各方资源，调动多个主体的主动性。5年来，全省高速公路BOT项目累计达26个，总里程达2747公里，引进各类社会资金2142亿元。

四是坚持以规范管理为保障，确保交通运输平稳安全发展。积极应对交通建设项目多、投资大，战线长、管理难的风险挑战，严格依法办事，严格项目审批程序，严格项目建设标准，严格项目建设监管。深入开展交通重点项目集中建设攻坚大会战和质量年活动，积极推进交通建设组织形式由传统向现代转变，交通建设过程由粗放向精细转变，交通建设标准由经验向科学转变。加快发展现代交通运输业，推进城乡客运一体化发展，大力发展现代物流业，全力保障交通安全稳定，不断提升交通发展质量。

准确把握四川交通运输发展面临的形势和任务

今后五年，四川省交通处于大有可为的战略机遇期、前所未有的克难攻坚期和时不我待的跨越发展期。要进一步认清形势、鼓足干劲，开拓创新、埋头苦干，奋力保持全省交通运输追赶跨越的发展态势，为全面实施“三大发展战略”（详见《附录》），推动四川由经济大省向经济强省跨越、由总体小康向全面小康跨越当好先行、强化支撑。

（一）主动作为，抢抓战略机遇

当前，全省交通运输发展面临前所未有的难得历史机遇，加快发展面临诸多有利条件。一是加快发展的基础坚实。经过多年发展，全省交通面貌发生历史性变化，积累了宝贵经验，为进一步加快交通发展奠定了良好基础。通过不断的实践总结，在交通建设投融资体制上走出创新路子，在工程管理、技术创新、人才培养等方面建立健全制度机制，锻造了一批骨干人才队伍，提升了工程技术管理水平，为在新的起点推动交通跨越发展提供了坚实的体制、机制和人才保障。二是加快发展的环境良好。省委、省政府高度重视交通发展，提出构建畅通高效的现代综合交通运输体系重大决策和战略目标，要求加快形成西部综合交通枢纽，交通被摆在优先发展的重中之重。各市（州）党委政府、社会各界积极支持参与交通建设，各地改善区位优势、助推经济发展的愿望迫切，加快交通发展的热情高涨。国家优先推进西部大开发、加快成渝经济区建设、实施集中连片特困地区扶贫攻坚等一系列重大规划的实施，将在交通建设等

成自泸赤高速公路内江段　　王卫芳 摄

基础设施领域加大财政投入力度并向西部地区倾斜，以及“4·20”芦山强烈地震灾后恢复重建国家给予四川的特殊支持，都有利于争取资金、项目和政策支持加快交通基础设施建设。三是加快发展的空间广阔。省委十届三次全会确立与全国同步全面建成小康社会、奋力推进四川“两个跨越”（详见《附录》）的目标，确定全面实施多点多极支撑发展战略、“两化”（详见《附录》）互动和城乡统筹发展战略、创新驱动发展战略等“三大发展战略”，强调投资拉动和产业兴省，促进“四化”（详见《附录》）同步发展，推进社会主义新农村建设，推进贫困地区跨越发展，建设地震灾区幸福美丽新家园，都需要交通先行强化基础保障，为交通建设拓展更大发展空间。因此，只要坚定信心，因势利导，顺势而为，抓住用好重要战略机遇期，把机遇转化为动力，必将推动交通迈向更高点。

（二）奋发有为，努力克难攻坚

四川交通由于历史欠账多，总体发展水平不高，与全省全面建成小康社会、加快构建畅通高效的现代综合交通运输体系的新形势新要求还有很大差距。一是发展不足。高速公路密度仅89公里/万平方公里、54公里/百万人，低于全国99.6公里/万平方公里、71公里/百万人的平均水平，与发达地区相比差距更大。规划覆盖的158个县中还有43个县不通高速公路，规划的33个出川通道还有21个未打通。公路等级偏低，二级及以上公路仅占7.2%，还有近6万公里、约占20%的公路为等外级路。农村公路通达深度不够，还有347个乡镇未通油路、833个建制村未通公路、1.5万个建制村未通油路，建制村通畅率仅为66%。内河水运发展落后，航道等级低，现代化港口发展刚刚起步，水运优势远未充分发挥。二是发展不平衡。受地理环境、发展基础等客观条件限制，民族地区、革命老区和贫困山区的交通还十分落后。特别是藏区、彝区公路路况差，通道不畅，抗灾能力弱。三是路网不完善。路网结构不合理，网络化程度低，覆盖所有市（州）的高速公路网尚未形成，覆盖所有县（市、区）的国省干线公路网亟待完善，全省还有35个县无二级及以上公路连接，还有6个县无国省道，128个县只有1条国省道连接。高速公路、国省干线公路、农村公路三级路网连通程度不够，互通能力弱，功能配套不完善，急需提升互连互通能力。四是管理现代化水平较低。信息化智能化水平低，尚无统一高效的路网运行管理信息化体系，难以满足交通运输现代化发展需要，管理服务滞后的矛盾日益凸显。此外，由于四川省地理环境异常复杂，交通建设难度大、造价高，特别是拟建高速公路项目大多位于盆周山区和民族地区，具有高原、高山、高寒等“三高”特点，建设难度更大、造价更高，严重制约交通加快发展。

（三）奋勇当先，追赶跨越发展

站在新起点，推进交通加快发展，要牢牢把握“科学发展、加快发展”的指导思想，围绕全面实施“三大发展战略”、奋力推进“两个跨越”，以构建畅通高效的现代综合交通运输体系为总体目标，创新追赶、先行跨越，加快形成西部综合交通枢纽，谱写“中国梦”的蜀道华章，努力实现“畅通四川”的伟大梦想。

*一是要进一步完善建设规划。*坚持规划引领发展，立足构建现代综合交通运输体系，着眼提升辐射能力和优化网络，统筹各种运输方式衔接配套，统筹城乡之间、区域之间协调发展，统筹交通枢纽相互衔接转换，提高枢纽城市和节点城市的交通承载能力，进一步调整完善交通建设规划，着力构建大交通格局。

*二是要进一步加大投资力度。*坚持适度超前和可持续原则，以项目为支撑，强化投资拉动，开展交通建设大会战，实施好国家和省“十二五”规划重点项目，不断推动交通重大项目开工建设，持续推进交通大建设大发展，努力保持交通建设投资高位运行。

*三是要进一步优化完善结构。*坚持发展质量效益并重，兼顾效率和公平，推动高速公路、干线公路之间联网畅通，重点加强藏区、彝区、集中连片特困地区等薄弱地区的交通建设，提高农村公路网通行能力和服务水平，提升三级路网互连互通水平，增强交通基础设施有效供给能力，加快建设更加畅通的综合交通网络。

*四是要进一步创新体制机制。*坚持改革推进发展、创新驱动发展、开放拓展发展，深化交通重点项目建设管理体制改革，创新投融资机制，探索建立符合现代综合交通运输发展要求的新体制新机制，不断增强交通运输科学发展的内生动力和外在合力。

*五是要进一步转变发展方式。*坚持建设、养护、管理、运输协调并重发展，推动交通运输转型升级，以交通基础设施现代化为突破口，加快交通信息化建设，协同推进运输和管理现代化，不断提升交通运输管理能力和公共服务水平。

通过不懈努力，力争未来五年全省高速公路通车里程超过7000公里、建成和在建里程超过8500公里，实现所有市（州）政府所在地和规划覆盖的158个县（市、区）中144个县（市、区）建成或在建高速公路，打通出川通道20个，基本建成运输快捷、功能配套、覆盖面广的高速公路网络，提前三年基本实现2020年规划目标；国省干线公路覆盖所有县（市、区），达到3.6万公里，占公路总里程比例从5.6%提升到12%，其中一级公路新增4000公里，总里程超过7000公里，二级及以上公路比重从35%提升到70%，基本建成布局合理、结构完善、安全畅通的国省干线公路网；农村公路实现所有具备条件的乡镇通畅、建制村通达、80%的建制村通畅；内河水运三级及以上航道里程超过500公里，集装箱吞吐能力超过300万标箱，基本形成以“四江六港”（详见《附录》）为骨架的干支结合、水陆联运、功能完善的内河水运体系。到2017年底，初步形成布局合理、功能完善、互连互通、无缝对接、各种运输方式安全高效衔接的现代综合交通运输体系，实现由“蜀道难”变“蜀道通”和“蜀道畅”的历史性跨越。

全力以赴抓好2013年四川交通运输工作

2013年是全面贯彻落实党的十八大和省委十届三次全会精神的开局之年，是深入实施“十二五”规划承前启后的关键之年。要按照省委、省政府工作部署，坚持投资拉动、项目支撑，系统推进、重点突破，深入开展交通建设大会战，在新的起点实现全省交通运输跨越式发展。

（一）努力实现四大工作目标

继续保持交通建设投资高位运行。坚持一手抓在建项目加快建设、一手抓新项目加快开工，努力扩大交通建设投资规模，确保2013年全省交通建设投资和高速公路、国省干线公路、农村公路、内河水运、运输站场建设力度都不低于去年。全年确保完成投资1200亿元，力争完成投资1315亿元，实际增长20%。其中，高速公路740亿元，国省干线公路217亿元，农村公路200亿元，站点建设26亿元，内河水运50亿元，养护工程及其他专项82亿元。

确保高速公路通车里程突破5000公里。建成宜渝路泸州段、巴南、雅乐、成德南、巴达、绵阳绕城、遂资眉遂资段、丽攀、乐自、成自泸赤泸州段等10个项目（路段），力争成都二绕西段、巴陕巴中至南江、南大梁南充至渠县等3个项目建成通车，新增高速公路通车里程超过800公里，全省高速公路通车里程突破5000公里。高速公路出川通道力争新建成3条，总数达到15条。

确保高速公路新开工建设500公里以上，力争开工建设1000公里。重点推进“9+3+12”（详见《附录》）项目2531公里高速公路建设，确保雅安至康定、汶川至马尔康、成都新机场路、成都经济区环线简阳至蒲江段、绵阳至西充、营山至达州、宜宾至筠连、宜宾过境宜叙至宜水段及绵阳至九寨沟控制性工程等9个项目880公里高速公路开工建设，力争内江城市过境和成都经济区环线德阳至简阳段、蒲江至都江堰段等3个项目251公里高速公路开工建设，加快乐山至汉源、仁寿至沐川至新市、成都经济区环线都江堰至德阳段、绵阳至苍溪、苍溪至巴中、巴中至万源、宜宾至云南威信、西昌至盐源至香格里拉、西昌至金阳、成都至乐山（扩容）、蒲江至丹棱至井研、攀枝花城市过境等12个1400公里规划内重点项目前期工作，努力再多开工一批项目，为到2017年底全省高速公路通车里程力争超过7000公里、建成和在建里程超过8500公里奠定基础。

全面启动实施八大专项工程。围绕“三大发展战略”，服务全省构建竞相跨越奔小康的发展新格局，着眼优化完善交通网络，增强进出川主通道和省内干线互连互通能力，提升路网整体服务水平，启动实施八大专项工程。一是干线公路联网畅通工程。集中加快推进一批纲举目张、联网成片、画龙点睛、事半功倍的关键项目建设，重点解决高速公路之间、高速公路与干线公路以及干线公路之间的相互联网和衔接转换问题。规划2013—2015年集中建设项目60个3604公里，总投资2241亿元。其中，高速公路项目6个724公里，总投资801亿元；一级公路项目54个2880公里，总投资1440亿元。到2015年，全省一级公路总里程实现翻番，突破6000公里，干线公路互连互通能力显著增强，路网等级和服务水平整体跨越提升。二是新一轮甘孜州交通推进工程。规划2013—2015年建设高速公路、国省干线和重要经济干线公路项目2512公里、农村公路4800公里，总投资335.7亿元。到2015年，甘孜州国省干线三级及以上公路的比重由34%提升到89%，州府到县城所在地、重要旅游景区基本实现三级及以上公路连接，形成环贡嘎山旅游环线和以康定机场为中心的两小时交通圈，实现98.1%的乡镇通油路和98.3%的建制村通公路，为甘孜州全面建成小康社会提供有力的交通支撑。三是凉山州交通推进工程。规划2013—2015年，建设高速公路和国省干线公路项目2599公里、农村公路7500公里，总投资197亿元。到2015年，凉山州国省干线三级及以上公路比重从59%提升到79%，实现州府到县城所在地均有三级及以上公路连接，实现99.5%乡镇通油路、99.4%建制村通公路，为凉山州全面建成小康社会提供有力的交通支撑。四是农村公路改善工程。规划2013—2015年改造建设县乡道油路1万公里，总投资100亿元，重点解决“十五”期及早期实施的县乡道油路严重破损问题及通往撤并乡镇的县乡道公路建设问题，提升农村公路网通行能力，提高综合效益。五是国省干线公路大中修工程。重点解决取消政府还贷二级公路收费后国省干线公路的养护问题，确保国省干线公路路况服务水平不下降。2013年计划投资30亿元，集中实施国省干线公路大中修工程1865公里。此外，汽车客运站提升改造工程、公路安保工程、渡改桥工程等3个专项工程正在抓紧制订方案，2013年将启动实施一批项目。

（二）突出抓好6项重点任务

坚持科学规划引领发展。统筹各种运输方式衔接配套，优化完善规划布局，尽快完成我省构建现代综合交通运输体系战略研究和规划编制工作，形成“1+1+4”成果：1个战略研究报告、1个总体规划和公路、铁路、航空、水运4个专项规划。结合“十二五”规划中期调整和构建现代综合交通运输体系相关规划工作，进一步调整完善现有的高速公路等交通建设发展规划。按照国务院批准实施的《国家公路网规划（2013—2030）》，加快调整完善省道网布局规划。

推进高速公路加快发展。制订出台《四川省高速公路建设推进方案（2013—2017年）》，进一步健全完善项目建设工作体系和责任体系，掀起高速公路建设新高潮。加快成都第二绕城高速公路西段等28个在建项目（路段）约

2300公里高速公路建设，在确保质量安全的前提下，加快工程建设进度，确保2013年计划通车项目按期建成通车，力争续建项目达到40%以上的工程形象进度，为“十二五”末高速公路通车总里程突破6000公里奠定基础。创新完善前期工作机制，加快项目前期和招商引资工作，全面启动规划项目可研及设计工作，确保按计划新开一批重点项目，力争多开工一批项目，形成梯次合理的项目储备。加快建立集中统一高效的高速公路运行监管体系，强化统筹管理和路网整体服务功能。五是加快推进高速公路服务区和收费站建设改造，不断提升管理和服务水平。

推进干线公路协调发展。加快国省干线公路改造，力争建成1700公里，开工建设1500公里。启动实施干线公路联网畅通工程，充分利用一级公路收费政策，加快推进一批支撑区域性中心城市发展、强化路网互连互通的关键节点和瓶颈路段项目建设。启动实施甘孜藏区交通建设新一轮推进方案，重点加快国道318线、国道317线和雀儿山隧道“两路一隧”等骨干路网改造建设。启动实施凉山彝区交通建设推进方案，重点加快国道108线、省道307线等“二横三纵”干线路网主骨架建设。加快阿坝州映（秀）卧（龙）路、绵（阳）茂（县）路和黄土梁、巴郎山隧道等灾后振兴发展重点项目建设。实施集中连片特困地区交通建设扶贫攻坚，推进秦巴山区、乌蒙山区干线公路建设。以支持实施国省干线公路大中修专项工程为重点，加强公路养护管理。实施公路安保工程，2013年建成1500公里。

推进农村公路持续发展。加快完善覆盖乡镇和建制村的农村公路网络，新改建农村公路2万公里。实施农村公路改善工程，2013年计划启动4000公里，完善农村公路网络结构。重点推进甘孜、凉山两州通乡油路建设和三州通村通达公路建设，促进内地通村通畅公路建设。加快实施城乡交通运输一体化示范试点，探索农村公路发展新路子。实施渡改桥工程，2013年建设渡改公路桥177座、渡改人行桥100座。继续实施农村公路桥梁新改建工程，建成农村公路桥梁120座。开展农村公路管理养护年活动，促进农村公路建管养运协调发展。

推进内河水运振兴发展。抓好岷江港航电综合开发工作，争取尽快开工犍为枢纽，年底前再开工一个枢纽。推进嘉陵江渠化工程和渠江广安段航运工程建设。加快南充港、广元港等在建项目建设，实现南充港开港试运行，港口集装箱吞吐能力达到190万标箱。开工建设嘉陵江航运配套工程。推进渠江达州至广安段、沱江自贡至泸州段航道建设工程前期工作。构建铁公水联运快速通道，大力培育内河水运市场。

推进交通运输转型发展。加强规划统筹和资源整合，按照全国一流标准，加快全省综合性交通运输信息化监控指挥体系平台建设。加快综合客运枢纽、货运枢纽（物流园区）及集疏运体系建设，推广以成都东客站综合枢纽和新都传化、达州等公路物流港为代表的现代运输和现代物流新模式，实施客运站提升改造工程，新建成客货运枢纽项目3个，新开工客货运枢纽项目7个。推进城乡客运一体化，加快形成和完善高速客运网络，进一步提高乡镇和建制村客车通达率。培育综合运输市场，大力发展现代物流业。落实城市公共交通优先发展战略，推进“公交都市”建设，进一步规范出租汽车管理。启动开展交通运输管理服务提升年活动，推进以高速公路为重点的管理服务标准化体系及监管机制建设，营造功能完备、整洁美化、舒适便利的交通服务环境。

（三）着力强化6项保障措施

强化政府引导。坚持政府主导、统一规划、市场运作的建设体制，以“多个积极性、多元主体、多种方式”推进交通加快发展。建立高速公路建设专项资金，实施省、市（州）财政贴息、资本金补助政策，支持造价较高、预期效益较差的高速公路建设。加大地方各级政府交通建设政策引导力度，重点推动构建以政府主导、财政投入为主，各级政府责任明晰、财权和事权相匹配的普通公路建设养护管理资金保障机制。

宜宾志诚港全景　　林　涛　摄

加强资金保障。紧跟宏观政策动向,稳定既有资金渠道,积极争取国家更多项目和资金支持。全面开放交通设计、投资和建设市场,支持市(州)、县(市、区)政府和各类市场主体通过BOT、BT、股份合作、市企共建等多种方式吸引社会资本参与交通建设。全面深化与各类金融机构的战略合作,运用各类融资工具、融资渠道和融资方式,拓展资金来源。充分发挥各级交通融资平台作用,强化项目投资人和业主筹融资主体责任,多渠道筹集建设资金,保证项目顺利推进。

抓好统筹协调。落实地方政府工作主体责任,落实项目投资人和项目业主实施主体责任,建立省、市(州)、县(市、区)三级政府和项目业主共建机制。加强沟通协调,进一步落实省级交通、发改、国土、环保等行业管理部门责任,健全完善联动机制,形成工作合力。加强督促指导,强化征地拆迁、用地组卷报批、施工环境等要素保障,促进项目加快建设。

深化改革创新。按照省委、省政府和交通运输部的部署,在大部门体制框架下完善职能配置,推进有利于综合运输体系建设的改革,构建与现代化要求和发展阶段相适应的体制机制。深化公路管理体制改革,推进以普通公路为主的非收费公路体系和以高速公路为主的收费公路体系建设。推进政策创新,探索制定符合规律、紧贴实际的有效政策,解决发展中的问题,增强可持续发展的动力。积极稳妥地做好取消政府还贷二级公路收费后续工作,制订撤站后养护、管理、治超工作方案。深化交通行政审批制度改革,加强交通运输行政执法规范化建设。

确保质量安全。推行现代工程管理,健全完善项目建设工作体系和责任体系,加强工程进度、质量、安全、造价和廉政“五位一体”管理。强化精细管理,深入开展交通重点项目建设质量年活动和施工标准化活动,健全市(州)工程质量安全重点督查制度,完善工程质量安全保障机制,争创优质工程、精品工程。坚持“阳光操作”,加强招投标活动监管,建设廉洁工程。健全完善安全监督机制,切实把安全工作落实到“操作层面”,深入开展“平安交通”创建活动和“平安工地”建设活动,促进交通运输安全发展。严格落实重大项目社会稳定风险评估制度,树立底线思维,凡事从最坏处着想,向最好处努力,切实维护行业稳定。开展交通建设大会战劳动竞赛,组织动员参建各方合力高效优质推进重点工程建设。

加强队伍建设。坚持以党的十八大精神武装头脑,建设学习型、服务型、创新型机关和行业,加强思想政治建设,保持思想上政治上的清醒和坚定。认真落实中央和省委、省政府关于改进工作作风、密切联系群众的有关规定,扎实开展“实现伟大中国梦、建设美丽繁荣和谐四川”主题教育活动和以为民务实清廉为主要内容的党的群众路线教育实践活动,切实加强作风建设,推动全省交通运输政风行风持续好转。坚持抓班子带队伍,突出重品行、重实干、重公认的用人导向,建设德才兼备、真抓实干、群众公认的交通干部队伍。完善交通运输行业特色的惩防体系和内控体系,认真开展工程建设领域突出问题等专项治理,加强廉政风险防控和廉政文化建设,争创反腐倡廉建设先进典范,努力做到干部队伍清正廉洁。

(四)统筹推进灾区交通重建

芦山强烈地震及其引发的崩塌、滚石、山体滑坡等次生地质灾害,使雅安、成都等市(州)的交通基础设施不同程度受损。特别是雅安市的交通基础设施受损严重,其中国道318线、省道210线等国省干线公路、震中芦山县的干线公路及9个乡镇的公路交通一度全面瘫痪。

地震发生后,在党中央、国务院、交通运输部和省委、省政府的坚强领导下,交通部门迅速反应,紧急行动,立即启动应急预案,第一时间投入抗震救灾,用不到4天时间全面抢通灾区交通,取得抢通保通、抢运保运工作的阶段性重大胜利。当前交通抗震救灾工作已转入保通和恢复重建阶段。按照省委十届三次全会的总体部署和王东明书记、魏宏省长关于交通抗震救灾和恢复重建工作的重要指示精神,要继续发扬不怕牺牲、攻坚克难、连续奋战的工作作风,坚持两手抓,两不误,两促进,确保灾区生命线畅通,统筹科学恢复重建,奋力夺取交通抗震救灾的全面胜利。

扎实做好道路保通工作。坚持把保通贯穿于救灾和重建全过程,落实好既定的抢通保通措施,不断增强灾区道路通行能力和保畅功能。严密防范公路沿线次生地质灾害,强化隐患排查、监测预警、应急治理,及时消除安全隐患。集中力量抓紧完成省道210线芦山至宝兴段地质隐患应急处治,尽可能拓宽加固,形成一定的抗灾能力,保障灾区生命线畅通。

科学编制恢复重建规划。充分借鉴汶川特大地震灾后交通恢复重建成功经验,统筹兼顾、立足当前、着眼长远,坚持把灾后重建与全面建成小康社会、与新农村建设和扶贫开发、与推进城镇化结合起来,正确处理好当前与长远、恢复与提升、重建与发展的关系,科学制订交通恢复重建规划,进一步完善路网布局,适度提高建设标准,全面提升灾区交通基础设施的抗灾能力和服务水平。

又好又快推进恢复重建。按照省政府批准实施的基础设施重建专项规划,尽快编制交通基础设施重建项目年度实施计划,落实平衡项目建设资金,积极争取已纳入规划的灾后交通重建项目提前实施。创新重建机制,用好重建政策,完善配套措施,加快重建进度,力争通过3年努力,基本完成重建规划任务,使灾区交通基础设施水平超过震前水平,保障能力显著增强,实现整体跨越式提升。加强重建项目质量安全监管,严格建设管理规范,管理好用好重建资金,做到阳光重建、廉洁重建。

——摘自2013年5月29日全省交通运输工作会议上讲话

概况

GAI KUANG

世界自然遗产——九寨沟（芦苇海） 陈瑾柯 摄

厅公路局 制

四川概况

SICHUAN GAIKUANG

区位 地理区位：四川简称“川”或“蜀”，地处中国西南部的长江上游，位于东经97°21′～108°31′和北纬26°03′～34°19′，东西长1075公里，南北宽921公里，东邻重庆，南连贵州、云南，西靠西藏，北接陕西、青海、甘肃。辖区面积48.5万平方公里，占全国总面积的5.05%，仅次于新疆、西藏、青海、内蒙古，居全国第五。四川以其独特的地理环境、丰富的自然资源以及开发较早的农耕经济而享有“天府之国”的美誉。

经济区位：四川四面环山，气候良好，资源和物产富足，历来是中国西部地区具有重要经济地位的省份。就区位状况而言，四川虽然存在不沿边、不靠海的先天不足，但亦有其独特条件和巨大潜力：从地理位置来看，作为西部大开发10个省（自治区、直辖市）之一，四川与除新疆、宁夏外的其他7个省（自治区、直辖市）接壤，因而是中国西部地区人流、物流、信息流的重要通衢，是云、贵、藏、青、甘等省（自治区）经济发展的重要依托，是西南、西北和中部地区的重要结合部；从市场联动来看，四川是西部特别是西南地区各种要素和商品的重要集散地；从交通连接来看，四川是承接华南、华中，连接西南、西北，沟通中亚、东南亚的重要交汇点和交通走廊。这些区位特点构成了四川特有的区位优势，也进一步带动和发挥着其他方面的优势，使四川有条件成为辐射西部、面向全国、融入中国—东盟自由贸易区和世界的西部经济高地。省会成都是中国著名的历史文化名城和内陆特大开放城市之一，被国务院规划为西部地区重要的商贸、金融、科技中心和交通、通信枢纽，也是中国最佳旅游城市、国家卫生城市和国家“双拥”模范城市，并以其城市建设和生态环境保护方面的成就获联合国颁发的“人居奖”和“改善居住环境最佳范例奖”等多项殊荣。

地貌特征 四川地跨青藏高原、云贵高原、横断山脉、秦巴山地和四川盆地五大地貌单元，地势高低起伏悬殊。以龙门山、邛崃山和大凉山主脊线为界，四川地貌可分为东低西高截然不同的两大地理区域：东部是四周山地环绕、中间是低陷的盆地；西部是大幅隆起、地域辽阔的高原和山地。东部盆地周边山地海拔多在1000～3000米之间，盆底海拔在75～200米之间，属中国地势划分的第二阶梯上相对凹陷部分；西部山地海拔多在4000米以上，属中国地势划分的第一阶梯。四川山脉连绵，江河纵横。其东南缘的合江、长江两岸海拔在250米左右，而西部的贡嘎山海拔为7556米，为四川第一高峰，其东西高差超过7300米，为全国罕见。四川水土流失的重要地理成因就是这种东西高差所形成的重力梯度和水力梯度。

地貌类型复杂多样是四川地貌的另一大特征。除海洋外，平原、丘陵、山地和高原4种地貌类型齐全。平原分布于盆地西部及河流两岸，丘陵分布于盆地中部及盆东平行岭谷底部，山地主要分布于凉山州、甘孜州、阿坝州的东南部，高原分布于川西北的甘孜州和阿坝州境内。

气候特征 四川地处亚热带地区，由于面积辽阔，东、西部地貌差异显著，因而气候复杂多样，尤以气候垂直分带为多，系中国气候带最多的省区之一。如川西高山峡谷地区以亚热带为基带，从下至上依次呈现暖温带、温带、寒温带和永冻带气候特征。这种复杂多样的气候为四川立体农业的发展提供了得天独厚的优越条件。

四川气温差异显著，根据热量、降水、日照的差异，大致可分为东部盆地、川西高原和川西南山地三大区域。东部盆地年平均气温在14～19℃之间，春季气温回暖早，夏季长但少酷热，秋季低温来得早，冬季温暖而少霜雪；川西高原地区年平均气温低于8℃，气候垂直变化明显，气温低，多霜雪，雨量小，日照丰富；川西南山地谷地年平均气温在15～20℃之间，山地年平均气温在5～15℃之间，冬暖夏凉，四季不分明。

资源 土地资源：四川总面积48.5万平方公里，按地貌可分为平原（坝子）、台地、丘陵、低山、中山、高山、高原和水面。全省陆地总面积4840.6万公顷，其中耕地面积397.61万公顷。

四川土壤类型丰富，垂直分布明显。平原、丘陵主要为水稻土、冲击土、紫色土等，是农作物的主要产区。高原、山地依海拔高度分别分布不同土壤，其中多数有利于不同作物的生长。占比重较大的紫色土富含钾、磷、钙、镁、铁、锰等元素，土质风化度低、土壤发育浅、肥力高，极利于农业生产。四川湿地资源极其丰富，主要类型有河流湿地、湖泊湿地、沼泽和沼泽化草甸湿地及库塘四大类。此外,九寨沟高山湖泊群湿地、若尔盖高原泥炭地、黄龙钙化湿地群、泸沽湖湿地等湿地景观也闻名全球。

高原湿地景观　　厅交通宣传中心 供稿

水资源: 四川大部分地区位于温润季风气候区,雨量充沛,河流水系发育良好。地表水、地下水和重复水储量巨大,其中以河川径流量最为丰富,境内流域面积50平方公里及以上河流共有2816条,号称“千河之省”;水资源总量约2616亿立方米(其中地下水资源量616亿立方米),为长江径流三大补给区之一。其中,岷江年径流量900立方米,为长江各大支流之冠。四川充足的水资源所蕴藏的水能,占全国的1/4。

生物资源: 复杂的地形结构、气候类型和充裕的雨水为多种生物的生长繁衍提供了良好的自然条件,使四川集华中、西南和青藏高原三大动植物区为一体,古今动植物同存,数量种类繁多,素有“中国植物缩影”和“物种富乡”之誉,为全球25个生物多样性热点地区之一。全省仅高级植物就有1万余种,占中国植物总类的三分之一,居全国第二,其中国家重点保护植物达63种。同时,四川还是药用植物的主要产地和油料植物的生产基地,经济林木的栽培历史悠久。四川境内的野生动物种类占全国的46.4%,居全国第二。其中有脊椎动物近1300余种,占全国的45%以上。全省有国家一级保护动物32种、二级保护动物113种,分别占全国的34.3%和40.1%,举世闻名、被誉为“国宝”的大熊猫就主要生活在四川。同时,四川的毛皮用动物和药用动物种类繁多。全省雉类资源亦极为丰富,雉科鸟类达20种,占全国雉科总数的40%,其中有许多珍稀濒危雉类,如雉鹑、四川山鹧鸪、绿尾虹雉等。近年来,四川省境内新纪录鸟类19种。

矿产资源: 四川地质构造复杂,地层发育完整,岩浆活动频繁,成矿条件有利,是中国矿藏资源极为丰富的少数省份之一。全省矿产种类齐全,储量丰富,具有查明资源储量的矿种和矿区101种和2219处,其中有57种矿产的保有资源储量位居全国前5位,钛、钒、锂、轻稀土、岩盐、芒硝等14种矿产储量居全国首位。全省矿产资源分布相对集中,区域特征明显,地域组合较好,伴生矿种多,易于开采冶炼,成为西部乃至全国的矿物原材料生产和加工大省。

旅游资源: 四川拥有秀美的山川和独特的人文景观,是中国旅游资源种类繁多、门类齐全的省(自治区、直辖市)之一。全省有世界遗产5处,其中:自然遗产3处(九寨沟、黄龙、四川大熊猫栖息地),自然和文化双重遗

岷江　　厅航务局 供稿

产1处(峨眉山—乐山大佛),文化遗产1处(青城山—都江堰)。列入联合国《世界生物圈保护区》的有4处(九寨、卧龙、黄龙、稻城亚丁)。拥有国家级风景名胜区15处,省级风景名胜区75处。青城山—都江堰、峨眉山、九寨沟成为首批国家5A级旅游景区。四川省共有A级旅游景区255个,中国优秀旅游城市21座。共有国家级自然保护区27个,省级自然保护区70个;卧龙、蜂桶寨、喇叭河、草坡、鞍子河、黑水河6个大熊猫自然保护区作为大熊猫世界自然遗产地最精华区域进入世界自然遗产名录。全省共有国家级森林公园31处,省级森林公园54处。四川地质构造复杂、地质地貌景观丰富,已发现地质遗迹220余处,有兴文和自贡2处世界级地质公园,国家级地质公园14处,其数量居全国前列。全省有国家级历史文化名城7个,有全国重点文物保护单位127处,省级文物保护单位1061处。

人口民族宗教 四川是中国人口大省,2012年末全省常住人口8076.2万人,比上年末增加26.2万人。其中城镇人口3515.6万人、乡村人口4560.6万人。由于地域和行政区划原因,人口分布不平衡。四川民族众多。除汉族外,还有55个少数民族,其中世居少数民族有彝、藏、羌、苗、回、土家、纳西等14个。四川拥有中国第二大藏区、最大的彝族聚居区和唯一的羌族聚居区,为全国第五大少数民族省份。各民族大杂居、小聚居,交错分布,形成相互学习、团结互助、共同发展的和谐民族关系。

四川有佛教、道教、伊斯兰教、天主教、基督教5种宗教,在彝、土家、羌、傈僳、纳西等民族中还保存着一些原始宗教信仰。汉族地区佛教、道教分布较广;川西高原上的甘孜、阿坝和凉山州木里县是藏族聚居地,多数居民信仰藏传佛教;信仰伊斯兰教的回族群众主要分布在川西北和川西南的阿坝、凉山等地区;天主教、基督教的信众则多分布在长江沿线的大中城市及农村。

历史沿革 四川是中国古人类文化发源地之一,也是中国经济开发较早的地区之一。距今几万年前,最早原始人类之一的资阳人就生活在四川,并使用旧石器从事生产。古史传说的"蚕丛时代"即指四川古人类以养蚕著称的时代,"蜀"之得名亦与之有关。从新石器时代晚期到青铜器时代,两个较大的奴隶制国家——巴国和蜀国的人民就已在今四川盆地东部和西部辛勤垦殖,创造了灿烂的"巴蜀文化"。20世纪80年代后期,广汉三星堆、新津宝墩、都江堰芒城、郫县古城、温江鱼凫城、成都金沙等一系列考古发掘证实,早在距今4800—4000年左右的成都平原,已逐渐形成分布密集、规模庞大的古城群。

公元前316年,秦灭巴蜀,分置巴郡和蜀郡。从此,今四川地区进入中央王朝直接统治之下。战国秦昭王时,蜀守李冰兴建都江堰,灌溉成都平原,使其农业迅速发展,四川至今仍受其惠。秦末,刘邦以巴蜀为战略后方,出兵关中,建立汉朝。至汉武帝元封五年(公元前106年),以今四川地域为中心,置益州,故四川又有"益州"之称。两汉时,四川经济进一步发展,文翁兴学,开创西汉一代官学制度;牛耕、铁农具普遍使用,蜀酒已有特色;工矿业、手工业、商业相当发达。成都与洛阳、邯郸、临淄、宛城同为五都之一,世称"西都"。221年,刘备建立蜀汉政权,定都成都。263年,蜀汉为魏所灭。此后,四川先后成为两晋南北朝的统治区。在此期间,四川因多次卷入战祸,经济曾一度衰落,但其所受灾难较北方和三关地区为轻,加之其间先后出现过几个较为安定的时期,故时有"天下多乱,惟蜀得免"之说,不断有人入蜀避乱,并带来技术和资财,为四川经济的再次发展提供了有利条件。隋炀帝大业三年(607年),废州置郡,实行郡县二级制,设蜀、巴等24郡。唐代实行道、州(府)、县三级制,今四川地区属剑南东、西两道和山南西道,致有"剑南三州"之称。其时四川经济进入再次发展的高潮,成都平原成为全国最发达的地区之一,时称"扬一益二"。907年,王建建立前蜀;934年,孟知祥建立后蜀。965年,北宋灭蜀。真宗咸平四年(1001年),分今四川地区为益州路(后改成都府路)、梓州路(后改为潼川府路)、利州路和夔州路,总称"川峡四路",简称"四川路","四川"之名即由此而得。宋代是四川经济文化又一个大发展时期,确立都江堰岁修制度并沿袭至今,设置"茶马司"以茶易马,其蜀锦、麻纸、印刷和刻书均居当时先进行列,深井钻凿技术更是领先世界,交通运输和商业也较发达,世界上最早的纸币——交子始现成都,成都地位仅次于汴京和临安,被誉为"名都乐园"。元朝在各地置行中书省。至元二十三年(1286年),合并川峡四路置"四川等处行中书省",简称"四川行省",此为四川建省之始。1362年,红巾军将领明玉珍在川称帝,国号大夏。1371年,明军灭大夏,统一四川。明末农民起义军首领张献忠由湖广溯江而上,第五次入川,在成都建立大西政权。1659年,清军夺取四川后,四川归于清王朝版图。"康乾盛世"时期,清王朝对四川采取一系列休生养民政策,使四川经济得以迅速恢复并发展,其中"湖广填四川"和"改土归流"政策影响尤为深远。其时红苕、玉米等新型粮食作物普遍种植,烟叶、蚕丝业继续发展,糖、酒业逐步兴盛,特别是以自贡为中心的盐场具有相当规模,资本主义萌芽悄然产生。1840年,中英鸦片战争爆发后,四川成为帝国主义国家倾销商品、掠夺原料的场所以及侵略西藏和西南其他各省的基地。外国资本的入侵,使原有封建经济逐步解体,买办资本开始发展,民族工商业陷入困境。

辛亥革命后,四川成立军政府,并出现长达近20年的军阀混战局面。第二次国内革命战争期间,中共四川省委先后组织领导20次武装起义。1932年,红四方面军主力入川,建立川陕革命根据地。抗日战争时期,四川成为抗日大后方和中国抗日的兵源、财源、粮食和物资基地。这一时期四川的经济文化得到发展。1949 年 12 月,四川解放。1950 年,四川划分为川西、川东、川北、川南 4 个行署和重庆市、西康省。1952 年,四川恢复省制,重庆由直辖市改为省辖市。1955 年,西康省撤销,金沙江以东各县并入四川。1997 年,重庆又改设为直辖市。至 2010 年,四川省共有地级行政区划 21 个,其中副省级市 1 个、地级市 17 个、民族自治州 3 个;有县级行政区划 181 个,其中市辖区 44 个、县级市 14 个、县 119 个、民族自治县 4 个。

经济建设 四川经济开发较早,历史上就以畜牧农耕、凿井煮盐、养蚕织锦著称。新中国成立以来特别是改革开放 30 年来,四川经济建设取得巨大成就。自 2007 年底省委九届四次全会召开以来的五年是四川发展历史上极为特殊、极为艰难、极不平凡的五年。四川既遭受了"5·12"汶川特大地震、特大山洪泥石流等重大自然灾害,又经历了国际金融危机等严峻考验,全省人民化危为机、跳起摸高,变困难为机遇,化压力为动力,全省经济迅速走出地震灾害和国际金融危机的影响,划出一条"止滑提速—巩固回升—高位求进"的坚强曲线,经济增长速度实现跃升并保持在全国前列,经济规模和综合实力上了一个大台阶。2012 年全省生产总值达到 23849.8 亿元,比上年增长12.6%,是 2007 年的 2.3 倍,经济总量由全国第 9 位上升到第 8 位;地方公共财政收入达到 2421.3 亿元,比上年增长 18.4%,是 2007 年的 2.9 倍;公共财政支出达到 5431.1 亿元,比上年增长 16.2%,是 2007 年的 3 倍。全省人均地区生产总值 29579 元,比上年增长 12.3%;城镇居民人均可支配收入 20307 元、农民人均纯收入 7001 元,比上年分别增长 13.5% 和 14.2%,比 2007 年分别增长 83%、97.4%,增幅均高于全国平均水平。四川经济正在加快实现从"吃饭财政"向"发展财政"的历史性转变。

四川工业门类齐全,发电量、天然气等产品产量均居西部各省(自治区、直辖市)第一位,机械、电子等行业在全国占有重要地位。近年来,结构调整和产业发展取得重要进展,投资消费持续扩大,2012 年全省固定资产投资 1.8万亿元,比上年增长 19.3%,是 2007 年的3.1倍;工业规模跨上万亿元台阶,规模以上工业增加值年均增长 20.2%。特色优势产业和战略性新兴产业加快发展,拥有一批带动产业集群发展的国家级和省级产业园区。

四川现代农牧业发展显现成效,2012 年,农业基础地位进一步巩固,全年粮食总产量比上年增长 0.7%,粮食生产实现六连增;累计建成现代农业产业基地 252.79 万公顷。现代畜牧业试点和提质扩面成效显著,全年生猪出栏增长 2.4%,家禽出栏增长 7.0%,兔出栏增长 5.4%;禽蛋及牛奶产量分别增长 1.1% 和 0.7%。林业生产持续快速发展,新建现代林业产业基地 90.04 万公顷,完成荒山荒(沙)地造林 19.33 万公顷;年末全省共有湿地公园 19 个,其中省级湿地公园 9 个(2012 年新批建 1 个),国家级湿地公园 10 个(2012 年新批建 3 个);森林覆盖率 35.3%,比上年提高 0.2 个百分点。渔业生产稳定发展,全年水产养殖面积 19.1 万公顷,比上年增长 1.1%;水产品产量 118.9 万吨,增长 6.0%。

四川是西部最大的市场和物资集散中心,商业机构门类齐、网点覆盖面广,为全国贸易大省。2012 年,全省实现社会消费品零售总额 9087.9 亿元,比上年增长 16.0%。

四川招商引资和经贸合作取得重大成果,承接产业转移规模与质量明显提升,电子信息、汽车制造、油气化工等产业快速崛起。2012 年,全省实际利用外资 105.5 亿美元,规模与上年基本持平;外商投资实际到位资金 98.7 亿美元,增长 3.6%。开放型经济水平明显提升,2012 年外贸进出口总额达到 591.3 亿美元,比上年增长 23.9%。在

广甘高速公路 游向平 摄

川落户世界500强企业达到247家，外国驻川领馆增至9家。区域合作进一步深化，新增国际友城19对。外事、港澳台侨和口岸、海关、检验检疫工作得到加强。

西部大开发以来，四川立足省情，积极推进旅游产业由资源优势向经济优势的转变，并将其作为支柱产业之一予以重点培育，提出发展大旅游、建设旅游经济强省的目标，制订一系列促进旅游业加快发展的政策措施，推动旅游业较快发展。2012年，全省旅游业总收入3280.3亿元，是2007年的2.7倍。

西部综合交通枢纽主体骨架正在形成，从"蜀道难"到"蜀道通"正变为现实。2012年，全省铁路营运里程达4063.6公里，增加514.6公里；建成和在建高速公路6647公里，通车里程新增2400公里、达到4334公里，进出川通道达到20条；全省民航完成旅客周转量430.2亿人公里，增长6.1%，成都成为全国空港第四城；"四江六港"(详见《附录》)建设加快推进，全省内河港口年集装箱吞吐量达到16.1万标箱，同比增长48.25%，全省水路旅客周转量2.7亿人公里，同比增长3.8%，水路货物周转量103.5亿吨公里，同比增长14.8%。

四川通讯事业形成以微波、光纤、卫星、程控电话、无线寻呼、图文传真等组成的现代通信体系，实现县以上城市电话自动化，市(州)以上城市交换程控化，省到市(州)通讯传输数字化。与国内通讯系统连成一体的四川通讯，其国际直拨电话可通达世界200多个国家和地区。2012年，全省邮电业务总量693.4亿元，比上年增长14.3%。省内实现所有建制村通电话和所有乡镇通宽带，年末拥有局用交换机容量(含接入网)1789万门，移动电话交换机容量13749万户；年末固定电话用户1347万户，比上年减少36万户；移动电话用户5498万户，增加698万户。电话普及率76.1%，其中固定电话普及率15%，移动电话普及率61.1%。固定互联网用户838万户，移动互联网用户数3974万户，光缆线路长度83.5万公里。

四川水能资源技术可开发量达1.03亿千瓦，年发电量达5563.34亿千瓦，金沙江、雅砻江、大渡河为全国12大水电基地中最著名的3大水电基地。2012年，"再造一个都江堰灌区"建设规划加快实施，6个大型和53个中型水利工程建设加快推进；整治病险水库1960座，解决了2188万人的饮水安全问题。

科技文化教育　新中国成立后，四川的科技、文化和教育迅速发展。省内有举世闻名的西昌卫星发射基地，有中国最大的受控热核聚变装置——中国环流器一号，有中国西部"硅谷"——绵阳电子科学城，有科研开发机构1600余个、从事科技活动人员近10万人。2012年末，全省拥有在川国家级重点实验室12个、省部级重点实验室148个，国家级工程技术研究中心14个、省级工程技术研究中心122个；有中国科学院院士26人、中国工程院院士34人；年内共登记技术合同11600项，成交金额119亿元；完成省级科技成果登记1010项；共申请专利66312件，专利授权42220件，其中新增专利实施项目5487项，新增产值866.49亿元。2012年全省发明专利申请量、授权量分别是2007年的4.8倍、5.4倍。雄厚的科技开发实力、先进的技术装备和大批高科技人才，使成都继北京和上海之后，成为中国又一个重要的科研基地。

悠久的历史赋予四川兼容并蓄、追求和谐的文化传统，光灿夺目的古蜀文明为四川社会主义先进文化建设积淀了丰厚底蕴，其中以茂县营盘山、新津宝墩、广汉三星堆和成都金沙等地遗址为典型代表。2005年8月，国家文物局正式公布采用2001年出土于四川成都金沙遗址的"太阳神鸟"金饰图案作为"中国文化遗产标志"。全省除以三星堆遗址、金沙遗址为代表的古蜀文化景观外，还有以武侯祠、剑门关为代表的三国文化景观以及列入世界文化遗产的道教文化圣地青城山、人类水利工程创举都江堰、佛教文化圣地峨眉山—乐山大佛等景观；除成都、泸州、自贡、宜宾、乐山、都江堰和阆中7座城市被列入中国历史文化名城之外，还有66个全国重点文物保护单位和300多个省级重点文物保护单位，是全国文化遗产遗址最多的省份之一。2012年，全省博物馆纪念馆免费开放工作进入常态，共接待观众3597万人次。年内全省共有国家级非物质文化遗产名录数量120项，省级非物质文化遗产名录数量460项。全省广播、电视综合人口覆盖率分别达到96.8%和97.8%；拥有文化系统内艺术表演团体68个、艺术表演场所45个、文化馆205个、文化站4595个、公共图书馆188个；国家级文化产业示范基地13个、省级文化产业示范基地33个。

文翁兴学是巴蜀地区教育与文化事业的壮举，其创办的"文翁石室"是中国历史上第一所官办学校，四川著名学者郭沫若、王光祈、李一氓、李劼人、蒙文通、魏世珍等皆出自该校。两千多年在同一地址办学不断，这在全世界也仅此一例。四川已形成初等教育、中等教育、高等教育相互衔接，普通教育、职业教育、成人教育协调发展的教育体系。2012年，全省共有各级各类学校2.6万所，在校生(学历教育)1579.9万人。基础教育全面加强，完成"两基"攻坚历史任务，实施职教攻坚和藏区"9+3"教育计划；基本形成家庭困难学生资助体系，启动实施农村义务教育学生营养改善计划，在全国率先全面实现中职教育免学费。高等教育不断完善，全省普通高校99所，研究生培养单位40个，普通本(专)科在校生122.4万人。

此外，色彩艳丽的蜀绣蜀锦，"一菜一格、百菜百味"的川菜，形式活泼、曲调多样、语言诙谐且独具变脸、旋舞、喷火等特技的川剧，清幽闲适的茶文化，无不展示出巴蜀文化的多姿多彩，享誉世界。

人　物　四川人才荟萃，英才辈出。中国最早的历算学家、著名天文学家落下闳(阆中人),西汉辞赋家司马相如(成都人)及西汉辞赋家、文学家、哲学家、语言学家扬雄(郫县人),西晋著名史学家、《三国志》作者陈寿(南充人),唐代诗歌革新的先驱陈子昂(射洪人)、诗仙李白(江油人)及女诗人薛涛(成都人),号称文坛“三苏”的宋代苏洵、苏轼、苏辙(眉山人),明代文学家杨慎(新都人),清代文学家、戏剧理论家、“蜀中才子”李元调(罗江人)等如灿烂群星,辉耀蜀中大地。“戊戌变法六君子”中的刘光第(富顺人)、杨锐(绵竹人),辛亥革命志士喻培伦(内江人),抗日英雄赵一曼(宜宾人),全心全意为人民服务的忠诚战士张思德(仪陇人),巾帼英雄丁佑君(乐山人),志愿军英雄黄继光(中江人),少年英雄赖宁(石棉人)等川人楷模,皆流芳中华史册。中国改革开放的总设计师邓小平(广安人),老一辈无产阶级革命家朱德(仪陇人)、陈毅(乐至人)、罗瑞卿(南充人),共和国开国上将张爱萍(达县人)和陈伯钧(达县人)等为新中国的诞生和发展立下汗马功劳,永垂青史。无产阶级革命家、杰出的语言文字学家和教育家、新中国教育事业的开拓者吴玉章(荣县人),伟大的爱国主义者、民主革命家、教育家、社会活动家、建国初期国家领导人之一的张澜(西充人),著名的平民教育家、被国际学术界列为“世界上为社会贡献最大、影响最广的十大名人”之一的晏阳初(巴中人),显示出四川人“以天下为己任”的豪情壮志。当代杰出作家、诗人和戏剧家、马克思主义历史学家和古文字学家郭沫若(乐山人),一代文学巨匠巴金(成都人),国画大师张大千(内江人),著名文学家、翻译学家李劼人(成都人)等艺馨天下,蜚声国内外。美丽富饶的四川大地,孕育出一代又一代的蜀中英才。

成都杜甫草堂——蜚声全球的文学圣地 厅史志总编室 供稿

发展方向 当前世界经济格局正在发生深刻变化,和平、发展、合作仍然是时代潮流,全国经济在较长时期仍将保持平稳较快发展。国家着力于加快转变经济发展方式,实施扩大内需战略,深入推进新一轮西部大开发,四川蕴含着重大发展机遇。全国经济发展的空间格局出现新的变化,西部快速发展的态势已经确立。近几年四川新型工业化、新型城镇化和农业现代化加快推进,要素聚集和扩散能力、产业吸纳和承载能力显著增强,正在成为国家新的开发开放前沿和重要增长极。

今后一个时期,四川发展要着力构建多点多极支撑,围绕全省经济社会发展大局,准确把握科学发展、加快发展的工作基调,立足新的起点,树立更高目标,保持追赶跨越的发展势头。在加快工业化城镇化进程中,做强市州经济梯队,做大区域经济板块,为推进科学发展、加快发展和全面建成小康社会增添新的动能。要坚定不移走新型工业化道路,推动信息化和工业化深度融合,努力做大规模、优化结构、提高质量,加快培育新的增长点。要加快推进城镇化,构建规划科学、布局合理的城镇体系,提高产业和人口的聚集能力。要把“三农”工作摆在重中之重的位置,按照统筹城乡的要求推进农业现代化,按照产村相融的理念推进新农村建设。要坚定不移深化改革扩大开放,通过深化重点领域的改革释放发展活力,通过扩大开放推进产业转型升级、加快发展。要坚持以人为本、执政为民,继续加大民生投入,抓好扶贫开发工作,努力解决民生难题。

在科学发展观的指导下,全省已经朝着建设西部经济发展高地和全面建成小康社会的奋斗目标迈出了重要而坚实的步伐。全省人民立足新的历史起点,科学把握发展阶段性特征,抢抓新的发展机遇,奋力推进发展新跨越。全省上下统筹当前和长远利益,坚定信心,奋发有为,开启四川改革开放和现代化建设的新征程,奋力夺取全面建成小康社会的新胜利。 (交鉴 蒋君兰)

(本栏目资料和数据主要参考《2013 四川省政府工作报告》《四川统计年鉴·2013》《四川年鉴·2013》及相关部门官方网站)

资料

2012年市(州)概览

项目 / 市(州)名	市辖区(个)	县级市(个)	县(个)	自治县(个)	乡(个)	民族乡(个)	镇(个)	辖区面积(万平方公里)	年末常住人口(万人)	人口密度(人/平方公里)
成都市	9	4	6		27		193	1.2	1417.78	181
自贡市	4		2		21		75	0.4	271.32	678
攀枝花市	3		2		23	13	21	0.7	123.09	176
泸州市	3		4		43	8	85	1.2	425.00	354
德阳市	1	3	2		21		99	0.6	353.13	589
绵阳市	2	1	5	1	133	15	144	2.0	464.02	232
广元市	3		4		139	2	91	1.6	253.00	158
遂宁市	2		3		44		68	0.5	326.77	654
内江市	2		3		24		87	0.5	371.81	744
乐山市	4	1	4	2	115	2	96	1.3	325.44	250
南充市	3	1	5		227	1	167	1.2	630.03	525
眉山市	1		5		57		71	0.7	296.64	424
宜宾市	2		8		67	13	108	1.3	446.00	343
广安市	1	1	3		86		86	0.6	321.64	536
达州市	1	1	5		206	4	103	1.6	549.27	343
雅安市	2		6		93	18	45	1.5	152.65	102
巴中市	1		3		123		65	1.2	330.79	276
资阳市	1	1	2		87		84	0.8	358.85	449
阿坝州			13		190	2	33	8.3	90.67	11
甘孜州			18		296	7	29	15.3	112.20	7
凉山州		1	15	1	527	13	81	6.0	456.10	76

注:本栏目数据和附表资料主要参考《四川统计年鉴·2013》。

地区生产总值（亿元）	第一产业（亿元）	第二产业（亿元）	工业（亿元）	第三产业（亿元）	人均地区生产总值（元）	所辖县（市、区）名录
8138.94	348.10	3765.62	3127.61	4025.22	57624	锦江区、青羊区、金牛区、武侯区、成华区、龙泉驿区、青白江区、新都区、温江区、都江堰市、彭州市、邛崃市、崇州市、金堂县、双流县、郫县、大邑县、蒲江县、新津县
884.80	109.39	529.26	488.44	246.15	32787	自流井区、贡井区、大安区、沿滩区、荣县、富顺县
740.03	25.77	561.41	533.07	152.85	60391	东区、西区、仁和区、米易县、盐边县
1030.45	143.60	624.03	588.19	262.82	24317	江阳区、龙马潭区、纳溪区、泸县、合江县、叙永县、古蔺县
1280.20	194.03	770.31	718.50	315.86	35945	旌阳区、广汉市、什邡市、绵竹市、中江县、罗江县
1346.42	219.19	706.22	607.42	421.01	29080	涪城区、游仙区、江油市、安县、梓潼县、平武县、北川羌族自治县、三台县、盐亭县
468.66	91.82	220.29	189.91	156.55	18672	利州区、元坝区、朝天区、剑阁县、旺苍县、青川县、苍溪县
682.41	150.37	359.20	305.29	172.84	20908	船山区、安居区、蓬溪县、射洪县、大英县
978.18	163.31	610.10	570.69	204.77	26341	市中区、东兴区、资中县、威远县、隆昌县
1037.75	123.72	643.91	601.63	270.12	31942	市中区、五通桥区、沙湾区、金口河区、峨眉山市、犍为县、井研县、夹江县、沐川县、峨边彝族自治县、马边彝族自治县
1180.36	270.47	609.44	498.05	300.23	18757	顺庆区、高坪区、嘉陵区、阆中市、南部县、西充县、营山县、仪陇县、蓬安县
775.22	135.91	443.33	390.53	195.98	26168	东坡区、仁寿县、彭山县、洪雅县、丹棱县、青神县
1242.76	181.94	773.97	712.17	286.85	27865	翠屏区、南溪区、宜宾县、江安县、长宁县、高县、筠连县、珙县、兴文县、屏山县
752.22	140.00	392.68	310.82	219.54	23410	广安区、华蓥市、岳池县、武胜县、邻水县
1135.46	248.95	605.23	544.20	281.28	20685	通川区、万源市、达县、宣汉县、开江县、大竹县、渠县
398.05	60.39	233.56	202.76	104.10	26157	雨城区、名山县、荥经县、汉源县、石棉县、天全县、芦山县、宝兴县
390.40	93.00	167.45	102.10	129.95	11823	巴州区、平昌县、通江县、南江县
984.72	216.13	548.45	496.19	220.14	27283	雁江区、简阳市、安岳县、乐至县
203.74	31.57	102.12	81.18	70.05	22525	汶川县、理县、茂县、松潘县、九寨沟县、金川县、小金县、黑水县、马尔康县、壤塘县、阿坝县、若尔盖县、红原县
175.02	43.09	68.12	47.09	63.81	15753	康定县、泸定县、丹巴县、九龙县、雅江县、道孚县、炉霍县、甘孜县、新龙县、德格县、白玉县、石渠县、色达县、理塘县、巴塘县、乡城县、稻城县、得荣县
1122.67	218.80	587.87	453.36	316.00	24668	西昌市、木里藏族自治县、盐源县、德昌县、会理县、会东县、宁南县、普格县、布拖县、金阳县、昭觉县、喜德县、冕宁县、越西县、甘洛县、美姑县、雷波县

四川交通历史与现状

SICHUAN JIAOTONG LISHI YU XIANZHUANG

古道交通 四川交通历史悠久，早在新石器以及商周时期，四川古道交通就有所开拓。“武王伐纣，蜀亦从行”（《华阳国志·序志》），“武王伐纣，实得巴蜀之师”（《华阳国志·巴志》）。在广汉三星堆和成都金沙，出土过与中原地区玉器形制完全相同的玉璧、玉璋、玉琮等。这些都证明早在殷周之际，四川盆地与外界已有密切的联系。在《蜀王本纪》和《华阳国志·蜀志》中保存的五丁开山、石牛开道、武都担土、山分五岭等神话传说，正是巴蜀先民开辟山道的有力说明。

古代四川与陕西的联系要翻越秦岭和大巴山，故交通道路的开辟多选择在河谷，并修栈道以克服艰险。穿越秦岭通道有4条：陈仓道、褒斜道、傥骆道、子午道，穿越大巴山有3条通道：剑阁道、米仓道、洋巴道。四川与甘肃之间的交通道路，是从渭水上游翻越秦岭西段和岷山，沿白龙江河谷而下，这就是历史上有名的仇池道和阴平道。

秦汉三国时期，是古代巴蜀交通大发展并形成基本格局的时期。陆路交通最大的变化是，相当一部分道路，由过去只能供人畜行走的窄道，转为可通马车的大道。两汉时期，蜀中较为重视修治道路。官府或征调民力大规模治路，或私人捐款修路建桥，并勒碑石记其事，一时蔚为风气。

巴蜀地区的交通，在前代奠定的基础上，经过南北朝和隋唐时期的发展，有了较大改善。州县之间，道路相通，往来便捷，北经关中，可以直入长安，达于中原。

宋代，成都到长安的川陕干道，仍是四川主要的陆路交通干线。该路经汉州（今四川广汉）、绵州（今四川绵阳）、剑州（今四川剑阁）、过剑门关而达利州（今四川广元），再经金牛道而达兴元府（今陕西汉中）。此外，由阆州、巴州而到汉中的米仓道，是四川通往陕西的另一条重要陆路干线。

元朝十分重视交通建设，在全国广阔的领域建立“站赤”制度，首次在西南边疆省区设置站赤。“元制站赤者，驿传之译名也。”（《元史·兵志》）。陆站以成都辐射全川，有的达于外省，历史形成的几条主要交通干线基本沿用，个别有所调整。明代四川陆路交通在元代基础上进一步改善和发展，特别是藏族地区的交通发展，从此改变历

古米仓道韩溪河　　厅史志总编室 供稿

史上由甘肃、青海入藏为主要通道的格局。

清代四川驿站，沿袭明制。驿站分东南西北四路，驿站管理以驿丞专司和地方州县管理两种形式进行。清代四川交通的一项突出成就，是康熙四十五年（1706年）建成川藏交通的大渡河上第一桥——泸定铁索桥。

在陆路交通方面，巴蜀先民最突出的创造，就是在高山峡谷发明了栈道。栈道有石栈和木栈两种，《四川通志》载"考此特殊工程，有木栈与石栈之分。木栈施于森林茂盛山地，系斩伐原始森林，铺木为路，或杂以土石。石栈则施于悬崖绝壁，无径可通之处，或缘岩凿孔，插木为桥"。蜀人在交通方面的另一贡献就是发明了索桥，用在河流绝壁无以渡越之处。由于川西山区河流湍急、峡谷深陷，建桥相当困难，当地人民因地制宜发明了索桥，其制虽艰，但往来迅速，行旅方便。由于四川古代造索桥系用竹索，所以也称笮桥，其后演进，有溜筒等形制。

综上所述，四川古道交通的嬗变与演进，绵延3000余年，直至以引进欧美汽车和筑路新技术为标志的公路交通的出现，始以质的变化而告终。古代道路交通与近代公路交通，是历史发展过程中的两个不同阶段，四川古道交通，对促进区域内外经济和文化交流，社会发展作出了巨大贡献，也为近现代四川公路、铁路交通建设，提供了有益的借鉴。

公路交通　四川公路交通始于1913年，川督兼民政长胡景伊倡修成都至灌县（今都江堰市）马路，至1925年冬建成，长55公里，次年开行汽车。1925—1949年，为四川公路交通初创阶段。20余年间，经过军阀割据和抗日战争时期两次"修路热"，至1949年底，川、康两省建成公路8742公里，但不少公路晴通雨阻。全省仅有汽车4000余辆，由于公路和汽车数量少，全省陆路交通大部分地区仍依靠人力和畜力运输。

中华人民共和国成立后，四川公路建设进入有计划发展的新时期。20世纪50年代，四川重点修建成阿、沐石、宜西、东巴、川藏等干线公路，使少数民族地区交通大为改观。1958—1965年，为加快农村、山区和偏远地区的公路建设，国家对公路建设实行"依靠地方、依靠群众、普及为主"的方针，四川出现全民修路的热潮。各地新（改）建一批国防、经济干线，修通一批支农和调运"死角粮"的公路，新（改）建一批支援"三线"建设的重点公路和林业专用公路，使公路数量大幅度增长。全省新建公路17900公里，是"一五"时期总和的三倍还多；新增通汽车的县城40个；新建大中型桥梁34座，改渡为桥28处，基本形成以国、省干线公路为骨架，以县乡公路、机耕道、架车路、驮运路为纵横经络的道路网。

1966—1976年，四川除白玉、得荣两县外，各县均通汽车，通车的人民公社达全省人民公社总数的75.5%；全省新建各种大桥295座44072延米，并建成第一座混凝土斜拉桥和主孔跨径116米的九溪沟石拱桥。

中国共产党十一届三中全会以后，省委、省政府提出要像抓农业那样抓交通，并要求"全省动员、各方出力、艰苦奋斗，支援交通建设"。由眉山倡导并推广到全省的公路加宽改造，拉开公路技术改造的序幕，四川公路建设开始从"数量型"到"质量型"的转变。这一时期，四川公路建设的特点是既重视公路建设的数量，又强调公路的质量，尤其重视高等级公路的发展。通过多渠道筹集建设资金，在加宽干线公路，改造大中城市进出口公路，兴建高等级公路，修建大型公路桥梁，加快老、边、少地区的公路建设，加强已成公路的养护，建设"标美路"等方面做出显著成绩，为加快四川经济发展奠定了基础。1988年，全省实现县县通公路。

罗江白马关金牛古道　　李建勇 摄

"七五"期间，省委、省政府出台一系列促进交通发展的优惠政策。至1990年底，全省公路总里程达9.7万公里，居全国第一，其中建成二级以上高等级公路717公里。5年共新建和改造山区公路1万公里，新建桥梁1820座6.9万延米。重点整治干线油路700公里，建成标美路1700公里、整形路4100公里，公路好路率由1985年的37%提高到56.8%。公路运输站点进一步向农村延伸，全省1万多个公路运输站点的85%均分布在县城和县以下广大农村。

“八五”期间，通过采取“以工代赈”“公路建设大包干”和开展“交通发展年”等活动，全省新(改)建公路10458公里，公路总里程达100724公里。其中，等级路59707公里、二级以上高等级公路2876公里。公路好路率从“七五”期末的56.8%提高到74.2%。全省新(改)建县级以上汽车站111个。“八五”期间四川公路建设最突出的成果，是1995年9月建成通车的全长340.2公里的成渝高速公路。该路的建成结束四川没有高速公路的历史，对四川及整个西南地区经济社会的发展具有重大意义。内宜高速公路、二郎山隧道、万县长江大桥、涪陵长江大桥等重点建设项目的相继开工，成绵高速公路的部分通车，都是“八五”期间公路建设取得的重大成就。

“九五”期间，四川交通抓住国家实施西部大开发战略的契机，以空前的建设规模和超常规的发展速度，取得以下成就：全省以高速公路为主骨架的三级路网建设取得突破性进展，除建成成绵、成都城北出口、成都机场、内宜、成乐、成灌、国道108线西昌泸沽至黄联关段、隆纳、成雅、达渝罗江至大竹段、广邻等11条高速公路外，还有在建高速公路500公里。至2000年底，行政区划调整后的四川，公路总里程达108529公里，居全国第二位，其中高速公路通车里程1000公里，居西部第一、全国第六；二级以上公路9000公里，比1995年净增6617公里；高级、次高级路面铺装率33%，比1995年提高14%。全省99%的乡和86%的村通公路，基本形成以成都为中心、以国省干线公路为骨架，连接城乡、沟通山区、贯通相邻省(自治区、直辖市)的公路交通网络。

“十五”期间，四川交通发展任务重，投资规模大，增长速度快，建设质量好。主要表现为：全省交通基础设施建设完成投资751.6亿元，比“九五”期间增长59%，超过新中国成立至“九五”期末完成投资的总和；建成成南、绵广、南广、达渝、成都绕城、成彭、成温邛等759公里高速公路，高速公路通达17个市(州)；全面完成47个项目、4276公里三州通县油路建设任务，使三州州府所在地与各县城间全部以油路相连，行车时速平均提高1倍以上，实现三州交通事业一步跨越20年。至2005年底，全省公路总里程达11.5万公里，比“九五”期末增加2.4万公里。其中，高速公路通车里程1759公里，新增759公里；二级以上公路1.3万公里，新增4000公里；公路密度为每百平方公里23.5公里，增加5公里；高级、次高级路面铺装率42%，提高7.6个百分点。

“十一五”时期以来，按照省委九届四次全会确定的建设西部经济发展高地的战略定位和构建西部综合交通枢纽的战略部署，四川交通发展的主要任务是构建枢纽、打开通道、完善路网、支撑高地，变“蜀道难”为“蜀道通”。其具体目标：一是确保到2012年全省高速公路通车里达到3500公里，力争超过3800公里；建成12条出川高速公路通道，初步形成贯通南北、连接东西、通江达海的西部公路交通枢纽，实现成都与周边多数省市中心城市朝发夕至，形成北抵环渤海、东达长三角、南至珠三角和北部湾等经济区及出海港口的22小时公路交通圈。二是到2012年基本完成7个干线公路出川通道和九寨、川东北、川南、川中、川西5条经济环线的改建任务，并改造国省干线公路8348公里，力争实现全省国省干线公路中二级以上公路达到1.6万公里，占国省干线公路总里程的80%。三是加快实施“十一五”农村公路规划内剩余5万公里的农村公路建设任务，并到2011年改建农村断头公路17355.8公里，使内江、眉山、攀枝花、遂宁、资阳、自贡、宜宾、广安等8个市提前实现“油路到乡、公路到村”，眉山、自贡、遂宁、内江等平原微丘地区实现60%的村通水泥(油)路。四是加快实施国家公路运输枢纽总体规划和市县两级公路运输站场布局规划，力争超额完成建成1700个农村客运站的“十一五”规划目标。

2009年，四川交通建设完成投资553亿元，同比增长64.7%，高于全国交通建设投资增幅35.8个百分点。加快实施《四川省高速公路网规划(2008—2030年)》，全年新开工建设映汶、成自泸赤、达万、巴南、成安渝、成德南、巴(中)达(州)、巴(中)陕(西)、丽(江)攀(枝花)、乐雅、遂资等11条高速公路1383公里，总投资规模1086亿元；加快雅西等14条高速公路建设进度，都映高速公路26公里建成通车，广巴高速公路初步形成通车能力，全省高速公路通车里程达到2240公里。

2010年，四川交通建设完成投资775.7亿元，比上年增长40.2%，高于全国交通建设投资增幅25.7个百分点，完成投资规模位居全国各省(自治区、直辖市)第2位。高速公路建设实现新突破，成都第二绕城、乐自、南大梁等6个高速公路项目630公里集中开工建设，全省在建高速公路项目达到34个3590公里，为2007年底的5倍多，在全国各省(自治区、直辖市)的排位由2007年底的第11位提升到第1位，总投资规模2700亿元；建成和在建高速公路总里程达5893公里，在全国各省(自治区、直辖市)的排位由2007年底的第12位提升到第2位。其中，省委九届四次全会以来，全省新开工高速公路项目30个，占“十一五”高速公路开工项目总数的88%，总里程3137公里，总投资规模2433亿元。广巴、邛名、乐宜、绵遂路遂宁段、雅西路雅安至荥经和冕宁至西昌段高速公路建成通车，新增高速公路通车里程441公里，是历史上年度通车里程最多的一年，全省高速公路通车总里程达2681公里，在全国各省(自治区、直辖市)中的排位比上年提升1位。

2011年全省公路水路交通建设完成投资1002亿元，同比增长29.2%，高于全国交通建设投资增幅22个百分点，完成投资规模跃居全国各省(自治区、直辖市)第一位，地处西部的四川成为全国首个年度交通建设完成投资突破千亿元的省份。全省高速公路建设取得新进展。全年完成投资 680.5 亿元。广陕路、绵遂路绵阳段、纳黔路纳溪至叙永段、广南路南充至阆中段、达陕路达州至普光段 326 公里高速公路建成通车。全省高速公路通车总里程突破 3000 公里。巴中经广安至川渝界、叙永经古蔺至川黔界等 10 个高速公路项目开工建设，总里程 644 公里，总投资规模 590 亿元。特别是甘孜、阿坝藏区对外连接主通道的雅康、汶马高速公路主要控制性工程开工建设，标志着四川高速公路建设向地处青藏高原的藏区腹地延伸取得重大突破，将连通全省最后 2 个没有高速公路的市（州）政府所在地。

2012 年，交通建设投资继续保持高位增长，全年完成投资 1195 亿元，同比增长 19.3%。高速公路网加速形成，新建成雅西、映汶等 16 个项目 1327 公里，新建成出川通道 4 个，宜宾至叙永高速公路开工建设。新改建国省干线公路 2074 公里，藏区彝区干线公路建设加快推进，国省干线公路等级明显提升。新改建农村公路 2.24 万公里、农村公路桥梁 137 座，新建成农村渡改桥 236 座，涌现出平昌县等一批农村公路建设的先进典型。

新中国成立初期，四川公路运输发展缓慢，全省 60% 的县不通汽车，大部分地区依靠人力和畜力运输。全省仅有 4000 余辆汽车，且大多是拼凑起来的"万国牌"，车辆性能差，运效低。

20 世纪 50 年代后期，党和国家十分重视公路运输事业，制定一系列方针、政策，公路客货运输迅速发展。到 1960 年，全省民用汽车拥有量达 1.52 万辆，完成社会客、货运量分别为 1503 万人次和 1644 万吨，比 1949 年分别增长 2.1 倍、77.3 倍和 42.8 倍。

20 世纪 60—70 年代，全省公路运输业有了更快的发展。1970 年，全省民用机动车已达 2.65 万辆。其中，汽车 2.59 万辆，完成社会客、货运量 2283 万人次和 2466 万吨。到 1978 年，民用机动车发展到 12.8 万辆，其中汽车拥有量 6.05 万辆，比 1949 年分别增长 25 倍和 11.3 倍，社会客、货运量分别为 7185 万人次和 4824 万吨。

改革开放给四川公路运输带来蓬勃的生机和活力，全省道路运输业面貌焕然一新。截至 1997 年初，重庆成立直辖市划出四川，全省民用机动车拥有量 122.1 万辆，其中汽车 54.2 万辆，比 1978 年分别增长 8.5 倍和 8 倍；完成社会客货运量 11.83 亿人次和 4.3 亿吨，比 1978 年分别增长 15.4 倍和 8 倍；全行业拥有经营业户 31.3 万户，从业人员达 88.2 万人。公路运输在全省综合运输体系中居主导地位，客运、货运、维修、搬运装卸、运输服务五大市场突飞猛进地发展，1996 年驾驶员培训也纳入交通行业管理。

"八五"期间，四川实施"一长一短一点"（超长客运、出租汽车客运、汽车站点建设）发展战略，取得显著成效。"九五"期间，为进一步培育、发展、规范客运市场，又提出并实施"三大系统"（跨省超长客运系统、直达快速客运系统、农村客运系统）发展战略。"南下、北上、东进、西出"，建立以民工疏运为主的跨省超长客运系统。1993—1997 年，跨省超长客运共创营收 10 亿多元，其中，企业纯利润达 1 亿元以上。截至 1998 年底，全省已开通 20 个省（自治区、直辖市）的跨省客运班车，省际客运班线发展到 297 条、1584 班，最长的班线成都—伊宁单程达 3445 公里，全省民工年疏运量近 200 万人次。1998 年以后发展以高速公路为龙头的直达快速客运系统。直达快速客运以成都—重庆、成都—绵阳、内江—自贡高速公路为载体，实行高速公路客运经营权有偿使用和客运线路专营，并将一流的车辆，一流的服务，一流的管理以及"航空式"优质文明服务引入公路运输。拓展以县城为中心，乡镇为结点，站场为依托，干支相连，乡村相通的农村客运系统。

2000 年以来，四川道路运输能力明显增长，全省道路客运量增长逾 20 倍，旅客周转量增长近 22 倍，道路货运量增长逾 15 倍，货物周转量增长逾 36 倍。道路运输在四川综合运输体系中独占鳌头，承担社会新增客、货运量中的 95% 和 55%。

2005 年以来，迎来道路运输业发展的新时期，客运市场的内涵不断丰富，以高速公路为依托的全省快速客运网络辐射到 18 个市（州）；以旅游包车为主、旅游班车为辅的旅游客运网络形成，旅游客运车辆发展到 2563 辆；跨省超长客运线路延伸到了全国 24 个省（自治区、直辖市）；出租汽车发展到 21 个市（州）政府所在地和 142 个县级城市，车辆达 3.18 万辆；农村客运车辆发展到 2.62 万辆，乡村客车通达率分别达 99% 和 88%。

货运市场的外延逐步扩展，综合物流、快件运输、商品配送、汽车租赁等新兴市场快速发展，公铁、水陆联运等不断拓展，快运网络覆盖全省 100% 的市（州）、70% 的县，辐射全国 22 个省（自治区、直辖市）。省内外 44 家运输企业开展"四川大网小件快运"业务。大件运输异军突起，2006 年顺利完成重量达 439.4 吨的三峡转轮运输任务，实现四川大件运输企业承运世界上单机容量最大、重量最重和外廓尺寸最宽的特大件货物的能力。

运输基础设施条件明显改善，汽车站场建设速度加快。1988—1992 年，全省第一轮公路汽车站建设大包干取得瞩目成绩，共新建、改建 111 个汽车站。改革开放以来，全省以加快高速公路配套站建设和普及县级车站建设为重点，又新建县级以上客运站 47 个和水陆运输枢纽中心 1 个，累计完成投资 7 亿元。初步形成以枢纽站为龙头，县级站为结点，农村客运站为补充的三级道路运输站场网络。

运输辅助服务蓬勃发展。全省集整车销售、汽车维修、配件服务、信息反馈等功能一体的汽车维修 4S 店发展到 350 家，机动车维修行业年维修量达 1980 万辆次。社会化、市场化的驾驶员培训体系基本形成，全省 345 所驾校培训驾驶员达 84 万人次。

运输结构调整取得阶段性成果。运输企业规模扩大，社会融资能力显著增强。45家客运企业和7家货运企业达到二级以上资质；一类维修企业发展到674家；一级驾驶培训学校发展到63所。民营经济快速发展，每年吸纳社会资金近80亿元，产值占全行业总产值的75%。对外招商引资取得实效，外资企业发展到22家。车辆结构日趋合理，4.9万辆大中型客车中，中高级客车比例占总量的37%；35.5万辆货车中：集装箱专用车1200辆，大件货运牵引车1253辆，危险品运输车7564辆，厢式货车3.64万辆，货车重型化、厢式化、专业化日趋明显。

应急保障能力显著提高。市场经济条件下的交通战备、应急运输保障机制基本建立，在信息传递、指挥调度、运输组织、部门协作等方面已形成一套有效制度，应急运输反应能力和保障能力显著提高。在抗震救灾、抗击冰雪灾害、治理超限超载、抢运电煤、大件运输和春运、"黄金周"运输以及处置群体事件等历次重大运输保障中，道路运输都经受住了考验。2008年，"5·12"汶川特大地震，四川道路运输行业迅速行动立即投入到抢险救灾中，迅速调集客车近2万辆次，运送抗灾人员和转运受灾群众约110万人次，调集货车4.6万辆次，运送救灾物资47.3万吨，圆满完成运输保障任务。

内河航运 四川内河航运历史悠久。据《尚书·禹贡》记载，蜀国运往夏王朝的贡品，即沿嘉陵江转汉水、渭水、黄河而达夏都。战国时期，长江逐步发展成为进出川的重要交通路线。《史记·张仪列传》记载，"秦西有巴蜀，方船积粟，起于汶山，浮江已下至楚三千余里。"西汉以来，巴蜀造船技术发展迅速。唐宋时期，商品运输繁盛，万斛之舟来往于成都、维扬(今扬州)之间。元明时期，由于政治经济形势变化的影响，航运时盛时衰。清代，四川航运又有发展。鸦片战争以后，西方列强入侵，一方面以川江作为掠夺大西南富饶资源的重要通道；一方面带来轮船和治河技术，刺激了四川内河航运的变革和轮船运输业的发展。抗日战争时期，国民政府迁都重庆，四川成为抗战的大后方，四川内河航运曾出现空前繁荣的局面。但几千年来，四川内河航运大多依赖自然河道通航，利用天然港口靠船，航道缺乏整治，港口疏于建设，船舶修造工业薄弱，整个四川内河航运的面貌仍十分落后。

新中国的成立，揭开了四川内河航运发展的新篇章。1950年，四川初建重庆港九龙坡码头。从1953年起，交通部和各级政府先后组织对长江干流和运输任务重的中小河流进行重点建设。由交通部投资整治长江"日航困难，夜航危险"的航段，配置"锁链"式航标，使重庆至宜昌的轮船实现分段夜航，适应了每年100多万吨粮食外调和大批工业品进川运输的需要；由省投资将金沙江屏山至新市镇、乌江涪陵至彭水、岷江乐山至宜宾开辟为轮船航道，同时大力开辟和整治小河支流，使其与干流衔接。从1952年至1957年，全省开辟与整治26条小河1385公里。

"大跃进"期间，长江航务局和四川省交通厅先后对长江干流航道进行大规模整治，并增加绞滩、航标、信号台等助航设施，同时还分别整治嘉陵江南充至重庆航段及渠江航道、乌江航道，并试点开辟金沙江航道，使重庆至宜宾段航标实现电气化、乌江绞滩实现机械化。1961年，四川航道里程达17181公里，比1957年净增5073公里。为扩大港口通过能力，改变港口的落后面貌，四川还加快长江宜宾港、重庆港、涪陵港和万县港四大港口建设。扩大港口规模，增设泊位和锚地，增加缆车、浮吊、岸吊等设备，使其码头装卸条件大大改善，基本能适应运输需要。

1966—1976年，广大航运职工排除干扰，坚持生产和工作，对长江大渡口至江津蓝家沱航道进行全面整治，将嘉陵江南充至广元木船航道开辟为轮船航道。长江航务局在重庆蓝家沱、猫儿沱新建两个大型装卸作业区，省则投资建成乐山王浩儿大件码头、四川维尼纶厂黄磏中转站码头、泸州天然气化工厂尿素码头。同时，各地集体航运企业自力更生发展机动船舶，使全省70%的木船实现运输机械化，并由此带来水运工业的迅速发展。到80年代，四川逐步建成由60多家大、中、小企业组成的协作配套的水运工业体

水上运输 厅航务局 供稿

系,实现了船舶的自造自修。

中国共产党十一届三中全会以来,随着改革开放的深入,四川内河航运发展迅速。至1996年,四川内河航运的发展变化主要表现为:①轮船通航里程大幅度增加。1950年全省仅有长江干流和嘉陵江等约10%的航道能通行轮船。通过不断整治和渠化航道,到1996年全省轮船通航里程达4724公里,比1950年增长近3倍。特别是长江航道经过综合治理后,不仅1500吨~3000吨级的大型船队可由上海直达重庆,而且长江川境段还全面实现夜航。②不少港口装卸实现机械化。许多港口修建机械化的装卸码头,并分别与铁路、公路相衔接,实行水陆联运,货物装卸也实现机械化和半机械化。③运输实现机动化。中华人民共和国成立初期,全省地方航运部门仅有小轮船6艘(172吨、853客座、4865千瓦),水路运输主要靠木船。通过1956年开始的木船机动化改造,至1996年,全省地方航运部门共有各种机动船1127艘(24515吨、109654客座、221035千瓦),运输驳船2102艘(546962吨),其运输能力大幅度提高,当年完成的客运量和旅客周转量分别比1950年增长31.58倍和669倍,货运量和货物周转量分别比1950年增长14.72倍和33.07倍。④客货轮不断更新换代。中华人民共和国成立后,老旧轮船逐步被船型新、机型新、设施和技术性能较好的轮船取代。改革开放以来,轮船的更新换代更为迅速。客轮船型愈加美观,机型愈发先进,设施日趋齐全,运货的拖轮全部使用大功率内燃机作动力,船型也进行改造,其拖带能力成倍提高。川江船舶动力装置实现内燃机化,机型实现系列化,船体实现钢质化,蒸气机、杂牌柴油机和木质轮船被淘汰,高速气垫船、水翼船发展迅速。⑤水上旅游运输兴起。20世纪70年代末,长江水上旅游运输逐步兴起。其后大宁河、岷江、嘉陵江和乌江水上旅游运输发展迅速。至20世纪90年代中期,全省仅进出川旅游客运企业就发展到27家,旅游客船发展到122艘、5.24万客座。1996年,全省水上客运量达5310万人次、旅客周转量达35.9亿人公里。⑥水运工业长足发展。全省共有大中小型造船厂60多个,既能建造适合行驶中小河流的拖轮、客轮、驳船,又能建造行驶长江等大河的大型客货轮、高档豪华旅游船舶和高速气垫船舶,不仅实现船舶建造不出省,而且造船技术不断提高,省内船厂所采用的“双尾”和“平头涡尾”船型,使船舶时速由27公里提高到32公里,达到国内先进水平。

1997年,重庆市划归中央直辖后,四川及时调整水运发展规划,一方面实施“以陆补水”政策,一方面加快水运基础设施建设,并积极探索水资源综合利用,走出一条以电养航、滚动开发和水陆并举、以副补航的新路子。

“九五”期间,全省建成航电枢纽工程2个,渠化航道108公里,整治航道491公里、险滩73个,使全省3~7级航道达2383公里,占航道总里程6089公里的39.14%。2000年6月竣工的乐山大件码头,码头岸线长115米,设计750吨泊位1个。其直立式桥吊跨度39米、高28.5米,起重最大单件550吨,是当时国内内河起重和跨度最大的桥吊,被誉为“岷江大力神”。

“十五”期间,四川内河航运基础设施建设的重点是嘉陵江航道梯级开发,渠江渠化,二滩库区港口、南充港和宜宾菜园沱码头建设,并充分借用长江“黄金大通道”建成与高速公路衔接的水运主通道,以形成港航配套、干支相通、通江达海的水陆联运网络。至2005年底,嘉陵江渠化开发初见成效,规划建设的13个航电枢纽已建成4个、在建7个,渠化四级航道112公里;建成渠江金盘子航电枢纽;完成岷江大件航道续建工程和岷江成都至乐山段航道整治工程,整治航道348公里;建成泸州集装箱码头、二滩库区港口、广安港、南充港一期工程等重点项目,新增港口泊位19个,全年港口新增吞吐能力318万吨、200万人次、集装箱2.5万标箱。建成农村渡口1307个。

2008年,泸州港多用途码头二期工程进展顺利,泸州港二期续建工程及进港铁路、宜宾港志城作业区一期工程实现开工。长江干线宜宾以下全线实现千吨级船舶昼夜通航。嘉陵江航道渠化整治工程进展顺利,渠化四级航道216公里,建成新政等航电枢纽。

2009年,根据《泸州—宜宾—乐山港口群布局规划》《宜宾港总体规划》《乐山港总体规划》等规划,加快推进泸州港二期续建工程和宜宾港志城作业区一期工程建设,泸州港多用途码头二期工程形成生产能力,全省港口集装箱吞吐能力从2007年的5万标箱提升到50万标箱;长江宜宾至泸州段整治工程完工,宜宾以下实现千吨级船舶昼夜通航;嘉陵江川境段十三级航电枢纽已建成八级、在建五级;《岷江(乐山—宜宾段)航电开发规划》经省政府批准实施,岷江航电综合开发和作为成都经济区水运口岸的乐山港项目前期工作全面启动。

2010年,水运港口建设迈上新台阶。宜宾港用两年时间建成并开港试运营,全省港口集装箱吞吐能力由3年前的5万标箱提升到100万标箱。广安港及渠江广安段航运工程实现当年制订规划和提出项目、当年开工建设,提前两年实现全省港口集装箱吞吐能力建成和在建规模达到200万标箱的目标。岷江航电和港口综合开发确定建设、养护、运营一体化模式和业主组建原则,前期工作加快推进。嘉陵江沙溪、凤仪场枢纽实现设计蓄水,嘉陵江川境段规划的十三级航电枢纽累计建成十一级、在建二级。

2011年,“四江六港”水运主通道和重要港口建设加快推进。全年完成投资25亿元。岷江港航电综合开发前期工作全面加快。宜宾港后方陆域及港区配套设施工程完工。泸州港进港铁路建成投运。泸州港二期续建工程、广安港一期工程加快建设。南充港、广元港开工建设,全省港口集装箱吞吐能力建成和在建规模达到233万标箱。嘉陵江渠化工程和渠江广安段航运工程等水运主通道加快建设。积极推进长江川境段航道等级提升工程，水富至宜宾段三级航道整治工程完成工程可行性研究编制。组织开展岷江（成都—乐山段）、渠江（达州—广安段）、沱江、涪江、金沙江等5条重要河流水运资源调查工作。

2012年，省政府出台《关于加快长江等内河水运发展的实施意见》，泸州港建成全省首个百万标箱大港，嘉陵江渠化工程、渠江广安段航运工程、南充港、广元港等水运重点项目加快推进，岷江港航电综合开发前期工作取得实质性进展。成都龙泉公路货运集散中心等3个物流枢纽项目开工建设，泸州客运中心站等7个客运枢纽项目建成投运。

铁路运输　四川修建铁路酝酿于清光绪二十九年（公元1903年）。时任四川总督的锡良奏准由四川自行集资修建成都经重庆至宜昌达汉口的川汉铁路，并于1904年1月在成都设立川汉铁路公司。此后清政府以“铁路国有”为名，侵吞筑路股金，将川汉铁路筑路权出卖给西方列强，激起四川人民的义愤。清宣统三年（公元1911年），四川掀起著名的争路权、反卖国的“保路运动”，是为辛亥革命的导火线。辛亥革命导致清王朝的终结，川汉铁路随之胎死腹中。民国初年，虽曾多次提出修建铁路，但由于军阀混战，国弱民贫，仅对拟建的铁路干线进行过勘测，并未动工。抗日战争时期，成渝铁路曾动工修建，但因财力物力困难未能铺设轨道。至1949年底，四川仅有一条全长67公里的准轨铁路——綦江铁路，专门为重庆钢铁厂运输煤焦和铁矿石，附带承担少量旅客和其他民用物资运输业务。

中华人民共和国的成立，开辟四川铁路发展新纪元。1952年7月，新中国第一条铁路——成渝铁路全线建成通车，实现四川人民40年的愿望。1958年11月，第一条出川铁路——宝成铁路建成通车，掀起四川铁路建设的第一次高潮。1959年11月，内昆铁路内江至安边段建成通车。1964年，中共中央制订加快西南“大三线”（战略后方基地）建设的重大决策，国务院把成昆、川黔、贵昆和襄渝铁路作为西南“大三线”建设的重点工程，国务院总理周恩来亲自部署组成西南铁路建设指挥部，调集铁道兵和铁路职工31万人参建，掀起四川铁路建设的第二次高潮。1965年7月，川黔铁路建成通车；1970年7月，成昆铁路建成通车；1973年10月，经陕西通往湖北的襄渝铁路全线通车。同时，还配套建成一批铁路支线和专用线。

1975—1990年，四川没有新的建设项目开工，铁路建设的重点放在对主要干线的电气化改造上。继1975年7月中国第一条电气化铁路——宝成铁路实现全线电气化后，襄渝铁路（达县以北）和成渝铁路也先后完成电气化改造。至1990年，四川准轨铁路营运里程达2795公里，比中华人民共和国成立初期增长40倍，初步构成全省的铁路骨架，其中有4条干线出川，从东、南、北3个方向与全国铁路网连通。省内各类型牵引机车由新中国成立之初的5辆增至597辆，其中内燃、电力机车比重达73%，宝成、成渝、成昆、川黔线（四川境内段）的牵引动力全部实现电气化或内燃化。在成都铁路局所属的川铁路线中，50千克以上的重型钢轨占正线的90.4%；各类旅客列车由新中国成立之初的4辆（简易车厢）增加到1349辆，且品类齐全，乘坐舒适，部分卧车还装有空调设备；四川已开行直达北京、上海、广州、合肥、浦口、西安、太原、郑州、武汉、兰州、乌鲁木齐、贵阳、昆明等大城市和省内沿线市县之间的特快、直快或其他旅客列车。1990年与1953年相比，客运量由359万人次增加到4094万人次，增长10.4倍；货运量由240.7万吨增加到6022万吨，增长24倍。1990年，铁路运输所承担的客、货周转量分别占四川综合运输体系客、货周转量的31.9%和75.2%。

20世纪90年代以来，四川铁路建设进入第三次高潮。1991年12月，川黔铁路实现全线电气化；1992年6月，达成铁路开工建设；1992年12月，宝成铁路（四川境内）复线开工建设；1993年，成昆铁路（四川境内）电气化改造开工；1997年，达万铁路（四川境内72公里）开工建设；1998年，内昆铁路新建水富至梅花山段（川境内25公里）开工建设；1999年，内宜铁路电气化建设开工。

“十五”期间，四川铁路建设持续发展。至2001年底，达成铁路和成昆铁路电气化改造工程、宝成铁路复线工程、成都铁路枢纽工程相继竣工投入营运，内昆铁路、达万铁路、筠连铁路和泸叙铁路正加紧建设，全省铁路营运里程达4000多公里。2002年，四川境内的宝成、成渝、内昆、襄渝等干线铁路全部实现电气化；总投资5亿元，历时近8年的成都铁路西环线通过验收投入试营运，使成都成为中国率先拥有中心城市铁路环线的省会城市。渝怀、遂渝、万宜3条新线的开工，形成“十五”期间西南铁路建设大会战的新高潮。

2012年，四川铁路客运量、旅客周转量分别为7997万人次、303亿人公里，货运量、货物周转量分别为8867万吨、818亿吨公里，充分显示铁路运输在四川综合运输体系中所占的重要地位。

民用航空　四川航空活动最早出现于1915年，北洋政府参谋部次长陈宧到川督理军务，以2架飞机组成航空队来蓉，飞机停在成都凤凰山。1929年，国民革命军第21军军长刘湘从法国购回2架飞机，从此四川有了飞机。

1931年8月，四川最早的民用航空机构——中国航空公司重庆办事处成立。同年，10月21日，入川最早的民用航空定期航线——沪蓉航线汉口至重庆航段通航；1933年6月4日，重庆至成都航段通航，使全长1981公里的沪蓉航线贯通。1935年，中国航空公司先后开辟重庆至贵阳、重庆至昆明航线，欧亚航空公司开辟西安至成都航线。同时，中国航空公司在重庆珊瑚坝建设机场，四川也按国民政府军事委员会的要求在成都、南充、内江等地修建简易机场。抗日战争时期，四川民航陆续开辟一些新航线，至1938年10月，其航线由战前的8条增至17条。抗战胜利后，四川民航开通飞往香港、越南河内、缅甸仰光等地的地区和国际航线；机场建设速度也相应加快，至1946年7月，四川共有简易机场28个。解放战争时期，四川民航萎缩，几个通航城市的机场设施均破烂陈旧，民用航空业落后。

中华人民共和国成立后，四川民用航空事业主要经历以下几个发展时期：

1949—1954年，恢复发展时期。1949年底，中国人民革命军事委员会民航局驻渝办事处在重庆成立，成为西南地区最早的民航管理机构。1950年8月1日，民航局开通省外至四川和西南地区的第一条正式航线——由天津经北京、汉口到重庆的航线，接着又开通重庆至成都、昆明、贵阳等地的航线。至1954年，四川民航先后开通12条国内航线，分别以重庆或成都为起点，通达北京、天津、上海等12个大中城市。机场最初只使用成都凤凰山机场和重庆白市驿机场，后增加南充、达县、西昌、泸州等机场。这一时期的四川民航，由于航线开辟较少，航班密度不大，飞机载量小，客运量和货运量也少。

1955—1978年，稳步发展时期。民航重庆管理处于1956年迁至成都，1957年1月，更名为民航成都管理处。至1978年，四川民航共拥有各型飞机31架。同时，四川民航从1955年开始组建飞行队伍，到1978年共有各类空勤人员469名。1959年和1966年，成都双流机场和重庆白市驿机场先后改（扩）建，“三线”建设时期又新建西昌青山机场，经过多次改（扩）建的四川民用机场设施日臻完善，为四川民航提供了较大的生产能力。从1955—1978年，四川民航共开辟新航线72条，分别通往省外各主要大中城市和省内的成都、重庆、西昌、南充、达县、泸州等，共飞行86242个班次，完成运输总周转量20399.11万吨公里、旅客运输量198.1万人次、货邮运输量111785.6吨。1956年5月29日，四川使用CV-240型飞机飞越世界屋脊，并试航北京经成都至拉萨航线成功。1965年3月1日，四川使用伊尔-18型飞机正式开航。成都双流国际机场是四川乃至西南地区各航站发运旅客最多的一个航站，1978年发运旅客第一次超过10万大关达112655人次。

1979—1998年，快速发展时期。改革开放促使民航管理体制由军队领导为主的政企合一管理逐步走上企业化道路。1986年9月19日，四川省航空公司（1992年更名为四川航空公司）成立。1987年10月15日，民航西南管理局、中国西南航空公司、成都双流机场宣布正式成立。此后，四川民航飞机数量增多、型号更新迅速，进入涡轮风扇型喷气式飞机时代。至1998年，四川民航拥有波音、图-154、运-7、空客A321等各型运输和通用航空飞机59架。空勤人员总数增多，人员结构发生变化，飞行领航员、机械员、通信员较1978年前大为减少。1998年与1978年相比，空勤人员总数增加3.3倍，其中驾驶员增加2.6倍、乘务员增加15.2倍。同时，为提高机场承用能力，还新建和改（扩）建一大批机场。成都双流国际机场改（扩）建后，3600米的主跑道可供波音747-400型飞机起降；西昌青山机场改造后，成为可适应各类大型飞机起降的国家一级机场。此外，南充都尉坝、达川、宜宾、泸州等机场均进行了扩建；绵阳、广元和阆中等机场新建工程进展顺利。四川民航共开辟新航线323条，其中国内干线303条、地方航线13条、国际和地区航线7条，还开通成都至新加坡、泰国曼谷、香港等国际和地区的航线以及成都至日本广岛、马来西亚吉隆坡等国际客货包机航线。至1998年，四川民航经营飞行的航线达200余条，通达国内外70余个大中城市，仅成都飞往各地的航线就有53条。

1999—2012年，持续快速发展时期。1999年，泰国安琪尔航空公司开通曼谷至成都定期航线，开创成都双流国际机场接纳外航定期航班的历史。2000年，中国西南航空公司引进波音737-800客机2架，新开辟成都—武汉—温州、成都—泰国普吉等国内、国际航线8条，至年底，该公司已拥有以波音、空中客车为主体的飞机40架，拥有国际、地区和国内航线190多条，拥有通航城市60余个，其航线总里程达21万公里，实现安全飞行10余万小时，并创造成都—拉萨航线安全飞行35年的纪录。2000年，四川航空公司在国内率先引进5架国产“新舟60”和5架巴西EMB145飞机，投入以中国西部地区为重点的支线民航运输，至此，该公司已拥有国内航线130多条，形成以成都、重庆为基地，辐射全国各主要城市的纵跨南北、横贯东西的干支线航空运输网络。此期间，四川机场建设取得突破性进展，新建的广元机场、绵阳机场、攀枝花机场、九寨黄龙机场、南充机场等正式通航；成都双流国际机场扩建工程完工投入使用并成为中国五大航空港之一。2007年，四川民用航空完成的全社会客运量、货运量分别达1713万人次、32万吨。2008年，18个国内航空公司和7个港、澳和外国的航空公司开通四川地区的航线，基本形成以成都双流机场为枢纽、涵盖省内和西藏的轮辐式航线网络。2009年，四川民用航空完成全社会客运量、货运量分别达1947万人次、32万吨。2010年6月30日，四川与中国民用航空局在成都签署《关于加快推进四川民航发展的会谈纪要》。民航局与四川省政府将在四川省民用机场体系的完善、成都双流国际机场航空枢纽建设、支线机场建设和运营、基地航空公司发展、通用航空业务发展等方面，加大政策、资金的支持力度，并明确具体的支持措施和保障手段，还将建立民航发展协商工作机制，共同协调解决四川民航建设、改革与发展等重大问题，积极推进四川省民航重大项目建设与发展。2012年，四川民用航空完成全社会客运量、货运量分别为2645万人次、37万吨。

（本栏目撰稿人：岑　松）

资料

2007—2012年四川交通运输业基本情况统计表

指　标	2007	2008	2009	2010	2011	2012
运输线路长度（万公里）						
铁路营业里程	0.3	0.3	0.3	0.4	0.4	0.4
公路	18.9	22.4	24.9	26.6	28.3	29.3
内河	1.0	1.0	1.0	1.1	1.2	1.2
民航	23.3	27.9	28.0	37.5	40.7	48.8
客运量（万人次）	**208217**	**206121**	**221870**	**242732**	**255665**	**280256**
铁路运输	5365	5774	5738	6829	7482	7997
公路运输	197033	196055	211288	230988	242615	266338
内河航运	4106	2739	2897	2733	3083	3276
民用航空	1713	1553	1947	2182	2485	2645
旅客周转量（亿人公里）	**972**	**1187**	**1272**	**1235**	**1556**	**1740**
铁路运输	153	191	195	221	252	303
公路运输	568	757	771	802	901	1005
内河航运	3	3	3	2	3	3
民用航空	248.0	2360.	303.0	208.8	400.2	430.2
货运量（万吨）	**79940**	**114513**	**118094**	**133364**	**153827**	**174451**
铁路运输	7597	7681	7454	7093	7651	8867
公路运输	68667	103068	106472	121017	139771	158396
内河航运	3644	3736	4136	5218	6367	7151
民用航空	32	28	32	36	37	37
货物周转量（亿吨公里）	**979**	**1513**	**1526**	**1710**	**1909**	**2254**
铁路运输	575	610	611	642	673	818
公路运输	343	828	851	985	1139	1325
内河航运	56	70	57	75	90	103
民用航空	5	5	7	8	8	7
民用汽车拥有量（万辆）	**189.9**	**224.1**	**289.0**	**357.9**	**424.3**	**495.0**
载客汽车辆数（万辆）	**137.1**	**166.6**	**221.0**	**281.6**	**341.5**	**406.1**
载货汽车辆数（万辆）	**44.4**	**49.8**	**61.2**	**70.4**	**77.5**	**83.8**
其他机动车（万辆）	**8.4**	**7.7**	**6.6**	**5.9**	**5.3**	**5.1**
公路部门营运车辆（万辆）	**40.3**	**50.8**	**67.6**	**62.0**	**65.7**	**66.8**
民用运输船舶拥有量（艘）	**10332**	**9426**	**8240**	**8414**	**8692**	**8885**
机动船（艘）	8190	7452	7225	7350	7502	7490
驳船（艘）	2142	1974	1015	1064	1190	1395

注：表内数据主要参考四川省统计局．四川统计年鉴．北京：中国统计出版社，2013.8。

大事记

DA SHI JI

世界自然遗产——黄龙　张 云 摄

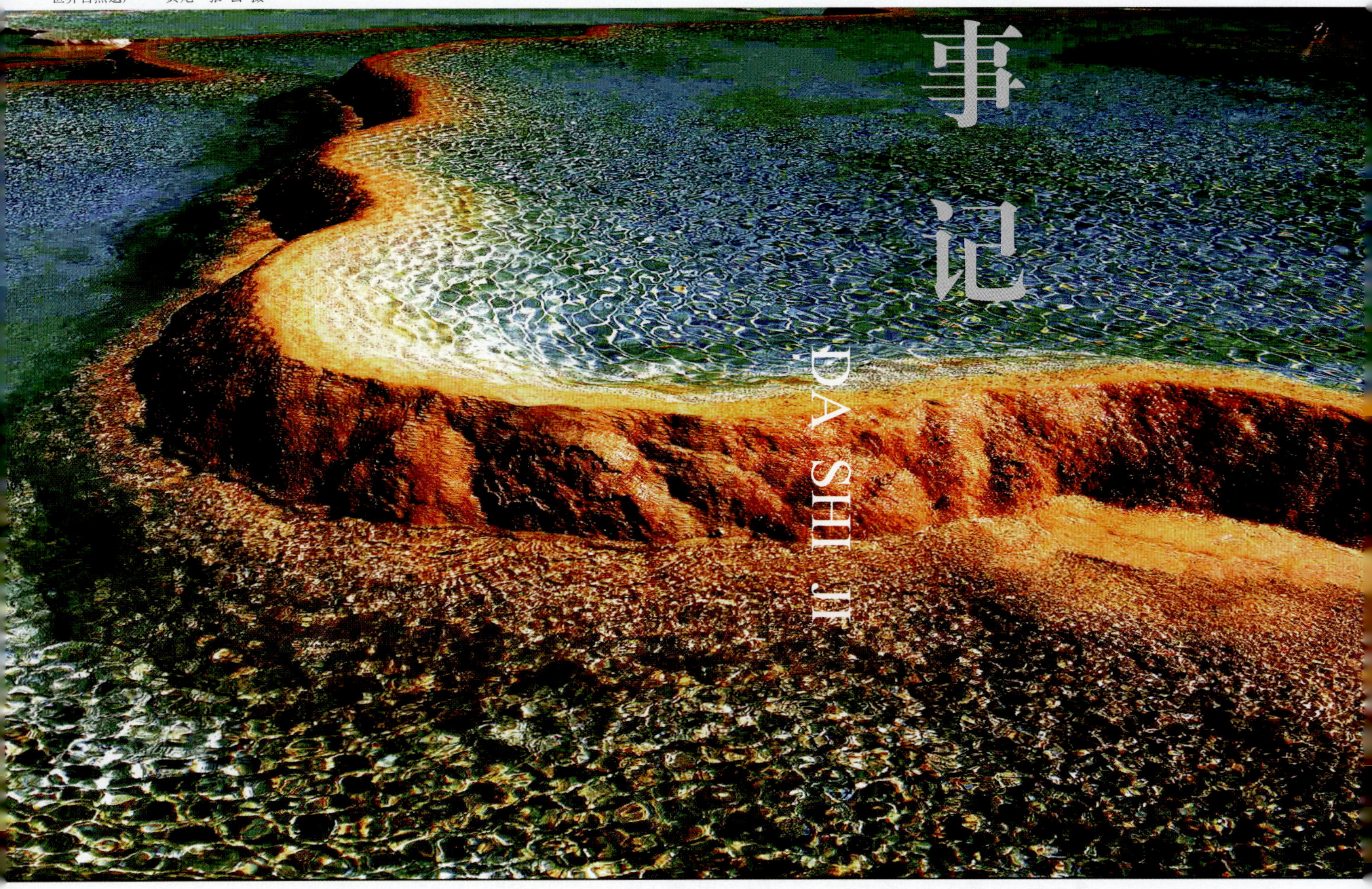

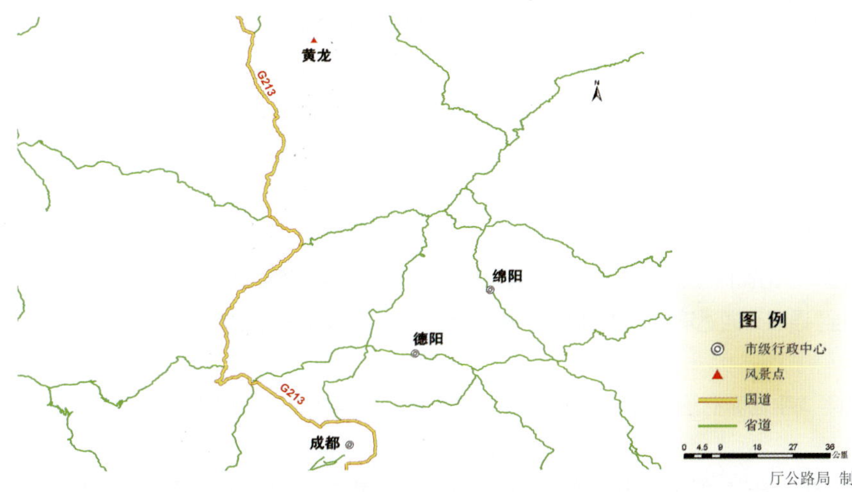

厅公路局 制

2012年四川交通运输要闻

◆交通运输部部长李盛霖先后赴映汶、雅西高速公路调研;赴藏区、彝区考察交通建设及扶贫工作并出席阿坝州文化扶贫送报下乡活动。

◆省委书记、省人大主任刘奇葆,省委副书记、省长蒋巨峰分别在成都会见交通运输部部长李盛霖,就推进四川交通运输建设,加快集中连片特困地区交通运输发展交换意见。

◆省委书记、省人大主任刘奇葆出席达陕高速公路、成自泸赤高速公路成都至自贡段通车仪式并先后赴达万、雅西高速公路及凉山州、攀枝花市调研交通运输工作,对保证工程质量与安全、打造精品工程、加快建设西部综合交通枢纽工作作出指示。

◆省委副书记、省长蒋巨峰出席雅西高速公路、成自泸赤高速公路成都至自贡段通车仪式;调研广安港,要求科学统筹、精细施工,加快推进广安港建设,承接产业转移。

◆省政府常务会审议通过《四川省贯彻落实国务院关于加快长江等内河水运发展的实施意见》。

◆全省全年完成交通建设投资1195亿元,同比增长19.2%,完成投资规模居全国第一位。

◆广南路、达陕路、雅西路、广巴广南连接线、成绵复线、内遂路、成自泸赤路成都至自贡段、纳黔路叙永至川黔界、映汶路、达万路、广甘路、宜泸路、乐雅路乐山至峨眉山段、成德南路成都至三台东及西充至李桥枢纽互通、巴南路巴中市巴州区东兴场互通立交至柳林互通及仪陇县日兴互通至西充县李桥互通相继建成通车。新建成通车高速公路1327公里,全省高速公路总里程达4334公里,居全国第七位、西部第一位。新建成出川通道4个,全省高速公路进出川大通道达12个。宜宾至叙永高速公路开工建设,全省建成和在建高速公路总里程达6647公里。

◆泸州港建成全省首个百万标箱大港,嘉陵江渠化工程、渠江广安段航运工程、南充港、广元港等水运重点项目加快推进,岷江港航电综合开发前期工作取得实质性进展。港口货物年吞吐能力达8915万吨,集装箱年吞吐能力达165万标箱,建成和在建规模达233万标箱。

◆全省公路总里程达29.3万公里,居全国第一位。

◆全省全年新改建国省干线公路2074公里,藏区彝区干线公路建设加快推进。

◆全省全年新改建农村公路22435公里、农村公路桥梁137座,新建成农村渡改桥236座。新增40个乡通油(水泥)路、3696个村通油(水泥)路、34个村通公路。

◆老少边穷地区公路建设取得重大进展。阿坝州公路交通通过灾后恢复重建实现跨越式提升;甘孜州干线公路项目开工和落实项目18个2122.6公里,投资总规模227亿元,其中有6个项目570公里建成通车;凉山州落实干线公路项目17个1140.3公里,投资总规模43.8亿元。

◆政府还贷二级公路收费一次性整体取消。

◆强化安全监管和应急保障,完成公路安保工程1747公里,交通运输安全生产形势总体稳定。

◆雅西高速公路"科技示范工程"通过交通运输部正式验收,取得40余项国际国内领先技术创新成果并在全国推广应用。

◆成都龙泉公路货运集散中心等3个物流枢纽项目开工建设,泸州客运中心站等7个客运枢纽项目建成投运。

◆全省全年客运车辆达5万辆,通公路的乡镇、建制村客车通达率分别达93%和76%,集装箱车辆达1486辆,城市公交车、出租汽车分别发展到2.4万辆和4.1万辆。新开业省际水运企业11家,新投入营运1000载重吨以上标准船舶38艘、9万载重吨。

◆全省全年公路运输客运量、旅客周转量、货运量、货物周转量分别达26.63亿人、1004.71亿人公里、15.84亿吨、1325.19亿吨公里,同比分别增长9.78%、11.55%、13.33%、16.34%;水路运输客运量、旅客周转量、货运量、货物周转量分别达0.33亿人、2.73亿人公里、0.72亿吨、103.47亿吨公里,同比分别增长6.25%、3.84%、12.31%、14.76%;港口集装箱吞吐量突破16万标箱,同比增长48%。安全运送进出川大型设备170批次、419件(套)。圆满完成春运、十一"黄金周"运输保障任务。

2012年四川交通运输大事记

1月

4日 腾讯微博对2011腾讯政务微博进行年终盘点,省交通运输厅腾讯官方微博名列全国十大交通影响力排行榜第六。

5日 副省长刘捷检查金沙车站节前安全工作,要求精心计划、严密组织春运工作,加强安全监管,创造平安、祥和、喜庆的节日氛围。

△ 长江上游干线宜宾合江门至泸州纳溪河段航道建设二期工程顺利通过交通运输部竣工验收,长江上游川江全线航道等级由四级提升至三级。

7日 省交通运输厅"十一五"节能减排工作获省政府通报表扬。

8日 2012年春运工作开始,至2月16日结束,为期40天。

12日 省交通运输厅与内江市签署统筹城乡交通发展战略合作协议。

29日 副省长王宁对全省交通运输工作作出重要批示:全省交通系统攻坚克难,爬坡实干,努力工作,实现预期工作目标,体现了省委确定的"高位求进,加快发展"的工作基调。望再接再厉,扎实工作,努力高质量地实现"十二五"规划目标。

31日 省委副书记、省长蒋巨峰对全省交通运输工作作出重要批示:2011年,全省交通运输系统按照省委、省政府的决策部署,抢抓机遇、加力奋进,攻坚克难、超常工作,年度交通建设投资突破千亿元大关,高速公路通车和在建里程突破6500公里,港口建设加快推进,西部综合交通枢纽建设形成会战态势,主体骨架加速形成,成果丰硕,殊为不易,谨向为此付出了艰辛努力的全省交通战线的同志们表示衷心感谢和亲切慰问!希望你们在新的一年里,发扬成绩、再接再厉,乘势而上、扎实工作,继续高位求进、加快发展,扩大投资、加快建设,加强管理、提升服务,为"十二五"基本建成西部综合交通枢纽奠定坚实基础,为建设西部经济发展高地再立新功、多作贡献。

△ 省委副书记、省长蒋巨峰主持省政府常务会,审议通过《四川省贯彻落实国务院关于加快长江等内河水运发展的实施意见》。

2月

9日 省委副书记、省长蒋巨峰在推进西部综合交通枢纽建设座谈会上就进一步统筹推进铁路、公路、水运、民航发展,提升"大交通"建设水平提出要求:一是加强统筹整合,提升建设水平;二是强化要素保障;三是加强工作协调,全力推进重大项目建设。

10日 为期3天的全国首届放射性物品道路运输从业资格培训在宜宾市圆满结束。

△ 交通运输部低碳交通运输体系建设第二批城市试点工作启动会召开,成都市获批成为第二批试点城市之一。

13日 省交通运输厅印发《关于加快推进三州民族地区"十二五"农村公路建设的紧急通知》,加快推进阿坝、甘孜、凉山民族地区"十二五"农村公路建设。

16 日 为期 40 天的 2012 年道路水路春运工作圆满结束，全省道路水路运输累计完成客运量 1.32 亿人次、920.78 万人次，同比分别增长 10.07%、4.28%。

20 日 全省交通运输工作会议召开，副省长王宁出席会议并讲话，要求进一步加快西部综合交通枢纽建设，改善全省滞后区域交通条件，提高交通运输公共服务能力和水平，促进交通运输基本公共服务均等化。省交通运输厅党组书记、厅长高烽作了题为"乘胜而进、加快发展、奋力实现四川交通跨越发展上大台阶目标"的工作报告。

22 日《四川岷江航电综合开发航道渠化工程项目建议书》获国家发展改革委审查批复。

23 日 省委副书记、省长蒋巨峰和海关总署党组书记、署长于广洲在成都签署《海关总署四川省人民政府合作备忘录》。海关总署将支持四川省设立泸州港、宜宾港保税物流中心。

24 日 省委常委、常务副省长魏宏在《国务院新闻办公室四川灾后恢复重建新闻发布会上的情况通报》中向全国人民报告汶川特大地震 3 年多来四川取得的"交通大突破"：全省建成和在建高速公路达 6500 多公里，居全国第二，西部综合交通枢纽主体骨架正在形成。

△ 嘉陵江苍溪航电枢纽首台机组正式启动运行，标志着嘉陵江川境段渠化开发的交通控股项目全部蓄水投产，嘉陵江全江渠化开发取得阶段性进展。

27 日 副省长黄彦蓉在全省"扫黄打非"工作电视电话会议上高度肯定全省交通运输系统创建的"扫黄打非"工作联勤联动机制。

29 日 交通运输部专家委员会四川省藏区高速公路建设专家组第一次会议在成都召开。

3 月

15 日 省政府网站公布省政府 2012 年立法计划，《四川省渡口管理办法》作为省政府规章制定项目进入 2012 年立法计划，《四川省高速公路条例》《四川省航道管理条例》《四川省道路运输管理条例（修订）》作为地方性法规调研论证项目进入立法计划。

△ 省政府印发《四川省人民政府关于加快长江等内河水运发展的实施意见》。

△ 省委书记、省人大主任刘奇葆在《关于全省高速公路服务区和公路加油站建设改造工作情况的报告》上作出重要批示：大有成效，深受好评，继续推进，搞好宣传。

16 日 省交通运输厅被省纠风办表彰为《阳光政务》政风行风热线工作先进集体。

20 日 交通运输部副部长高宏峰调研宜宾港，对宜宾港与上海港联手进行港口建设合作等思路和做法给予充分肯定。

21 日 省交通运输厅召开全省道路运输安全生产电视电话会议。

22 日 副省长甘霖调研宜宾港，要求继续推进建设，不断提升港口服务功能，更好地服务经济发展。

23 日 省委副书记、省长蒋巨峰调研广安港，要求科学统筹、精细施工，加快推进广安港建设，承接产业转移。

24 日 宜宾港集装箱吞吐量累计突破 1 万标箱。

△ 交通运输部在成都召开国道 317 线雀儿山隧道工程初步设计审查会。

26 日 省委、省政府印发《四川省农村扶贫开发纲要（2011—2020 年）》，提出交通道路建设主要任务：到 2015 年，提高四川省贫困地区县城通三级及以上高等级公路比例，具备实施条件的建制村通水泥（油）路，稳步提高贫困地区农村客运班车通达率。到 2020 年，实现具备条件的建制村全部通水泥（油）路，推进村内道路硬化，实现具备条件的建制村全部通班车，全面提高农村公路服务水平和防灾抗灾能力。

29 日 省交通运输厅被交通运输部评选为 2011 年交通运输部政府网站共建工作先进单位，省交通运输厅网站被评为 2011 年交通运输行业优秀政府网站。

△《成都市客运出租汽车管理条例》获四川省第十一届人大常务委员会第二十九次会议批准，将于 6 月 1 日起正式施行。

4 月

1 日 广南高速公路全线建成通车，项目全线长 201.1公里，概算总投资 150.288 亿元。

8 日 省道 302 线北川任禹路关键性节点工程——唐家山特长隧道贯通。隧道全长 3505 米，总投资 1.9 亿元。

10 日 映汶高速公路第一特长隧道——福堂隧道双洞贯通。福堂隧道左线长 5347 米，右线长 5264 米。

12 日 达陕高速公路全线建成通车，省委书记、省人大主任刘奇葆出席通车仪式，高度评价全省高速公路"栈道变高速、天堑成通途"的建设成就。达陕高速公路全线长 143.24 公里，概算总投资 104.73 亿元，是四川省"成都—达州—安康—西安"的又一条北向进出川高速公路大通道。

△ 省委书记、省人大常委会主任刘奇葆调研达万高速公路魏兴互通式立交桥建设，要求保证大桥质量，做好生态绿化和风貌打造，建设生态路、精品路。

△ 省交通运输厅网站在2011年度全省政府网站绩效评估中荣获省级部门第一名。

18日 省委常委、省纪委书记王怀臣调研宜宾港建设发展情况和惩防体系建设情况，要求把宜宾港建设成为优质工程、阳光工程、廉洁工程、人民放心工程。

19日 省交通运输厅印发《关于加强全省交通运输行业文化建设的实施意见》。

22日 雅西高速公路干海子特大桥竣工。该桥全长1811米，桥宽24.5米，共36跨，最长连续梁为1044.7米，最高桥墩达107米，是目前世界上最长钢管桁架梁公路桥。

22日、29日 中央电视台新闻联播分别播出"我国建成世界最长钢管桁架梁公路桥""雅西高速今天凌晨建成通车"两条新闻。

23日 省交通运输厅召开全省交通重点项目2012年质量年活动工作部署会议。

△ 省交通运输厅被交通运输部授予2011年度交通运输政务信息工作先进单位特等奖。

26日 由省政府新闻办、省交通运输厅主办，四川新闻网承办，"行走四川 感受巨变"——西部综合交通枢纽建设成就大型互动体验报道活动在成都正式启动。

27日 省人大副主任王少雄率领省人大常委会调研组调研成南高速公路遂宁、淮口服务区。

28日 雅西高速公路全线建成通车，省委副书记、省长蒋巨峰作重要讲话并宣布项目建成通车，省委常委、常务副省长魏宏主持通车仪式。雅西高速公路全长240公里，总投资约206亿元，是交通运输部确定的"勘察设计典型示范"和"科技示范"项目。

5月

8日 省交通运输厅召开全省交通运输系统"保安全、促稳定，加强行业管理"电视电话会议。

6—9日 宜宾港组团参加第八届中国国际物流节暨第十一届中国国际运输与物流博览会，获"最佳客户服务奖"。

7日 成渝公司与中国建设银行四川省分行签订跨境人民币融资暨战略合作协议，成功办理10亿元跨境人民币融资业务，单笔金额创下全省境外人民币融资最高纪录。

9日 成绵高速公路复线、内遂高速公路建成通车，副省长王宁慰问参建单位代表。成绵高速公路复线全长86.19公里，概算总投资56.49亿元；内遂高速公路全长120.47公里，概算总投资60.68亿元。

△ 全省治理公路"三乱"协调小组工作会议在成都召开。

10日 交通运输部副部长高宏峰调研广元市农村公路和广甘高速公路建设，要求加大对农村公路投资力度，修建精品山区高速公路。

11日 全省举行2012年"5·12"防灾救灾综合实战演练。

14日《人民日报》头版头条刊载《大道出川 蜀道不难》一文，对四川省委九届四次全会以来全省交通建设取得的历史性突破作了宣传报道。

21日 川高公司成功注册60亿中期票据，成为2012年川内企业在银行间市场直接融资的单笔最高金额。

22日 宜宾港、重庆港两大内河港口签署战略合作协议。

22—25日 省交通运输厅上线四川省人民广播电台《阳光政务》政风行风热线节目。

24日 交通运输部修订完善"三定"规定课题研究第二次工作会议在成都召开。

30日 副省长王宁主持召开岷江港航电综合开发专题会，要求坚持"以航为主"的岷江开发定位，加快研究岷江航电设计优化方案。

6月

1日 西部交通运输筹融资和财务管理工作调研座谈会在省交通运输厅召开。

6日 省委书记、省人大主任刘奇葆在成都会见交通运输部部长李盛霖一行，共商四川交通发展和连片特困地区农村公路建设事宜。

6—8日 交通运输部部长李盛霖率交通运输部有关司(局)负责人到阿坝州实地考察调研交通扶贫工作并出席"文化扶贫送报下乡"活动。

13日 省委书记、省人大主任刘奇葆视察雅西高速公路运行情况，要求做好营运管理工作，保护沿线生态环境，打造西部综合交通枢纽形象工程和样板工程。

13—17日 省委书记、省人大主任刘奇葆赴凉山州和攀枝花市调研，要求继续加快推进以铁路和高速公路为重点的交通建设，努力建设全省南向通江达海的交通枢纽。

18—19日 交通运输部"十二五"综合客运枢纽和公路货运枢纽(物流园区)项目建设前期工作座谈会全国

第二片区会议在成都召开。

27 日 副省长王宁视察巴(中)达(州)高速公路工程建设情况,要求加强质量安全管理,创造良好施工环境。

28 日 省委书记、省人大主任刘奇葆在省交通运输厅《关于甘孜州重点公路建设的督查报告》上作出批示:甘孜州打好交通建设翻身仗意义重大、责任重大,要认真抓住从中央到地方大力支持的机遇,不失时机地抓好重点项目、解决重点问题并推动交通工作上台阶、上水平。督查报告提出的问题实际中肯,主要由甘孜州逐项研究解决,请省交通运输厅给予及时的指导和必要的支持。

29 日 宜宾港集装箱吞吐量突破 1 万标箱。

7 月

1 日 雅西高速公路开放载货汽车通行,省公安厅、省交通运输厅联合发布《关于加强雅西高速公路行车安全管理的通告》。

2 日 汉源县突降暴雨发生泥石流,导致雅西高速公路交通阻断。交通部门立即组织抢通,于 4 日 7 时恢复双向通行。

4—5 日 副省长王宁到广安港新东门作业区调研航运工程推进情况,要求创新理念,高起点、高标准规划广安港配套服务区,增强港口辐射带动作用,把广安港建成川东北地区重要口岸。

4 日 副省长曲木史哈到宜泸高速公路南溪长江大桥和宜宾港调研,要求加快推进宜泸高速公路建设进度,加强质量安全管理;充分发挥宜宾港功能,带动临港和周边经济发展。

5 日 省交通运输厅印发《四川省"十二五"期推进城乡交通运输一体化示范试点工作方案》。

△ 中央电视台、四川日报、华西都市报等多家媒体报道"泸州最美司机罗康平"先进事迹。

7—8 日 巴中市遭受特大暴雨袭击,国省干线断道 4 条 23 处,农村公路断道 51 条 127 处。交通部门迅速启动应急预案,全力抢通保通。

9—10 日 副省长王宁、刘捷就加强当前汛期水上交通安全工作作出重要批示,交通运输部门迅速对汛期水上交通安全工作作出有针对性的部署。

13 日 全国集中连片特困地区交通扶贫开发工作推进会在成都召开,交通运输部部长李盛霖、国务院扶贫开发领导小组办公室主任范小建出席会议。会议发布了《集中连片特困地区交通建设扶贫规划纲要(2011—2020 年)》。

13—14 日 交通运输部副部长冯正霖调研绵茂公路设计方案及相关工作开展情况,要求将绵茂公路建成山区地质灾害频发区全天候二级路的示范工程、样板工程。

24 日 省交通运输厅召开半年工作会,安排部署下半年交通建设重点工作。

25 日 上半年全省交通建设完成投资 635.21 亿元,同比增长 7.8%,两项指标在全国继续稳居第一,实现"时间过半、任务过半"。

30 日 省交通运输厅与泸州市政府就"7·23"公路水运交通灾后恢复重建举行座谈会。

8 月

1 日 省交通运输厅党组授予泸州"最美司机"罗康平"驾驶员职业道德楷模"称号,并在全省交通运输行业组织开展向罗康平同志学习活动。

7 日 全省重点水运建设质量年活动工作会议在广安召开。

11 日 嘉陵江苍溪航电枢纽 2 号机组完成 72 小时试运行,顺利投产发电。

13 日 "震中第二生命线"映汶高速公路全线贯通。

△ 省交通运输厅召开全省交通重点项目集中建设攻坚活动座谈会,安排部署下半年集中建设攻坚工作。

13—17 日 交通运输部部长李盛霖赴四川考察藏区、彝区交扶贫工作。13 日,省委副书记、省长蒋巨峰在成都会见李盛霖部长一行,并就加快集中连片特困地区交通运输发展交换意见。15 日,李盛霖部长调研雅西高速公路,对雅西高速公路建设成绩给予充分肯定和高度评价。

20 日 省委书记、省人大主任刘奇葆赴甘肃省考察,并就深化四川、甘肃两省开展以交通建设为重点的合作作出指示:加强重大交通项目合作,共同推进省际快速通道建设。

24 日 在"2012 全国交通运输行业物流园区年会暨物流信息化发展推进大会"上,泸州港集装箱码头被确定为全国首批"交通运输行业重点联系物流园区(企业)"。

24—26 日 交通运输部总工程师周海涛一行赴川藏公路南线东俄洛至海子山段公路改建工程进行调研。

27 日 四川省交通运输厅公路水运质量监督站更名为四川省交通运输厅工程质量监督局。

△ 省政府批示同意在宜宾港志城作业区建设现代化散货泊位,填补宜宾市无现代化散货泊位的空白。

9 月

10 日 省委书记、省人大主任刘奇葆，省委副书记、省长蒋巨峰出席成自泸赤高速公路成都至自贡段通车仪式，刘奇葆宣布项目建成通车。

△ 全省发布《重大节假日免收小型客车通行费实施方案》。

12—14 日 中国航海学会救捞专业委员会 2012 年年会暨第七届中国国际救捞论坛在成都召开。

20 日 全国公路工程地质科技情报网 2012 年技术交流会在成都召开，以“公路地灾防治”为主题进行广泛深入的学术讨论交流。

△ 省政府在成都召开四川省重大节假日小型客车免费通行工作电视电话会议。

26 日 四川省与广西壮族自治区在成都签署《加快推进建设西南出海大通道暨合作共建北部湾川桂临海产业园协议》。

△ 宜宾港海关监管区顺利通过成都海关验收，川滇黔等出口货物可在宜宾港实现装箱报关出口。

10 月

9 日 省交通运输厅制定出台《四川省压缩天然气汽车专用装置定点维修企业备案条件和程序规定》，将于 2012 年 11 月 9 日正式实施。

12 日 副省长王宁调研映汶高速公路建设。

△ 成都市出租汽车电召服务试运行。

15 日 中国在建海拔最高公路隧道省道 302 线雅克夏雪山隧道建成通车。

24 日 纳黔高速公路赤水河特大桥全幅贯通。大桥全长 944 米，主跨 248 米，主墩高 110 米。

△ 川粤两省交通综合行政执法改革经验交流会议在成都召开。

25 日 全省交通安全生产领域开展“打非治违”专项行动。

25—26 日 川陕甘三省交界水域毗邻地区安全监管联席会议在陕西省汉中市召开。

29 日 四川南充汽车运输（集团）有限公司《天然气车辆在道路运输中的应用》等 3 个项目获得 2012 年交通运输节能减排专项资金 190 万元奖励支持。

30 日 四川省高速公路项目招商推介会在成都举行。本次推介会推出成都经济区环线高速公路蒲江至简阳段、内江城市过境、绵阳至西充高速公路 3 个项目，总里程约 225 公里。

11 月

1 日 省委常委、政法委书记刘玉顺赴成都、眉山调研交通安全维稳工作情况。

2 日 省交通运输厅印发《四川省交通运输“十二五”科技发展规划》和《四川省交通运输“十二五”教育培训发展规划》。

5 日 宜宾港集装箱吞吐量突破 2 万标箱，提前两个月完成年度目标任务，成功实现从建设向经营的转型突破。

△ 国家环境保护部在北京组织召开审查会审议通过《岷江高等级航道建设（2011—2015 年）环境影响报告书》。

8 日 省交投集团正式启动 180 亿元短期融资券发行注册工作。

△ 川、渝、鄂三省（市）道路运输管理机构和运输企业在泸州市召开公路水路联运促进甩挂运输发展座谈会。

16 日 省交通运输厅印发《四川省路政、运政行政强制适用的指导意见（试行）》及有关行政强制文书。

19 日 省交通运输厅召开厅党组扩大会议，传达学习党的十八大精神，并结合交通运输工作研究贯彻意见。

21 日 岷江港航电项目配套基础工程——乐山港进港大道建成试通车。

22—24 日 2012 年中国（四川）国际物流博览会在成都举行。

28 日 纳黔高速公路全线建成通车，标志着厦蓉高速公路（G76）四川境全部贯通。

29 日 映汶高速公路建成通车，项目全长 48.27 公里，概算总投资 49.91 亿元。

30 日 雅西高速公路科技示范工程通过交通运输部验收。

12 月

6 日 省交通运输厅印发《四川省出租汽车服务质量信誉考核办法》。

9 日 省地方海事局与上海海事局在成都召开《长江上游油污染防治对策研究》课题结题验收会。

11 日 成都市启动全省首个道路客运联网售票系统。

13 日 西南片区交通建设工程质量安全监督年会在成都召开。

14—15 日 全国交通质量监督局(站)长座谈会在成都召开。

17 日 达万高速公路建成通车。项目全长 63.78 公里,概算总投资 48.46 亿元。

19 日 广甘高速公路建成通车。项目全长 55.5 公里,概算总投资 68 亿元,桥隧比高达 80%,是全省建设难度最大、桥隧比最高的高速公路项目之一。至此,四川省高速公路通车总里程达 4043 公里,建成高速公路进出川大通道 12 条。

△ 成自泸赤高速公路内江至自贡段继 9 月 10 日先期通车 59 公里后,余下 54 公里建成通车。项目全长 113 公里,概算总投资 67 亿元。

20 日 省交通运输厅启动“百日安全生产活动”。

21 日 副省长王宁主持召开岷江港航电综合开发推进工作专题会议,安排部署下阶段工作重点。

24 日 省交通运输厅召开大型画册《大道出川 蜀道不难》评审会。

25 日 省政府通过新闻发布会正式发布,四川省于 2013 年 1 月 1 日零时一次性整体取消全省政府还贷二级公路收费,包括全省政府还贷二级公路 12563 公里、独立桥隧 41285 延米,共 255 个收费项目、213 个收费站点(含地震后和收费公路专项清理停止收费的里程和站点)。

26 日 国家高速公路网成渝地区环线宜泸高速公路建成通车。项目全长 78 公里,概算总投资68.45亿元。

△ 宜(宾)叙(永)高速公路开工建设,副省长王宁出席开工动员大会。项目全长 110 公里,估算总投资 106.78 亿元,预计 2016 年建成通车。

△ 泸州港多用途码头二期续建工程建成投运,泸州港跃升长江上游水、公、铁联运的 100 万标箱内河枢纽港,成为全省首个集装箱年吞吐能力达到 100 万标箱的港口。全省港口集装箱年吞吐能力达 165 万标箱。

28 日 厅公路局、厅航务局、乐山市交委、绵阳市交通运输局、川南高速公司被交通运输部表彰为全国交通运输行业文明单位;宜宾公路养护管理总段、武胜县航务管理处、成都公交集团综合服务大厅热线中心、厅高速公路交通执法第三支队四大队、桐子壕航电公司船闸运行维护班被授予全国交通运输行业文明示范窗口;南充汽车运输有限公司被授予交通运输文化建设示范单位。

△ 成渝高速环线重要组成路段乐雅高速公路乐山至峨眉山段建成通车。

30 日 成德南高速公路成都至三台东枢纽互通 97 公里、西充至李桥枢纽互通 10 公里,共 107 公里建成通车。至此,全省高速公路通车总里程达 4334 公里。

(本栏目供稿单位:厅办公室)

四川交通运输工作会议　　周光全 摄

世界自然文化遗产——峨眉山　喻 磊 摄

交通基础设施建设

JIAOTONG JICHU SHESHI JIANSHE

厅公路局 制

综 述

西部综合交通枢纽建设取得新突破。2012年,交通建设投资继续保持高位增长,全年完成投资1195亿元,同比增长19.3%。高速公路网加速形成,新建成雅西、映汶等16个项目1327公里,新建成出川通道4个,宜宾至叙永高速公路开工建设。新改建国省干线公路2074公里,藏区彝区干线公路建设加快推进,国省干线公路等级明显提升。新改建农村公路2.24万公里、农村公路桥梁137座,新建成农村渡改桥236座,涌现出平昌县等一批农村公路建设的先进典型。省政府出台《关于加快长江等内河水运发展的实施意见》,泸州港建成全省首个百万标箱大港,嘉陵江渠化工程、渠江广安段航运工程、南充港、广元港等水运重点项目加快推进,岷江港航电综合开发前期工作取得实质性进展。成都龙泉公路货运集散中心等3个物流枢纽项目开工建设,泸州客运中心站等7个客运枢纽项目建成投运。

交通运输保障能力显著增强。全省客运车辆达到5万辆,通公路的乡镇、建制村客车通达率分别达到93%和76%,集装箱车辆达到1486辆,城市公交车、出租汽车发展到2.4万辆和4.1万辆。新开业省际水运企业11家,新投入营运1000载重吨以上标准船舶达38艘、9万载重吨。全省公路客、货运量分别达到26.6亿人次和15.8亿吨,同比增长10%和13%。水路客、货运量分别达到3276万人次和7161万吨,同比分别增长6.3%和12.5%;港口集装箱吞吐量突破16万标箱,同比增长48%。安全运送进出川大型设备170批次、419件(套)。圆满完成春运、十一"黄金周"运输保障任务。

体制机制改革迈出新步伐。探索建立与金融监管部门、银行业金融机构及省级相关部门间的协调联动机制。高速公路交通执法、公安交警、营运公司和地方政府形成联勤联动机制。省政府印发《关于进一步促进全省道路运输行业健康稳定发展的通知》,城市公交、出租汽车行业稳定健康发展。政府还贷二级公路收费一次性整体取消。

行业管理服务水平进步提升。深入开展交通重点项目建设质量年活动,工程建设进度、质量总体受控。强化安全监管和应急保障,完成公路安保工程1747公里,交通运输安全生产形势总体稳定。加强公路养护管理,路况服务水平不断改善。雅西高速公路"科技示范工程"通过交通运输部正式验收,取得40余项国际国内领先技术创新成果并在全国推广应用。交通运输行政执法形象"四统一"建设有序推进。干部队伍建设和党风廉政建设不断加强,形成风清气正、干事创业、推进跨越的氛围环境。

(厅办公室)

高速公路建设
GAOSU GONGLU JIANSHE

广南高速公路建成通车 2012年4月1日,广元至南充高速公路全线建成通车。广南高速公路是国家高速公路网"7918网"中兰州至海口高速公路的一段,起于广元市罗家沟接广甘高速公路,经广元市的利州区、元坝区、苍溪县和南充市的阆中市、南部县、西充县至顺庆区的秦家沟接南充绕城高速公路,全长201.099公里,概算总投资150.3亿元,采用四车道高速公路技术标准建设。该路段通车对于完善国家高速公路网、加快实施西部大开发战略、促进大西北与大西南区域经济文化交流将发挥积极支撑作用。

(广南公司)

达陕高速公路建成通车 2012年4月12日,达州至陕西高速公路普光至万源段(川陕交界)110公里建成通车(四川达州至宣汉县普光段33.3公里于2011年12月31日建成通车)。该路2008年

达陕高速公路　　何其伦 摄

12月控制工程开工，次年3月全线开工，建设总工期为4年。项目起于陕西青荆（川陕界），经万源、白沙、新华、普光、宣汉，止于达（州）渝（重庆）高速公路徐家坝，路线全长143.3公里（其中含大巴山隧道陕西境内3.38公里，由四川省建设和经营管理），设计行车时速80公里，整体式路基宽24.5米，分离式路基宽12.25米，概算总投资104.725亿元。

该路的建成通车，对于贯彻落实国家新一轮西部大开发战略，完善国家和四川省高速路网，打通川陕高速大通道，改善区域交通条件，加快实施集中连片扶贫攻坚，促进沿线资源开发和经济社会协调发展意义重大，且利于提高川、渝、陕和周边其他地区间的综合运输能力，进一步改善四川投资环境，还利于省际间物资集散、信息交流以及大巴山旅游文化资源开发，促进其经济发展与社会和谐。

（达陕公司）

广南广巴高速公路连接线建成通车 2012年4月28日，广元至南充、广元至巴中高速公路连接线建成通车。路线起于广南高速公路黑水塘枢纽立交，经广元市利州区龙潭乡、大石镇，止于广巴高速公路元坝至巴中段（28公里加478.75米），主线全长16.929公里，设龙潭互通立交，预留张家湾立交，采用双向四车道高速公路技术标准建设，设计时速80公里，路基宽24.5米，桥梁19座5785延米，隧道3座3383延米，桥隧比约57%，概算总投资15.6亿元。全线最长隧道——梁家岭隧道，左洞1482米，右洞1517米；最长大桥——雷家河大桥，左线613米，右线600米；最高大桥——龙潭河大桥，最高处94米。广南、广巴高速公路连接线将与在建的广陕、广巴高速公路连接线共同形成广元市绕城高速公路环线，有助于广元市过境交通组织、区域经济发展和现代商贸物流中心的构建。

（广巴公司）

雅西高速公路建成通车 2012年4月28日，雅安至西昌高速公路建成通车。雅西高速公路是国家高速公路网北京至昆明高速公路（G5）和八条西部大通道之一甘肃兰州至云南磨憨公路，在四川境内的重要组成部分。路线全长240公里，采用四车道高速公路技术标准建设，设计时速80公里，整体式路基宽24.5米，沥青混凝土路面。工程造价超过200亿元，其中利用亚行贷款5亿美元，是中国利用亚行贷款资金最大的单个项目。项目由四川高速公路建设开发总公司投资建设，四川雅西高速公路有限责任公司作为项目业主负责建设管理。雅西高速公路有着“桥隧博物馆”之称。全线桥隧比重达55%以上，汉源、石棉境内更是高达70%以上。其中，桥梁270座91公里，隧道25座41公里，互通式立交10座，服务区7处（在建3处），停车区5处，监控分中心3处。雅西高速项目面临的环境和条件，在全国乃至世界范围内都具有特殊性和典型性，是国外内公认的自然环境最恶劣、工程难度最大、科技含量最高的山区高速公路之一，被交通运输部确定为“勘察设计典型示范”和“科技示范”双示范项目。

（雅西公司）

雅西高速公路　　雅西公司 供稿

广南、广巴高速公路连接线龙潭互通立交　　广巴公司 供稿

成绵高速公路复线建成通车 2012年5月9日，成都至绵阳高速公路复线建成通车。成绵高速公路复线起于成彭高速公路18公里加114米处，由西北向北经新都、彭州、什邡、绵竹、罗江、安县、绵阳高新区，止于成绵高速公路89公里加1095米处。全长86.19公里，总投资56亿元，采用双向四车道高速公路技术标准建设，设计行车时速100公里。成绵高速公路复线通车后，成都至绵阳将形成2条高速并行的状况，对成绵高速公路车辆起到分流的作用，有效缓解成绵高速公路交通压力；对进一

步改善成德绵地区的对外交通条件,对进一步促进成德绵经济区的快速发展,加快四川灾后恢复重建和灾区发展振兴有着深远的意义。（成德绵公司）

成都至绵阳高速公路复线项目开工动员大会现场　　厅办公室 供稿

内遂高速公路建成通车　2012年5月9日,内江至遂宁高速公路建成通车。内遂高速公路南起内江,经资阳,北止于遂宁。全长120.47公里,全线设13处互通立交和9个收费站,项目总投资60.68亿元。

内遂高速公路建成通车后,从内江到遂宁由原4个小时缩短为1个半小时,并直接沟通成渝、成南等多条干线公路,与成渝、内昆等铁路形成铁路、公路联运合力,形成连接中国大西北和大西南的高速大动脉,将改善云南、贵州及川南宜宾、泸州北上,绵阳、遂宁等川北城市南下的客货运输条件,缩短运输时间和距离,促进省内外物资信息交流,促进项目沿线经济社会的快速发展。（内遂公司）

内遂高速公路　　内遂公司 供稿

成自泸赤高速公路成自段建成通车　2012年9月10日,成都至自贡至泸州至赤水高速公路成都至自贡段166公里建成通车。成自泸赤高速公路是四川省东南方向连接贵州的重要出川出海大通道,也是全省采用BOT模式建设里程最长的一条高速公路。项目路线起于成都绕城高速公路,经眉山仁寿、内江威远、自贡、泸州等市(县),止于贵州省赤水市川黔交界处,全长约298公里,分段采用双向六车道和四车道高速公路技术标准建设,设计行车时速80—100公里,项目概算总投资197.3亿元。成都至自贡段建成通车以后,行车时间比走原来的成渝高速公路缩短将近1个小时,对于进一步完善四川高速公路网,打通出川出海运输大通道,加快构建西部综合交通枢纽,发挥成都主枢纽辐射带动作用,支撑天府新区规划建设,促进成都、川南经济区联动发展,深入实施"两化"互动,统筹城乡战略,都具有十分重要的意义。（成仁公司）

映汶高速公路建成通车　2012年11月,映秀至汶川高速公路建成通车。映汶高速公路是世界首条特大地震发生后,在高山峡谷的地震高烈度区域和余震及地质、山洪灾害频发的极重灾区,用最快时间建成的高速公路项目。该项目是国家规划的西部大通道甘肃兰州至云南磨憨公路的重要组成部分,是四川省会成都市连接阿坝州州府和川藏、川青高速公路的重要路段。项目建成通车,对于形成成都至地震极重灾区汶川的高速公路生命线,加快全省高速公路向藏区延伸,进一步完善四川高速公路网,促进沿线地震灾区发展振兴和民族地区社会稳定与民族团结,带动阿坝州经济社会快速发展具有十分重要的战略意义。

映汶高速全长48.27公里,概算总投资49.91亿元,由四川高速公路建设开发总公司投资建设,四川都汶公路有限责任公司作为项目业主负责建设管理。项目起于都映高速公路龙溪隧道出口,经映秀、银杏、桃关、草坡、绵虒、玉龙,止于汶川县城南凤坪坝,与拟建汶川至马尔康高速公路相接,采用双向四车道高速公路技术标准建设,设计行车时速80公里,路基宽24.5米,设有映秀南、映秀北、银杏、绵虒、汶川南5座互通式立交。有桥梁39座、隧道9座,桥隧总长37公里,桥隧比高达76.3%。

（都汶公司）

映汶高速公路　　都汶公司 供稿

纳黔高速公路建成通车 2012年11月28日,纳溪至贵州高速公路黔川界至叙永段62公里建成通车。至此,纳黔高速公路全线建成通车。

纳黔高速公路是国家高速公路"7918"网布局的横线厦蓉高速公路(G76)在四川境内的最后一段在建路段,也是四川省规划的24个出川高速公路通道之一。黔川界至叙永段跨越赤水河,穿越乌蒙山,沿线地质、地形十分复杂,滑坡、泥石流、崩坍、岩溶、暗河、涌突水、软弱地基等地质灾害极为常见,施工难度极大。沿线安装雾区行车诱导系统,最大限度降低交通安全事故概率;设置强制停车区、加水站和降温池;增设避险车道、爬坡车道、标志标线等,确保长大纵坡路段营运安全;在路测增设较多临时停车区和临时车道,方便车辆特别是大型货车临时停靠;施工中增设桥梁,尽量减少对树木的砍伐,想方设法将高速公路融入乌蒙山优美的自然环境中。 (纳黔公司)

纳黔高速公路 纳黔公司 供稿

达万高速公路建成通车 2012年12月18日,达州至重庆万州(川渝界)高速公路提前建成通车。四川达万高速公路全线位于达州市境内,全长63.78公里,概算总投资48.46亿元,由四川省和达州市共同投资建设。达万高速公路起于达州市通川区魏兴互通立交,达陕、达渝、达万、巴达(在建)四条高速公路两两相接,十字交叉,并可互相上下,自由转换,止于重庆市万州区(川渝界),采用双向四车道高速公路技术标准建设,设计行车时速80公里,沥青混凝土路面。

四川达万高速公路建成通车,标志着四川省在打开通道、完善路网、构建枢纽上取得新的进展和成效,对于进一步完善四川省高速公路网,畅通东向出川入海大通道,加快构建西部综合交通枢纽,对于促进川东北、渝北地区物流经济和区域交通一体化,加快实施集中连片扶贫攻坚,促进项目沿线资源开发和经济社会协调快速发展,都具有十分重要的战略意义。

(达万公司)

达万高速公路开江段 达万公司 供稿

巴南高速公路建成通车 2012年12月,巴中至南充高速公路提前建成通车90公里,预计2013年3月底将全线建成通车。巴南高速公路是全省高速公路网规划中成都引入线成都经南江至陕西高速公路的重要北向出川通道。项目起于巴中市巴州区东兴场,接广巴高速公路和在建的巴陕高速公路,经仪陇县、南部县,止于西充县李桥镇,设李桥枢纽互通接广南、成德南高速公路,全长116公里,其中巴中境内38公里,南充境内78公里。项目概算投资80亿元,建设工期3年,于2009年底实现控制性工程动工,2010年6月实现全面开工。巴南高速公路全线通车后,巴中至南充车行仅需90分钟,同时连接广巴、巴达、巴陕等多条高速公路,将初步形成巴中高速交通枢纽,3小时内可西至成都、南下重庆、北达西安,打破过去川东北革命老区经济发展受交通条件制约的瓶颈,实现老区人民快捷出行的夙愿。 (巴南公司)

巴南高速公路嘉陵江特大桥 巴南公司 供稿

成自泸赤高速公路自富段建成通车 2012年12月19日，成都至自贡至泸州至赤水高速公路成自贡至富顺段建成通车，标志着成自泸赤高速公路内江威远至自贡段113公路全线建成通车。内江至自贡段起于威远县桐凉村，止于富顺县与泸县交界的龙贯山，全长113公里，采用双向四车道高速公路技术标准建设，设计行车时速100公里，概算投资67亿元。该路段是四川路桥集团继成绵复线高速公路建成通车的第2条高速公路BOT项目。

（路桥集团）

成自泸赤高速公路　　　成仁公司 供稿

乐雅高速公路乐峨段建成通车 2012年12月28日，乐山至雅安高速公路乐山至峨眉段建成通车。雅眉乐公司秉承“安全、耐久、环保、节约、舒适、和谐”的建设理念，创新管理思维，实施标准化、精细化管理，真抓实干，克服极端异常气候所致有效工期短等重重困难，顽强拼搏，终于实现乐峨段按既定计划通车的目标。乐峨段总长22.84公里，行车时间由近45分钟缩短至25分钟，将为乐山、峨眉两地融入成渝经济圈，为两地经济以及旅游资源的深度开发助推加力。

（乐雅公司）

宜泸高速公路建成通车 2012年12月26日，宜宾至泸州高速公路建成通车。宜泸高速公路起于泸州市纳溪区白鹤林枢纽互通立交，止于宜宾市翠屏区象鼻互通立交，全长78公里，采用双向四车道高速公路技术标准建设，设计行车时速80公里，路基宽24.5米，总投资68.45亿元。

宜泸高速公路是国家高速公路网成渝地区环线的重要路段，属《国家高速公路网规划》“7918网”中西部地区唯一的一条环线，是成渝经济走廊的重要组成部分。它将为加快推进成渝经济区川南区域经济发展和城市化网络立体交通建设，并为各种资源要素的流动和聚集提供重要保障。

（宜泸公司）

宜泸高速公路宜宾南溪长江大桥　　　宜泸公司 供稿

广甘高速公路建成通车 2012年12月19日，广元至甘肃高速公路建成通车。广甘高速公路起于姚渡镇将军石（甘川界），接在建的武都至罐子沟（甘川界）高速公路，经孟子沟、木鱼、骑马场、观音店、白朝、宝轮、罗家沟，接广元至绵阳高速公路和在建的广元至南充高速公路，全长55.49公里，采用双向四车道高速公路技术标准建设，路基宽24.5米，设计行车时速80公里。

广甘高速公路的通车，对于进一步完善国家和四川高速公路网，畅通北向进出川大通道，加快构建西部综合交通枢纽，加快实施集中连片扶贫攻坚，促进沿线地震灾区发展振兴，以及促进沿线地区资源开发和经济社会快速发展，都具有十分重要的战略意义。

（广甘公司）

乐雅高速公路乐峨段——徐家坝枢纽立交桥　　　封延如 摄

成德南高速公路建成通车 2012年12

月30日，成都至德阳至南部高速公路成都至三台东枢纽互通107公里提前建成通车。成德南高速公路是《四川省高速公路网规划》的第二条成都放射线—成都至巴中至川陕界高速公路出川通道中的一段，起于成都绕城高速公路螺狮坝立交，与成南高速公路共线16公里，经成都市青白江区、金堂县，德阳市中江县，遂宁市射洪县，绵阳市三台县、盐亭县，南充市西充县，止于广南、巴南高速公路李桥枢纽互通立交。项目概算总投资111.2亿元，路线全长178.3公里，采用双向四车道路高速公路技术标准建设，设计行车时速80公里，路基宽24.5米，沥青混凝土路面。全线共有高瓦斯特长隧道1座，高瓦斯中隧道1座，中短隧道4座，特大桥3座，大中小桥240座，桥隧总长34356延米，桥隧比20%，枢纽互通3座，互通式立交12座，路基土石方6100万立方米，沥青混凝土路面416万平方米，4处服务区和1处停车区。

成德南高速公路　　成德南公司 供稿

成德南高速公路建成通车，对完善四川省高速公路网布局、支撑西部综合交通枢纽建设，促进沿线资源整合开发和地方经济社会可持续发展，提高沿线地区城市化水平，加强成德绵经济拓展区、川东北经济区与成都城市群的经济社会联系具有重要意义。

（成德南公司）

巴达高速公路建设进展情况　巴中至达州高速公路是《四川省高速公路网规划》中兰州—广元—巴中—达州—万州东西横向高速公路的重要组成路段，路线西接广元至巴中高速公路止点穆家坝，东接达州至万州（川渝界）高速公路的起点，以巴中、通江（水宁寺）、平昌、达州为路线基本控制点，经尖顶子、任家湾、佑垭口、水宁寺、谢家湾、平昌、曾家、魏家山、陈家湾，止于魏兴枢纽互通式立交即达州至万州（川渝界）高速公路起点。路线全长109.609公里，采用双向四车道高速公路技术标准建设，设计行车时速80公里、整体式路基宽24.5米、分离式路基宽12.25米，沥青混凝土路面，概算总投资102亿元。设置桥梁132座，桥梁总长30522.75延米；特长隧道2座，长隧道8座，中隧道4座，短隧道6座，隧道总长24527.47延米。全线共设巴中东、兴文、通江、驷马、平昌、平昌东、江陵、碑庙、安云、魏家、魏兴11处互通式立交，其中魏兴属大型枢纽立交，工程建设期为3年。

2012年，巴达高速公路完成投资35.0612亿元，为年度计划的101.3%，自开工累计完成投资72.1846亿元。全年完成土石方99.5%，涵洞及通道100%，排水及支挡工程98%，桥梁下部结构98%，桥梁上部结构93%，隧道掘进及初支100%，二衬100%，路面底基层25.7%，基层17.4%，面层3.8%，绿化31%。　（巴达公司）

建设中的巴（中）达（州）高速公路　　巴达公司 供稿

国省干线公路建设
GUOSHENG GANXIAN GONGLU JIANSHE

国省干线公路改造实施项目基本建成 2012年,为加快国省干线改造工作进程,全面提升路网服务水平,省政府印发《四川省国省干线公路改造实施方案(2009—2012)》,共180个8311.5公里干线公路纳入实施方案,其中灾后重建项目70个3840公里,非灾区项目110个4471.5公里,规划期投资306亿元。截至年底,除受不可预见因素干扰或地方规划调整的4个项目尚余部分工作量外,其余176个项目全面完工,累计完成路面8141.9公里,完成投资306亿元,分别为规划的97.78%、97.96%和100%。

甘孜州交通推进项目进展情况 2012年,为彻底改变雪域高原交通落后状况,甘孜州构建川、滇、青、藏综合交通门户枢纽的交通建设攻坚战拉开序幕。州委、州政府通过召开电视电话会议、三年攻坚督导工作会、开展"百日劳动竞赛活动"以及引进代建制等多种形式扎实开展工作,确保建设项目顺利推进。截至年底,25个干线公路项目累计完工6个642.3公里,累计完成路基1591.5公里、水稳层905.9公里、沥青面层731公里,累计完成投资91.9亿元。其中,年内完工项目3个406.4公里,在建项目17个2029.9公里,未开工项目2个123.6公里,累计完成投资49.7亿元。

国道108线改造示范工程项目建设 国道108线川境段示范项目共13个。截至2012年底,完工项目3个83.6公里,分别是西昌月华至西宁镇段、会理县施家湾至会理县鱼鲊渡口段、广汉至青白江段;开工项目8个295.8公里;未开工项目为凉山州西溪至黄水段升级改造和成都市邛崃至名山界段路面改造工程,未开工项目完成设计文件并开展招标,预计2013年3月底开工。

映秀至卧龙公路复工 2012年6月,经历近2年的重新评估和勘察设计后,受2010年"8·14"特大山洪、泥石流灾害影响停工的映卧路恢复施工。映卧路由香港援建,二次重建仍沿用渔子溪走廊,为增强抗灾能力,设计抬高线位,大幅增加桥隧等结构工程,路线全长44.146公里,采用二级公路技术标准建设,设计行车时速40公里,路基宽8.5米。其中,耿达至卧龙段采用清除堆积体、设置挡防和排导措施处治后利用毁前建成成果;映秀至耿达段原有线路基本废弃,大部分路段采用隧道、桥梁及改线的方式绕避,需新建大中桥3座1520延米,新建隧道3座11580延米,新增土石方21.3万立方米、防护工程6.28万立方米。映卧路调整方案新增投资估算11.5亿元,估算总投资19.66亿元(其中香港援建7.656亿元),建议工期48个月。

映卧路与"5·12"汶川特大地震震中的直线距离仅3公里,是耿达、卧龙出入成都最近的"生命通道",往西经小金可到千碉之城丹巴进入藏区,项目建成后将为四川旅游产业的发展振兴奠定坚实的基础。

建设项目动态监管 2012年,厅公路局严格按照"全因素、全过程、全方位"的管理要求,以项目为抓手,认真落实各级监管和监督责任,围绕项目质量、安全、进度、投资、标准实施情况,加强项目动态监管。在进一步规范片区联系制度的基础上,对国道108线示范工程、甘孜州推进方案、绵茂路、映卧路等项目推行重点项目专人定点督导,建立健全国道108线每月联系会议工作制。加强管理规范化、施工标准化、组织科学化建设,组织力量对重点项目进行实体质量抽查检测和安全生产检查,全年未发生重大安全责任事故,工程质量总体受控。

国省干线公路建设管理 2012年,厅公路局制订《四川省普通国省干线公路建设质量指导意见》《四川省G108线改造示范工程创建指南》《四川省G108改造工程现场调研咨询意见》,多次组织国道108线交通主管部门及建设管理单位开展交流活动,全面促进地方公路建设管理向规范化、标准化转变。 (本栏目供稿单位:厅公路局)

农村公路建设

NONGCUN GONGLU JIANSHE

概 况 2012年,四川省农村公路建设完成投资173亿元,新(改)建农村公路22000公里,为年度目标的110%;新增农村公路8967公里,乡(镇)通畅率达92.26%,建制村通畅率达66.26%、通达率达98.29%;完成安保工程1747公里,为年度“民生工程”目标的116.5%。建成农村公路桥梁137座。其中,农村公路渡改桥93座,其他农村公路桥梁44座。

农村公路养护资金落实到位 2012年,全省养护工程资金到位19.7亿元。其中:燃油费转移支付7.26亿元,各级地方财政落实11.27亿元,农民群众“一事一议”和其他方式筹集1.17亿元。日常养护资金到位9.37亿元。其中,各级地方财政落实8.13亿元,农民群众“一事一议”和其他方式筹集1.24亿元。

农村公路管养年活动 2012年,四川省以农村公路管理养护示范乡(镇)和文明路创建活动为载体,继续开展农村公路管养年活动,省、市两级共创建农村公路管理养护示范乡(镇)50个,创建文明路的县道1000公里、乡道500公里、村道1500公里。同时,已建成农村公路均设立养护公示牌,接受社会监督。年内,农村公路列养率达92.5%,路面养护质量指数(PQI)中等路以上里程达5.77万公里,农村公路绿化里程达10.06万公里,绿化率达46.9%;建立县级管养机构181个,建立乡(镇)交通管理站3902个,87%的乡(镇)设立交通管理站,县乡村三级有近10.2万人从事农村公路管理养护工作。

农村公路投资 2012年,省政府在中央投入的基础上,专项投入农村公路资金21.6亿元,用于农村联网路、安保工程和农村公路危(病)桥改造等项目。同时,市县两级政府也加大资金投入力度,为农村公路发展提供良好的资金保障。

农村公路管理制度 2012年,按照交通运输部的统一要求,四川省加快转变农村公路发展方式,坚持由规模速度型向质量安全效益型转变,先后制订《关于进一步加强农村公路建设质量管理的指导意见》《关于进一步规范农村公路试验室的通知》等规范性文件,启动《四川省农村公路条例》调研工作并上报立法计划,起草《四川省农村公路建设管理考核办法》《四川省农村公路管理养护考核办法》《关于推动四川农村公路建管养运协调发展的实施意见》,逐步完善农村公路管理制度,提升精细化管理水平,推动农村公路协调持续发展。

全省农村公路现场会召开 2012年,厅公路局在平昌县召开全省农村公路工作现场会。会议要求做好集中连片特困地区农村公路建设,以平昌县农村公路建设为典型,推动全省和连片特困地区农村公路工作。

农村公路督导服务 2012年,省交通运输厅将农村公路建设“民生工程”和连片特困地区农村公路建设作为发展重点,开展督导工作。在日常巡查和督导的基础上,对农村公路灾后恢复重建亚行贷款项目、三州农村公路建设和牧民定居点道路建设、连片扶贫地区等开展重点督导,促进项目顺利推进;按期完成农村公路灾后重建亚行贷款项目建设任务和提款报账任务,受到亚行的高度评价。组织开展《四川集中连片地区工程造价研究》《四川城乡交通一体化研究》《四川农村公路安保工程建设技术研究》《四川农村公路路面施工与养护技术研究》《四川农村公路边坡施工与养护技术研究》《四川农村公路安保技术研究》等课题研究,为农村公路管理提供技术支撑。同时,编印《四川农村公路路面施工与养护技术手册》《四川农村公路边坡施工与养护技术手册》各3000册,免费发放到各县(市、区)交通运输主管部门;组织开展4次农村公路项目交竣工验收和养护培训,培训基层交通部门技术人员600余人次。 (本栏目供稿单位:厅公路局)

汽车站场建设

QICHE ZHANCHANG JIANSHE

综合运输站场和物流基础设施建设 2012年,全省汽车站场建设完成投资25亿元,同比翻番。建成泸州客运中心站、宜宾临港客运站2个国家公路运输枢纽客运站,新开工建设成都龙泉公路货运集散中心、青白江公路货运集散中心、达州化工物流园区(二期)3个国家公路运输枢纽货运站;建成德阳公路运输综合枢纽北站和南站、自贡大山铺汽车客运枢纽站、资阳汽车客运中心站、西昌客运中心站5个次级公路运输枢纽客运站;建成阿坝红原、金川等3个县级客运站及153个农村客运站。

(徐海涛)

全省新增4个一级汽车客运站 2012年,简阳市城东汽车客运站、资阳汽车客运中心、遂宁商务客运中心站和泸州客运中心站的设施、设备配置达到部颁《汽车客运站级别划分和建设要求》和厅运管局《关于规范汽车客运站站级验收及确认程序的通知》规定的一级汽车客运站要求,被确认为一级汽车客运站。 (李 桃)

茂县汽车客运中心 茂县汽车客运中心是经省交通厅2005年批复同意建设,茂县发展改革委2006年批准立项建设的二级汽车客运站。该项目于2006年7月23日动工,2012年12月26日完成竣工验收。建设总预算投资2807.97万元,占地20500.5平方米,建筑总面积15414.76平方米。该客运中心位于省道213线茂县凤仪镇禹羌大道北段,分车站主楼、生态停车区、站前广场及安全例检4个区域,共有发车位10个,车辆泊位100余个,设计日发班车200余班次、运送旅客5000人次。其中,车站主楼候车、售票大厅配有LED大屏、条屏,设有4个售票窗口(含1个残疾人售票窗口、3个临时售票窗口)及候车室、综合服务台、小件寄存处、旅客饮水处、电视机等设施设备。

(厅运管局)

大山铺汽车客运枢纽站 大山铺汽车客运枢纽站位于自贡市的东北面,地处自贡市大安区大山铺镇大山村一组,与川南皮革城隔北环路相望,左邻东大家居城,右靠自贡恐龙博物馆,距高速公路大山铺收费站约500米。该枢纽站占地3.3万平方米,总投资5500万元,站房建筑面积2.1万平方米。其中,售票大厅1100平方米,候车大厅1600平方米,安检通道400平方米,发车站台11个,站务办公用房400平方米,配电室及消防总控室各150平方米,汽车修理用房2100平方米,其他配套及商业用房1.4万平方米。停车场面积1.6万平方米,站前广场8000平方米,绿地率35%。建成后的枢纽站集高速公路客运、旅游客运、跨省超长线路客运、县区乡农村客运、城市出租车客运为一体,设计日发班车800~1200班次、运送旅客5000~10000人次。

(厅运管局)

德阳汽车客运南站北站 德阳汽车客运南站是经省交通厅2009年批复同意建设,德阳市发展改革委2009年批复同意建设、2011年批准调增建设规模的一级汽车客运站。该站于2011年4月15日动工,2012年底竣工,按要求在2013年1月10日试运营。车站座落在市区泰山南路与黔江路交汇处东南角,是即将建设的旌江快速通道起点,建设总投资9600万元,省交通运输厅补助500万元,其余由市财政投资。车站按七级八度地震设防,建设外型由玻璃幕墙和钢构组成,空中鸟瞰以广汉三星堆东方魂为主题,似一条腾飞巨龙。总占地面积6万平方米,一期建设占地40000平方米,设地下一层地上二层,停车场1.7万平方米,站前广场3500余平方米,容积率0.21。设售票窗口15个,检票口12个,发车位25个,日发班车800余班次,能满足1.7万人次的乘车需求。二期建设占地20030平方米,计划建设自动洗车场、汽车修理厂、货物中转配载中心、加油、加气、充电等服务性配套设施。

德阳汽车客运北站于2011年7月开工,2012年底竣工,按要求在2013年1月10日试运营。车站位于德阳市

德阳汽车客运北站 厅运管局 供稿

城际北站以北，35米规划道路以西，以一级客运站的规模进行建设。一期建设占地面积40000平方米，二期建设占地面积1.8万平方米，项目总投资1.2亿元（不含征地费）。站房面积1.6万平方米，设地上三层地下一层，站前广场3250平方米。设发车位24个，日发班车800班次，能满足1.6万人次的换乘需求。（厅运管局）

广汉市汽车客运中心 2012年7月，经广汉市人民政府批准，由市交通运输局对广汉市汽车客运中心（原三星堆汽车客运站）进行维修改建，工程于11月竣工，11月29日投入试运营。12月，广汉市三星堆汽车客运站正式变更为广汉市汽车客运中心。

新的广汉市汽车客运中心座落于市经济开发区中山大道南三段与深圳路交汇处，南邻成绵高速公路，北接国道108线（大件路），距市区1.8公里，离世界闻名的三星堆文化遗址博物馆不足10公里。该客运中心占地30666平方米，总投资3300万元（维修投资580万元），站房面积4952平方米，停车场面积1.2万平方米。主要经营省际、市际、县际和县内（农村客运）班线客运30余条，日发班车500班次。2012年日均客流量为8000人次以上，全年客流量超过300万人次，预计到2020年，日均客流量将达1万人次以上，年均客流量达500万人次以上。站内设有车辆安检、清洗、维修、待班、发班和售票厅、候车厅、行包托运、"三品"检查等服务设施；站外设有休闲广场、专用公交站、出租汽车上下客点，建有绿化、图腾柱及光彩照明工程等景观。（厅运管局）

红原县汽车客运中心 红原县汽车客运中心是经省交通厅2010年9月批复同意建设，红原县发展改革委同年6月批准立项建设的二级汽车客运站。该客运中心位于红原县邛溪镇，由四川九寨运业有限责任公司建设，于2012年8月1日动工，9月21日竣工。建设总预算投资600万元，占地5365.77平方米，站房面积1043.45平方米。客运中心分车站主楼、停车场、站前广场及安全例检4个区域，有发车位6个（其中预留发车位1个），车辆泊位30余个，设计日发班车7余班次，日发送旅客150人次。其中，车站主楼内设有售票窗口3个（含1个残疾人售票窗口）及候车室、综合服务台、小件寄存处、餐厅。（厅运管局）

临港汽车客运站 临港汽车客运站位于宜宾市城东，地处国家级经济开发区"宜宾临港经济开发区"的城市腹心地带，是交通运输部、省交通运输厅和宜宾市政府规划，由宜宾市戎宸运业有限责任公司投资新建的国家公路旅客运输客运枢纽一级站。该站占地64866平方米，建设总投资2.3亿元，设计规模为年平均日发旅客29274人次。主站房12672平方米、站前广场7560平方米、停车场12620平方米、发车位面积4725平方米，工程总工期18个月，其中主站房及停车场自2012年7月开工，仅用6个月完成全部站场建设并通过验收。2013年1月28日取得经营许可，2月7日开业运行。

临港客运站的投入使用将很好地缓解宜宾公路客运站场不足和布局不合理的问题，并将形成川南省际长途公路客运最重要的换乘枢纽。临港客运站的建成使用，将有利于城区的缓堵保畅以及降低噪音污染、有利于旅客的就近出行选择，满足宜宾广大人民群众便捷出行。建成投入使用后的旅游客运综合服务设施，有利于进一步推动宜宾的旅游交通发展，更好地服务于宜宾的社会经济建设。（厅运管局）

金川县客运中心站 金川县客运中心站位于阿坝州金川县金川镇广金坝，建筑面积约3000平方米。原金川客运站经过"5·12"汶川特大地震受损严重失去使用功能，被列入当地灾后恢复重建的重点项目。该站占地6666平方米，建设总投资600万元。（厅运管局）

金川县客运中心站　　厅运管局 供稿

泸州客运中心站 泸州客运中心站位于泸州市城北功能区，毗邻西南商贸城、泸州医学院城北校区、泸州大剧院等全市核心重点项目区域，按国家一级站规划建设，是集公路客运、旅游客运、常规公交、出租车、社会停车于一体的综合客运枢纽，设计日最大发送能力5万人次，辐射范围覆盖川滇黔渝多个省市，是国家重点建设的196个交通枢纽之一。该站占地19万平方米，站房面积2.4万平方米，停车场面积10.5万平方米。建设总投资19836万元，项目建设业主为泸州兴运客运中心站有限公司。项目于2011年3月开工，计划2013年6月18日建成投运，届时龙马潭城区6个老客运站同步关闭搬迁。（厅运管局）

资阳汽车客运中心 资阳汽车客运中心是经省交通厅2007年4月批复同意建设，资阳市发展改革委2007年7月批准立项建设的一级汽车客运站。地址位于省道106线与滨铁路西侧交汇处（雁江区松涛镇书台村二社）。该项目于2010年1月9日动工，2012年3月26日竣工。建设总预算投资3808万元，占地40001平方米，建筑总面积19937.96平方米。

资阳汽车客运中心分车站主楼、生态停车区、站前广场及安全例检4个区域，有发车位28个(其中预留发车位1个)，车辆泊位160余个，设计日发班车500余班次，日发送旅客1万人次。车站主楼候车、售票大厅配置有中央空调和LED大屏、条屏、触摸屏，设有13个售票窗口(含1个残疾人售票窗口、3个临时售票窗口)及候车室、综合服务台、小件寄存处、旅客饮水处、电视机等设施设备。

(厅运管局)

西昌旅游集散服务中心 西昌旅游集散服务中心(也称"西客站、长安汽车站")位于西昌市航天大道西延线，于2009年1月1日开工，2011年12月建成，距西昌青山机场10.1公里、京昆高速雅西段西昌出入口4.5公里、西昌火车站2.5公里。该中心占地总面积为33734平方米，站房面积20891平方米，停车场1.7万平方米，总投资9213.53万元，分二期进行。有发班站台22个，大客车位162个，社会小车位200余个，设计日发送旅客可达1.5万人次。主要功能区分为：站场绿化广场、售票和候车服务区、公交车换乘区、出租车换乘区、社会车辆服务区、发班和候班区、司乘公寓、办公、车辆安检及其他商业服务配套功能区。陆续开通西昌至攀枝花(高速)、米易(高速)、昆明(高速)、成都(高速)、雅安(高速)、汉源、石棉、康定、越西、里伍、冕宁、九龙、锦屏、灵山寺、沙坝(泽远)、泸沽、马鞍、大桥、锦屏四号营地、喜德、甘洛、九襄共计22条线路。

(厅运管局)

资 料

2012年四川省县级汽车站竣工项目统计表

项目	建设规模(平方米)			投资(万元)							开工日期	竣工日期
	占地	站房	车场	小计	部	省	市(州)	贷款	自筹	其他		
泸州客运中心站	189000	24043	104565	19836	1500	500			17836		2010.9	2012.5
宜宾临港客运站(原宜宾白沙客运站)	64866	12672	12620	23000	1500	500			21000	2000	2012.7	2013.12
德阳公路运输综合枢纽北站	58000	16241	35640	12000		500			11500		2011.7	2012.12
德阳公路运输综合枢纽南站	60030	13593	17000	9600		500			9100		2011.4	2012.12
广汉市汽车客运中心(原三星堆车站)	30666	4952	12000	580		300			280		2011.9	2012.11
自贡大山铺汽车客运枢纽站	33335	21000	16000	5500		300			5200		2010.8	2013.6
资阳汽车客运中心站	40001	4937.96	15000	3808		500	900	1900	172.97	335.03	2010.1	2012.3
西昌旅游集散服务中心(西客站)	33734	20891	17000	9213.53		500	275		8438.53		2009.1	2011.12
阿坝红原客运站	5365.77	1043.45		600		350			250		2011	2012
阿坝金川客运站	6666	3000		600		200			400		2011	2012
茂县汽车站	20500.5	3974	10894	2807.97		400			2408		2006.7	2012.12

(厅运管局)

公路养护
GONGLU YANGHU

概 况　2012年，国省干线公路路况较上年进一步提升。路面养护质量指数（PQI）平均值为80.7，处于良等水平。全省优良等路9666公里，新增458公里，占67.1%，比上年提升3.3个百分点；次差路3110公里，占21.6%，比上年降低3.6个百分点，全年消除次差等路535公里。其中，内江市和德阳市路况水平提升幅度较大，宜宾市路况水平下降幅度较大。至年底，全省完成危（病）桥整治187座16236延米，完成危桥改造投资8.776亿元，另有34座在建；普通公路安保工程累计完成投资5.95亿元，实施总里程3773公里，其中，完成隐患路段整治3145公里；灾害防治工程完成2个142.677公里，完成补助投资3565万元。

仪陇三蛟公路养护现场　　厅公路局 供稿

公路养护规范化管理　2012年，厅公路局通过开展养护管理年活动，加强养路费分成资金预算监管，推行全省干线公路路况检测评价，养护管理工作呈现新景象：一是进一步理顺干线公路养护管理体制，各级领导对养护管理工作更加重视。二是进一步健全养护管理检查考核制度，日常养护工作得到加强。三是加大养护机械设备投入，涌现南充、巴中、成都等地积极推行机械化养护的好势头。四是加强基层养护管理站建设，职工生产生活条件有所改善。五是积极开展桥梁养护管理年活动，进一步规范桥梁养护管理工作。六是应急保障能力不断提高，全面完成“5·12”全省防灾救灾实战大演练工作。七是规范化建设成效凸显，南充、广元、攀枝花、眉山市规范化管理水平明显提高。按照2012年度普通国省干线公路养护管理检查评分标准，厅根据规范化检查和路况检测评定结果，对各市（州）公路养护管理工作进行综合评定排名，乐山、成都、宜宾、眉山、广元5个市评定为优等。

公路防洪抢险　2012年汛期，四川各市（州）均遭受不同程度的暴雨袭击，公路水毁灾情频发，泥石流、坍方、滑坡等自然灾害十分严重，造成公路大面积损毁，达州、凉山、巴中、阿坝等市（州）灾情较严重。据统计，暴雨泥石流造成全省108、210、212、318等8条国道和101、103、307等33条省道及610条农村公路多次断道阻车，直接经济损失达360137万元。灾情发生后，交通运输部和四川省安排水毁抢修经费9400万元，其中：部补4400万元，省补5000万元。　　（本栏目供稿单位：厅公路局）

绿树成荫的国道318线甘孜境段　　厅公路局 供稿

航电枢纽建设

HANGDIAN SHUNIU JIANSHE

概 况 2012年,省港航公司完成投资42.5亿元,同比增长87.8%,完成目标任务的128.78%。重点水运基础设施项目前期工作有序开展,岷江港航电综合开发前期工作取得实质性突破,四级航电枢纽八大类40个专题中的38个专题完成审批或已审待批,四级航电枢纽项目建议书、"十二五"建设方案环评分别获得国家发展改革委、环保部批复;犍为枢纽工程可行性报告通过国家发展改革委和交通运输部的评估、审查,移民安置规划报告获省扶贫移民局批复。嘉陵江航运配套工程的预可行性研究报告编制及审查工作完成,开展眉山汉阳航电枢纽项目投资评估工作。嘉陵江渠化工程进入全面收官阶段,凤仪、沙溪、苍溪枢纽工程基本完工,机组全部并网发电,船闸具备通航条件。营运管理水平稳步提升,全年完成上网电量30.13亿千瓦时,实现产值7.47亿元。其中,苍溪航电枢纽完成上网电量1.09亿千瓦时,实现产值0.33亿元;沙溪航电枢纽完成上网电量1.28亿千瓦时,实现产值0.41亿元;金银台航电枢纽完成上网电量5.33亿千瓦时,实现产值1.28亿元;新政航电枢纽完成上网电量4.96亿千瓦时,实现产值1.09亿元;金溪航电枢纽完成上网电量6.54亿千瓦时,实现产值1.46亿元;凤仪航电枢纽完成上网电量2.74亿千瓦时,实现产值0.75亿元;小龙门航电枢纽完成上网电量2.03亿千瓦时,实现产值0.49亿元;桐子壕航电枢纽完成上网电量5.04亿千瓦时,实现产值1.39亿元;金盘子航电枢纽完成上网电量1.12亿千瓦时,实现产值0.27亿元。筹融资工作成效显著,全年完成融资27亿元,同比增长32.42%,完成目标任务的168.75%。在国家货币政策趋于紧缩的情况下,一方面积极向国家和省有关部门争取资金支持,另一方面主动衔接中国银行间交易商协会、国家发展改革委企业债券等专业融资市场,共发行中票8亿元,在国家发展改革委成功注册企业债券7亿元,实现银行融资14亿元。 (省港航公司)

王宁主持召开岷江港航电综合开发专题会 2012年5月30日,副省长王宁在省政府主持召开专题会议,研究岷江港航电综合开发前期工作,安排部署下阶段重点工作。省政府副秘书长万鹏龙,省政府岷江港航电综合开发推进组组长、省交通运输厅厅长高烽,省发展改革委、省交通运输厅、省财政厅、省环境保护厅、省水利厅、省住建厅、省林业厅、省扶贫移民局、省文物局、省交通运输厅航务局,乐山市人民政府,省交投集团、省港航公司、中水建设集团四川公司、华电四川公司和中水顾问集团成勘院、厅交通设计院等单位有关领导参加了会议。

在听取岷江前期工作情况汇报后,王宁指出,自省政府岷江港航电综合开发推进工作组成立以来,责任主体、工作主体、实施主体进一步明确,在省、市、企及参建各方的共同努力下,前阶段工作快速、有序推进,成效显著,为岷江港航电综合开发整体加快推进奠定了坚实基础。

为确保实现当年实质性开工建设岷江一至两级航电枢纽的阶段性目标,王宁要求各方重点抓好三方面工作:一要集中精神、整合力量、密切配合,重点推进岷江规划方案环评报批工作;二要根据当年的阶段性目标,进一步明确责任、倒排工期,超前开展各项前期工作,为项目开工创造条件;三要抓紧研究相关支持政策,综合考虑国家有关部委、省、市各级支持政策,尽快提出相应落实方案。最后,提出四点要求:一要进一步高度重视,坚定推进岷江港航电综合开发工作的信心;二要坚持"以航为主"的岷江开发定位,正视当前工作中存在的困难和问题;三要确保建成三级高等级航道,按照科学、合理可行的原则,加快研究岷江航电设计优化方案;四要齐心协力,攻坚克难,尽最大努力实现今年岷江港航电综合开发的阶段性目标。

(省港航公司 岷江公司)

高烽主持召开省政府岷江港航电综合开发推进工作组第五次第六次工作例会 2012年2月9日,省政府岷江港航电综合开发推进工作组组长、省交通运输厅厅长高烽在成都主持召开工作组第五次工作例会。会议对岷江港航电综合开发前期工作取得的进展给予充分肯定;详细梳理了前期工作进展情况及存在的主要问题,在进一步征求乐山市人民政府、省级相关部门及项目业主岷江公司意见后,按照各专题审批程序进一步调整确定了倒排工期时间表,细化分解任务;同时要求各方按照"整体推进,分步实施,同步建成"的思路,继续攻坚克难,全面加快各专题审批和开工准备工作,积极争取项目支持政策,落实项目贷款;在保证项目建设合法、合规的前提下,确保按时实现开工建设犍为枢纽,尽快开工建设其他三级枢纽、乐山港和下游航道整治工程的目标。

7月2日,高烽在成都主持召开第六次工作例会。会议紧紧围绕5月30日省政府岷江港航电综合开发专题推进会议精神,检查前期工作推进情况,分析存在的主要问题,研究部署下一步重点工作。高烽指出,各方要继续主动工作、积极协调,全力推进以下工作:一是省环保厅、省文物局、省水产局、乐山市要加强与国家有关部委沟通,项目业主要积极配合,力争7月完成文物保护专题、珍稀鱼类保护专题报告批复,8月底完成岷江建设方案环评专题报告批复。二是要确保实现阶段性目标,即年内开工建设犍为枢纽和乐山港老江坝作业区一期工程,尽快确定年内力争开工的另一级航电枢纽。三是乐山市要加大移民工作力度,尽快协调移民相关基础资料提供等问题,并根据省扶贫和移民局意见认真研究岷江航电移民政策。四是省发展改革委要抓紧研究省级支持政策,乐山市政府加快出台市级支持政策,省交投集团充分发挥融资平台作用、积极落实银行贷款。 (省港航公司 岷江公司)

朱以庄到港航公司检查指导工作 2012年10月10日,省交投集团党委书记、董事长朱以庄一行到省港航公司检查指导工作。

2012年10月10日,省交投集团董事长朱以庄到省港航公司检查指导工作 省港航公司 供稿

在听取集团董事、省港航公司董事长贺晓春关于港航公司情况、发展战略、目标和措施,以及2012年前三季度工作情况和四季度工作安排的工作汇报后,朱以庄对港航公司所取得的成绩和下一步的工作思路和措施给予肯定。针对港航公司的发展,提出六点要求:一要进一步强化企业理念和市场意识,主动融入市场经济,敢于在市场竞争中发展;二是要坚决实施多元化发展战略,依托优势基础,积极发展效益更好的产业,在完成省政府下达任务的同时,切实提高经济效益;三要加强产业的规划设计,算好企业经济账,加强项目风险评估,做好风险控制,对于风险较高的项目,要积极争取支持政策落实;四要有改革创新意识和解放思想意识,优化结构,适时整合优良资产;五要增强全局和责任意识,从集团的角度思考和谋划工作,加快角色转变,充分发挥投融资平台优势;六要确保完成好当年的目标任务,提前谋划明年的工作。 (省港航公司)

凤仪沙溪航电枢纽首台机组相继并网发电 2012年1月14日17时37分凤仪航电枢纽3号机组、1月16日23时55分沙溪航电枢纽1号机组相继正式并网发电,标志着嘉陵江全江渠化建设取得又一重大胜利。

凤仪、沙溪航电枢纽工程是四川省重点水运基础设施建设工程。凤仪航电枢纽总装机8.4万千瓦,渠化航道24公里,建4级船闸1座,年通航能力270万吨。沙溪航电枢纽工程总装机8.7万千瓦,渠化航道21公里,建4级船闸1座,年通航能力319万吨以上。

凤仪、沙溪航电枢纽自开工建设以来,受"5·12"特大地震、多次特大洪水等自然灾害和客观因素的影响,工程施工经历了巨大困难。全体参建者千方百计抢抓工程安全、质量和进度,凤仪、沙溪工程顺利实现蓄水投产的目标。

凤仪公司以争取早日发电为目标,组建强有力的攻坚克难领导小组,责、权到人,强力推进各项工作。2011年9月,枢纽土建工程全部完工,10月第一台机组安装完成。12月29日,征地移民安置补偿、库区蓄水、首台发电机组调试等各项验收工作全部完成,并网发电条件全部具备。2012年1月11日,库区顺利通过蓄水验收;1月13日,启动委员会在成都成功召开启动验收会议,同意凤仪航电枢纽3号机并网发电。沙溪航电枢纽在启动验收阶段,两个月内完成枢纽的《移民安置规划报告》评审、大坝安全鉴定、移民安置验收、蓄水验收、3台机组启动验收等投运前各项程序,实现枢纽发电目标任务。同时,沙溪公司在确保质量和安全的情况下,通过技术创新降低工程造价12576万元。 (凤仪公司 沙溪公司)

苍溪航电枢纽工程通过蓄水验收 2012年1月14日,四川省工程咨询研究院在成都召开四川嘉陵江苍溪航电枢纽工程蓄水验收第二次会议。省发展改革委、省移民局、省水利厅、省电力公司,广元市发展改革委、市水利局、市移民局及参建各方专家和代表约40人参加会议。

2012年1月14日,苍溪航电枢纽工程蓄水验收会在成都召开 省港航公司 供稿

与会专家在详细阅读相关文件资料的基础上，认真听取工程参建各方关于工程蓄水验收自检报告，并通过查看工程照片的方式，检查了报告的补充和完善情况。验收委员会认为，苍溪航电枢纽工程建设、设计符合国家有关法律、法规规定和规程规范要求；工程形象面貌满足下闸蓄水要求；完工的工程质量经质量监督部门检查满足设计和规程规范要求；工程蓄水安全鉴定单位已提出工程具备下闸蓄水条件的明确意见；建设征地移民安置、库底清理工作满足下闸蓄水要求，并通过蓄水阶段移民专项验收；建设单位已制订工程蓄水计划及应急预案、防洪度汛方案及应急预案、水库调度方案。验收委员会一致认为，苍溪航电枢纽工程已具备蓄水条件，同意苍溪航电枢纽工程下闸蓄水。（苍溪公司）

岷江航电犍为枢纽工程可行性研究报告评估咨询会在成都召开 2012年1月10—12日，中国国际工程咨询公司组织专家组对《岷江航电犍为枢纽工程可行性研究报告》（以下简称《报告》）进行技术咨询。专家组在现场踏勘的基础上，听取岷江项目建设总体情况、犍为枢纽工程、岷江通航情况汇报以及《报告》主要内容介绍，经讨论研究，提出咨询意见及建议。会议认为，岷江航电犍为枢纽工程建设符合《全国内河航道与港口布局规划》《长江流域综合规划》《岷江（乐山—宜宾段）航电规划报告》等关于岷江内河高等级航道规划确定的规划布局和通航标准，项目建设的自然条件和外部配套条件均较好，建设规模合理，建设方案和节能方案可行。项目环境影响报告书已编制完成，应抓紧相关报批工作。（岷江公司）

岷江项目建议书通过国家发展改革委审议 2012年2月29日，国家发展改革委《关于四川岷江（乐山至龙溪口）航电枢纽工程项目建议书的批复》正式批准岷江项目立项。岷江航电枢纽工程是四川第一个经国家层面审批的水运建设项目，此次项目建议书获得批复，标志着岷江“以航为主”综合开发获得国家层面的决策认可，对打造由成都经岷江、长江至上海的多式联运通道，大幅度降低综合物流成本，促进乐山沿江地区经济社会发展，服务成都经济区和天府新区建设，增强四川综合竞争实力等意义十分重大。

岷江航电综合开发是四川“四江六港”水运发展规划的重点项目之一，是构建西部综合交通枢纽的重要组成部分。工程主要包括老木孔、东风岩、犍为、龙溪口四级航电枢纽，总装机165.54万千瓦，估算总投资451.47亿元。2011年4月，岷江公司成功组建。蒋巨峰省长十分关心岷江项目进展，多次致电、致信国家发展改革委；王宁副省长多次带队赴京协调项目建议书等相关专题审批问题；省发展改革委、省交通运输厅、省交投集团主要领导带领省港航公司、岷江公司有关人员先后10多次向国家有关部委汇报。项目建议书于2011年8月顺利通过交通运输部的行业审查和国家发展改革委的评估，得到两部委“‘十二五’全国内河水运建设项目前期工作最快推进速度”的高度评价，并于2月22日顺利通过国家发展改革委主任办公会审议。（岷江公司）

嘉陵江苍溪航电枢纽启动运行 2012年2月24日9时28分，苍溪航电枢纽首台机组正式启动运行，标志着嘉陵江川境段渠化交通控股项目全部顺利蓄水投产，嘉陵江川境段苍溪以下航道达到四级航道标准。

苍溪航电枢纽是嘉陵江渠化开发十五级中的第三级，也是港航公司在嘉陵江川境段控股建设的最后一级。项目总投资13.4亿元，由省港航公司控股90%、苍溪县参股10%投资建设。工程由船闸和发电厂房两大部分组成，船闸为四级船闸，门槛水深3米，年通航能力376万吨，渠化航道12公里，发电厂房总装机6.6万千瓦，设计年发电量2.66亿千瓦时。工程自2009年正式动工以来，克服移民工作难度大、施工强度高、设备运输难等不利因素，工程建设快速推进，工程先后通过大坝安全鉴定、大坝蓄水、征地移民和机组启动等相关验收，提前实现蓄水投产目标。

嘉陵江渠化开发工程是交通运输部西部大开发内河航运的重点工程，是四川建设水陆交通运输网络的重点项目，是航电结合、综合利用水资源的民心工程、富民工程。随着苍溪航电枢纽的正式启动运行，嘉陵江川境段苍溪以下全江渠化的宏伟目标得以初步实现。

（省港航公司 苍溪公司）

岷江航电梯级开发（乐山至龙溪口）规划水资源论证报告书评审会在成都召开 2012年3月9日，长江水利委员会在成都主持召开《岷江航电梯级开发（乐山至龙溪口）规划水资源论证报告书》（以下简称《报告书》）评审会。长江委员会水资源局，水资源保护局，四川省水利厅、省政府岷江港航电综合开发推进办，乐山市政府、市航电办、市水务局，宜宾市水务局，省港航公司，中水顾问集团成勘院、湖南院、广西院、贵阳院及长江水利委员会水文局、省水利厅设计院等单位的领导、代表和特邀专家，共60余人参加会议。

会上，与会专家和代表首先听取岷江公司关于岷江乐山至龙溪口航电梯级开发情况的介绍和报告编制单位长江水利委员会水文局关于《报告书》编制内容的汇报，结合3月8日现场踏勘情况，对《报告书》进行评审。专家组一致认为，《报告书》基本符合规划水资源论证技术要求，同意报告书通过审查并形成书面审查意见。岷江航电梯级开发（乐山至龙溪口）规划水资源论证报告书评审会的顺利召开，将有力推进四级枢纽水资源论证报告批复进程。（岷江公司）

岷江航电犍为枢纽工程可行性研究报告评估会在成都召开 2012年3月23—24日，中国国际工程咨询公司在成都组织召开四川岷江航电犍为枢纽工程可行性研究报告评估会。与会专家组在听取关于犍为航电枢纽工程可行性研究报告编制情况的汇报后，分别就总体方案、船闸、水工、投资概算等进行积极沟通和深入研讨。专家组认为，犍为航电枢纽工程可行性研究报告经设计单位修改后，内容更加全面，设计更加科学合理，基本达到枢纽工程可行性研究报告的编制要求，同意犍为航电枢纽工程可行性研究报告通过评审。

岷江航电犍为枢纽工程可行性评估会在成都召开
省港航公司 供稿

岷江航电项目自2011年3月组建项目业主以来，得到省发展改革委、省国资委、省交通运输厅等省级有关部门的大力支持。省港航公司按照省政府"以航运为主，结合发电，兼顾供水、灌溉，并促进地方经济社会发展"的开发要求，充分发挥业主单位的组织协调作用，调动主体设计单位的一切力量，制订节点目标计划，经过几十次的现场踏勘、集中办公、内部审查讨论，并积极向国家发展改革委、交通运输部汇报，于5月初完成项目建议书初稿，7月1日正式上报至国家发展改革委和交通运输部，8月中旬项目建议书及附件犍为航电枢纽工程预可行性研究报告通过交通运输部、中咨公司审核和评估。2012年1月中旬，中咨公司组织专家对犍为航电枢纽工程可行性研究报告进行评审咨询，并提出进一步修改完善意见。经设计单位和参建各方的共同努力，逐条修改、完善了犍为枢纽工程可行性研究报告。

犍为航电枢纽工程可行性研究报告顺利通过评估，对下一步通过审核奠定了基础，对工程开工起到至关重要的作用。（岷江公司）

岷江航电犍为枢纽工程可行性研究报告通过审核 2012年3月28—29日，交通运输部在北京组织召开四川岷江航电犍为枢纽工程可行性报告审核会。会议由交通运输部规划研究院副院长高原主持，相关单位的领导、专家和代表60余人参加会议。会上专家组听取了广西院、厅交通设计院关于犍为航电枢纽工程可行性研究报告（审核稿）编制情况汇报，并分别从综合、移民、投资估算、船闸等专业与参会单位代表进行深入讨论。会议基本同意犍为航电枢纽工程可行性研究报告通过审核。

2012年1月，中咨公司组织各位专家对犍为枢纽工程可行性报告进行评审咨询，提出修改、完善意见，省港航公司严格按照意见逐条进行修改。2月底，岷江四级航电枢纽项目建议书成功获得国家发展改革委批复，标志着岷江航电开发获得国家的决策认可，进入加快实施的新阶段。3月24日，岷江犍为航电枢纽工可报告顺利通过中咨公司评估。（省港航公司 岷江公司）

《犍为枢纽工程建设征地移民安置规划报告》获省扶贫和移民工作局批复 2012年4月18日，四川省扶贫和移民工作局以《关于印发<四川岷江航电犍为枢纽工程建设征地移民安置规划报告审查意见>的通知》正式出具批复，原则同意《四川岷江航电犍为枢纽工程建设征地移民安置规划报告》（审定本）。至此，犍为枢纽征地移民规划设计成果最终通过技术审查和行政审批，为枢纽征地移民工作高效有序推进及项目开工建设奠定了基础。（省港航公司 岷江公司）

凤仪航电枢纽三台机组并网发电 2012年4月18日13时18分，凤仪航电枢纽第3台机组（1号）正式并网发电；4月24日2时39分，1号机组顺利完成72小时试运行，3时40分正式进入商业运行，标志着凤仪航电枢纽设计装机8.4万千瓦的3台机组全部投产运营。

凤仪航电枢纽3号、2号机组分别于2012年1月和3月初先后建成并投产发电，1号机组的安装调试工作按计划完成。截至4月22日，机组安全生产运行100天，完成发电总量5855万千瓦时，实现产值超2100万元。凤仪枢纽1、2、3号机组全部投产发电，对提高嘉陵江水资源调配能力，发挥其在航运、发电、防洪等方面的综合社会效益，实现能源、生态、环保协调一致的可持续发展目标具有重要的推动作用。（凤仪公司）

《岷江高等级航道"十二五"建设方案》环评及生态工作座谈会在成都召开 2012年5月8日，国家环保部自然生态保护司副司长朱广庆一行赴乐山调研岷江港航电综合开发环境保护工作，现场踏勘岷江（龙溪口至合江门）航道整治工程铜锣湾滩群整治滩点、干龙子滩及岷江四级航电枢纽坝址。5月9日，国家环保部在成都组织召开《岷江高等级航道"十二五"建设方案》环评及生态工作座谈会。

会议首先听取省岷江推进办关于岷江港航电综合开发规划环评及生态工作情况的汇报，重点针对项目规划环评完善、具体环境保护措施及审批问题进行深入研究。会议强调岷江高等级航道建设作为长江黄金水运通道组成部分的重要性,并对岷江高等级航道建设的环保措施给予充分肯定。（省港航公司 岷江公司）

凤仪苍溪沙溪枢纽机组并网安全性评价 2012年5月7—12日,按照国家电力监管委员会四川省电力监管专员办公室《四川发电机组并网安全性评价标准》及有关要求,省电监办并网安全评价专家组对凤仪航电枢纽1号、2号机组,苍溪航电枢纽1号机组,沙溪航电枢纽3号机组进行现场查评。专家组通过听取汇报、查看现场、查阅资料及座谈等方式,对全厂机电设备条件、安全生产制度、运行维护规程修编及人员培训等进行认真检查。最终,受查评机组均取得90分以上的优异成绩,具备并网安全性评价条件。同时,省电监办对港航公司的电力安全工作给予充分肯定。

（省港航公司 凤仪公司 沙溪公司 苍溪公司）

岷江老木孔东风岩龙溪口航电枢纽移民安置规划报告审查会在成都召开 2012年7月9—14日,由省扶贫和移民工作局与水电水利规划设计总院共同组织的岷江老木孔、东风岩、龙溪口航电枢纽工程移民安置规划报告审查会在成都召开。会议由水电水利规划设计总院副总工程师张一军主持。会议听取了成都院、湖南院、贵阳院对《规划报告》编制情况的汇报,水规总院专家组根据征地移民安置规划设计规范和相关政策,从综合规划、交通工程、地质、环保水保等方面对三级枢纽移民安置规划报告进行细致深入的讨论。会议认为,《规划报告》的编制内容较全面,贯彻执行了《移民条例》和四川省有关政策规定,但还需结合工程建设征地区实际情况,按照批复的《规划大纲》、有关技术标准和四川省政府主管部门协调明确的征地补偿标准进一步修改完善。此次会议的召开为加快三级枢纽移民安置规划进程和工程可行性报告完善进度奠定基础,为实现年内开工1—2级枢纽的阶段性目标创造条件。（省港航公司 岷江公司）

苍溪航电枢纽2号机组完成72小时试运行 2012年8月9日,苍溪航电枢纽2号机组经过近3个半月的安装调试,顺利完成机组并网前试验和特性试验,于17时55分实现并网,进入72小时试运行。8月12日17时55分,2号机组圆满结束72小时试运行,进入商业试运行,期间实现上网电量140余万千瓦时。

嘉陵江苍溪航电枢纽工程是四川省重点水运基础设施建设工程,是嘉陵江渠化开发16个梯级中的第三级。枢纽总装机6.6万千瓦,渠化航道12公里,建四级船闸1座,年通航能力376万吨。2012年2月24日,苍溪航电枢纽1号机组正式投运,预计10月3号机组将实现投产发电。（苍溪公司）

桐子壕航电枢纽取得《水电站大坝安全注册登记证》甲级资质 2012年8月,国家电力监管委员会大坝安全监察中心向桐子壕公司正式颁发《水电站大坝安全注册登记证》,注册等级为甲级,是全省少数获得该级资质的水电项目之一,标志着桐子壕航电枢纽水工大坝正式纳入国家电力监管委员会监管。桐子壕公司多年来高度重视大坝安全管理,实行大坝安全和防汛工作行政首长负责制,建立完善的制度体系、规程标准和设备台账,配备高素质的水工运行管理团队,深入精细化管理,保证了水工大坝的科学、规范、安全运行。（桐子壕公司）

岷江高等级航道建设方案(2011—2015)环境影响报告书审查会在北京召开 2012年11月5日,环境保护部环境影响评价司在北京组织召开《岷江高等级航道建设方案(2011—2015年)环境影响报告书》(以下简称《报告书》)审查会。与会代表与专家听取了中交二航院关于建设方案概况和规划环评报告书的汇报并进行了认真审查,审查意见认为《报告书》基础资料较翔实,评价内容较全面,采用的技术方法适当,环境影响预测、分析基本合理,提出的规划优化建议和减缓不良环境影响的对策措施总体可行,评价结论基本可信,可以作为《方案》进一步优化调整和实施的依据。《报告书》需按照专家提出的意见作进一步补充修改。

岷江航电项目是四川省构建西部综合交通枢纽的主要组成部分,加快岷江航道建设是保障国家战略重装设备制造业运输的必然选择。此次审查会的顺利召开,对岷江综合开发环境保护工作起到重要指导作用,对进一步加快推进岷江港航电综合开发进程具有重要意义。

（岷江公司）

桐子壕金银台新政公司通过省二级“安全标准化达标企业”现场评审验收 2012年12月19日,桐子壕、金银台、新政公司顺利通过省级安全生产标准化二级达标企业的现场评审验收,成为港航公司全系统第一批通过省级安全生产标准化二级达标现场评审的航电枢纽。

专家评审组依据《电力安全生产标准化规范及达标评级标准》,逐条逐项查资料、看记录,走班组、看现场,与公司、各部门负责人以及各专业人员进行充分的沟通和交流。经过为期8天的客观、公平、真实的评审,评审组认为,桐子壕、金银台、新政枢纽能够认真落实安全生产制度和责任制,积极开展安全文化建设,安全生产管理规范有序,设备治理和文明生产成绩尤为突出,符合达标要求,同意通过验收。（金银台公司 桐子壕公司 新政公司）

港 口 建 设

GANGKOU JIANSHE

重点港口建设 2012 年,全省港口工程完成投资 12.05 亿元,比上年增长 37.71%。

泸州港多用途码头二期续建工程完工。全年计划投资 0.5 亿元,实际完成 0.5 亿元,为年计划的 100%。新增 50 万标箱吞吐能力,形成 100 万标箱吞吐能力,泸州港成为四川首个百万标箱级内河大港。

宜宾港志城作业区一期工程全部建成,形成 50 万标箱吞吐能力。全年实际完成投资 3.3 亿元,累计完成投资 13 亿元,为总目标的 100%。在加快拓展集装箱货源的同时,进行重大件泊位、散货泊位项目前期工作,努力打造具有综合功能的作业区。

南充港都京作业区一期工程进展顺利,桩基工程全部完成,正进行前沿框架浇筑。全年计划投资 2 亿元,实际完成 2.02 亿元,为年计划的 101%。

广安港新东门作业区一期工程建成 2 个泊位,形成生产能力,于 2012 年底实现开港试运行。全年计划投资 3.5 亿元,实际完成 3.55 亿元,为年计划的 100%。累计完成投资 5.85 亿元,为总目标的 46%。

广元港红岩作业区一期工程完成土石方开挖 74 万立方米,占总量的 73.3%;完成填方 35.6 万立方米,占总量的 55%。全年计划投资 1.55 亿元,实际完成 1.6 亿元,为年计划的 103%。 (厅航务局)

宜宾港新貌 厅航务局 供稿

蒋巨峰调研渠江广安航运建设工程 2012 年 3 月 23 日,四川省委副书记、省长蒋巨峰到广安港调研渠江广安航运建设工程。

在港口作业区施工现场,蒋巨峰详细听取了渠江航运概况、“四江六港”水运发展规划以及渠江广安航运建设工程等相关情况汇报,并现场研究“四江六港”水运规划的实施,着重提到广安港、泸州港在“四江六港”中发挥的重要作用。蒋巨峰指出:广安正在实施工业强市战略,发展大中型工业园区对运输的要求不断提高。广安港的建设对于大幅降低运输成本,吸引外部投资具有重大的战略意义,是广安市经济转型的重要支撑,同时对四川省构建内河航运体系的意义重大,要求参建各方一定要科学统筹、精细施工、加快建设。 (承平公司)

王宁调研广安港南充港 2012 年 7 月 4—5 日,省政府副省长王宁先后深入广安港、南充港进行实地调研。

在广安港新东门作业区施工现场,王宁在听取关于嘉陵江、渠江航运规划、广安港物流园区规划和广安市双百城市及三区联动发展规划等方面的情况汇报后,对新东门作业区开工以来取得的建设成绩给予充分肯定,并要求参建各方坚持年底开港目标不变,坚持全新理念超前规划港口配套服务区,增强港口的辐射带动作用,实现港城互动、以港兴市、以港兴业，把广安港建成川东北地区重要口岸。

在南充港都京作业区施工现场，王宁指示：在嘉陵江全线通航前，都京公司要进行货运市场调研明确周边物流情况，南充市政府要通过政策支持鼓励增加水运运量；要充分发挥码头的多功能，使临港工业与南充市城市规划和产业规划相结合，做到以港带区，实现港城一体化；要保证港口建设的预留用地，为港口后期发展提供空间，再根据航运发展适时建设二、三期工程。

副省长王宁（右二）调研广安港新东门作业区　　厅航务局 供稿

在南充旅游客运码头建设现场，王宁对项目"彰显以人为本、构建生态和谐、集合旅游要素、注入文化内涵、打造城市地标"的建设理念表示肯定，并强调旅游客运码头要凸显以人为本和生态和谐，建成后要为广大游客和南充市民提供一个优美、舒适的休闲娱乐场所，并要求确保工程建设质量和安全，尽快展现项目整体形象。

（承平公司 都京公司 旅游公司）

朱以庄到泸州港和长运公司检查指导工作 2012 年 10 月 25 日，省交投集团党委书记、董事长朱以庄，泸州市委书记刘国强等领导一行先后到泸州港国际集装箱码头、长江水运公司检查指导工作。

朱以庄在现场查看泸州港生产经营和工程建设情况，认真听取相关汇报后，强调泸州港集装箱码头要发挥进港铁路的作用，进一步研究运输规律，走多元化发展之路；泸州港二期续建工程要加大建设力度，确保年底投入运营。

在长运公司听取工作汇报后，朱以庄充分肯定了长运公司面对严酷的市场环境所作出的努力和取得的成绩，要求长运公司要以交投集团成立物流公司为契机，做好发展调研，形成整体规划，起点要高、目标要大、项目要实在，并表示集团将给予长运公司重点支持。

泸州市市委书记刘国强表示，泸州将积极支持省交投集团在泸企业的发展，将在政策、资金、土地等方面加大政策扶持力度。希望长江水运公司高起点定位、高标准规划在泸投资建设项目，争取把企业做强做大。

（长运公司 泸州港二期续建指挥部）

渡口改造建设 2012 年，四川大力推进公益性渡口和渡改人行桥建设，完成投资 10068 万元。其中，公益性渡口建设项目建成 50 个、在建 95 个、未开工 65 个，分别为年计划的 24%、45%、31%；渡改人行桥项目建成 37 座、在建 33 座，未开工 73 座，分别为年计划的 26%、23%、51%。

（厅航务局）

新建的渡改人行桥　　厅航务局 供稿

公路水路勘察设计

GONGLU SHUILU KANCHA SHEJI

厅公路设计院工作概况　2012年,厅公路设计院主要取得了以下几方面业绩:

市场营销实现新突破。全年签合同274份,实现市政市场与地方市场的新突破。在市政市场方面,先后取得二环路改造、红星路南延线、天府大道南延线等重大市政项目,中标金额达1.8亿元,占全院市场份额的25%,标志着该领域拓展取得历史性突破,开创市政与公路等专业齐头并进的发展新局面,为可持续发展打下坚实基础;在地方市场方面取得康定跑马山隧道、遂宁市中环线改建工程等100多个省内地方项目,合同金额约占全院总额的25%,从根本上摆脱过于依赖大型项目的局面。

生产与后期服务优质高效推进。一是配合省交通运输厅完成交通规划及项目储备。完成厅下达的《深入实施西部大开发战略四川省公路水路交通运输发展规划研究》等6项任务,顺利推进《四川省省道网规划调整研究》;完成汶川—马尔康等4个项目783公里的预可行性研究报告;完成汶川—九寨沟—川甘界等项目工程可行性研究报告12项1710公里;16个次级枢纽城市过境方案研究工作按厅要求推进。二是顺利推进省厅及地方重点项目的勘察设计工作。完成往年延伸的丽(江)攀(枝花)、桃(园)巴(中)、成都第二绕城等3个项目的施工图设计;完成2011年拟开工10个高速公路项目911公里中由院承担的719公里的初步设计和427公里的施工图设计,雅(安)康(定)、汶(川)马(尔康)两个藏区项目已完成初步设计和控制性工程的施工图设计,各项目均满足开工建设的需要。同时高质量完成地方重点项目马沐路、东海路、巴朗山与雪山梁隧道等项目的施工图设计。三是全力保障市政和省外项目前期工作。按要求推进成都二环路改造、红星路南延线、天府大道南延线等一大批市政工程任务;完成广西梧州至柳州高速公路第4标段初步设计,开展云南丽江至香格里拉高速公路第2标段初步设计方案研究。四是后期服务拓宽范围。派驻常驻设计代表82人,服务保障工作及时、有效,受到业主单位广泛好评。对30多个省厅重点在建项目(特别是2012年通车的广南、雅西、映汶、广甘等9个项目)和一大批地方重点项目、市政工程项目着力加强现场跟踪服务和设计回访,及时解决各种问题,确保顺利施工和按时建成通车。同时还延伸服务,承担一系列边坡、路面处治等应急处治任务,提高工程安全性。

科研与创优取得一批优秀成果。获科技进步奖5项、国家专利12项、"四优"奖14项。新立科研课题19项,合同总金额达1230万元,在研课题56项,完成结题验收14项,课题研究成果达到国际领先、国际先进或国内领先水平。该院主编的交通运输部行业规范《钢管混凝土拱桥设计规范》通过审查,将填补行业技术空白。

凸显产品技术质量和特色。集中全院各专业技术力量对省厅重点项目攻坚克难,编写《藏区高速公路勘察设计大纲》,会同全国知名专家反复研究论证雅康、汶马等藏区项目重大方案与关键技术,多项抗震减灾等科研成果得以应用;在成都市二环路改造项目中采用"断骨增高"顶升技术让旧桥得以充分利用,采用高性能沥清结合料建成具有良好排水降噪功能的新型路面;在天府大道南延线设计中做到一桥一景,与周边景观自然融合;持续改进院ISO9001质量保证体系,强化质量控制,产品合格率达100%。

内部管理与自身建设再上台阶。一是创新拓展生产经营管理。采取一系列新举措,激发各生产单位自主经营积极性,快速拓展地方市场,确保工期进度、合同履约,实现全年安全生产无事故。二是优化人才队伍与组织机构。择优引进高校毕业生30人,开展900多人次参加的各种培训,推荐各类专家30多人次,5人分获"全国五一劳动奖章""四川省工程勘察设计大师"等称号;成立审计处,与院办公室合署办公,房建设计事务所更名为建筑设计分院,市政工程设计所更名为市政设计分院,新成立甘孜分院。三是加强员工深度关怀。推行平行发展计划、"青蓝计划"和职业导师制度,加强青年人才培养;全面完成全员参加企业职工基本养老保险工作,为全院职工购置意外伤害险;开展更加精细化的体检,严格执行休假制度,举办心理咨询讲座;评选表彰52个"双爱家庭";举办500多人次参加的院首届职工运动会。四是打造企业文化体系。着力加强文化体系建设,打造核心价值理念和企业精神。加强文化活动的渗透,开展"迎接十八大召开,庆祝院60周年华诞"等系列主题活动,参加省厅组织的各种文体活动等。设立专门的"爱心救助金",结合"挂、包、帮"活动开展帮扶困难群众、捐资助学等公益活动。全年有大批省、市(州)领导和业主到该院温江科研基地考察调研。

(匡成刚)

《四川省集中连片特困地区交通扶贫开发规划》项目简介 2012年,在交通运输部编制的《集中连片特困地区交通扶贫开发规划(2011-2020年)》基础上,省交通运输厅组织编制《四川省集中连片特困地区交通扶贫开发规划》,涉及国家集中连片特困地区60个区县和四川省集中连片特困地区27个县,总面积37.4万平方公里,约占全省总面积的77.2%。

《规划》以实现"外通内联、通村畅乡、班车到村、安全便捷"为总体目标,以解决制约贫困地区经济社会发展瓶颈问题、推进交通运输基本公共服务均等化为主攻方向,进一步加快交通基础设施建设,提升运输服务能力与服务水平,加强基础设施养护管理,推进科技进步和人才培养,为贫困地区整体脱贫致富、全面建设小康社会提供强有力的交通保障。

《规划》提出,今后十年全省交通发展将以集中连片特困地区为主战场,打好交通集中连片扶贫攻坚战。到2020年,实现公路对外通道进一步畅通,骨干网络不断完善,农村公路通达和通畅水平明显提高,内河水运建设全面提速,客货运输服务能力和水平显著提升,安全应急和保障能力不断增强,逐步适应区域经济社会发展与脱贫致富的需要。规划还提出"完善基础设施布局""提升运输服务能力和水平""加强基础设施养护和管理""注重交通科技与人才培养"等4大建设任务,涉及高速公路、国省干线、农村公路、客货运输站场、内河水运等方面,总投资规模约4900亿元,其中"十二五"期间约2200亿元。

(厅公路设计院综合交通规划分院)

相关链接:

连片特困地区

2011年中央扶贫开发工作会议和《中国农村扶贫开发纲要(2011—2020年)》确定六盘山区、秦巴山区、武陵山区、乌蒙山区、滇桂黔石漠化区、滇西边境山区、大兴安岭南麓山区、燕山—太行山区、吕梁山区、大别山区、罗霄山区等11个集中连片特困地区和西藏、四川藏区、新疆南疆三地州3个地区作为新阶段扶贫攻坚的主战场,其中四川省涉及秦巴山区、乌蒙山区和藏区3大片区的11个市(州)60个区县。

汶川至马尔康高速公路勘察简介 汶马高速公路是四川省高速公路网规划的16条成都引入线中"成都—德格—西藏"线和"成都—阿坝—青海"线的重要路段,是四川内地通往西藏、青海等地区的重要交通大动脉。路线起于汶川县城以南凤坪坝,接汶马高速公路止点,路线长度175.203公里,采用双向四车道高速公路标准设计,设计行车时速80公里。由于地形狭窄,穿越高烈度地震区,并且沿线水电站和城镇众多,该高速公路建设难度很大,全线采用桥梁和隧道设计(桥隧比为82%),地震设防标准为8度。

厅公路设计院承担该项目的地质勘察任务,针对钻探工作区多为高山峡谷区,地形复杂、破碎,两岸谷坡泥石流、崩塌等山地灾害频繁等特点,采用地质调绘、钻探、物探等综合勘察方式,开展桥梁、深挖方、填方、隧道等重要构造物1:2000地质调绘,工程钻探以及高频电磁测深、高密度电法、深孔测井、声波测试等物探工作。2012年6月完成初步设计地质勘察,为路线穿越、重大地质灾害绕避、重特大工点设计方案的进一步论证提供工程地质依据。

(厅公路设计院岩土勘察设计分院)

雅安至康定高速公路勘察简介 雅康高速公路起于雅安市对岩镇,与雅西高速公路相接,从雨城区草坝镇设连接线接雅乐高速公路,经天全县、泸定县,止于康定城东,路线全长约118公里,将采用四车道高速公路标准建设,设计行车时速80公里,桥隧比约80%。该路的建设将作为川藏线上承前启后的咽喉路段,改变甘孜州不通高速公路的历史,对于完善四川省高速公路布局、推进西部综合交通枢纽建设、改善项目影响区交通条件、促进藏区经济社会加快发展具有重要意义。

雅康高速公路位于四川盆地与青藏高原过渡地带,起点海拔580米,终点海拔达2500米,具有"三高""五个极其复杂"的特点("三高":高山、高原、高速;"五个极其复杂":极其复杂的地形条件、极其复杂的地质条件、极其复杂的气候条件、极其复杂的生态环境、极其复杂的工程技术)。厅公路设计院通过全线地质调绘、工程钻探、应用地质雷达、大地电磁法、高密度电法、面波、深孔测井、声波测试等物探手段以及结合相关的专项研究结果,完成该项目初步设计地质勘察工作。二郎山隧道作为雅康高速公路项目中最为关键的控制性工程,起于天全县新沟乡长河坝,止于泸定县五里沟,全长13.4公里,最大埋深1469米。由于二郎山隧道下穿二郎山大熊猫栖息地世界自然遗产保护区以及二郎山国家森林公园,对环境保护要求极高,勘察方案受限,岩土勘察设计分院根据隧道的地质构造特点,对隧道进行构造分区,针对各构造分区的特点,分别对各构造分区采用大面积地质调绘、地质断面实测、综合物探、化探、深孔、浅孔钻探、综合测试、地质专项相结合的综合勘察方法,查明隧道施工所面临的不良地质问题。

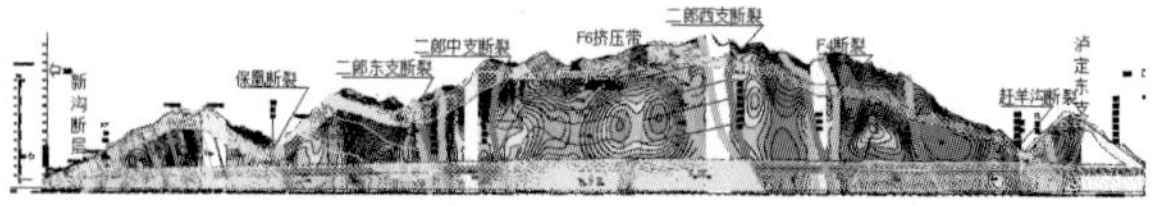

二郎山隧道物探解译剖面图　　厅公路设计院 供稿

(厅公路设计院岩土勘察设计分院)

绵阳至西充高速公路初步设计简介 绵西高速公路

是《四川省高速公路路网布局规划(2011年调整方案)》为优化经济区间路网引出10条联络线中的重要一条,是四川省高速公路网和西部交通枢纽的重要组成部分,是建设国家实施成渝经济区发展战略的需要,是构建绵阳、南充次级综合交通枢纽,带动沿线及相邻市(州)经济发展的需要。该项目将绵遂高速公路、在建的绵阳绕城高速公路南环线、成德南高速公路,同期规划的的遂(宁)西(充)高速公路及已通车的广南高速公路有机联系起来,使之形成更为完善、快捷的高速公路网络,将有效提升路网的运输效率,大大改善所在地区的交通运输条件,加强区域内部东西横向联系,有利于资源配置和产业优势互补,对加大成都、绵阳、南充等经济发达城市对项目沿线的经济辐射力创造良好的环境条件。

该项目初步设计全长123.851公里,采用四车道高速公路标准,设计行车时速80公里,路基宽24.5米。路线起于绵阳市三台县永明镇,经盐亭县,于西充县接广南高速公路;由西向东纵跨绵阳市三台县、游仙区、盐亭县和南充市西充县、顺庆区共5个区县,途经永明、中太、建设、白蝉、柳池、塔山、双胜、忠孝、毛公、柏梓、云溪、大兴、黄溪、三元、五龙、榉溪、金孔、折弓、凤和、仁和、占山、常林、晋城、永清、同仁共25乡(镇)。沿线设置互通式立交13座,服务区、停车区各2处;大桥94座26713.7延米,中桥10座709.7延米;长隧道1座1106.5延米,中短隧道17座7836延米,桥隧比29.36%。

(厅公路设计院勘察设计三分院)

成都经济区环线高速公路简阳至蒲江段初步设计简介 成都经济区环线高速公路简阳至蒲江段是《四川省高速公路路网布局规划》成都平原城市群的城际交通网络“蒲江—彭山—简阳—中江”“德阳—都江堰—丹棱—青神—井研”高速公路中的一段,与拟建成都经济区环线高速公路蒲江至都江堰段、都江堰至德阳段、德阳至简阳段共同构成成都经济区环线高速公路。该项目起于成安渝高速公路,自东往西先后经简阳、眉山、蒲江,止于成雅高速公路,分别与已建或在建成(都)安(岳)渝(重庆)、成渝、成自泸赤、成乐、成雅等高速公路相衔接。

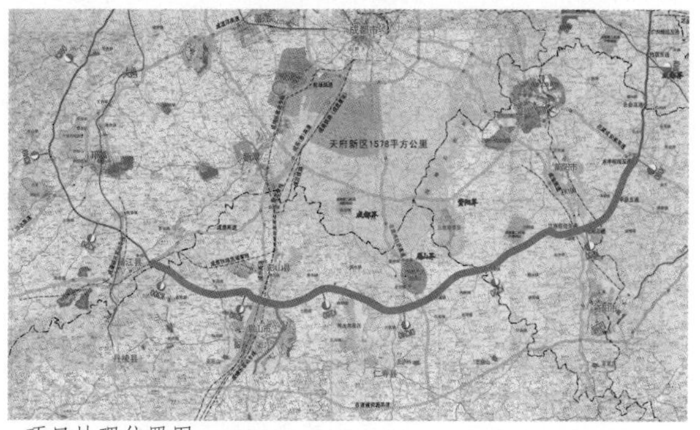
项目地理位置图

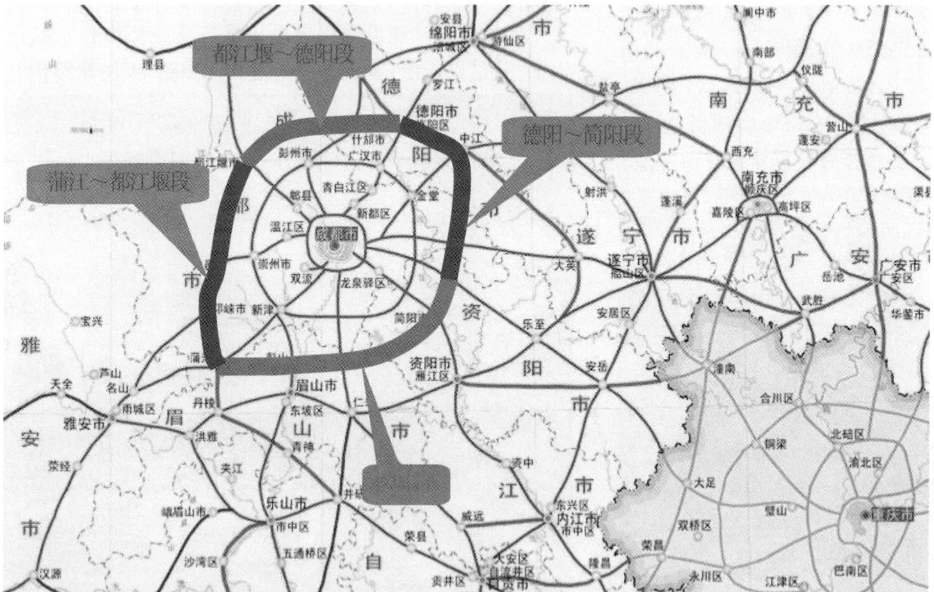

项目区域高速公路路网图

该项目初步设计推荐线路线长125.956公里,采用双向六车道高速公路标准,设计行车时速100公里,路基宽33.5米。设置5座枢纽互通、12座下地互通、桥梁193座27630.815延米、隧道3座4696.5延米、2处服务区、2处停车区,桥隧比例25.66%,概算151.5亿元。

(厅公路设计院勘察设计二分院)

仁寿经沐川至屏山新市镇高速公路初步设计简介 仁寿经沐川至屏山新市镇高速公路地处四川南部,由北向南途经四川省经济较为发达的眉山、乐山及宜宾3市。作为四川省高速公路规划网中的组成部分,与“遂宁—资阳—眉山”“乐山—自贡”“乐山—宜宾”及“宜宾—攀枝花”等高速公路形成“十字”型的高速公路为主骨架的现代化区域公路交通网络体系,对完善四川省高速公路网及区域公路网,为有效实现成都、攀西、川南三大经济区之间的便捷连接,带动三大经济区之间的交通运输和经济往来,使成都、攀西、川南三大经济区资源共享、产业互补、实现经济一体化,促进区域社会经济快速发展意义重大。

项目起点接遂资眉高速公路,由北向南沿国道213线下行,经钟祥、慈航、井研至三江处跨乐自高速公路，后经罗城至犍为，于犍为南端孝姑附近跨越岷江及乐宜高速公路，路线继续向南经九井、新凡、沐川、建和至狮子坝处穿越五指山，在老观音出洞后，沿中都河溯流而下，经中都、太平，于新市镇桃子湾与规划的宜(宾)攀(枝花)高速公路相接。路线全长159.839公里(按右线计)。估算总投资约170亿元。另为支援及发展少数民族地区经济，项目需同步建设马边支线。

该项目全线按四车道高速公路标准建设，设计行车时速80公里，路基宽24.5米。主线占用土地约1023公顷，设置特大桥3座4209延米、大桥126座40380延米、中小桥17座1256延米，桥梁总长45845延米，占路线长度的28.68%；设置特长隧道1座9706延米、长隧道2座3206延米、中短隧道9座4413延米，隧道总长17325延米，占路线长度的10.84%，桥隧比达39.52%。互通式立交16处，其中枢纽互通式立交4处，B类服务区3处。

(厅公路设计院勘察设计一分院)

西昌至香格里拉高速公路初步设计简介 西香高速公路(四川境)位于滇西北横断高山峡谷与云贵高原接壤地带，路线海拔从1400米抬升至2600余米，其特点总体可概括为“三山(磨盘山、小高山、牦牛山)、两江(雅砻江、卧罗河)、一台地(盐源坝子)”。该项目由主线及泸沽湖延伸线两部分组成：主线起于西攀高速公路(西昌中坝乡)，经盐源，邻近木里，连接泸沽湖，止于川、滇两省交界的长柏乡大华山隧道处，此点与西昌至香格里拉高速公路云南境相连，路线长度162.934公里；泸沽湖延伸线起于主线关田坝处，沿盖租河向北布设，止于泸沽湖东侧盖租乡，路线长度13.046公里。

该项目主线及泸沽湖延伸线采用双向四车道高速公路标准，设计行车时速80公里，路基宽24.5米。桥梁88.5座31614延米，隧道35.5座70915延米，主线桥隧比为62.93%。全线设置互通立交9处、服务区3处。泸沽湖延伸线全部位于盐源县境内，桥梁17座7113.5延米，隧道4座2495延米，主线桥隧比为73.65%。项目总投资259.883亿元。 (厅公路设计院勘察设计四分院)

项目区地形照片

天府大道南延线设计简介 天府大道南延线位于天府新区，道路起点与华牧路(麓山大道)相交，终点至成都市域南侧边界，接眉山界，全长26.1公里。道路全线根据建设时序分两期：一期为华牧路至第二绕城高速公路，长15.2公里，道路规划红线宽80米；二期为第二绕城高速公路至市域南侧边界，长10.9公里，道路规划红线宽80米。一期工程于2012年4月开工建设。

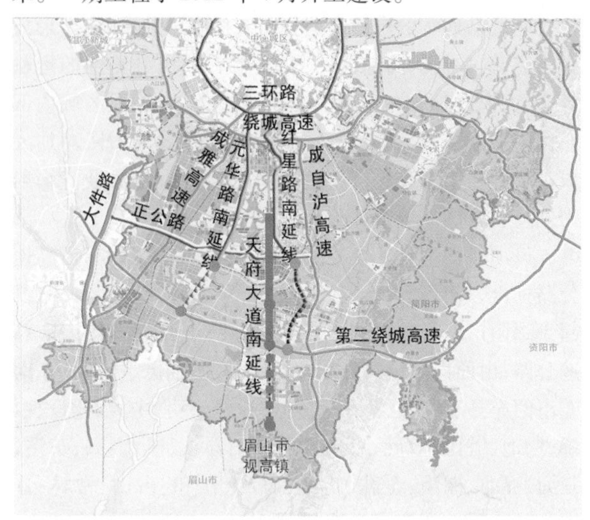

项目地理位置图

该项目是天府新区规划“五纵十横”骨干路网的重要组成部分，是构建天府新区规划“高端服务功能聚集带”和“天府新城”的重要城市骨干道路，也是连接“两翼”和多个“产城功能区”的交通动脉，对于打造天府新区乃至成都市发展轴线，构建天府新区高标准基础设施体系，形成支撑“再造一个产业成都”的强大产业承载能力，具有极为重要的意义，受到四川省委、省政府、成都市委、市政府的高度重视，被列为“天府新区”首批开工实施的重大项目之一。

该项目设计建设的指导思想是打造成都市百里城市中轴，就是以天府广场为中心，沿人民南路、人民北路南北

天府大道南延线效果图

延伸，贯穿全域，北接德阳、南连眉山，全长 80 公里、路幅宽 80 米、两侧各配置 50 米绿带的城市主干道路。项目建成后将成为贯穿天府新区南北的主干道，成为成都市百里城市中轴，也是天府新区的景观轴、经济轴、文化轴、生态轴，该轴的打造将为建设天府新区交通网络、各组团产业的发展提供重要的基础性支撑。项目通视距离长，沿线交叉道路中天府大道位于最上层，道路上方空间无构筑物，无明显驼峰；道路全线交通智能化，通过设置互通立交、分离式立交、人行过街地道等交通设施，实现主线无信号灯连续流，预留中远期快速公交条件。设计中还采用连续梁外挂装饰板成拱桥、斜腿刚构、普通简支梁外挂装饰等桥型，做到一桥一景，与周边景观自然融合，对成都的这一“名片工程”起到锦上添花的作用。

（厅公路设计院市政设计分院）

兰州新区货站北路设计简介 货站北路位于兰州新区北部组团内，属于兰州新区北部片区规划的“三横”城市主干路系统，是规划骨干道路路网的重要组成部分；通过与沿线规划路网有效衔接，加速新区北部组团（现代农业加工产业组团、物流产业组团、精细化工产业组团）形成，并带动沿线的土地升值，创造良好的社会效益及经济效益。

货站北路路线全长 22.62 公里。道路等级城市主干路，设计行车时速 50 公里，双向六车道，道路规划红线宽度 50 米及两侧各 20 米规划绿带。

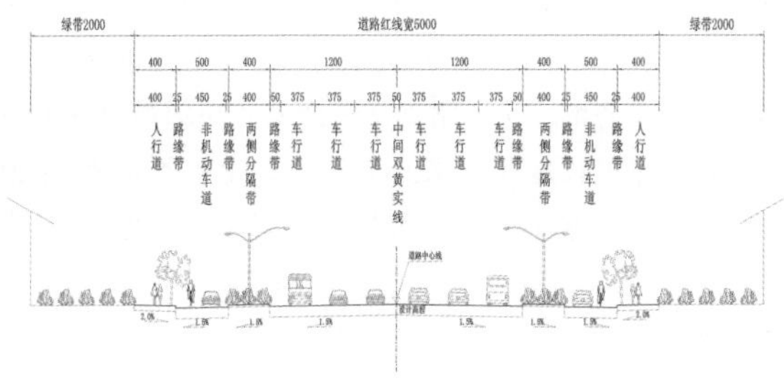

道路规划设计示意图

（厅公路设计院市政设计分院）

重庆江津至綦江高速公路设计简介 江綦高速公路是重庆市三环高速公路的一段。该项目的建设，对于完善重庆区域高速公路网，加快以“都市区”为核心的一小时经济圈发展，优化区域生产力布局，进一步拓展经济发展空间，加快区域城镇化进程，促进旅游经济发展，都有十分重要的意义。

路线起于成渝环线高速公路江津至合江段先锋互通附近，经江津区先锋镇、金泉镇、青泊镇、贾嗣镇、广兴镇、夏坝镇、綦江县升平、北渡镇，止于綦江县城南侧，与兰海高速公路相连，全长 47.788 公里。采用四车道高速公路标准建设，设计行车时速 80 公里，整体式路基宽 24.5 米，全线桥涵设计汽车荷载等级采用公路Ⅰ级。

全线设置先锋互通、青泊互通、贾嗣互通、广兴互通、北渡互通及綦江互通等共 6 处互通式立交，另需对母家湾互通进行局部改造。其中先锋互通、綦江互通为枢纽互通，其他均为一般互通式立交。设先锋停车区、广兴服务区和贾嗣养护工区各 1 处。全线隧道 4 座 9457 米（左线计），其中特长隧道 1 座 3160 米，长隧道 3 座 6297 米；桥梁 28 座 6399 米，其中特大桥 1 座 559 米，大桥 26 座 5808 米，中桥 1 座 38 米；涵洞 85 道，其中 32 道兼人行，17 道兼车行；分离式立交 11 座；天桥 5 座。

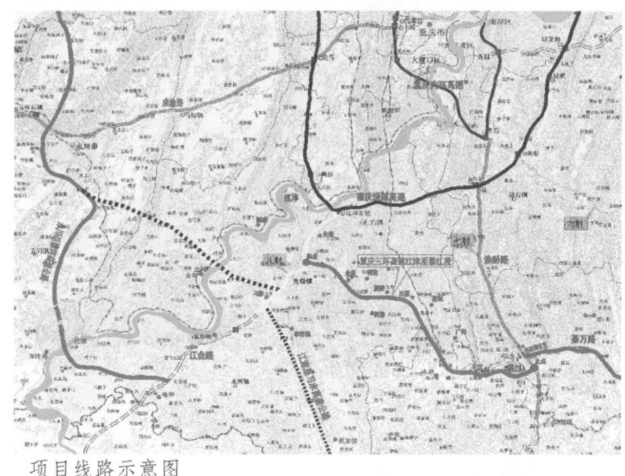
项目线路示意图

该项目于 2012 年 6 月完成施工图设计，12 月开工建设，计划 2016 年 6 月建成通车，预计工程造价 47.2 亿元。

（厅公路设计院重庆分院）

成都新二环路高架桥设计简介 2012 年，厅公路设计院承担的成都新二环路高架桥设计工作如下：

初步设计。承担第一批第一标段：工程起于二环路紫竹北路口至二环路羊西立交，路线全长 7385.95 米。第一标段主要节点工程有：永丰立交、双楠立交、芳草街立交、红牌楼立交、清水河立交。第一标段主要 BRT 工程：永丰立交至羊西立交高架桥。本标段设置 BRT 站场 8 个，其中地面式站场 1 个，桥上站场 7 个。涉及专业有道路、桥梁，管线、照明、交通、景观绿化、BRT 站场工程及概算。

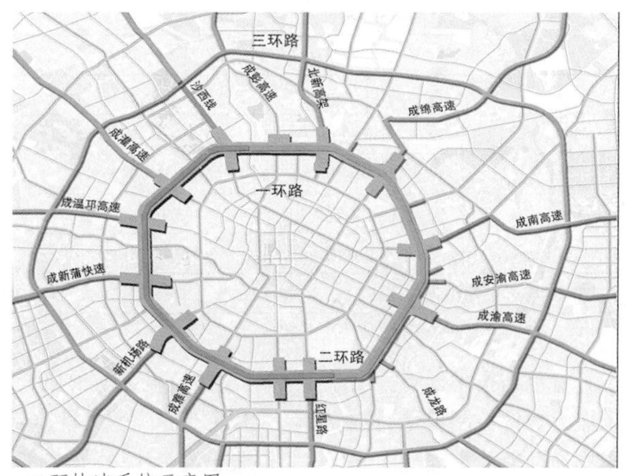

二环快速系统示意图

施工图设计。承担 EPC1 标段及 EPC4 两个标段：EPC1 标段工程起于北府河至二环路解放路口，路线全长 2920 米，连续高架桥长度 2643 米。EPC1 标段主要节点工程有：火车北站立交、北新高架立交、解放路立交，设置 BRT 站场 3 个。EPC4 标段工程起于双桥子立交至南府河，路线全长 3770 米，连续高架桥长度 3170 米。EPC4 标段主要节点工程有：双桥子立交、静居寺立交，设置 BRT 站场 4 个。涉及专业有道路、桥梁，管线、照明、交通、景观绿化、BRT 站场工程及概算。

双楠立交桥效果图

二环东段高架桥效果图

主要技术指标

序号	内容		采用标准
1	道路分类		快速路
2	计算行车速度（公里每小时）		60
3	荷载标准	桥梁结构	城-A 级
		路面结构	BZZ-100 型标准车
4	净空		≥5.0 米（常规路段桥下净空大于 9 米）
5	地震烈度		基本烈度 7 度抗震
6	车道宽度	一般车道	3.25—3.5 米
		公交专用道	3.5—3.75 米
		公交停靠站车道	3.0 米
		最小车道宽度	3.25 米
7	路拱正常横坡		1.5%

特色与技术创新。设计标准高：梁体及盖梁均采用全预应力构件控制设计，控制桥梁不出现裂缝。耐久性好：采用高性能清水混凝土进行桥梁混凝土配合比设计、施工工艺设计，提高混凝土桥梁结构的工作性能、耐久性能、外观性能。抗风险性能强：针对混凝土桥梁及钢箱梁提高设计强度、刚度的控制，并进行抗倾覆、稳定性设计，从桥梁结构体系、桥梁构造、施工措施上保证安全，桥梁护栏防撞等级采用 SS 级最高防撞标准。抗震性能高：采用 7 度地震，8 度设防的设计标准，并用 E2 罕遇地震进行验算，对桥梁桩基、桥墩的配筋及抗震构造进行加强。

该项目 2012 年 4 月开工，2013 年 5 月建成通车，总工期 13 个月。 （厅公路设计院桥梁勘察设计分院）

相关链接：

“两快两射”工程

成都市“两快两射”工程，即二环快速路系统、大容量快速公交系统，以及红星路射线道路（二环至三环间）、成温邛射线道路（二环至三环间）。

成都高新区一绕枢纽群项目设计简介 根据成都天府新区总体规划，天府新区区域将形成高快速路网系统，先期建设“三纵一横”骨干路网，绕城立交群为天府新区“三纵一横”路网中的一横。项目建成后，将实现交通的快速转换的功能，同时承担分流绕城高速天府立交至白家立交区域交通压力的重要功能，提升交通承载能力，促进天府新区发展，具有极为重要和深远的意义。厅公路设计院承担的设计工作如下：

元华路互通式立交。该工程项目位于元华路与绕城立交交叉处，立交名称为“元华立交”，采用“全苜蓿叶型”的立交形式。立交节点东距天府立交 2.63 公里、西距白家立交 1.68 公里。元华路立交与白家立交辅道贯通形成复合，辅助车道长度 924 米。互通立交设 8 条匝道，匝道半径：邻高速公路匝道平曲线最小半径 R-40 米；邻元华路侧路缘半径 R-30 米。主线绕城高速公路设计为加宽路幅，辅助车道宽 3.75 米。单向双车道匝道路基宽度 10.00米（元华路侧）；单向单车道匝道路基宽度 8.50 米；对向双车道路基宽度 15.50 米。匝道最小半径 R-40 米圆曲线设置 1.5 米加宽。

天府新区“三纵一横”绕城高速立交群（剑南大道-濯锦南路）工程。该工程项目位于红星路南延线与绕城立交交叉处，立交名称为“红星立交”。项目采用预留“全苜蓿

红星立交效果图

叶型”的立交形式，实施红星路南延线以南上绕城高速公路的两条匝道。立交节点东距江家立交 3.13 公里、西距将建的剑南立交 3.25 公里。设置辅助车道加预留集散车道（11 米宽），将天府立交与红星立交复合设置。匝道平曲线最小半径 R=40 米。两条匝道路幅宽 8.5 米，跨越府河的匝道桥独立设置，与绕城高速的府河桥保持 5 米净距（留出绕城府河桥检修道），桥宽 10.5 米。

工程造价和工期。绕城高速与元华路互通立交工程已完成全部桩基础（共 234 根）及墩身（共 218 根）施工，计划 2013 年 5 月底完成上部结构及桥面铺装工作。绕城高速与红星路互通立交工程已完成桩基础 76 根，系梁 15 根，墩柱 22 根，盖梁 3 根，A 匝道全部桩基施工，计划 2013 年 4 月 15 日完成下部结构施工，5 月底完成上部结构及桥面铺装工作。

特色与技术创新。注重道路立交工程设计的研究与应用，综合分析区域规划、道路环境，工程方案应满足交通发展的近、远期要求，并做到功能上适用并适度超前、技术上可行，以取得较佳的投资效应。积极采用新技术、新工艺、新材料，既经济合理，安全可靠，又适合工程的建设特点。（厅公路设计院桥梁勘察设计分院）

成都市红星路跨府河桥项目设计简介 红星路南延线跨府河大桥位于成都新会展中心以东，毗邻会展段规划滨河公园，跨越府河后接中和镇街道。该桥为曲线梁非对称外倾拱桥（蝴蝶拱），孔跨布置为 44 米+150 米+55 米，全长 249 米，整幅桥全宽 69 米。主跨主梁位于平曲线内，南北两条独自向外倾斜的拱肋，分别位于各自的倾斜平面内，且外倾角度不同，拱肋间没有任何横向联系，两条拱肋于主梁下交汇，于拱顶遥相分隔，通过倾斜的吊索支承主梁。主梁采用双纵箱加格子梁结构形式，为三跨连续全钢结构，在两岸桥台位置设置伸缩缝。拱肋由混凝土拱脚段和钢箱拱肋段组成，混凝土拱肋与 P1 和 P2 桥墩连为一体。桥墩采用板式墩，桥台采用重力式台。除 A3 号桥台斜交布置外，其余桥墩和桥台均径向布置，均采用承台群桩基础。

该桥为蝴蝶拱桥，桥型独特，富有艺术美感。流畅的拱肋和曲线桥道，轮廓圆润、优雅，带来视觉上的享受，在城市天际线中拥有不可抗拒的视觉地位。作为城市地标性建筑，与改造后的府河自然景观融为一体，共同提升城市的时代气息。（厅公路设计院桥梁勘察设计分院）

府河大桥效果图

内江沱江五桥设计简介 沱江五桥建设项目是省道 206 线内江市城区过境段的一部分，是连接东兴区与邓家坝区的便捷交通要道，将为邓家坝生态居住景观风貌区的发展提供重要的交通支撑。该项目建设对推进城市基础设施总体规划的实施、完善城市道路路网、拓展城市空间、改善城市片区环境、实现内江市跨越式发展的战略目标具有十分重要的意义。

沱江五桥建设项目起于内江东兴区 1 公里加 349.5 米处，止于邓家坝区 2 公里加 136.5 米处。主桥采用预应力混凝土连续刚构，孔跨布置（30+110+200+110+11×30）米，大桥全长 787 米，桥面宽度为 32 米，引桥采用简支小箱梁结构形式。大桥采用矮墩连续刚构桥与深水连续刚构下部结构施工。

沱江五桥于 2012 年 12 月开工，预计 2015 年 9 月建成通车。总造价为 2.13 亿元，总工期 33 个月。

沱江五桥及连接线效果图

（厅公路设计院桥梁勘察设计分院）

盐边鳡鱼大桥设计简介 拟建的鳡鱼大桥位于攀枝花市盐边县渔门镇境内，距离渔门镇约 13 公里，距离新盐边县城约 45 公里，位于县道盐择路与柏观路的交汇处，跨越二滩水电站库区鳡鱼河。

鳡鱼大桥的桥跨布置为 2×12.50 米+净跨 200 米+2×12.50 米，全桥长 270 米。主桥采用对称结构，跨中设凸曲线，竖曲线半径为 2000 米，两侧纵坡为±3%。桥面行车道采用双向 2.0% 横坡，人行道采用 1.5% 倒坡。两岸桥头与现有道路采用平交口连接，并按照设计平面和纵断面对附近既有道路进行改造。主桥为钢筋混凝土箱形拱桥，净跨径 $L0=200$ 米，净矢跨比 $F0/L0=1/7$，拱轴系数 $m=2.268$ 的等高截面悬链线拱，采用挂篮悬臂浇筑法施工。

鳡鱼大桥桥位处水深达 110 米，无法设置深水基础，从安全性、经济性和耐久性考虑，采用上承式钢筋混凝土拱桥。由于丰水期河面较宽，因此桥梁净跨径采用 200 米，主拱圈施工难度特别大，传统的有支架法、无支架缆索吊装法、转体法均不适用，为保证主拱圈施工安全，选择挂篮悬臂浇筑法施工，在国内同类型桥梁中跨径第一。

该桥拟于2013年4月开工，预计2015年10月建成通车。总造价为5334.3万元，总工期30个月。

（厅公路设计院桥梁勘察设计分院）

合江长江大桥设计简介 合江长江一桥（波司登大桥）为泸（州）渝（重庆）高速公路上跨越长江的特大型桥梁，桥位位于合江县榕山镇，经过斜拉桥、悬索桥、钢管混凝土拱桥等桥型的比较论证，因钢管混凝土拱桥技术相对成熟、施工工期短、造价低等理由，批准为施工图设计采用桥梁。

该桥跨径组合为10×20米+530米+4×20米，主桥为中承式钢管混凝土拱桥，引桥为小箱梁，吊杆间距为14.3米，全桥长841米。主桥跨度530米超越2004年建成的世界最大跨度的巫山长江大桥（主跨492米）而成为世界同类桥梁最大跨度的钢管混凝土拱桥。大桥拱肋采用钢管混凝土桁式结构，桁宽4米，拱顶高8米，拱脚桁16米，最大节段吊重184吨，采用斜拉扣挂法安装。扣塔高131米，设计为钢管混凝土结构，扣、锚索张拉系统设置于塔顶，有效减小塔顶偏位，成功控制拱肋安装精度。

为完成世界第一钢管混凝土拱桥，大桥的参建单位对钢管节点构造、钢管混凝土节点疲劳性能、桥面系构造、吊杆抗风设计、扣塔锚碇构造、管内混凝土密实度、拱肋加工制造精度控制方案、安装线性控制方案等均进行深入研究，达到中国钢管混凝土拱桥最高技术水平。

该桥建筑安装费用2.6亿元，2009年12月开工，2012年10月建成。

拱圈节段安装

（厅公路设计院桥梁勘察设计分院）

雅康高速公路泸定大渡河特大桥设计简介 泸定大渡河特大桥是拟建雅安至康定高速公路的控制性工程之一，桥位地处高山峡谷区，地震烈度高，具有工程规模大、投资巨、环境恶劣、技术复杂的特点。

该桥结合大渡河特大桥项目的重点、难点和特点，开展边坡稳定性、抗风、抗震和关键施工技术等四个专题研究，以支撑大渡河特大桥设计。推荐方案主桥采用1200米单跨钢桁梁悬索桥，雅安岸不设引桥，主梁直接伸至桥台，可将主梁地震力直接传给地基，减小索塔的地震作用，而且也很好地适应雅安岸陡峭的地形条件；康定岸地势较缓，设引桥（3孔38米连续箱梁桥）以减小主桥跨径；全桥总长1340米。2012年3月，《交通运输部专家委员会四川省藏区高速公路建设专家组第一次会议专家组意见》认为，“由于桥位处于强震区，采用悬索桥桥型方案是合适的”。

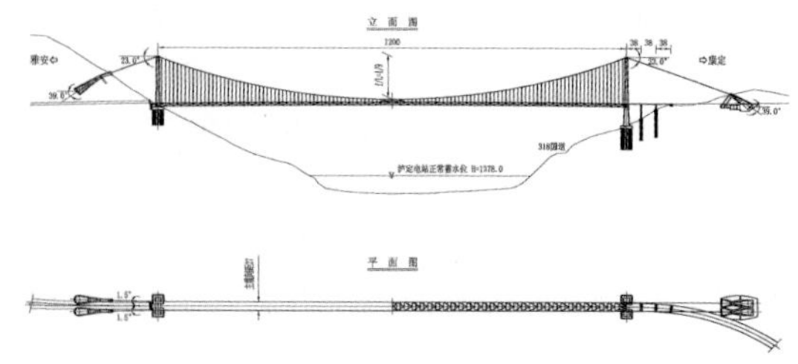

推荐方案桥型布置图

（厅公路设计院桥梁勘察设计分院）

青海唐乃亥黄河特大桥设计简介 唐乃亥黄河特大桥位于甘肃省道311线同德至兴海段公路，跨黄河处位于大河坝河入河口处下游50米，桥轴线与黄河主河道呈90度相交，桥址处地形基本呈不规则的“L”形，河底宽约200米，羊曲水电站淹没线处河面宽约1350米。起点岸侧河岸陡峭，终点岸侧为羊曲水电站淹没区，地形较为平缓。

该桥主桥上部结构为80+150+80米连续刚构，采用挂篮悬浇施工；主墩为双薄壁墩，桩基础为钻孔灌注桩。引桥上部结构为33×40预应力混凝土简支变连续装配式小箱梁；下部结构采用双柱式墩；桩基础为钻孔灌注桩。桥梁全长1643.5米。（厅公路设计院桥梁勘察设计分院）

映秀至汶川高速公路隧道设计简介 映汶高速公路全线设隧道8座25.214公里、棚洞2座655米。

映汶高速公路隧道一览表

隧道名称		起讫桩号		长度（米）	备　注
★映秀隧道	左线	586	5900	5314	全线共有8座隧道，2座棚洞。其中特长隧道5座。（表中带★的为特长隧道） 隧道占路线长度达52%。是全省隧道占路线比例最多的高速公路项目。
	右线	550	5875	5325	
★银杏隧道	左线	8387	11928	3533.685	
	右线	8362	11938	3570.454	
★福堂隧道	左线	16183	21530	5347	
	右线	16186	21450	5264	
桃关1号隧道	左线	21814	22425	611	
	右线	21750	22420	670	
★桃关2号隧道	左线	22598	27612	5014	
	右线	22580	27595	5015	
绵虒棚洞	左线	35225	35810	585	
	右线	35225	35810	585	
单坎梁子隧道	左线	37120	38772	1652	
	右线	37125	38792	1667	
中坝棚洞	左线	40860	40930	70	
	右线	40860	40930	70	
★板桥山隧道	左线	41915	44940	3025	
	右线	41904	44900	2996	
七盘沟隧道	左线	46719	47438	719	
	右线	46725	47430	705	
中滩铺隧道	单洞	L630	L1077	447	映秀连接线隧道

映汶高速公路隧道占路线比重大，地质条件复杂、不良地质问题多，受龙门山中央断裂带影响大，干扰因素多。隧道工程设计立足优势、敢于突破。隧道采用主次分明的设防理念、刚柔并举的结构组合，既确保余震条件下的隧道施工安全，又充分发挥隧道自身的良好抗震性能；与国土资源厅配合采取立体空间多手段综合运用成功穿越近500米长的两段长距离泥石流冲沟，拓展隧道的工程运用。主要应用以下几项关键技术：①应用卫星遥感图像的地质选线技术。运用高科技技术条件下的卫星遥感图像，结合实地调查、工地核对，避开多处崩塌、坡面碎石流、泥石流 、危岩体等。真正做到"地质选线"，确保高速公路的运营安全。②深切沟谷条件下隧道岩爆防治技术。分步开挖结合小导坑超前；光面爆破、短进尺开挖；超前应力释放孔、超前松动爆破、洞壁洒水冲洗；个体防护、设备防护、加强照明；采用经济实用的小钢架支护。③浅埋段洞顶构筑物沉降控制技术。构筑物基础加固：采用基底小导管（钢花管）注浆或圈梁保护；洞内超前支护及结构加强：洞内小导管结合自进式锚杆超前；留核心土法开挖稳定掌子面；洞内外持续监控量测。④极重灾区公路隧道抗震技术。洞门抗震设防措施：锚、喷、注浆等措施进行加固洞口处理；在洞门墙和衬砌之间、单压明洞侧墙与基础间设置插筋；明洞结构均采用钢筋砼；墙背回填采用浆砌片石等弹模较高的材料。洞身段抗震设防措施：隧道洞身初期支护采用柔性结构，洞口浅埋、偏压段及洞身V级围岩段采用钢筋混凝土结构；洞口明暗交界、覆盖层与基岩交界面、浅埋与深埋交界面断层破碎带两端均设置环向抗震缝采用厚型止水带作抗震缝。⑤松散堆积体内隧道进洞技术。边仰坡的主被动网防护，水泥浆固化松散堆积物，偏心跟管超长大管棚施工，水泥混合土反压回填，三台阶七步法开挖。⑥频繁余震条件下的施工安全保障技术。及时施作洞门及洞口段衬砌及洞口段边仰坡防护工程，减小洞口垮塌掩埋洞口的危险；洞内禁止长台阶作业，随挖随支护，及时施作仰拱及二衬，尽早形成环状受力；配备专职安全员，加强施工人员防震意识教育；加强施工期间对坡面稳定的观察、监测；制订完善的救灾预案；施工中及时贯通每处横通道，以保证左右洞互为救灾通道。⑦长距离泥石流冲沟穿越技术。基于详细的地勘资料，注重理论计算，制订设计参数；对泥石流地面构筑物进行详细调查，并对原有铁塔进行基础加固；采用大管棚结合小导管的"双保险"超前支护，特殊地段采用深孔预注浆及基底加固技术，控制泥石流堆积体的变形；制订初步开挖工法，并在实施过程中根据不同地质条件适时调整，强调"不坍就是进度"。根据映汶路的经验，留核心土的开挖方法是一种经济而实用的好工法。

（厅公路设计院隧道勘察设计分院）

《超高墩大跨预应力混凝土连续刚构桥梁设计与控制关键技术》课题简介　由厅公路设计院承担的《超高墩大跨预应力混凝土连续刚构桥梁设计与控制关键技术》的课题主要研究内容包括连续刚构桥主梁预应力体系、合龙方式和构造细节、非线性特性、温度效应、低回缩量锚具、弯桥特性等关键技术。该课题以改进构造细节、提高设计质量和工程品质为目标，以期指标达到技术先进、安全可靠、工程经济的目的。课题创新表现为：提出预应力体系布置、墩梁构造细节、合龙方式等，对精细化设计、施工具有指导和借鉴作用，有一定的创新性；基于桥址地理环境、桥梁位置、气象条件、遮荫效应等综合因素，首次提出墩梁温度作用及效应计算方法，并编制相应的通用计算程序；针对高墩（墩高182米）、大跨径、曲线梁（R2500米）连续刚构桥非线性效应进行研究，系统地提出设计与施工的对策措施，有效减小桥梁的非线性效应，项目成果总体上达到国内领先水平。

该项目成果直接应用于依托工程——腊八斤大桥、黑石沟大桥的建设中，并推广应用于省内其他重点建设项目，如丽（江）攀（枝花）高速公路、巴（中）达（州）高速公路、巴南高速公路等桥梁工程，为其提供有力的技术支撑，提升工程品质，促进桥梁技术的进步。项目成果通过优化施工图设计，优化施工方案，有效减少工程病害、提升工程

建成的雅西高速公路腊八斤大桥　　厅公路设计院 供稿

结构品质、延长结构寿命并减少运营期维护的投入，取得良好的经济效益。同时，项目成果推广前景十分广泛。该项目获2012年度四川省科学技术三等奖。（匡成刚）

《公路隧道抗震及减震技术研究》结题 由厅公路设计院研制的西部交通建设科技项目《公路隧道抗震及减震技术研究》通过对汶川地震56座公路隧道震害调查统计取得可靠的震害原始资料，采用三维动力时程分析、六自由度大型动力试验、活动断层试验等综合手段，对隧道浅埋、断层破碎带、软硬岩交界3个区段的抗震问题进行系统的分析研究。通过研究，解决隧道抗（减）震关键技术难题，成果直接应用于灾区受损公路隧道震后修复及新建公路隧道的抗震设计中，为高烈度地区的隧道建设和安全运营提供技术保证。

该课题主要创新性成果：①研究公路隧道洞口浅埋段（Ⅴ级围岩为主）的坡率、坡高、覆盖层厚度、地震烈度等因素对地震动峰值加速度放大效应的影响，提出隧道洞口输入地震动峰值加速度的修正计算方法。②研究公路隧道浅埋段地震力传递机理，确定围岩抗力的调整系数，修正隧道地震荷载，改进隧道抗震拟静力计算方法。③通过三维数值模拟与大型振动台模型试验相结合，研究洞口段空间效应及隧道纵向变形规律，提出隧道纵向抗震设计计算方法。④建立穿越活动断层破碎带的隧道结构抗震、减震设计方法，提出设置减震缝、减震层等工程措施及深层间隔注浆的新理念。⑤首次提出隧道洞口抗震设防段应包括浅埋段与过渡段，洞身断层破碎带应进行抗震设防，并增加断层抗震过渡段的抗震设计方法。⑥通过大量震害调研分析，总结归纳不同地震烈度下的隧道震害特征，提出隧道抗震具体设防措施，具有很强的实用性与可操作性。⑦基于项目研究成果编制《公路隧道抗震及减震技术设计指南》和“公路隧道抗震设计计算软件”，对于实现公路隧道抗震的科学设防和经济设防具有显著的推动作用。

在设计四川境内多座高烈度地震区公路隧道时，有关设计单位运用“SDC公路隧道地震动力响应计算软件”，快速、准确地进行隧道设计计算与指导施工，大大提高计算效率，节约大量的人力成本和资源；建设单位在课题研究成果指导下采用可靠、经济的措施抵御地震的破坏作用，增强隧道工程防灾减灾能力，可避免或减轻因地震而引起的交通中断、救灾受阻等各类经济损失，综合节约成本约1200万元。在广甘高速及其他多个公路项目隧道施工中通过项目研究的成果应用、技术支撑和指导，增强隧道工程防灾减灾能力，避免或减轻因地震而引起的交通中断、救灾受阻，并且公路隧道震后修复技术，制定了合理处治对策，实施于多条公路的隧道工程中，对震后保通和恢复重建有着重要的作用。项目成果在实际工程应用中取得良好的效果，社会效益十分显著。

课题的研究成果将对高烈度地震区的公路隧道抗（减）震这一工程难题提供重要的借鉴和技术支持，具有十分广阔的应用市场和推广前景。（匡成刚）

噪声污染防治工程设计简介 厅公路设计院采用基于RSL90模式的德国专业噪声预测软件Cadna/A进行空间立体声场的构建，能够模拟区域内建筑物、障碍物、反射物、树林、地形高差、其他干扰声源等，最大程度还原真实的空间声场分布，克服传统噪声预测模式只能进行理想状态下平面预测的局限性，提高噪声污染防治设计的针对性和可靠性。同时，配备测距仪、频谱分析仪等噪声污染防治设计辅助设备，确保声屏障的结构安全、降噪性能和景观效果。截至2012年底，完成西攀高速公路、攀田高速公路、雅西高速公路、映汶高速公路、乐雅高速公路、巴南高速公路、宜渝高速公路以及成都绕城高速公路明日苑小区等噪声污染防治施工图设计。雅西高速公路采用以秸秆为填充物的菱镁复合材料作为声屏障隔声板材，在确保降噪效果的基础上兼具良好的环境效益，为秸秆的资源化利用找到一条新的途径。

雅西高速公路“西部高速公路生态型声屏障技术应用研究”示范工程——秸秆板声屏障

（厅公路设计院环保设计分院）

厅交通设计院工作概况 2012年，厅交通设计院圆满完成全年各项工作任务。年内，主要开展了以下工作：

做好项目前期工作。一是做好水运建设项目前期工作。完成岷江东风岩、犍为、老木孔、龙溪口等4个航电枢纽船闸的工程可行性研究报告；完成乐山港老江坝作业区一期工程初步设计；完成渠江富流滩船闸改扩建工程和南充港都京作业区一期工程施工图设计，有序推进，南充河西作业区多用途码头可行性研究等工作；认真做好南充港都京作业区一期工程、渠江富流滩船闸工程等项目的施工监理工作。二是做好重点公路项目前期工作。承担高速公路前期工作16项，其中完成或基本完成10项。完成自贡至隆昌高速公路等项目的勘察设计工作；完成国道317线马尔康至俄尔雅塘（甘孜界），甘孜至白玉公路改建工程，省道216、217线理塘至稻城亚丁公路改建工程等项目的施工图设计；全力推进雅安至康定、汶川至马尔康高速公路初步设计监理工作；完成乐山至汉源、宜宾至叙永、郎木寺至川主寺、西昌至香格里拉、绵阳至西充、成都经济区环线（西、南段）等高速公路项目的工程可行性研究报告；完成成都第二绕城高速（西段）、桃园至巴中、遂宁至西充、遂宁至广安、宜宾至叙永、遂宁至资阳至眉山（资阳段）等高速公路项目的后续审查工作及15个工程可行研究及预可行性研究项目的代厅审查项目；完成雅西高速公路、达陕高速公路等项目的施工技术咨询工作；认真做好遂资眉高速公路眉山段等项目的施工监理工作。三是高度重视后期服务工作。实行院内后期服务四级联动，加强在建44个水运和公路项目现场动态服务和设计回访工作，确保项目实施中及时准确的技术保障和技术跟进。

水运公路齐头并进。全年承接项目371项，勘察设计合同产值3.5亿元。一是水运方面产值高位趋稳，借助前期工作的基础和品牌优势，获得省内大部分重点工程项目的勘察设计工作，同时，加大省外市场经营力度，进一步拓展甘肃、宁夏、青海等西北市场。二是公路勘察设计业务稳中求进，院通过独立和联合等方式参与市场竞争，公路勘察设计合同产值2.5亿元。三是其他专业稳步发展。以院的水运和公路设计项目为依托，积极开拓市场，水运监理良性发展，取得了单个项目合同过千万的历史性突破；公路监理积极开拓市场，试验检测专业起步良好，院首次开展项目代建工作。

重视质量和科技工作。严格按照QES（质量、环境、安全）三体系文件进行管理和组织生产，实行全过程、全因素控制。通过定期召开生产例会，检查项目进度及产品质量情况，协调解决生产过程中存在的问题，有效地提高工作效率和产品质量，确保全年出院产品合格率100%的目标。有4项成果获部省级奖，其中，《渠江广安（四九滩至丹溪口）航道建设工程工程可行性研究报告》获中国水运建设行业协会颁发的2012年度水运工程优秀咨询成果三等奖，《巴中至南充（南部）高速公路工程可行性研究报告》《国道318线东俄洛至海子山段公路改建工程工程可行性研究报告》均获得四川省优秀工程咨询成果一等奖，岷江江道图测量项目获得四川省测绘地理信息局银奖。科技工作取得较好成绩。《国家高等级航道网通航枢纽与航闸水利学创新研究与实践》获2012年国家科学技术进步二等奖；完成的《地震对内河港口的影响和抗震技术研究》获国家科学技术部和国家科技奖励工作办公室颁发的2012年中国航海科技奖二等奖；《高原过渡区路面结构与施工技术的研究》获四川省科学技术进步奖三等奖。作为副主编单位承担的部标准规范项目《航运工程施工图文件编制工作》和其他4项参编规范项目工作，符合进度要求。

强化内部管理。一是创新工作方法，采用灵活的经营激励机制，鼓励生产部门在做好勘察设计项目的基础上，参与市场经营，逐步实现全员经营的理念，有效拓宽市场。二是整合技术资源，按照院围绕交通建设完善生产结构、延伸相关产业链的总体目标，根据市场环境的变化和院业务发展的需要，开展省道217线石渠至马尼干戈段改建公路工程的建设管理工作，拓宽业务领域，为院生产结构调整完善、拓宽业务市场打下良好的基础，同时也为院继续承担项目代建，拓展延伸承担项目，参与项目总承包，作出有益的尝试。三是管理体系进一步完善，完成质量管理体系文件的修改及环境、职业健康安全管理体系文件的编制。经审核，顺利取得中国质量认证中心颁发的环境和职业健康安全管理体系认证证书。院质量、环境、安全（QES）三体系建设正式完成并持续运行。四是重视信息化建设，年内按照交通运输部和省交通运输厅关于信息化建设规划中加速交通运输行业信息化建设的有关要求，院成立信息化建设领导小组，高效完成信息化建设前期调研工作，完成院局域网改建及机房改造工作，有效推进院信息化管理系统平台建设。完成院管理信息化系统平台一期建设工作，并投入运行。五是加强党建基础工作。以“服务中心、建设队伍”为主线，以基层组织建设年活动为契机，深入开展“创先争优”活动，推动学习和创新，党组织的凝聚力进一步提升，干部员工队伍综合素质进一步加强。2012年，院领导班子连续5年被评为厅“四好活动”成效显著单位，并被评为“2009—2011年四好活动先进班子”，受到厅党组的表彰。（厅交通设计院）

眉山港总体规划设计简介 眉山港是四川省一般港口，是眉山降低综合物流成本、承接产业转移、再造“产业眉山”的重要支撑，是眉山建设西部综合交通枢纽重要节点的重要组成部分，是眉山发展临港工业和通道经济的重要保障。眉山港将逐步发展成为以件杂货运输为主、散货运输为辅，具有装卸存储、中转换装、运输组织、临港工业、现代物流、旅游客运等功能的综合性现代化港口。

眉山港规划彭山港区、东坡港区、青神港区3个港区，重点规划2个作业区，即张坎作业区和黑龙场作业区，另外还规划彭祖山旅游客运码头、彭山县城关客运码头、太和客运码头、三坝海事工作船码头、青神县城关客运码头、中岩客货码头6个码头，规划的停靠点是对眉山港功能的补充。预测眉山港2020年和2030年货物吞吐量分别为220万吨和565万吨。（厅交通设计院）

渠江广安航运建设工程设计简介 渠江广安（四九滩—丹溪口）航运建设工程由“一港口、一航道、一船闸”组成，“一港口”是指新东门作业区一期工程，“一航道”是指渠江四九滩至丹溪口段航道整治工程，“一船闸”是指富流滩船闸改（扩）建工程。该工程是四川“十一五”期重点建设的水运项目之一，也是全省四江六港水运总体建设目标和广安—南充—广元港口群的重要组成部分。项目的建设对充分发挥渠江航运效益，促进广安、达州地区经济社会发展，服务革命老区脱贫致富具有重要意义。

新东门作业区一期工程建有码头作业区、港口物流园区、港口综合配套服务区三大功能区，总面积7.13平方公里。新建6个1000吨级泊位，其中多用途泊位4个、散货泊位1个、液货泊位1个；设计年通过能力件杂货121.6万吨、集装箱7.9万标箱、散货52.8万吨，液货31.3万吨，工程总投资12.59亿元，建设工期32个月。富流滩船闸改扩建工程为新建二线船闸，船闸有效尺度为200×23×4.2米(长×宽×门槛水深)，为三级船闸，通行1000吨级货船，中水期兼顾通行2000吨级货船。船闸通过能力为年过闸货运量1399.7万吨，单向年过闸货运量933.1万吨，工程投资8.42亿元。渠江四九滩至丹溪口段航道整治工程，按照内河三级航道标准建设，航道尺度为2.4×60×480米(水深×直线段宽度×弯曲半径)，整治长度70.9公里，工程投资2.54亿元。（厅交通设计院）

南充港都京作业区一期工程设计简介　南充港都京作业区一期工程位于南充市高坪区都京镇，嘉陵江左岸，下距青居船闸9.5公里，上距南充市中心5公里。该项目是嘉陵江复苏前建设的第一个现代化码头，对区域发展和嘉陵江航运复苏发展具有积极意义。工程建设不仅可进一步提高南充区域核心竞争力，提升南充在川东北区域中心地位，支撑南充大通道、大枢纽建设，同时也能充分发挥嘉陵江—长江出川大通道的作用，是嘉陵江航运复苏的关键性工程之一。

作业区为二类河港，拟建4个500吨级泊位，中远期停靠1000吨级船舶，设计通过能力为件杂货每年100万吨，集装箱每年8.5万标箱，工程投资13.32亿元。该工程于2012年12月底正式开工建设。（厅交通设计院）

泸州港多用途码头二期续建工程设计简介　泸州港多用途码头位于泸州市龙马潭区罗汉镇泥大坝附近的长江左岸。二期续建工程是泸州港多用途码头的重要组成部分，建设2个千吨级多用途泊位，年吞吐能力集装箱50万标箱。2008年底开工建设，2012年底建成投产。

建成后的泸州港多用途码头年吞吐集装箱能力达到100万标箱，是四川省构建西部综合交通枢纽的重要支撑，是四川省和泸州融入全球物流链、发展外向性经济的需要，也是泸州市建设大港口、大物流、大通道的重要举措。（厅交通设计院）

《渠江风洞子航电枢纽工程预可行性研究报告》通过审查　渠江是嘉陵江下游左岸最大的支流，是四川省规划的重要航运干线之一，渠江风洞子航电枢纽的建设，能有效改善航道条件、完善综合交通运输体系，促进地方经济协调发展，对于全面贯通渠江航运具有至关重要的作用。

该航电枢纽工程开发任务是以航运为主，兼顾发电，完善综合交通体系。枢纽船闸按三级航道上的船闸标准建设，库区航道尺度采用2.4×60×480米，项目建设三级船闸一座，闸室有效尺度为200×23×4.2米。枢纽工程推荐方案总投资2.5亿元。

《渠江风洞子航电枢纽工程预可行性研究报告》于2012年12月通过省交通运输厅组织的行业审查，标志着加快推进渠江风洞子航运枢纽建设前期工作进入实质性阶段。（厅交通设计院）

甘孜至白玉改建公路工程设计简介　甘孜至白玉公路起于甘孜县南多呷拉并与国道317线相连接，经新龙县止于白玉县建设镇。甘白公路是甘孜州白玉县通往甘孜县的一条重要公路，是白玉县连接国道317线，通往甘孜州州府康定、省会城市成都的重要通道，是甘孜州重要的经济干线。项目典型特点表现为“三高三差”，即项目地处海拔高、地应力高、地震烈度高，地形条件差、工程地质条件差、自然地理条件差。原路沿线地质环境脆弱，地质灾害和公路病害密布，其中滑坡13处，泥石流4处；另有危岩、危石34段，崩塌17处，坡面碎屑流5处，欠稳定斜坡6处，路基沉降开裂1段，积雪和路面溜冰7段。

全线采用三级公路标准建设，设计行车时速30公里（其中隧道采用二级公路标准建设，设计行车时速40公里），路基宽7.5米（局部困难路段，路基宽6.5米），沥青混凝土路面。全线桥梁宽度8.0米，桥涵设计汽车荷载采用公路Ⅰ级。甘孜至白玉公路初步设计路线长214.543公里，大中桥11座946米，小桥8座166米，涵洞485道，隧道2座4075米。（厅交通设计院）

成都至德阳至南部高速公路设计简介　成都至德阳至南部高速公路是《四川省高速公路网规划》的“16·5·5”高速公路网中16条成都引入线中的第5条——桃园至成都高速公路的重要组成路段。该项目的建设，既能缩短沿线地市的时空距离，加强地区之间的经济合作与交流，又可与周边地区高速公路联线成网，对四川省构建西部综合交通枢纽，建设西部经济发展高地具有重要意义。

成德南高速公路全长193.1公里，新建段177.3公里，与成南高速公路共用15.8公里，采用双向四车道高速公路标准建设，设计行车时速80公里，路基宽24.5米，总投资约112亿元。

该项目于2010年3月开工建设，西充至李桥互通段于2012年12月30日提前通车。（厅交通设计院）

四川巴中至南充(南部)高速公路设计简介　四川巴中至南充(南部)高速公路是省高网中规划的第2条成都放射线成都—巴中—川陕界高速公路中的一段，是规划的三个川陕通道之一。同时也是交通运输部编制的《泛珠江三角洲区域合作公路水路交通基础设施规划纲要》中,区域高速公路网"六纵"第5条巴中至昆明高速公路的一段。巴南高速公路全长116公里,采用双向四车道高速公路标准建设,设计行车时速80公里,路基宽24.5米,总投资约80亿元。（厅交通设计院）

纳溪至贵州高速公路设计简介 纳溪至贵州高速公路是国家高速公路"7918"网布局的横线厦蓉高速公路在四川境内最后建成的路段,是川黔两省间的主要高速公路通道,也是四川高速路网规划中24个出省通道之一和西南地区沿陆路通向沿海重要港口最便捷的通道。纳黔高速公路全长134.8公里,采用双向四车道高速公路标准建设,设计行车时速80公里,路基宽24.5米,总投资约107亿元。

项目于2009年2月开工建设,2011年12月31日,纳溪至叙永段建成通车,2012年11月28日,其余路段建成通车。（厅交通设计院）

成都经济区环线高速公路简阳至蒲江段设计简介 拟建项目成都经济区环线高速公路简阳至蒲江段是《四川省高速公路路网布局规划》成都平原城市群的城际交通网络"蒲江—彭山—简阳—中江"高速公路中的一段。项目位于成都市(蒲江县)、资阳市(简阳市)、眉山市(仁寿县、彭山县、东坡区)境内。推荐线路起于简阳市禾丰镇,经简阳平泉镇以南,在新市镇跨沱江后到镇金镇进入眉山。经清水镇,多悦镇进入蒲江境内,止于蒲江县天华镇,路线全长127.437公里,采用双向六车道高速公路标准建设,设计行车时速100公里,路基宽33.5米,桥隧比26.9%,总投资155.765亿元。（厅交通设计院）

宜宾至叙永高速公路设计简介 拟建宜宾至叙永高速公路项目位于川、滇、黔三省结合部的宜宾市和泸州市境内,含宜宾至叙永高速公路和宜叙、宜渝高速公路连接线两部分。宜宾至叙永高速公路是《四川省高速公路网规划(2011年调整方案)》新增的7条东西横向路线之一,路线起于宜宾市翠屏区,经长宁县、兴文县,至泸州市叙永县境内接纳黔高速公路,全长92.27公里。宜叙高速公路采用双向四车道高速公路标准建设,设计行车时速80公里,路基宽24.5米,估算总投资106.96亿元。

（厅交通设计院）

专稿

妙手谱写雅西高速设计与科技传奇

匡成刚

雅西高速公路穿越高山大川,崇山峻岭,贯通川西240公里,总投资达206亿元。全线共有桥梁270座、隧道26座、互通式立交9处,桥隧长度占路线全长的54.2%,是国内建成里程最长、规模最大的山区高速公路,是交通运输部确定的"典型勘察设计示范项目"和"科技示范项目"。其磅礴气势和高科技含量尤其引人注目。

谱写其设计与科技传奇的主力军之一就是厅公路设计院。该院成立以院长、总工程师、分管副院长以及全院各个专业的骨干技术人员共400余人组成的项目组,克服前所未有的种种困难,创造出多项具有国际国内领先水平的科技成果。

一、精心创作,集中攻坚,以科技创新造就双示范项目

雅西高速公路位于四川盆地边缘穿越横断山脉的高山峡谷地带,工程建设面临极其复杂恶劣的自然环境和建设条件,具有地形条件极其险峻、地质结构极其复杂、气候条件极为复杂多变、生态环境极其脆弱、建设条件极其艰苦、安全运营难度极大等六大突出特点,在勘察、设计、施工和管理等方面存在众多困难挑战,建设难度之大,在国内乃至世界范围内都具有特殊性和典型性。面对公路建设史上前所未有的严峻挑战和重大考验,项目组充分发挥科技的引领和支撑作用,抽调主要技术骨干成立专门的技术攻关组,按照"安全、环保、舒适、和谐"的总体设计原则,认真落实交通部示范要点,细化设计方案,在总体把握项目重点、难点和关键技术的基础上,确定科学合理的路线总体方案,坚持以人为本、安全至上、尊重自然、保护环境、节约资源、服务社会的设计理念进行精心设计。该项目的每一项重大工程都以重大科技创新为依托。2007年,雅西高速公路列入交通运输部首批科技示范工程项目,同年开展"大相岭泥巴山深埋特长隧道关键技术研究"等6个西部交通建设科技项目攻关;开展《雅泸高速公路修筑关键技术研究推广示范应用》,内容包括"钢管混凝土组合高墩技术开发应用"等16个专项;开展"超高墩大跨预应力混凝土连续刚构桥梁设计与控制关键技术"等14个四川省交通科技专项攻关。

桥梁专业通过《桥梁高性能混凝土制备与应用技术研究》解决混凝土用量大、制备质量差的难题;《水泥混凝土桥面铺装成套技术研究》解决桥梁水泥混凝土整平层耐久性差的技术难题;编制四川省公路工程技术标准《桥梁高性能混凝土制备与应用技术指南》和《水泥混凝土桥面铺装技术指南》,并获得四川省2011年科学技术一等奖,研究成果在全省推广应用,在全国产生极大影响。根据复杂山区的建设条件,提出采用钢管混凝土组合结构建设桥梁的新思路,既降低工程施工难度,节约工程造价,又提高桥梁抗震能力,减少材料用量;为此开展《中等跨度钢管混凝土桁架连续梁桥成套技术研究》《钢管混凝土组合高墩技术研究》等专项研究,开发新材料、新结构、新工艺,并实际应用于世界同类桥梁最高桥墩的腊八斤大桥、世界第一座全钢管混凝土桁架连续梁的干海子大桥。项目组的研究团队连续4年获得川高系统"优秀科研课题组"称号。依托工程建成后,其技术指标、经济指标、节能指标和美观性获得了社会的广泛认同,影响极大。

隧道专业攻克一系列技术难题。泥巴山隧道是雅西高速公路的重点控制性工程,是西南地区建成的最长公路隧道,其隧道埋深、斜井规模和地下风机房面积位居全国之最。泥巴山隧道具有埋深大、地形地质复杂、不良地质众多、气候特征独特等特点;为此采取综合地质勘探、施工超前地质预报等方法和手段,全面掌握和预测预报隧道地质条件,技术上确保隧道的施工安全。依托泥巴山得天独厚的自然条件,世界首创在隧道中设置节能风道利用自然风，达到隧道节能的目标。利用地形设置侧向"支洞"通道，开辟隧道施工工作面，保护隧道仰坡植被，突出设计与施工过程的环保理念。开展的西部交通科技项目《大相岭泥巴山深埋特长隧道关键技术研究》取得30多项研究成果，编制的《地下风机房设计指南》和《深埋特长隧道综合勘察技术指南》填补行业标准的空白。

二、历尽艰辛完成勘察，为优质设计打下坚实基础

雅西高速公路地形复杂、海拔高、沟谷深、植被茂密、雨雾天气多变，多种极端自然条件给勘察和勘测工作造成巨大困难。从雅安至泸沽延绵200多公里的山林里、河滩上、公路旁，共有几百台钻机全线铺开。泥巴山隧道两个深孔钻探孔深分别达到1388米和1330米，是国内公路建设中史无前例的第一深孔。为两个深孔修建的便道就达31公里长，在泥巴山特殊困难路段，动用40余人、耗时6天、完全以人力将钻机搬迁到4公里外的陡峭山崖；钻孔时间长达1年，工作人员不仅要克服3000多米高海拔造成的严重高原反应，还要时时提防野兽和毒蛇带来的人生安全；冬季大雪封山，依然坚守工地现场，钻孔设备和生活用品全靠人扛马背，一步一步地搬运上山。

在全线勘测过程中，恶劣的自然环境时刻考验着勘测人员的意志，进出场高差大、测量线路地形起伏大，仪器设备只能靠肩挑背扛。特别是在大相岭泥巴山隧道的贯通测量中，要翻越海拔达3600米的高山，跋山涉水，风餐露宿，异常艰险。GPS测量组组长徐勇为确保勘测质量，带领勘测组在大相岭上连续工作整整两天两夜。项目组凭借过硬的政治素质和技术水平，发扬特别能吃苦、特别能战斗的精神，按时完成勘测任务，全面详尽地收集掌握全线基础资料，为高水平高质量设计提供科学依据。

三、全程精细服务，全面确保顺利施工

项目组高度重视后期服务工作，2006年雅西高速公路开工之时，就专门成立设计代表处，派出11名专业技术分项负责人作为设计代表常驻工地现场，直到工程竣工为止。后期服务严格按照交通运输部、省交通运输队厅及业主的相关管理办法开展工作，在5年多的建设期间密切配合参建各方，及时处理施工中出现的各类工程问题。在服务过程中，以"主动、热情、及时、有效"为目标，始终坚持"以工程为中心，为项目服务"的信念，尽最大能力满足项目建设需要。建设过程中开展10余次大规模的设计回访，对关键工点及关键工序的施工进行有效地现场指导。针对常见施工质量问题成立技术质量巡查小组，不定期对工地现场进行专项检查，发现问题及时纠正，做好建设业主的技术参谋和顾问，使该院的设计工作通过后期服务得到有效延伸，为项目顺利建成提供强有力的技术保障，为建成交通运输部"勘察设计典型示范"和"科技示范"工程而尽到最大的努力。设计代表组以勤恳踏实的工作作风获得省交通运输厅及项目业主的高度评价，每一年均获得"优秀生产单位"荣誉称号。

四、取得一大批成果荣誉，涌现一大批优秀人才

厅公路设计院在科研攻关中坚持科学创新、因地制宜、实事求是的原则，根据实际需要，吐故纳新，攻坚克难，成功破解高烈度地震山区高墩大跨桥梁建设、特殊特长隧道建设、连续长大纵坡行车安全关键技术等系列世界级技术难题，取得40余项自主创新和统筹应用的重大技术成果，总结形成系列施工技术指南与实用工艺工法，获得专利、工法近20项，累计为工程建设节约费用3亿多元，典型控制性工程多项指标创造国内乃至世界同类工程的新纪录。圆满实现"重点攻克一批复杂地质地形地震环境下高速公路建设难题，成功应用一批交通行业科技新成果，培养一支高素质的科技人才队伍，打造出一条安全优质、经济环保、科技含量高的科技示范路"的总体目标。

通过不懈努力，在雅西高速公路建设期间，厅公路设计院取得包括"全国青年文明号""省五四红旗团委""省直机关先进基层党组织"等集体荣誉称号9项；个人获得省部级以上荣誉共30余项，涌现省工程设计大师、省学术和技术带头人、享受国务院政府特贴专家、省优专家各1人、省部级青年科技奖4人，以及全国交通系统先进工作者、全国巾帼建功标兵、全国和省"三八红旗手"各1人。项目组的主要技术骨干，腊八斤大桥、干海子大桥的主要设计负责人牟廷敏荣获全国五一劳动奖章。

雅西高速公路苏村坝大桥　　刘刚摄

交通运输

JIAOTONG YUNSHU

世界自然文化遗产——乐山大佛　田捷砚 摄

厅公路局 制

综 述 2012年,四川道路运输客运量、旅客周转量、货运量、货物周转量、高速公路货运量分别完成26.63亿人次、1004.71亿人公里、15.84亿吨、1325.19亿吨公里、93609.75万吨,同比2011年分别增长9.8%、11.6%、13.3%、16.3%、5.5%。其中,公路货运量、货运周转量增速高于全省GDP12.6%的增速,与经济发展保持协调。水路运输完成客运量、旅客周转量、货运量、货物周转量、港口货物吞吐量、集装箱吞吐量分别为3275.86万人次、2.73亿人公里、7150.69万吨、103.47亿吨公里、7705万吨、16.05万标箱,同比2011年分别增长6.3%、3.8%、12.3%、14.8%、8.9%、47.8%。

四川交通运输呈现以下特点:一是基础设施建设成效显著。道路运输站场建设完成投资25亿元,同比2011年翻番,再创历史新高。建成泸州客运中心站、宜宾临港客运站2个国家公路运输枢纽客运站,德阳公路运输综合枢纽北站和南站、自贡大山铺汽车客运枢纽站、资阳汽车客运中心站、西昌客运中心站5个次级公路运输枢纽客运站,阿坝红原、金川和广元元山客运站3个县级客运站,153个农村客运站;基本完成广元上西物流中心、广安枣山物流中心前期工作;新开工建设成都龙泉公路货运集散中心、青白江公路货运集散中心、达州化工物流园区(二期)3个国家公路运输枢纽货运站。二是运输服务能力进一步提高。新开通高速直达客运班线36条,线路覆盖新增两个市(州)和18个县,基本形成成都辐射全省各市(州)和多数县(区)的高速公路直达客运网络;农村客运车辆新增1300余辆,突破3万辆,乡镇、建制村客车通达率分别达92.5%、76.8%;新增中小型旅游客车400辆,旅游客车达3752辆,其中高级客车比重上升到70%;城市公交车和出租汽车有序发展,分别新增2300辆、2453辆,成都市建成出租汽车服务管理信息平台、启动全省首条BRT公交快速通道建设、地铁2号线(一期)于2012年9月开通运行。三是交通物流发展进一步加快。全省营运载货汽车达61.6万辆,同比2011年增长1.8%,集装箱车辆达1486辆,同比2011年增长20%。年内,四川列入交通运输部甩挂运输试点省,成都长途汽车运输(集团)公司、宜宾五粮液安吉物流有限责任公司、四川达州运输(集团)有限公司等3家企业甩挂运输项目列入2012年度试点项目。交通运输行业向省政府物流办申报成功重点物流项目11个,获得资金支持3300万元。城市配送行业的培育工作进一步加大,四川广运集团股份有限公司城市配送项目进展顺利。四是重大运输保障能力进一步提升。圆满完成春运、十一"黄金周"运输任务等重大道路运输保障任务,其中春运道路旅客运输总量和单日客运量创历史新高。全年以公路水路联运方式运输进出川大型设备共170批次,总重40368吨,其中,单体200吨以上48件(套),运输批次、总量较2011年分别下降11.5%和10.5%。完成葛洲坝及三峡船闸检修期通航保障工作,确保了全省重大件、原油、汽车零配件和外贸物资等关系国计民生的重点急运物资的运输畅通和行业稳定。五是水路运输市场进一步发展。全省新开业省际水运企业11家,扩大运输范围企业2家,新投入营运1000载重吨以上标准船舶38艘、8.99万载重吨,使这一标准的船舶总量达252艘、60.26万载重吨。长江干线船型标准化工作取得阶段性成效,累计淘汰船舶178艘,占总量37.48%;省际运输船舶中过闸船舶标准化率达58.7%,同比2011年增长20%。集装箱运输保持高位增长,泸州港完成13.52万标箱,同比2011年增长34.46%;宜宾港完成2.53万标箱,同比2011年增长215.01%。

年内,省政府根据《国务院办公厅关于进一步促进道路运输行业健康稳定发展的通知》(国办发〔2011〕63号)和《国务院关于加快长江等内河水运发展的意见》(国发〔2011〕2号),出台《四川省人民政府办公厅关于进一步促进全省道路运输行业健康稳定发展的通知》(川办发〔2012〕29号)和《四川省人民政府关于加快长江等内河水运发展的实施意见》(川府发〔2012〕9号)。同时,全省交通运输主管部门对交通运输部颁布的《关于修改<道路货物运输及站场管理规定>的决定》(2012年第1号令)《关于修改<道路旅客运输及客运站管理规定>的决定》(2012年第8号令)等重要文件进行了贯彻实施。

(宋薇平)

道路运输
DAOLU YUNSHU

概 况 2012年,全省道路运输行业发展取得新成效。一是道路客货运输生产增长较快。全省全年完成公路客运量26.6亿人次、旅客周转量1004.7亿人公里,同比2011年分别增长9.8%、11.5%;完成公路货运量15.8亿吨、货物周转量1325.2亿吨公里,同比2011年分别增长13.3%和16.3%,其增速高于全省GDP12.6%的增速。顺利完成2012年省“5·12”防灾救灾综合实战演练,组织1300辆应急保障车完成汛期道路运输应急保障任务。在2012年春运工作中,以“平安春运”为主题,疏运旅客1.316亿人次,同比2011年增长10.07%。二是道路客运结构调整初见成效。基本实现全省干线客运高速化,新开通高速直达客运班线36条,线路覆盖新增两个市(州)和18个县,基本形成成都辐射全省各市(州)和多数县(区)的高速公路直达客运网络,打造以60辆国际一流客车为基础的“攀西阳光之旅”精品线;农村客运车辆新增1300余辆,突破3万辆,乡镇、行政村通达率分别达92.5%、76.8%。大力发展中小型旅游客车并新增400辆,全省旅游客车达3752辆,其中高级客车比重上升到70%。三是道路货运发展转型加快。2012年四川省列入交通运输部甩挂运输试点省,成都长途汽车运输(集团)公司、宜宾五粮液安吉物流有限责任公司、四川达州运输(集团)有限公司等3家企业甩挂运输项目列入2012年部试点项目。以新都传化物流基地、达州公路物流港模式为代表的一批新兴物流项目发展加快。全省营运载货汽车达61.6万辆,同比增长1.8%;集装箱车辆达1486辆,同比2011年增长20%。四是城市客运协调有序发展。全省城市公交车发展到2.35万辆,新增2300辆。出租汽车发展到4.1万辆,比2011年新增2453辆。成都市启动建设全省首条BRT公交快速通道。指导各地开展优质服务公交精品线创建活动,创建公交精品线44条,涌现出一批先进班组和个人,如成都公交的“线网分离和信息服务”、内江公交的“国学在车厢”、自贡公交的“巾帼建功公交线”等服务典型都得到社会各方面的充分肯定。自贡公交集团宇星运业有限公司驾驶员朱红被交通运输部评为“全国城市公交十佳先进个人”,成都公交集团得到部通报表扬。成都市建成出租汽车服务管理信息平台,发展“及时电招”出租汽车1000辆、“预约电招”出租汽车90辆。成都地铁1号线(一期)日均客运量达30万人次;地铁2号线(一期)于2012年9月开通试运行,日均客运量达24万人次。五是站场枢纽建设再掀高潮。按照“客货并举抓规划,突出重点抓枢纽”思路,进一步完善四川省国家公路运输枢纽规划、四川省市县级道路运输站场布局规划、四川省“十二五”农村乡镇汽车客运站建设实施规划、四川省“十二五”市县级汽车客运站建设实施规划,编制四川省秦巴山区、乌蒙山区、藏区集中连片贫困地区交通扶贫开发道路运输站场建设相关规划和计划。全省汽车站场建设完成投资25亿元。六是驾驶员培训和维修市场管理取得突破。全面完成驾校资格条件复查和培训考试能力评估工作。全面优化学时计时管理系统,完成省、市运管机构和驾校三级平台及2.3万辆教练车车载设备的升级工作。启用教练员从业资格培训学时计时管理系统,实行网上报名,统一集中培训考试。与省工商行政管理局联合制订全省统一的机动车驾驶培训合同示范文本。组织开展驾校质量信誉和教练员教学质量信誉考核工作。加快道路运输从业人员从业资格考试中心建设,成都、内江、遂宁、宜宾等地陆续启用道路运输从业资格培训考试管理系统,实现全过程计算机管理。新增驾校41所,全省达443所,全年完成驾驶培训141万人次。开展汽车维修诚信经营、优质服务活动。完成全省一、二类汽车维修企业质量信誉考核,3A级企业比2011年增加13%。推进汽车二级维护监管平台建设,眉山、内江、资阳、自贡、南充、泸州、广元、雅安8个市建成并投入使用。建成全省汽车救援服务平台,150家维修企业加入救援平台,施救能力覆盖全省80%的县。七是节能工作平稳推进。深入开展营运车辆燃油消耗量达标车型核查,核查车辆4.6万辆。大力推广应用CNG、LNG和电动车等清洁能源车辆,CNG营运车辆达6.5万辆,位居全国第一;成都、广安、乐山等地发展LNG城市公交车570辆。全省每年节约和替代成品燃油约3亿升,减少二氧化碳排放65万吨,节能减排效果明显。积极争取交通运输节能专项资金支持,成都蜀安驾校驾驶模拟器、南充运输集团公司天然气汽车以及建国汽车集团绿色维修等3个项目获交通运输节能专项资金补助。八是安全监管和秩序整治成效显著。继续开展以“科学发展、安全发展”为主题的道路运输“安全生产年”活动,深入开展“道路客运安全年”活动,组织开展“百安活动”和“安全生产月活动”。继续深入开展道路运输安全隐患专项排查整治行动,细化排查内容和要求50项,隐患整治349起,整改率达100%。强化和规范GPS监控管理,在全国率先推行GPS分段限速管理。组织开展安全生产动态考核和安

规范统一的驾驶员培训车辆和场地　　厅运管局 供稿

全生产状况评估。全面强化春运、十一“黄金周”、暑运、汛期等重要时段和城市公交、出租汽车及地铁等安全监管。联合公安、旅游、监察、安监等部门开展打非治违专项行动、九环线旅游客运专项整治、旅游包车客运专项整治等一系列专项整治行动。甘孜州开展无牌无证机动车专项整治行动,对3139辆无牌无证货车进行清理登记办证,基本解决货车长期无牌无证经营的顽疾。2012年,全省共发生道路运输行车事故196起(同比2011年下降21.29%),事故造成307人死亡(同比2011年下降11.53%)。受理“96515”投诉咨询电话3.5万次,同比2011年上升13%,投诉处理率达95.6%。（蒋智力）

多种措施抓春运 2012年1月8日—2月16日春运期间,全省道路运输日均投放客车4.73万辆(不含出租车、城市公交和地铁),累计完成客运量1.316亿人次,日均客运量达329.1万人次,总客运量同比2011年增长10.07%,道路旅客运输总量和单日客运量均突破历史最高记录。其中,春节“黄金周”7天,全省道路运输累计完成客运量2113.95万人次,同比2011年上涨3.91%。

2012年春运有两大特点:一是春节提前,节前高峰客流创新高,民工返乡、学生放假时间集中,学生流、民工流、探亲流相互叠加,春运开始客流量就持续高位运行,节前运输任务异常繁重。1月19日—21日全省日均完成客运量360.81万人次,其中1月20日完成368.25万人次,创春运单日客运量历史最高记录。二是春运节后返程客流高峰持续时间长,学生流和外出务工流叠加出行,节后客流高峰持续10天左右。1月29日(正月初七)至2月7日(正月十六),全省日均客流量均在330万人次以上,其中1月30日全省客流量达347.5万人次,为节后客流最高峰日。针对以上情况,厅运管局采取了如下措施:一是春运前各级党委、政府和相关部门全面部署,建立主要领导亲自抓、分管领导具体抓的春运工作领导机制。春运中,省长蒋巨峰、副省长张作哈等领导深入运输一线检查指导并慰问职工,极大地鼓舞了士气。二是及早组织开展春运调查摸底。春运前,通过各种渠道收集掌握铁路、民航、公路、气象等有关信息,厅运管局和重点地区的运管机构征询主要客运企业和客运站场的意见建议,提前预测,并加强与劳动、教育、旅游等相关部门衔接,综合分析利弊,为制订方案提供科学依据,形成节前以成都为重点,节后以巴中、广元、南充、宜宾、泸州等地为重点统一调配运力,按照“先重点、后一般,先干线、后支线”的原则调度中短途支线运力支援干线,建立起跨区域调配短线运力和中长线运力的运力组织机制,充分发挥现有车辆的运输效能。三是各级交通运输部门和运管机构干部职工坚持24小时带班和值班制度。1月19日,成都地区启动蓝色应急响应预案,成都市调动所有支援运力和应急运力投入旅客疏运,并从绵阳等地抽调200辆应急客车赶赴成都,确保成都客运高峰平稳度过。2月2日是节后春运客流高峰期,成都市调集850辆应急客车支援客流量较大的资阳、南充、广元、广安、巴中、达州等地。四是充分挖掘省内运输潜力,同时与运力比较充裕的重庆、山西、陕西、青海、新疆等省(自治区、直辖市)运管局建立合作支援机制,并按照交通运输部要求规范省际包车回程载客管理,确保运力供给。五是加强安全管理,强化安全运输。春运期间,全国大部分地区出现冰雪、冻雨等恶劣天气,厅运管局要求各市(州)运管部门和运输企业充分利用GPS等科技手段对全省三类以上客运班车线路和旅游包车客运线路(限省内4A级以上旅游景区)进行GPS监控系统实施分段限速,随时监控车辆营运动态,及时纠正超速、超载、疲劳驾驶等违章行为,并通过短信向驾驶员提供道路、气候等信息,提示安全行车警示。各级运管机构增加驻站人员力量,督促各汽车客运站严格执行客运车辆“三不进站、五不出站”(详见《附录》)以及各项签单检查制度。针对节日期间农民群众出行需求大量增加的特点,强化农村客运车主和驾驶员的安全教育,指导运输企业和经营者调整运行班次,加大发班密度,保证群众安全出行。六是创新出台服务举措。春运期间,全省各地客运站通过增开售票窗口、延长售票时间、提前预售票、发售团体票、上门售票等措施提升服务能力;春运首日,厅运管局青年志愿者队伍分组前往成都市各大车站,协助搞好旅客服务;在客流高峰期增派服务人员,对老幼病残孕等特殊旅客提供重点服务照顾;深入农民工、学生等旅客集中地,组织客运班车和包车直达运输,开展农民工平安返乡专项活动;通过互联网、广播电视、报刊杂志、手机短信、微博等媒体及时为公众提供出行信息。全省在2011年成都市区12个车站站长微博开通的基础上,2012年其余20个市(州)主要客运站站长的腾讯微博也相继开通,方便网友了解春运相关信息。（曹驰宇）

“攀西阳光之旅”高速公路客运优质服务精品线创建活动 2012年5月,厅运管局在成都至西昌、成都至攀枝花两条客运班线上开展“攀西阳光之旅”高速客运优质服务精品线创建活动。活动围绕安全运输和优质服务两个方面主要开展以下工作:一是针对雅西高速公路特殊的地形状况和复杂的气候条件,组织驾驶员分批进行实地驾驶操作培训,提高驾驶员操作技能和应急处置能力。二是加强车辆技术管理和车辆运行监管,充分发挥车载GPS和车载硬盘摄像回放系统的监控、核查、互动功能,对运行车辆实行全程分段限速监控,确保运输安全。三是建立健全应急保障机制,针对成攀线高速公路道路状况与运行特点,制订应对突发事件的专项应急救援预案,并开展应急救援演练。四是建立完善服务质量监督评比制度,加强监督检查,建立检查档案。定期回收、整理、分析旅客意见薄信息,按照旅客合理建议完善运输服务。五是定期组织驾乘人员进行职业道德、服务质量规范、岗位技能培训。六是加大服务设施投入,同时执行惠民票价。在成都至西昌、成都至攀枝花客运班线上投放具有世界先进水平的大型高三级斯堪尼亚客车。成都蜀捷公司为保障食品的新鲜和卫生,在车站配备冷冻保鲜设施设备。七是以"旅客至上、服务第一"为宗旨,扎扎实实做好优质文明服务。驾乘人员坚持"文明、热情、主动、周到"的服务承诺,实行航空式优质服务,做到有问必答、微笑服务。乘务员协助乘客系好安全带,做好沿途风光解说,对老、幼、病、残、孕等特殊群体给予特别照顾,运行途中免费为乘客配送食品和瓶装水,始终如一地保持良好的车容车貌。同时结合具体班线的实际情况开展形式多样的服务竞赛活动,如攀枝花汽车运输有限公司开展"乘车送礼品、温馨伴全程"活动。

(文德立)

公路甩挂运输试点工作 2012 年,为促进道路货物运输企业转型升级,全省道路运输管理机构以公路甩挂运输试点为突破口,采取一系列措施推进全省传统道路货运向现代物流转型升级。一是争取部省支持。2012 年四川省被列入交通运输部甩挂运输试点省后,通过组织评审,成都长途汽车运输(集团)公司、四川安吉物流公司、四川达州运输(集团)有限公司 3 个甩挂运输项目被列入交通运输部项目;四川省长途汽车运输(集团)公司、四川安吉物流公司项目被列为省政府物流办重点联系项目,争取资金 400 万元。二是给予政策引导。2012 年 9 月,省交通运输厅出台《四川省甩挂运输试点工作实施方案》,成立甩挂运输试点工作领导小组,明确试点项目要求和时间安排,研究落实推进甩挂运输发展的扶持政策。三是加强区域合作。2012 年 11 月,四川、重庆、湖北三省(直辖市)道路运输管理机构和甩挂运输企业、水运企业及港口等在四川省泸州市召开长江公水联运促进甩挂运输会议,会议签订《川、渝、鄂长江公水联运甩挂运输合作框架协议》。该《协议》充分依托长江水运资源,加强异地间道路货物运输企业间的联合,整合场站、仓库、设备、货源信息等资料,加快推动网络化经营局面的形成。

(姜艳梅)

城市公交和出租汽车管理 截至 2012 年 12 月,全省城市公交共计 2.36 万辆,折合标台 2.74 万标台,公交线路 1694 条,运营线路总长度 24959 公里,全年运输量 36.2 亿人次;全省出租汽车共计 4.15 万辆,年客运量15.8亿人次。

2012 年,厅运管局着力从行业发展、企业规范、队伍建设方面加强工作落实,推进城市公交和出租汽车行业健康有序发展。一是建立出租汽车行业诚信体系探索行业管理创新。制定《四川省出租汽车服务质量信誉考核办法(试行)》(终稿),力争 2013 年在全省推广实施。将成都出租汽车行业作为行业管理创新试点,配合省发展改革委和省财政厅共同支持成都市探索出租汽车跨区营运价格管理新模式,指导成都出租汽车跨区营运实行政府指导价的试点工作。成都作为交通运输部第一批出租汽车服务管理信息系统试点城市,已建成出租汽车服务管理信息平台,年内发展"及时电招"出租汽车 1000 辆,"预约电招"出租汽车 90 辆。绵阳市被交通运输部确定为第二批出租汽车服务管理信息系统试点城市。二是开展出租汽车行业和谐劳动关系创建活动。三是指导各地编制城市公共交通发展规划并为城市公交发展争取政策支持。配合省国税局编制《城市公共交通管理部门与城市公交企业名录》,进入名录的 207 家城市公交企业自 2012 年 1 月 1 日起至 2015 年 12 月 31 日止购置的公共汽电车免征车辆购置税。四是抓好城市公交优质服务精品线创建活动。制订《四川省城市公交优质服务精品线创建活动实施方案》,各地以精品线创建为契机,发挥城市公交的文明窗口作用,加强线路站场设施、车辆设备、车容车貌、运营服务、运营安全等基础工作建设,自贡公交集团宇星运业有限公司驾驶员朱红于 2012 年 10 月被交通运输部授予"全国城市公共交通十佳先进个人"称号。五是开展城市客运管理工作培训。9 月举办两次四川省城市客运管理干部培训班,组织全省各级运管机构分管城市客运工作的负责人及工作人员 350 余人参加培训。

(孙 坤)

2012 年 11 月 28 日,川、渝、鄂三省市公水联运促进甩挂运输发展协调会在泸州市召开

厅运管局 供稿

水路运输

SHUILU YUNSHU

水路旅客运输　2012年，全省水路旅客运输完成客运量3276万人次、旅客周转量2.7亿人公里，比上年分别增长6.26%和3.84%。其中，春运期间，全省日均投放客渡船3209艘10.25万客位，完成客运量920.78万人次，为上年同期的104.28%；中秋、国庆假日期间（9月30日至10月7日），全省日均投放客渡船3320艘8.65万客位，完成客运量203万人次，其中国庆"黄金周"（10月1日至7日）完成客运量180.66万人次，比上年增长3.8%。通过精心组织、合理调配运力、强化现场监管，重大节假日期间未发生旅客滞留、投诉现象。（厅航务局）

水路货物运输　2012年，全省完成水路运输货运量7161万吨、货物周转量103.7亿吨公里，分别比上年增长12.47%和14.99%。主要货物运输量总体保持平稳增长，非金属矿石、矿建材料等运输量增长幅度较大，金属矿石、水泥、煤炭等运输量下降幅度较大。大件运输完成170批次4.04万吨，比上年分别减少7.61%和增长2.04%。（厅航务局）

港口货物吞吐量　2012年，全省完成港口货物吞吐量7705万吨，比上年增长8.9%。其中，泸州港、宜宾港货物吞吐量分别完成2348万吨、1229万吨，分别比上年增长9.41%和4.51%。全省完成集装箱吞吐量160479标箱，比上年增长47.79%。其中，泸州港完成135190标箱，比上年增长34.39%，宜宾港完成25289标箱，比上年增长216.25%。（厅航务局）

运输结构优化　2012年底，全省拥有水运企业163家、省际水运企业88家、万吨船舶运力以上水运企业22家，其中2011年新开业省际水运企业11家、由省内运输扩大为省际运输的企业2家。全省运输船舶8885艘，总运力达104.1万载重吨，比上年增长9.6%。其中，2011年新投入营运1000吨以上标准船舶38艘8.99万载重吨。全省通过三峡船闸船舶运力315艘61.3万载重吨，平均吨位达1946载重吨，货运船舶向标准化、大型化、专业化方向发展的趋势明显。（厅航务局）

长江水运公司创岷江大件运输超低水位安全航行纪录　2012年3月18日，长运公司四川11号船舶绑拖"大件川驳68"，装运长10.2米、宽4.3米的机电设备共220吨，离泊乐山大件码头，驶入河床浅、航道窄、水情复杂的岷江航道。受载后的"大件川驳68"吃水1.2米，此时岷江航道水深仅1.4米。根据岷江枯水期航道特点，按照海事部门的要求，为克服设备超宽超高的视觉限制，驾驶班在"大件川驳68"船艏设置临时导航指挥台，与主船合一指挥行船。经过10小时的艰苦航行，船舶安全驶出岷江。此次成功运输改写了多年来岷江航道水位1.4米不能行船的历史。（长运公司）

泸州港6台桥吊　　厅航务局 供稿

世界文化遗产——青城山　张 雷 摄

交通管理

JIAOTONG GUANLI

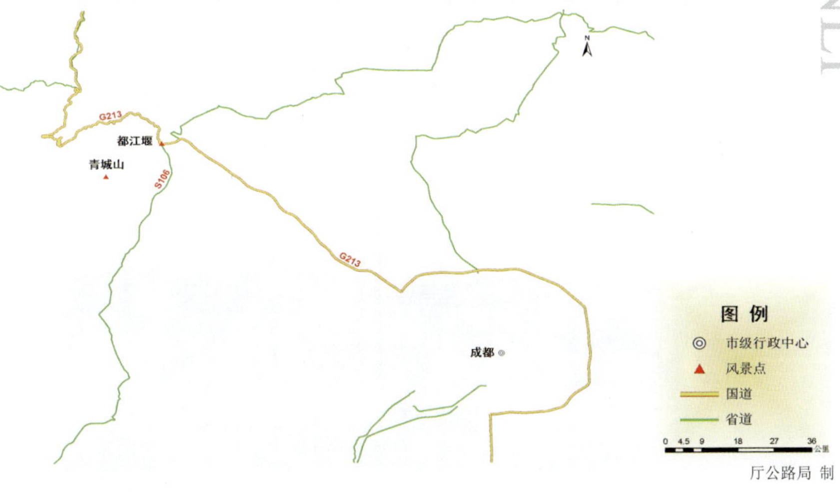

厅公路局 制

高速公路管理暨交通执法

GAOSU GONGLU GUANLI JI JIAOTONG ZHIFA

高速公路规划制度 2012 年，厅高管局（厅高速公路交通执法总队）编制完成《高速公路运行监测及应急指挥系统规划》《高速公路通信规划》，加快编制高速公路收费、监控规划及其总体设计，拟订《高速公路车辆行驶标识站、交通执法和高速交警营房布局规划》。制订《高速公路机电系统设计指导意见》及《联网电子收费系统总体技术方案》。完成国家高速公路四川省域通信系统联网工程施工图设计。编制《四川省高速公路条例立法效益评估报告及立项申报》。制定出台《四川省“十二五”高速公路养护管理指导意见》《高速公路养护管理暂行办法》《高速公路技术状况检测评定暂行规定》《涉路施工监督管理规定》。印发实施《服务区和收费员星级评定管理办法（试行）》《联网电子不停车收费系统（ETC）暂行技术要求》《收费系统安全管理办法》《12122 服务系统运行管理制度》等。 （厅高管局）

高速公路行业管理效能 2012 年，厅高管局（厅高速公路交通执法总队）通过开展收费公路清理，初步建立全省高速公路基础信息库，配合调整成都机场高速公路收费标准。督导养护管理，各高速公路营运公司投入养护资金 7.5 亿元。组织抽检 2600 公里高速公路路面、路基及沿线设施技术状况，路面损坏状况指数 PCI 平均值 95.26，路面行驶质量指数 RQI 平均值 92.57，路基技术状况指数 SCI 平均值 98.35，沿线设施技术状况指数 TCI 平均值 96.78，基本达到优等水平，南渝、乐宜、宜水高速公路综合技术状况 MQI 值名列前 3 位。组织研发高速公路养护管理系统，逐步提高养护管理信息化水平。配合完成国家干线公路网长大桥梁抽检巡查，挂牌督办厦蓉高速公路泸州长江二桥病害整治，督促整治成都绕城高速公路府河大桥、西攀高速公路曲丰堡大桥安全隐患，督导拆迁都映高速公路庙子坪大桥临时收费点。推进高速公路营运管理绩效考评，及时汇总并上报省交通运输厅。检查指导雅西、达陕、成自泸赤等新通车高速公路机电系统联网、运营管理机构组建、应急装备及物资筹备等工作。开展隧道机电系统专项检测，摸清情况，督促整改。组织开展 2012 年度春运工作检查，初步建立考核评价机制。开展汛期安全隐患排查整治，督导完成内遂、达陕、成绵复线等高速公路水毁路段处治。在川西片区公司、成绵公司和雅安分公司开展安全生产绩效考核试点，逐步积累经验并全面推广。 （厅高管局）

高速公路公共服务 2012 年，厅高管局（厅高速公路交通执法总队）升级改造“12122”服务系统，处理各类话务 38.89 万件。深化与四川交通广播 101.7MHz 及成都交通广播 91.4MHz 合作，及时发布路况天气等信息 2470 条。加快建设联网电子不停车收费（ETC）系统，基本完成客服中心建设、收费系统软件及数据中间平台研发和 123 条车道检查测试工作。完成 570 结算主机切换上线和应用软件维护，结算清分通行费 104.66 亿元。启动高速公路公众出行信息服务系统和高速公路服务区收费员星级评定试点，督促解决内遂、广巴等高速公路服务区管理中存在的问题。督导落实整车鲜活农产品运输车辆免收通行费政策，指导充实应急队伍、完善应急预案、备足应急设备及物资，成功处置雅西、达陕等高速公路汛期因地质灾害导致道路中断等突发事件。完成四川省 2012 年防灾救灾综合实战演练高速公路交通保障任务，受到省委省政府充分肯定。 （厅高管局）

成南高速公路服务区 成南公司 供稿

高速公路交通执法 2012年，厅高管局（厅高速公路交通执法总队）认真落实高速公路交通执法队伍正规化建设指导意见，稳步推动交通行政执法形象“四统一”（统一执法标志标识、统一执法证件、统一执法服装、统一执法场所外观），组织开展执法练兵活动，建立完善无线数据传输、无线通讯和交通执法业务专网系统。开展高速公路沿线环境综合整治，“百日安全生产”和“打非治违”行动，“两客一危”（详见《附录》）车辆、非交通标志标牌、非法摆摊设点等专项治理。严格涉路施工和超限运输审批，依法开展超限运输治理，维护高速公路路产路权。全年出动交通执法人员11.78万人次，检查货车24.6万辆次，查获超限运输车3.5万余辆次；认定路产赔偿案件8745件，挽回路产损失5059余万元。加强客运签单，检查客车102.4万辆次，查处违章车1141辆次。持续开展打击车辆冲关逃费违法犯罪行为专项行动，查获违法车406辆次，追补通行费91.39万元。 （厅高管局）

高速公路联勤联动 2012年，厅高管局（厅高速公路交通执法总队）以构建交通运输综合信息平台为目标，加强与相关部门衔接，高速公路监控指挥中心建设可行性研究等前期工作取得较大进展。省级层面建立由厅高管局牵头，省公安厅交警总队、川高公司、成渝公司、四川路桥集团、成都市交投、高速公路沿线地方政府参与的联席会议制度，及时研究解决山区高速公路安全管理、高速公路缓堵保畅和应急救援等重大问题；执行层面完善由营运公司牵头，高速交警、交通执法、沿线地方交通运输部门和新闻媒体参与的联勤联动机制，全力做好高速公路安全运行及国庆节长假期间小型客车免费通行工作。整合各方力量，做好成自泸赤、映汶、纳黔等20余条1000余公里高速公路通车投运准备工作。同时加强与省直相关部门沟通协调，增加执法人员编制341个，增设执法大队29个，增配执法车辆40辆。 （厅高管局）

严查危化品运输 厅高管局 供稿

高速公路系统党建纪检 2012年，厅高管局（厅高速公路交通执法总队）加强党的组织建设、思想建设、作风建设，开展“创先争优”“挂包帮”“争创文化品牌、争建文化建设示范单位、争当文化建设标兵”等活动，8个支部被厅直机关党委表彰为创先争优示范党支部。完善党风廉政建设责任体系，落实“一岗双责”（详见《附录》）制度，开展“三项建设”（能力素质建设、思想作风建设、基层组织建设），构建党风廉政建设与行业管理、文明创建、文化建设相结合的工作机制。开展以领导干部作为重点对象，以自由裁量及“三重一大”（重大问题决策、重要干部任免、重大项目投资、大额资金使用）事项等为重点领域的风险防控。建立健全内控体系以及由七项机制、三层结构组成的惩防体系基本框架。开展政风行风建设，深化公务用车专项整治及高速公路“三乱”（详见《附录》）治理。推进行政效能建设，治理“庸懒散”、行政不作为和乱作为等问题。推行政务公开，扩大行政决策、事务公开领域和范围。严格执行厉行节约、反对铺张浪费等相关规定，严控“三公”经费支出，及时审计7个执法支队预算执行及财务收支情况。开展文明单位创建活动，8个直属单位成功创建为市（州）厅级以上文明单位，创建率100%。

同时，川高公司深入学习贯彻党的十八大会议、省第十次党会议精神，切实加强系统党的基层组织建设、党员队伍建设。认真开展创先争优群众评议工作，召开基层党的建设专项述职会和专项述职测评。深入开展基层组织建设年活动，制订《川高公司基层组织建设年活动实施方案》和《川高公司党委基层党组织现状大调查实施“三分类三升级”活动指导意见》。全面加强和改进各级党组织建设，推广在项目、在工地、在收费站点等相对集中点建立党支部。郎川公司在基层组织建设年活动中开展的“将支部建在收费站上”这一作法被中宣部《党建》杂志报道刊发。不断强化党风廉洁建设，认真落实党风廉洁建设责任制，加强廉洁从业教育，积极开展纪检监察“三项建设”活动，组织240人次收看反腐倡廉警示片和61人次参加省交投集团“三项建设”培训，纳黔公司、雅西公司等单位继续与地方检察机关开展共建活动。加大招投标监督力度，重点对工程招投标、工程分包和违法转包、工程计量、资金支付、设计变更等进行监督检查，减少违规违纪行为发生。承办中国交通职工思想政治工作研究会高速公路分会2012年秘书长会议，成功举办川高系统第三届职工运动会和职工劳动竞赛。川高公司获四川省总工会帮扶工作先进集体、四川省国资委优秀基层党组织、四川省国资委系统五四红旗团委,川南公司四川收费站被评为四川省国资委系统青年文明号,广甘公司被四川省总工会评为"五一劳动奖状"单位。

（厅高管局 川高公司）

高速公路财务融资工作 2012年,在省交投集团的统筹安排下,川高公司通过将35亿借款转增资本金、推迟中期票据发行和将应付保证金等往来债务划转至集团核算等方法将资产负债率控制在70%以内,避免被纳入地方融资平台,确保银行债务融资渠道的畅通。通过银行与信托公司合作实施信托计划,成功发行2012年川内企业在银行间市场获得的单笔最大金额的30亿元中期票据。通过引入保险债权计划资金,实施银行承兑汇票以及统筹调剂使用集团和营运路公司资金等多种方式全方位筹集资金,在资金成本合理和风险可控的前提下,共筹措资金132.54亿元。积极配合省交通运输厅加大中央投资申请力度,协调交通运输部补助资金29.94亿元及时足额到位,有效缓解了高速公路建设资金压力。

（川高公司）

高速公路项目建设管理 2012年,川高公司进一步加强高速公路项目建设管理。一是做好项目前期工作。开工建设丽(江)攀(枝花)高速公路华坪段,瓦九路及时获得工程可行性报告、初步设计批复并实现施工用地按时提交,着力解决各重点公路项目征拆过程中重难点问题和遗留问题。二是深入推进三年集中建设攻坚。成立督导巡查组,加强通车建设项目督导巡查工作,及时督促、指导、协调项目业主认真梳理建设过程中存在的问题,采取切实措施加快推进项目建设,妥善解决达陕高速公路路基土建单位上访反映的部分问题。全年实现雅西、达陕、纳黔、映汶、广甘等11个项目计830公里高速公路提前建成通车,创造通车项目和里程新纪录。其中,广甘高速公路的建成通车,成为全省高速公路通车总里程跃上4000公里的重要标志。三是认真开展质量安全年活动。编制并印发《川高系统在建项目2012年质量安全年活动实施方案》《川高系统公路项目建设单位工程质量事故责任追究制》《四川省重点公路项目隧道建设管理指南》等建设管理制度;组织召开在建项目路面工程质量管理现场交流会,积极推广成熟的工艺、工法和先进管理经验;雅西高速公路科技示范工程顺利通过交通运输部验收,取得40余项国家、部省级科技成果,并获得国家、省科技进步奖等多项荣誉。四是进一步加强项目优化设计、变更管理和计量支付等工作,及时组织建设项目较重大设计变更的现场踏勘、评审和报批工作,确保质量、安全、进度、造价全面受控。

（川高公司）

高速公路营运养护管理 2012年,川高公司实现通行费收入71.44亿元,同比增长26.7%。一是严格执行全面预算管理办法,从严控制营运成本,公用经费在定额基础上扣减20.08%,各营运公司日常经营管理费支出均控制在预算范围内。二是切实加大收费管理工作力度,建立健全打击偷逃通行费行为长效机制,加强高速公路收费内部稽查监控力度,查处各类逃费车15余万辆(次),追缴高速公路通行费3800余万元。三是加快推进ETC(不停车电子收费系统)建设和运行准备工作,建立健全非现金结算体系。加快推进川东、雅安、川西、川南片区应急抢险指挥中心的建设。四是全面加快服务区改造及建设工作,川北片区江油东服务区、川东片区岳池服务区、邻水服务区改造工作已完成并投入使用,新通车项目服务区及停车区正加快施工。五是持续推进高速公路环境综合治理工作,营造整洁、优美、舒适的交通运输环境。六是周密安排,制订中秋、国庆长假免费实施细则,顺利完成7座及以下小型客车2012年国庆期间免费通行工作,免收通行费1.9亿元。七是道路养护进一步规范化。狠抓日常巡查工作,做好桥梁、高边坡等重要结构物的经常性检查,杜绝源头责任安全事故的发生;及时对路面和沿线设施进行小修维护,使其在交通量持续增长的情况下,依然保持优良的技术状况,绝大部分高速公路路面主要技术状况达"优"。及时组织完成雅西、广陕、广南、隆纳、纳黔、成南、达渝、达陕等高速公路局部路段

纳黔高速公路　　厅公路设计院 供稿

水毁病害抢险，确保高速公路的安全运营。绕城高速府河桥养护招标工作首次实现电子招标，川西片区公司庙子坪大桥管养和桥梁技术状况顺利通过交通运输部组织的全国公路桥梁抽检，养护管理工作规范化水平进一步提高。（川高公司）

高速公路改革调整 2012年，川高公司根据省交投集团统一部署，认真谋划未来几年的企业改革发展规划，积极探索公司下一阶段的总体工作方针和改革着力点，编制完成《川高公司"十二五"后三年发展实施规划及"十三五"规划基本思路》。积极配合集团公司多元发展战略的实施，清理、整合各类经营性资产，通过参股、股权收购等方式主动参与集团公司实业、建设、置地、物流等4个新产业公司的组建，并大力支持各公司的筹建起步工作。加快启动闲置土地整理开发工作，先期启动土地整理开发项目7宗，总面积42.6公顷。完成成南高速公路成都管理处调规变性，同时启动川南泸州市龙马潭新城D组团及南方大厦土地的调规变性工作。着力推动财务管理制度改革，制订完善《资金集中监督管理办法》等制度，构建核算、预算、资金集中三大体系，提高资金使用效率，有效提高财务管理水平。（川高公司）

高速公路安全生产 2012年，川高系统全面落实安全生产责任制，深入开展"百日安全生产""安全生产月""平安工地"等专项行动。各营运高速公路积极做好春运、国庆"黄金周"等重大节假日和汛期、冬季等重点时段、重点路段安全保通工作，妥善处置广陕高速公路"6·29"边坡垮塌、雅西高速公路"7·2"泥石流地质灾害、沪蓉高速公路南广段"8·26"重大交通事故等突发事件。各在建项目深入开展"打非治违"专项行动，全面开展安全隐患排查治理，督促施工单位、监理单位切实加强人员集中场所和施工现场安全监管，进一步加强在建高速公路安全生产"双基"工作。强化雅西高速公路冬季冰雪路段管理，免费印发《行车安全注意事项》等宣传资料，在泥巴山、拖乌山冰雪路设置融雪除冰点，有效确保道路通行安全。针对新通车项目集中招标采购清排障车、除雪撒布车、消防车、洒水车等设施设备114辆，完善清排障支援保障实施方案，加强施救排障和路产维护人员的组织培训，不断提升清排障效率。各营运单位未发生源头责任交通事故，各在建项目未发生较大以上生产安全事故，安全生产形势总体平稳。（川高公司）

成渝高速公路营运管理 2012年，成渝公司在成渝高速公路营运管理方面主要做了以下工作：

基础管理：加大打击偷逃力度，保持打击偷逃高压态势，确保通行费收入应收不漏。深入开展打击高速公路偷逃专项活动，协调高速交警、交通执法建立打逃长效机制，分片区开展专项收费稽查活动。在智能公司设立专职座席，实行24小时值班制，负责收费数据的查询和系统稽核，做好逃费车辆黑名单的补充及数据分析。完善硬件设施，升级计重设备。加强跳秤、垫钢板车辆的重点稽查；增加监控设施，加强偷逃行为取证力度；安装阻车器，遏制冲站车辆。切实提高服务质量，积极吸引车辆上路。推出"两级考评机制"，做好星级评定工作，充分调动收费员工作积极性；开展"百日收费业务劳动竞赛"，持续提升收费管理队伍素质和收费员业务技能和服务水平，以优质的服务质量吸引车辆上路。

强化成本控制，严格财务管理。通过规范资金业务，降低营运成本。通过全面预算管理，强化成本控制。通过财务集中管理、财务总监委派管理、内部审计等方式，加强财务风险控制。

科学养护合理施工，显著降低养护成本，进一步提升道路通行能力。通过实地勘察和养护实时控制系统，及时掌握道路状况，实行科学合理的周期性、预防性养护。在改进施工工艺的基础上，日常路面维修数量比预期的减少50%以上，显著降低养护成本。全年完成成渝高速公路龙泉至简阳段施工，道路通行能力提高，使用状态安全良好。

服务区改造升级，服务质量稳步提升。按照省委省政府"国内一流，世界有特色"的要求，公司组织投资方和施工单位专题研究服务区改造工程技术攻关，对成渝高速公路资阳服务区、内江服务区进行全面改造升级，改造后的服务区形象全面提升。制订《服务区管理办法》，明确食品卫生、商品质量、环境卫生等标准。实施24小时现场管理，做到事事有人管，事事有人抓。全年顾客投诉处理落实率达到100%，服务质量满意率达到99%，社会反响良好。

安全管理：强化制度建设，全面推行《安全生产管理规范（试行）》，并结合内控制度建设，制订《2012年度安全生产工作要点》，指导安全管理工作按标准有序开展。完善安全生产体系，打牢安全生产基础。坚持"安全第一，预防为主，综合治理"的方针，不断完善安全生产责任体系，层层落实安全生产责任。大力宣传安全生产知识，营造良好安全氛围。突出源头治理和责任落实，及时排查可能出现的安全隐患。深入开展"安全生产年""百日安全生产""全国安全生产月"等生产安全专项活动，切实做好春运、国庆等重大节假日和汛期、冬季雨雾、雨雪冰冻等重要时段、重要路段的安全工作。充分发挥联勤联动机制，做好路产路权维护、救援服务、社会管理综合治理工作。全年没有发生一起因高速公路养护管理原因负主要责任的重、特大交通事故，没有发生重大安全责任事故和职工安全生产死亡事故，安全生产形势持续稳定。

环保管理：深化环境综合治理，实现公路与环境协调发展。严格贯彻《全省公路、铁路、河道沿线环境综合治理专项行动工作方案》《高速公路沿线环境综合治理专项行动实施方案》，落实整治措施，明确整治责任。组织开展高速公路沿线环境综合治理专项行动，成立专项行动督促检查小组，采取“日督查、周检查、月小评”的方式进行考核。重点做好卫生死角的清理、标志标牌的规范、绿化水平的提升和违章建筑的清理整治工作，有序推进服务区、收费站、高速路形象提升，营造整洁、美观、舒适的高速公路行车环境，努力实现高速公路与环境的协调发展。
（成渝公司）

绕东绕西都映高速公路营运管理 2012 年，川西片区公司在绕东、绕西、都映 3 条高速公路营运管理方面主要做了以下工作：

收费管理：加强收费目标管理，科学预测年度通行费收入，做好每季度通行费目标任务分析预测和分解下达，层层进行量化考核。完善收费制度，对公司成立以来的收费规章制度进行清理和完善，重新起草或完善管理处、收费站考核管理、联网收费票据及 IC 卡管理办法，按照制度定期、不定期开展收费票据、卡账交叉检查。加强收费现场稽查，通过监控系统对收费现场进行全天候监控，规范收费行为，堵塞收费漏洞。做好映汶高速公路开通的各项保障工作，提前完成映汶高速公路收费标准报批工作，协调结算中心安装调试好收费软件，完成一线人员招聘工作，确保了 11 月 29 日映汶高速公路顺利通车。针对车辆逃费方式更加隐蔽、分散的新特点，整合资源、转变方式，将打击重点放在货车垫钢板、木板、胶条、跳秤等行为上。全年公司挡获偷逃通行费车 7418 辆次，补交通行费 592.1 万元；挡获违法犯罪人员 20 人次，移交派出所治安拘留 7 人，判刑 13 人。全年冲站车辆 535 辆次，日均 1.47辆，同比下降 97%，收费人员人身安全得到切实保障。年内，公司完成通行费收入 6.68 亿元，完成川高公司下达年度目标任务的 104%，同比增长 28.21%。

道路保畅：公司所辖路段日均站口车流量达 35 万辆次，占川高系统站口车流量的 37.41%，全年高峰达 53.12 万辆次。日均单车道流量 1759 辆次，是川高系统日均单车道流量 758 辆次的 2.3 倍。面对巨大的缓堵保畅压力，公司全面提升软硬件，多措并举治理拥堵：一是通过扩建收费站提高车辆过站能力。完成了双流站双流出口改扩建工程，新建货运大道站；江安河收费站新建即将完工，天府立交群已开工建设；成龙站、双流站成都出口、成灌收费站 B 站、成彭站扩建工程已做好前期工作，正积极推进。二是增配设施设备强化治堵手段。在绕城高速各站增装 25 台工控机、8 台应急机，在重点站安装串行收费亭，确保高峰时串行收费；安装限高门架，实行客货分流；根据各站车流特点，灵活调整出入口数量；将部分重点站打印设备更换为高速打印机，缩短车辆等待时间。三是畅通道路信息传递渠道。通过电台、可变情报板和站口 LED 屏等及时发布路况信息，与省交通广播电台进行信息共享，便于司乘人员选择行驶线路。全年利用可变情报板和 LED 电子显示屏发布信息 380 条，向省广播电台报送路况信息 2000 条，接听和处理“12122”服务热线电话 1.13 万次。四是充实站口缓堵保畅力量。实行班子分路段包干、各部门包站、管理人员驻站值守，以及在一线实行“三班一运转”和“错峰上下班”等制度，加大站口缓堵保畅力量；健全交警、执法、公司联勤联动机制，形成治堵合力。全年所辖路段各站口基本畅通，完成国庆和春节小客车免费工作，完成全省应急演练、西博会、物博会等特勤保障任务 784 次。

养护管理：按照行业标准，制订和完善养护制度，强化道路日常养护工作，及时修复路面坑凼，维修损坏的交通安全设施，在车流量大、施工点多的情况下，公司所辖路段始终保持安全良好的道路通行质量，在川高公司 2012 年养护检查评比中名列前茅。完成桥梁定期检测，对破损桥梁伸缩缝及桥面连续病害进行维修，及时处置府河大桥、新房子大桥的安全隐患，辖区内一、二类桥梁比例为98.47%，无四、五类桥梁。11 月，交通运输部桥梁养护检查组抽查庙子坪大桥，对该桥养护情况给予好评。严格审查地铁 2 号线、成绵高速公路复线等穿跨越工程，保证公司利益不受损害。陆续更新机电设备，更换绕城高速公路部分收费站的收费系统，除设置专业维护人员外，在收费站各

成都绕城高速公路双流站　　川西片区公司 供稿

班组设置兼职机电维护人员，确保机电设施正常运行。

安全管理：针对所辖路段车流量过大，绕城沿线施工点密集（最多时达到13个），都映高速公路自然灾害较多，桥隧比例大，安全管理难度大的特点，公司不断创新安全管控手段：一是通过制订事故简易处理办法，确保事故处理达到“三快”（快接、快处、快撤），在施工点与施工单位签订安全协议，要求其派人值守；二是积极配合省公安厅在绕城高速公路每隔一公里设置高清摄像头，预计完工后可将绕城高速整体纳入监控范围；三是购置一批清排障设备，并联系社会力量作为补充，将设备在辖区路段均衡布置，保证各类事故迅速处置；四是推行安全风险点管理模式，在全线建立安全风险点档案，重要风险点由专业技术人员每天定时监测。年内，公司成功处置府河桥安全隐患，防止重特大安全事故发生，所辖路段发生的3485件交通事故、870件路产赔偿案件均得到妥善处置，基本达到所有事故10分钟之内发现并赶赴现场，安全工作实现“零事故”目标。

内部管理：打破收入分配上吃“大锅饭”格局，对全体管理人员（包括班子成员）实行绩效考核，每月通过自我评价、上级评价等找出工作中存在的问题，落实整改，将考核结果与绩效工资挂钩，促进员工工作质量的提高和效率意识的增强。通过健全公司议事制度，增强工作决策的科学性和民主性；通过理顺内部工作流程，完善管理制度，形成有规可依，有章可循的内部控制体系。在收费站开展“优质文明服务月”评比活动，全年进行9次优质文明服务专项稽查，促进收费站自觉提升服务质量；设天府、机场、成灌、都江堰西为文明服务示范收费站，加强文明服务培训和考核，规范基层管理，以点带面提高公司窗口服务水平。（川西片区公司）

成南南渝遂渝遂回高速公路营运管理 2012年，成南公司（川中片区）在成南、南渝、遂渝、遂回4条高速公路营运管理方面主要做了以下工作：

收费管理：一是规范收费管理，维护正常收费秩序，努力完成收费任务。对内，继续深入落实收费任务责任制和包干负责制，要求公司领导按责任片区带领部门负责人深入基层，到收费一线现场办公，增强制度执行力度，确保执行效果；同时，继续深化完善收费管理制度，相继出台系列票、卡、款管理制度，进一步规范收费内业资料收集整理归档工作；此外，为适应收费业务发展需要，公司还定期开展收费人员学习和培训，通过收费业务培训和考核，达到夯实基础、更新观念、增长知识、强化业务、提高素质的目的，也为实现收费管理更加规范化，精细化奠定了坚实的基础。对外，继续保持对冲关逃费违法行为高压态势，通过蹲点摸排、跟踪取证、数据分析等多种方式继续深挖逃费新线索，全面深入开展打击高速公路冲关逃费违法行为专项行动。年内，追缴通行费531.2万元，并向执法单位和公安机关移送、协查偷逃通行费作案嫌疑人共计58人。二是加强对机电系统检测，组织机电维护技术人员、设备厂家多次深入分析设备故障原因，制订适宜的维修方案，确保机电设备运行正常。同时，为更加有效地遏制部分货车采取冲、跳秤偷逃通行费的行为，对全线重点收费站的计重收费软件实施技术升级，更换部分石英秤台，收效明显。三是深入开展收费站优质服务“温馨工程”。继续坚持打造和完善以保障收费站快速通行能力为中心的优质文明服务体系，通过组织召开优质文明服务专题研讨会、社会满意度调查以及设立模范服务收费站、开展“比服务、比技巧、比业绩”的劳动技能竞赛活动等措施，不断提高收费站的优质文明服务质量，切实保障车辆快速通过收费站的服务能力。在2012年国庆、中秋长假首次实行“重大节假日部分车辆免收通行费惠民新政策”期间，精心组织，全力以赴最大限度保障车流高峰期间收费站的通行能力。

财务管理：一是严格推行预算管理，强化资金监控。公司严格执行全面预算管理办法，坚持跟踪、分析公司和管理处年度预算执行情况，严格成本费用控制。同时，严格实行财务集中管理NC系统，有效地将核算、预算、资金集中三大体系结合在一起，有效控制成本费用支出，保证预算目标完成。二是继续夯实财务基础工作，稳步提升财务管理工作。进一步建立和完善财务内控体系，深化财务预决算分析工作，及时准确上报各类报表，会计信息质量有了较大提高，公司财务工作被省交投集团评为财务管理工作先进单位。三是继续申请优惠政策，节约财务费用。公司积极与各级有关部门协调沟通，继续申请优惠政策并获批准。

养护管理：一是规范日常养护管理，合理使用养护资金。年初制订下达各级养护部门养护经费使用计划，并分季度对经费使用情况进行分析总结，严格控制养护成本。二是积极应对道路突发险情，确保道路正常通行。面对公司所辖道路出现的一系列道路病害，及时启动道路抢险应急预案，采取措施实施抢险工作，尽早恢复道路正常通行能力。三是重点抓好桥梁、隧道、涵洞安保工程。补充完善桥梁工程师管理制度，建立健全桥梁管养台账以及安全应急处理程序，细化管理措施，职责落实到人到岗，年内完成管辖范围内4条高速公路全部主线、跨线桥梁的检测工作。

安全管理：坚持开展安全责任督查强化责任追究制，定期出版《安全路政周报》《安全生产月报》，对抽查发现的安全隐患和存在问题，责令相关部门及时整改，建立安全隐患排查治理台账，确保安全隐患得到及时治理。积极创建省级安全文化示范企业，在川高公司指导下成功获得“国家企业安全管理生产标准化”二级企业证书，是全省交通行业中企业第一家，并通过省安监局组织的创建省级安全文化建设示范企业的验收，被授予“省级安全文化示范企业”称号。切实推进公司安全生产标准化,使安全理念落实到公司每项业务工作中,形成安全生产合力,真正做好员工岗位行业标准化。开展“百日安全生产”“安全生产月”活动,并邀请专家举办安全讲座,加强一线员工知识培训教育,同时还通过强化员工安全理论学习以及采取分类分卷考试的形式,提高员工主动识灾、避灾防灾的意识和能力。在收费站、服务区、天桥等车流人流较密集的地方,采用发放传单、温馨提示、悬挂横幅,以及走访沿线市县、乡镇、村舍、学校等形式多样的宣传方式进行广泛的安全宣传,增强各级人员安全意识。积极开展安全检查,突出重点治理道路安全隐患,全年组织开展安全大检查9次,日常安全生产隐患拉网式治理排查90余次,查处治理安全隐患420件。完善清障管理制度,提高交通事故的处置效率,不断强化清排障服务从业人员的责任意识和廉洁意识,提升业务水平和服务质量。加强施工现场及收费站等的安全管理,要求施工单位合理布设养护作业区,严格按安全规范施工作业;同时,在施工现场派驻路产管护车辆、人员进行值守,建立巡查记录档案,发现安全隐患及时下达整改通知,对拖延整改、拒绝整改的施工单位进行严厉处罚。年内,公司未发生一起安全生产事故,未发生一起安全生产责任事故,所辖4条高速公路也未发生一次死亡3人以上道路交通事故,安全形势总体良好。

路产管护:制订并印发《成南公司(川中片区)路产管护队员奖惩办法(试行)》,加强日常路政管理,多次组织路产管护开展人员路产管护法律、法规、规章制度、岗位技能等培训工作,组织业务考试,强化业务技能。明确路产管护队员工作职责,科学合理安排日常巡逻和巡查工作,及时制止损坏、破坏公司路产路权的非法行为,认真审查穿越、上跨、下穿高速公路以及互通立交工程施工方案,严格实施工程监管,合理收取路产占用补偿费用,保护高速公路国有资产及公司利益。公司与高速交警、交通执法建立联勤联动体系和长效机制,共同研究制订《成南高速公路公安交通联勤巡逻及重大政治经济活动安全保障勤务制度》,切实履行联勤领导办公室的工作职责,促进三方联勤联动加强对道路的巡查,共同打击道路交通违法行为。

服务区后续管理:通过加强系统培训、交流学习等方式不断提高服务区从业人员服务管理水平;认真践行“有需必帮、有求必助”服务理念,全力塑造高速公路服务区良好服务形象。改建后的服务区全年接待各级考察调研百余次,服务区的改建成果、管理模式以及服务水平得到上级领导以及广大司乘人员充分肯定,并取得良好的社会效益和经济效益。(川中片区公司)

绵广广巴广陕高速公路营运管理 2012年,川北公司(川北片区)在绵广、广巴和广陕3条高速公路营运管理方面主要做了以下工作:

收费管理:重点加强收费员工队伍建设,全面推进收费站标准化建设工作,打造“形象佳、服务优、业务强”的员工队伍。做好收费、通信、监控等设施设备的换代升级,在广巴高速公路新建10条电子不停车收费系统,对广陕高速公路棋盘关收费站称台进行技术改造,避免通行费流失,加强各类管理用卡和复合通行卡的管理。积极协调地方公安、高速交警、交通执法和相关部门建立打击偷逃通行费违法行为长效机制,深入开展打击高速公路偷逃通行费违法行为专项行动,与陕西高速汉宁公司联合建立川陕联动打击逃费行动联系会议制度和保通保畅联动制度,通过日常稽查、专项稽查常态化整治逃费车辆,有效震慑违法犯罪行为。积极做好小型客车免费通行的服务和引导,顺利完成重大节假日免费制度实施后的第一个国庆“黄金周”和春节期间道路保通保畅任务,未出现服务质量投诉事件。绵广、广巴和广陕高速公路全年完成通行费收入138091.27万元,比上年增长17.74%。

养护管理:坚持“提升管理水平、推进科学养护,强化应急保障,确保优质服务”的方针,实现养护作业的信息化、程序化、标准化管理。按照国检路况检查和规范化检查标准做好道路日常养护、专项工程及规范化资料整理工作,日常养护费用支出控制在核定的计划内。有效运行绵广高速公路养护管理系统,完成四川广元沙溪坝至棋盘关公路竣工验收实体检测等。加强道路养护巡查,及时发现并处治存在的安全隐患。积极推进环境综合治理工作,落实各项整改措施,公司所管理的415公里道路结构安全、路容整洁、路况良好、舒适畅通。全年京昆高速绵广段公路质量养护指数(MQI)为97.36、广北段为99.45、广巴路为97.07。

安全管理:做好节假日、特殊路段和特殊气候条件下的道路保通工作,补充完善应急预案及路维、养护、交警、救援协调联勤联动机制。对高速公路事故易发路段加强交通管制,采取现场监控、合理布局清障车辆、增加隧道照明设施和交通引导等措施确保道路行车安全。严格按规范设置道路施工和穿跨作业的管控区域,做好施工现场的交通管制工作。加强新安、剑门关服务区改(扩)建和中子服务区新建工程的交通管制、安全监管和对外服务监管,对广陕高速公路棋盘关服务区加大整治力度,取缔沿线各类非法摊点和非法经营活动。高度重视防汛抗洪安全工作,从强化防汛抗洪领导体系、汛期预警、汛期预防、汛期应急工作和汛期值班报告制度5个方面做好防汛工作,配合地方政府和执法部门采取有效措施制止嘉陵江沿线非法采砂危及道路桥梁安全行为,确保汛期道路及桥梁安全。全年清排障作业1513件,查处各类路产案件1289件,立案率100%;结案路产案件1263件,结案率98%,有效维护了路产路权。全年公司无重大安全责任事故发生。

服务区改造:按照投资主体多元化的思路,做好服务区新建和改(扩)建的招商引资工作,取得显著成效。主要以完善服务区功能设施为重点,严格工地现场的标准化管理和监管,确保改造期间服务区有序运行。新安服务区改造项目整体完工投入使用,具备良好的外部环境、优质的服务水平、浓厚的文化氛围和突出的川西地域风情。公司积极督促建设单位加快剑门关、中子服务区和广元西停车区的改造和建设进度。按照服务区规范化管理标准,强化服务区管理措施和监督制度,服务区监管工作进入常态化。

经营管理:重点落实规范化管理的各项工作措施,严格控制营运成本,各项支出做到均衡开支。对非生产性开支进行严格控制,提高资金使用效率;对道路养护、固定资产购置等生产性开支进行科学预测、精细化控制,降低企业成本;对沿线广告、服务区、加油站等"三产"实施有效管理,挖掘利润增长点;对重大经济活动、财务收支和经济效益进行审计监督,开展"小金库"专项治理工作,增强企业风险管理意识。(川北片区公司)

广陕高速公路飞仙关段　　广元市交通运输局 供稿

南广邻达渝邻垫高速公路营运管理　2012年,川东片区公司在南广邻、达渝、邻垫3条高速公路营运管理方面主要做了以下工作:

收费管理:把"强化收费管理、全力堵漏增收"作为收费工作的重点,致力于完善管理制度,理顺工作流程,多途径提升管理效率,营造全员打击偷逃通行费不法行为的高压态势。通过层层分解收费目标、加强收费数据采集分析、及时调整管理思路和举措,实现收费数据分析与收费管理的良性互动,打逃工作取得阶段性成果。历时10个月的"7·8"特大诈骗逃费案件成功结案,对进一步打击偷逃通行费违法犯罪行为、规范收费秩序形成良好的舆论氛围。全年查处各类逃费车22770辆次,累计增收269.75万元,全线收取通行费91369.4万元,较上年同比增长14.89%。

经营管理:面对董事会下达的1亿元经营盈利目标任务,公司加强财务管理,注重现金流量、货币的时间价值和风险控制,坚持片区财务一盘棋,科学调度并盘活账面资金,全力压缩银行贷款,有效控制财务费用支出,提高资金的使用效益。按照"一业为主、多业并举、依托路网、多元发展"的基本思路,大力开拓市场降本增效,积极盘活闲置资产,围绕路域经济开拓新的经济增长点,重点加强对沿线广告、服务区、加油站、闲置土地等附属设施的经营利用,努力引进新增广告位,企业经营盈利能力在严格内控科学运作中得到显著提升。及时调整经营策略,深挖管理潜能,在确保安全运营的前提下,合理压缩人工成本和生产性支出。全年实现净利润12244万元,较上年同比增加8517万元,继2011年片区公司首次实现盈利以来,实现原川东和原达渝公司双盈利。

养护及路产管理:强化养护工程管理,注重日常养护的及时性和预防性,随时掌控全线道路状况,重点抓好高边坡、桥梁、隧道、涵洞等构筑物的隐患排查治理,及时妥善处置汛期达渝高速公路5处地质灾害和华蓥山隧道3次突发性涌水突泥抢险,确保道路的安全、畅通,片区所辖道路质量养护指数(MQI)评定分值超过90,在川高系统养护管理工作年终检查中被评定为A类。加强路况巡查,搞好联勤联动,突出抓好特殊恶劣天气、春运、节假日及汛期的保通保畅和应急救援工作,多次成功排除安全隐患,妥善处置达渝路、广邻路人行天桥垮塌及南广路重大交通事故等突发事件,最大限度地确保人民群众生命和财产安全。继续巩固环境综合整治成效,完善硬件设施,强化督促检查,路域环境持续改善。

安全管理:进一步健全安全管理机制和制度,全面开展"百日安全生产""打非治违""安全生产月"、节假日保通保畅等专项活动,扎实开展汛期安全工作,确保道路安全畅通。开展安全隐患排查治理,努力消除源头责任事故,特别是重点加强辖区隧道群、特殊路段的安全管控,补充完善隧道消防设施,针对老山梁子长下坡路段交通事故频发的问题,采取增加门架式情报板、声光报警系统、车道信号灯、雷达测速装置、爆闪灯、安全标志提示牌、粗纤维微表处治、实行单道通行以及将该路段设为严管路段限速60公里等多种措施,有效遏制交通事故发生。强化应急管理，完善应急预案，与公安消防部队联合开展隧道火灾自动报警应急演练和灭火救援演习，有效地检验了自动报警系统、应急机制和快速反应机制。扎实开展汛期安全管理，加强地质灾害防范，及时处置各种突发事件，辖区道路发生的“8·5”“8·26”两起较大交通事故，因处置及时得当，清障快速有效，未发生道路堵塞和次生事故，公司无源头管理责任。加强内部安全生产，规范安全作业，重点加强员工交通车、巡逻车等工作用车的监管，安全生产形势保持持续稳定。（川东片区公司）

内宜隆纳纳黔高速公路营运管理 2012年，川南片区公司在内宜、隆纳、纳黔3条高速公路营运管理方面主要做了以下工作：

收费管理：针对收费工作新情况，开展收费员业务培训和收费员队伍建设专项整顿工作，规范收费管理工作和收费行为。加强收费设备、监控设备的更新和日常维护保养，确保收费监控设施完好。坚持车辆通行记录长期统计分析制度，强化收费稽查业务培训，编印《逃费车辆认定工作手册》，严格执行逃费车辆“黑名单”制度，进一步规范各类免费车辆、特情车辆操作流程。联合高速交警、执法大队、地方派出所等开展打击逃费专项整治活动。顺利完成中秋、国庆长假期间免收7座及以下小型客车通行费工作。年内，完成通行费收入73029万元，同比增长36.13%（根据川高公司安排，纳黔高速公路在2012年由川南片区公司管理）。

财务管理：采用事前申请、事中控制、事后审核的方式，严格控制业务招待费、会议费、车辆使用费、水电费等费用支出，全年经费支出严格控制在预算内。严格执行“收支两条线”，严格事前签审制度，规范经费支出行为，杜绝“小金库”现象的发生。通过公司统一的资产管理系统，进一步规范资产及材料物资日常管理及工作流程，努力实现片区公司资产有效统筹配置和合理利用，提升实物资产使用效益。年内，片区公司（不含纳黔路）实现利润总额119万元，盈利1310万元，增长110%；公司财务工作获省交通投资集团授予的“财务决算报告先进单位”称号，公司总经理蔚红获“2012年泸州市十大经济人物”称号。

养护管理：加强道路日常管理，提高养护质量，完成厦蓉高速公路（隆纳）、渝昆高速（内宜）公路面大修缺陷责任期内的坑凼修补工作，确保道路状况良好。加强专项工程管理，改善道路状况，完善道路设施。完成内宜路、隆纳路路面整治工程交工验收和工程审计工作；完成内宜路岷江二桥、高滩河大桥、双河口大桥等维修整治工程。渝昆高速（内宜）冠英停车区投入试运行，内江停车区12月进场施工，宜宾东、自贡北服务区的改造完成设计方案评审，厦蓉高速（隆纳）隆昌东、泸州西服务区除加油站以外的服务区配套服务设施已进场实施。公司养护工作荣获川高系统2012年度营运公路养护管理A等奖。

路产管护：加强与高速交警、交通执法的联勤联动，保证路产损坏案件的及时处理和赔偿。全年处理路产损坏案件1190余件，收取路产赔偿费1164万元；清排障767余次，收取清排障费29万元。开展内遂、成自泸赤、乐自、宜泸渝高速公路，自贡市东环线、东延线等工程跨越内宜路、隆纳路的协调工作，签署跨越工程补偿协议，按规定收取补偿费用，并对工程施工实施监管。

安全管理：进一步落实以“一岗双责”为核心的安全生产责任制，加强员工的安全教育与培训，并严格实施安全生产工作检查、整改、考核、责任追究等措施，强化安全生产工作，杜绝源头责任事故的发生。年内，公司未发生一起源头责任事故和二次责任事故，公司被泸州市人民政府评为2012年度安全生产先进单位，获泸州市2012年“110应急联动”工作一等奖。（川南片区公司）

西攀攀田泸黄高速公路营运管理 2012年，攀西公司在西攀、攀田、泸黄3条高速公路营运管理方面主要做了以下工作：

收费管理：制订《攀西公司增收通行费奖励实施细则（试行）》，充分调动各方参与打逃工作的积极性。成立由公司、高速交警、高速交通执法及地方公安组成的攀西高速公路协调办，明确责任分工、加强协调配合，强化打逃工作力度。积极寻求地方政府对打逃工作的支持，开展

西攀高速公路德昌服务区　　川高公司 供稿

以打击套牌车、使用假证、安装液压装置等多项专题打逃活动,全年打击偷逃通行费车辆47243辆次,挽回通行费损失246.36万元。完成收费员、稽查员和路政巡查员的服装换发,对西昌收费站服装进行专门设计,增添具有彝族特色的元素,树立交通窗口行业形象。积极开展岗位练兵工作,提升服务形象,倡导各管理处、收费站推广体现自身特色和地域文化的优质服务,西昌管理处结合地处凉山州州府实际,要求收费人员学习简单彝语,田房站结合地处川滇交界实际提出打造四川高速"南大门",对站容站貌进行全新打造。在营运一线开展"文明服务示范窗口"创建和"微笑服务,快乐工作""真情暖心、共建和谐""学习雷锋精神"三大活动,进一步提升优质服务水平。成立领导小组,制订《重大节日保通保畅工作预案》,2012年中秋、国庆假期共安排人员加班350人次,在主要收费站新设置广场广播,在车流大时及时进行语音疏导,安抚驾乘人员情绪,采用复合卡、应急卡(IC卡)和应急纸券应对车流高峰,公司所辖路段道路及收费站未发生大的拥堵,营运秩序良好。年内,西攀、攀田、泸黄3条高速公路完成通行费收入4.92亿元,同比上年增长17%。

养护管理:坚持每周召开一次养护工作例会,切实加强对施工单位的原材料、施工工艺、流程、外观及质量监管,每月对养护施工单位进行严格量化考核。对于单项工程大于20万元的养护工程,均组织养护工程验收领导小组进行验收,对于质量不达标的养护维修项目不予计量并责成返工。针对泸黄路水泥混凝土路面面板坑槽较多问题,采用沥青混凝土填补坑槽的方式进行临时补救,既节约养护成本又提高路面平整度和行车舒适度。在系统内率先采用"创可贴"(L-ZN自粘压缝带)对攀田路纵向裂缝进行试验性修补,效果良好。及时完成对3座四类桥的处置,消除桥梁安全隐患,公司的桥梁健康监测系统通过初步验收并投入运行,为桥梁安全运行及养护提供有力的技术支撑。全面完成西攀路、攀田路隧道被盗电缆的恢复,所有隧道照明全面恢复正常。全年泸黄、西攀、攀田3条高速公路质量养护指数(MQI)为92.43,路况水平处于良好状况。

安全管理:在德昌培训中心组织由公司、高速交警、交通执法联合进行的应急救援演练,在沙坝隧道组织由高速交警、交通执法、地方医疗、消防等部门参加的隧道应急救援演练,提高高速公路的救援处置能力。组织对全线标志(广告)牌、高边坡、跨线桥等部位及养护施工等进行重点排查,并增设各类标志牌100多个,危险路段路面整治近100处,投入整治经费超100万元。雨季来临之前,出动人员近300多人次,出动车辆近200辆次,对全线的防洪设施、排水系统、高边坡、桥梁和隧道等重点部位进行隐患排查,清理边沟和涵洞的土石方近7000立方米,加固护坡5000米,整改路面隐患近300多处。年内,公司未发生内部人员伤亡事故,未发生安全责任事故和重特大交通安全事故,未发生因安全事故造成的高速公路交通拥堵现象。

(攀西公司)

成绵高速公路营运管理 2012年,成绵公司在成绵高速公路营运管理方面主要做了以下工作:

道路维修养护:加强日常养护,及时处置隐患,结合专项病害治理,全力保持道路良好状况,各季度道路技术状况评定均为优。全年巡查道路11.05万公里,修补路面1197.77平方米,修补路肩774.72平方米,维修灌缝445.56米,维修伸缩缝756.05平方米,维修护栏10096.8米,防眩板1911.6片,维修缆索护栏61171.2米。

路产管理:加大巡逻密度,提高巡逻质量,尽早清除路面障碍,及时消除事故隐患。路产人员全年参与处理交通事故及路产案件3924件,比上年同期减少358件,减少8.4%。清排障4229辆次,比上年同期增加64辆次,增加1.5%。突发事件的平均响应时间3.3分钟,平均处置时间21.1分钟,分别上年缩短5.7%和25.4%,清排障工作效率大幅提升。

营运管理:受大件公路封闭施工的影响,成绵高速公路收费站出入口流量剧增,为尽可能让车辆快速通行收费站,减少拥堵,各收费站结合自身实际,完善排堵保畅应急预案,组织收费班长、收费员进行演练,提高复杂交

成绵高速公路广汉北段　　成绵公司 供稿

通组织能力和特殊情况快速反应能力。加强对应急机的管理,定期检测保养,一旦发生车辆排队,立即启用,全线各收费站通行秩序良好。完成德阳南站扩建,金山、德阳站景观改造,黄许站4车道增扩至5车道及景观改造工程,提高收费站形象和通行能力。

安全管理:制订《安全生产责任制度》《安全教育培训制度》《安全生产经费管理制度》《安全生产经费管理办法》等多项制度,修订公司内部各岗位的"一岗双责"(详见《附录》)制度。组织防汛应急演练、交通事故应急救援演练,有效检验和提高应急队伍的组织、协调、配合、执行等能力。开展春运、安全月、汛期和十一"黄金周"等专项安全检查及治理工作,杜绝重特大事故发生。全年公司未发生一起安全责任事故。（成绵公司）

成雅高速公路营运管理 2012年,成渝公司成雅分公司在成雅高速公路营运管理方面主要做了以下工作:

收费管理:坚持增收堵漏和优质文明服务,确保通行费应收不漏。制订《增收堵漏奖惩办法》,将优质文明服务考核结果与月奖直接挂钩,量化奖、惩标准,充分调动一线人员增收堵漏和文明服务的积极性和热情。开展"百日收费业务和路产管护劳动竞赛",将车道收费操作、路产管护业务、献技献策等比赛内容与日常工作同步考核,进一步提升窗口服务形象。抽调业务骨干组成收费稽查(机动)队,在内外收费稽查、站排堵保畅和突发事件处置的机动驰援中发挥较大作用,全年查处收费人员违纪行为130余人次、纠正违规过站车400余辆次,挡获偷逃费车139辆;送交派出所行政拘留违法人员1人,协助高交查处冒牌车10余辆,补收通行费400余万元。

养护管理:坚持科学养护,保持道路优质环境整洁。圆满完成1920公里加416米处边坡地质灾害滑坡处治和上跨分离式桥恢复重建工程,新建的上跨分离式桥宽7.5米,长169米,较旧桥更加美观大气。按计划完成成雅高速公路绕城(东)站副站主体工程和全线剩余10公里路面整治工程,工程质量优良。做好岷江河大桥、蒲江河大桥、西康大桥及成都高架桥等重点桥梁的营运安全监控,完成成雅高速公路高架桥具有代表性孔跨的实桥荷载试验、病害处治设计及加固方案等前期工作。及时维修处治破损桥梁的伸缩缝及桥面铺装,消除安全隐患。加强环境综合治理,对成都站、服务区、青龙匝道等重点路段的保洁工作加强监督管理,保持成雅高速公路路清洁、优美、舒适的行车环境,成雅高速公路全线质量养护指数(MQI)值为94。

安全管理:坚持"一岗双责",确保安全综治工作处于可控状态。圆满完成国庆大假保通保畅任务,认真落实重大节假日免收小型客车通行费政策,严格执行值班制度,完善各类预案,及时处理突发情况,使成雅高速公路通行情况总体平稳、畅通,没有发生任何安全责任事故。加大施工监管和安全隐患排查,对乐雅高速公路跨线、二绕下穿普兴立交等工程的施工、交通组织方案及安全评估进行认真审查,提出合理化意见和建议,并协同高交、执法机构,采取交通管制、封闭施工区域等方式,保障成雅路正常营运,全年未发生一起因施工引起的安全责任事故。做好恶劣天气安全防范,根据实际需要,配备足够的沙袋、水泵、工业盐、扫雪工具等应急物资,组建多支应急抢险队伍,确保应急人员、机具随时待命,一旦紧急情况出现能迅速到位。在汛期坚持雨天路巡,及时疏掏泄水孔,处治部分超车道积水现象。年内,未发生任何安全责任事故,道路清障率100%,交安设施完好率、服务及时率在95%以上;路产案件查处率100%,结案率96.57%。

产业开发:完成新津、蒲江2个服务区改造和公开招商工作,2012年5月1日正式对外营业。改建后投入运营的服务区建筑大气新颖、明亮通透,配套提供停车场、厕所、加油站、超市、地方土特产、餐饮、休息座椅、手机加油站、ATM自动取款机、免费开水、免费储物柜、汽车维修、咨询等人性化服务功能。区内设有警务室,通过联合地方政府和高速交警,集中清理整顿流动小摊贩、农家乐拉客行为和偷油等违法行为,制定服务区规章制度规范保安、保洁、商业等服务区管理,服务区经受住了五一、国庆等大假的考验,没有发生一起投诉,社会反映良好;采取公开比选招标等方式规范广告管理,广告点位产权进一步明晰,广告收入大幅增长;成雅油料公司重组后经营业绩良好。（成渝公司成雅分公司）

成乐高速公路营运管理 2012年,成乐公司在成乐高速公路营运管理方面主要做了以下工作:

收费管理:分解落实收费目标任务,建立收费三级预警机制,完善考核激励机制,在全省高速公路首创并实施"车牌输入"纠错及对扣对奖制度,加强通行费票据、通行卡、授权卡及紧急键、临免键、军警键的管理,增设监控设施等措施,强化内部管理,加大收费检查、稽查的频率和力度,在深度和广度上狠下功夫,尽最大努力堵塞收费漏洞。充分发挥警务室、专职稽查队和管护大队的作用,加强与交警、地方公安机关和执法机构的联勤联动,加大打击偷逃通行费力度,开展涉牌涉证冲关逃费违法行为专项整治行动,建立冲关逃费车辆黑名单和图像、调查情况档案。年内,查处偷逃费车12688辆次,追缴通行费218.61万元。

养护管理:科学制订养护计划,强化日常养护管理。实施青龙和彭山收费站车道扩建、在眉山段安装路缘石、青龙至眉山环境治理试点示范路段绿化改造完善、路面检测等专项工程。配合中石化进行眉山服务区的改造,配合眉山市开展成乐高速公路眉山立交区改造的前期工作。开展养护管理综合信息系统应用,提高成乐高速公路养护电子化管理水平。全年道路质量养护指数(MQI)

达到96以上，公路养护质量均达到“优”的标准。

安全管理：健全完善应急处置机构，成立总值班室及应急办公室。举办安全政策法规和知识培训，组织开展消防演练和防汛应急演练。开展“百日安全生产”“安全生产月”等专项活动。定期对全线安全隐患进行排查和整改，对天桥广告设施进行安全检测。充分发挥协调办的作用，加强联勤联动，联合高速交警、交通执法部门共同加强节假日期间、恶劣天气、汛期、重大警卫任务、交通事故处理以及道路养护施工情况下的安全管理和保通保畅工作，防止源头责任事故发生。调整完善管护大队的机构设置并充实人员，新购置清排障设施，交通事故抢险排障效率进一步提高。公司被成渝公司评为社会治安综合治理先进单位。

成乐高速公路辜李坝立交桥　　高月瑾 摄

成本管理：将年度财务预算分解下达至各部门、各基层单位，并严格控制把关。加强财务规范管理和资金管理，健全完善各类台账，强化对预算执行和费用开支的监督，严防超支情况发生。在预算执行中力求节约，严格按规定和程序把关。认真做好资金筹集和调度工作，按时付息615万元，调度资金2亿元用于支持成渝公司分红。通过争取西部大开发的优惠政策，2012年减免企业所得税3000万元左右。

环境综合治理和服务区改造：制订《成乐高速公路道路保洁管理考评办法（试行）》，加强对保洁人员的业务和安全培训。积极开展高速公路沿线、收费站环境综合治理专项行动和成乐高速公路眉山段沿线环境综合治理试点示范工作，使成乐高速公路沿线环境有了新的改观，多次受到上级检查组的好评，并两次获得乐山市境内营运高速公路环境整治检查最高分。夹江天福和眉山服务区接受省人大组织的检查，受到充分肯定。眉山服务区改造工程于2012年9月28日顺利完工，29日正式对外开放试运行，保证国庆大假为驾乘人员服务的需要，受到领导和社会公众好评。　（成乐公司）

广南广巴连接线建设管理　2012年，广巴公司在广南、广巴连接线建设管理方面主要做了以下工作：

进度管理：围绕总体目标，合理倒排工期，详尽分解计划和签订目标责任书，明确关键路段、关键控制性工程、工点的责任人（含业主、监理、施工三方），确定完成时间节点、保证措施及奖惩金额，全方位、全过程控制施工进度。线外工程及环水保工程早抓快动，确保与主体工程同安排、同要求、同进度、同保质期。

合同管理：切实加强合同管理，坚持在动态中管控、在调整中分解、在督促中落实，奖罚并举，专项单列，齐头并进，形成全路段、多环节、大规模加快建设局面，最终实现总体目标任务的如期完成。

质量管理：通过建立“四级联动”质量控制制度、创新质量监督手段、动态“实名制”挂牌管理，将精细化管理理念和措施贯穿于工程建设的各个环节，广南、广巴连接线工程质量优良，交工验收质量总体评分达96.9分。严把“三关”（从源头上控制工程质量，严把“材料准入关”，重点控制关键原材料的质量；严把“场地建设关”，规范重要施工场地建设标准；严把“质量管理职责关”），明确参建各方的质量管理职责。大力推行“首件工程认可制”，用示范工程带动工程整体质量和管理水平的稳步提高。严格控制混凝土工程质量，完善办法，明确考核标准及程序，有效保障混凝土结构物内在与外观质量。创新质量管理体制，改变质量监督手段，事前主动预防和监督工程质量，确保质量可控。

安全管理：全年各参建单位无一起死亡事故、广巴公司职工无任何伤亡事故，实现“坚决杜绝重大安全、伤亡事故”的安全生产管理目标。创新使用安全生产费用，按清单支付落实措施投入，加强现场验收，做到专款专用。创新安全日常管理，通过视频全方位监控关键控制性工程、重要场地、重要工点，实现安全生产全过程管理。创新安全生产检查方式，将突击检查、巡回检查、专项督查、重点抽查以及自查等多种形式有机结合，及时消除安全隐患。创新安全隐患排查管理，落实重大危险源管理措施，仔细排查、登记，建立危险源及隐患排查台账，实行动态控制。通过积极开展“百日安全”、创建“平安工地”“汛期安全生产”等专项活动，及时消除安全隐患，全年组织各项安全检查15次，查处一般隐患87处，较大隐患18处，所有隐患均得到及时整改。创新推行标准化制度，依靠科学研究解决项目实施过程中的实际问题，深入推行安全管理标准化建设，将安全图牌、防护设施等规范统一起来，做到施工现场规范化、标准化、统一化。创新安全教育培训，着力推进独具特色的安全文化建设，以“安全生产月”活动为契机，全年广巴公司及各参建单位共开展专项安全宣传活动8次，统一编印并向参建管理人员及一线施工人员发放《施工安全宣传画册》1300余册、《安全生产管理笔记本》500余册，制作安全标语200余幅，着力提高从业人员的安全意识、安全操作技能和自我保护意识。创新交通管制措施，依靠地方政府及公安、执法部门，发布公告，统一通行管理，保障施工工区的正常通行。

科技创新：通过广泛采用新材料、新工艺、新技术，加大科研研发、应用力度，狠抓优化设计，让科技创新、优化设计成为质量提升、工程加快建设、投资受控的“助推器”。广南、广巴连接线LJ3-2合同段利用“高填土涵洞”科研成果将拱涵变为钢筋混凝土盖板涵，缩短工期近3个月，节约投资约200万元；通过在广南、广巴连接线建立以“建设项目管理信息系统、三维仿真与进度系统（管理WebGIS与Web3D综合信息平台）、网络视频会议系统、监控系统”为主要内容的信息化管理系统，广泛引进隧道LED诱导标、红色抗滑薄层铺装标线、新泽西护栏等新技术、新工艺，节约成本，提高效率；进一步改进工艺和技术，着力研究解决施工难题和质量通病。（广巴公司）

成都机场高速公路营运管理　2012年，成都机场高速公路公司在成都机场高速公路营运管理方面主要做了以下工作：

收费管理：根据历年车流量和通行费增长情况，预测、分析并拟订每月收费奋斗目标；修改员工星级服务考核实施办法，每月评比考核兑现绩效；建立奖勤罚懒的管理机制，开展“服务无止境，微笑伴您行”和“党徽闪耀在基层，创先争优比服务”等一系列活动，制订“三个统一”“五个星级”服务标准，每月开展培训比武、练“微笑操”、礼仪展示等活动，推行“一迎、二看、三目送”服务，拉近与司乘人员的距离，增强亲和力。年内，公司收取通行费1.36亿元。

养护管理：分段、分片包干公路管养，落实责任，定期检查，量化打分，依据考核检查结果支付费用，增强管养单位的责任心。坚持预防性养护和日常管理相结合，每三个月开展一次桥梁专项检测和承载能力诊断，确保道路桥梁平整、舒适。全年公路质量养护指数为97.1，公司被评为道路养护工作优秀单位。制订《机场高速道路清扫保结和城乡环境综合治理实施办法》，每日安排52人、4台作业车进行清扫，每日分时段安排4次以上进行巡逻保洁，公司被成都市人民政府评为“国省干线道路环境卫生先进单位”。

路产管护：全年查处路政案件100余件，依法收回赔偿费50余万元，结案率100%，路产恢复率100%。

安全管理：始终坚持把安全管理和保障道路安全畅通，提高车辆快速通行能力放在首位，努力做好服务社会、服务司乘工作，多角度，多渠道拓展服务，提高道路通行效率。建立完善安全管理制度、应急预案46项，修订安全岗位职责18项，利用成都交投集团“962001”和省高速公路“12122”平台，及时采集发布机场高速公路路况动态信息，按照“一号对外、三位（电话、短信、电子情报板）一体”工作标准，在第一时间为广大司乘人员提供多渠道、全方位、立体化的出行信息服务。同时，完善与其他相连高速公路的联动响应、高效畅通的预测预警、应急处置及救援机制，确保应急处置迅速、救援及时、保障有力。

（王定全）

城北出口高速公路营运管理　2012年，成都城北出口公司在成都城北出口高速公路营运管理方面主要做了以下工作：

收费管理：以征收工作为中心，认真分析调查周边道路流量状况，加大稽查力度，挖掘潜力，增收促收。由于2011年路网变化引起的流量急剧下滑，公司实现通行费收入9188万元，较上年同期下降2.08%，而利润在公司推进全员、全过程、全方位成本管理和控制下，实现总额4285万元，较上年同期增长2.39%。

养护管理：以城乡环境综合治理和开展城市文明程度指数测评为契机，大力加强对道路及站区整改力度，做好沿线交通设施的日常维护，保持道路良好状态。

安全管理：开展各项安全隐患排查工作，发现隐患及时治理。加强安全生产培训和安全宣传工作，提高员工素质。2012年，公司获成都市交投集团组织的“安康杯”安全知识竞赛“一等奖”。（成都城北公司）

整治提升后的成都机场高速公路　王定全 摄

工程建设管理

GONGCHENG JIANSHE GUANLI

交通重点项目集中建设攻坚 2012年是四川交通重点项目三年集中建设攻坚活动的关键之年，省交通运输厅加强进度、质量、安全、投资和廉政五大管理，续建高速公路项目39个，总里程3530公里，总投资2577亿元。利用省政府交通建设联席会议办公室的工作平台，统筹协调各地党委、政府调控、监管砂石等地材价格，保障电力及炸材等物资供应，妥善处置人为阻工事件，研究解决施工中的突出问题，全年基本未出现建设用地提交慢、杆管线迁改进度严重滞后于建设计划进度、炸材电力供应价格高等情况。制订“质量年”活动实施方案及四个方面、十四项工作措施，通过延续和深化攻坚活动中已组织开展的混凝土质量通病治理、“平安工地”建设、监理行业树新风活动及试验检测数据打假以及施工标准化等“4+1”专项活动，健全完善项目建设质量安全保障体系和质量安全管理体系，强化质量安全管理薄弱环节，加强工程质量安全全过程全方位管控，提高全省交通建设质量安全总体水平。针对2012年通车项目多、路面施工集中的形势，组织路面专家组对全省高速公路项目路面工程施工质量展开全覆盖的专项监督和技术指导工作，督促参建各方提高质量意识，采用先进施工工艺，加强源头管理，严格过程控制。统筹安排宜宾至叙永、简阳至浦江、绵阳至西充、内江绕城等4个高速公路项目前期工作，推动项目设计招标工作。全年向省政府及各省交通联席会议成员单位报送交通建设信息简报28期、建设进展情况通报8期、建设信息周报36期。

攻坚办组织开展专项督查19组次、综合督查29组次。联席办组织召开11次与建设项目有关的协调会议，解决部分项目之间工作衔接不畅、工程推进缓慢等突出问题。

（厅建管处）

招投标管理 2012年，省交通运输厅依据《招投标法》《招投标法实施条例》以及部省招投标有关规定，结合市场出现的新情况、新问题，组织研究制订规范全省高速公路建设项目招投标工作的工作意见，在招标投标活动重点环节和关键节点，分类设置监管审查工作用表，统一规范监管程序和内容。按照土建施工、机电采购安装、监理及监理试验室、勘察设计分类规范招标文件核心条款，确保招标文件编制质量。继续实行投标公示制度、承诺函制度、双信封资格后审制度、保证金基本账户转出制度，全年完成对117次招投标活动的监督管理。同时，建立招标失信行为实时处理机制，对招投标过程中有业绩作假、中标弃标等违法行为的41家单位及时进行处理，投标失信企业较2011年下降66%。针对《招投标法实施条例》实施后，具备法定资质的BOT项目投资人可依法自行组织项目施工的新情况，主动与省招监办、省发展改革委、省法制办等部门沟通协商，明确投资人自行组织实施项目管理模式和工作程序，规范自行组织实施项目的合同签订、工程分包等行为。

（厅建管处）

从业单位信用与建设市场管理 2012年，省交通运输厅完成2011年度从业单位信用评价工作。本次评价共有169个项目参与，涉及816个合同段、362家从业单位，评出AA级从业单位9家，A级从业单位25家，C级从业单位13家，D级从业单位6家。组织完成2011年度全省公路水运工程监理信用评价工作，并将评价结果上报交通运输部。发布2011年度重点公路建设从业单位投标失信行为处理结果，对121家从业单位在重点公路项目招投标活动中等失信行为进行信用处罚。结合《四川省重点公路建设从业单位信用管理办法》试行以来积累的经验和面临的问题，初步完成对《办法》的修订工作。

同时，组织完成213家施工企业新增资质审查和1581位注册建造师资格审查以及25家监理企业的资质审批上报工作。

（厅建管处）

勘察设计管理 2012年，省交通运输厅对勘察设计及其阶段性成果文件进行全过程动态指导、跟踪、中间检查、阶段验收和预审或审查，组织研究重大技术方案和技术难点问题，推行标准化设计，统一桥孔跨度，方便桥梁的工厂化生产。完成遂（宁）西（充）、遂（宁）广（安）、乐（山）自（贡）连接线、自（贡）隆（昌）、叙（永）古（蔺）、内（江）威（远）荣（昌）、广陕广巴连接线等高速公路的初步设计和施工图设计批复，汶（川）马（尔康）高速公路鹧鸪山隧道、雅（安）康（定）高速公路二郎山隧道、巴（中）广（安）渝（重庆）高速公路的初步设计批复，以及巴（中）陕（西）高速米仓山隧道的技术设计批复。开展高速公路技术研究，在交通运输部的大力支持下，交通运输部专家委员会四川省藏区高速公路建设专家组第一次会议召开，包括3位中国工程院院士、2位全国设计大师等25名全国知名专家参加会议。规范勘察设计招标的标段划分、资格业绩要求、工作标准、招标限价等重要内容的指导意见，完善勘察设计合同条款，引导勘察设计单位建立健全内部质量保证体系。组织对工程设计变更管理办法进行修订，对项目公司已上报的较大设计变更进行分类梳理，在确保技术可行、投资可控的前提下，对满足批复条件的160余项设计变更进行集中处理。规范新增互通立交和穿跨越高速公路的技术审查和许可工作，组织完成成(都)西(安)、成(都)兰(州)、成(都)渝(重庆)客专铁路等项目穿跨越高速公路以及天府新区骨干道路与高速公路互通节点等方案的设计审查和许可工作。　(厅建管处)

造价监督和考核评价　2012年，省交通运输厅组织召开2012年全省造价管理工作会，总结2011年造价管理工作，分析面临的形势、主要任务及存在的主要问题，安排部署2012年主要工作。组织开展对全省21个市(州)交通运输局(委)造价管理工作进行考核评价，加强对重点交通建设项目和各市(州)交通造价管理工作的指导和服务。同时，组织人员深入现场对各高速公路沿线材料料场及价格进行调研，及时掌握材料价格情况。　(厅造价站)

重点交通建设项目及水运项目造价审查　2012年，省交通运输厅完成各类工程项目造价审查164项，送审金额约1986亿元，审后金额约1899亿元，审减金额约87亿元，审减率4.38%，其中完成重点建设项目初步设计概算及调整概算审查17项，送审金额657.5亿元，审后金额约641亿元，审减金额16.5亿元；完成施工图预算审查28项，送审金额826.8亿元，审后金额约806亿元，审减金额20.8亿元；完成土建、路面、交安、机电、房建、沥青采购招标等各类招标限价审查96项，送审金额416.9亿元，审后金额367.9亿元，审减金额48.4亿元；完成较大变更设计预算审查20项，送审金额4.51亿元，审后金额4.44亿元，审减金额0.07亿元；完成水运工程可行性研究报告投资估算项目11个，送审金额19.27亿元，审后金额18.90亿元，审减金额0.37亿元。年底，全省30多个在建高速公路建设项目全部完成项目概算、预算审查。

(厅造价站)

质量安全监管　2012年，省交通运输厅组织开展多种形式监督检查600余组次，覆盖878个合同段、9座高瓦斯隧道、58座特长隧道、123座特大桥。下发监督检查结果通知88份，抽查意见通知书168份，督促整改问题1857个。完成全省在建高速公路桥隧专项突击检查，抽检桥梁隧道312座，抽查20项指标20642点，总体合格率97.7%。开展交通重点项目“质量年”活动，在巴(中)南(充)、成(都)仁(寿)高速公路组织召开全省高速公路建设项目“质量年”活动现场交流会，在广安港组织召开全省重点水运工程建设“质量年”活动现场交流会。开展多批次、高频率的质量安全综合督查，发现安全隐患345个。分别与省安监局、省质监局联合开展桥隧专项检查、工地起重机械安全检查、预防施工起重机械和支架脚手架等坍塌事故专项整治工作专项督查、瓦斯隧道安全生产突击检查、安全生产大检查活动。推进“平安工地”建设活动以及开展“百日安全生产活动”“打非治违专项行动”“安全生产年活动”。开展三类(企业主要负责人、项目负责人、专职安全生产管理人)人员考核11期，对101家企业1222人进行培训考核。　(厅质监局)

2012年10月18日，交通运输部总工程师周海涛(右一)调研四川高速公路质量　厅质监局 供稿

质量检测监管　2012年，省交通运输厅完成16个高速公路、2个水运项目交验质量检测工作并出具工程质量检测意见(报告)，累计检测200万点(处)，完成荷载试验113座桥，关键指标合格率均在90%以上。完成4个地区10个地方重点项目竣(交)工质量鉴定及检测审定。引进第三方检测机构，由质监机构和项目业主随机抽取选定交工验收检测机构，检测机构提前介入竣(交)工验收，实现对主体工程及隐蔽工程的全过程验收，同时加强交工验收检测数据交叉复核，开展外观缺陷检查督促限期整改。完善《四川省公路水运工程质量问题举报调查程序》，及时处理雅西高速公路观音岩大渡河特大桥主跨跨中合拢段开裂、内遂高速公路内江段路面病害等9起质量问题。

(厅质监局)

监理工程建设管理概况　2012年，省监理处(咨询监理公司)提升交通咨询监理综合管理能力和服务水平，咨询、监理、设计、试验检测、招标代理、代建等几项主营业务成绩显著。全年签订合同275份，合同金额22707万元，实现总收入27200万元，总产值28702万元，实现利润2938万元，上交税收1763万元。

抢抓机遇，做强监理工作。开展“监理企业树品牌，监理人员讲责任”的诚信体系建设活动和“争创一流咨询监理企业”劳动竞赛，按照通车目标要求倒排工期，细化月、旬、周计划和保障措施，掌控工程的重点难点，解决影响工程进展主要问题，配合业主抓好在建项目工程安全、质量、进度、投资、廉政管理，推进高速公路建设。按期完成雅西、广南、达陕、纳黔、成绵复线、达万、广甘、成自泸、成仁、宜泸等10个高速公路项目全线通车目标，通车里程706.83公里。抓好新开工项目及其他中标项目的前期筹备工作，推进监理施工现场安全指数评价工作，以事故“零容忍”为目标，切实履行安全监理职责，最大程度减少安全事故。加快推行现代工程管理，促进高速公路建设逐步实现标准化、规范化，给每个监理项目部印发《四川省高速公路施工标准化技术指南（试行）》，组织开展在建监理项目（重点是2012年通车项目）大检查，加强对项目前期、延期阶段控制，对项目实施精细化管理。组织召开质量安全精细化管理技术交流会。2012年监理中标项目17个，签订合同25个，签订合同金额12306万元，完成监理产值12000万元。

创新思路，做深咨询工作。充分发挥代厅咨询审查的技术优势，代厅咨询审查项目12个；审查其他工程预可性研究项目32个；自揽审查项目52个。完成资质换证，将原评估乙级升为甲级。完成咨询服务和项目管理两项业务进入成都市政府投资项目的报送资格预审申报，编制的《广南高速公路可行性研究评估报告》获得2012年度四川省优秀工程咨询成果二等奖。2012年签订合同76个，签订合同金额4173万元。到账金额约4377万元，为公司创利润约1796万元。

精益求精，做细检测工作。充分利用好甲级资质平台和资源优势，在做强公路市场的试验检测业务的同时，逐步涉足水运、机电、房建检测业务。承担省内外中心试验室和监理试验室项目12个；完成桥梁检测项目17个；接受质检部门委托承担交（竣）工验收检测公路项目10个。完成纳黔、广南、雅西、广甘高速公路通车项目任务；完成二郎山隧道、鹧鸪山隧道、317线雀儿山隧道、217线甘君路前期建点工作；完成新津试验基地前期建设。强化与地方合作，承担甘孜州交通运输局委托的全州公路建设质量监督检测和交工验收任务。2012年签订合同32个，合同金额4452万元，实现总收入5600万元，总产值5600万元，实现利润215万元，上交税收410万元，企业总资产4600万元。

监理人员正在施工工地试验　　监理处 供稿

科学谋划，做大设计工作。获得公路工程设计甲级资质，申报完成勘察岩土乙级资质、市政工程（道路）乙级资质增项工作以及公路、市政公用工程行业（规划咨询、评估咨询、项目建议书、工程可行性报告编制、项目申请报告编制等）咨询丙级资质。坚持“全因素控制、全过程管理”理念以及狠抓市场谋发展的主线。加强与各市（州）交通运输局（特别是与甘孜、凉山、阿坝三州交通运输局）的联系协调沟通，以获得更多地方国省干线公路及通乡公路勘察设计项目。全年参与投标比选项目150余个，足迹遍布四川各地。同时向水运、市政、水利工程设计方面进军，拓宽市场领域与提高综合设计能力。2012年签订合同128个，合同金额5185万元，完成总产值5086万元，总收入4065万元，实现利润760万元，上交税收246万元，企业总资产2333万元。

拓展新业务，探索发展新途径。取得工程招标代理乙级资质、政府设备采购乙级资质。完成4条公路的勘察设计招标工作，4条高速公路大型设备集中采购和川高系统7个新通车高速公路项目公司、部分营运高速公路公司清排障设备采购的招标工作。完成2个项目的检测招标代理、10余个工程项目的监理招标代理工作。开展南（充）大（竹）梁（平）高速公路项目交（竣）工验收资料收集归档及质量评定全过程动态咨询服务工作。完成甘孜州6个改建项目的招标限价编制工作。2012年签定合同25个，签订合同金额 516 万元，完成产值 516 万元，总收入 246 万元。

难中求进，发展代建新路。完成代建的甘孜州色年路、岗白路、亚三路、甘白路等 4 个项目的工程招标、合同签订、选址建点等前期工作。建立完善代建工程项目各项规章制度，从质量、进度、安全、资金管理、计量支付、设计变更、统计工作等方面制订 16 项管理办法（制度）汇编。协助业主参与 4 个项目 18 个标段的招标工作，完成与业主的代建协议及承包合同文本拟订、谈判、签订、跟踪管理和移交等相关工作。2012 年 4 个代建项目累计完成建设投资 36343 万元，占年计划 39100 万元的 93%。至 12 月底，已累计划拨代建管理费 1563.7 万元，占代建管理费总额 3690 万元的 42.37%。（监理处）

运输管理
YUNSHU GUANLI

参展首届中国（四川）国际物流博览会　2012 年 11 月 22—24 日，中国国际贸易促进委员会和四川省人民政府主办的首届中国（四川）国际物流博览会（以下简称"物博会"）在成都举行。物博会以"合作发展、互利共赢"为主题，旨在搭建中国西部物流供需对接新平台，推动四川"中国西部物流中心"建设步伐，共享新一轮西部大开发战略机遇带来的物流产业发展机遇。世界物流百强企业及来自全球多个国家和地区的国际商协会、国际经贸组织代表等参加物博会。

四川省交通运输厅系物博会参展单位，为搞好参展工作，时任厅党组书记、厅长高烽前往北京邀请交通运输部领导，多次研究布展方案，并提出高质量、高标准展示行业建设及物流发展成果的要求。厅成立物博会组织工作领导小组，统筹安排部署交通运输行业参加物博会的组织工作，细化 2000 平方米展区的展示方案，确定由厅负责"交通运输综合展"布展，厅运管局、航务局分别负责"公路、港航展区"招展组织工作的分工方案。根据分工方案，厅成立由厅运输处牵头，厅办公室、财务处、外经处、监察室，宣传中心、厅信息中心、厅史志总编室等单位（部门）参加的"交通运输综合展"布展工作组，用一个月时间完成广告公司的招标、布展方案的设计和展示内容的确立等工作。厅航务局、运管局落实专门机构和人员负责招展组织工作，分别组织 10 家省内有代表性的水陆交通物流企业参展。物博会上，交通运输部总规划师戴东昌参会并作主题演讲。省交通运输厅"交通运输综合展"以"大道出川、蜀道不难"和"栈道变高速、天堑成通途"为主题，集中展示了 2007—2011 年全省交通运输基础设施规划、建设及运输物流等方面取得的成果，突出了该时期四川交通工作的特色及亮点，反映了全省交通运输工作在物流业发展中的重要作用和贡献，得到观展领导和群众的好评。同时，省交通运输厅因组织工作出色被组委会授予优秀组织奖，厅航务局以"四川水运物流新通道"为主题的港航展区获得最佳展位设计奖。（彭　涛）

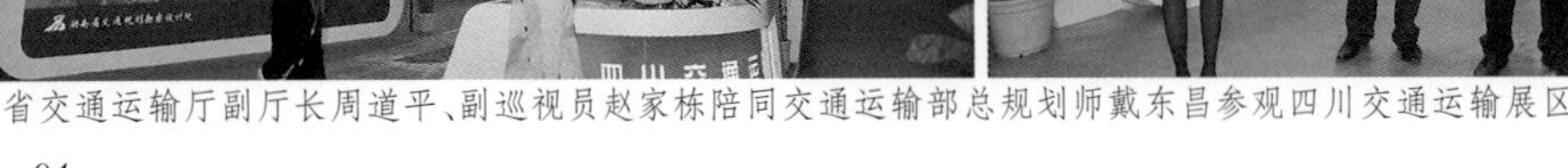
省交通运输厅副厅长周道平、副巡视员赵家栋陪同交通运输部总规划师戴东昌参观四川交通运输展区　交通宣传中心 供稿

道路客运企业质量信誉考核 2012年,省道路运输管理部门完成全省225家道路旅客运输企业2011年度质量信誉考核。其中,158家被评为质量信誉AAA级,60家评为质量信誉AA级,7家被评为质量信誉A级。

资料 **四川省道路旅客运输企业质量信誉考核AAA级名单**

绵阳市通力汽车运输有限公司
四川富临运业集团有限公司
四川堂宏实业集团有限公司
四川富临运业集团江油运输有限公司
绵阳成绵快车有限责任公司
绵阳市千佛旅游运业有限责任公司
盐亭县龙仙阁汽车运输有限公司
三台县新德平安客运汽车队
北川羌族自治县富临运业交通有限公司
成都成宇运业有限公司
成都锦湖长运运输有限公司
四川省成都长途汽车运输(集团)公司
四川省汽车运输成都公司
成都市汽车运输(集团)公司
成都灰狗运业(集团)有限公司
四川亚细亚运业有限公司
四川蜀捷运业有限公司
四川富临运业集团成都股份有限公司(原交运旅游运业有限公司)
四川省旅游汽车公司
四川逸安旅游汽车运输有限公司
成都友谊旅游汽车有限公司
四川省成兴运业有限公司
四川西南铁路国际旅行总社
成都佳驰旅游汽车有限公司
成都熊猫国际旅游汽车有限公司
四川省汽车运输自贡集团有限公司
荣县华益运业有限公司
荣县汽车运输(集团)有限公司
自贡市公交集团有限责任公司
自贡公交集团吉兴运业有限公司
四川富顺县华茂运输有限公司
自贡市富全运输有限公司
四川省汽车运输自贡集团翔龙运业有限公司
攀枝花运业有限公司
汉风物流有限公司
攀枝花市盛劼劳务服务有限公司
攀枝花市新发出租车有限责任公司
盐边县昌达运业有限责任公司
米易县顺达运业有限公司
四川广运集团股份有限公司
四川广锦运业有限公司
四川广运集团剑阁有限公司
四川广元交通国际旅行社有限公司
四川广运集团青川有限公司
四川广运集团旺苍有限公司
四川广运集团苍溪有限公司
四川广运集团昭化有限公司
旺苍县米仓山客运有限公司
四川广运集团利州有限公司
四川省遂宁富临运业有限公司
四川富临运业集团射洪有限公司
四川富临运业集团蓬溪运输有限公司
大英县通达运业有限责任公司
四川省安岳中星运业有限公司
资阳平安运业有限责任公司
资阳恒达运业(集团)有限公司
简阳宏通公路运业有限责任公司
四川兴威运业有限公司
简阳市安吉迅客货运业有限责任公司
乐至县汽车运输有限公司
安岳县兴达运务有限责任公司
乐至县交通运输有限责任公司
乐至县汽车运输六十队
南充市汽车运输三公司
四川南充汽车运输(集团)有限公司
南充南渝高速客运有限公司
南充市蓝光高速公路客运有限公司
蓬安相如客运有限公司
四川南充当代运业(集团)有限公司
南充顺驰高速客运有限公司
南充当代运业阆中天乙有限公司
四川蜀通运业有限责任公司
雅安峡口自然生态旅游运业有限责任公司
四川省天全县交通运输有限责任公司
四川泸州现代运业集团雅安发展有限公司
西昌金英运业有限公司
西昌市汇通运输有限公司
冕宁县汽车客运有限责任公司
四川省西昌汽车运输有限责任(集团)公司
凉山攀西运输有限责任公司
四川省仁寿县交通运输有限责任公司
眉山富临运业有限公司
丹棱县第二汽车运输公司
四川眉山金马汽车运输有限公司
四川仁寿汽车运输有限公司
四川省巴中运输(集团)有限公司
四川广运集团南江有限公司
内江市运泰运业有限责任公司
内江雄风道路运输集团有限公司
内江乘风快车有限公司
内江雄风集团鹏程长运有限公司
内江雄风道路运输集团隆昌客运公司

四川隆昌神驹运业有限公司
四川省资中县国营汽车运输
德阳市运通运业有限责任公司
广汉长运运业有限责任公司
绵阳恒达运输有限责任公司
什邡交通运输集团公司
广汉蜀汉运业有限责任公司
中江运输集团公司
四川旌湖海外旅游汽车有限公司
四川省乐山汽车运输有限公司
峨眉山旅业发展有限公司
沙湾汽车运输公司
四川龚嘴电力实业总公司
峨眉山市通村客运有限公司
四川省峨边第二汽车运输有限公司
乐山市嘉州汽车运输有限责任公司
四川省阳光运业有限公司
乐山市旅游汽车运输公司
乐山市公交总公司
五通通运运输有限公司
峨眉山市第二汽车运输有限公司
峨眉山市第一汽车运输有限公司
夹江县汽车运输公司
四川达州运输(集团)有限公司
达州市鸿通汽车运输集团有限公司
四川省黎明汽车运输集团有限公司
万源祥瑞汽车运输有限公司
达州市绿叶长途客运有限公司
达州市鸿运实业有限公司
四川省宣汉县汽车运输总公司
达州市龙兴运业有限公司
四川泸州现代运业有限公司
四川泸州玄滩运业有限公司
四川泸州川泸运业有限公司
泸州纳溪利达运输有限公司
四川泸州市长通运输有限公司
宜宾锦湖长锋运业有限公司
宜宾市长锋戎泰运输有限责任公司
宜宾市戎宸筠连宇顺有限责任公司
四川宜宾戎通运输有限公司
江安嘉盛运业有限公司
珙县协州汽车运输有限公司
宜宾市金鹏运输有限公司
宜宾海昌兴旺汽车运输有限责任公司
阿坝州岷江运业有限责任公司
阿坝九寨黄龙运业集团有限责任公司
九寨沟环游客运有限责任公司
四川九寨黄龙机场旅游客运有限责任公司
广安宁祥运业(集团)有限公司
邻水广邻公司
华蓥广发公司
武胜交运公司
广安宏泰公司
汽车运输43队
汽车运输84队
岳池客运公司
岳池县安格公司
广安泰达公司
华蓥市巨龙公司
广安康发公司
邻水县银烽公司
甘孜州康定新川藏运业有限责任公司
四川甘孜雅克运业有限责任公司
甘孜州香格里拉旅游运输有限责任公司
甘孜州贡嘎山冰川旅游运输有限责任公司
甘孜州海螺沟景区观光运输有限责任公司

(李 桃)

道路运输业节能减排 2012年,全省道路运输行业继续开展节能减排工作。一是开展"节能低碳,绿色发展"为主题的宣传周活动。二是加快道路运输结构调整,推进客货运输向集约化、节约型发展。优化经营主体结构,改善"小、散、乱"状况,控制能源消耗和成本上升。加快低耗能高级客车和重型化、厢式化货车的发展,鼓励企业使用高效低耗车辆。推广应用天然气汽车,拓展CNG汽车应用空间,重点发展LNG汽车,减少废气排放。三是执行车辆燃料消耗量限值核查,对不符合交通运输部公布的《达标车型表》所含车型,且未出具汽车综合性能检测站提供的核查结论或《四川省道路运输车辆燃料消耗量达标车型核查报告》的,一律不允许进入运输市场;对已进入运输市场的车辆进行严格监管。推行点燃式发动机汽车排气污染物排放限值及测量方法(双怠速法及简易工况法),控制高污染汽车进入运输市场。四是执行客车实载率低于70%的线路不得投放新的运力规定。五是加强从业人员的教育和培训。六是继续加强对参加"车、船、路、港"千家企业低碳交通运输专项行动和"万家企业"节能低碳行动节能示范企业的指导。 (胡学英)

全国高级道路运输经理人资格考核认定统一测试 2012年10月21日,由交通运输部组织的全国高级道路运输经理人资格考核认定统一测试正式开考。厅运管局负责全省考核认定统一测试的实施,来自客运企业、货运企业、机动车维修企业、汽车站和驾校的1144人参加测试。参试人员通过自愿报名、逐级上报、层层筛选,最后由交通运输部审定产生。高级道路运输经理人资格认定是继经营性道路客货运输驾驶员从业资格制度、道路危险货物运输从业人员从业资格制度等之后,道路运输行业建立的又一项重要的从业人员资格管理制度。 (李 桃)

道路运输信息化数字化工作 2012年,四川道路运输卫星定位系统政府监管平台建成并通过交通运输部标准符合性审查,全省三类以上客运班车线路和旅游包车线路试点实施分段限速管理,在农村客运、驾驶培训车辆上安装使用卫星定位装置。至年底,全省共安装卫星定位装置82201台,其中符合标准要求、具有行驶记录功能的车载终端9422台。 (赵 宇)

省政府出台水运发展政策 2012年3月15日,四川省人民政府正式印发《关于加快长江等内河水运发展的实施意见》(川府发〔2012〕9号)(含总体要求和发展目标、主要任务、保障措施四部分),这是建国以来省政府出台的第一个专项支持水运发展的综合性文件,对于重振四川水运、支撑西部综合交通枢纽建设意义重大。宜宾、泸州、南充、广安、眉山等市人民政府也相继出台本地支持水运发展的政策意见。 (厅航务局)

水运业核查 2012年1月初至4月底,全省各级航务管理机构开展水路运输业及水路运输服务业核查。共核查水路运输企业154家(其中省际运输企业85家、省内运输企业69家)、水运服务企业14家(其中货代企业7家,船代、货代兼营企业7家)、个体(联户)经营者5660户、运输船舶9614艘(其中省际船舶636艘、省内船舶8878艘),并对少数未通过核查的经营人和需整改的运输船舶进行跟踪督查。 (厅航务局)

城市公共客运管理

CHENGSHI GONGGONG KEYUN GUANLI

综 述 2012年,四川城市公共客运呈现五大特点:一是各级党委政府重视公交发展。各地积极落实公交优先发展战略,出台一系列促进城市公共交通发展的政策和措施,启动城市公共交通专项规划编制工作,取得积极进展。泸州、绵阳、广元、宜宾等地党委政府主要领导多次调研指导城市公共交通发展;绵阳、乐山、南充等地出台扶持城市公共交通优先发展的政策举措。二是财税扶持力度增加。各地积极落实国家有关城市公交企业购置公共汽车免征购置税的优惠政策,部分城市探索建立推动城市公共交通发展的公共财政保障体系。各级城市人民政府地方财政补贴达12.01亿元,比2011年增加4.71%。三是基础设施不断改善。全省拥有公交调度中心156个、保养场面积44.2万平方米、停车场面积199.1万平方米、综合客运枢纽36个、港湾式停靠站3446个。四是运力运量稳步提高。全省拥有城市公共汽电车2.36万辆(2.75万标台)、出租汽车4.14万辆、轨道交通列车40列,数量分别比2011年底增加11.32%(标台数增加14.58%)、7.25%、135.29%;全省拥有公交线路1872条,比2011年增加291条;成都地铁2号线一期工程正式开通运营。日均运输量分别达1100.97万人次、424.85万人次和50万人次,比2011年增加10.92%、1.32%和230.03%。五是管理水平有效提升。各地以公交优质服务精品线路创建活动为主要抓手,积极推动公交行业管理机制创新;以和谐劳动关系创建活动为主要抓手,逐步规范出租汽车行业管理。

《四川省城市公共交通发展规划编制大纲(2012—2017)》印发 由厅城客处、厅运管局组织编制的《四川省城市公共交通发展规划编制大纲(2012—2017)》定稿印发,旨在指导市县两级政府所在地城市开展公共交通发展规划编制工作。《大纲》由概述、城市公共交通发展现状分析、城市公共交通需求预测、城市公共交通发展目标与任务、城市常规公交线网规划、城市公交场站与枢纽布局规划、城市公交运力发展规划、城市公交信息化规划、规划方案投资估算及效果评价、实施保障措施等10个章节构成,明确了不同规模城市在2015年、2017年需达到的约束性指标和指导性指标。

城市公共交通发展规划编制 2012年4月1日,省交通运输厅印发《四川省交通运输厅关于编制城市公共交通发展规划的通知》,启动全省城市公共交通发展规划编制工作。《通知》要求,各地要高度重视,严格按照《四川省城市公共交通发展规划编制大纲(2012—2017)》的总体要求,按时完成市(州)政府所在地城市和县级政府所在地城市的公共交通发展规划编制工作。已完成公共交通发展规划编制工作的城市,要对照《大纲》对原规划进行调整,使之符合全省规划编制的统一要求。《通知》

指出，要明确公共交通发展定位、发展方式和政策措施及公交线网、设施配置、场站规模布局等，落实城市公共交通场站用地范围，保证城市公共交通基础设施发展的用地等各方面需求。要注意城市公共交通发展规划与城市总体规划、城乡路网规划、城乡统筹发展规划、城市用地规划等各相关规划的顺承和衔接，与其他交通运输方式有机连接，按照综合运输体系发展要求，促进城市公共交通适度超前发展。《通知》明确，城市公共交通发展规划编制工作在省交通运输厅的统一领导下进行，具体由厅运管局和厅城客处共同组织实施。各地成立规划编制工作领导小组，确定具体工作机构，落实专人负责规划编制工作，将编制规划所需经费纳入预算。市(州)交通运输主管部门会同有关部门对本地城市公共交通发展规划进行技术论证评审和审查，并报当地人民政府审批后报省交通运输厅备案。

成都市出租汽车行业管理调研 2012年7月11日，省交通运输厅副厅长黄英权、副巡视员赵家栋带领省城市客运联席会议成员单位有关负责同志赴成都市开展出租汽车行业调研工作。调研组实地调研了成都蓉城出租汽车有限公司、成都民乐出租汽车有限公司和成都市桃花源出租汽车有限公司，详细听取成都市及有关区县相关管理部门的工作汇报。调研组充分肯定成都市出租汽车行业管理和发展工作，并要求成都市针对当前出租汽车行业管理和发展面临的形势，加大工作力度，进一步完善政府牵头、部门协作的管理机制，落实主体责任，加强行业管理，强化队伍建设，正面化解矛盾，确保出租汽车行业健康、有序、稳定发展。

2012年7月11日，省城市客运联系会议调研组与成都蓉城出租汽车有限公司有关负责同志座谈　　厅城客处 供稿

公交企业新购置公交车辆车辆购置税免征政策落实 2012年，省交通运输厅与省国家税务局相互配合，及时编制《四川省城市公共交通管理部门与城市公交企业名录》，并于7月25日印发《四川省国家税务局 四川省交通运输厅转发国家税务总局 交通运输部关于城市公交企业购置公共汽电车免征车辆购置税有关问题的通知》(川国税函〔2012〕175号)，安排部署全省城市公交企业购置公共汽电车免征车辆购置税相关工作。对2012年1月1日后购买且缴纳车辆购置税的公共汽电车辆办理退税手续，并加强调研，指导各地细化退免税操作流程，跟踪政策执行中发现的问题及时协调解决。

(本栏目供稿单位：厅城客处)

安全管理
ANQUAN GUANLI

概 况 2012年，全省发生运输船舶安全事故7起、死亡9人，分别占年控指标的3.04%、7.63%；发生道路运输行车事故196起、死亡307人，同比分别下降21.29%和11.53%；在建重点公路水运工程项目发生一般生产安全事故2起、死亡2人，同比分别下降89.4%和92%；公路养护未发生因源头管理造成的责任事故和职工伤亡责任事故，全省交通运输安全形势总体稳定。年内，省交通运输厅荣获省政府安全生产目标考核先进单位。

(周 英 李 军)

安全管理责任体系 2012年，省交通运输厅全面推行安全生产"一把手负责制"和"一岗双责制"(详见《附录》)。厅务会每月听取安全工作汇报，每季度至少召开一次安全生产专题会议，每月召开一次安全例会。全年厅先后召开7次安全生产电视电话会议和18次安全生产工作专题会议，厅领导带队的10个督查组和各行业主管局组织的25个督查组采取分片包干的方式，开展全方位的安全生产督查。各地、各单位也及时召开会议安排部署安全生产工作，组织开展各类形式的安全生产大检查。全省交通运输系统层层签订安全管理目标责任书，实行安全生产责任事故评优评先一票否决，对每一起事故，查明事故原因，分清事故责任，依法追究事故直接责任人和相关责任人的责任，安全责任体系逐步完善。

(周 英 李 军)

安全生产专项整治活动 2012年,全省交通运输系统深入开展安全生产整治活动,全面落实安全生产及预防重特大交通事故工作措施。道路运输系统开展“道路客运安全年”活动,推进道路旅游客运专项整治,开展旅游客运和长途卧铺客运安全大检查和营运车辆卫星定位系统应用情况专项督查行动。航务海事系统深化“平安水域”创建,强化“八市一线”重点水域、“两客一危”(详见《附录》)重点船舶、“四季三节”重点时段和“三船一链”(船员、船主、船舶,安全责任链)重点环节的监管,开展渡口渡船、砂石运输船和危险品码头管理整治和安全条件审查,加强港口危险货物安全管理,逐步建立覆盖重点内河高等级航道水域的船舶自动识别系统(AIS)岸基网络。公路系统开展以“畅安舒美”为主题的公路养护示范工程创建活动,继续实施危桥改造、公路安保和公路灾害防治工程,确保桥隧安全运营,开展跨区域公路联动治理超限、超载。质监机构推广公路桥隧工程和大型水工结构工程设计、施工安全风险评估制度,开展平安工地达标考核评价工作,推进平安工地等长效机制建设。 (周 英 李 军)

安全隐患整治 2012年,全省各级交通运输部门重点针对道路客运、渡口渡船、港口危化品罐区、长大桥隧、城市轨道交通和大型工程施工现场等领域加强排查,对重大隐患实行挂牌督办。全年累计排查各类隐患9430余处,99%整改到位。其中,水上交通排查治理安全隐患3562处,道路运输排查治理安全隐患2427处。在隐患排查整改中,各级交通运输主管部门加大督查力度,航务海事机构重点对渡口渡船进行全面排查,道路运输管理机构重点对“两客一危”车辆和客运站进行全面排查,公路管理部门重点对“公跨铁”立交桥、下穿铁路通道、公路与铁路平交路口集中进行全面排查,高速公路管理部门对长大隧道和钢管拱桥安全隐患进行排查整治,质监部门重点对危险性较大的大型桥梁、隧道、高边坡、交叉工程等进行全面排查。省安委会公示的第10批全省重大安全隐患项目,其中涉及公路的有15个市(州)28个项目,年内全部完成排查工作。 (周 英 李 军)

“打非治违”专项行动 2012年,省交通运输厅组织召开“打非治违”专项行动专题会议,进一步细化“打非治违”专项行动实施方案,协调省级相关部门共同联动,重点打击无经营许可证和无从业资格证从事交通运输行为,严肃查处车船非法载客、超限超载、疲劳驾驶和夹带危化品运输行为。全省各级航务海事机构共组织检查组7621个、28875人次参加,共打击非法违法、治理纠正违规违章行为1043起。全省道路交通共排查安全隐患300余处,下达整改通知书116份,26家企业停业整改,4家企业被依法取消经营资格。工程施工建设,联合省安全生产监督管理局对处于施工高峰期的17个高速公路项目18座隧道和30座特大桥进行安全生产专项检查。高速公路管理部门出动执法人员3022人次,执法车辆1275车次,巡查高速公路里程80817公里,悬挂宣传横幅24幅,发放宣传资料2200份。 (周 英 李 军)

安全应急管理体系 2012年,全省交通运输部门以交通运输应急管理“机制创新年”活动为契机,夯实基层基础,全面提升应急管理工作水平。投入大型装备机具29台(辆、艘)、60余辆高速公路执法车,400名应急抢险人员,参加省增援力量集结拉动、开辟“生命通道”、水上救人3个科目演练,被省委省政府评为“5·12”全省防灾救灾大演练工作先进集体。牵头修订省级专项预案1个,参与修订省级专项或部门预案4个,对四川省地方公路抢险救灾、道路运输厅级专项预案2个进行备案管理。组织编制《四川城市应急知识手册》《四川农村应急知识手册》交通运输应急部分,组织举办公路抢通、道路运输和水上搜救应急演练。加强基层交通运输应急队伍建设,筹建厅公路抢通应急救援和道路运输应急救援队伍,搭建厅航务局应急救助分队和厅机关防汛救灾应急分队。全年投入机械9000台班、人力2.8人次,抢通公路1486条10245处,国省干线84条(次)911处。参与水上搜救18次,协调组织各类船艇107艘次,遇险90人中有82人获救,成功率92%。利用广播、短信、LED情报板向10万余人次发布气象预警和公路水路运输信息800余条。进一步完善应急值守日常工作制度和紧急工作制度,坚持执行领导外出报告、领导带班和24小时值守、信息报告、检查通报和责任追究等制度。 (周 英 李 军)

安全投入力度加大 2012年,全省各级交通运输主管部门积极政府和相关部门的支持,加大对安全生产人力、物力、财力的投入。高速公路视频监控平台、营运车辆运营动态信息平台、普通公路治超视频监控平台都得到进一步完善和提升,全省所有长途客车、旅游客车和危险品运输车辆均安装GPS卫星定位装置,纳入企业的动态监控。年内,全省共安排公路安保工程建设补助资金2.65亿元,处置隐患路段4732公里;投入4170万元为12053辆车安装GPS,比上年增长17.18%;加快码头及船载视频建设进度,建设水上交通视频监控点1365个,其中码头视频606个、船载视频759个;完成部省补助危桥改造项目187座16236延米(其中国省道项目72座7489延米、农村公路项目115座8747延米);完成危桥改造资金8.776亿元(其中部省补助资金3.873亿元)。 (周 英 李 军)

安全宣传教育 2012年,全省交通运输系统组织开展形式多样的“百日安全生产”“双基”建设、安全生产月、安全生产宣传“咨询日”和道路旅客运输驾驶员“安全承诺行动”等活动。省交通运输厅组织全省交通运输安全管理干部和应急管理工作培训班，对厅直业务局、市（州）交通运输局（委）及重点工程建设单位的分管领导和部门负责人进行培训，并选送120多人参加交通运输部组织的安全应急管理工作培训。在第11个安全生产月活动中，省交通运输厅在车站、码头、高速公路收费站、服务区等地广泛张贴宣传标语，开展安全生产宣传咨询活动和安全警示教育活动，全省交通运输部门共悬挂标语3206幅，张贴宣传画6102张，出黑板报213期，出动宣传车、艇249台次，举办知识竞赛42场，发放安全宣传资料4.3万份，有5万多人次参观图片展览。（周英李军）

全省水上交通安全形势 2012年，全省发生考核范围内运输船舶水上交通安全事故7起、死亡9人、经济损失372万元，分别占年控指标的3.04%、7.63%、31.08%，连续4年将死亡人数控制在个位数。厅航务局被交通运输部海事局评为2012年度全国海事系统先进单位。

（厅航务局）

2012年12月26日，省交通运输厅副厅长冯文生（中）在泸州检查水上交通安全工作　　厅航务局 供稿

参加省级防灾救灾综合实战演练 2012年5月11日，由四川省委、省政府和国家减灾委办公室联合主办的“2012年全省防灾救灾大演练综合实战演练”在成都市崇州市街子镇举行。厅航务管理局组织2辆海事执法车、18艘海巡艇和61人加入省交通运输厅方队，参加“省增援力量集结拉动”和“建立应急通信和开辟空中、水上生命通道”科目演练，完成参演任务。活动结束后，参演人员受到了国务院副总理回良玉、省委书记刘奇葆等领导的接见。

（厅航务局）

参加2012年全省防灾救灾综合实战活动　　厅航务局 供稿

水上交通安全专项督查 2012年，省政府安委会组成由省总工会、监察厅、交通运输厅、公安厅、水利厅、住建厅、安监局、旅游局、海事局分别参加的5个督查组，于5月对全省水上交通安全进行专项督查。督查组分赴20个市州，重点督查水上交通安全规范化建设、汛期水上交通安全、水上交通安全生产领域打非治违、公益性渡口建设、应急救援和应急演习等工作，对查出的问题要求及时整改。（厅航务局）

国务院安委会督导调研泸州水上交通安全工作 2012年7月7日，国家安监总局副局长杨元元率国务院安委会有关人员督导调研泸州水上交通安全工作。督导调研组主要考察了泸州合江县榕山镇客渡码头。在该码头新打造的客渡趸船上，杨元元查看了船舶签单发航记录、汛期值班记录和安全管理设施配备情况，询问了船舶监管人员安全防范监管措施落实情况，并听取泸州市市长刘强关于泸州市水上安全管理工作方面的汇报。杨元元对泸州市在水上安全管理工作上采取的措施和取得的成绩给予充分肯定，同时指出，泸州市水上交通安全责任重大，安全生产管理工作压力较大，要深刻汲取历史事故教训，坚持从严抓安全隐患排查，落实安全责任，严查安全事故，防止重特大事故发生。（厅航务局）

水上交通安全生产领域“打非治违”专项活动 2012年，全省各级航务海事机构按照《四川省水上交通安全生产领域“打非治违”专项行动实施方案》具体要求，开展了为期4个月的水上交通安全生产领域“打非治违”专项行动，集中打击船舶类，港口、企业资质类，码头和渡口类等各类水上交通安全生产非法违法生产经营建设行为，治理纠正违法违章行为，发现和整改安全隐患，健全安全生产长效机制，防范和遏制重特大事故发生。（厅航务局）

自贡沱江水上应急搜救演练 2012年9月27日，由厅航务管理局和自贡市人民政府联合主办的“2012年自贡沱江水上应急搜救演练”在富顺举行。演习共出动船艇41艘，直接参演人员150人，参演单位24家，重点演练船舶自救、弃船逃生、搜寻救助、消防灭火等4个科目。历时60分钟，完成预定演练任务。（厅航务局）

路政管理

LUZHENG GUANLI

路政执法规范化建设 2012年，厅公路局加强路政规范化建设，制订《关于进一步规范全省路政执法工作的指导意见》《关于实施省市车辆违法超限运输信息系统联网工作的通知》《四川省公路路政管理系统执法执勤用车配备使用管理办法》《四川省贯彻路政文明执法管理工作规范的实施意见》和《关于印发公路路产损坏占用赔(补)偿费的通知》等规范性文件，实施交通运输行政执法队伍业务素质提升工程，加强职业培训工作，组织全省公路路政管理部门500名行政执法人员参加交通运输部举办的《行政强制法》培训班学习。通过开展经常性、规范性的法制和思想道德教育，引导执法人员牢固树立依法行政和执法为民的理念，切实增强法制意识、大局意识和服务意识。

路政执法行为监督管理 2012年，厅公路局在健全行政执法监督检查制度基础上，通过案卷评查、日常督查、专项检查、重大案件备案、行政复议等多种方式，强化对执法主体、执法程序、执法依据的适用和执法文书的使用，以及执法风纪、廉政建设等情况的监督检查，努力建设一支素质良好、行为规范、作风过硬、勤政廉洁的路政执法队伍。全年查处各类路政案件83339件、超限运输132万辆次，查处率99.76%。

国道108线改造示范工程路域环境建设 2012年，厅公路局按照《四川省G108线改造示范工程创建指导意见》，组织召开国道108线沿线路政、"治超"负责人专题会议，认真研究创建路域环境、安全设施和路政规范化管理等工作，努力提高创建路段路域环境综合水平。通过示范工程创建，彻底消除国道108线公路沿线脏乱差现象，实现沿线绿化梯次分布，公路用地范围和可视范围内无垃圾、无违章建筑，安全防护设施完善醒目，户外广告设置规范有序，道路环境优美协调，实现"路好走、走好路"的目标。

公路超限运输管理 2012年，厅公路局贯彻落实交通运输部《公路超限检测站管理办法》和《四川省公路治超检测站管理考核办法》，不断完善管理考核措施，规范治理车辆超限运输行为。根据国省干线路网结构的调整，优化全省"治超"站布局规划，以监控大型厂矿、货物集散地、港口码头等主要出入路段以及省际、省内之间货物运输的主通道等区域性公路网的重要路段和节点为重点，加强源头管理，确保道路、桥梁安全。全年查处超限车辆72万余辆，卸载67685辆、卸载量32万吨。

超限运输审批(许可) 2012年，厅公路局不断完善超限运输审批(许可)事项程序规定，优化审批工作流程和管理规范，加强对超限运输审批(许可)实施情况监督检查。派驻省政府政务中心超限运输窗口的工作人员严格按照中心《部门窗口考核办法》等规定，认真进行行政审批工作。至年底，省政务服务中心交通超限办理窗口及时办结超限运输行政许可30779件，办结率为100%，评议率98.05%，做到无差错、无违记、无投诉。

公路安全生产管理 2012年，厅公路局以国省干线、黄金旅游线路、危(病)桥、危险路段隐患整治，实施公路"安保工程""打非治违""安全生产年"等专项工作为重点，加强对全省公路行业安全生产管理的指导、监督和检查，各项安全管理制度得到认真贯彻落实。全年组织安全生产、维护稳定大检查3次，确保春运、十八大会议等重大活动的安全稳定，保持公路行业安全形势持续稳定。

(本栏目供稿单位：厅公路局)

查处公路违章乱建　　厅公路局 供稿

收费公路管理

SHOUFEI GONGLU GUANLI

普通收费公路专项清理 2012年，四川省各市（州）人民政府组织交通运输、发展改革（价格）、财政等相关部门，按照工作职责及《四川省收费公路专项清理工作实施方案》，分阶段开展普通收费公路专项清理工作。撤除乐山（6个）、广安（5个）、眉山（4个）、南充（5个）、巴中（4个）、资阳（5个）、绵阳（2个）、达州（4个）、成都（6个）、雅安（4个）、凉山（2个）等市（州）及省直管项目二级公路收费站点49个，迁站7个，停止收费的二级公路里程约2000公里；结合收费站撤并，广元、巴中等地适当下调收费标准；成都市境内的地方收费公路已全部停止收费；清理未按照有关法律、法规规定的权限和程序，将政府还贷公路改为经营性公路进行建设和经营管理的8段收费公路，整改违规转让的收费公路项目必须实现"属性归位"，对经省级人民政府批准实施收费，但收费期限不符合国家确定的中西部地区省份政府还贷公路收费期限的项目，按《收费公路管理条例》相关规定，进行规范调整。

普通公路小型客车免费通行 2012年，根据《国务院关于批转交通运输部等部门重大节假日免收小型客车通行费实施方案的通知》精神和交通运输部的工作部署，省政府下发《四川省人民政府关于批转交通运输厅等部门重大节假日免收小型客车通行费实施方案》，并召开四川省重大节假日小型客车免费通行工作电视电话会议，对全省重大节假日免收小型客车通行费的实施工作进行动员和部署。各市（州）交通运输部门在市（州）人民政府的统一领导和组织下，会同公安、发改委（物价）、财政、监察、纠风、宣传等部门，制订符合该地区实际情况的具体实施方案和应急处置预案。

国庆期间，省、市（州）、县（市、区）三级交通运输部门建立领导带班和24小时值班制度，收费公路管理部门的工作人员，安排到各收费一线，与收费人员一起做好免费通行工作。交通运输部门积极协调和配合公安交警部门，严厉整治进入收费站前随意插队、混行和频繁变更车道、车辆逆向行驶、违法超限超载，以及在收费广场附近违规停车的行为，保障车辆通行安全和收费广场正常的交通秩序。及时发布免费通行的有关政策，以及假日期间公路路况、公路气象、交通管制等交通出行信息，服务公众出行，防止收费公路拥堵。9月30日零时至10月2日零时，全省普通公路免收通行费的小型客车387万辆，免收通行费3575万元。

政府还贷二级公路收费取消 2012年12月18日，省政府召开"全省取消政府还贷二级公路收费工作专题会"，布置取消政府还贷二级公路收费的相关工作，会议印发《四川省取消政府还贷二级公路收费实施方案》《四川省取消政府还贷二级公路收费涉及人员安置工作指导意见》《四川省普通国省干线公路大中修工程专项补助资金管理办法》《四川省取消政府还贷二级公路收费债务偿还实施方案》等4个文件，明确各市（州）、县（市、区）人民政府是取消政府还贷二级公路收费工作的责任主体、工作主体和实施主体，要求各市（州）人民政府按照"统一领导、分级负责，锁定债务、分期偿还，安置人员、确保稳定，强化管养、促进发展"的总体思路，积极做好7000多名公路收费管理人员的分流安置、债务偿还和取消收费后的公路养护等工作。（本栏目供稿单位：厅公路局）

大件公路管理

DAJIAN GONGLU GUANLI

《四川省大件公路设计技术指标规定》贯彻情况 2012年,大件处到大件公路沿线各管养部门,对贯彻执行《四川省大件公路设计技术指标规定》的情况进行专题调研,对存在的问题及时以情况通报、现场技术审查会等形式进行督促、反馈,确保大件公路的技术标准得以严格执行。依照有关规定对成都市地铁3号线穿越大件公路施工现场、成绵乐城际铁路乐山棉竹段跨越大件公路施工现场、大件公路过境路段金府路与交大路交叉路口施工现场等涉及大件公路及大件运输安全畅通的施工项目进行现场督导检查。

大件公路路政巡查及日常桥涵监管 2012年,大件处针对大件运输常态化的特点,加强路政巡查工作,重点在协调涉路施工安全保通、非涉路施工路段严格控制空路障、重点桥涵不定期监测等方面下工夫,为大件设备安全顺利运输提供良好的通行环境。全年安排路政人员对大件公路全线进行路政巡查972人次,要求空路障设置单位进行整改的交通信号灯3处、标志标牌2处、净空9米以下跨线4处、路障2处,空路障整改率均达100%,确保空路障增加总量控制在3%以下。完成大件公路桥涵日常检查12次、专项调查2次、全线路况调查1次,配合厅公路设计院完成对大件公路全线119座桥梁技术状况的检查工作。

《四川省大件货物运输管理办法》立法调研工作启动 2012年,省交通运输厅下达开展《四川省大件货物运输管理办法》立法调研工作任务。大件处及时推动立法调研工作的开展:成立大件运输立法推进小组,明确牵头部门及具体任务、时间要求开展立法调研工作;召开6次大件运输立法调研研讨会,明确立法调研工作思路和具体任务;邀请法律顾问,积极探讨大件公路的路政执法等事项;认真协调省交通运输厅运输处、法规处,听取对立法调研工作的意见建议;全方位搜集整理法律法规等相关资料,修改完善立法调研报告。

《大件运输协调工作方案(试行)》修订 2012年,大件处对《大件运输协调工作方案(试行)》运行过程中的问题和情况进行汇总、梳理,多次召开厅大件运输协调工作领导小组各成员单位意见征求会、大件运输企业座谈会广泛征求意见建议。同时,深入乐山大件码头、德阳二重集团及有关大件运输企业、沿线交通运输管理部门,了解对大件公路管理及《大件运输协调工作方案》试运行情况,讨论维护和保持大件公路长通长效的问题,对试行《大件运输协调工作方案》涉及的运输审批、运输监管等方面的内容进行补充修订及完善,为方案正式出台做好充分准备。

(本栏目供稿单位:厅大件处)

德阳重装企业出川大型设备产品通行成都绕城高速公路　　厅大件处 供稿

船舶检验

CHUANBO JIANYAN

船舶检验基础业务 2012年，全年完成船舶检验14299艘、1316956总吨、658784千瓦、157327客位，完成图纸审查223套，征收船检费798万元。全省共有三级四类以上船舶生产企业70家，船舶工业实现总产值3.8亿元。

（厅航务局）

船舶检验质量管理 2012年，厅航务局严格船舶图纸审查，对涉及船舶安全、稳性、结构、干舷等项目从严执行规范。对大型货船、大客位客船、公益性渡船按权限由厅航务局船检处审图。对重点船舶的建造进行抽查，落实按图施工、船舶建造开工会制度，并对船厂质检部门的建造质量台账进行检查。对船舶的重要设备要求必须是船用产品，对救生设备进行形式认可，对船用舷外机、配电板进行产品检验。（厅航务局）

公益渡船标准船型改进 2012年，厅航务局在充分征求各地意见和建议基础上，组织船舶设计方不断改进船型，推出适应全省的60客位、30客位和20客位等8型公益性渡船标准船型，丰富和完善全省公益性渡船船型，满足不同公益性渡口的需求。同时要求各地船检机构严格履行对辖区内公益性渡船建造质量把关的职责。

公益性渡船船型主要参数

类型	总长（米）	型宽（米）	型深（米）	吃水（米）	主机功率（千瓦）
60客位(标Ⅰ型)	16.1	3.4	0.9	0.4	16.2×2
30客位(标Ⅰ型)	17	3.2	1	0.5	17.64×2
30客位(标Ⅱ型)	14	2.8	1.05	0.5	14.7×2
30客位(标Ⅲ型)	14	2.8	1.05	0.6	23×1
20客位(标Ⅰ型)	11.8	2.8	0.9	0.5	16.2×2
20客位(标Ⅱ型)	11.8	2.8	0.9	0.5	16.2×1
20客位人力(标Ⅰ型)	10	2.2	0.75	0.4	
20客位人力(标Ⅱ型)	9.5	2.2	0.75	0.345	

（厅航务局）

岷江嘉陵江船型标准化工作 2012年，厅航务局组织相关科研单位深入实地调研，编制长江水系岷江、嘉陵江运输船舶标准船型主尺度系列，及时报交通运输部审批公布。积极落实并预拨省本级财政配套资金，要求各地落实当地政府配套资金。检查各地长江干线船型标准化工作，督促其加大工作力度确保完成拆解工作任务。向交通运输部上报四川的拆解进度，按实际需求申请中央补助资金。截至年底，全省长江干线淘汰落后船舶242艘，合计89079总吨，其中长江干线小吨位非标船及老旧运输船舶拆解核准157艘，合计53419总吨，使用拆解资金4215万元。以其他方式退出船舶85艘，合计35660总吨。

（厅航务局）

海巡艇建造 2012年，厅航务局组织相关船舶设计单位开发制作29米、22米、16米、7.18米级海巡艇效果图，供各地根据实际情况选择合适的船型建造。同时，印发《四川省海巡艇建造及采购管理办法(试行)》，明确船艇的招标、建造、资金拨付和管理各环节的程序。

（厅航务局）

29米级海巡艇航行效果图　　厅航务局 供稿

四型海巡艇立面图　　厅航务局 供稿

体制改革·法制建设

TIZHI GAIGE　FAZHI JIANSHE

交通运输体制改革　2012年,省交通运输厅全面推进交通运输体制改革。一是进一步创新交通建设投融资机制,拓宽民间投资领域。继续坚持"多个积极性、多元主体、多种方式"的创新发展思路,巩固"政府引导、社会参与、市场运作"的多元化高速公路投融资格局,鼓励和引导包括民间资本在内的社会资本投资建设高速公路。省交通运输厅指导成都、德阳、资阳、巴中、达州、宜宾、凉山等市(州)开展成都经济区环线德阳至简阳段、巴中至万源、宜宾至彝良、西昌至香格里拉等12个项目BOT投资人招标。研究规范投资人自行组织实施项目的建设管理。针对《招投标法实施条例》实施后,具备法定资质的BOT项目投资人可依法自行组织项目施工的新情况,在总结全省实施BOT建设模式以来项目建设管理的实践经验并深入研究分析的基础上,主动与四川省招投标监督办公室、省发展改革委、省法制办等部门沟通协商,明确投资人自行组织实施项目管理模式和工作程序,规范自行组织实施项目的合同签订、工程分包等工作行为。二是进一步完善交通建设招投标体制,加快公共资源交易领域改革步伐。按照交通运输部《关于交通运输工程建设项目进入公共资源交易市场集中交易的通知》和省政府关于公共资源交易的有关要求,推进交通建设项目集中进场组织开标、评标活动。地方政府负责组织实施的公路、水运建设项目的招投标活动已基本按照项目审批权限分别进入省级或所在地的公共资源交易服务中心。省交通运输厅根据《招标投标法实施条例》及国家部委规章修订的主要内容,结合全省高速公路建设管理体制,按照严格程序、统一标准、分级负责、规范管理原则,对高速公路建设项目招标投标的现行主要规定、主要做法进行系统梳理和完善,研究起草《关于进一步规范高速公路建设项目招标投标工作的通知》。在《电子招标投标办法》制度框架下,借鉴省外先进经验和做法,进一步推进电子招标投标监督系统建设。三是加强城乡路网建设,推进城镇公交逐步向农村地区覆盖。省交通运输厅深入实施公交优先战略,指导全省各地因地制宜,加大对农村客运的投入力度,按照城乡道路客运一体的总原则,加强班线客运与农村公交的互相对接,促进城乡客运资源共享和农村客运网络化发展。同时,鼓励有条件的地区对城市周边农村客运班线实施公交化改造,推动城镇公交向农村地区覆盖,不断扩大城镇公交的服务广度、提升服务深度。

交通法治建设　2012年,省交通运输厅加快交通运输法规体系建设。制订《四川省交通运输法规体系建设规划》,力争到2020年基本建成完整的、有四川特色的交通运输法规规章体系。《四川省渡口管理办法》已正式颁布实施,《四川省道路运输条例(修订)》完成草案并报送省政府审查,《四川省高速公路条例》调研起草工作进展顺利,《四川省农村公路条例》《四川省港口管理办法(修订)》等正有序进行。同时,加强执法规范化建设。严格执法人员资格管理和教育培训,规范交通运输协管员证件发放、工作职责和监督管理,以换发省政府行政执法证为契机,在全省交通运输行政执法系统组织全员培训考试,包括各级交通执法机构负责人在内的16000余名交通运输执法人员参加培训考试,考试不合格者被取消执法资格。以贯彻落实交通运输部5个执法规范、行政强制法为重点,进一步规范执法风纪、执法用语、执法检查、行政处罚、行政强制等执法行为,制发行政处罚、行政强制文书填写说明及范本,用于指导全省交通运输行政执法工作。开发运用执法软件,在高速公路和成都市探索执法案件实时网上运行,建立执法证件、执法(监督)车辆信息管理系统。规范交通行政处罚自由裁量权,制定规范交通行政处罚自由裁量权的实施办法和具体标准。贯彻实施《行政强制法》,依法做好行政强制的各项清理工作,建立健全相关制度,完成全省交通运输行政强制执法文书的统一修改和规范工作。规范有序推进执法形象建设"四统一"(即执法标志、执法证件、执法工作服装、执法场所外观的四统一)工作,制订具体实施方案,确保用2—3年时间完成。制定出台全省交通运输行政执法规范化建设意见,提出通过全面推进队伍建设、基层基础建设、形象建设、信息化建设等"四项建设",力争用3—4年时间实现"四个明显"目标(即队伍整体素质明显提高、依法行政能力明显增强、执法形象明显改善、社会满意度明显提升)。

交通运输行政执法评议考核　2012年,交通运输部在全国交通运输系统开展行政执法评议考核,四川交通运输系统按照要求组织自查自评并参加全国执法案卷评查和执法人员考试活动。在执法评议考核中，四川涌现出一批成绩突出的优秀单位，其中宜宾市南溪区公路路政管理大队、阆中市地方海事处、德阳市道路运输管理处等3个执法单位被交通运输部评为“2012年度交通运输行政执法评议考核优秀单位”。在交通运输部组织的全国行政执法人员考试中，四川参考人员取得良好成绩，受到交通运输部通报表扬。其中，厅高速公路交通执法第二支队苏艳以94分的优异成绩在全国1718名参考人员中位列第一名；成都市双流县交通运输局刘伟达、季正宇，成都市新都区交通运输局代雷鸣，彭州市交通执法大队文婷杰，厅高速公路交通执法第一支队李方，厅高速公路交通执法第三支队王怡雯、陈思、项黎、杨力、杨程，厅高速公路交通执法第四支队甘莉娜，厅高速公路交通执法第五支队胡晓静，厅高速公路交通执法第六支队王珂等在全国执法考试中取得80分以上的优秀成绩。

交通运输行政审批制度改革 2012年，省交通运输厅进一步清理精简行政审批项目，对2011年省政府公布的25个省级交通行政审批项目，上报省政府建议保留17.5项、取消0.5项、下放2项、合并6项(合并后减少为3项)、转变管理方式2项。同时，对非行政许可和资质资格许可、认定进行全面清理，属厅及厅直属单位办理的省本级非行政许可行政审批项目共有29项，建议保留19项、下放7项、合并4项(合并后减少2项)、转变管理方式1项。对保留的交通行政审批事项，创新管理方式，实行公路超限运输网上申报审批制度，开展设置超限运输代办点试点工作，严格规范审批行为。开展并联审批工作，加强省政务服务中心交通运输窗口建设和管理，优化办理流程，提升审批质量，提高审批效率。至年底，省政务服务中心交通运输窗口共受理行政审批事项申请42348件，办结42251件(其中承诺件1506件、即办件40745件，即办件占总办结件比例96.44%)，办理提速25807天，提速率89.13%、按时办结率100%、现场办结率99.98%、满意率100%、非常满意率99.83%。在省政务中心对各厅局窗口年度考核中，交通运输窗口获“2012年政务服务效能考核优秀部门窗口”二等奖。(本栏目供稿单位：厅法规处)

规划·统计

GUIHUA TONGJI

全省交通建设计划执行情况 2012年全省交通运输行业牢牢把握“稳定增势、高位求进、加快发展”的工作基调，克服宏观经济调控的不利影响，攻坚克难，构建西部综合交通枢纽取得重大进展，交通建设投资规模继续创历史新高，连续两年超千亿元，为有效拉动四川省经济增长和扩大内需作出了积极贡献。全年交通建设完成投资1195亿元，比上年增长19.2%，投资规模创历史新高，居全国首位，连续两年投资超千亿元。其中，高速公路完成投资736亿元，比上年增长8.2%；干线公路完成投资191亿元，比上年增长51.5%；农村公路完成投资173亿元，比上年增长9.5%；站点建设完成投资25亿元，比上年增长101.1%；内河水运完成投资48亿元，比上年增长89.6%；养护工程完成投资22亿元。截至2012年底，全省公路总里程超过29万公里，继续居全国第1位；高速公路通车里程突破4300公里，由2011年全国第13位、西部第3位提升到全国第7位、西部第1位。

资金保障和计划管理 2012年，省交通运输厅落实到位中央车购税补助资金155.3亿元，约占交通运输部2012年安排补助资金总量8%，在全国各省(自治区、直辖市)中排名第一，超过年度预定目标。同时，积极与省财政厅、省发展改革委衔接汶川地震公路灾后恢复重建项目资金，已落实资金13.1亿元，保证了相关地区公路灾后恢复重建工作的顺利开展。根据《四川省交通运输“十二五”发展规划》和年度交通工作目标任务以及省政府印发的《全省重点交通建设三年集中攻坚活动方案》，结合交通建设实际，编制印发《2012年全省重点交通项目(在建项目)建设计划》。认真做好2012年交通建设投资计划编制下达工作，全年下达部车购税计划16批，安排补助资金155.3亿元；下达省补助计划21批，安排补助资金48.24亿元；组织编制完成2013年交通固定资产投资车购税建议计划，已报送交通运输部。

规划统计计划信息化建设 作为交通运输部三分之一的第一批“交通运输统计分析监测和投资计划管理信息补充试点工程”承担单位，2012年省交通运输厅运用先进技术手段,加快信息化建设,通过建设统计报表管理、投资计划管理、规划信息管理、行业运行动态监测、统计信息共享服务等应用系统及支撑平台,对重要路段、航段、港站运行状况进行动态监测以及数据信息多部门共享等主要功能。为尽早发挥统计信息系统建设的整体效益,按照部级与省级统一标准、统一架构、上下联动、同步建设的原则,切实做好省级统计分析监测与投资计划管理信息系统建设试点工作,已全面完成工可报批和设计等前期工作。其中,农村公路建设计划管理信息系统前期投入使用。

收费公路管理 2012年省交通运输厅会同厅公路局开展全省收费公路专项清理工作。纠正并停止峨眉山旅游公路超期收费;撤除10个市(州)省直管项目公路收费站点51个,迁站7个,停止收费公路里程约2000公里;结合收费站撤并,适当下调部分过站式收费站收费标准;成都市境内开放式收费公路已全部停止收费;进一步规范高速公路收费标准和部分市(州)境内收费站收费间距。会同省级相关部门制定《四川省取消政府还贷二级公路收费实施方案》《四川省取消政府还贷二级公路收费实施方案》《四川省普通国省干线公路大中修工程专项补助办法》《四川省取消政府还贷二级公路收费人员安置工作指导意见》等取消收费政策支撑文件,开展全面取消政府还贷二级公路收费。会同省级有关部门制定《四川省重大节假日免收小型客车通行费实施方案》,认真贯彻落实国务院、交通运输部和省政府关于重大节假日免收小型客车通行费的有关决定。会同质量技术监督部门,开展公路在用汽车衡专项检查工作,进一步规范公路汽车衡的使用和检定管理。

全省交通规划和前期工作进展情况 2012年,省交通运输厅强化规划指导和引领作用,圆满完成各项任务。一是抓住国家高速公路网和普通国省道网规划调整机遇,积极主动争取,得到国家大力支持,结合全省实际情况,编制完成《四川省省道网布局调整规划》初步方案,新增纳入《国家公路网规划》总规模居全国首位。二是配合交通运输部编制完成《秦巴山集中连片特困区交通建设扶贫规划(2011—2020)》《乌蒙山集中连片特困区交通建设扶贫规划(2011—2020)》,并签订部省共建协议。建立全省2013-2015年集中连片特困地区县乡道改造和县级客运站及农村客运站项目库,通过部审核。在充分衔接国家和省相关规划的基础上,组织编制印发《四川省秦巴山集中连片特困区交通建设扶贫规划(2011—2020)》《四川省乌蒙山集中连片特困区交通建设扶贫规划(2011—2020)》和《四川省藏区交通建设扶贫规划(2011—2020)》。三是组织编制《凉山州2013—2015年公路水路建设推进方案》《藏区交通建设"十二五"建议实施方案》《藏区民生工程公路项目2012年度实施方案》《大小凉山交通跨越式发展2012年度实施方案》和《万源连片扶贫开发2012年工作方案》,以推进藏区、大小凉山地区交通建设。四是会同厅航务局编制完成《四川省水路交通"十二五"发展规划》《"十二五"渡改桥和公益性渡口建设规划》,已组织专家完成评审。五是会同厅高管局编制完成《四川省高速公路监控指挥系统规划》《四川省高速公路专用通信网规划》《四川省高速公路联网收费规划》等规划。六是会同省级相关部门编制完成了《天府新区综合交通规划(2011—2030)》《四川省金沙江下游沿江经济带发展规划》《金沙江流域大香格里拉(四川)国际精品旅游区交通专项规划》《四川省城市群综合交通规划》《省级公路交通气象观测网发展规划》等多个交通专项规划。七是制定印发《四川省"十二五"推进城乡交通运输一体化示范试点工作方案》,并对申报示范试点的县(市、区)进行专家评审和综合评定,经报省政府同意,选定绵阳市涪城区、双流县、眉山市东坡区、广汉市、广安市广安区、江安县、简阳市、射洪县、犍为县、阆中市、泸县、广元市利州区等12个县(市、区)作为"十二五"城乡交通运输一体化示范试点单位。通过示范试点工作,总结不同地域、不同类型的城乡交通运输一体化发展模式和发展经验,将为全省推进城乡交通运输一体化工作提供示范和借鉴。八是积极参与泛珠三角区域交通规划项目建设协调,配合相关省级部门,加强城市、旅游、林业、农业、扶贫、革命老区、川渝合作等相关专项规划衔接工作,开展了摩梭家园建设和摩梭文化保护交通建设项目调研和规划研究工作。

与此同时,省交通运输厅高效推进项目前期工作,加大项目储备,确保发展后劲。一是加快推进《四川省高速公路网规划(2011年调整方案)》中力争2012—2013年度新开工建设项目及储备项目43个项目约4900公里的前期工作。已启动前期工作项目中,有18个项目2100公里工程可行性报告已编制完成,其中成都经济区环线高速公路蒲江至都江堰段、德阳至简阳段等项目厅已组织审查,具备了招商引资条件;汶马、雅康、绵九、乐汉等国家审批项目工程预可行性报告、工程可行性报告已编制完成,相关工作正在推进。二是积极推进《甘孜州2009-2012年公路建设推进方案》项目前期工作。雀儿山隧道、国道317线甘孜段工可已获得国家发展改革委批复。同时,积极指导和督促甘孜州加快推进榆林至磨西至猫子坪公路、九龙至石棉公路等重点干线公路前期工作,为及时争取中央补助资金创造了先决条件。三是认真做好国省干线和农村通乡公路等项目行业审查。指导和督促地方有序推进国省干线公路新改建项目及渡改桥项目前期工作,及时完成国道321线叙永县城区过境段改建工程等41个具备条件的项目行业审查工作,为项目尽早开工建设奠定了基础。积极推进农村断头公路、通乡公路等相关前期工作,及时出具行业审查意见,推进项目加快建设。四是加快开展内河水运项目前期工作。紧紧围绕"四江六港"内河航运发展规划目标，加快推进岷江港航电综合开发工程项目前期工作，组织开展嘉陵江川境段、渠江达州至广安段航运配套工程和渠江风洞子航电枢纽前期工作，指导、协调开展乐山港、长江宜宾至水富段航道整治等项目前期工作。

统计工作综述 2012年度，省交通运输厅加强数据审核，保证准确及时完成统计月报、季报和年报工作任务。为实施公交优先发展战略，加强对“十二五”规划中城市公共交通发展目标的跟踪评估，开展城市公交站点设施专项调查前期准备工作。启动全国交通运输业经济统计专项调查前期准备工作。组织有关单位及时向省发展改革委、省统计局等单位提供交通重点建设项目的相关数据信息，及时汇总整理全省及全国相关统计资料，为“十二五”规划提供数据支撑。积极参加省统计局的数据协调性评估工作，加强全省公路水路运输数据评估，为有效保证全省各市（州）运输数据质量奠定基础。围绕年度的行业中心工作，坚持开展季度、年度和专项统计分析工作，加强调查研究，广泛收集资料，做到有情况、有分析、有问题、有建议，用数据说话。继续加强统计业务培训，先后组织市（州）统计人员参加交通运输部举办的统计业务培训。

全国集中连片特困地区交通扶贫开发工作推进会召开 2012年7月13日，交通运输部在四川成都召开全国集中连片特困地区交通扶贫开发工作推进会，正式发布《集中连片特困地区交通建设扶贫规划纲要（2011—2020年）》，全面部署新阶段交通扶贫开发工作，动员全社会力量合力打好集中连片特困地区交通扶贫攻坚战，为实现全面建设小康社会目标提供交通运输保障。交通运输部部长李盛霖，国务院扶贫开发领导小组副组长、国务院扶贫办主任范小建出席会议并讲话。各省（自治区、直辖市）人民政府分管领导和省级交通运输主管部门、扶贫办主要负责人出席会议。国家发展改革委、财政部有关部门负责人应邀参加会议。会上，交通运输部党组副书记、副部长翁孟勇代表交通运输部与19个省（自治区、直辖市）就贯彻落实《规划纲要》和11个集中连片特困地区交通建设扶贫专项规划、推进集中连片特困地区交通运输发展签署了共建协议。

相关链接：

《集中连片特困地区交通建设扶贫规划纲要（2011—2020年）》简介

根据中央扶贫开发工作会议和《中国农村扶贫开发纲要（2011—2020年）》的部署要求，部编制印发了《集中连片特困地区交通建设扶贫规划纲要（2011—2020年）》，切实推进集中连片特困地区交通运输发展，全面提升交通运输基本公共服务水平，为贫困地区整体脱贫致富、全面建成小康社会提供强有力的交通运输保障。

规划范围包括六盘山区、秦巴山区、武陵山区、乌蒙山区、滇桂黔石漠化区、滇西边境山区、大兴安岭南麓山区、燕山-太行山区、吕梁山区、大别山区、罗霄山区等区域的连片特困地区。

规划到2020年，集中连片特困地区的国家高速公路基本建成，具备条件的县城通二级及以上公路，具备条件的乡镇和建制村通沥青（水泥）路、通班车，基本建立农村物流服务体系，城乡客货运输服务效率明显改善，农村公路服务水平和防灾抗灾能力明显提高，交通安全和应急保障能力显著增强。“外通内联、通村畅乡、班车到村、安全便捷”的交通运输网络基本形成，交通运输基本公共服务主要指标接近全国平均水平，适应区域经济社会发展和全面建设小康社会的总体要求。

重点是加强基础设施建设和提升运输服务能力和水平，建设任务包括一是加快农村公路建设，二是强化国省干线改造，三是加强客运站场建设，四是注重完善安保设施；运输服务包括客运和货运及特流服务网络。

中共中央政治局委员、国务院副总理、国务院扶贫开发领导小组组长回良玉对《集中连片特困地区交通建设扶贫规划纲要（2011—2020年）》作出重要批示。回良玉指出，交通运输是扶贫开发的重要内容，是集中连片特困地区脱贫致富的基础性和先导性条件。希望大家认真总结交通扶贫开发工作的宝贵经验，为扶贫地区脱贫致富、全面建设小康社会作出新贡献。

四川省集中连片特困地区范围：

（一）秦巴山区15个县，绵阳市：北川、平武；广元市：朝天区、元坝区、旺苍县、剑阁、青川、苍溪；南充市：仪陇；达州：宣汉、万源；巴中：巴州区、通江县、平昌县、南江县

（二）乌蒙山区13个县，泸州：古蔺、叙永；宜宾：屏山；乐山：马边、沐川；凉山：美姑、布拖、金阳、昭觉、喜德、越西、雷波和普格

（三）藏区：32个县，甘孜州 康定县、泸定县、丹巴县、九龙县、雅江县、道孚县、炉霍县、甘孜县、新龙县、德格县、白玉县、石渠县、色达县、理塘县、巴塘县、乡城县、稻城县、得荣县

阿坝州汶川县、理县、茂县、松潘县、九寨沟县、金川县、小金县、黑水县、马尔康县、壤塘县、阿坝县、若尔盖县、红原县

凉山州木里县

相关链接：

《国家公路网规划》四川项目情况

《国家公路网规划》2013年5月已经李克强总理圈阅审批。通过多次汇报衔接、积极主动争取，四川省在本次规划调整工作中得到了国家的大力支持，新增纳入国家公路网规划总规模位居全国首位。本次批准的《国家公路网规划》包括国家高速公路网规划和普通国道网规划两个部分，具体情况如下：

一、国家高速公路网规划

规划总里程13.6万公里（含远期展望线1.8万公里），新增里程5.1万公里。其中，四川省纳入规划的路线共19条，规划里程约8034公里，居全国第三位（仅次于内蒙、新疆）约占全国规划总里程的5.9%，较原国高网规划里程所占比重提高2个百分点。新增里程4731公里（其中规划线路约2557公里，展望线约2174公里），约占全国新增里程的9.3%，位居全国首位；新增进出川通道16个，包括通往甘肃、西藏各2个，通往青海1个，加强了四川省与周边特别是西向省份的联系。按照规划调整方案，四川省国

家高速公路规划路线新增12条,分别是银川至重庆(巴陕、巴中至广安至重庆高速)、张家界至南充(南充至大竹至梁平高速)、重庆至成都(成安渝高速)、成都至遵义(成自泸赤高速)、成都至乐山、成都至马尔康(成灌、都汶、汶马高速)、德阳至都江堰、雅安至康定、利川至广元(达万、巴达、广巴高速)、广安至泸州(广安至潼南、永川至泸州高速)、都匀至西昌至香格里拉(西昌至昭通、西昌至香格里拉高速)、平凉至绵阳(绵九高速);新增展望线5条,分别是成都至丽江(仁寿至沐川、沿江高速公路新市镇至金阳至攀枝花、丽攀高速)、康定至叶城(康定至芒康高速)、马尔康至昌都、张掖至汶川(汶川至川主寺、川主寺至郎木寺高速)、德令哈至马尔康(川青高速)。

二、普通国道网规划

普通国道网规划总里程26.5万公里,新增里程15.9万公里。四川省纳入"普通国道网规划"的总里程为1.75万公里,居全国第二位(仅次于新疆),约占全国规划总里程的6.6%,较现有里程所占比重提高1.4个百分点。新增7条纵线、8条横线、9条联络线,共24条,新增里程约1.2万公里,居全国首位,约占全国新增里程的7.5%。新规划的普通国道连接市(州)政府所在地和县(市、区)的数量分别新增6个和94个,实现了普通国道网对全省21个市州政府所在地和183个县(市、区)的覆盖。

交通财务

JIAOTONG CAIWU

厅属企业财务概况 2012年,省交通运输厅所属企业20家,其中厅公路设计院所属企业5家、厅公路局所属企业5家、厅运管局所属企业4家、厅交通设计院所属企业3家、四川公路工程咨询监理公司所属企业3家。年末总资产为231485.44万元,其中总负债为124409.42万元,所有者权益107076.02万元。其资产、负债情况:年末资产总计231485.44万元,其中流动资产175635.09万元,占总资产的75.87%;固定资产17130.94万元,占总资产的7.4%;长期投资29541.73万元,占总资产的12.76%;无形及其他资产9177.68万元,占总资产的3.97%。年末负债总计124409.42万元,其中流动负债104366.52万元,占总负债的83.89%;长期负债20042.9万元,占总负债的16.11%。年末资产负债率为53.74%,流动比率为1.68,说明企业总体资产负债率不高,短期偿债能力较强,资产结构比较合理。收入、成本、费用及盈亏情况:全年实现主营业务收入175135.11万元,主营业务成本为126799.06万元,实现净利润9835.72万元。

为强化厅属企业管理,提高企业经营业绩,省交通运输厅对厅属企业全面预算管理,完善目标、效益、效能考核机制;完善企业内控制度建设,强化监管机制;调整企业资本结构,合理组织资金,提高自有资金的使用效益,降低闲置资金数量,有效降低资金成本;加强资产的合理调配、有效利用和资产监管;强化企业改制的监督指导,理顺产权关系,解决遗留问题。 (赵 伟)

资产监管 2012年,省交通运输厅加强对国有资产监管,完成国有资产管理信息系统的布置、清理、上报;完成厅机关和厅直单位公务用车专项治理中的清查登记、审查核实为处理纠正工作奠定基础;完成对厅直属单位的资产处置审批,对厅直属单位的资产处置申请进行初核后,及时转报省直机关事务管理局核批,并配合省直机关事务管理局现场核查。 (赵 伟)

成品油价格改革财政补贴资金分配 2012年,中央财政下达四川省2011年交通行业成品油价格改革财政补贴清算资金8.42亿元和2012年预拨资金15.96亿元。为更加科学、合理、公平、公正地完成对各地补助资金的分配,针对燃油价格补贴在全省交通运输行业间的不平衡和地区间存在的差异,省交通运输厅组织厅运管局和厅航务局通过多次深入研究,具体分析各地实际情况,制订详细的调研方案,对2006年以来一直采用的分配办法进行适度调整。

同时,完成全省2011年城乡道路客运和农村水路客运成品油价格改革财政补贴清算资金和2012年成品油价格改革财政补贴预拨资金的分配工作。 (赵 伟)

交通建设资金筹措 2012年,省交通运输厅研究制订《2012年全省交通建设资金落实工作方案》,指导、协调和督促全省交通建设资金落实工作。当年全省到位交通建设资金1007亿元,占完成投资1195亿元的84.3%。其中,到位中央和省补助资金208亿元,银行贷款460亿元,地方政府投入、企业自筹及其他方式融资339亿元。研究贯彻交通运输部与中国银监会《专题会议纪要》,印发《四川银监局与四川省交通运输厅座谈会议纪要》,有效促进农村断头公路建设和国省干线公路改造两个专项贷款和其他交通建设项目贷款的到位工作。组织协调各地交通运输部门争取地方政府债券资金用于交通建设项目，全省共落实地方政府债券资金45.37亿元。提取农村断头公路建设和国省干线公路改造项目省补助资金贷款29151万元。（刘 烽）

西部片区交通筹融资和财务管理调研 2012年5—6月，由省交通运输厅牵头，组织西部六省（自治区、直辖市）交通运输厅（委）财务部门完成对四川、云南、重庆、陕西、青海、新疆交通筹融资和财务管理的实地调研，形成西部片区调研报告。该项工作由于组织有序、调研深入，取得丰硕的调研成果，并得到交通运输部财务司的充分肯定。

西部片区调研报告对西部各省（自治区、直辖市）交通系统争取财政资金和政策支持、多渠道多方式筹集建设资金、打造新的交通融资平台、优化资产负债结构等方面形成的好经验和好做法进行总结；对普遍存在的困难和问题进行认真梳理和分析；对取消政府还贷二级公路收费、制定符合西部交通发展实际的金融支持政策、加大对西部地区交通发展的支持力度、制订公路养护定额标准、加大财政投入等方面问题提出相关建议意见。（刘 烽）

部门预算公开及“三公”经费公开准备工作 2012年，按照省政府的统一部署，省交通运输厅将2011年部门预算编制说明、收支预算总表、财政拨款支出预算表在外网门户网站上公开。同时，为做好2012年“三公”（详见《附录》）经费公开工作，两次召开厅属单位“三公”经费公开工作会议，通报省政府全省“三公”经费公开工作座谈会精神，部署省交通运输厅“三公”经费公开工作，通报“三公”经费公开工作开展情况，确保规范有序、积极稳妥实施“三公”经费公开。（周翠琼）

配合完成支出绩效评价 2012年，四川省交通运输厅公路安保工程被纳入省财政厅重点绩效评价项目。省交通运输厅积极配合省财政厅，在评价指标、项目选点、评价得分和评价意见上多次和省财政厅及厅公路局沟通，确保绩效评价真实、客观。根据省财政厅通报的绩效评价结果看，该项目决策依据充分，目标明确，资金分配合理，资金到位及时、资金管理规范，组织实施、目标完成情况较好，功能实现达到计划能力，社会效益好，群众满意度高。项目的实施提高全省公路行车安全水平，降低了交通事故率和重大事故发生率。但个别项目存在未按计划完工、投资变更较大和安保设施后期维护不及时等问题。针对绩效评价中存在的问题，省交通运输厅督促项目主管单位对照绩效评价报告，自觉查找管理漏洞，建立完善管理制度，规范管理行为，将绩效评价与提升项目安排和资金管理水平密切结合起来。（周翠琼）

交通审计
JIAOTONG SHENJI

概 况 截至2012年12月末，全省交通运输系统共审计单位381个，进行建设项目与资金审计181个，核减投资额4478万元。开展经济责任审计15个、财务收支审计162个、经济效益审计2个、专项资金审计36个，审计调查105项，提出审计建议346条，查出并纠正违规金额3679万元。促进新建（修改）规章制度45个，进行内控制度评审54个，已建内部审计机构131个（其中独立内部审计机构18个、半独立及具备内部审计职能的机构113个），参加各类审计业务培训535人次。

2012年，省交通运输厅开展的一项经济责任审计项目，因在审计计划、审计方案、审计实施、审计方法、审计报告等方面综合评比突出，荣获省审计厅“2012年度四川省优秀内部审计项目”。

2012年10月18日，省交通运输厅党组成员、省纪委驻厅纪检组组长李传林（前左二）带队检查高速公路项目竣工决算准备工作 厅审计处 供稿

《四川省交通运输“十二五”审计工作指导意见》出台 2012年，省交通运输厅制订《四川省交通运输“十二五”审计工作指导意见》，并经第一次厅务会审议通过，1月12日《意见》正式出台。《意见》紧密结合四川交通运输系统内部审计工作的实际情况，紧紧围绕交通运输事业发展目标和中心工作，明确了“十二五”期间内部审计工作的指导思想、总体目标、主要任务、具体措施，体现科学、严谨、创新等理念，并强调要正确处理好审计监督与审计服务、全面审计与突出重点、审计数量与审计质量、审计业务与服务发展、内部审计与外部审计等5个关系，进一步优化审计工作环境，推动交通运输审计工作再上新台阶。

重点建设项目竣工决算审计和跟踪检查 为完成省委、省政府确定的交通重点建设项目三年集中建设攻坚活动目标任务，2012年，省交通运输厅联合省审计厅对邻垫等4条高速公路和嘉陵江金银台等3项工程项目开展竣工决算审计前调查工作。联合省审计厅对具备竣工决算审计条件的邻垫、遂渝高速公路开展竣工决算工程造价审计，两个项目均采取委托审计方式，中介机构由省审计厅从中介机构备选库中随机抽取产生。同时，除国家审计已跟踪审计的项目外，省交通运输厅将其余国家高速公路网项目纳入重点跟踪检查范围，对纳黔高速公路等5条省重点高速公路进行检查。检查组听取了工程建设进展情况汇报，深入项目工地现场，对项目的建设管理、设计变更、计量支付、资金拨付以及2011年审计要求整改等情况进行跟踪检查，并形成专项报告报交通运输部。

2012年8月21日，省交通运输厅在省公路疗养院举办省重点建设项目竣工决算审计培训会
厅审计处 供稿

全省交通运输行业经济责任审计实施办法和评价办法 为规范全省交通运输行业经济责任审计工作，健全和完善经济责任审计制度，省交通运输厅制定了《四川省交通运输行业经济责任审计实施办法（试行）》《四川省交通运输行业经济责任审计评价办法（试行）》，并于2012年经第一次厅务会议审议通过。“两个办法”的出台，弥补了全省交通运输行业经济责任审计的制度空白，为全省交通运输行业实行经济责任审计提供了切实可行的操作指南。为此，《中国交通报》于2012年2月6日以《四川交通规范经济责任审计提升效能》为题专门报道，高度评价省交通运输厅在落实领导干部经济责任审计规定取得的成效，反映了四川交通经济责任审计工作在全国交通运输行业内的领先地位。作为省内第一批行业干部内部审计监督管理方面的办法，省委组织部干部监督处在《四川干部监督工作通讯》予以专题报道，赞其具有指导和借鉴意义。

新一轮厅直属单位预算执行及财务收支审计 自2009年开展预算执行及财务收支审计以来，省交通运输厅已对22个直属单位全部进行了一轮审计。按照“对厅直属单位三年轮审一遍”有关规定，2012年，省交通运输厅委托3家中介机构对6家厅直属单位开展新一轮年度预算执行及财务收支审计，发现各单位在长期投资管理、资产管理、财务管理、税收管理等方面存在一定问题。

通过审计，促进有关单位科学合理编制预算，严格执行预算，规范资金使用，防范财务风险，提高管理水平。

二级公路新增债务及里程审计核实 2012年，省交通运输厅与省审计厅、省发展改革委、省财政厅联合下发《关于印发全省政府收费还贷二级公路新增债务及里程审计核实工作方案的通知》，完成对全省21个市（州）和省本级政府收费还贷二级公路新增债务及里程的审计核实，重点审核2009年1月1日至2012年9月30日期间累计新增债务余额，为下一步取消政府还贷二级公路收费工作奠定坚实基础。

政府还贷收费公路藏区公路和内控制度建设审计调查 2012年，为加强对政府还贷收费公路通行费征收及使用情况的了解，规范和提高通行费管理工作，省交通运输厅组织调查组开展2011年度政府还贷收费公路通行费收支情况审计调查，在各市（州）自查基础上，重点抽查绵阳市、遂宁市相关情况。调查组听取两市工作汇报，抽查省道205线绵阳至三台、遂宁至三台政府还贷收费一级公路2011年度通行费收支情况，查看绵三、绵江、九环公路收费管理所的有关财务资料，并就检查结果与两市交通运输局相关人员现场交换意见。调查结束后，完成专项审计调查报告，对调查发现的债务负担较重、收费形势严峻、内控环节存隐患等问题，提出针对性建议。在充分肯定两市收费公路管理取得成效的同时，要求按照建议进一步改进完善相关工作。为了解和规范藏区国省干线公路和通乡油路民生工程项目的建设管理情况，省交通运输厅组织对甘孜州、阿坝州藏区民生工程项目国省干线公路和通乡油路工程进行专项审计调查，主要调查民生工程建设项目的规模、工程管理、资金管理及拨付等情况。为促进建立健全交通运输系统各单位内部控制体系和促进《四川省交通运输行业内部审计绩效考核办法》贯彻落实，省交通运输厅组织开展内控制度建立及内部审计绩效考核办法执行情况检查，主要抽查眉山、资阳两地级市和仁寿、乐至两个扩权试点县。（本栏目供稿单位：厅审计处）

政务管理

ZHENGWU GUANLI

政府信息公开 2012年，省交通运输厅公开政府信息7575条。其中，概况类5条，计划总结类3条，法规公文类83条，工作动态类3554条，人事信息类13条，财政信息类2条，其他信息类3915条。省交通运输厅被省政府办公厅表彰为“政府信息公开和网站建设工作先进单位”。

政务信息工作 2012年，省交通运输厅突出抓好焦点信息、苗头信息、问题信息、突发信息、调研信息的报送。全年收到各单位报送信息7480条，编发《四川交通信息》领导版125期、行业版95期；编发《领导参阅》16篇；向交通运输部、省委、省政府上报各类信息490条，超额完成各级政务信息目标任务。其中，上报省委政务信息得分133分，为目标任务的166%；上报省政府政务信息得分255分，进入省直各部门（单位）信息采用前10名；上报交通运输部政务信息得分414分，在全国各省（自治区、直辖市）中排名第二，获交通运输部交通运输政务信息工作先进单位特等奖。

机关行政效能建设 2012年，省交通运输厅在机关行政效能建设方面，深化绩效管理，提高工作效率。一是进一步深化交通行政审批改革。巩固交通行政审批项目工作成果，加强后续监管；做好行政审批项目的清理和动态调整工作，改善服务质量，提高服务效率，降低行政成本；全面总结推行“两集中两到位”（详见《附录》）工作成果，政务服务中心交通运输窗口现场办结率99.98%，按时办结率、群众评议满意率均达100%。二是细化落实“首问负责制”“限时办结制”“责任追究制”“效能投诉制”和“一次性告知制”等五项基本制度。三是强化重点工作督促检查。加强对交通重点项目建设集中攻坚的监督检查，加强对藏区公路建设推进工程和彝区、秦巴山区交通扶贫攻坚工程的监督检查，加强对“民生工程”项目、农村公路资金使用的监督检查；建立监督检查及时跟进机制、组织协调机制、科学运作机制和常态运行机制。四是深化行政效能考核工作。完善厅绩效管理办法，推进绩效管理监察；加强对直属单位行政效能建设的业务指导和过程监督，严格实行行政效能问责。五是树立和弘扬优良作风。弘扬交通运输行业核心价值体系，开展“为民服务创先争优”活动；强化服务意识，努力为基层、为项目、为群众多办实事和好事；发挥交通政务服务网络功能，加强厅网站建设，增强在线服务和互动交流；提倡厉行节约，建设节约型机关；利用行业内外新闻媒体，加强机关行政效能建设宣传报道。

交通“民生工程”实施情况 2012年，全省交通“民生工程”实施情况良好。农村交通建设年度建设目标任务为1.5万公里，其中通乡公路2500公里、通村公路1.25万公里。年内建成农村公路1.6545万公里，为年度目标的110.3%，其中建成通乡公路2736公里，为年度目标的109.4%；建成通村公路13809公里，为年度目标的110.5%。安保工程，建设年度目标任务为1500公里，年内完成安保工程1747公里，为年度目标的116.5%。国省干线公路路面使用性能指数年度目标任务为76.5，经检测评定为77.2，为年度目标的100.9%。

资料

2012年度全省交通“民生工程”目标任务完成情况统计表

地区	基础设施工程											
	安保工程			农村交通建设						国省干线公路路面使用性能指数		
				通乡油(水泥)路			通村公路					
	目标(公里)	建成(公里)	占年度目标(%)	目标(公里)	建成通车(公里)	占年度目标(%)	目标(公里)	建成通车(公里)	占年度目标(%)	目标	完成情况	占年度目标(%)
全省	**1500**	**1747**	**116.5**	**2500**	**2736**	**109.4**	**12500**	**13809**	**110.5**	**76.5**	**77.2**	**100.9**
成都市	85	85	100.0	100	204	204.0	800	800	100.0	86	90.5	105.2
自贡市	40	90	225.0	100	100	100.0	200	225	112.5	85	86.8	102.1
攀枝花市	50	50	100.0	30	35	116.7	150	162	108.0	80	80.0	100.0
泸州市	80	87	108.8	80	83	103.8	500	541	108.2	82	84.9	103.5
德阳市	30	70	233.3	80	80	100.0	100	110	110.0	85	90.1	106.0
绵阳市	100	100	100.0	140	140	100.0	650	660	101.5	84	84.3	100.4
广元市	100	100	100.0	180	180	100.0	1000	1168	116.8	85	89.2	104.9
遂宁市	50	72	144.0	80	80	100.0	720	720	100.0	86	88.1	102.4
内江市	50	50	100.0	60	60	100.0	300	516	172.0	84	88.2	105.0
乐山市	60	60	100.0	100	100	100.0	400	604	151.0	86	90.1	104.8
南充市	100	100	100.0	150	179	119.3	1200	1214	101.2	81	83.0	102.5
宜宾市	80	80	100.0	200	210	105.0	900	1134	126.0	86	88.9	103.4
广安市	60	95	158.3	120	120	100.0	700	743	106.1	80	80.9	101.1
达州市	100	100	100.0	150	150	100.0	1200	1412	117.7	77	79.4	103.1
巴中市	100	147	147.0	80	165	206.3	1250	1300	104.0	83	84.0	101.2
雅安市	80	80	100.0	80	80	100.0	340	360	105.9	78	79.0	101.3
眉山市	50	79	158.0	80	80	100.0	240	240	100.0	84	88.4	105.2
资阳市	40	51	127.5	100	100	100.0	450	450	100.0	85	87.9	103.4
阿坝州	45	51	113.3	90	90	100.0	400	450	112.5	83	85.1	102.5
甘孜州	100	100	100.0	300	300	100.0	500	500	100.0	67	67.8	101.2
凉山州	100	100	100.0	200	200	100.0	500	500	100.0	65	60.0	92.3

人大建议和省政协提案办理 2012年，省交通运输厅办理省十一届人大五次会议代表建议67件、省政协十届五次会议政协提案48件。为做好该项工作，采取如下措施：加强领导，落实责任。厅党组将办理工作纳入年度目标管理，做到领导到位、任务明确、责任落实。厅党组书记、厅长高烽多次就做好办理工作要求各单位“高度重视，加强领导，认真办理，提高办理水平和质量”，对重要建议和提案办理亲自审查。同时健全完善办理工作体系和责任体系，形成“主要领导负总责、分管领导具体负责，办公室牵头协调、具体组织和督办，各业务部门具体承办、分工合作”的工作格局。完善制度，规范办理。完善上门走访、电话联系、联络回访和协商办理、督查督办、答复审查、文书处理等制度，把好交办审核关、承办部门负责人签审关、厅办公室核稿关、正式答复函件厅领导签发关，修订和完善办理标准、程序和回复文件格式。讲究方法，提高质量。重要建议和提案由分管厅领导亲自督促办理，将办理工作纳入各部门工作目标进行考核；对涉及面广、办理难度大的建议和提案，由厅办公室协助各承办部门研究提出具体意见，并把好政策关、文字关、格式关。主动沟通，服务到位。主动与人大代表、政协委员沟通交流，对能够解决或经过努力可以解决的问题，千方百计加以解决；暂时解决不了的，创造条件逐步加以解决；对解决权限不在省交通运输厅的，在办理回复的同时，向有关部门或上级部门汇报，争取支持，促成问题的解决。同

时，加强与代表和委员的联系，坚持向代表和委员寄送办理答复函件的同时附寄征求意见表，实现双向互动。采纳和吸收建议和提案的合理化意见和建议，将办理工作与落实"十二五"交通规划、完成当年交通加快发展目标任务相结合。

年度绩效管理 2012年，在《四川省人民政府办公厅关于2011年省政府部门绩效管理评价结果的通报》中，省交通运输厅年度绩效管理工作评价得分96.64分，在全省59个被考核省政府部门中列第10位，较上年提升10个位次，其中省长蒋巨峰、副省长王宁对省交通运输厅绩效工作给予充分肯定，省政府领导评价权重分达满分。

（本栏目供稿单位：厅办公室）

人事劳动管理

RENSHI LAODONG GUANLI

领导班子和干部队伍建设 2012年，省交通运输厅继续加强领导班子和干部队伍建设。全年任免县处级干部68人次，其中新提拔任用干部39人、交流干部19人；对任职试用期满的19名干部按要求办理结束试用期手续；协助省委组织部推荐产生2名正厅级干部和4名副厅级干部；推荐上报正厅级后备人选1名、副厅级后备人选2名。选派援助三州藏区服务人才和挂职干部13人，选派到定点扶贫县挂职干部1人，选派"挂、帮、包"挂职干部1人，选派到其他市支援地方交通建设挂职干部2人；选派到新疆交通运输厅援助挂职干部1人；接受三州上派挂职干部3人，接受内地市"双千"工程上派挂职干部3人。完成厅领导班子和领导干部2011年度考核及民主生活会；组织完成厅机关公务员和厅直各单位领导班子及领导干部2011年年度考核，指导厅属单位完成领导干部2011年度民主生活会等相关工作。组织安排39名干部参加上级部门举办的各种教育培训；举办厅属单位人事干部培训班1期40人；组织安排14名干部参加拟任县处级领导职务政治理论水平任职资格考试，通过率为100%。

（但 伦）

机构编制和体制改革工作 2012年，省交通运输厅在机构编制方面，完成高速公路交通执法系统核增编制和增设大队的工作。经省委编办批复同意，按照2012年全省高速公路新通车里程，高速公路交通执法系统新增编制341名，新增大队29个。经省委编办批复同意，将省交通运输厅公路水运质量监督站更名为省交通运输厅工程质量监督局。在体制改革方面，完成351名稽征划转人员的参公管理，完成厅机关后勤服务中心岗位设置。（李 可）

机关事业单位公务员（工作人员）公开考录 2012年，省交通运输厅组织公开考录公务员2次、公开招聘事业单位工作人员2次、遴选公务员1次，为厅机关补充公务员1名，为厅属事业单位补充工作人员315名。此外，还组织省公务员录用面试考官培训班，厅属系统75名领导干部参加并取得四川省公务员录用面试考官资格证书。

（李 可）

职称评审 2012年，省交通运输厅进一步完善职称评审。一是规范申报材料受理，制定统一审核标准，强化责任，实行集中初审制度。二是突出专业技术人员业绩、能力的评价导向，进一步细化学术论文、学历、职称计算机、外语等评审计分标准。三是调整职称理论测试成绩的运用范围，规定边远山区县或男年满55周岁、女年满50周岁的职称申报人员测试成绩不再作为评审的否决条件。四是调整相关申报表格，细化填写项目，使申报材料更加科学规范。

全年组织完成216人的高级专业技术职务任职资格评审，有183人通过评审，通过率为84.7%；组织完成196人的中级专业技术职务任职资格评审，有175人通过评审（其中工程师166人，讲师9人），通过率为89.2%。

（李天洲）

高层次人才队伍建设 2012年，省交通运输厅组织推荐上报享受政府特殊津贴人选5名，省学术和技术带头人选7名及后备人选18名，省有突出贡献优秀专家人选4名，"西部之光"访问学者人选3名，国家技术能手人选1名，省技术能手人选3名，并开展交通运输部"交通科技英才"和"十百千人才"培养经费的申报工作。年内，厅公路设计院杨雪莲获交通运输部“交通科技英才”称号。

（李天洲）

工资管理 2012 年，省交通运输厅开展厅属单位工资政策执行情况的核查，进一步规范和加强工资管理；组织和指导厅属事业单位学习工资相关政策，启动岗位绩效工资工作；及时办理厅机关及所属单位相关人员滚动晋升级别工资和退休工资审批；完成兴蜀公司年度工资总额的核定、上报。 （岳建荣）

人事统计和转业干部（退役士兵）安置 2012 年，省交通运输厅按照交通运输部要求完成交通运输行业工资统计，按照省委组织部要求完成公务员（含参公管理登记人员）统计，按照省人力资源和社会保障厅要求完成厅属事业单位工作人员及厅属企业人力资源统计。年内，公务员统计工作获得省委组织部、省公务员局“全优单位”，省交通运输厅、四川交职院获交通运输部“公路水路交通运输行业人才统计调查工作先进集体”称号，四川交职院王华、代真荃获交通运输部“公路水路交通运输行业人才统计调查工作先进个人”称号。

全年接收安置军队转业干部 6 名、退役士兵 3 名。

（但 伦）

老年文体活动 2012 年，省交通运输厅组织离退休老同志开展丰富多彩的文体活动，迎接党的十八大胜利召开。6 月 19—21 日，举办“丹心抒情怀，喜迎十八大”老年书画展，共征集书画、摄影、诗歌作品近百件，老同志以书言志，以画传情，展示“老有所学、老有所乐、老有所为”的精神风貌。10 月 15—17 日，在射洪县举行“喜迎十八大 庆重阳 展风采”老年运动会。运动会设有麻将比赛、齐心协力投篮比赛和趣味接力赛 3 个项目。共有 11 个单位 123 名老同志和工作人员参与。各项目分别决出一、二、三等奖，获奖率达 65%。 （厅离退休处）

离退休老干部思想政治建设 2012 年，省交通运输厅以各离退休支部为载体，进一步加强离退休老干部的思想政治建设。3 月中旬，召开厅机关离退休支部书记座谈会，传达省委老干部局相关文件和年度工作安排。5 月初，在绵阳举办第十二期厅直单位离退休党支部书记学习班，针对老同志关心的时事、政策等热点问题，请省委老干部局的相关领导作专题讲座。11 月下旬，在党的十八大胜利召开后，结合离退休老同志的实际情况，以各支部书记宣读相关文件为主、支部内成员自由讨论为辅的方式学习党的十八大精神和新党章。12 月 11 日，组织离退休各支部的支部书记和支部委员代表参加党的十八大精神省委宣讲团省直机关宣讲分团举办的专场报告会。

（厅离退休处）

省交通运输厅举办离退休支部书记学习班 厅离退休处 供稿

离退休老同志生活待遇落实 2012 年，省交通运输厅按照有关文件精神，切实搞好政策落实，保证老同志生活待遇。落实省财政厅川财预〔2012〕4 号文件精神，确保在春节前厅机关离退休人员 145 人补发的津补贴足额兑现。落实省民政厅等相关部门川民发〔2011〕183 号文件精神，为厅机关 4 位离退休人员补发一次性抚恤金 27 万余元。落实省纪委等相关部门川纪发〔2012〕10 号文件精神，为厅机关 149 位离退休人员及驻蓉厅直单位离休干部及时调整并补发津补贴。 （厅离退休处）

外经外事

WAIJING WAISHI

在建高速公路 BOT 项目进展情况 2012 年，全省在建高速公路 BOT 项目 20 个（不含年底新开工的宜叙高速公路），在建里程 1444 公里，完成投资 382.5 亿元，占年度计划 386 亿元的 99.1%。其中成自泸赤高速公路成仁段完成投资 36.5 亿元，为年计划的 100%；内（江）自（贡）段完成投资 25.3 亿元，为年计划的 100%；泸州段完成投资 14.7 亿元，为年计划的 53.8%。成（都）安（岳）渝（重庆）高速公路完成投资41.5亿元，为年计划的 62.7%。遂资眉高速公路遂资段完成投资 27.5 亿元,为年计划的115.2%;眉山段完成投资 21.1 亿元,为年计划的101.5%。宜(宾)渝(重庆)高速公路宜宾段完成投资22.5亿元,为年计划的 110.1%;泸州段完成投资 14.6 亿元,为年计划的 85%。成绵高速公路复线完成投资 17.6 亿元,为年计划的 130.2%。内遂高速公路完成投资 22.2 亿元,为年计划的 130.6%。乐(山)自(贡)高速公路完成投资 24.7 亿元,为年计划的 111.4%。成都第二绕城高速公路西段完成投资 39.9 亿元,为年计划的 87.2%;东段完成投资 27.3 亿元,为年计划的 47.9%。南(充)大(竹)梁(平)高速公路完成投资 35.6 亿元,为年计划的 121.4%。遂(宁)广(安)、遂(宁)西(充)、内(江)威(远)荣(县)、巴(中)广(安)渝(重庆)、叙(永)古(蔺)、自(贡)隆(昌)、乐(山)自(贡)乐山城区连接线等7 个 2011 年底新开工高速公路项目(总里程595.3 公里、总投资 497.5 亿元)完成投资 11.4 亿元,为年计划的 13.9%。

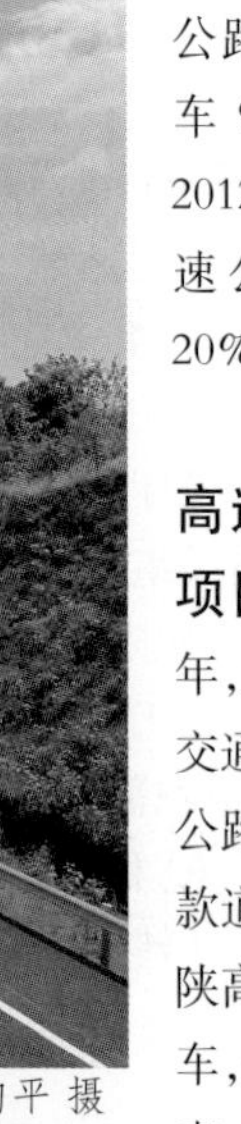
建成通车的成自泸赤高速公路成仁段　　游向平 摄

宜叙路招商成功并开工建设　2012 年,宜宾至叙永高速公路 BOT 项目招商成功。该路全长 110 公里,估算投资 106.78 亿元,投资人为四川省铁路产业投资集团有限责任公司和四川公路桥梁建设集团有限公司(联合体)。12 月 26 日,宜宾至叙永高速公路开工建设。

截至 2012 年底,全省高速公路累计招商成功 25 个高速公路 BOT 项目,总里程 2623 公里,引进社会资金 2038 亿元,里程数及引进资金数均居全国第一。

成绵复线等 5 个项目建成通车　2012 年,成绵复线、内遂、成自泸赤成仁段、成自泸赤内自段、宜渝路宜宾段等 5 个高速公路项目均按期建成通车,通车里程达 503 公里,是高速公路 BOT 项目建成通车里程最长的一年。至此,全省高速公路 BOT 项目累计通车 9 个 866 公里,占 2012 年度全省运营高速公路 4334 公里的 20%。

高速公路亚行贷款项目建成通车　2012 年,亚行贷款额最大的交通项目——雅西高速公路、川东首条亚行贷款道路发展项目——达陕高速公路全线建成通车,并通过亚行年度检查。雅西高速公路是中

达陕高速公路建成通车　　周光全 摄

国利用亚行贷款资金最大的单个项目，利用亚行贷款5亿美元；达陕高速公路利用亚行贷款2亿美元。

农村公路灾后重建亚行贷款项目获亚行官网专题报道 2012年10月，亚洲开发银行宣传团到川开展四川农村公路灾后恢复重建亚行紧急贷款项目宣传工作，随后亚行官方网站首页以《从废墟中站起》为题对项目进行专题报道。报道采访了当地农民、政府官员和亚行官员，对农民积极参与道路建设监督和养护工作作出高度评价，充分肯定四川农村公路灾后恢复重建工作取得的经济效益和社会效益。

（本栏目供稿单位：厅外经外事处）

亚行贷款农村公路方便村民出行　　厅外经外事处 供稿

交通公安

JIAOTONG GONGAN

交通运输维稳工作 2012年，省交通运输厅着力解决影响交通运输系统稳定的源头性、根本性、基础性问题，健全社会管理综合治理工作长效机制。落实社会管理综合治理和维稳工作领导责任制。厅党组将综合治理、维稳工作提到重要议事日程，明确工作目标、任务和措施，落实“一岗双责”。厅主要领导与厅直单位及厅机关各处室负责人签订2012年度维护社会稳定和社会管理综合治理目标责任书。建立完善综合治理、维稳工作的各项规章制度，重点建立完善领导责任制、目标管理考核制、领导述职报告制、领导责任追究制等制度，制订并完善处置突发事件的工作预案。对厅直单位社会管理综合治理、维稳工作进行考核，评出2011年度成效显著单位。开展矛盾纠纷排查化解工作。厅党组要求全省交通运输系统各单位（部门）对涉及影响社会稳定的问题开展全方位、深层次的大排查，做到底数清、情况明，早调处、早化解；对排查掌握的矛盾纠纷和不稳定因素，提前预警防范，及时核查控制；对较为突出涉及社会稳定的问题，及时报告当地党委政府并在责任主体单位的统一领导下配合做好稳控化解。维护交通运输系统内部稳定和社会稳定。厅党组要求全省交通运输系统对交通建设中土地征用、房屋拆迁、拖欠民工工资，企业改制，历史遗留等重点领域（尤其是涉藏地区）中的不稳定因素，及时掌握动态情况；对可能诱发较大规模聚集上访和群体性事件的苗头隐患，要明确“三责”（责任领导、责任单位、责任人员），及时研究解决办法，妥善化解。

（费世奇）

“扫黄打非” 2012年，省交通运输厅下发全省交通运输系统“扫黄打非”工作要点和行动方案，及时转发部省“扫黄打非”工作密电、文件、通报，组织开展各类专项整治行动和专项工作，加强对出版物运输物流市场监管力度。一是要求各市（州）交通运输局（委）建立“扫黄打非”专项整治行动领导机构，做到领导、人员、经费“三落实”，明确交通公安、运政、海事、路政执法部门的一线监管职责，建立“扫黄打非”工作网络。二是要求各级交通运输管理（执法）部门加强对车站港口、候车（船）室、高速公路服务区、货运物流站场等出版物运输物流集中地的市场监管，杜绝一切销售非法出版物和无证销售行为。三是协调配合相关执法部门开展联合执法，封堵查缴低俗盗版音像制品和各类非法出版物。重点查堵政治性非法出版物和非法宗教出版物（尤其是涉藏非法宗教出版物）。2012年，厅公安处组织厅运管局、成都市交委执法总队在成都市货运物流市场进行6次“扫黄打非”重点清查整治，查获各类非法（涉藏）宗教、淫秽盗版光碟、书籍等非法出版物23.8余万张（册）。同年，厅公安处被评为全国“扫黄打非”先进集体，厅运管局、成都市交委执法总队被评为四川省“扫黄打非”先进集体。

（张元龙）

站港车船治安管理 2012 年党的十八大前夕，厅公安处会同相关部门对二朗山、鹧鸪山隧道，重点油库（沥青库），成都等地重点车站进行专项检查，整改安全隐患。康定汽车运输公司公安科在 10 月 16—28 日对折多山以外南北路 14 个车站进行安全大检查，整改消除各项安全隐患。成都市运输总公司，成都、绵阳、遂宁等交通公安保卫机构重点加强对治安情况复杂的民工超长运输、旅游运输治安安全工作的分类指导，及时消除治安隐患。党的十八大期间，厅公安处组织明察暗访活动，重点检查车站“三品”（易燃、易爆、危险品）查禁工作和治安安全隐患整改情况，督促各地交通公安保卫部门认真履行职责。全省交通公安充分发挥客运枢纽站安装的 X 光检测设备作用，辅以人员开包检查，提高查禁“三品”（易燃、易爆、危险品）准确率。

进行“三品”（易燃、易爆、危险品）检查　　厅公安处 供稿

2012 年，全省交通公安查处各类治安案件 265 件，查获“三品”1432 件，调解旅客纠纷 1113 件，配合地方公安查破各类刑事案件 51 件，打击处理各类违法犯罪人员 184 人。

（何志远）

公路水路安全联防工作联席会 2012 年 11 月 16 日，省综治委公路水路安全联防工作联席会第一次会议在成都举行。省综治办、省交通运输厅、省发展改革委、省经信委、省公安厅、省住建厅、省水利厅、省农业厅、省国资委、省广电局、省安监局、省电监办、省武警总队及省交通运输厅公路局、航务局、运管局、高管局，省交投集团、川高公司、成渝公司、港航公司等单位负责同志参加会议。联席会召集人、省委政法委副书记、省综治办主任王萍主持会议并讲话。

会上，王萍介绍了省综治委、省交通运输厅按照中央综治办、交通运输部要求，结合四川省实际组建公路水路安全联防工作联席会及办公室的背景，并分析当前全省公路水路联防工作面临的严峻挑战；省交通运输厅副厅长黄英权宣读了省综治委公路水路安全联防工作联席会成立文件；联席会办公室主任、省交通运输厅副巡视员赵家栋宣读了提交会议讨论的相关材料。与会领导均结合本部门、本单位职能职责，对省综治委公路水路安全联防工作联席会成员单位安全联防工作职责任务和全省开展平安公路、平安车站、平安航道、平安港口创建标准等文件提出修改意见和建议。

（张元龙）

交 通 战 备

JIAOTONG ZHANBEI

交通战备组织机构建设 2012 年，为贯彻落实成都军区交战办提出“四川省实现市级战备机构全覆盖，并把县级机构建设推向深入”的要求，针对全省政府机构调整改革，省交战办向全省交战部门提出“首保稳定，再求发展”的总要求。各级交战部门充分借助交通战备法规，主动向政府、国防动员委员会、挂靠单位汇报情况，宣传规定，争取理解和支持。通过反复协调和不懈努力，全省交通战备组织机构建设基本保持稳定并有所突破。其呈现三个显著特点：一是整体稳定。全省市级交通战备机构已全部落实到位，人员整齐，经费落实。二是超高设置。凉山、宜宾、广元、雅安、达州、成都等市（州）交战办的编制等级达到正县级，其中凉山州，宜宾、雅安市交战办下设科室。三是超强配备。省交战办通过接收转业干部配备副主任 1 名，通过公招新进工作人员 1 名。凉山州交战办配备专职主任（兼交通运输局副局长）、专职副主任、调研员各 1 名，编制总数与现有工作人员达 8 人，全省首次出现交战办主任兼任交通运输局副局长的现象。阿坝州交战办落实专职主任和工作人员各 1 名。广元、达州、内江、南充等地交战办领导在新老交替中，都得到补充和加强。

多措并举贯彻国防要求 2012 年，省交战办多措并举贯彻国防要求并取得新成效。

初步建立省一级贯彻国防要求机制。省交战办主动向省政府相关领导汇报情况，协调省政府有关部门和驻川部队，首次建立由副省长曲木史哈任召集人，省政府办公厅、省发展改革委、省财政厅、省交通运输厅，成都铁路局、民航西南管理局，成都军区空军交通战备办公室、省军区后勤部、省国防动员委员会综合办公室、省交通战备办公室等为成员单位的省交通建设贯彻国防要求协商制度，明确成员职责，制定工作制度，并于11月召开第一次工作会议，初步搭建省交通建设贯彻国防要求的重要平台。同时，协调将四川交警总队、省武警总队、武警38师、武警指挥学院等单位纳入全省交通战备成员单位，召开军地联席会议。通过与省国防动员委员会和省军区沟通协调，确定在省国防动员综合训练基地增挂省交通战备训练基地的牌子，划定理论教学与专业训练场所。

首次建立全省交通运输邮电通信基本建设贯彻国防要求项目库。省交战办与省发展改革委、省财政厅反复协调沟通，调查论证，确定在全省范围内启动建立贯彻国防要求项目库的工作，并于1月联合行文要求各级坚持“长远规划、统筹安排”的原则，将与部队人员、装备机动，重要国防军工企业物资生产与运输有直接或间接关联的国防公路、战备公路、战备迂回道路和三级以上交通重点保障目标，与应急应战、反恐维稳有重要关联的交通运输、邮电通信基本建设项目一同纳入贯彻国防要求的范畴。全省各级交战办组织拟订与地方发展规划和政策相适应的贯彻国防要求项目建设的5年规划，同时会同本级发展改革、财政部门，组织召开由本辖区驻军、国防军工企业和相关部门参加的联席会议，建立本级2012—2015年交通运输邮电通信基本建设贯彻国防要求项目库。经省交战办审查，最终确定建设储备项目165个，申请补助资金4.27亿元。

抓好部队进出道路建设。2011年省交战办向省财政厅争取交通运输基础设施建设贯彻国防要求补助资金700万元，完成隆昌火车站通站公路及桥梁、广元78465部队进出道路、泸州国道321线三层铺危桥、古蔺石宝镇雷达部队进出道路、驻苍溪部队快速通道、绵阳27基地连心桥等6个项目的改扩建任务。2012年，再次争取省财政厅补助资金700万元，用于德阳、绵阳、广元、达州、南充等市的7个建设项目，项目已全部开工建设。另外，落实“十二五”国防公路建设规划泸州省道308线合江至泸州大桥国防公路建设项目补助资金2760万元，项目于2011年动工建设，现已基本完成建设任务。西昌瓦吉木训练基地两条进出道路建设项目的前期准备工作全部完成。

军事交通保障工作 2012年，省交战办履行战备职能，完成军事交通保障工作。

川藏线军事运输交通保障方面。成都军区川藏线军事运输交通保障协调会议召开后，厅战备办、甘孜州交战办、雅安市交战办在川藏公路国道317线、国道318线建设整治工作期间，督促建设单位尽快制订保通措施并与相关单位建立联系，细化工作职责，对口协调好交通保障有关事宜，及时与部队互通交通保障信息。

藏区维稳运力动员相关方面。省交战办于2月28日召开有省交通运输厅、厅运管局战备办，成都、雅安市交战办，阿坝、甘孜、凉山州交战办等单位参加的协调会议，对做好藏区维稳运力动员工作进行全面安排部署，要求制订预案，建立24小时值班制度，确保车辆调动。凉山州交战办按照州政府要求，于1月26日紧急征用16台30座以上大客车，运送凉山州武警支队官兵赴四川藏区执行任务。广元市交战办应驻地武警部队的要求，于1月24日征用30座以上大客车8台，运输部队赴藏区执行维稳任务，历时58天，并落实补偿经费100多万元。

军区部队支援运输和军事行动交通保障方面。根据成都军区交战办通知，军区部分部队1200余台车辆将从4月1日起执行向甘孜地区运输建筑水泥的任务，13集团军部分部队从6月12日起向西藏和四川藏区机动，驻云南某部从6月19日起向凉山州各驻训点机动，要求全力做好交通保障。省交战办立即指示厅战备办、厅公路局战备办，成都、雅安、乐山市交战办，甘孜、凉山州交战办等单位，制订详细周密的保障计划，协调公路、路政、公安等部门，根据不同的情况对机动部队实施接力和伴随交通保障，保障各部队安全顺畅通行，圆满完成交通保障任务。此外，先后两

四川省交通建设贯彻国防要求协商制度会议现场　　省交战办 供稿

次完成成都军区空军部队弹药运输、西昌卫星发射交通保障任务及成都军区“929”工程战备钢桥拆除归库任务。

应急应战能力建设　2012年，省交战办按照“任务牵引，重点建设，控制规模，合理布局”的原则，确定在成都市和省路桥集团分别组建一支公路运输和公路工程专业保障队伍，作为省级重点国防交通专业保障队伍，组建方案已上报待批。同时，配合成都军区交战办，做好一支大型平板拖车、一支集装箱运输、一支机场抢修专业保障队伍的组建工作。为进一步提高全省交通战备工作人员的业务能力和综合素质，于3月26—30日在成都举办一期交通战备应急管理培训班，全省各市（州）交战办，部分县（区）交战办，铁路、交通、通信、民航、邮政系统战备办领导及工作人员共70余人参加。完成战备机构数据普查和民用运力潜力、特种车辆、大型运输企事业的调查统计。在省政府组织的“5·12”防灾救灾综合演练中，组织成都市第一、第三应急战备汽车大队，出动车辆维修车9台、大客车3台、保障人员40人，开展应急车辆维修、道路交通保障科目演练。9月16—23日，组织达州市和阿坝、甘孜州交战办等单位，重点对国道317线（川藏北线）、国道318线（川藏南线）及其连接迂回道路县道进行实地踏勘，历时8天，行程2300余公里，基本摸清四川藏区的交通动员潜力和两条主要进藏通道的基本情况。

通信线路安全保障　2012年，为确保全国“两会”期间通信线路和设施设备，特别是长途通信干线的安全，省交战办于2月28日发文要求各市（州）交战办和各通信单位召开专题会议，分析护线形势，明确工作任务，制订工作预案，对可能危及通信线路安全的隐患进行排除，确保“两会”期间通信线路和设施设备的安全。“两会”期间，省交战办牵头公安、通信等部门赴广元、巴中等地实地检查指导护线工作。5月14—18日，结合“5·17”世界电信日，省交战办牵头省军警民护线办公室，赴德阳、绵阳、广元、遂宁等市，对各地护线宣传工作、基本建设中保护通信线路安全的工作进行督促和检查，深入工地一线宣传护线规定和要求，营造良好的护线氛围，有效防止因抢时间、赶进度施工而损毁通信线路的事故。为加快推进蓬溪县工业园区长途通信光缆入地工程建设，省交战办多次召开现场会议，协调蓬溪县政府按时完成光缆管道建设。8月，省交战办再次发文要求加快建设进度，遂宁市“三电”（电力、电信、广播电视设施）及油气整治领导小组办公室和遂宁市交战办积极协调，蓬溪县政府认真配合，已完成光缆入地工作。　　（本栏目供稿单位：省交战办）

国防交通专业保障队伍“5·12”防灾救灾综合演练组图　　省交战办 供稿

科技·教育·文化

KEJI JIAOYU WENHUA

世界文化遗产——都江堰 玫影摄

交通科技
JIAOTONG KEJI

概 况 2012年，省交通运输厅组织完成《四川省交通运输"十二五"科技发展规划》编制，通过调研、座谈、问卷调查和大纲编制等环节，在征求各单位书面意见的基础上，召开行业专家座谈会，对规划进行全面修改和完善，经2012年第7次厅务会审议通过并印发实施。

11月，交通运输部在成都主持召开雅西高速公路科技示范工程验收会，验收专家组在雅西高速公路现场考察听取省交通运输厅和雅西公司相关汇报后，一致同意通过正式验收。经与交通运输部、省发展改革委沟通协调，将厅公路设计院纳入陆地交通地质灾害防治技术国家工程实验室的建设单位。配合财务部门起草《省级财政交通运输科技专项资金管理办法》。开展2012年度厅科技项目立项工作，经网络初审、会审、集中复审等程序，对年度申报科技项目进行立项审查，并形成立项建议。加强在研西部科技项目管理，及时对相关项目进行结题验收，完成西部项目结题8项，并对5个在研西部项目的研究进度和相关基础管理工作进行督查。以西部项目为主、厅立项目为辅组织科技成果申报科技奖励，2012年度全省交通运输行业获省部级科技进步奖励9项，其中一等奖2项。做好重大科技项目储备，组织厅公路设计院、厅交通设计院，依托藏区高速公路和岷江航道整治等项目建设，集中储备一批重大关键技术攻关研究项目，并争取获得西部项目、交通运输部重大科技专项及科技示范工程等项目支持。

四川交通运输"十二五"科教发展规划征求意见座谈会议现场　　厅科教处 供稿

3项成果获省科技进步奖 2012年，省政府发布《关于授予2012年度四川省科技进步奖的决定》，省交通运输厅推荐的交通运输行业3项科技成果获省科技进步奖，其中二等奖1项、三等奖2项。

由厅公路设计院、广南公司等单位主研的《特大跨钢管混凝土叠合拱桥成套技术研究》项目研究成果获省科技进步二等奖，由厅公路局、厅交通设计院、兴蜀公司等单位主研的《高原过渡区路面结构与施工技术的研究》和由厅公路设计院、雅西公司等单位主研的《超高墩大跨预应力混凝土连续刚构桥梁设计与控制关键》项目研究成果获省科技进步三等奖。

《特大跨钢管混凝土叠合拱桥成套技术研究》获省科技进步二等奖 该项目于2005年开始前期研究，2009年在四川省交通厅申请立项，属于桥涵工程应用技术开发项目。项目通过对特大跨钢筋混凝土箱型拱桥使用状况的调查分析，结合广元昭化嘉陵江大桥设计需要，提出特大跨混凝土拱桥的主拱截面形式、新型泵送C80高性能超高强混凝土充填强劲钢管混凝土骨架的成拱新技术，开发出适应特大跨拱桥的钢管混凝土叠合拱圈新结构、新工艺、新理论，以及桁式腹板主拱结构、内钢箱混凝土组合立柱等新结构。通过工程应用和实测数据总结，形成《钢筋混凝土箱型拱桥设计与施工技术指南》。项目研究内容包括8项子课题：①设计技术研究；②高性能混凝土材料试验研究；③计算理论试验研究；④强劲骨架施工工艺研究；⑤内钢箱混凝土组合结构柱试验研究；⑥钢筋混凝土桁式腹杆箱型拱桥专项技术研究；⑦施工控制技术研究；⑧成桥荷载试验研究。该项目获得国家发明专利1项（已授权），申报国家发明专利1项；获实用新型专利2项（已授权），申报实用专利1项；获得国家工法1项，申报四川省工法 1 项；获得 2012 年度四川省科技进步二等奖。

6 项成果获中国公路学会科学技术奖 2012 年，四川交通运输 6 项科研成果获中国公路学会科学技术奖，其中一等奖 4 项、二等奖 1 项、三等奖 1 项。

由厅公路设计院、西南交通大学、广甘公司等单位主研的《公路隧道抗震及减震技术研究》，由四川路桥集团、广南公司、厅公路设计院、清华大学、武汉理工大学、重庆交通大学等单位主研的《基于强劲骨架的特大跨钢筋混凝土拱桥关键技术》，由交通运输部科学研究院、中国科学院水利部成都山地灾害与环境研究所、都汶公司等单位主研的《都汶路震后次生地质灾害危险性评估技术》，由雅西公司、西南交通大学、湖南省交通规划勘察设计院、中铁西南科学研究院有限公司、中铁二十三局集团有限公司、中铁十二局集团第一工程有限公司等单位主研的《高速公路螺旋型曲线隧道营运安全控制技术研究》获中国公路学会科学技术一等奖；由雅西公司、成都理工大学、厅公路设计院、西南交通大学、中南大学等单位主研的《活动断裂区高速公路修筑关键技术研究与应用示范》获中国公路学会科学技术二等奖；由招商局重庆交通科研设计院有限公司、厅公路局等单位主研的《山区库岸公路路基稳定技术研究》获中国公路学会科学技术三等奖。

《公路隧道抗震及减震技术研究》获中国公路学会科技进步一等奖 该项目结合“5·12”汶川特大地震公路隧道震害特点，对拟建公路隧道不同地质条件下地震参数及震害机理、地震动力响应设计计算方法、抗减震技术进行系统性研究，提出抗震减震一系列新理论及技术，并在工程实际中得到应用。该项目获 2012 年度中国公路学会科技进步一等奖。

《基于强劲骨架的特大跨钢筋混凝土拱桥关键技术》获中国公路学会科技进步一等奖 该项目在调查、收集大量钢筋混凝土拱桥极限承载力研究理论及试验资料的基础上，介绍了强劲骨架钢筋混凝土拱桥拱圈结构极限承载力的研究理论及方法。同时，将有限元分析法的思想应用于劲性骨架钢筋混凝土拱桥拱圈结构的极限承载力综合评价中，进行钢筋混凝土拱桥拱圈结构承载力评价的全过程破坏模型研究，总结出强劲骨架是如何影响钢筋混凝土拱桥极限承载力指标的理论并在实践中起到良好作用。该项目获 2012 年度中国公路学会科技进步一等奖。

《都汶路震后次生地质灾害危险性评估技术》获中国公路学会科技进步一等奖 该项目依托都汶高速公路，围绕地震重灾区公路次生地质灾害机理、潜在危险性预测及处治技术开展研究，主要方向有地震重灾区公路次生地质灾害机理、地震重灾区次生地质灾害潜在危险性预测、地震重灾区公路次生地质灾害处治技术研究等。该项目获 2012 年度中国公路学会科技进步一等奖。

《高速公路螺旋型曲线隧道营运安全控制技术研究》获中国公路学会科技进步一等奖 该项目依托雅西高速公路科技示范工程，采用半径 600 米的圆曲线以隧道螺旋展线的方式解决了平面长度不足矛盾。双螺旋隧道具有半径小、纵向连续上坡、线路长、左右洞间距小、进出口高程高差大、洞口地质条件差等工程建设特点。此高速公路小半径双螺旋隧道属世界首创，为山区高速公路设计、建设提供成功范本。该项目 2011 年 10 月份通过鉴定验收，获 2012 年度中国公路学会科技进步一等奖，其成果鉴定为国际先进、部分内容国际领先。

《汶川地震公路震害调查》出版发行 2012 年，由厅公路设计院等单位主编的《汶川地震公路震害调查》系列丛书正式出版发行。该书是交通运输部西部交通建设科技项目“汶川地震公路震害评估、机理分析及设防标准评价”研究成果之一，并得到科技部国际科技合作项目“高烈度地震地区公路结构物抗震与恢复重建技术研究”的支持。全书按专业分地质灾害、路基、桥梁、隧道等 4 册，全面、客观地展示了汶川地震灾区公路震害，为公路抗震减灾技术的研究奠定了基础。

《汶川地震公路震害调查》系列丛书　　厅科教处 供稿

组织收看交通运输科技大讲堂 2012 年，省交通运输厅组织收看 4 期交通运输部交通科技大讲堂。3 月 29 日，在 10 楼会议室设第九期部科技大讲堂四川分会场，组织收看由交通运输部公路科学研究院研究员潘玉利和招商局重庆交通科研设计院有限公司教授级高工程崇国分别主讲的《公路养护科学决策体系支撑技术》和《公路隧道养护技术现状与发展》专题讲座。厅公路局、厅公路设计院、厅交通设计院及厅机关有关处室 30 余人收看了讲座。6 月 28 日，在 4 楼会议室设第十期部科技大讲堂四川分会场，组织收看由交通运输部天津水运工程科学研究院研究员张华庆和长江航道规划设计研究院教授级高工刘怀汉分别主讲的“沿海港口深水航道整治及维护技术”和“长江航道整治及信息化技术”。厅机关各处室及厅航务局、厅交通设计院、省港航公司等企事业单位50余名从事交通水运科研、规划、设计、施工及管理工作的干部职工收看了讲座。9月28日，在10楼会议室设第十一期部科技大讲堂四川分会场，组织收看由交通运输部科学研究院研究员石宝林、交通运输部公路科学研究院教授级高工易振国分别主讲的《综合客运枢纽的建设与发展》和《发展道路甩挂运输促进现代交通运输系统建设》的主题讲座。厅机关相关处室及成都市交委、厅运管局、四川交职院等单位30余名从事交通运输科研、规划、设计及管理工作的干部职工收看了讲座。12月11日，在10楼会议室设第十二期部科技大讲堂四川分会场，组织收看由中国工程院院士、武汉理工大学教授姜德生主讲的光纤传感技术及其在交通领域应用。厅机关相关处室及四川交职院、厅信息中心、厅结算中心等单位30余名从事交通运输科研、规划、设计及管理工作的干部职工收看了讲座。

《绵茂公路建设关键技术研究》通过验收 2012年1月5日，省交通运输厅组织有关专家对由厅公路局和江苏省交通科学研究院股份有限公司共同承担的《绵茂公路建设关键技术研究》科研项目进行验收。该项目通过现场调研、理论分析和数据模拟等手段，对地震后的绵(阳)茂(县)公路建设关键技术进行系统研究，提出地震力作用下岩石边坡稳定分析方法，地震力作用下岩石边坡稳定性多因素分类标准，地震后的填石路基(碎石土路基)施工工艺与质量控制方法，半填半挖路基不均匀沉降计算方法与控制标准，崩塌体段路基强度、变形分析方法和稳定性控制措施。项目研究成果得到专家组认可并通过验收。

(本栏目撰稿单位：厅科教处)

《绵茂公路建设关键技术研究》科研项目验收会现场
厅科教处 供稿

交通教育
JIAOTONG JIAOYU

概 况 2012年，省交通运输厅组织完成《四川省交通运输“十二五”教育培训发展规划》编写工作，并在第7次厅务会审议通过印发实施。配合财务部门起草《省级财政交通运输教育专项资金管理办法》。制订下达各市(州)交通运输局(委)、厅直单位年度教育工作意见和职工教育培训目标计划。组织开展厅机关及厅直参公单位公务员职业道德全员培训工作，在省交通管理学校组织举办两期县交通运输局长岗位培训班，培训学员68人次。据不完全统计，全年行业职工培训人数超过4万人次，职工培训面达45%以上。推进三州(甘孜、阿坝、凉山州)交通人才本土化培养以及藏区“9+3”免费中职教育工作。通过对人才现状、培训需求的多次调查以及与相关市(州)政府、交通运输部门、厅属学校的沟通协调，完成2009级99名毕业学生就业升学工作以及2010级156名学生顶岗实习安排。厅属学校藏区“9+3”免费中职教育计划招生新录154名，凉山州交通系统参照“9+3”教育模式招收本地学生161名。年内，阿坝州政府、凉山州政府分别与四川交职院签署校地战略合作协议，拓展民族地区交通人才本土化的道路。助推厅属学校发展，2012年四川交职院实现各类在册生近2万人，高职招生4395人、中职招生1557人、成人招生285人，年度毕业生就业率96.08%。12月8日，四川交职院召开建校60周年大会，交通运输部科技司、省教育厅、省财政厅和省交通运输厅领导出席大会并讲话。同年，四川交通运输职业学校获批成为国家中等职业学校改革发展示范建设项目单位，并按照教育部等三部(委)批复的建设内容正式启动示范建设相关工作。10月，在交通运输部科技司开展的全国交通运输行业“1+32”示范平台(即交通运输行业管理干部队伍培训平台)

及10个示范基地建设评估中，四川省交通管理学校综合评定成绩名列前茅，受到交通运输部科技司的肯定。年内，省交通运输厅等9个省(自治区、直辖市)被交通运输部支持西部地区干部培训办公室评为西部地区交通运输干部培训工作先进单位并被通报表彰。（厅科教处）

四川交职院与阿坝州签订战略合作协议 2012年7月12日，阿坝州政府与四川交职院战略合作协议签字仪式在四川交职院举行。省交通运输厅副厅长白理成出席签约仪式，阿坝州政府副州长杨长清、四川交职院党委书记候钫分别作为双边代表签署了战略合作协议。

阿坝州政府、四川交职院校地战略合作协议签字仪式现场 四川交职院 供稿

阿坝州在四川建设西部综合交通枢纽中担负着地区性枢纽、重要节点的功能和作用。未来5年，阿坝州将大力推进“畅通阿坝”建设，但交通队伍现状不能适应交通事业的发展，加快建设一支交通本土化专业技术人才队伍是当务之急，更是长远发展所需。根据协议，今后双方将发挥各自的优势，在专业技术人员培训、中高职衔接、技术服务、师生社会实践、干部挂职锻炼等领域开展全方位、多层次的战略合作。

白理成副厅长代表省交通运输厅对校地战略合作协议的成功签署表示祝贺，并肯定双方合作意义重大。签约仪式结束后，白理成、杨长清一行参观了四川交职院部分实验实训基地。

（厅科教处）

四川交职院年度主要工作 2012年，四川交职院全日制高职生规模达12600余人，自考、成人教育在册学生5670人。高职新生报到人数4514人，招生计划完成率103.53%，毕业生就业率96.08%，年培训鉴定和认证考试4.1万人次，被四川省推荐为全国高校毕业生就业典型经验50强候选单位。年内，学院开展60周年校庆以及各类技术培训、高速公路交通运营安全研究等工作，完成藏区“9+3”免费中职教育招生、就业任务。学院获得“全省创先争优先进基层党组织”称号；学院党委被评为省直工委“四好班子”；学院社科联获得四川省社科联“2011—2012年度先进高校社科联”称号。

职教体系：四川交职院完善现有道路运输培训中心、海事培训中心管理制度，深化和拓展服务内容。与厅质监局合作，建成四川省公路水运监理和试验检测考试教育基地；与厅公路局达成合作框架协议，建设四川省公路人才培养(培训)中心；与阿坝州、凉山州政府签署战略合作协议，在人才培养、经济科技等建立多领域、多方面、深层次的合作关系，采用短期培训、订单培养、送教上门等方式，打造交通人才本土化。四川交通运输职业学校于10月被教育部、财政部、人社部确定为国家示范中职学校建设单位，全年招收新生1980人。四川交通管理学校通过交通运输部干部培训示范基地资格答辩。

科研工作：四川交职院围绕交通运输发展需求，建设四川省交通运输节能减排工程技术研究中心，同时成立“桥隧检测”“汽车检测与维修”“交通运输节能减排”3个四川省高校校企联合应用技术创新基地。围绕交通运输行业关键技术问题，通过提升技术自主创新能力和科技成果转化，完成雅西高速运营安全保障体系研究，雅西高速开通后运行期内无重大事故发生。立足四川高职研究中心和社科联等科研平台，组建联合研究团队，以交通运输行业和教育领域的重难点问题为研究重点，完成《2012年度四川省高职教育质量报告》。

四川交职院60周年校庆文艺晚会 四川交职院 供稿

队伍建设:四川交职院通过中心组学习、小集中学习和暑期培训学习等契机,加强干部队伍建设。制订优惠政策,建立吸引和培养优秀人才机制,加大紧缺人才的引进、培训和聘任工作力度。全年送培教师318人次,举办名家讲坛4次,引进人才27人,晋升职称正高级3人、副高级10人(含高级工程师2人)。

教学改革:四川交职院紧贴行业发展新形势,以特色专业建设为龙头,以部省重点专业建设项目、师资培训基地项目等为抓手,总结推广示范建设成果,全面优化和改造老专业,推进课程改革,完成3门国家级精品开放课程和5门省级精品开放课程的建设和申报工作,各项数据在全省同类院校中均处于领先地位。按照"合作办学、合作育人、合作就业、合作发展"的要求,推进《大学生职业素养和职业发展培养计划》与各系各专业逐步实现"双主体"育人格局,深入分析学生状况,结合经济社会和行业发展对学生职业素养的要求,创新工作方式、改革评价机制,实施分类引导。

招生就业:四川交职院全年一专文理科录取分数线均居全省一专同类院校第二位,超越部分本科院校专科调档线;二专文理科录取分数线均位居全省同类院校第三。完善单独招生各项规章制度,探索建立"多种生源、分类考试、综合评价、多元录取"的单独招生办法,增加对口高职专业技能测试,得到省教育厅及招生考试院的充分肯定。全年完成单独招生673人,其中藏区"9+3"免费中职教育单独招生49人。推行就业工作目标管理,全年毕业人数3699人,就业人数3554人,就业率96.08%,超出省教育厅下达就业率目标20个百分点。(四川交职院)

国家示范中职学校建设誓师动员大会 2012年11月13日,四川交通运输职业学校国家中等职业教育改革发展示范校建设誓师动员大会在该校大会堂召开。省交通运输厅副厅长冯文生,省交通运输厅直机关党委书记侯钫出席会议并讲话。会上,学校负责人与各企业项目负责人签订项目协议书。

四川交通运输职业学校召开国家中等职业教育改革发展示范校建设誓师动员大会 厅科教处 供稿

2010年,四川省交通运输学校和四川省公路技工学校合并组建为四川交通运输职业学校,通过这种资源的实质性整合,解决了申报示范学校的主体资格和基本条件。2011年10月,教育部、人社部、财政部联合下发《关于公布"国家中等职业教育改革发展示范学校建设计划"第二批立项建设学校名单的通知》,四川交通运输职业学校以四川省第一名的成绩进入第二批立项建设学校行列。2012年6月,教育部、人社部、财政部联合下发《关于下达"国家中等职业教育改革发展示范学校建设计划"第二批项目学校建设方案及任务书的通知》,四川交通运输职业学校再以四川省第一名的成绩进入为期两年的国家中职示范校建设行列。在两年建设期内,学校将重点建设道路与桥梁工程施工、汽车运用与维修、物流服务与管理和工程机械运用与维修4个重点专业及四川交通运输行业从业人员技能提升平台、以人为本的中职学校现代教育教学管理2个特色项目。(厅科教处)

交通信息化建设

JIAOTONG XINXIHUA JIANSHE

全省高速公路联网收费与管理 2012年,全省高速公路网结算单位增加到67个,完成全省高速公路联网收费通行费结算104.66亿元,较2011年增长23%;完成记账卡通行费1670万元,较2011年增长10.5%;川O、川A车辆绕城包缴7.94亿元,较2011年增长10.82%;成温邛高速公路统缴3.63亿元,较2011年增长9.96%。全年发行复合通行卡122.7万张、管理类卡1.74万张、专用车卡1.15万张,调配路网通行卡210次、127万张。强化技术服务,顺利完成新开通高速公路联网收费任务。完成雅西、达万、成德南、巴南、内遂、映汶、广甘等11条新建高速公路、95个站点、366条车道、104套应急收费机的收费软件安装和调试；完成攀西片区20个站点、92条车道，广巴高速公路8个站点、28条车道，成彭高速公路4个站点、32条车道收费软件的升级更换和复合通行卡更换，同步并入大路网。完成ETC收费软件测试、升级和ETC数据交换平台、客服系统、财务结算系统的开发建设。实施"12122"系统升级改造工程，全省"12122"热线服务电话实现话务集中式处理。全年受理各类话务38.89万件，较2011年增长19.08%；通过"12122"系统发布交通阻断信息2470条，较2011年增长33.3%；处理投诉事件631件，较2011年增长91.79%；网站发布新闻信息6831条，较2011年增长5.91%；高速公路路况信息1442条；费率查询10.89万次，较2011年增长78.52%；共有8.83万人次接收手机信息，较2011年增长28.12%。启用全省高速公路路网运行量分析月报、联网收费稽核月报、路网系统维护月报和"12122"热线服务月报，深入开展高速公路流量和收费数据的二次挖掘和分析研究，及时向交通运输部、省交通运输厅等上级单位报送数据流量等信息，国庆长假期间数据报送工作受到交通运输部书面表扬，路网数据分析和利用能力提升迅速。年内，厅结算中心被交通运输部评为"2012年公路交通阻断信息报送工作先进单位"。

（厅结算中心）

全省交通应急指挥及抢险救助保障系统规划建设工作　2012年，省交通运输厅做好全省交通应急指挥及抢险救助保障系统规划建设工作。一是做好《四川省公路水路交通应急指挥及抢险救助保障系统建设规划》编制工作。确定全省公路水路交通应急指挥及抢险救助保障系统建设的思路、原则、目标、主要内容和实施序列，年内已完成初稿。二是完成全省公路水路交通应急指挥及抢险救助保障系统（一期）工程厅应急指挥中心房建工作。按照省交通运输厅应急指挥中心房建工程招标合同要求，8月1日，厅应急指挥中心的空调、消防、电梯已安装调试完成并投入使用，完成多功能厅、会议室及门厅、围墙、地下停车场交通标志标线的改造和装修，以及土建（加固）、装饰、安装等施工项目和主要设备的采购。三是完成（一期）工程信息系统工程一阶段设计并进入施工招标流程。

全省交通网站建设管理工作会　　文静　摄

按照信息系统工程设计招标合同要求，完成全省公路水路交通应急指挥及抢险救助保障系统（一期）工程信息系统工程一阶段设计，形成《设计主报告》《应急指挥中心设计方案》《机房及配套工程设计方案》《投资预算》4个分册；通过厅设计方案、造价和招标限价审查；完成5个标段招标文件的编制及省交通运输厅和省发展改革委的备案工作，进入施工招标流程。四是协助和指导试点单位落实相应配套设施。编写《四川省公路水路交通应急指挥及抢险救助保障系统（一期）工程试点市（州）交通运输局应急指挥中心建设指南》，指导广元市、阿坝州、青川县交通运输局开展相关配套工程建设，协助落实应急指挥中心及机房等场地，完成对外场监控点布设位置的确认工作。五是配合中国交通通信信息中心，做好厅移动应急指挥平台建设工作。配合交通运输部完成统一规划配置的大型交通移动应急通信指挥平台的二次深化设计工作，按照交通运输部统一规划安排，省交通运输厅设计建设的大型移动指挥平台（一辆奔驰二类底盘加方舱大型指挥车）完成车辆改装、设备配置及调试，具备交工条件。小型移动指挥平台（两辆丰田越野指挥车）已进入车辆改装阶段。（冯少华）

交通运输部试点工程　2012年，省交通运输厅做好交通运输部试点工程"四川省交通运输统计分析监测和投资计划管理信息系统"实施工作。一是成立工程建设领导小组，完成初步设计和招投标工作，工程所有建设内容全面进入施工阶段。二是完成需求调研工作和《四川省车辆购置税投资补助农村公路建设计划管理信息系统》的开发，并投入试运行。三是配合交通运输部做好动态监测数据采集平台和设备的安装。通过此项目的实施，将提高全省交通运输统计和投资计划管理工作效率，增强统计数据的准确性和时效性，加强省级交通运输经济运行分析及行业监管能力，为提升统计辅助决策和公共服务水平提供有效的技术支撑。（冯少华）

业务应用系统开发与技术支持　2012年，厅信息中心继续做好业务应用系统开发与技术支持工作。一是配合相关部门完成交通行业应用系统开发。配合厅法规处开展全省交通执法人员及执法证件管理系统建设工作，为加强交通运输行政执法规范化建设，强化对交通运输行政执法人员和执法证件的监管，提高交通运输行政执法水平提供了支撑手段。做好《全省交通行政执法软件系统》的具体实施工作，完成相关系统间的资源整合与共享。完成《交通人力资源管理系统》的开发、测试工作，项目已交付初验，并被厅公路局、厅航务局、厅质监局正式使用。配合省交通运输工会开发四川省交通运输行业劳模管理信息系统，实现交通运输工会组织的先进单位、个人信息的统一管理和监督。完善《四川交通科技项目管理系统》功能，增加专家在线评审功能，规范项目审核流程并完成与

《交通科技档案系统》数据交换接口开发工作。二是做好厅网站的技术支持工作。完善厅政务及网站信息管理平台功能,开发全省交通系统通用政务及网站信息管理平台,实现与厅政务及网站信息管理平台数据对接,提高信息报送效率。完成厅办公业务资源网改版,新网站在栏目设置和内容服务上更贴近业务需求。不断完善网上公众出行服务系统功能,完成全省交通实时路况信息填报系统的开发、培训。做好省新闻中心网络新闻应急管理平台的系统建设、信息梳理、手机版安装调试等工作。三是做好应用系统的技术支持与数据更新。做好《交通建设市场信用管理系统》《交通施工企业数据库》和《四川省企业信用征信系统》的数据更新和技术支持,对包括施工、监理、检测、勘察设计、咨询、招标代理、设备供应商在内的1918家从业单位进行备案、信用评价和公布,掌握了各类从业单位的基本信息和项目信用记录。收集320个项目和2198个合同段的基本信息,为强化交通行业监管能力奠定了基础。 (冯少华)

网站建设管理 2012年,省交通运输厅制订《2012年度全省交通网站信息工作绩效考核目标计分办法》,下达2012年度网站信息工作绩效考核目标。厅网站被省政府评为2012年度全省政府网站绩效评估省级部门第一名(连续3年获此殊荣)。一是深入推进网站政务信息公开规范化。按全省政府信息公开工作"八统一"要求,做好厅门户网站信息采编发。完成"2012年春运专题""蜀道难变蜀道通——加快交通建设发展取得历史性突破""大道出川、蜀道不难""雅西高速公路全线通车""2012年全省交通运输工作会议""三项建设""党务公开"等7个专题的制作与发布。厅网站共编发信息7575条。二是做好相关网站的共建与维护。做好交通运输部子站、"全国交通信息联播频道"、省政府政务外网"交通"领域服务专题以及政务信息公开、省委党政网的报送信息和内容保障工作。全年上报交通运输部子站信息3894条,被全国交通新闻联播采用信息1110条。省委电子政务内网采用省交通运输厅政务摘要524条、图片信息98条,均列省级机关第一名;填报省政府政府信息公开目录信息3992条。三是关注网络舆情,更加注重政民互动。厅网站通过在线访谈、留言回复、建立"四川交通运输系统腾讯微博圈"等方式,广泛听取公众意见建议,为领导决策提供参考,提高科学民主决策水平。厅新浪、腾讯官方微博关注网友92余万人。微博发布信息1818条。春运期间组织厅机关、厅直属单位参加微博"微访谈"。建立健全维护机制,落实专人负责网站信箱类栏目、官方政务微博咨询投诉处理工作,及时收集网络舆情,不断提高办理答复的回复率、实效性和质量,化解社会矛盾。厅门户网站、政务微博收到公众留言有效信件920件,处理并公开回复809件,处理回复率88%。开展网上互动交流,针对公众关心的问题,做好在线访谈、网上调查、意见征集。在交通运输部、省政府网站上分别开展《高烽厅长谈"乘势而进、加快发展、奋力实现'十二五'四川交通的历史性跨越》和《全力做好我省道路春运工作》的在线访谈。在厅网站上开展两期网上调查、三期意见征集。做好网上舆情的监控、信息收集整理,编发《网络舆情参阅》6期。 (冯少华)

厅信息中心副主任钟映梅(前左二)在2012年交通政府网站管理工作会议上领取奖牌 文静 摄

交通宣传
JIAOTONG XUANCHUAN

《四川交通》半月刊编辑出版 2012年,交通宣传中心编辑出版《四川交通》半月刊24期(含合刊2期),刊发稿件200多万字,图片1000余幅。在省第十次党代会召开期间,以88个页码的篇幅推出特刊,组织刊发一批有深度、高质量、影响力较大的稿件,展示了交通运输事业发展的辉煌成就,营造良好的舆论氛围。全省交通运输工作会后,以76个页码的篇幅推出特刊,深度解读交通运输重点工作,受到厅领导和读者广泛好评。11月又以合刊的形式推出特刊,迎接党的十八大,展示四川交通5年来的建设成就,受到交通运输系统内外一致好评。

珍贵历史资料拍摄整理 2012年,交通宣传中心集中力量拍摄制作建设西部综合交通枢纽集中攻坚电视纪实片。电视片分三集,时长约90分钟,年底完成摄制并交厅审查。同时还组织拍摄整理了大量行业声像资料《全国连片扶贫推进会》《高烽厅长龙年新春慰问》《"十一五"农村公路发展纪实片》《蜀乡路潮》《雅西高速汇报片》《天梯高速筑传奇》《四川省救灾防灾应急演练交通梯队视频纪实》《G108线四川境内段改造工程建设纪实》以及质监汇报片《使命》等声像资料,真实记录了交通运输行业重大事件,为交通运输行业保存了大量珍贵的声像历史资料。此外,还热情为行业服务,为有关单位提供1200余分钟的可存档声像素材,200余分钟精编成品资料。

电台节目编制 2012年,交通宣传中心还负责编辑制作365期四川广播电视台四川交通频率《四川交通》电台节目,播出稿件200余万字,新闻现场报道、连线报道30多条。其中,约有30万字的交通新闻稿件被电台其他频率和交通频率其他栏目选用播出。

办好《中国交通报》四川记者站并协助开展对外宣传 2012年,交通宣传中心向《中国交通报》投稿200多篇(幅),刊发86篇(幅)。年内,中国交通报四川记者站站长吴丹被评为优秀记者,由四川记者站组织采写的关于学习宣传贯彻落实十八大精神的专题报道受到中国交通报社的通报表扬。

全年共向中央电视台、新华视讯、中交视讯、四川广播电视台等各大媒体提供声像资料和成品片30条,播出时长上百分钟。为《四川日报》等主流平面媒体提供文图100余条(幅)。 (本栏目撰稿人:雷世闻)

交通史志年鉴
JIAOTONG SHIZHI NIANJIAN

概 况 2012年,厅史志总编室继续开展《四川交通志》《四川交通志·公路志》《四川交通志·内河航运志》《四川交通志·公路运输志》《四川交通志·稽查征费志》5部试点志书和《四川省志·交通志》编纂;组织开展国务院和省政府部署的17部抗震救灾志有关四川交通运输部分的资料补充、核实等工作;完成《四川公路交通史·现代公路》第二次总纂;编辑出版《四川交通年鉴·2012》;编辑出版"5·12"汶川特大地震四川交通抗震救灾暨灾后恢复重建纪实大型画册——《撼动》;启动《大道出川 蜀道不难》大型画册编纂;完成交通运输部和省政府分别布置的《中国交通年鉴·2012》和《四川年鉴·2012》《四川农村年鉴·2012》四川交通运输部分的组稿和编纂;继续开展《四川高速公路发展史研究》等课题研究。同时,完成交通运输部和省委、

2012年9月26日,省交通运输厅召开《四川交通志·公路运输志》《四川交通志·稽查征费志》评审会
李建勇 摄

省政府及省交通运输厅部署的其他编纂、研究等任务。

年内,《四川交通年鉴·2011》分别荣获中国出版工作者协会年鉴工作委员会颁发的“第六届全国年鉴编校质量检查评比”特等奖和四川省地方志协会颁发的“四川省第十五次地方志优秀成果”一等奖;厅史志总编室总编辑黄丽被四川省妇女联合会授予“四川省三八红旗手”称号。

《撼动》画册出版 为全面记述四川交通运输抗震救灾和灾后重建的历程,加快推进西部综合交通枢纽建设,2010年4月,省交通运输厅党组决定编纂“5·12”汶川特大地震四川交通抗震救灾暨灾后恢复重建纪实大型画册——《撼动》,并要求厅史志总编室高质量完成编纂任务。在开展史、志、年鉴、丛书编纂和课题研究的同时,厅史志总编室迅速组织编纂力量,深入灾区一线调研,广泛征集图文资料,当年底搜集文字资料数百万字、图片数万幅,撰写初稿数十万字、初选图片数千张。之后,按照“精选精编”原则,十易其稿,召开大中小型评审会六七次。2012年5月画册出版。全书图文并茂,共分为三篇,第一篇为灾情;第二篇为抢险救灾,下设大事记和大地劲飚——抢通保通起搏“生命线”、车辚马萧——抢运保运国之车轴、南北同枝——交通“兄弟连”会战龙门山脉、本色如金——平凡又英雄的交通运输人四章;第三篇为灾后重建,下设大事记和战略布局——科学规划引领重建新局面、砥砺奋进——恢复重建在浴火中激越前行、骇浪弄潮——顽强奋战山洪泥石流、对口援建——举国携手加快重建步伐、谱写华章——恢复重建从悲壮走向豪迈、蜀道涅槃——向西部综合交通枢纽的跨越六章。画册框架设计、收录内容、表现手法、装帧效果等受到出版界专家、社会读者和交通运输系统领导、员工的一致好评。

五部“双试点”志书完成年度目标任务 省交通运输厅系省政府和中国地方志指导小组办公室确定的全省和全国第二轮修志“双试点”单位。按照“总结经验、开拓创新、探索规律、树立典型”的工作要求,并达到“出书、出人、出经验、出理论研究成果”的工作目的,省交通运输厅采取将修志试点工作纳入各有关单位年度工作目标任务进行考核,加强制度建设(建立健全分工责任制、建立健全编纂工作制、建立健全书刊质量保障制等),围绕重点、热点进行专题调研,开展基础理论和应用理论研究等一系列措施,修志试点工作取得新进展。2012年,《四川交通志》完成二次总纂;《四川交通志·公路志》《四川交通志·内河航运志》完成二次初纂并按评审意见进行补充、完善;《四川交通志·公路运输志》和《四川交通志·稽查征费志》完成总纂并于9月召开由中国地方志指导小组、省地方志编委会和交通运输系统有关领导、专家、学者参加的评审会。五部试点志书中,《四川交通志》《四川交通志·公路运输志》和《四川交通志·稽查征费志》超额完成年度目标任务。

《如今蜀道变通途》丛书出版 2012年初,省委宣传部组织开展“两个加快”(加快建设灾后美好新家园、加快建设西部经济发展高地)系列建设实录丛书编纂工作,全面展示全省“两个加快”的发展成就,集中反映省第九次党代会,特别是省委九届四次全会以来的重要决策部署、重大工作思路、具体发展规划和巨大工作成效,以迎接党的十八大和省第十次党代会召开。省交通运输厅承编其中《如今蜀道变通途——西部综合交通枢纽建设纪实》卷。厅史志总编室在具体实施过程中,用3个多月时间完成编纂方案撰写和纲目设计并展开组稿、编纂,组织收集大量图文资料,撰写文稿30余万字,并从数千幅图片中选编数百幅。5月,按时限要求完成编纂并交付出版。全书分为三篇,第一篇为蜀道难,下设历史长歌、蜀道沧桑,盆地之囿、瓶颈制约两章;第二篇为新思维,下设宏伟蓝图、横空出世,全力支持、加快推进,科学规划、支撑发展三章;第三篇为大跨越,下设高位奋进、破解难题,化危为机、蜀道重生,铸就辉煌、奠定基石三章。该书篇目设计和稿件质量受到省委宣传部和人民出版社的高度评价(曾作为参编单位范本)。同年8月,该书向社会公开出版发行。

(本栏目撰稿人:益人)

《如今蜀道变通途——西部综合交通枢纽建设纪实》卷编辑出版　　盛友伦 摄

贡嘎山神韵　陈瑾柯 摄

党群工作

DANG QUN GONGZUO

党团建设
DANGTUAN JIANSHE

党员干部学习培训 2012年,省交通运输厅直属各单位采取中心组、小集中、报告会、专题座谈会、研讨会、培训会、支部会、读书会等多种形式,组织广大党员干部学习贯彻党的十八大和省第十次党代会精神,对党员干部进行理论辅导、政策解读、形势分析,党员参学率达95%以上。引导和激励党员干部立足工作需要,深化终身学习理念,加强在职学历教育和在岗业务培训。依托厅党员教育培训基地,投入专项培训经费,培训党务干部、党员、入党积极分子300余人。省交通运输厅组织厅直各单位参加省直机关工委"书香沁润机关,文化滋润心灵"读书月活动,获得一等奖1个,三等奖2个,四等奖1个,省交通运输厅荣获组织奖。

2012年11月19日,省交通运输厅党组组织学习党的十八大会议精神　　厅直机关党委 供稿

厅党组中心组理论学习 2012年,省交通运输厅党组中心组被省委宣传部、省直机关工委表彰为2012年度中心组理论学习先进单位。一是加强组织领导。厅党组把中心组理论学习纳入"一把手"工程,确立"一把手"抓学习的领导责任制。厅党组书记、厅长高烽亲自审定中心组学习计划,确定学习主题和研讨内容,主持集中学习研讨,并带头自学、带头重点发言、带头调查研究、带头解决实际问题,督促检查各项学习制度落实情况。厅直机关党委作为中心组学习的具体承办部门,协助厅党组做好中心组学习安排、学习资料准备、学习活动开展、学习内容记录、学习情况上报等具体工作,发挥参谋助手作用。二是制订学习计划。厅党组中心组结合实际制订年度学习安排意见,对学习内容、形式和时间要求作出总体安排,并根据各阶段工作实际情况,适时作出具体安排。结合创建学习型党组织活动,坚持开展"五个一"(参加1次专题学习讲座,撰写1篇学习心得体会,作1次交流发言,记好1本学习笔记,年终述职时作1次述学)活动。厅中心组全年集中学习12天,学员到学率达90%以上、撰写心得体会人均1篇以上。三是完善学习制度。对中心组的组织领导、学习内容、学习形式、学习要求、相关制度等作出具体规定。四是开展重点学习。召开学习贯彻党的十八大精神扩大会2次,学习贯彻省第十次党代会精神扩大会1次,组织宣讲报告会2场。开展"学习领会全国'两会'精神,科学把握经济社会发展形势"等5个重点专题的学习,规定相关阅读书目和文章,采取听报告、学资料、写心得、谈体会的形式,对这些重大问题进行专题学习和讨论。同时中心组成员参加中央、省委、厅党组组织的各种脱产学习培训会、理论讲座会、形势报告会等,完成各项学习任务。五是深入调查研究。围绕交通基层和社会群众最关注的交通热点难点问题,深入基层和社会开展调查研究。高烽厅长等中心组成员多次深入交通重点建设工程、交通灾后恢复重建工程、地方公路建设工程工地和养护、车站、码头等交通基层单位以及"挂包帮"联系点江油九岭镇扎营村开展实地调研,研究解决问题。中心

组成员结合分管工作，每人撰写调研报告1篇。

基层组织建设年活动　2012年，省交通运输厅成立以厅党组书记、厅长高烽为组长的基层组织建设年活动领导小组，制订印发活动实施意见，召开专题会议2次，对活动进行动员部署和督促指导。厅直各单位建立以党委（直属总支、支部）书记为第一责任人、分管党务工作负责人为直接责任人、党支部书记为具体责任人的责任机制，落实活动承办机构、人员，召开各类专题动员会、工作部署会30余场次，积极推动活动开展。活动中，围绕基层党组织组织设置是否合理、领导班子是否健全、组织制度是否完善、隶属关系是否顺畅、经费场所是否保障落实、作用发挥是否充分等问题，采取座谈会、个别访谈、问卷调查、案例剖析等方式开展现状调查。厅直机关各级党组织召开座谈会115场次，参加座谈党员1632人次、群众720人次，发放调查问卷1560份，案例剖析支部数52个。同时，制订考评党组织先进、一般、后进的参考标准，通过群众初评、党员评议、组织自评、党员群众审议、民主测评、上级党组织评定等程序，对厅直机关基层党组织进行分类定级，评出先进基层党组织113个。

创先争优活动　2012年，省交通运输厅开展立足本职岗位公开承诺、务实践诺，以实际行动创先进、争优秀。命名表彰创先争优"示范党组织"61个、"党员示范星"32人，设立党员先锋（示范）岗664个、示范窗口219个、示范处（科）室128个，成立党员突击队、志愿者服务队、青年突击队和教师突击队94支。推进交通运输窗口单位"为民服务创先争优"活动，开展"亮标准、亮身份、亮承诺，比技能、比作风、比业绩"活动，争创群众满意窗口、优质服务品牌、优秀服务标兵，提高行政效能和服务水平。厅领导带头深入创先争优工作联系点加强督促指导，推动活动开展。厅直机关各级党组织注重总结，积极构建创先争优活动长效机制。同年，四川交职院党委被省委表彰为创先争优先进基层党组织。

厅直单位领导班子"四好活动"考评表彰　2012年，厅党组对2011年度厅直单位领导班子开展"四好"活动进行了考评表彰。厅公路局、厅航务局、厅高管局（高速公路交通执法总队）、厅质监局、厅公路设计院、厅交通设计院、四川交职院、兴蜀公司、厅高速公路交通执法三支队、厅高速公路交通执法七支队等10家单位获得"四好"活动"成效显著"领导班子；厅运管局、省交通运输工会、交通宣传中心、厅后勤中心、厅造价站、厅大件处、厅结算中心、监理处、厅高速公路交通执法一支队、厅高速公路交通执法二支队、厅高速公路交通执法四支队、厅高速公路交通执法五支队、厅高速公路交通执法六支队、四川交通管理学校、四川交通职业学校等15家单位获得"四好"活动"比较好"领导班子。

同时，经考核评比，厅党组、厅航务局党委、四川交职院党委被省直工委表彰为2010—2011年度开展"四好"活动先进班子。　　（李向东）

党员干部直接联系服务群众　2012年，省交通运输厅结合开展"领导挂点、部门包村、干部帮户"活动，制订党员干部直接联系服务群众工作实施方案，明确厅党组书记、厅长结对帮扶1户群众，重点联系1名乡镇（街道）、村（社区）党组织负责人；其他厅领导分别结对帮扶1户群众，结合分管工作重点联系1个厅直单位（行业窗口）或行政管理（服务）对象。厅机关及厅直单位处级干部根据自身实际情况，在部门联系点、个人出生地、成长地、曾经工作过的地方或在"挂、包、帮"联系村，采取"一帮一""多帮一"等形式结对帮扶1户群众。厅领导共确定14个工作联系点和14名帮扶群众，建立了直接联系服务群众联系卡、登记卡；厅直各单位班子成员结合实际确定50户帮扶群众。全年厅领导、厅直单位班子成员入户走访慰问78次。

党的基层组织建设　2012年，省交通运输厅举办学习贯彻落实《中国共产党党和国家机关基层组织工作条例》和省委《实施细则》专题辅导讲座，对厅直单位党务干部进行专题培训。做好党的十八大和省第十次党代会代表推选工作，厅党组书记、厅长高烽被选举为党的十八大和省第十次党代会代表。健全基层党组织，批准成立四川交通运输职业学校党委、纪委，对厅公路设计院、四川交职院、厅后勤中心党委委员进行增补完善。对厅直单位贯彻落实党建工作责任制情况进行考核，厅高管局、四川交职院被省直工委表彰为2010—2011年度落实党建工作责任制先进单位。

"挂包帮"工作　2012年，省交通运输厅继续开展江油市九岭镇扎营村"挂包帮"工作，制订年度帮扶计划，选派第3名干部驻村。厅党组书记、厅长高烽多次就帮扶事宜作出批示，亲自协调落实多项帮扶项目，年内2次赴扎营村调研指导。厅分管领导和厅直有关单位党组织负责人也多次带队到村开展主题慰问周、"大下访"等帮扶活动，参与党员干部近200人次。组织村两委及村种养殖骨干35人外出参观学习，捐赠帮扶资金4万余元。通过近3年的帮扶，扎营村基础设施、产业发展、村民增收、新村建设、组织建设等取得显著成效。2012年全村农业总产值2920万元，较2009年增长1591万元；人均纯收入10434元，较2009年增长87.4%。

同时启动新一轮"挂包帮"工作，组织相关部门前往对口定点扶贫点乐山市金口河区迎春村进行工作对接和实地调研，选派1名挂职干部，组织制订厅扶贫帮扶三年规划，推动帮扶工作落实。

党风廉政建设 2012 年，省交通运输厅开展廉政文化进机关活动，运用廉政党课、专题组织生活、警示教育、岗位廉政教育以及专题讲座培训等方式，增强党员干部廉洁从政意识。厅直各单位认真落实党风廉政建设责任制，省交通运输厅及厅运管局被省纪委表彰为惩防体系建设先进单位。积极开展“三项建设”(能力素质建设、思想作风建设、基层组织建设)活动，制订党务公开工作实施方案和指导目录，在厅局域网上开设党务公开专栏。

群团统战工作 2012 年，省交通运输厅注重发挥民主党派参政议政作用，组织部分民主党派人士到雅西高速公路建设工地参观考察，了解交通发展成就。围绕交通运输中心工作，在团员青年中开展“青春献枢纽，三年攻坚我争先”主题实践活动和“双争双创”活动，7 个集体被评为“厅青年文明号”，厅公路设计院团委被共青团四川省委委员会评为“四川省五四红旗团委”。发挥工会凝聚职工、促进和谐的作用，各级工会组织开展内容丰富、形式多样的文体活动和“送温暖”活动。组织参加省直机关第三届职工运动会，获得团体和个人名次优胜奖 22 个。继续开展争创“巾帼文明岗”“三八红旗手”活动，1 人获全国、1 人获全省“三八”红旗手称号。各级党组织重视做好离退休干部工作，激发老干部老同志关心支持交通发展。

机关文化建设 2012 年，厅直机关党委组织厅直单位党员干部参加省委、省政府组织的机关文化建设理论与实践研讨，参与“挂包帮”论文和“挂包帮”理论调研文章征集活动，省交通运输厅和 2 名个人分获省直机关“机关文化建设理论与实践研讨文章征集活动”组织奖和优胜奖。选送书法、绘画、摄影作品参加省直机关首届文化节，分获一等奖、二等奖、组织奖。组织参加省直机关工委举办的“我的道德观”和“我的荣辱观”主题演讲活动，获得第三名，省交通运输厅被评为优秀组织单位。

(本栏目撰稿人：李向东)

纪检监察
JIJIAN JIANCHA

贯彻落实党风廉政建设责任制 2012 年，省交通运输厅结合全省加快交通运输发展工作实际，以全面落实党风廉政建设制为龙头，夯实反腐倡廉建设工作基础。一是理思路。厅党组 10 次专题研究党风廉政建设工作，分析反腐倡廉形势，贯彻上级工作部署，研究总体工作思路。二是定任务。印发廉政工作要点、惩防体系及廉政风险防控机制建设工作要点、政风行风建设工作意见、政风行风建设工作要点、项目监督检查工作要点、工程建设领域突出问题专项治理工作要点 6 个工作要点(意见)，明确工作任务，细化工作措施。三是明责任。制订反腐倡廉建设任务分工，贯彻落实省委九届九次全会任务分工方案实施意见，细化、量化党风廉政建设目标任务。坚持“三书一体”责任制度，厅机关及厅直属单位、市(州)交通运输局(委)层层签订党风廉政建设责任书、行风建设责任书、廉政承诺书。四是抓落实。召开省、市、县三级交通运输部门参加的廉政工作电视电话会议将反腐倡廉工作任务部署到基层。开展年中自查、年末抽查，加强廉政建设工作责任落实情况检查考核，督促工作任务落实。

惩治与预防腐败体系建设 2012 年，省交通运输厅坚持以惩防体系为总揽推进反腐倡廉建设。把握惩防腐败总体规律，结合交通运输行业实际，建成包括 7 个惩防腐败机制、22 个重点事项、253 项廉政制度的具有交通运输特色的惩防体系基本框架。召开 3 次厅直单位座谈会和两次市(州)片区座谈会，督促指导全行业推进惩防体系基本框架、廉政风险防控机制、内控体系建设。基本完成惩防体系基本框架建设课题研究，对惩防体系基本框架建设的总体思路、目标任务、基本内容、框架结构、路径方法等进行较为深入全面的研究。惩防体系建设得到上级充分肯定，两次在省委惩防体系建设座谈会上进行经验交流。坚持以内控体系为载体深化反腐倡廉建设。积极探索通过控制各单位管理风险预防腐败的路子，加快构筑厅机关、厅直属单位、市县交通运输部门和交通建设从业单位内控体系，以“决策权、执行权、监督权”控制为核心，以梳理权力事项、固化办事流程、完善管理制度为手段，建立决策权、执行权、监督权控制机制，全面控制内部管理风险，基本建成厅机关和厅直属单位两级内控体系基本框架，使反腐倡廉建设各项要求与业务工作有机融合。

政风行风建设和纠风工作　2012年，省交通运输厅召开全系统政风行风建设电视电话会议，制发政风行风建设工作意见及工作要点，组织21个市（州）交通运输局（委）和12名厅行风监督员开展政风行风交叉检查和社会测评，以务实为民的作风赢取群众对交通运输工作的信赖和支持。充分发挥治理公路“三乱”（详见《附录》）牵头部门作用，逐步完善工作协调、常态治理、严查快办机制，组织相关厅局明察暗访11个市（州），检查交通、公安、畜牧等部门设立的65个站点和上路执法行为，对发现的24个不规范问题进行通报，限期整改。制订廉政巡查员行风监督员工作办法。督促各项目落实民工工资保证金和业主监督发放制度，切实维护群众利益。严格执行“绿色通道”政策，免收鲜活农产品运输通行费7.42亿元。政风行风建设工作得到部省充分肯定，在全国交通运输系统和全省纠风工作会议上作大会经验交流发言。

反腐倡廉教育宣传　2012年，省交通运输厅举办两期党风廉政建设培训班，通过领导带头讲课、邀请省纪委专家授课、参观警示教育基地等形式，对21个市（州）、18个厅直单位纪检监察负责人，43个扩权县交通运输局局长及纪检监察负责人进行培训，培训时间5天、人数154人。同时，制订反腐倡廉建设宣传工作方案，建立宣传队伍，落实宣传任务，加大对反映交通建设发展成就、反腐倡廉成效、全心服务民众等正面典型的宣传力度，上报信息和宣传稿件76条，通过内刊、简报、网站发布纪检监察信息65条、专题文章5篇，通过公开刊物发表反腐倡廉论文2篇，通过纪检监察部门开放日活动，向厅行风监督员、廉政巡查员通报交通运输反腐倡廉建设情况，宣传建设发展成就。

重大决策监督检查　2012年，省交通运输厅把加强项目监督检查作为服务和保障交通运输建设发展的重要措施，强化集中攻坚重点项目、灾后重建和扩大内需在建项目及藏区跨越、彝区发展、扶贫开发、民生工程等交通运输建设项目监督检查。制订监督检查工作要点和工作方案，厅领导带队分6个组并邀请省监察厅有关处室对20个项目开展监督检查，确保进度、质量、安全、造价、廉政五大管理措施落实。纪检监察部门深度参与项目监管，深入攀枝花市、泸州市、凉山州和丽（江）攀（枝花）、纳黔、雅西等高速公路，对重点项目、连片扶贫开发及少数民族地区项目招标投标、设计变更、计量支付、资金拨付、试验检测等重点环节控制廉政风险的情况进行检查，及时发现问题，提出整改意见，并对凉山州交通运输建设大会战提前提出廉政建设要求。牵头开展重点项目廉政管理考评，促使项目管理单位健全内控制度、加强自查自纠、开展专项治理、兑现民工工资，预防管理风险引发廉政风险发生。

突出问题专项治理　2012年，省交通运输厅继续开展工程建设领域突出问题专项治理，制订工作要点，专项清理挂靠借用资质投标违规出借资质问题。全系统排查规模以上项目583个、参建企业1688家，发现涉嫌挂靠借用资质投标违规出借资质问题项目2个、问题企业2家，移送司法机关1人。加强招标投标监管，完善经评审的最低投标价法，健全相关配套制度，调查核实巴（中）陕（西）高速公路施工投标单位、德阳市西星干线监理投标单位弄虚作假问题，责令业主进行重新招标。加强标后管理，强化设计变更、概算控制、计量支付、质量安全、试验检测等重要环节监督管理。加强诚信体系建设，严格市场主体信用登记评价和不良行为处罚，对132家投标单位实行从业限制。继续开展公务用车、庆典论坛研讨会、“小金库”、公款出国（境）专项治理，定期监督检查，抓好成果巩固和建章立制工作。

信访举报核查处理　2012年，省交通运输厅继续坚持早发现、早提醒、早纠正“三早”机制，对信访举报按规定实行有报必核、有报早核、有报快核、核必核实、违者必纠，驻厅纪检组办理群众举报投诉79件（其中上级转办11件），涉及厅级干部2件，处级干部5件，科级干部4件。已经核查举报8件，正在核查4件。加强与专门监督部门合作，与审计部门、检察机关、质监部门密切联系，及时通报情况，组织共同检查，相互提供违纪线索。召开全省交通运输系统案例分析会，全面深入分析近年来发案的重点领域及案发原因，正确研判交通运输系统反腐倡廉形势，继续保持惩治腐败高压态势，扎实推进反腐倡廉各项工作。

“三项建设”主题活动　2012年，省纪委驻厅纪检组监察室及厅直属单位纪检监察机构全面开展思想作风、能力素质、基层组织“三项建设”活动，加强纪检监察队伍自身建设。深入开展“四个考验”“四个危险”大讨论，分析问题查找不足，提出应对措施。持续开展“纪委书记下基层”活动，驻厅纪检组长深入市（州）和厅直属单位进行专项调研督查，在实践中锻炼和检验作风。制发加强厅直单位纪检监察组织建设意见，通过设立机构、配齐人员及合署办公、明确责任等方式逐步健全厅直系统纪检监察机构，充实纪检监察工作人员。举办“纪委开放日”活动，政务公开和党务公开，主动接受群众监督。加强纪检监察基础业务建设，制订业务流程，健全管理制度，提升信息化水平，为厅直单位纪检监察工作规范管理、提高质量效率夯实基础。　　（本栏目供稿单位：厅纪检组、监察室）

工会工作

GONGHUI GONGZUO

概况 2012年,省交通运输工会开展如下工作:一是围绕交通发展新目标,充分发挥职工主力军作用,组织重点工程劳动竞赛。继续在全省在建高速公路(包括BOT项目)中开展"集中攻坚建枢纽,水陆交通上台阶"主题劳动竞赛。航务海事系统组织"安全船舶、班组"劳动竞赛。川高公司、省港航公司等企业工会狠抓窗口行业优质服务竞赛,以争创技能型、效益型、管理型、创新型、和谐型"五型班组"为载体,开展创建"工人先锋号"活动。全省运输管理系统组织开展春运农民工平安返乡(返岗)安全优质服务竞赛。积极推进2012年"安康杯"竞赛,98个单位,42023名职工参加竞赛活动。二是扎实推进"两个普遍"(依法推动企业普遍建立工会组织,依法推动企业普遍开展工资集体协商),努力促进和谐行业建设。按照"两个普遍"的要求,推进厅高管局及所辖各执法支队等新成立机构的工会组织建设工作。指导一批基层完成工会委员会、经审委员会组建改选以及委员(主席)增替补工作。对行政管理关系变更的基层工会组织及时进行组织关系划转或归并。深化厂务公开,民主管理。加强工会干部培训,对35个单位基层的分管领导、工会主席及工会干部共52人进行专题培训。抽调21名工会干部参加省总工会轮训。开展会员评议"职工之家"活动,推进"职工之家""职工小家"建设升级上等。全年验收本级"合格职工之家"2个、"先进职工之家"4个、"先进职工小家"8个。推进"职工书屋"建设,创建交通工会本级职工书屋10个。贯彻落实《中华全国总工会关于进一步加强企业工会工作充分发挥企业工会作用的决定》,对省港航公司等4个企业工会集体合同签定、厂务公开及和谐企业建设情况进行抽查。三是关爱基层职工,持续开展困难帮扶。扎实开展具有工会特色的"春送岗位,夏送清凉,秋送助学,冬送温暖"活动。为下岗失业人员、困难职工提供就业培训和就业岗位,广泛开展医疗救助、生活救助、法律援助、与困难职工结对帮扶等活动。四是重视劳模先进管理,助推行业文化建设。五是认真抓好女职工工作。持续推行女职工权益保护专项集体合同签订。至2012年底,应签订56个,已签订48个,专项签订40个。培养树立女职工先进典型。评选省巾帼文明标兵岗1个、省巾帼文明标兵1名、全省"我学、我能、我练"先进示范岗2个、先进岗位能手2名。开展女职工建功立业和素质提升活动。对8个基层单位女职工进行健康、礼仪培训。六是不断强化自身建设,提升工会工作能力。组织开展"面对面、心贴心、实打实服务职工在基层"活动,增强工会工作贴近基层、面对职工的实效性。持续开展创先争优和工会领导班子创"四好"活动。认真落实交通运输工会廉政责任制,健全完善交通运输工会廉政风险防控机制建设。

省交投集团工会成立 2012年,在省交通运输厅党组和省总工会的支持下,积极推进省交投集团工会组织建设。省总工会2012年7月25日批复省交投集团:"同意成立四川省交通投资集团有限责任公司工会,四川省交通投资集团有限责任公司工会接受四川省交通运输工会领导"。2012年12月20日,省交投集团公司第一次工会会员代表暨职工代表大会召开,选举产生第一届工会委员会、经费审查委员会和职工董事。

推出并关爱劳模先进 2012年,省交通运输工会印发经厅党组审定的《四川省交通运输行业"劳动模范""五一劳动奖状(奖章)"评选推荐管理暂行办法》,推出全国"五一劳动奖章"获得者1名,四川省"五一劳动奖章"获得者1名,四川省"五一劳动奖状"获奖单位1个,全国"工人先锋号"1个,四川省"工人先锋号"1个和第十三届全国"金锚奖"获得者3名。年内,组织开发、推广应用四川省交通运输行业劳模先进管理信息系统,实现劳模先进信息资源共享和动态管理。切实落实劳模关爱政策,定期组织劳模体检。春节期间,向9名全国劳模发放慰问金、困难补助金104790元,慰问省、部级劳模78人,发放慰问金54600

2012年春节前夕,省交通运输厅厅长高烽(右)向全国劳模李荣富发放慰问金　　省交通运输工会 供稿

元。做好劳模先进疗休养工作，组织劳模、先进疗休养3批计31人。

“集中攻坚建枢纽，水陆交通上台阶”劳动竞赛 2012年，省交通运输工会继续在全省在建高速公路（包括BOT项目）中开展“集中攻坚建枢纽，水陆交通上台阶”主题劳动竞赛，以优质、快速、节省、安全、高效、廉洁为主要目标，开展比科学管理，赛工程质量；比精打细算，赛成本控制；比科技创新，赛科研成果；比施工效率，赛工程进度；比有序施工，赛安全生产；比遵纪守法，赛廉政建设；比协调力度，赛建设环境的“七比七赛”活动。603家参建单位、13.66万名参建职工投入劳动竞赛。遂宁、资阳等相关市（州）交通工会积极参与，合力推进，形成全省交通重点建设项目争先进、创业绩的良好氛围，安全、质量、进度控制到位，16条高速公路建成通车，工程合格率达100%，无一例重大安全事故。

工会活动 2012年元旦、春节期间，省交通运输各级工会组织筹集“送温暖”资金540.77万元，发放款物530.81万元。走访企业622家，走访职工家庭3755户，慰问困难职工2908户、贫困残疾职工184户、困难劳模96户、困难农民工63户，分别向困难劳模、困难农民工和贫困残疾职工发放慰问金11.79万元、10.76万元和33.75万元。酷暑期间，各级工会筹集“送清凉”资金307.94万元，走访基层269个，开展防暑降温劳动保护监督检查活动212次，走访慰问职工28128人次，发放防暑降温用品231.44万元。坚持开展“金秋助学”活动。帮扶困难职工子女280名就读大学、400名上中小学、结对帮扶102名，资助金额58万元。

2012年，省交通运输工会主席陈双全（左）慰问泸州市航务职工 省交通运输工会 供稿

出租车行业工会组织建设 2012年，省交通运输工会积极推进出租车行业工会组织建设，全省175个出租车企业组建工会，出租车从业人员加入工会组织的比例为52%。召开市（州）交通工会主席（主任）联席会，专题研究推进出租车行业和谐劳动关系构建问题。

群众性文体活动 2012年，省交通运输工会坚持开展小规模、低成本、自编自导自演职工艺术团活动，全年下基层慰问演出10次以上。开展四川省摄影家协会交通分会各种专题培训和摄影活动，先后举办《交通十年·人·风采》职工摄影比赛和5期专题摄影活动、摄影讲座。9月20日，成功举办厅“迎接党的十八大职工文艺演出”。积极开展理论研究，全年各基层工会上报工运理论调研文章105篇，评选出优秀理论调研文章9篇，2篇调研文章获省总工会三等奖。 （本栏目供稿单位：省交通运输工会）

文明行业创建

WENMING HANGYE CHUANGJIAN

交通运输新闻宣传 2012年，全省交通运输行业新闻宣传工作紧紧围绕中心、服务大局，坚持贴近实际、贴近生活、贴近群众，组织开展大量的新闻宣传报道，为推动实现四川交通运输历史性跨越营造了良好的舆论环境，受到交通运输部新闻办通报表彰。一是中央媒体报道力度空前。《人民日报》于5月以《大道出川 蜀道不难》为题，头版头条报道四川交通运输建设发展取得的历史性突破。8月底至9月初，又在“喜迎十八大”四川特刊中作系列报道。中央电视台于4月对雅西高速公路建成通车作连续系列报道，首播加重播条数达41条，创国内高速公路央视播出条数之最，并对春运，映汶、成绵复线、广甘等高速公路建成通车等作专门报道。新华社于3月以《构建西部综合交通枢纽四川交通建设取得历史性突破》为题，对四川交通建设成就作专门报道；4月下旬对雅西高速公路建成通车开展系列集中报道，发表通讯《奔向阳光的蜀道“天路”》；11月11日在《新华每日电讯》“十八大”特刊中，又以《蜀道难变蜀道通》为题，以一个图文专版报道了四川交通建设发展成就。此外，《经济日报》、中新社等中央媒体也对此作专门报道。二是省级主要媒体报道掀起高潮。策划开展“五年开天辟地，拼出一个蜀道通”“喜迎党代会、争创新业绩”系列主题宣传，在《四川日报》、四川广播电视台、四川新闻网、《华西都市报》《成都商报》等主要媒体对全省交通建设发展成就等作系列报道。《四川日报》全年报道交通运输新闻稿多达200多篇，居省级部门第1位。头版报道、新闻纵深等均创历史新高。三是创新开展系列宣传活动。4至5月，省交通运输厅与省政府新闻办、四川新闻网联合主办，组织在川新闻媒体开展“行走四川、感受巨变”——西部综合交通枢纽建设成就大型互动体验报道活动；5月起，与省旅游局、《中国国家地理》杂志社联合主办“寻找四川100个最美观景拍摄点”活动。此外，还成功组织召开“取消政府还贷二级公路收费”“重大节假日高速公路免收小型客车通行费”等新闻发布会或通气会。四是组织编撰图书和拍摄电视纪实片。按照省委宣传部统一部署，由厅史志总编室牵头组织编撰《如今蜀道变通途——西部综合交通枢纽（公路）建设纪实》及《大道出川 蜀道不难》大型画册，由省交通宣传中心组织拍摄《蜀道攻坚——西部综合交通枢纽建设纪实》电视纪实片，得到行业内外的广泛好评。五是进一步办好《四川交通》杂志。省交通宣传中心全年刊发《四川交通》24期，形成交通运输行业发展的重要舆论支撑平台。支持《中国交通报》四川记者站工作，在全国交通运输行业加强对四川交通的宣传报道。六是加强网络宣传报道。厅信息中心进一步突出厅网站“宣传四川交通”的宣传功能定位，在厅门户网站开辟专栏，加大交通运输宣传力度。开通厅官方微博，通过微博发布信息宣传服务并与网友开展互动交流，关注网友达70多万人。厅网站建设获得省级政府部门网站评估第一名，厅官方微博名列全国十大交通影响力排行榜第六位。重视网络舆情导向，主动做好网络舆情收集，编发舆情参阅并积极应对、妥善处置。

行业精神文明建设　2012年，四川交通运输行业精神文明建设取得新成效。一是精神文明创建取得新成果。深入实施《全省交通运输行业精神文明建设规划（2011—2015年）》，进一步深化群众性精神文明创建活动，不断增强职工文明素质和行业文明程度，努力开创全省交通运输行业精神文明建设工作新局面。交通运输部表彰全国交通运输行业文明单位5个、全国交通运输行业文明示范窗口5个、全国交通运输行业精神文明建设先进工作者1名、文明职工标兵5名；厅航务局、厅公路设计院、省交通运输职业学校通过省级文明单位复查。二是加强交通运输文化建设。制订出台《关于加强全省交通运输行业文化建设的实施意见》，并按照交通运输部交通运输文化建设“十百千”工程的安排部署，培育和发展具有鲜明特色的公路文化、航务海事文化、道路运输文化、公交文化、出租车文化和机关文化。南充汽车运输有限公司被交通运输部表彰为第三批交通运输文化建设示范单位。省交通运输厅与省委宣传部、省文化厅联合组织“文化列车同心艺术团”小分队赴达州市宣汉县、达县、通川区等地开展送文化下乡慰问活动。行业各单位围绕加强交通运输行业核心价值体系建设，广泛组织开展知识竞赛、专题讲座、主题演讲等丰富多彩的主题实践活动，推进交通运输文化建设向纵深发展。三是广泛开展“学树建创”活动。组织开展“为民服务创先争优”主题活动和交通运输行业道德领域突出问题专项教育及治理活动。积极培养和树立先进典型，在全省交通运输行业开展向“驾驶员职业道德楷模”罗康平同志学习活动。按照“文明交通行动计划”，开展文明线路、文明站点、文明驾校和农村公路安全保障示范工程建设等创建活动。

喜迎十八大四川交通文艺汇演　　省交通运输工会 供稿

省交通运输厅上线《阳光政务》政风行风热线节目　按照省纠风办的安排，省交通运输厅于2012年5月22日至25日上线四川省人民广播电台《阳光政务》政风行风热线节目，介绍全省农村公路建设、道路运输管理、高速公路建设管理等情况并接听听众热线电话。值守热线期间，省交通运输厅共接听热线电话15个，对听众反映问题均及时处理，并逐一向听众回复，增进了社会各界和人民群众对交通运输工作的理解和支持，树立了四川交通运输的良好社会形象。　（本栏目供稿单位：厅文明办）

市州交通

SHI ZHOU JIAOTONG

四川宜宾长宁蜀南竹海——天宝寨　董志宇 摄

成都市交通

CHENGDU SHI JIAOTONG

2012年成都市水陆交通运输能力概况

公　路			
通车里程(公里)	总里程:		22078.75
	其中	高速公路	592.37
		一级公路	1302.78
		二级公路	1977.36
		三级公路	2281.70
		四级公路	13979.31
		等外公路	1945.23
公路密度	按国土面积计算:百平方公里182公里		
	按人口计算:万人21.1公里		
通达程度	通公路的乡镇263个,占乡镇100%		
	通公路的村2841个,占村100%		
客运站	总数(个)		89
	其中	一级站	12
		二级站	17
		三级站	26
		四级及以下站	40
营运车辆	总数(辆)		143036
	其中	客车14263辆374045座	
		货车128773辆591828.77吨	
公路运量	客运	运量(万人次)	90980
		周转量(万人公里)	3119240
	货运	运量(万吨)	38777
		周转量(万吨公里)	2367464
内　河			
通航里程	总里程(公里)		176.85
	其中	六级航道	5
		七级航道	100.86(其余为等外级)
港口(码头)	总数(个)　58(其中:码头40,渡口18)		
水路运量	客运	运量(万人次)	46.15
		周转量(万人公里)	261.56
营运船舶	总数(艘)		189
	其中	客船189艘3365座	
		货船　　艘　　吨	

交通基础设施建设基本情况　2012年,成都市交通全力推进航空、铁路、高速公路“三大枢纽”建设,全年完成交通建设投资253.8亿元,完成年度目标任务的110.3%。其中铁路建设项目完成投资47.2亿元,公路建设项目完成投资172.4亿元,双流机场第二跑道及新航站楼项目完成投资25.9亿元,客货场站建设项目完成投资5亿元,交通信息化、智能化建设项目完成投资3.4亿元,水路、航运建设项目完成投资0.1亿元。扣除铁路和机场建设项目,全市交通基础设施建设完成投资为180.8亿元。成都市贯通南北、连接东西、通江达海的西部综合交通主枢纽已具雏形。

航空枢纽方面:双流机场第二跑道及第二航站楼建成投运,成都新机场选址报告已经国家民航局初步审查,双流机场已开通国内通航城市92个、国际及地区通航城市49个,客货吞吐量位居全国机场第五、国内城市第四、西部城市第一,全国第四大航空枢纽的地位继续巩固。

铁路枢纽方面:成渝客专、成绵乐城际铁路总体进展顺利,成兰铁路控制性工程已先期开工,成都北站扩能改造、成蒲铁路等正全面开展征地拆迁,西成客专、成贵铁路等已获批复,全国第五大铁路枢纽的地位不断强化。

高速公路枢纽方面:成德绵、成自泸、成德南高速公路建成通车,全市高速公路总里程达593公里,成安渝、第二绕城高速公路加快建设,成都经济区环线高速公路正开展前期工作,“三环十二射”网络初步形成,西部高速公路枢纽的地位日益凸显。

相关链接:“三环十二射”高速公路网中“三环”指绕城高速公路、第二绕城高速公路和成都经济区环线高速公路,“十二射”指成绵高速公路、成南高速公路、成渝高速公路、成雅高速公路、机场高速公路、成温邛高速公路、成灌高速公路、成彭高速公路、成安渝高速公路、成自泸高速公路、成德南高速公路和第二机场高速公路。

高烽调研成都汽车城公铁水联运　2012年7月4日,省交通运输厅厅长高烽率厅航务局等部门负责人到龙泉驿区调研成都国际汽车城公铁水联运工作,并深入成都绕城高速公路成龙收费站、天府货运大道、龙泉物流中心(一汽)、一汽大众进行实地调研,听取龙泉驿区政府关于成都国际汽车城产业发展情况、交通物流开展情况及面临问题等汇报。高烽厅长指出，成都国际汽车城交通物流要充分发展铁水、公水联运，才能进一步拓展降低物流成本的新空间，进一步增添聚集产业发展的新优势。并要求泸州港、宜宾港要把国际汽车城作为主要服务对象，提供铁水、公水联运交通物流服务和产业配套服务。成都市要尽快确定绕城成龙立交收费站扩宽改造方案，确保年内启动实施。龙泉物流园区至成昆铁路货车外绕线新兴站的专用铁路线要尽快列入天府新区规划，并优先启动该项目。天府货运大道要加快建设，南与成自泸高速、北与新都铁路编组站无缝对接，尽早实现公铁水联运。

高速公路主枢纽具雏形　2012年，成都境内除已建成“一环+九射”共503公里高速公路外，后续启动建设的6个BOT高速公路项目中，成德绵、成自泸及成德南3条高速公路（成都段）相继建成通车，建设里程93公里，完成投资73亿元。成都第二绕城（东、西段）及成（都）安（岳）渝（重庆）2条高速公路3个项目正全面加快建设，共涉及10个区（市）县，规划总里程约396公里（成都境内181公里），引进投资450亿元（成都段262亿元），“三环+十二射”的成都高速公路主枢纽具雏形。

成自泸赤高速公路：成自泸赤高速公路起于成都绕城高速，经眉山、内江、自贡，止于泸州，路线全长294公里，总投资186.85亿元。成都段全长38.3公里，投资38.5亿元，起于成都绕城高速公路32公里处，向南经青龙村，在裴家与华龙路交叉，过兴隆东，于梁家坝跨鹿溪河，过黄龙村、大林东、高天湾，于巫通寺设隧道穿二峨山进入仁寿境内。其中，起点至第二绕城高速公路采用双向六车道高速公路标准，路基宽33.5米，设计时速100公里；其余路段为双向四车道高速公路标准，路基宽24.5米，设计时速80公里。该项目于2009年8月开工建设，2012年9月建成通车并投入运营。

成德绵高速公路：成德绵高速公路全长86.2公里，起于成彭高速公路，途经新都、彭州、什邡、绵竹、罗江、安县、涪城，止于成绵广高速，总投资近60亿元，设计时速100公里。其中成都段全长19公里，投资12.6亿元，采用双向四车道高速公路标准，起于成彭高速公路，途经新都青流镇、彭州致和镇、天彭镇、升平镇、三界镇、敖平镇。该项目于2008年12月开工建设，2012年5月建成通车并投入运营。

成德南高速公路：成德南高速公路起于成南高速公路，经成都青白江、金堂、德阳中江、绵阳三台、盐亭止于南部县，全长177.3公里，总投资111.3亿元，采用双向四车道高速公路标准，设计时速80公里，沥青混凝土路面。其中成都段起于成南高速福洪段，经青白江，金堂，接德阳中江。全长34.5公里，总投资21.9亿元。该项目于2009年12月开工建设，2012年12月建成通车并投入运营。

成安渝高速公路：成安渝高速公路起于成都绕城高速，经龙泉驿、资阳，止于川渝界，路线全长173.4公里，总投资164.9亿元，全线双向六车道，设计时速100公里。控制性工程为沱江特大桥，桥长1064.5米，主桥为预应力混凝土刚构-连续体系（该控制性工程已全线贯通）。其中成都段全长20.6公里，投资46.5亿元，路线起于三环路成洛路口，经龙泉西河、洛带穿龙泉山、接简阳养马。该项目于2009年9月开工建设，计划2013年建成通车。

第二绕城高速公路：成都第二绕城高速公路是在“全域成都”理念下，以中心城（外环路以内）为核心，沿放射道路走廊式轴向发展（即沿放射道路两侧发展），同时打造六个城市组团（新都、青白江、龙泉驿、华阳、双流、温江、郫县），重点向南、北、东3个方向发展。项目全长222.8公里，总投资285.6亿元，双向六车道，设计时速100公里，沥青混凝土路面，沿线有枢纽互通立交36处（其中预留7处），平均每6公里一处枢纽互通立交。成都段路线全长160.5公里，投资215.2亿元。项目于2010年7月开工建设，计划2014年建成通车。

建成通车的成自泸赤高速公路双流段　　成都市交委 供稿

相关链接：“一环＋九射”中“一环”指成都绕城高速，“九射”指成灌高速公路、成德绵高速公路（成彭高速公路）、成绵高速公路、成德南高速公路、成南高速公路、成渝高速公路、成自泸高速公路、成雅高速公路、机场高速公路。

铁路枢纽重大项目建设 2012年,成都市重点推进铁路建设项目11个,累计完成投资51亿元,其中成绵乐铁路客运专线、成都至都江堰铁路彭州支线、成都至重庆铁路客运专线、成都铁路调度指挥所、成都基础设施维修基地、成都和谐型大功率机车检修段6个项目正在全面加快工程建设,成都铁路动车检修段、成都至兰州铁路已完成施工招标,即将正式开工建设,成都至蒲江铁路、成都火车北站扩能改造、成昆铁路成都至峨眉段扩能改造3个项目正在加快推进各项前期报批工作。

成绵乐铁路客运专线:新建双线Ⅰ级铁路,速度目标值每小时200公里(预留每小时250公里)。项目自江油,经绵阳、德阳、广汉、成都、彭山、眉山、夹江、峨眉至乐山,正线全长227公里,其中成都段长82公里,途经成都市青白江区、新都区、成华区、龙泉驿区、锦江区、高新区、双流县、新津县8个区县。项目概算总投资326亿元,其中成都段投资约120亿元。2008年12月29日正式开工建设,截至年底,正线土建工程已接近尾声,开始铺轨,预计2014年建成投运。

成都至都江堰铁路彭州支线:新建双线Ⅰ级铁路,速度目标值每小时200公里。项目自郫县西站引出,经新民场镇、三道堰镇、古城镇、沿彭州市迎宾大道至天彭镇,正线全长21.2公里,其中桥梁21.1公里,位于郫县、新都区、彭州市3个区(市)县,概算总投资30亿元。2009年9月27日铁道部、四川省举行开工动员大会,2010年4月施工单位正式进场施工,截至年底,桥梁工程已全部完成,项目计划于2013年6月底完成全部施工,2013年10月1日具备通车条件。

成渝铁路客运专线:新建双线客运专线,速度目标值每小时250公里。项目自成都,经龙泉、简阳、资阳、资中、内江、荣昌、永川、璧山等站至重庆,正线全长308公里,其中成都境内22公里,途经成都市锦江区、龙泉驿区、双流县3个区县。项目概算总投资372亿元,其中成都段投资约18亿元。项目于2010年11月10日举行建设动员大会,截至年底,正线土建工程已完成过半,预计2014年完工。

成都铁路调度指挥所:项目位于金牛区,建筑面积4万平方米,地下1层,地上6层,概算总投资13.5亿元。项目于2010年11月举行建设动员大会,2010年12月施工单位进场施工,截至年底,项目主体工程、内部装修及设备安装均已完工,并于2012年12月31日进行初步验收。

成兰铁路:新建双线Ⅰ级铁路,速度目标值每小时200公里。项目自成都枢纽青白江站引出,经什邡、绵竹、茂县、松潘、九寨沟,引入在建兰渝铁路哈达铺站,正线长约458公里,其中成都段里程长约7公里,途经彭州市和青白江区。项目概算总投资617亿元,其中成都段投资约23亿元。截至年底,成都市彭州境内先期开工,征地拆迁工作全面展开。

成都至蒲江铁路:新建双线Ⅰ级铁路,速度目标值每小时200公里。项目自成都西站引出,途经双流、温江、崇州、大邑、邛崃至蒲江,全长99公里,概算总投资129亿元。项目初步设计于2012年10月23日获铁道部批复,2012年底,征地拆迁工作全面展开。

成都铁路动车检修段:项目位于成华区,近期按年检修300列设计,修建检修线(含静调)8条(16辆编组),预留4条,房屋建筑面积14.5万平方米,概算总投资26亿元。截至年底,完成征地拆迁和施工图设计工作。

成都基础设施维修基地:项目位于新都区,大机检修按40台位新建设计,预留发展条件,设置检修库线10条,存车线18条,概算总投资10亿元。项目征地拆迁工作于2012年10月全面展开,施工单位于2012年12月正式进场施工。

成都和谐型大功率机车检修段:项目位于新都区,按照满足配属1300台和谐型大功率机车所产生的检修量设置,概算总投资14亿元。项目征地拆迁工作于2012年10月全面展开,施工单位于2012年12月进场。

成都站扩能改造:项目位于成华区和金牛区,站房规模8万平米,设10个站台面,18条到发线,概算总投资83.5亿元。征地拆迁工作于2009年9月启动,初步设计于2012年11月23日获铁道部批复,2012年底开始施工图设计编制工作。

成昆铁路扩能成都至峨眉段:Ⅰ级铁路,增建二线,速度目标值每小时160公里。自成都南站引出,沿既有成昆铁路增建第二线,引入成都枢纽时在既有花龙门站疏解,经彭山、眉山、思蒙、夹江至峨眉,增建二线长130.829公里,既有线改建长度24.515公里。项目成都段长31公里,途经高新区、双流县、新津县3个区县。项目估算总投资106亿元,其中成都段约33亿元。项目于2010年1月开工,2012年12月31日项目可行性研究报告获铁道部批复。

地方公路建设 "十二五"期间,成都市将着力构建市域快速路网体系及"覆盖全面、匹配合理、衔接顺畅"的地方公路网,规划建设新一轮市域快速通道360公里、农村公路5700公里,实现中心城区至各区(市)县、市域相邻县城间、建制村至乡镇的"半小时"通达目标。

市域快速通道建设:2012年成都市纳入开工建设目标的市域快速通道有天府新区货运大道、新邛快速通道、五洛快速通道、成温邛快速通道、成环路东段(大件路外绕线)。其中天府新区货运大道、新邛快速通道、五洛快速通道、成温邛快速通道"四路"建设项目纳入首期启动实施的"交通先行"重点项目,建设里程总计213公里,总投资

128亿元，至年底天府新区货运大道、新邛快速通道、五洛快速通道已开工建设，成温邛快速通道完成立项、施工设计等前期工作。成环路东段（大件路外绕线）109公里，已建成29.87公里，在建25.16公里。

农村公路建设：2012年完成县乡道路改造400公里、村组道路建设963公里（其中扶贫路302公里）、危病桥梁修复18座1924延米。

航道港口码头建设 2012年，成都交通开展对岷江成都段航道的维护整治工作，投入资金120万元，整治岷江航道12公里，其中重点滩险5个；维护沱江（赵镇—九龙）16公里航道、鹿溪河2.6公里航道、斜江河3公里，完成投资60万元，主要维护项目包括集中维护（整治建筑物维护、航槽维护、航道清淤、航标维护）和日常维护。为保证古佛堰船闸的正常使用，避免发生安全隐患，减少对周围环境的影响，投资20万元对船闸进行维护。同时，完成蒲江县长滩湖大坝码头、大邑县斜江河码头、双流县观音滩、金堂县文武宫4个码头的建设，完成投资195万元。

公路养护管理 2012年，成都市完成普通国省干线公路小修保养444公里，完成国道318线龙简段大修，省道106线崇州段干五里河桥、国道317线绕坝路蒲家河大桥专项整治，国道213线、国道317线绕坝路安全隐患整治等工作，普通国省干线公路养护综合值90.7，位列全省第三，路况水平持续提升。出台《成都市农村公路养护管理考核奖励办法（试行）》，根据考核结果兑现"以奖代补"资金，农村公路管理养护工作进一步规范。大力推进"农村公路养护年"活动，创建示范乡镇38个、文明路1182公里，多数区（市）县建立农村公路基层管理机构，农村公路管养水平进一步提高。完成农村公路旧危桥整治11座、安保工程143.3公里，农村公路安全通行能力得到进一步改善，有效保证群众安全出行。

成都市农村公路管养示范路成青旅游快速通道　　成都市交委 供稿

道路客货运输 2012年，成都市公路营业性载客汽车拥有量14263辆，公路营业性载货汽车拥有量128773辆。全市公路营业性汽车运输全年累计完成客运量90980万人次，同比增长3.06%；公路营业性旅客周转量完成3119240万人公里，同比增长6.27%；公路营业性汽车运输全年累计完成货运量38777万吨，完成货物周转量2367464万吨公里，分别同比增长15.51%、15.43%。营业性水路运输全年累计完成客运量46.15万人次，同比增长12.7%；营业性水路周转量完成261.56万人公里，同比增长34.65%。

2012年，成都市有公路客运企业53家，客运班线917条，其中省际客运班线103条、市际客运班线431条、县际客运班线173条、农村客运班线210条，客运通乡、通村率分别达到100%、96.1%；有客运车辆6508辆、储备运力2300台；有客运站点937个，其中一级站12个、二级站17个、乡镇客运站908个（包括三级站25个、四级站30个、简易站138个、招呼站715个）。成都市有道路货物运输业户103812户，其中道路危险货物运输企业100户、货物专用运输经营业户692户、大型物件运输企业64户、普通道路货物运输业户102956户。全市道路货运车139715辆，其中道路危险货物运输车3492辆、集装箱运输车1875辆（牵引车953辆、挂车922辆）、大件运输车259辆、冷藏运输车220辆、普通货物运输车133869辆。

公交惠民举措 2012年9月12日，成都市政府新闻办召开2012年第34次专题新闻发布会。会上发布成都市一系列公交惠民举措的具体内容及成都大力发展公共交通的相关情况：一是增加1000辆公交车。9月起的4个月里，成都市新到位1000辆公交车，全年拟新增公交车2000辆，新开、调整及延时服务公交线路各50条。前8个月，新增到位大容量公交车1000辆、新开公交线路25条，优化调整公交线路42条、完成公交线路延时服务47条。二是启动"交通先行、公交服务、问需于民"行动。9月13日，成都市交委会同成都市公交集团，通过成都市交委网站首页"网上调查"栏目、成都文明热线96110、行动热线61887340

等3种方式开展扫盲区、减拥挤、不久候等3项行动,向市民广泛征集关于线路布局、站点优化、班次调整、服务改善等方面意见。三是增加老年卡的年免费刷卡消费次数。经成都市政府第115次常务会议同意,10月1日起,成都市持老年乘车优待卡乘坐公交车将由现行的每年免费刷卡消费600次(每月50次)调整为每年免费刷卡消费900次(每月75次)。

"雷锋号"公交车重现蓉城 2012年3月4日9时30分,成都市公交东星公司"雷锋号"公交车授牌仪式在五桂桥公交场站举行。被授予"雷锋号"公交车的两名司机,一位是助人为乐,为晕倒乘客争取黄金抢救时间,把公交车当救护车直接开到医院的81路驾驶员安向辉;另一位是行车途中遇乘客生病晕倒,沉着冷静处理,积极救助,做好事不留名的98A路驾驶员刘力。公司专门设计有雷锋号车组标识并在车上张贴"雷锋号车组承诺书"。

《成都市中心城区出租汽车企业服务质量信誉等级评定工作实施方案》印发 2012年1月初,由成都市交通运输委员会代拟的《成都市中心城区出租汽车企业服务质量信誉等级评定工作实施方案》经成都市政府审定后正式印发中心城区各区人民政府和市政府有关部门。

《方案》明确由市交委、市发改委、市财政局、市人社局、市监察局、市交管局、市公安局公交地铁分局等部门及市人大代表、市政协委员、出租汽车行业行风监督员、出租汽车行业协会代表各1名组成成都市中心城区出租汽车企业服务质量信誉等级评审委员会,下设办公室负责等级企业评定的标准制定和具体实施。方案对等级企业的申报条件及形式、评定规则和评定程序作出规定,并明确等级企业的扶持政策:三级以上(含三级)的出租汽车企业经营期限届满后,经企业申请,可在同等条件下优先授予其到期的经营权使用期一轮(5年);2007年以后逐年交纳特许经营权有偿使用费的企业,根据企业当年等级按一定比例返还有偿使用费,五级、四级、三级企业分别按全额、75%、50%返还当年有偿使用费。

出租汽车电召服务试运行 2012年,成都市1000辆普通电召车投入使用,首批90辆高档专用预约电召车投入试运行。

成都市出租汽车电召车业务分为即时电召和预约电召两种方式。30分钟内电话召车业务为即时电召,30分钟以上的特殊或预约电话召车业务为预约电召。其中即时电召服务由普通电召车提供,服务费每台次5元,打表计费的方式跟现行执行方式一样;预约电召服务由高档专用预约电召车和普通电召车提供,服务费为三环内每台次15元,三环外每台次20元。高档专用预约电召车车型为2.0T迈腾车,起步价12元(含2公里),每公里收费3元。

电召出租车确认后,所产生的费用由电召服务费和打表计费两部分组成。电召服务费采用接入电话扣费方式进行扣费。电召服务成功后扣费,通过短信告知乘客;未成功只收市话费。

天府新区项目建设启动 2012年4月10日,天府新区"两纵一横"项目(元华路南延线、红星路南延线、正公路)正式进场施工。正公路起于双流新津界,途经胜利、黄甲、华阳、公兴、正兴、万安、兴隆镇,止于成自泸赤高速公路,全长24.6公里,红线宽60米,总投资41.1亿元,计划2013年底完工;元华路南延线起于双流高新界,途经华阳、公兴、正兴、永安、黄龙溪镇,止于第二绕城高速公路,全长18.8公里,红线宽60米,总投资30.4亿元,计划2013年底完工;红星路南延线起于双流高新界,途经华阳、万安、兴隆、永兴、煎茶,止于第二绕城高速公路,全长18.9公里,红线宽60米,总投资21.5亿元,计划2013年底完工。

成新蒲快速通道建成通车 2012年9月29日,成新蒲快速路全线建成通车。该项目是成都市重大交通基础设施建设项目之一,联系成都市西南方向3个圈层,是成都市主城区通往区(市)县里程最长、投资规模最大、标准最高的一条城市快速路。项目连接主城区,起于草金路武侯界,经双流县九江、彭镇、金桥、黄水镇,新津县兴义、五津、方兴、新平、安西镇和邛崃市羊安、牟礼镇,蒲江县寿安、西来、鹤山。止于蒲塘路。路线全长约72公里(含与成温邛快速路7公里共线段),起点至金马河段主车道为双向六车道,两侧设辅道和人行道,路基宽54.5米;金马河以远路基宽30米,主车道设为双向六车道(含两侧机非混行道)。项目全线均为新建,设计时速80公里,建设总投资43.5亿元。

成都地铁2号线一期工程开通试运营 2012年9月16日,成都地铁2号线一期工程开通,开启成都地铁"十字网络"时代。成都地铁2号线一期工程东起龙泉驿区境内成都行政学院站,西至茶店子客运站,全长22.38公里,设20个站,均为地下线。跟1号线一样,2号线起价为2元,可乘坐6个区间,3元可乘坐10个区间,4元可乘坐16个区间,5元可乘坐24个区间,全程票价5元。工作日高峰时段行车间隔5分40秒,平峰时段行车间隔6分55秒,低峰时段行车间隔8分45秒。双休日高峰时段行车间隔6分25秒,平峰时段行车间隔6分55秒,低峰时段行车间隔为8分45秒。

交通运输综合执法 截至2012年底,成都市查处客运出租汽车违章案3988件、异地出租汽车违法营运案153

件、非法营运案963件、班线及旅游道路运输违章案607件、违法违规旅游案件11件，普通货运违章案154件、驾培违章案36件、损坏公路及其设施案675件、占用公路及其留地案320件，拆除非公路标志501个，拆除闲置、废弃公交站牌及其附属广告721处(1390个)，查处超限运输车辆11796辆，卸载7736辆、86247吨，超限运输比例控制在4.27%，查处水上交通运输违法案件40件。管辖区域内公路畅通无障碍，无违章接道、无违法挖掘，无违法建设，无公路“三乱”(详见《附录》)，水上交通连续14年无重特大安全责任事故。

公路收费站管理 2012年5月30日，成都市按照中央逐步取缔二级收费公路要求，撤除成仁路、天台山旅游环线等剩余普通收费公路收费站，在全省率先完成普通公路所有收费站全部撤除工作。

经四川省政府同意，机场路高速公路2012年8月1日起至2015年12月31日，一类车收费基价标准由现行的每车次20元调整为每车次14元；2016年1月1日至2024年12月31日，一类车收费基价标准由每车次14元调整为每车次10元。

交通安全管理 2012年，成都交通不断加强重点领域安全隐患排查整治，坚持做好道路客运、城市出租客运、城市公交、城市轨道营运、水上交通、公路施工及养护等行业的安全监管，交通行业安全生产总体保持稳定态势。全年成都市水上交通事故、火灾事故、公路建设及养护事故、汽车维修、道路危化品运输事故为零；全市交通运输行业共发生交通行车事故85件，死亡84人，受伤73人。与2011年相比，事故次数、死亡人数和受伤人数分别下降12.4%、7.9%、25.5%。

春运工作 2012年2月16日，为期40天的春运顺利结束。春运期间，成都市客流总量达2.4亿人次，同比上升8.5%。道路客运发送3101万人次，同比上升4.26%，其中主城区运送6931万人次，同比增长2.45%；铁路运输发送474万人次，同比上升6.80%；民航发送175万人次，同比上升12.3%；公交运送1.6亿人次，同比上升10.1%；出租运送4422万人次，同比上升5.3%；轨道交通运送658万人次，同比上升11.8%；水运运送8万人次，同比上升2.4%。

首批插电式增程电动LNG空调车投入运行 2012年5月15日9时，成都市首批20台插电式增程电动LNG空调车正式在公交99路及112路上线运行。与传统燃油车相比，插电式增程电动LNG空调车采用液化天然气作为燃料，具备以下优点：一是噪音低、排放低；二是燃料加注时间短；三是同等条件下增程电动LNG空调车续航里程是普通CNG车的2至3倍。该次投入运行的插电式增程电动LNG空调车除能像电动公交车一样由电池供给动力，还能像普通公交车一样由天然气供给动力，很好地解决电动公交车电池容量不足的问题。

成都市邮政管理局成立 2012年11月13日，成都市邮政管理局成立揭牌仪式在成都举行。国家邮政局副局长王梅，四川省政府副省长王宁，成都市委副书记、市纪委书记邓修明，四川省政府副秘书长范波等为成都市邮政管理局成立揭牌，成都市政府副市长苟正礼、四川省邮政管理局戚兰州局长出席并讲话，中央国家机关驻蓉相关单位、省市有关部门以及省市邮政企业和驻蓉主要快递企业等负责人参加。

成都市邮政管理局是根据《国务院办公厅关于完善省级以下邮政监管体制的通知》等有关规定新组建成立的行政机构，由上级邮政管理部门和地方人民政府双重管理，主要负责成都市邮政普遍服务和特殊服务以及快递业的市场监管。

2012年11月13日，成都市邮政管理局正式挂牌成立
成都市交委 供稿

荷花池客运汽车站关闭 2012年5月25日，荷花池客运汽车站关闭，其全部客运班线平稳调迁至国际商贸城临时客运站。原荷花池客运站共有客运班线178条，涉及省内12个市(州)和重庆、云南、贵州3省(市)，参营企业94家(含分公司)，运营车辆540台，大部分为挂靠经营，运营主体复杂。为平稳顺利关闭荷花池车站，成都市交委着力做好4方面工作：一是强化公交配套，方便群众出行；二是协调建立补偿机制，减少参营企业经营损失；三是协调建立联动机制，维护社会稳定；四是研究制定班线调迁方案，满足合理诉求。

道路客运联网售票系统全面启动 2012年12月11日，成都市道路客运联网售票系统正式启动。该系统覆盖主城区11家长途汽车客运站，具备互联网售票、自助终端售票、手机售票、车站综合窗口车票互售、人工代理网点售票和电话订票6大功能，为旅客提供平时5天、国庆和春节大假10天的汽车客票预售服务，均采用实名制购票方式。

行政处罚信息系统启用 2012年10月25日，成都市交委正式启用行政处罚案件信息公开系统。该系统通过成都市交委门户网站（http://www.cdjt.gov.cn）将相关行政处罚信息公开，全面实现公路建设及管理，道路旅客运输，公共交通、出租汽车运营，公路路政管理，水上交通管理等按一般程序处理的行政处罚案件电子信息公开。该系统的运行具有两大亮点：一是实现行政处罚全面电子化；二是实现案件信息自动、同步、全面公开。

首个交通标志主题宣传公园建成 2012年6月，四川省首个交通标志主题宣传公园——锦江白鹭溪交通标志主题公园建成。该公园集中展示国内最新使用的175种交通标志，其中含警告标志42种、禁令标志42种、指示标志29种、指路标志62种。

双流县被确定为全省“十二五”城乡交通运输一体化示范试点县 2012年，经四川省交通运输厅报请省政府同意，双流县被确定为全省“十二五”城乡交通运输一体化示范试点县。全省示范试点县（市、区）共12个，成都市示范试点县为双流县。双流县交通运输局已启动《双流县“十二五”城乡交通运输一体化示范试点规划》编制。 （本栏目供稿单位：成都市交委）

自贡市交通
ZIGONG SHI JIAOTONG

2012年自贡市水陆交通运输能力概况

公路			
通车里程	总里程（公里）		6271.904
	其中	高速公路	114.37
		一级公路	100.261
		二级公路	191.179
		三级公路	311.420
		四级公路	4104.28
		等外公路	1450.394
公路密度	按国土面积计算：百平方公里142.06公里		
	按人口计算：万人18.91公里		
通达程度	通公路的乡镇96个，占乡镇100%		
	通公路的村（社区）1135个，占村100%		
客运站	总数（个）		128
	其中	一级站	1
		二级站	5
		四级及以下站	122
营运车辆	总数（辆）		20522
	其中	客车2975辆47791座	
		货车17547辆72744吨	
公路运量	客运	运量（万人次）	9737
		周转量（万人公里）	268361
	货运	运量（万吨）	4831
		周转量（万吨公里）	513997
内河			
通航里程	总里程（公里）		608.94
	其中	五级航道	128.30
		六级航道	47.00
		七级航道	76.44
港口（码头）	总数（个）		66
	吞吐量	旅客吞吐量（万人次）	82
		货物吞吐量（万吨）	245
水路运量	客运	运量（万人次）	82
		周转量（万人公里）	675
	货运	运量（万吨）	243
		周转量（万吨公里）	4174
营运船舶	总数（艘）		476
	其中	客船98艘3847座	
		货船378艘22453吨	

交通基础设施建设投资基本情况 2012年,自贡市交通建设投资首次突破40亿元,达到48.85亿元,比上年增长45%,占全市固定资产投资总额的11.9%。

高速公路建设有力推进。成自泸赤高速公路自贡段于12月19日全线通车。乐自高速、自隆高速、内威荣高速公路项目加快推进。

重点项目建设全面加快。北环路改造工程开工建设。省道207、省道305线改造工程进展顺利。自贡至宜宾大件公路、四城区高速公路连接线、自贡至内江快速通道、乐自泸铁路、沱江航道整治等项目前期工作全面启动。

农村公路、断头路和水运设施建设成效明显。全年建成通乡油(水泥)路433.2公里,通村公路401.9公里,断头公路建设291.9公里,安保完工208.48公里。建成公益性渡口码头14个,候船设施27个,实施渡改桥建设13座。

客货运站点建设步伐加快。自贡火车站、舒坪火车站改扩建工程、大山铺铁路物流园区项目进展顺利。舒坪汽车货运站综合楼已完工,正进行场地、仓储以及电子交易平台建设;板仓公交客运站第一期工程已全部建成。

(晏 政)

自贡地区铁路物流中心建设合作框架协议签约 2012年5月3日下午,自贡市人民政府与成都铁路局就自贡地区铁路物流中心建设合作签约仪式在自贡市举行。

签约仪式由副市长杨征宇同志主持,出席签约仪式的市领导有市委书记雷洪金,市委常委陈吉明,市委常委曹俊杰,市委常委、秘书长吴丕,市政府副秘书长黄雪智以及市发改委、市交通局、市国土局、市规建局主要负责人,成都铁路局局长武勇,局长助理徐涌及主要处室负责人。

签约仪式上,武勇局长、雷洪金书记分别代表成都铁路局、自贡市致辞,对双方合作建设自贡地区铁路物流中心表示热烈祝贺并对加强合作,共谋发展,互利双赢提出了要求。双方同意建立项目推进工作联系机制,成立由双方主要领导为组长,部门负责人为成员的工作组,定期协商,落实双方议定的事项,共同推进自贡地区铁路物流中心建设。

自贡地区铁路物流中心建设主要包括以下内容:一是要做好铁路物流中心建设规划;二是要做好自贡南站700万吨规划铁路货场,自贡站改扩建,大山铺站物流中心建设;三是要加快内宜城际铁路、乐自泸铁路建设。

(自贡市交通运输局)

道路运输服务 2012年,自贡市水陆运输服务能力进一步增强。截至年底,全市有等级货运企业18户,客运企业14户,营运车20552辆。其中,客运车2975辆,货运车17547辆。有营业性道路运输客运线路483条。其中,超长客运线路17条,开行上海、云南、海南、广东、福建、江苏、贵州、内蒙古等15个省(自治区、直辖市),农村客运线路141条。全市96个乡镇通客运,通达率达100%,821个建制村通客运,通达率72%。全市公共交通有出租车1436辆、公交车856辆。公交线路57条。全年完成客运量、旅客周转量同比分别增长8.91%、11.86%,完成货运量、货物周转量同比分别增长12.85%、16.67%。

2012年,自贡市积极推动公共交通优先发展,开展公交车、出租车车容车貌和服务质量专项整治,全年新增、优化公交线路7条,投放新型公交车、高级公交车48辆,更新出租车515辆。

(晏 政)

高烽调研自贡高速公路建设 2012年7月17日,省交通运输厅党组书记、厅长高烽率厅有关部门负责人,在自贡市副市长杨征宇、副秘书长黄学智等陪同下,调研自贡市高速公路项目建设。

高烽厅长一行视察了成自泸赤高速、乐自高速公路工程建设情况,查看了成自泸赤万家桥互通和乐自高速桥头互通(自贡西)等控制性工程,对自贡高速公路建设工作给予充分肯定,同时对下一步工作提出要求:一是要做好高速公路工程的安全监管,全面强化责任落实,坚持做好标准化施工;二是要加强与气象部门的紧密联系,及时掌握气候变化情况,合理调整施工组织安排。同时,要抢抓工程进度,确

建设中的自贡大山铺公交客运枢纽站　　自贡市交通运输局 供稿

保全年建设目标的完成；三是要抓好建设资金的保障，努力打造精品工程、优质工程。高烽厅长在参加自隆、内威荣高速公路全线开工推进工作座谈会上，对加快推进两条高速公路建设提出三点要求：一是要加强工程建设的组织领导，实现有序推进；二是要抓紧时间，集中力量做好勘察定界、测线、征地等工作，尽快完成组卷上报；三是两市政府要加强协调，帮助项目业主多渠道筹措资金，保障工程建设的顺利推进。（自贡市交通运输局）

自隆、内威荣高速公路全线开工推进工作座谈会　　自贡市交通运输局 供稿

公路养护管理　2012年，自贡市公路养护管理水平不断提高。以省道305线自贡段为重点的标美路建设成效显著，加强公路巡查和路产路权的维护，加大公路建控区内违章建筑、乱借道、乱设点、乱堆放的整治和查处力度，实现将省道305线自贡段建成“畅、洁、绿、美、安”公路的目标。全市国省干线公路路面使用性能状况指数（PQI）达到86.9，位居全省第9位。以办理人大代表关于加强农村公路管理体制建设议案为契机，农村公路养护管理长效机制全面建立，机构、人员、经费和管养责任进一步落实，全市农村公路列养率达100%，经常性养护里程达3422公里，比上年增加2519公里。县道、乡道、村道经常性养护率分别达到了100%、60%、50%。农村公路技术状况明显改善，全市农村公路路面使用性能指数（PQI）78.2，比上年提高4个百分点。（晏政）

交通行政执法　2012年，自贡市加强执法队伍建设，全年共举办培训班6期，培训执法人员800余人，对385名执法人员进行资格认证考试。办理人大代表议案、建议和政协委员提案42件，满意率100%。规范执法行为，全年未发生一起行政诉讼和行政复议案件。开展“扫黑打非”等专项整治行动，查获涉嫌非法营运车辆913辆、违规违章教练车94辆次，查获违规违章危化品运输车辆146辆次。以超限超载为重点的路政执法成效显著，全年检查车辆280多万辆，查获超限13.7万辆，卸载2.8万多辆，卸载吨位10.2万多吨，货运车辆超限率控制在5%以内。工程质量和造价监管不断加强，在加大资金、人员、设备投入的同时，制定监管办法，完善监管机制，确保交通工程质量稳步提升。开展工程质量监管委托执法工作，加大对工程建设违章、违法行为查处力度。（晏政）

交通运输安全生产管理　2012年，自贡市继续保持安全生产高压态势，切实加强交通运输安全生产“双基”（基层、基础）建设，扎实开展“安全生产年”“道路客运安全年”“打非治违”“平安工地”建设等专项行动。加强应急队伍建设，开展安全应急演练，圆满完成“交通系统防灾救灾应急演练”“2012自贡富顺沱江水上应急搜救演练”。全年交通运输系统事故伤亡数均在省、市下达的控制指标范围内。（晏政）

超限车辆强制卸载试点　2012年6月，自贡市交通部门积极与成工集团合作，引进超限车辆卸载专用机具，集中开展严重超限车辆强制卸载试点工作，半个月共对36辆严重超限运输车辆实施强制卸载，卸载吨位累计达1000余吨，强制排除路障1处。此次引进的超限车辆卸载专用机具，具有操作简便灵活、机动性强、卸载效率高、应急抢险排障功能等特点，在进行严重超限运输车辆强制卸载试点工作中，发挥极大实用和震慑作用，有力遏制严重超限运输行为，对保护自贡路桥安全起到了重要作用。（自贡市交通运输局）

交通运输体制改革　2012年，自贡市深化交通运输系统体制改革。认真开展行政审批许可服务事项清理，归并减少审批事项24项，集中办理各类行政许可审批服务事项2589件，即时办结率、评议率、满意率均达100%。市公路局下属机构改革顺利实施，整合队伍，消除不稳定因素。做强做大交通投资公司，打造交通运输投融资平台工作取得新进展。市交通勘测设计院改制工作进展顺利。市路政支队升级工作初步实现，有力促进路政管理工作的开展。（晏政）

交通队伍建设　2012年，自贡市交通运输干部队伍建设不断加强，引进6名年轻同志充实到干部队伍、技术队伍。实施全员教育培训计划，通过多种方式和渠道，干部

职工培训面达100%。行业文明建设成效显著,通过实施交通运输文化建设“四大工程”,积极开展创先争优、自贡精神表述语提炼、学雷锋创精品线路等活动,涌现出市路政支队,市公路养护段党总支,公交车驾驶员朱红、唐云书等一批受部、省、市表彰的先进集体和个人。“庸懒散”治理活动扎实开展,机关效能、作风建设取得明显成效。四是党风廉政建设不断加强,预防和惩治腐败框架制度更加完善,全年未发生严重违纪事件。（晏 政）

新型环保高级公交车首次运行　2012年,自贡市公交集团公司从重庆客车厂购置2辆新型环保高级公交车亮相自贡,并在公交1路线投入试运行。自此,自贡告别城市无高级公交车的历史。

该型公交车主要具备安全性、环保型、舒适性、科技性较高的特点。车内安全锤、灭火器齐备,发动机舱有燃气泄漏报警器并配有自动灭火装置,车门有内外应急开关,使用盘式制动器与缓速器确保车辆运行安全;智能化温度调节系统保持车内舒适度,前后一级踏步让老年乘客上下轻松,车载电视运行全程开启。特别是车载LED显示屏和3G视频等高科技投入彰显对乘客的人性化关怀。

为适应自贡市大城市建设的需要,提升自贡城市形象,满足广大市民多层次的乘车需求,自贡市公交集团公司计划在年内购置90辆高级公交车投入运行,预计到2015年末将通过报废更新和新增方式投放高级公交车603辆。（自贡市交通运输局）

自贡市新购入的新型环保高级公交车　自贡市交通运输局 供稿

攀枝花市交通

PANZHIHUA SHI JIAOTONG

2012年攀枝花市水陆交通运输能力概况

公路			
通车里程	总里程(公里)		4663.676
	其中	高速公路	144.72
		一级公路	38.869
		二级公路	271.757
		三级公路	132.891
		四级公路	2444.657
		等外公路	1630.782
公路密度	按国土面积计算:百平方公里61.895公里		
	按人口数量计算:万人48.168公里		
通达程度	通公路的乡镇44个,占乡镇100%		
	通公路的村352个,占村100%		
客运站	总数(个)		42
	其中	一级站	1
		四级及以下站	239
营运车辆	总数(辆)	客车1071辆18181座	
		货车22854辆119014吨	
公路运量	客运	运量(万人次)	5898
		周转量(万人公里)	135267
	货运	运量(万吨)	11449
		周转量(万吨公里)	568533
内河			
通航里程	总里程(公里)		368.4
	其中	五级航道	222.4
		六级航道	30.5
		七级航道(等外)	
港口(码头)	总数(个)		46
	吞吐量	旅客吞吐量(万人次)	31.4
		货物吞吐量(万吨)	16.8
水路运量	客运	运量(万人次)	31.4
		周转量(万人公里)	785
	货运	运量(万吨)	16.8
		周转量(万吨公里)	1008

<table>
<tr><td rowspan="3">营运船舶</td><td colspan="2">总数(艘)　102</td></tr>
<tr><td rowspan="2">其中</td><td>客船88艘887座</td></tr>
<tr><td>货船4艘980吨</td></tr>
<tr><td>备注</td><td colspan="2">运营汽车中的客运车辆数不含出租车(1477辆)和公交车(637辆)</td></tr>
</table>

交通基础设施建设基本情况　2012年,攀枝花市高速公路建设项目按计划强力推进。截至年底,丽(江)攀(枝花)高速公路攀枝花段建设完成征地拆迁,完成建设投资13.0073亿元,自开工以来累计完成投资36.027亿元。加快攀(枝花)宜(宾)沿江高速公路、攀(枝花)大(理)高速公路、攀枝花至盐源高速公路和过境高速公路等项目的前期工作。

国省干线公路改扩建"三年攻坚"活动实现开门红。按照市委、市政府的统一部署,攀枝花市从2012年全面启动"国省干线公路改扩建三年攻坚"活动。截至年底,累计完成投资23185万元,超额完成投资和形象进度目标任务。省道214线总发—平地段改建、省道310线倮果大桥—渡口大桥段路面改造、省道214线丙谷—银江镇段路面改造、荷花池大桥维修加固、国道108线拉鲊—川滇界段扩建、省道310线格里坪—504电厂路面改造等在建项目进展顺利。省道310线504电厂—福田段路面改造、纳拉河桥维修加固、省道310线客运中心—新庄大桥升级改造、省道310线红格—雅江桥段路面改造、灰老沟桥和巴关河大桥维修加固等工程项目前期工作正按计划扎实推进。

沿江快速通道西区段工程累计完成投资7014万元。Ⅰ标段完成投资3971万元,路基工程,桥梁工程完成98%。Ⅱ标段完成投资2118万元。完成路基挖方17万方,挡墙2.3万方。新密地大桥工程全年完成投资1314万元,开工以来累计完成投资7972万元。上游半幅桥于2011年国庆前建成通车,2012年6月19日下游幅桥实现拱圈合拢。攀枝花综合客运中心项目完成攀枝花综合客运中心公司的组建和工商注册,向发改委申请项目立项,配合市国土储备中心基本完成环形立交初步方案。农村公路完成投资26750万元,建成通乡油(水泥)路48.4公里,通村公路206.8公里,分别为省、市目标任务的161%和138%。

"民生工程"建设　2012年,攀枝花市委、市政府给市交通运输局下达5项"民生工程"任务:新增(更新)公交车辆15台,新建公交港湾式车站3个;平稳推进全年市区67辆出租汽车报废更新工作;建成农村公路180公里,其中通乡油(水泥)路30公里、通村公路150公里;实施公路安全保障工程50公里;国省干线公路路面性能使用指数达到80。通过全局职工共同努力,超额完成工作任务。

交通建设筹融资　2012年,攀枝花市交通运输局向上级争取项目资金2.92亿元(不含盐边县),同比大幅度增加。其中,国省干线改造项目6个,通村公路项目26个,新农村示范片公路项目5个,路网改造项目13个,其它项目7个。争取项目资金同时,在现有融资平台无贷款可能的情况下,为规避政府融资平台风险,积极寻求银行贷款,

建设中的丽攀高速公路跨金沙江倮果特大桥　胡晓莉 摄

发挥市政府分配的2.5亿元企业债券的作用，新注册成立一家国有独资公司——攀枝花市道攀交通建设工程有限公司。通过积极努力，确保交通投资和还本付息资金链不断裂，基本保证各项交通工程顺利建设。

公路养护管理　2012年，攀枝花交通运输局以“农村公路养护管理年”“普通公路桥梁养护管理年”活动为契机，全面加强公路桥梁养护管理，积极推进落实全天候养护责任制。针对倮果大桥、马家田桥出现病害，及时启动应急预案，确保公路桥梁安全和畅通。全面启动源头治超工作，市交通运输局先后在倮果大桥桥北、马家田桥、巴关河大桥设立路政执法监督检查点，严厉打击非法超限运输行为，并在全市固定公路超限检测站率先施行《公路超限检测站考核评议制度》。在全市范围内开展桥梁安全隐患大排查。

交通行政执法　2012年，攀枝花市交通运输局严格落实行政执法责任制，全面清理行政权利，明确行政权利主体职责，行政权利职责和运行体系更为公开透明。以行政处罚和行政许可案件评查为抓手，不断规范交通运输行政执法，加强执法案件不规范行为整改力度，落实重大行政处罚案件集体讨论及行政处罚自由裁量制度。以行政执法人员换证考试为契机，深入开展业务知识培训，促进执法人员学习和掌握行政执法知识。与公安部门联合，严厉打击非法客运，严肃查处违章经营行为，切实维护全市正常的客运秩序。加强政务中心审批窗口建设，优化项目审批流程，做到“一站式办结、一次性服务”，全年群众评议率达99.1%，满意度达100%。

公路行业管理　2012年，攀枝花市公路管理处认真抓好干线公路和农村公路养护管理，加强公路城乡环境综合治理工作，扎实开展省交通运输厅“农村公路养护管理年”和四川省2012年“普通公路桥梁养护管理年”活动，做好收费公路管理工作。国省干线公路技术状况进一步改善，公路通行能力明显提升，行业服务水平显著提高。

进一步完善《攀枝花市干线公路小修保养工作检查考核办法》和《攀枝花市公路突发公共事故应急预案》。加大督促检查力度，定期和不定期检查路况，对道路病害实行限时整改，对路况质量实行按月通报制度，确保干线公路处于良好运行状态。全市干线公路路面综合状况指数(PQI)达到80，完成省政府下达的民生工程目标任务。建立农村公路养护管理检查考核制度，构建养护责任明确、运转高效的全市农村公路管理体制和养护运行机制。落实各县(区)农村公路养护经费，建立以公共财政投入为主的长期稳定的农村公路管理养护资金渠道。做到工作开展有机构、有制度、有队伍、有重点、有投入，每日有巡查，每月有检查，定期有诊断，病害处置有措施。

加强汛前检查，落实雨季期间24小时值班制度和信息报送制度，加强灾害处置。投资13万元对渡金线阿基鲁桥、弄清线北部站立交及凉风坳隧道按规范设置限高龙门架。投资300余万元对凉风坳隧道消防系统进行更新和维护。

收费路桥管理　2012年，攀枝花市圆满完成全年路桥车辆通行费征收目标。

继续认真开展收费公路专项清理工作。市公路管理处对管理的收费项目进行了全面排查和落实，全市无经营性公路收费项目，也无“将政府还贷公路违规转让或划转成经营性公路”问题；现有收费公路规模、收费期限、收费标准、收费站点设置和收费行为符合相关政策规定。

加强通行费征收管理。组成流动稽查小组，在收费站和超限站对攀枝花市路桥年费进行流动稽查。对上访车主和来访人员认真接待、耐心倾听，根据实际情况采取相应措施、果断处置。加强内部监督，除安装远程监控外，组织专人采取不定时内部稽查。规范财务及票据管理，严格通行费收支管理，实行“收支两条线”管理办法。严格执行国家收费减免政策，全年全市共减免绿色通道车辆6万余辆次，减免通行费77万元。国庆期间免收外籍小型客车通行车辆共计19137辆次，免收小型客车通行费共计19.1万元。

加强内部管理，提高工作人员业务水平。做好纠正物流领域乱收费和深化治理公路“三乱”牵头工作。

积极落实取消政府还贷二级公路收费政策。提前于2012年12月29日18时对全市政府还贷二级公路一次性整体取消。即取消米易、红格、仁和、格里坪四个收费站点收费和路桥车辆通行年费的征收。

公路路政管理　2012年，攀枝花市路政管理进一步发挥路政维权护路职能，巩固“治超”成果，强化各项管理，进一步规范流程和标准，努力提高路政案件办理水平，直接挽回公路损失3475.4万元。

严格“治超”执法“五个不准”“十条禁令”等规定，加强超限站日常工作管理，完善各类台账和记录，坚持支队及大队领导定期不定期带队明察暗访。加强联合执勤制度，与交警、派出所联合开展路面执法15次，采取固定检测与流动检测相结合的方式，保证路面执法监管力度不降低。在全市固定公路超限检测站率先施行《公路超限检测站考核评议制度》。启动倮果大桥、马家田桥及巴关河大桥等路段执法监督点。路政执法监督点运行期间，共检查载重货车5700余辆次，劝返1490辆次，现场整改遮盖蓬布280余辆次。全年共投入执法人员2.5633万人次，检查载货车辆78.788万辆次，其中超限30%以上车辆5034辆次，责令卸货5031辆次，卸载货物1.164万吨，超限率下降到0.64%。

全年共投入资金94万余元，强化应急管理能力和安全保畅工作。投入56.4万余元，及时修复损坏的路产设施和标志63处。投入37.6万余元，设置省道214线、省道310线公路标牌、波型护栏等安保设施。开展公路"三乱"明察暗访13次，继续保持全市公路基本无"三乱"成果。

公路运政管理 2012年，攀枝花市运输安全形势持续稳定。为"百安""安全生产月"活动营造宣传氛围，共制作标语、横幅、宣传画160幅，展板6块，发放宣传资料2.3万份。完成客运企业2011年安全生产动态考核，全力排查非法使用甲醇燃料装置行为。全年无源头安全责任事故发生。建立完善行政执法制度，制订出台重大行政决策程序规定等7项制度。运输市场秩序保持良好，打造客运精品服务。制定2012年旅客运输发展规划，全年新开市、县际线路10条，投入客车29辆。推进行业诚信体系建设，评选出AAA级危货企业8户、客运企业6户、驾校2所、维修企业5户、出租汽车公司11户。建成三级工作平台24个，安装GPS车辆669辆。深入开展道路运输市场专项整治，采取明察与暗访结合，分别查处违章经营行为258起。加强春运、国庆等重大假日的运输组织和安全监管，全年完成客运量、客运周转量、货运量、货物周转量分别同比增长7.95%、25.87%、7.62%、14.78%。源头"治超"稳步实施。督促指导各县(区)相继出台源头"治超"方案。作为"治超"试点的东区高梁坪工业园区与全部33家货源企业签订《源头治超承诺书》，对货运量占园区90%的2家货源企业实施出园货车称重登记。将节能减排工作完成情况纳入目标考核内容，全年共核查车辆1802辆，其中达标车型表的车辆1786辆，不合格车辆16辆。维修市场健康有序发展。新增许可6家一类维修企业，其中宝马、奥迪4S店的建成。扎实开展机动车维修市场专项整治。出租汽车行业管理加强。完成2009-2012年最后67辆出租汽车的报废更新工作。开展出租汽车不文明行为整治，规范出租汽车用工合同和燃油补贴协议，及时兑付2011、2012年燃油补贴1.23亿元，妥善处置公司管理费上调引发的不稳定事件，维护行业稳定。驾驶培训质量有效提升。11所驾校全年招收学员21964人，3925人次参加了客货运输驾驶员及危货运输从业资格培训考试，同比分别增长8.2%、5.2%。改(扩)建教练场地，在米易新增1所分校，有序推进盐边新县城和盐边渔门镇二级驾校筹建工作。

海事监管 2012年，攀枝花市地方海事局全面落实"三个"责任，水上交通安全形势持续稳定。认真落实水运企业或船主的安全生产主体责任。强化安全动态监管，全面落实汛期交通安全工作责任。严格执行水上交通安全制度；加大海事巡查力度，确保船舶适航、船员适任。加强宣传教育培训，提高从业人员安全素质、安全技能和安全意识。积极开展专项行动，深入开展水上交通"打非治违"专项行动。全面开展水上交通安全大检查大整治专项行动。全年全市航务海事部门累计安全检查船舶8000余艘次，查处安全隐患29起，整改完成29起，查处违法行为33件，处罚款26000余元。对未按规定穿戴救生衣行为的8名船员进行了强制安全学习。

以保安全、保畅通为重点，全面完成春运和五一、十一"黄金周"等节假日旅客运输工作。加大培育水运市场，引导运力结构调整。充分争取利用交通运输部和交通运输厅二滩库区水淹区码头专项资金，坚持由数量型向规模型、质量型、效益型转变，加快乡镇小码头建设步伐。全年共完成小码头建设任务3个，完成投资30余万元。完成农村客运燃油补贴资金的分配方案、资料收集及审核工作和发放工作。为88艘船舶发放补贴资金490.66万元，促进水路客运的良性发展。

国省道干线改造启动 2012年，攀枝花市全面启动攀枝花境内国道108线、省道214线、省道310线改造工作，改(扩)建国省道干线公路203.8公里、桥梁635公里。改造完成后，攀枝花市出境干线公路路况将得到极大改善，内部路网行车舒适度将大幅提高，同时还将基本消除国省道大桥、特大桥的严重病害。该次实施的国省干线公路改(扩)建项目共8个，分别是：省道214线丙谷—银江镇段路面改造工程、省道310线倮果—渡口大桥段(保渡北线)路面改造工程、省道214线总发—平地段扩建工程、省道310线格里坪—504电厂段扩建工程、省道310线504电厂—福田段(格福路)路面改造工程、国道108线拉鲊—川滇界段扩建工程、省道310线客运中心—新庄大桥段路面改造工程、省道310线红格—雅江桥段路面改造工程。同时，危(病)桥改造项目有：纳拉河桥、灰老沟桥、巴关河大桥和荷花池大桥。

市政协常委会组织视察交通建设 2012年3月21日上午，攀枝花市政协主席单荣率市政协常委会组成人员、政协机关县级干部及市级相关部门负责人共70余人对市交通建设情况进行视察，并听取交通工作汇报。市政协副主席庞向东、周治端参加视察，副市长李章忠陪同视察。市交通运输局领导、相关处室的负责人参加视察和汇报活动。视察组一行先后来到新客运中心选址现场、丽攀高速公路C12标段、保安营机场及市客运中心实地查看，了解了相关情况。

汇报会上，市交通运输局党委书记、局长雷雨做了交通工作汇报，市发展改革委及保安营机场有关领导分别作铁路建设规划和机场滑坡治理情况汇报，政协常委们对交通工作提出建议。

举办预防职务犯罪法制讲座 2012年3月28日，攀枝花市交通运输局邀请市检察院职务犯罪预防处为交通运输系统行政执法人员举行预防职务犯罪法制专题讲座。局党委委员、纪委书记、工会主席强兴林，局办公室、监察室、法规处相关负责人和系统内行政执法人员共70余人聆听讲座。预防处检察官先就职务犯罪和职务犯罪预防的相关知识做详细阐述，对当前职务犯罪的特点和原因进行深刻剖析，提出了交通运输系统预防职务犯罪的对策和建议。局党委委员、局纪委书记强兴林对交通系统行政执法人员提出了工作要求。

高烽调研攀枝花交通 2012年7月25—26日，省交通运输厅党组书记、厅长高烽一行莅临攀枝花，在市委书记刘成鸣的陪同下，先后深入省道214线、国道108线改造工程和丽攀高速公路攀枝花段C12合同段跨金沙江倮果特大桥建设现场进行调研。省交投集团总经理、川高公司董事长高淳随同调研。副市长李章忠陪同调研。高烽对攀枝花市国省干线公路改扩建项目在质量、安全、进度等方面取得的成绩给予充分肯定，指出，攀枝花市委、市政府认真贯彻落实省委、省政府建设西部综合交通枢纽的决策部署，积极协调配合和支持交通项目建设，交通建设势头强劲。省交通运输厅将积极支持攀枝花交通建设，加大对丽攀高速公路、西昌—香格里拉和丽江—攀枝花高速公路连接线等项目的协调力度，助推攀枝花经济社会加快发展。高烽强调，要把握机遇，加快交通基础设施建设步伐，四川加快建设西部综合交通枢纽为交通建设跨越发展提供了重要的战略机遇，要主动对接全省“十二五”交通规划，推进相关项目前期工作，加快对已有规划和安排项目的实施，切实抓好高速公路建设、国省干道改造和农村公路建设，为推动攀枝花经济社会加快发展当好“先行官”。要进一步完善区域交通规划，按照全省“两化”互动、统筹城乡的总体战略要求，充分考虑攀枝花经济社会发展对交通运输的新要求、新任务，加快修订完善交通运输发展规划，为构建区域性交通枢纽提供规划支撑。要高度重视加强公路管理和养护，在推进交通基础设施现代化的同时，针对攀枝花资源型城市的交通特点，创新资源运输方式，提升公路管理和运输现代化水平。

省交通运输厅党组书记、厅长高烽（前右二）一行在攀枝花市市委书记刘成鸣（前右三）、副市长李章忠（前右一）等陪同下观看交通建设展板 胡晓莉 摄

攀宜共商重点项目合作对接事宜 2012年5月4—5日，宜宾市交通运输局与攀枝花市交通运输局在攀枝花市就宜宾—新市—凉山（金阳）—攀枝花沿金沙江高速公路建设相关事宜进行洽谈。双方一致认为，此路段是连接宜宾、凉山、攀枝花三地资源富集区的重要战略运输通道。加强攀宜交通对接与合作，对进一步完善全省高速公路网络结构，促进两地经济社会发展、服务两地群众安全便捷出行，对强化城市合作、加快区域交通一体化都具有重大意义。经过座谈，双方达成项目建设合作协议。

攀成大巴首开下午班次 从2012年5月18日起，攀成大巴首次开行下午班次，发车时间为14时，当日22时许到达成都五块石车站。至此，攀成大巴增至每天对开6班。其中，7：30、9：00、11：00、14：00发车的班次到站终点为成都五块石车站；8：30、10：00的到站终点为成都东客站。米易至成都大巴发车时间仍为每日10：00，终到站点成都石羊汽车站。

刘成鸣调研丽攀高速公路攀枝花段建设 2012年5月4日，攀枝花市委书记刘成鸣深入丽攀高速公路攀枝花段建设一线，了解项目进展情况，研究部署进一步加快项目进度的具体举措。市委常委、市委宣传部部长沈钧陪同调研。刘成鸣一行先后来到丽攀高速公路攀枝花段C13、C11、C9、C5、C4、C3、C2合同段施工现场和东区刘家湾安置点，察看了解项目进展和安置点建设情况，对照施工平面图听取施工单位负责人汇报，详细询问工程技术、项目投资、施工进展和工期等情况。充分肯定丽攀高速公路攀枝花段建设取得的成绩，指出，市、区相关职能部门积极开展服务，为项目建设营造了良好的施工环境，要求项目各参建单位与地方党委政府密切配合，在确保安全质量的前提下，加快项目建设，确保项目按计划推进。

2012年2月8日，攀枝花市市委书记刘成鸣（左三）深入重点交通基础设施项目施工现场，研究部署加快建设区域性交通枢纽工作　胡晓莉 摄

新密地大桥下游幅桥主拱圈合龙　新密地大桥下游幅桥主拱圈于2012年6月19日3时42分顺利合龙，标志着新密地大桥工程建设正式进入攻坚阶段。攀枝花市交通运输局党委书记、局长雷雨带领相关部门来到施工现场，现场查看合龙节点后，对新密地大桥下游幅桥主拱圈的顺利合龙表示祝贺，并向为此项工程付出了艰辛努力的广大交通建设者特别是战斗在一线的工程管理和技术人员表示诚挚慰问。

出租车报废更新　2012年，攀枝花市更新出租汽车67辆，至此全市市区出租汽车1417辆全部完成更新。根据《四川省道路运输管理条例》的规定，结合攀枝花市出租汽车的实际使用情况，按照到期一辆、报废一辆、更新一辆的原则，从2009年7月起，攀枝花市启动本轮出租汽车报废更新。更新车型为一汽大众捷达和上海大众畅达两种车型。本轮更新的出租汽车经营期限为6年。

金沙江中心区段客运码头选址完成　2012年8月2日，攀枝花市交通运输局牵头，邀请东区政府、市住建局、市环保局、市水务局、市地方海事局、东区交通运输局、东区沿江打造办、市金联房地产公司等相关成员单位及负责人对金沙江中心区段客运码头布局进行现场选址。选址现场会议由市地方海事局局长梁勤国主持，各参会单位负责人经过现场踏勘、讨论，确定选址方案。

交通重点公路工程建设安全大排查　2012年8月

建设中的新密地大桥　攀枝花市交通运输局 供稿

31日—9月1日，攀枝花市交通运输局组织市质监站、市交投公司对全市在建交通重点公路工程建设项目开展安全隐患大排查。检查组先后对新密地大桥新建工程、荷花池大桥维修加固工程、省道214线总发至平地改建工程等项目安全生产工作进行拉网式排查，对发现的安全隐患点以书面形式下发给施工、监理单位，并要求相关单位限时整改完善。

第六届城市无车日活动 2012年9月22日，攀枝花市举行第六届城市无车日活动。当天6时至12时，市民可免费乘坐所有线路的公交车，自2007年开展城市无车日活动以来，首次实行乘坐公交车免费。本届无车日活动以“关爱城市·绿色出行”为主题。除所有线路公交车正常发班外，市公交公司还增加公交车班次。市公交公司面向社会聘请20名公交义务行风监督员。以无车日活动的开展为契机，倡议广大市民“给汽车放个假”，减少对私家车的依赖，多采用公共汽车、自行车、步行等绿色交通方式出行。

首例有奖举报承诺兑现 2012年，攀枝花市地方海事局根据《水上交通安全隐患举报奖励实施办法》规定，给予举报水上交通违法行为的乘客喻某某奖励现金200元。2012年9月12日，市民喻某某到市地方海事局举报，称他9月5日在二滩宋家砣码头乘快艇到盐边县柏枝码头，上船时快艇载客6人，在航行至二滩库区鳡鱼乡时另搭载4人，存在超载行为。市地方海事局在接到举报后，第一时间安排执法人员对举报情况进行核实。经调查取证，川攀盐2167号快艇当天超载2人的违法事实成立。市地方海事局依据《四川省水上交通安全管理条例》相关规定，对违法当事人沈某某给予罚款2000元的顶格处罚和参加强制安全学习3天的处理，并依据攀枝花市从9月起执行的《水上交通安全隐患举报奖励实施办法》，对举报人予以奖励。

年度安全应急知识培训 2012年12月5—6日，攀枝花市交通运输局组织各县（区）交通运输局、园区建设交通局、局属各单位、各县区运管所、路政各大队、总段各分段（公司）、公交各分公司、市运业公司和丽攀公司等130余名安全管理干部参加年度安全应急知识培训学习，提高全市交通运输系统安全管理人员的监管能力水平，全面学习掌握安全管理法律法规，明确安全监督管理职责，更好地落实安全责任，切实增强交通安全生产的控制能力和事故的防范能力。培训采取课堂授课和讨论交流的形式进行，并特邀市安监局副局长、市安办主任宋光钦、市监察局副局长饶晓东等3名理论和实践经验都非常丰富的安全管理领导干部，围绕“当前安全生产工作面临的形势和特点及‘8·29’肖家湾煤矿特别重大安全事故的警示与思考”“事故责任调查与责任追究”“交通运输安全监管责任与企业安全生产主体责任”等内容进行了详细的分析讲解。

“爱心助学”活动 2012年8月23日，攀枝花市交通运输局组织11家出租汽车公司和攀枝花运业公司举行“爱心助学”活动捐赠仪式，再次资助草场乡的12名贫困学生现金5.4万元。市“挂包帮”办公室副主任、市直机关工委副书记鲜明专程参加这次活动。米易县草场乡政府、村委会干部、捐助企业及受捐助学生、学生家长共60余人参加仪式。为扩大“挂包帮”工作的影响力，2011年，市交通运输局组织开展以“爱心助学”为主题的教育助学活动，并组织动员全市12家道路客运企业、出租汽车行业参与对米易县草场乡的12名贫困学生以“一对一”的形式予以帮扶，受到乡、村党委及广大村民的积极响应。

（本栏目撰稿人：胡晓莉）

2012年8月28日上午，攀枝花市交通运输局在米易县晃桥村开展“爱心助学”活动　胡晓莉 摄

泸州市交通

LUZHOU SHI JIAOTONG

2012 年泸州市水陆交通运输能力概况

公 路			
通车里程	总里程(公里)		13102.9
	其中	高速公路	224.7
		一级公路	19.3
		二级公路	834.7
		三级公路	150.5
		四级公路	6898.1
		等外公路	4975.6
公路密度	按国土面积计算:百平方公里 109.149 公里		
	按人口计算:万人 26.076 公里		
通达程度	通公路的乡镇 128 个,占乡镇 100%		
	通公路的村 1471 个,占村 100%		
客运站	总数(个)		148
	其中	一级站	3
		二级站	10
		三级站	10
		四级及以下站	125
营运车辆	总数(辆)		29198
	其中	客车 5080 辆　　座	
		货车 24118 辆　　吨	
公路运量	客运	运量(万人次)	13232
		周转量(万人公里)	884122
	货运	运量(万吨)	5484
		周转量(万吨公里)	644764
内 河			
通航里程	总里程(公里)		1000
	其中	三级航道	136
		五级航道	92.5
		七级航道	111.6
港口(码头)	总数(个)		108
	吞吐量	旅客吞吐量(万人次)	2.36
		货物吞吐量(万吨)	2348
水路运量	客运	运量(万人次)	236
		周转量(万人公里)	2147
	货运	运量(万吨)	1661
		周转量(万吨公里)	711961
营运船舶	总数(艘)		556
	其中	客船 114 艘 5851 座	
		货船 442 艘 46 万吨	

交通重点工程建设基本情况 2012 年,泸州市高速公路、港站码头建设和国省干线改造取得成绩,高速公路建设情况良好。

纳黔高速公路建设全年完成投资 22.7 亿元,为年计划投资 14 亿元的 162%,全面完成工程建设任务,实现全线通车目标。纳黔高速公路是国家高速公路网厦蓉高速公路的主要路段之一(泸州市境内另一段为隆纳高速 65 公里),是泸州市高速公路网总体布局"一环七射一横"的重要组成部分,全长 134.8 公里,概算总投资 107.5 亿元,2008 年开工建设,纳溪至叙永段 73 公里于 2011 年底建成通车。纳黔高速全线通车形成贵州进入泸州的两小时交通圈。通过纳黔高速向北(西北、东北方向)可达成都、重庆及中亚、长江中下游地区,向南通往贵州毕节、贵阳及东南部沿海,是西南出川出海的主要通道,是加强川、滇、黔、渝四省市及西北地区与华中、华东地区交通联系的重要干线。

纳黔高速公路泸州段　　车科 摄

泸宜高速公路12月建成通车。泸宜高速公路是国高网成渝地区环线的一部分，泸宜高速泸州段17.64公里，总投资15.7081亿元，宜宾由此进入泸州的1小时交通圈。通过泸宜高速公路和即将建成的泸渝高速公路，向西可达宜宾、乐山，向东可达重庆及长江中下游地区，实现西部地区的内引外联、通江达海。

泸渝高速公路建设全年完成投资16.6亿元，路基、路面、大中桥梁工程全部完成，控制性工程合江一、二桥主体完成，工程进度总体可控。

泸渝高速公路泸州段　　牟科 摄

成自泸赤高速公路泸州段建设全年完成投资14.5亿元，路基、桥涵已按计划完成，路面完成35%。

叙蔺高速公路建设全年完成投资4.4亿元，前期工作进展顺利，年底实现"两桥一隧一互通"控制性工程开工建设。

泸州港集装箱码头二期续建工程建设，全年完成投资5500万元，为目标任务5000万元的110%，第一阶段于2012年12月26日实现竣工目标。建成后，泸州港集装箱码头拥有堆场100万平方米，具备100万标箱、散杂货200万吨的年吞吐能力。泸州港建成为长江上游百万标箱大港，对四川港口发展具有里程碑意义。

泸合产城大道、纳福港城大道建设齐头并进。省道308线泸合产城大道，全长48.7公里（新建路段合江县匡坡至黄舣收费站31.6公里），概算投资23.1亿元；国道321线纳福港城大道，全长55公里（新建路段泸州云龙机场至福集全长24.7公里），概算投资25.5亿元。两个项目均按一级公路标准设计，2012年完成相关前期工作并实现开工建设。

泸州客运中心站6月17日建成投运。该站为全国196个主枢纽站之一，西南地区最大的客运站。集高速和普通客运以及公交、出租车运输等市政设施为一体的区域性综合立体交通枢纽、标志性交通工程。建设总投资2.1亿元，每日最大输送能力5万人次，日发班次2010班，其中超长客运64班，省际客运194班，市际客运485班，县际客运1087班，县内客运180班，覆盖全市各个乡镇及周边滇、黔、渝等毗邻地域，辐射西南省份及全国各地，进一步改善泸州交通功能，优化城市结构布局，促进区域交流合作，为泸州科学发展、加快发展奠定更加坚实的交通运输基础。

全市国省干线公路改造完成投资8.2亿元，国道321线、省道307线、省道308线、进港路等5个工程段实现竣工，改造完成362.5公里，为全年目标任务的362.5%。

"民生工程"建设　2012年，泸州市加快交通"民生工程"建设，全年建成农村公路949.9公里，为目标任务580公里的163.8%。其中：建成通乡油路101.8公里，为目标任务80公里的127.3%；建成通村公路848.1公里，为目标任务500公里的169.6%。

安保工程建设149.2公里，占目标任务80公里的186.5%。

港口基础设施建设　2012年，泸州市港口基础设施建设取得成绩，全年全社会港口建设完成投资2亿元，新增年货物通过能力480万吨，年底全港综合年货物通过能力达到3440万吨（含集装箱100万标箱）。泸州港多用途码头二期续建工程、古蔺财湾煤码头工程、中海沥青泸州专用码头升级改造工程完工。青利煤码头、新溪口石油码头、香炉石散货码头正在施工。石龙岩码头、泰安码头二期工程、新街河码头、邓沱码头正开展前期工作。

泸州港百万标箱集装箱码头投入营运　　牟科 摄

公路水路客货运输　2012年，泸州港实现货物吞吐量同比增长9%，其中集装箱吞吐量同比增长34.5%，占全省集装箱吞吐量的84%，全省四分之一的关税在泸州。全市新增航运企业4家，注销2家，共有48家（客运企业6家，货运企业42家）；新增港口经营人2家，共有港口经营人83家。泸州港集装箱的国际国内合作不断加强，获中国国际物流节"2012商贸物流最佳客户服务奖"，获中国交通企业管理协会授予的"全国交通运输行业重点联系物流园区（企业）（2012—2014）"荣誉称号。

2012年，泸州市完成公路货物运输量、周转量同比分别增长15.05%和18.13%，居全省第四位。全市拥有货运车辆31495辆、146780吨。拥有物流企业653家，其中西部百强物流企业5家，四川省50强物流企业10家，

AAAA 级物流企业 1 家，AAA 级物流企业 7 家，AA 级物流企业 6 家，A 级物流企业 11 家，物流企业数量和经营规模仅次于成都，居全省各市州前列。

公共交通配置 2012 年，泸州市主城区新增 207 辆中高档车型出租汽车实现平稳投放，采取"公司化经营、员工制管理"的新模式，提升城市和行业形象。全市出租汽车达 1678 辆，年客运量 7488 万人次，日均客运量 20.80 万人次，出行分担率达 8.6%。

2012 年，全市公交化改造线路 18 条，新增 16 条农村客运班线，40 辆农村客运车辆，36 辆城镇公交车辆。全市乡镇客运班车公交化改造达 50%。主城区公交线路全年新开行 11 条、优化调整 10 条，主城区线网覆盖率达 100%；新增公交站点 15 个，主城区公交停靠站达 1233 个，其中港湾式停靠站 96 个、候车亭 269 个，主城区公交站点 500 米覆盖率达 100%，实现城市公交"两个全覆盖"。

全年全市新增公交车 148 辆、更新 49 辆，公交车总数达 1003 辆，1176.4 标台。大驿坝公交首末站、城北公交枢纽站开工建设，公交枢纽站实现零的突破。城市公交年客运量 16000 万人次，日均客运量 53 万人次，公交车出行分担率达 38.23%。

交通运输安全生产管理 2012 年，泸州市交通运输安全管理工作坚持"以人为本，安全发展"原则，全面落实"安全第一、预防为主、综合治理"方针，加强组织领导，完善应急预案，加强监督检查，坚持 24 小时值班制度，切实抓好春运、国庆等节假日安全活动，认真开展水陆交通安全专项整治活动，采取有力措施抓好汛期客渡运安全，加强工程建设安全和质量监管。

年内，全市发生水上交通安全事故 1 起，死亡 2 人，为省交通运输厅和市政府下达全年控制指标的 8% 和 16.7%；道路运输未发生源头管理原因造成较大以上交通事故，保持了全市交通运输安全形势的持续平稳。

"7·23"特大洪灾 2012 年 7 月 23 日，泸州市暴发特大洪灾，市交通运输局全力以赴开展抗洪抢险救灾工作，成立抗击"7·23"特大洪涝灾害指挥部，坚持 24 小时靠前指挥，强化公路安全排查管控，加强公交秩序维护，组织调配 50 台公交运力持续实施抗洪抢险，落实出租车免费运营措施；加强江面巡航管控及救援处置，港区 506 艘货船、江上 85 艘囤船，没有一艘船冲走，没有一艘船翻沉，没有一个人伤亡。全市交通运输系统 8 个单位、5 名同志分别被市委、市政府表彰为泸州市抗击"7·23"特大洪涝灾害先进集体和先进个人，市交通运输局被省防汛抗旱指挥部表彰为先进集体。

公路路政管理 2012 年，泸州市路政管理部门认真贯彻落实《公路法》《行政许可法》等法律法规，进一步完善路政管理工作制度，严格落实"八不准""八禁止"规定，对交通行政执法加强监督检查，全年无重大违纪违法行为发生。加大公路"三乱"整治力度，全年未发生公路"三乱"现象。全年巡查公路里程 20 余万公里，实现案件查处率、结案率、处罚正确率、行政许可审批按期办结率、群众满意率五个 100%。

公路养护管理 2012 年，泸州市公路养护管理部门为加强泸州市辖区内国省干线日常维修养护和应急维修养护管理，全面提升相关路段的养护，制定下发《泸州市普通国省道干线公路小修养护管理办法》《泸州市路面坑凼快速修补机制》。坚持对公路和桥梁进行定期的日查、月查及专项重点检查，对检查情况按要求规范、详细地做好原始记录，对存在着安全隐患和社会反映较大的公路桥梁病害情况及时上报，并每月定期用简报进行通报。

路桥通行费征收 2012 年，泸州市完成路桥通行费征收 1.635 亿元，为年计划的 134.59%。全市免费放行"绿色通道"运输车辆约 107 万辆，免收车辆通行费约 1133 万元。重大节假日期间，全市普通公路收费站点免费放行一类小型客车 229051 辆次，免征车辆通行费 174.97 万元，未发生一起车辆拥堵和群体纠纷事件。

（本栏目撰稿人：李 智 岳 娉）

泸州客运中心站 车科 摄

德阳市交通

DEYANG SHI JIAOTONG

2012 年德阳市水陆交通运输能力概况

公 路			
通车里程	总里程(公里)		8161.183
	其中	高速公路	186
		一级公路	299.43
		二级公路	674.464
		三级公路	695.797
		四级公路	5483.398
		等外公路	822.094
公路密度	按国土面积计算:百平方公里 137.314 公里		
	按人口计算:万人 20.472 公里		
通达程度	通公路的乡镇 125 个,占乡镇 100%		
	通公路的村(社区)1454 个,占村 100%		
客运站	总数(个)		197
	其中	一级站	4
		二级站	7
		三级站	5
		四级及以下站	181
营运车辆	总数(辆)		33834
	其中	营运客车 1704 辆 43917 座(班车客运 1481 辆 36177 座;旅游客车 105 辆 3783 座;其他客车 118 辆 3957 客座)	
		货车 32130 辆 121317.351 吨	
公路运量	客运	运量(万人次)	12062.503
		周转量(万人公里)	284821.087
	货运	运量(万吨)	8858.219
		周转量(万吨公里)	622991.012
内 河			
通航里程	总里程(公里)		30
	其 中	六级航道	
		七级航道	30
港口(码头)	总数(个)		15
	吞吐量	旅客吞吐量(万人次)	32
		货物吞吐量(万吨)	
水路运量	客运	运量(万人次)	13.5
		周转量(万人公里)	2.5
	货运	运量(万吨)	
		周转量(万吨公里)	
营运船舶	总数(艘)		25
	其中	客船 25 艘 374 座	
		货船　　艘　　吨	

交通基础设施建设基本情况 2012 年,德阳市完成成绵高速公路复线,成德南高速公路,南、北汽车客运站,成绵高速公路 4 个收费站房改造;国道 108 线广汉至青白江段公路改造工程等建设项目相继完工;天星快速干线开工建设;成都第二绕城高速、旌江快速干线、绵茂公路、广青公路三期等工程项目有序推进;各项“民生工程”目标超额完成。年内,德阳市交通运输局对重点项目建设实行目标进度管理和计划管理,项目攻坚工作组每月定期召开一次工作联席会议,分析存在的问题,提出解决方案;加强督导、协调和服务,全力破解建设难题。

天星快速干线开工建设 2012 年 11 月 29 日,天星快速干线开工建设。天星快速干线工程是德阳市委、市政府确定的加强与成都对接的重点交通建设工程之一,也是德阳市“十二五”期交通重点建设项目。天星快速干线全长

天星快速干线施工现场　　德阳市交通运输局 供稿

20公里，起于广汉三星镇与彭州蒙阳镇交界处，对接已建成的成都市北新干线（成德大道）终点，经三星、西高、高坪、兴隆、金轮镇，止于天元镇秋月村与德什路相接。设计标准为一级公路，双向六车道，设计时速80公里。

综合枢纽南北配套站投入试运行 德阳市公路运输综合枢纽南站站级标准为一级汽车客运站，项目于2011年3月31日开工建设；德阳市公路运输综合枢纽北站为城际铁路德阳北客运站、宝成铁路德阳客运站、长途客运、公交（出租车）"四站合一"枢纽的重要组成部分，站级标准为一级汽车客运站，项目于2011年7月11日开工建设，南北两站均于2012年12月竣工并投入试运行。

"民生工程"建设 2012年，德阳市完成通乡油（水泥）路建设105.75公里，为目标任务的132%；完成通村油（水泥）路建设191.4公里，为目标任务的141%；国省干线路面使用性能指数达到87.5（目标值为85）；完成公路安保设施工程47.1公里，为任务数的157%。

德阳乡村（组）水泥路　　德阳市交通运输局 供稿

成绵高速4个收费站改扩建工程相继完工 2012年7月，成绵高速德阳境内德阳南（八角）、德阳、德阳北（黄许）、金山收费站扩容改造工程相继完工并投入使用。

交通运输规划调整 "十二五"期间，德阳市提出打造成德组合型交通主枢纽的目标，加快构建"南融成都，北接绵阳，贯通东西，覆盖全域"的现代综合交通运输体系。完成《德阳市综合交通运输总体规划》初稿，提出以德阳市区为中心，以"两环五射"为骨架的公路布局方案，规划总投资357亿元。为适应德阳中心城市向东向北发展的战略要求，着手开展城北交通方案研究，重点协调处理好成都经济区环线高速公路德阳市区段路线过境方案，为城市向东向北发展留足空间。高度重视德阳与周边市（州）、县的交通联系，再次论证市域各规划节点对外交通要求，重点规划包括中金快速、旌金快速在内的10余条重要通道。按照建设森林城市的要求，在征求各县（市、区）意见的基础上，抓紧编制德阳市干线公路道路景观建设规划。加大资金争取力度，2012年争取建设补助资金3.4亿元。

城市公交发展 2012年，德阳市交通运输局认真分析德阳市公交现状与实际，拟订"公交都市"建设方案，努力优化公交运行模式；编制实施《2012年德阳市区城市公交新增和调整计划》，对市区16条公交线路进行19次调整延伸，新开行29路公交线路；裕兴公交公司购置50辆新型公交车；在公交1路和22路开展"城市公交优质服务精品线"创建活动，成效明显；积极推进"公交进校园"，协调解决淮河路小学2000多名师生无公交车可乘的状况，尽量为在校师生提供优质安全公共交通服务；对市区608个公交站台站名进行排查清理，修改变更错误或不规范的公交站台站名。

出租汽车客运管理 2012年，德阳市交通运输局会同市政府法制办、市公安、市财政、市物价等部门，完成《德阳市区出租汽车客运管理办法》的修订工作；完成市区出租车公司服务质量信誉考评工作，共初评出AAA级企业4家、AA级企业7家、A级企业3家；向社会开通市区出租汽车失物查询服务热线（0838－2402288），利用出租汽车GPS平台，及时为乘客查询失物提供方便，共受理失物查询5450件，找回行李箱、笔记本电脑等失物3691件；对市区出租汽车进行LED顶灯更换工作；推行出租汽车驾驶员考核记分制度和"黑名单"制度；在公交、出租汽车行业开展"展示行业风采、争做文明使者"和"公交之星""的士之星"评选活动，切实提升从业人员的行业荣誉感，提高管理和服务水平。

多种形式推进作风转变 2012年，德阳市开展"作风大转变，树立交通运输新形象"活动，3月起开始在德阳市政务服务中心交通运输局窗口实行局领导及科处长坐班制，通过取消证件挂失收费、工本费代收代缴、安装便民办公软件缩短超限运输证办理时限等方式，解决办事群众来回跑路的问题。同时，开展"大走访"活动，对二重、东汽等大型企业、重点招商企业和服务对象、监督对象进行大走访和调查研究，关注企业呼声，帮助服务对象；建立快速处理保障机制，对能现场解决的问题现场解决，不能立即解决的进行专题研究并尽快拿出解决方案。

交通行政执法 2012年德阳市交通运输局运管处加大对违章经营行为的打击力度。全市共出动执法人员18622人，检查车辆33385辆次，查处各类违章车辆2365辆次，有效净化全市道路交通环境，维护广大经营者的合法权益。

德阳市交通运输局路政处开设24小时投诉热线，公开聘用20多名群众代表为路政行风监督员，逐步树立"公平、公正、文明"的执法队伍形象。不断加强对所辖国省干线的巡查力度，清理在公路用地内堆积占道3024余处，规范公路两侧施工行为265余处，移交处理抛洒滴漏、超载超限案件105件。

交通宣传新主题 2012年，德阳市交通运输局确定"德行天下，阳光交通"宣传主题，在各级电视台、报刊、户外广告等媒体和公交车、出租汽车、车站等交通工具上对全市交通运输系统先进人物、模范典型进行多种形式的宣传，效果明显，树立了良好的交通运输形象。

援藏工作 根据德阳市委、市政府要求，2012年德阳市交通运输局成立援建工作领导小组，制定《德阳市交通运输局援建阿坝州阿坝县、若尔盖县工作方案》，明确援藏5年期间的工作责任。2012年，完成若尔盖县嫩哇中桥的勘察设计工作，施工图设计及预算已移交若尔盖方并进行了技术交底，施工单位已进场施工；完成阿坝县阿曲一号桥优化设计，其中上、下部构造已基本完成；若尔盖县唐克镇汽车客运站完成前期立项、可行性研究报告评审、财政评审、设计、土建招标等工作，施工单位已进场施工。援藏期间，德阳市交通运输局多次派工程管理人员、工程技术人员前往当地，加强援建项目管理和相关指导、协助，同时协助两县做好"十二五"交通基础设施建设规划修编工作。

交通运输安全生产管理 2012年，德阳市交通运输局全面完成省交通运输厅和德阳市政府下达的安全目标任务：调整和完善安全生产领导小组成员及职责，与15个责任单位签订安全生产目标管理责任书，同时建立和完善应急运输预案；先后完成春运、元旦、清明、五一、端午、国庆小长假期间及德阳灯会期间的运输保障任务；全年道路旅客运输源头管理、水上交通和道路施工未发生交通责任事故，交通运输系统安全生产总体平稳有序。

（本栏目撰稿人：王 志 曾 甦）

绵阳市交通

MIANYANG SHI JIAOTONG

2012年绵阳市水陆交通运输能力概况

公路			
通车里程	总里程（公里）		19586
	其中	高速公路	286
		一级公路	410
		二级公路	850
		三级公路	910
		四级公路	10180
		等外公路	6950
公路密度	按国土面积计算：百平方公里96.54公里		
	按人口计算：万人　　公里		
通达程度	通公路的乡镇278个，占乡镇100%		
	通公路的村（社区）3417个，占村100%		
客运站	总数（个）		225
	其中	一级站	4
		二级站	8
		三级站	8
		四级及以下站	205
营运车辆	总数（辆）		34595
	其中	客车3905辆77183座	
		货车30690辆92507吨	
公路运量	客运	运量（万人次）	9609
		周转量（万人公里）	516302
	货运	运量（万吨）	6328
		周转量（万吨公里）	609244

内河			
通航里程	总里程(公里)		645.79
	其中	六级航道	26.05
		七级航道	60.12
港口(码头)	总数(个)		3
	吞吐量	旅客吞吐量(万人次)	26
		货物吞吐量(万吨)	0.8
水路运量	客运	运量(万人次)	26
		周转量(万人公里)	252
	货运	运量(万吨)	0.8
		周转量(万吨公里)	9.37
营运船舶	总数(艘)		75
	其中	客船72艘1651座	
		货船3艘30吨	

交通基础设施建设基本情况 2012年，绵阳市完成交通运输建设投资67.95亿元，其中完成高速公路投资32.14亿元、国省干线公路及其他专项建设投资11.28亿元、农村公路投资18.61亿元、水陆运输项目投资5.92亿元。全年完成公路路面建设2649.4公里、路基建设2643公里，新增公路通车里程1339.29公里。资金争取取得成效，向部省申请争取国省干线改造、重要乡镇连接公路、安保工程、危桥改造、渡改公路桥、农村公路等301个项目的补助资金6.2亿元，同时争取将平武公路建设补助资金标准从2011年的每公里25万元提高到每公里35万元。

高速公路建设方面，成绵高速复线于2012年5月9日建成通车；在建高速公路项目建设进度全面加快，绵阳绕城高速南环线完成投资6.1亿元，完成年度计划工程量的100%；规划内高速公路项目前期工作进展有序，绵(阳)九(寨沟)高速完成绵阳至平武段初步设计编制，绵(阳)西(充)、绵(阳)苍(溪)高速绵阳境内的起点已确定并完成工程可行性研究报告编制，绵(阳)西(充)高速完成公路勘察设计招标。国省干线建设方面，完成国省干线改造115公里。省道302线北川曲山至茂县界段主体工程全面完工；省道205线黄土梁隧道完成年度投资2.16亿元，基本完成引道工程土石方，完成防护工程的82%、桥梁下部构造的90%、涵洞的89%；国道108线绵阳绕城改线和省道205线绵阳绕城改线完成立项、初步设计批复，并列入上级资金补助计划；国道108线梓潼段绕城改线完成立项、初步设计批复，正争取列入上级资金补助计划；省道101线盐亭绕城改线完成主体工程，省道101线三台绕城改线、省道105线安县段水毁恢复工程完工；省道205线江油绕城改线正在实施路基工程；省道205线平武至江油段路面提升改造完成施工图设计编制工作。农村公路建设方面，全年建成通乡公路201.4公里、通村公路1773公里。农村公路网络进一步向村、社延伸，实现100%的乡镇通油(水泥)路、100%的村通公路、83.5%的村通油(水泥)路。运输项目建设方面，编制完成《绵阳市道路运输"十二五"发展规划》并组织加快实施，全年建成县级客运站1个、农村客运站12个，完成固定资产投资6313万元；建成公益性渡口码头24个、候船设施3个，更新改造渡船13个，建设渡改人行桥2个。绵阳市主枢纽客运总站一期工程竣工并投入使用；完成江油、北川客运站功能验收工作；完成盐亭客运站立项和勘验工作。

交通灾后重建工程完成情况 省道302线北川曲山至茂县界段灾后重建工程分为北川曲山任家坪至禹里和北川禹里至茂县界两段。禹茂路于2009年5月开工，2010年2月完工；任禹路于2009年7月开工，预计2013年6月完工。全线共有隧道7处，隧道总长9504延米，占路线总长的57%；桥梁13座，涵洞21个。截至2012年底，任禹路路基、隧道外路面全部完成，7座隧道全部贯通，部分合同段开始交工验收，仅剩机电、房建、第三合同段隧道路面等附属工程，累计完成投资9.5亿元。

2012年4月8日，任禹路段最长的隧道——唐家山特

贯通后的任禹路唐家山隧道　　绵阳市交通运输局 供稿

长隧道实现贯通。该隧道穿越唐家山堰塞湖垮塌体和多处地震断裂带，局部存在瓦斯。隧道全长3505米，总投资1.9亿元，由道隧集团工程有限公司中标承建。施工单位于2009年7月进场，进口端掘进于2010年1月15日动工，出口端掘进于2010年5月15日动工。

贯通后的任禹路马鞍山隧道　　绵阳市交通运输局 供稿

2012年9月10日，任禹路段最后一座隧道马鞍山隧道主体全面贯通。马鞍山隧道全长2648米，总投资1.43亿元，项目业主为市重点公路建设指挥部办公室，由重庆交通建设(集团)有限公司中标承建。施工单位于2010年1月15日进场，进口端掘进于2010年5月16日开工，出口端掘进于2010年4月27日开工。马鞍山隧道是任禹路段的第二长隧道，也是截至2012年底绵阳市境内建设难度最大的隧道。

省道205线黄土梁隧道及引道工程路线全长33.835公里，其中阿坝州境内2.773公里、绵阳境内31.062公里(含引道长28.6135公里和黄土梁隧道2.448公里)，隧道主体部分及引道按三级公路标准建设，引道新建段按二级公路标准建设，设计时速30公里、路基宽7.5米。全线共设大桥12座、中桥29座，涵洞29道；全线共设置3座隧道，即黄土梁隧道、水牛家1号和2号隧道。黄土梁隧道于2010年7月30日开工，引道工程于2011年3月30日开工，预计2014年6月完工。截至2012年底，黄土梁隧道主洞完成开挖及初期支护1282米，平导开挖及初期支护1297米；引道工程土石方基本完成，防护工程完成约79%，桥梁完成下部构造约90%，涵洞完成约89%，水牛家1号隧道全长993米，完成开挖及初期支护883米，水牛家2号隧道全长415米，完成开挖及初期支护415米，累计完成投资约49770万元。

公路养护管理　2012年，绵阳市加强公路养护管理。改造提升九环线路面工程，2010年7月开工建设，2012年底全面完工，项目总投资1.5亿元。推广应用公路养护新技术，全年投入400余万元，在国省干线公路养护改造中采用沥青混凝土微波养护等技术，减少环境污染；对路面裂缝、沉陷等病害，使用微波加油系统及沥青混凝土废料进行快速修补，无废水、废气、废物产生和辐射残留物存在；在边坡和绿化带设计上，推广采用国内外先进的“厚层基材喷播”道路景观提升技术。投入使用首台低碳环保养护车，年内投入资金1000余万元，添置微波热再生养护车1台、扫地王5台和洒水车5台。启动为期3年的农村公路管理养护年活动，3月19日，活动启动仪式在涪城区石洞乡举行，活动内容包括落实县、乡级农村公路管养机构及人员，提高养护管理覆盖率、绿化率和改善农村公路技术状况。

重大节假日运输服务工作　2012年春运期间(1月8日至2月16日)，绵阳市日均投放客车7310辆，其中班车3741辆、出租汽车2181辆、公交车1388辆。全市共开行客运班车355934班，其中加班车6249班；运送旅客609.322万人次，其中农民工116.4968万人次，较上年增长4.8%。全市城市公交累计运送旅客3569.6277万人

在建的黄土梁隧道　　绵阳市交通运输局 供稿

次，出租车累计运送旅客1290.903万人次。中秋、国庆期间，绵阳市道路共计运送旅客130.94万人次，安排加班车4131车次，客运量较上年同期上升8.2%，未发生一起源头安全责任事故和重大服务质量投诉事件。

按照《四川省人民政府关于批转交通运输厅等部门重大节假日免收小型客车通行费实施方案的通知》要求，中秋、国庆8天假日期间，全市10个收费公路项目的20个收费站对7座以下(含7座)载客车辆免收车辆通行费。免费时段为9月30日零时起至10月8日零时止。免费车辆数为70.94万辆，免费额为723.86万元。

客运总站“站中站”问题成为历史 2012年5月9日，平政汽车站和绵阳市汽车客运总站签订绵(阳)安(县)北(川)客运班线经营协议，明确平政汽车站将绵(阳)安(县)北(川)及其区乡客运班线委托给绵阳市汽车客运总站经营。其经营管理及安全源头管理由绵阳市汽车客运总站负责，平政汽车站工作人员撤出绵阳市汽车客运总站。5月23日，按照协调商定的交接时间，平政汽车站和绵阳市汽车客运总站完成交接。至此，绵(阳)安(县)北(川)及其区乡所有客车全部进入绵阳市汽车客运总站参营，平政车站设置在绵阳市汽车客运总站的“站中站”售票窗口同时关闭。绵(阳)安(县)北(川)及其区乡线路“站中站”历史遗留问题得以圆满解决。

交通运输管理促进旅游业发展 2012年，绵阳市交通运输局调整旅游运力结构，在新增20辆县际旅游客运包车的基础上，争取厅运管局支持绵阳新增30辆高级旅游客车。该批旅游客车投放后，全市旅游包车将达到145辆，车型全部为高级客车。为加强旅游客运安全监管，8月25日至10月31日，交通运输、公安、旅游、安监部门联合在全市集中开展旅游包车客运安全专项整治行动并取得良好效果。同时，按照市委市政府有关旅游标准化建设的要求，督促旅游运输企业做好星级旅游运输公司的创建。至年底，富临运业绵阳分公司和千佛旅游运业通过绵阳市旅游局组织的初评验收，均被初评为三星级旅游汽车公司。此外，为支持北川县建设国家5A级景区，绵阳市交通运输部门许可开行6辆绵阳至北川的旅游专线班车。

城区打击非法营运百日攻坚行动 2012年4月11日—7月20日，绵阳城区开展打击非法营运百日攻坚行动。该行动由市政府牵头，交通运输、公安、住建、工商、政法、纪检监察等部门配合。期间城区出动执法人员8万多人次、检查车辆9万多辆次、发放宣传传单13万多张，依法查扣涉嫌非法营运的“黑车”681辆、摧毁非法营运团伙3个，处罚喊客、揽客、扰乱公共秩序人员40多人次。县市区积极跟进，查扣“黑车”241辆。

超限超载治理 2012年，绵阳市投入执法人员4500余人次，检测车辆30余万辆，查处超限车1.4万车次，卸载超限车400余辆、货物1200余吨，收取路产补偿费370余万元，超限控制率在5%以内。

城乡环境综合治理 2012年，绵阳市交通运输部门加强公路建控区的管理力度，全年拆除非交通标志标牌168块(处)、违法建筑16处。有效遏制反复发生的散落物污染公路的违法行为，公路整洁度明显提高。全年走访沙石场100余家，清除路障123处，查纠污染公路车3200余辆次，查处违法、违章车1200余辆次。基本消除公路打场晒粮现象。在绵(阳)三(台)路、绵(阳)梓(潼)路、绵(阳)盐(亭)路等部分路段累计出动宣传车360余辆次、执法人员2200余人次，张贴《绵阳市人民政府关于公路环境整治的通告》800余份，发放宣传资料8000余份，清理打场晒粮3.4万平方米，发出《整改通知书》86份、提出整改意见46条。

建设市场监管 2012年，绵阳市出台《绵阳市交通重点工程建设项目联席会议制度》，成立市交通运输局重点交通建设项目领导小组以抓好重点项目建设工作。打破分工界限，实行“一个项目、一名领导，一支队伍、一抓到底”的工作机制，在履行好分管工作的同时，负责协调、落实、督办项目建设过程中的各项工作。严格招投标管理，实行“三权分立”机制，即负责招标工作的人员不参与施工管理，负责施工管理的人员不参与招标工作，项目实施全过程由局纪委全程监督。

交通运输节能减排 2012年，绵阳市在开工建设的公路项目中大力推广采用环保节能的LED节能照明技术，节省电力资源和费用；推广使用CNG环保汽车产品，在降低运输成本同时减少有害气体的排放。至年底，全市1088辆客运车辆使用节能环保技术比例达99%、1192辆公共汽车使用节能环保技术比例达99.1%、城区1477辆出租汽车使用节能环保技术比例达100%。

打造立体公共交通运输网络 2012年，绵阳市政府印发《关于优先发展城市公共交通的意见》，成立由分管副市长为组长的绵阳市优先发展城市公共交通领导小组。7月25日通过比选招标的方式确定林同棪国际工程咨询(中国)有限公司为《绵阳市城市公共交通发展规划(2012—2020年)》的编制单位。年内，投资100余万元，在城区640座站台上，按不低于广告牌50%的比例增设候车不锈钢坐凳928个、安装公交线路运行图546幅，完成城区公交站台候车设施的人性化改造。创建公交“精品化线路”，完成10路30辆车身标准化、车内智能化打造。车内按“一车一文化、一车一主题”的要求，大力宣传绵阳文化产品、旅游产品和“绵阳造”产品。为全面提升服务质量,制定《星级线路争创管理办法》,明确乘车环境、营运秩序、文明服务标准。投资2.3亿元计划更新老旧公交车528辆。第一批由财政投入购买的48辆公交车(25辆中级车、23辆普通车)于9月20日全部到位,并投入到5路、6路、36路、60路运行;第二批480辆公交车采用融资租赁方式采购,12月31日到位429辆。加快智能公交体系建设,绵阳市公交公司自筹资金1400余万元,完成980台车辆GPS及DVR车载设备安装调试,2013年1月1日正式投入使用。新增优化调整公交线路,绵阳市交通运输部门通过网络问政和现场调研等方式了解群众出行需求,新增8条公交线路;结合绵阳城区道路交通状况,对城区9条公交线路进行优化调整。建设公交专用道,12月20日绵阳市首条公交专用道——长虹大道公交专用道正式启用。投资907.2万元建设公共自行车租赁系统,一期规划网站45个,投放自行车812辆。系统于10月15日试运行,12月24日通过由市住建局、交通运输局、财政局、公交公司等单位组成的验收组的验收。至年底办理自行车IC卡1万余张,解决了群众出行“最后一公里”的问题。

规范城区出租汽车管理　2012年,绵阳市交通运输部门制定并出台《绵阳城区客运出租汽车服务质量信誉考核办法》,建立出租汽车公司、驾驶员和单车一体化的服务质量信誉考核体系,完善优胜劣汰的竞争机制和市场退出机制。同时实施《道路旅客运输企业、客运站综合动态考核办法(试行)》,将质量信誉考核与事关企业发展切身利益的线路申报、车辆购置等挂钩,考核结果作为行业资源配置的重要依据,使管理的公开、公平、公正和权威性获得可靠保障。积极筹备“出租汽车服务管理信息系统试点工程”,完成方案拟制申报,城区出租汽车全部安装GPS车载终端。

“民生工程”完成情况　2012年,绵阳市交通运输民生工程完成通乡里程201.4公里、通村里程1773公里、安全保障工程153公里,全市公路路面使用性能指数(PQI)为84。分别完成省市县三级民生工程宣传报道25篇、81篇和207篇。

统筹城乡客运一体化发展　2012年,绵阳市交通运输部门加强农村客运网络化建设,提高农村客运通达深度、广度和服务水平,通乡、通村率分别达100%和82%。开展线路公司化经营改造,在绵江线新投入82辆客车实行联合招标;基本完成绵三客运班线公司化改造工作,108辆客运旧班车全部报废,新车已投入运行。

(本栏目供稿单位:绵阳市交通运输局)

绵阳三台县乡道路　　绵阳市交通运输局 供稿

广元市交通

GUANGYUAN SHI JIAOTONG

2012 年广元市水陆交通运输能力概况

类别	分项	项目	数值
公　路			
通车里程	总里程(公里)		17172
	其中	高速公路	374
		一级公路	37
		二级公路	940
		三级公路	291
		四级公路	9570
		等外公路	5960
公路密度	按国土面积计算:百平方公里 105 公里		
	按人口计算:万人 55 公里		
通达程度	通公路的乡镇 234 个,占乡镇 100%		
	通公路的村 1434 个,占村 56.5%		
客运站	总数(个)		116
	其中	一级站	1
		二级站	5
		三级站	7
		四级及以下站	103
营运车辆	总数(辆)		19490
	其中	客车 1955 辆 39289 座	
		货车 17535 辆 56004 吨	
公路运量	客运	运量(亿人次)	13939.24
		周转量(万人公里)	391551.30
	货运	运量(万吨)	5461.26
		周转量(万吨公里)	613412.49
内　河			
通航里程	总里程(公里)		568.6
	其中	六级航道	253.4
		七级航道	27
港口(码头)	总数(个)		1
	吞吐量	旅客吞吐量(万人次)	80.8
		货物吞吐量(万吨)	989.62
水路运量	客运	运量(万人次)	80.8
		周转量(万人公里)	1202
	货运	运量(万吨)	989.62
		周转量(万吨公里)	2703.8
营运船舶	总数(艘)		498
	其中	客船 105 艘 2934 座	
		货船 38 艘 4851 吨	

次级综合交通枢纽建设　2012 年,广元市次级综合交通枢纽构建取得突破性进展。一是重点项目建设实现新突破。广南高速公路、广南广巴高速公路连接线和广甘高速公路相继建成通车,广元市高速公路通车里程达 374 公里,彻底实现县县(区)通高速公路的目标。二是完成 10 个国省干线和重要经济干线改造升级项目。完成省道 105 线乔庄至木鱼、省道 202 线三江场镇改线工程、省道 202 线油房沟至狮子坝改建工程、省道 202 线三江至牛项颈段水毁恢复工程、国道 108 线王家渡大桥维修加固工程、国道 212 线肖家坝至跃进桥改建工程、金子山隧道整治工程、苍溪中土东河大桥、青川竹园大桥维修加固工程和苍溪唤马东河大桥,极大地提升了广元市干线公路服务能力。三是民生工程建设有序推进。全年完成通乡公路 518 公里、通村公路 1109 公里,建成农村客运站 21 个、小码头 10 个、渡改人行桥 12 座、危桥改造 12 座,超额完成年度目标任务。四是港口枢纽站场建设加快推进。广元港红岩作业(一区)一期工程,上西、雪峰国家一级客运枢纽站,下西、雪峰货运枢纽站和上西物流中心建设年内按计划顺利推进,青川县级客运站已投入运营,旺苍、普安、苍溪 3 个县级客运站加快建设。

交通运输行业管理　2012 年,广元市各级交通运输部门大力提升交通运输行业管理和服务水平。一是公路养护管理得到加强。坚持以路面为中心,积极开展公路日常养护活动,公路路况检测结果超额完成厅公路局下达的任务指标达 3.8 个百分点,位居全省前 6 名。深入开展地质灾害排查和桥梁管理年活动,实施排查三类以上桥梁 133 座、公路地质灾害隐患点 97 处、组建应急抢险队 8 个,完善警示标志,落实重点部位值守责任。二是道路运输管理得到加强。加大重点时段、重要物资运输保障力度,全年道路运输完成客运量 13858.44 万人次,同比增长 42.67%;旅客周转量 391551.30 万人,同比增长 29.67%;货运量 5461.26 万吨,同比增长 6.66%;货运周转量 613412.49 万吨公里,同比增长 15.43%。统筹城乡客运发展,优化调整公交客运线路,新增公交线路 10 条,优化公交线路 5 条,调整公交线路 14 条,新增公交车 103 辆。加强邮政服务能力建设,积极开展货物配送试点工作,成功构建旺旺快运业务网点收发全国快递货物网络平台。大力开展打击非法营运专项行动,全年出动执法人员 4210 余人次,查处各类非法营运车辆 2042 台,查处残疾人三轮车和电动三轮车 470 余台,营造更加公平、公正、和谐、有序的道路运输环境。三是切实加强公路路政管理。深入开展货运车辆超限治理,全年检测货运车辆 13 余万台、查处超限车辆 7.8 万台、卸载超限车辆 5600 余台、卸载货物 8500 多吨、劝返严重超限车辆 2000 多台。四是切实加强航务海事管理。争取上级补助资金近 5000 万元。以水上交通安全"三项建设"为重点,全面加强水上交通安全管理,全市水上交通安全连续 17 年未突破省市下达的控制指标。五是切实加强路桥收费管理。按照部省要求,深入开展市内政府还贷二级公路债务清理和锁定工作,加强收费职工教育管理,确保收费职工队伍稳定。广元市政府还贷二级公路于 2012 年 12 月 26 日 8 时停止收费。

交通运输安全生产管理　2012 年,广元市交通运输系统深入开展"安全生产年"活动,加强专项整治和监督检查,全年交通运输系统未发生一起较大以上安全责任事故,安全形势持续稳定。

大力实施公路安全隐患整治。全年共整治道路交通安全隐患 131 处,投入资金 4900 余万元。针对广甘高速公路等重点工程,开展汛期安全的专项督导,确保建设项目安全度汛。深入开展道路运输安全隐患排查治理和打击非法营运专项整治活动,重点查处交通运输行业"一非、两违、三超"行为。全年查处非法运营车辆 90 辆,处理违章 180 车次,整改站场隐患 9 处,查处违法船舶 8 艘。全面规范管理农村客运市场,共查处道路交通非法违法行为 109 件。加强农村道路交通安保设施建设,共安设波形护栏 8020 米,标志标牌 819 套,钢管示警桩 1020 根,混凝土护栏 970 米,施划热熔标线 8000 平方米。

强化水上安全监督管理。进一步完善乡镇船舶安全管理的"四个责任体系",严格执行救生衣"两个 100%"和签单发航等相关规定。全年建立乡镇救助队 83 个、水上交通救助站 40 个、船舶互救队 50 个,建立大型专业救援抢险船舶 2 艘;组织排查河道采矿企业 15 家,查出安全隐患 20 处,整改到位 19 处,整改率 95%;对 2 家无证采砂船依法关闭,对 1 家存在安全隐患的采砂船实施停产整顿。

开展"打非治违"专项行动。全市交通运输系统共开展"打非治违"专项执法行动 218 次,出动执法人员 2868 人次,检查交通运输企业 214 家,检查车辆 2400 余台次,纠正违规违章行为 748 起,警告处理 285 次,责令现场整改或限期整改 203 件,排查出安全隐患 1642 项(其中重大安全隐患 82 项),并全面整改到位,整改率达 100%。

加强交通运输应急救援体系建设。进一步完善应急指挥、抢险、救援、监控、服务一体化的保障系统,水上自救互救体系建设成效明显,举办公路抢通保通、水上抢险救助、道路运输应急保障应急抢险演练。

《广元市交通运输"十二五"发展规划》通过审议
2012 年 2 月 15 日,第六届广元市人民政府第 15 次常务会议审议并通过《广元市交通运输"十二五"发展规划》。

"十二五"期间,广元市交通运输发展坚持"打开通道、构建枢纽、完善路网、提升功能、支撑发展"的基本思路,到 2015 年,缩小与县区、毗邻地市、周边四大中心城市的时空距离,基本形成城乡一体、出行便捷、以广元城区为中心的交通运输网络;基础设施建设取得全面突破,运输服务效率和水平显著提升,科技进步和信息化水平明显提高,资源节约环境友好型行业建设取得明显进展,安全监管和应急处置能力显著增强。全市公路里程达 1.8 万公里,高速公路力争达 588 公里,二级以上公路里程达 1500 公里,公路网络更趋完善,结构更加合理,安全保障能力、通行能力和服务水平显著提升。

广元嘉陵江苍溪航电枢纽启动运行　2012 年 2 月 24 日,广元嘉陵江苍溪航电枢纽工程运行启动仪式举行,首台机组提前半月顺利并网发电。该工程是全省"十一五"规划基础设施建设的重点工程,也是西部综合交通枢纽广元次级枢纽嘉陵江干流航运渠化开发规划中的第三个梯级电站,建成后将具有发电、航运、防洪、环保、灌溉和旅游开发等综合功能。首台机组并网发电标志着嘉陵江渠化和全江复航目标取得阶段性成果。

相关链接:苍溪航电枢纽是嘉陵江渠化开发 15 级中的第 3 级,也是港航公司在嘉陵江川境段控股建设的最后 1 级。项目总投资 13.4 亿元,由省港航公司控股 90%、苍溪县参股 10% 投资建设。工程由船闸和发电厂房两大部分组成:船闸为四级船闸,门槛水深 3 米,年通航能力 376 万吨,渠化航道 12 公里;发电厂房总装机 6.6 万千瓦,设计年发电量 2.66 亿千瓦时。工程自 2009 年正式动工以来,克服移民工作难度大、施工强度高、设备运输难等不利因素,合理调整工期,加快工程建设进度,成功实施泄水建筑物、线路送出工程等优化工作,节约工程投资近 2 亿元。工程先后通过大坝安全鉴定、大坝蓄水、征地移民和机组启动等相关验收,提前实现了蓄水投产目标。

广陕高速公路朝天互通式立交工程建设开工

2012 年 3 月 21 日，广陕高速公路朝天互通式立交项目正式开工建设，标志着朝天区将真正实现与高速公路的互联互通。广元市委常委、副市长黄正富出席开工仪式并宣布项目正式开工。

相关链接：广陕高速公路朝天互通式立交位于古家山隧道和明月峡隧道之间的潜溪河左岸山坡上，为 Y 字型互通立交。桥梁总长 1300 米，项目直接投资 7700 万元，工期 24 个月，力争在 2013 年国庆节前建成通车。项目建成后，将成为朝天区融入京昆高速快车道的纽带，对朝天接轨现代交通大动脉，构建对外开放新格局，增强区域经济竞争力具有重大战略意义。

高宏峰调研农村公路和高速公路 2012 年 5 月 10 日，交通运输部副部长高宏峰、省交通运输厅副厅长冯文生在广元市委常委、副市长黄正富，广元市交通运输局局长王国培等陪同下对广元市农村公路和高速公路建设情况进行调研。在察看完蜿蜒在群山之间的农村公路和正在群山间修建的广(元)甘(肃)高速公路后，高宏峰指出，连片扶贫重点在农村，要加大对农村公路的投资力度，让更多的老百姓走上干净的水泥路。各级相关部门及施工单位要继续发扬不怕吃苦不怕牺牲甘于奉献的精神，通力协作，精心组织，科学管理，力争把农村公路和高速公路建设成为世界一流工程。

交通运输部副部长高宏峰(前左三)调研广元市农村公路　　广元市交通运输局 供稿

广元港昭化港区红岩作业区一期工程全面施工建设 2012 年 8 月 31 日，广元港昭化港区红岩作业区一期工程项目正式签发开工令，进入全面施工建设阶段。广元港规划有利州港区、昭化港区、苍溪港区 3 个主港区。估算投资约 55 亿元。预测年货物吞吐量 1250 万吨，具备装卸存储、中转换装、运输组织、产业发展服务、现代综合物流平台、临港沿江工业开发等多种功能。其中广元港昭化港区红岩作业区一期工程于 2011 年初启动项目前期工作，2012 年 8 月中旬全面完成工程施工图设计及征地拆迁工作。

广元市 4 个交通建设项目集中开工 2012 年 11 月 22 日，广元市举行建设项目集中开工仪式。广元市委书记马华出席仪式并宣布项目集中开工。该次集中开工的建设项目共 34 个，总投资 25.57 亿元。其中：交通建设项目 4 个，总投资 4.33 亿元，分别为投资 0.87 亿元的江口嘉陵江大桥、投资 0.84 亿元的国道 108 线宝轮至沙溪坝段公路改建工程(宝轮至赤化场镇段)、投资 0.2 亿元的朝天区飞仙关嘉陵江大桥和投资 2.42 亿元的苍溪嘉陵江三桥。

《山区农村人行悬索桥研究》结题 2012 年 10 月 14 日，《山区农村人行悬索桥研究》项目成果鉴定会在杭州召开。由浙江省交通规划设计研究院、广元市交通运输局、浙江省温州市公路学会、华中科技大学、浙江大学城市学院共同完成的《山区农村人行悬索桥研究》通过浙江省交通运输厅组织的鉴定委员会验收。鉴定委员会通过听取项目研究报告、查新报告、经费决算报告，审阅相关技术资料，鉴定结论为：课题研究提出的人行索桁桥结构与目前广泛使用的山区人行柔性悬索桥相比，在静力和动力性能方面有较大的改善；编制的《山区农村人行索桁桥设计与施工手册》和《山区农村人行索桁桥标准施工图》填补国内空白，课题研究成果具有显著的社会和经济效益，研究成果总体达到国内领先水平。

高烽调研广甘高速公路 2012 年 10 月 23 日，省交通运输厅厅长高烽、副厅长张晓燕、省交投集团常务副总经理周黎明一行在广元市委书记、市长马华的陪同下，到广甘高速公路施工现场调研。高烽强调，广甘高速是连接川、甘两省，贯通西南西北的出川大通道，它的建设对于构建广元次级交通枢纽，助推广元追赶跨越、加快发展具有重要意义；当地政府、管理部门、业主单位和施工监理单位要全方位实施精细化管理，心往一处想、劲往一处使，形成合力，抓住当前黄金施工季节，在确保质量、安全的前提下，全力以赴，加快推进灾害处治工程和后续的房建、机电、安全等工程建设，高质量高效率推进工程建设，力争全线于2012年底建成通车，为推动地方经济社会又好又快发展提供有力的交通保障。

省交通运输厅厅长高烽（前左二）一行调研广甘高速公路建设情况 广元市交通运输局 供稿

国道108线王家渡大桥维修加固工程竣工通车 2012年11月3日，国道108线王家渡大桥维修加固工程顺利完工，并于当日上午9时正式恢复通行。王家渡大桥维修工程总投资530万元，包括对桥梁下部结构进行加固，对桥面进行钢筋混凝土铺装，并对所有伸缩缝重新设置。经过6个多月的紧张施工，王家渡大桥维修加固工程已竣工，并正式恢复原设计荷载通行。

王家渡大桥于1985年10月建成通车，是国道108线的重要通道，位于剑阁县境内，自建成投入运行27年来，长期处于超负荷运行，加之汶川特大地震的影响，桥面铺装层沿全桥纵向贯通开裂，桩墩桩基础受长期冲刷，局部桩身出现裂缝，局部主筋外露，评定为四类危（病）桥。

王菲调研重点交通建设项目 2012年11月5日，广元市委副书记、市长王菲调研广陕广巴高速公路连接线、严家湾嘉陵江大桥等重点交通建设项目进展情况。王菲一行先后察看了各项工程建设进度，并详细询问拆迁安置情况。王菲要求，各参建单位要加强沟通联系，搞好协调配合，形成工作合力，全力推进全市各项重点交通工程建设进度。要强化服务意识，营造良好的工程建设环境和施工条件，以全方位的优质服务促进工程建设快速推进。

苍溪县中土大桥建成通车 2012年11月1日，广元市苍溪县中土大桥建成通车。中土大桥位于苍溪县中土乡裕兴村和麻溪村境内，东接东河右岸的中土场，西接中土观音寺。中土大桥总长570.7米，主桥长254.7米，引道长316米，宽12米，桥型为6跨40米箱梁，总投资2085万元。该桥建成通车后，东河两岸5万多群众彻底告别摆渡过江的历史。

剑青公路碑垭至马鹿段改线工程建成通车 2012年11月30日，全长4公里、总投资5700万元的剑（阁）青（川）公路碑垭至马鹿段改线工程建成通车。该项目含628米长的松树岭隧道和240米长的马鹿大桥，改线后公路里程缩短7公里，降低了该路段道路交通事故的发生机

国道108线王家渡大桥维修加固工程竣工通车 广元市交通运输局 供稿

率。

广元市全面停止政府还贷二级公路收费工作 2012年12月26日8时,广元市全面停止政府还贷二级公路收费(瓷窑铺至棋盘关"二专路"因属于经营性二级公路,继续收取路桥通行费)。停止收费的站点共8个:旺苍境内的省道202线普陀寺收费站、苍溪县境内国道212线回水收费站、县道苍旺公路陵江收费站、东溪收费站、苍剑凉公路岗子包收费站、剑阁境内的国道108线碑碑梁收费站、县道剑金公路双鱼石收费站、元坝区境内的国道212线红土垭收费站。采取的措施:一是按照"人文关怀,分类安置,分级负责"原则,依法依规制订人员安置方案,稳妥推进人员安置工作。二是及时制订偿债方案和资金筹措方案,及时与债权人协商签订还贷协议和偿债承诺书,做到债务清楚,偿还资金有保障。三是建立新的养护投入保障机制,确保撤除收费站点后道路畅通。四是加强政策宣传。在宣传取消政府还贷二级公路收费政策的同时,做好瓷窑铺至棋盘关二专路因属于经营性二级公路而继续收取路桥通行费解释工作,确保广元市取消政府还贷二级公路收费工作平稳有序推进。

广陕广巴高速公路连接线工程建设 2012年,广陕、广巴高速公路连接线各参建单位已陆续完成驻地建设、施工现场复测及图纸复核、制度建设、施工组织计划的编制与审批、各项标准试验等相关施工准备工作。截至年底累计完成桥梁工程5%。

剑阁县公路客运行业服务管理 2012年,剑阁县交通运输局及其运政管理机构加强客运服务管理。一是创新源头防范,实现矛盾纠纷由事后化解向事前预防转变。通过采取线路管理"三三制"、经营合同"备案制"和排查化解"常态制"等措施,严厉打击各种道路运输违法经营行为,有效保障客运行业的正常秩序。二是创新便民服务,实现客运行业由强制管控向人性服务转变。采取投诉受理"一号通"(开通"96515"热线)、救助帮扶"一站式"和便民服务"一体化"的方式,实现投诉受理、诉求调查、办理回复"一条龙"服务,为困难和弱势群体提供方便、快捷、温馨、有效的帮扶服务。三是创新管理机制,实现行业管理由被动应对向主动引导转变。通过执法行为规范化、安全防范立体化、信息沟通多元化和奖优罚劣制度化等措施,大力提升规范执法和文明执法水平,开展文明创建活动,提高客运从业人员安全技能,增强道路运输业主的责任感和荣誉感,真正从源头上有效化解矛盾纠纷,实现公路客运行业的和谐、健康发展。剑阁县"三创新三转变"加强公路客运行业服务管理的做法在广元市推广。

(本栏目供稿单位:广元市交通运输局)

遂宁市交通
SUINING SHI JIAOTONG

2012年遂宁市水陆交通运输能力概况

公路			
通车里程	总里程(公里)		8646.1
	其中	高速公路	247
		一级公路	115.6
		二级公路	265.4
		三级公路	498
		四级公路	6346.7
		等外公路	1173.4
公路密度	按国土面积计算:百平方公里172.53公里		
	按人口计算:万人22.62公里		
通达程度	通公路的乡镇105个,占乡镇100%		
	通公路的村(社区)2096个,占村100%		
客运站	总数(个)		330
	其中	一级站	3
		二级站	3
		三级站	1
		四级及以下站	323
营运车辆	总数(辆)		17425
	其中	客车3353辆56247座	
		货车14072辆63973吨	

公路运量	客运	运量(万人次)	5398
		周转量(万人公里)	221892
	货运	运量(万吨)	3065
		周转量(万吨公里)	480758
内 河			
通航里程	总里程(公里)		453
	其 中	六级航道	54
		七级航道	138
		等外级航道	261
港口(码头)	总数(个)		79
	吞吐量	旅客吞吐量(万人次)	211
		货物吞吐量(万吨)	223
水路运量	客运	运量(万人次)	231
		周转量(万人公里)	2226
	货运	运量(万吨)	287
		周转量(万吨公里)	3465
营运船舶	总数(艘)		291
	其中	客船 62 艘 2178 座	
		货船 229 艘 5725 吨	

交通基础设施建设投资基本情况 2012 年,遂宁市交通基础设施建设完成投资 30.43 亿元,为目标任务 25 亿元的 121.72%。投资规模连续 3 年保持在 30 亿元以上。

绵遂高速公路遂宁吉祥互通 遂宁市交通运输局 供稿

交通重点项目建设 2012 年,遂宁市交通运输部门抢机遇、谋发展,抓大事、破难事,攻重点、克难点,交通重点建设顺利推进。遂内高速公路、遂安快捷通道建成通车。遂资、遂广、遂西高速公路遂宁段建设加快推进。中环线成功立项,项目施工图设计有序开展。资金补助请示上报交通运输部。遂宁至蓬溪、射洪、大英快捷通道进入全省国省道公路联网畅通工程项目库,遂宁至蓬溪快捷通道项目获得国家补助资金 8340 万元。加强项目储备,编制上报国省道修编方案。

农村交通建设 2012 年,遂宁市服务民生,加快实施农村交通建设。全年全市建成通乡公路 177.8 公里,为目标任务的 222.3%。建成通村通畅公路 1166.2 公里,为目标任务的 161.9%。完成安保工程 99.7 公里,为目标任务的 199.4%。建成码头 5 处,渡改人行桥 2 座,分别为目标任务的 125% 和 200%。民生交通项目荣获省"李冰杯"竞赛三等奖。

公路水路客货运输 2012 年,遂宁市强化运输保障,新增市际班线 12 条、县际班线 2 条,新增营运车辆 2437 辆。市城区新增 21 辆大容量环保型公交车,新投放出租汽车 130 辆。组建遂宁市城市公交集团,公交运营管理体制改革迈出可喜步伐。遂宁汽车客运总站、凯南客运站完成搬迁,物流园商务客运中心正式运行。遂内高速公路运力组织完成,遂宁经川南出川长途客运实现全高速营运。圆满完成重点运输保障任务。全市水陆运输客、货运周转量同比分别增长 7.1%、16.1%。

交通运输安全生产管理 2012 年,遂宁市深化安全生产和应急基层基础建设,狠抓制度、责任落实。继续加强安全隐患排查治理,及时整治消除安全隐患。切实强化应急反应体系建设,开展"5·12"防灾减灾应急演练,成功应对"9·10"特大洪水灾害。加强质量监督管理,开展遂资高速公路遂宁段建设质量安全监督检查 64 次,发出整改通知 42 份,确保建设质量。全年全市实现水路运输、公路建设、养护施工零事故,道路运输安全源头管理零责任。

交通运输服务 2012 年,遂宁市交通运输系统开展"行业形象提升年"暨"创温馨公交·做微笑的哥"活动,全系统形成"行车在路上、满意在路政""道路运输六项工程""创文明公路、建温馨驿站"等服务品牌;建立了蓝宝石公司"爱心车队"、万里公司"志愿服务"车队、富临公司"雷锋车队"、协和公司"示范车队"等四个公益车队。涌现出陈红、唐坤明、禹华荣等服务明星。加强管理创新,出租汽车新增运力投放首次实行服务质量招投标。加强服务创新，强化超限源头治理，开通交通法规手机播报平台，超限运输得到有效遏制。加强科技创新，推进智能公交系统建设，市公交公司10条公交线路实行无人售票，7条线路开通IC卡乘车系统；建成公交智能调度系统和出租汽车GPS智能监控平台。加强制度创新，《关于加强车辆违法超限超载和砂石渣土撒漏治理的通知》《遂宁市出租汽车管理办法》《遂宁市城市公共汽车服务规范（试行）》等规范性文件经市政府审定实施，理顺管理职责，强化管理职能。严格执行国家“绿色通道”政策和重大节假日小客车免费通行政策，共为44.56万辆鲜活农产品运输车辆和17.58万辆7座及以下小型客车减免通行费985万元，保证重要物资运输和重大节日交通畅通。

遂宁农村公路建设方兴未艾　　遂宁市交通运输局 供稿

收费路桥管理　2012年，遂宁市收费路桥管理部门认真做好政府还贷二级收费公路清理工作，成功锁定债务7.9亿元，新申报债务10.3亿元顺利通过省审计厅、财政厅、交通运输厅、发展改革委联合审查。取消政府还贷二级收费公路290公里，撤除收费站点6个。

党风廉政建设　2012年，遂宁市交通运输系统全面落实党风廉政建设责任制，严格执行关于转变工作作风密切联系群众的各项规定和“三重一大”制度，标本兼治，建立健全廉政风险防控机制。纠风治乱和效能建设不断深入，工程建设领域突出问题专项治理成效明显，具有交通运输特色的惩治和预防腐败体系基本建立。深入开展廉政文化进机关活动，营造了风清气正、干净干事的良好氛围。

干部队伍建设　2012年，遂宁市交通运输局深入开展“四好班子”创建活动，进一步建立健全抓班子、带队伍的责任机制，固本强基。坚持正确用人导向，采用竞争上岗方式选拔科级干部3名。深入开展基层组织建设年活动，实现了非公企业党组织全覆盖，后进党组织全转化，局属事业单位党组织全换届。深入开展“挂帮包”活动，看望、走访联系村45人次，帮扶困难村民16人次，全年帮扶资金（物资）12万元。继续深入开展创先争优活动，强化党员职工思想政治建设，全年组织集中学习12次，参学率达95%。党员干部在线学习单位平均学分居全市第9位。蓝宝石爱心车队党支部被省委评为“全省创先争优先进基层党组织”。市交通运输局被市人大、市政协评为“办理工作先进单位”。深化交通文明建设，开展争做“爱岗敬业驾驶员楷模”吴斌等活动，树立交通运输行业抓服务、强基础、当先锋的良好社会形象。深入开展平安创建，认真调处矛盾，全年没有发生重大群体性事件和到省进京非正常上访，维护交通行业稳定。交通战备、工会工作、妇女工作、关心下一代工作、史志编纂、档案管理等工作取得新成效。

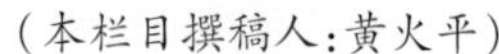

（本栏目撰稿人：黄火平）

遂宁市交通运输系统参加全市党旗颂歌歌咏比赛　　黄火平 摄

内江市交通

NEIJIANG SHI JIAOTONG

2012 年内江市水陆交通运输能力概况

类别	项目	细目	数值
公 路			
通车里程	总里程(公里)		10122.468
	其中	高速公路	242.015
		一级公路	61.935
		二级公路	412.624
		三级公路	470.25
		四级公路	5235.977
		等外公路	3699.667
公路密度	按国土面积计算:百平方公里 200.405 公里		
	按人口计算:万人 23.549 公里		
通达程度	通公路的乡镇 115 个,占乡镇 100%		
	通公路的村 2071 个,占村 100%		
客运站	总数(个)		124
	其中	一级站	3
		二级站	5
		三级站	4
		四级及以下站	112
营运车辆	总数(辆)		18144
	其中	客车 3151 辆 86830 座	
		货车 16339 辆 65275 吨	
公路运量	客运	运量(万人次)	10348
		周转量(万人公里)	336077
	货运	运量(万吨)	5645
		周转量(万吨公里)	571430
内 河			
通航里程	总里程(公里)		745.37
	其中	六级航道	745.37
港口(码头)	总数(个)		272
	吞吐量	旅客吞吐量(万人次)	310.4
		货物吞吐量(万吨)	277.3
水路运量	客运	运量(万人次)	310.4
		周转量(万人公里)	1746.4
	货运	运量(万吨)	277.3
		周转量(万吨公里)	1763
营运船舶	总数(艘)		451
	其中	客船 139 艘 5323 座	
		货船 312 艘 22756 吨	
备注	港口(码头)总数,2011 年是按一个港口(码头)为 1 个计算,2012 年是按一个港口(码头)为 2 个计算。		

交通基础设施建设基本情况 2012 年,内江市累计完成交通基础设施建设投资 37.2 亿元,同比增长 25 个百分点,也是内江建市以来年度交通基础设施建设投资首次突破 30 亿元大关。

干线路网建设取得历史性突破。2012 年,成自泸赤高速公路、内(江)遂(宁)高速公路相继建成通车,全市建成并通车的高速公路里程达 242.015 公里。成自泸赤高速公路的建成标志着威远县结束无高速公路的历史,全市实现"县县通高速公路"的目标。内遂高速公路的建成标志着内江市高速公路网从"T"字型转变为"十字交叉"型,构架起川南与川东北的高速大通道。内威荣高速公路内江段、自隆高速公路内江段部分控制性工程开工建设,现正大规模推进征地拆迁补偿安置工作。全市国省干线总里程 281.5 公里,经过 3 年的努力,境内国省干线新一轮改造工作全面完成,国省干线公路使用性能指数达到历史最高指数 88.2,极大地改善了通行条件,为地方经济发展和群众出行提供了良好的交通环境。

省级民生工程建设再创佳绩。全年全市农村公路建设累计完成投资 14.32 亿元,同比增长 49 个百分点。建成农村公路 1810 公里,其中完成通乡油(水泥)路 335.2 公里,通村油(水泥)路 1474.8 公里,连续六年实现每年建设 1000 公里以上的目标任务。市中区、东兴区、隆昌县已基本实现村村通油(水泥)路目标,资中县、威远县正全力加快建设。全市公路安全保障工程建设 181.3 公里,设置警示标志326块、减速带60处、防护栏34.8公里、防护墩1002个、警示桩9142个、划标线155.2公里。为加快推进改善广大农村地区交通基础条件,促进农业经济结构调整和农民群众致富增收奠定坚实基础,得到省交通运输厅的高度肯定。

场站、渡口建设,港航规划取得重大进展。全年全市新建农村客运站6个,公益性渡口6个。积极推进内江综合客运中心站建设工作,该站与成渝客运专线内江北站同址,两站相互配套、互为补充,建成后将成为铁路、公路"零距离换乘"的综合换乘枢纽和交通运输现代化的标志性工程。该项目的前期准备工作基本完成,争取到建设银行贷款1.6亿元,并列入交通运输部2013年的建设计划,纳入交通运输部的补助范围。沱江内江段复航项目争取工作取得突破性进展,项目由厅航务局立项申请交通运输部专项资金,力争2014年开工建设。（彭高华）

交通运输市场秩序明显改观。全年全市道路运输行业大力开展环境综合整治活动,狠抓出租车车容、车貌治理,对出租车驾驶员仪容仪表、服务意识和经营行为进行了明确要求,通过多次检查督促,以上情况有明显改善。全面开展出租车服务质量信誉考核,实施出租车驾驶员从业资格管理,进一步规范出租车管理,树立行业形象。城区700辆出租车全面安装GPS卫星定位系统、车载终端系统,此外全市安装电召服务系统,待条件成熟时择机推出服务广大市民。大力推进城市公交优先发展战略,紧扣交通运输运力结构调整,逐步淘汰尾气排放超过国家规定标准的车辆,提升城市形象,全面提高城市客运服务水平。在全市范围内集中开展打击非法营运专项整治行动,建立长效机制,全年共查处纠正违法违章行为4083起,查扣非法营运车224辆,维护正常的运输秩序,促进运输市场健康、有序发展。（彭高华）

2012年,内江市委书记曾万明(中)调研中心城区出入境道路建设　雷洪武 摄

交通运输行业管理　2012年,内江市交通运输局认真履行法律法规赋予的职责,强化依法监管,在运输市场监管、治理超限超载、安全生产管理等方面取得长足进步,交通行业管理逐步走上科学化、规范化、法制化轨道。

交通依法行政能力明显提高。注重加强运政、路政、航务海事执法队伍与装备建设,健全完善交通综合执法体制。全系统95%以上的执法人员达到大专以上学历,逐步实现了由提高法律意识向提高法律素质、由注重依靠行政手段向注重依靠法律手段管理的转变。大力推行执法责任制和错案责任追究制,健全完善了执法公开、公示制和执法评议考核制,全市没有出现行政复议被变更、撤销或败诉案件。

交通运输保障能力不断增强。全年全市道路运输客货周转总量同比增长16.34%。水路客货运输同比增长14%,为促进内江市经济社会发展作出积极贡献。

交通运输安全生产管理　2012年,内江市交通运输部门认真落实《安全生产法》及相关法律法规,完善安全管理体制,加强安全基础工作,加大安全奖惩力度,全面推行安全生产"一票否决"和"一岗双责"制,强化了安全生产长效管理机制。深入开展安全生产专项整治,使全市交通安全生产继续呈现道路运输事故件数、死亡人数、受伤人数、源头管理安全责任事故死亡人数和水上交通运输源头责任事故5个"100%下降",均未突破零指标。水上交通连续12年未发生因源头管理责任造成的安全事故。公路养护、路政管理、交通建设施工安全等均未发生责任事故,全市交通安全生产创近18年来最好形势。（彭高华）

党风廉政建设　2012年,内江市交通系统各单位按照全力塑造"文明交通、平安交通、效率交通、廉政交通"的思路和要求,结合交通实际,狠抓了勤政、廉政和队伍建设,认真开展"基层组织建设年"和创建"四好"领导班子活动,不断提高领导干部执政能力,增强班子和队伍的凝聚力、执行力和战斗力,提高行政效率和工作质量;狠抓党风廉政建设,贯彻落实建立健全惩治和预防腐败体系,围绕"预防、惩治、监督、保障"四个系统,共修订完善各类规章制度165个,新建制度170个,查找廉政风险点732个,制定防控措施895条,签订5个交通建设廉政风险防控卡,并通过制作廉政宣传栏、观看警示教育片和邀请专家授课等方式不断提高党员干部的廉政意识。全年全市交通系统未发生严重违纪行为。继续狠抓全市交通系统行业行风建设，围绕群众反映强烈的行政不作为、乱作为等开展专项检查，重点整治办事拖拉、推诿、纪律散漫、"吃拿卡要"等行为，全年共明察暗访12次，没有发现和收到群众任何反映和投诉，继续保持了全市公路无"三乱"的成果。（彭高华）

完成国道321线资中A、C标段改建工程 国道321线资中A标段工程起于国道321线资中球溪镇与资阳市交界的界碑处，止于资中高楼镇五四村，全长12公里，采用二级公路设计。路基宽8.5米，路面宽7.5米，沥青混凝土路面，设计时速40公里。该工程在原施工单位（重庆第六建设有限责任公司）无法推进工程的情况下，内江市公路局根据市政府2011年4月14日会议纪要（内府阅〔2011〕38号）精神接管该工程，成为责任单位。该局把此工程作为"急难险重"任务来抓，于2011年12月21日提前完成了施工任务。

国道321线资中段油面层铺筑　　雷洪武 摄

国道321线资中C标段工程起于国道321线板栗椏乡上场口，至于资中县城，全长4.51公里，采用二级公路设计。路基宽8.5米，路面宽7.5米，沥青混凝土路面，设计时速40公里。该工程在原施工单位（四川京川公路〔集团〕有限公司）无法推进工程的情况下，内江市公路局按照市委、市政府的安排接管该工程，成为该工程责任单位。该局克服极大社会压力和重重困难，于2012年2月15日圆满完成了施工任务。（内江市公路局）

省道206线内江段路面大修改造工程完工 该工程施工路线起于内江境与安岳交界处，经双桥乡、双才镇、白马镇、永安镇、凌家镇，止于内江与自贡交界处，全长49.305公里，其中：内安段26.457公里，路基宽度12米。内自段22.848公里（其中永安场口至自贡交界处8.5公里路基宽度为12米，其余14.384公里路基宽度基本为8.5米）。该项目全线采用二级公路技术标准，设计时速40公里，实施沥青混凝土路面改造。按照市政府（内府阅〔2010〕64号）和市发改委（内发改工交〔2010〕133号）文件精神，由市公路局作为业主并负责具体组织实施。自工程开工以来，该局面对建设资金严重不足、社会压力大、超限超载车辆多等困难和问题，努力排除各种干扰，采取有力措施，全力推进，于2012年9月30日顺利完工。

（内江市公路局）

蟠龙冲收费站至胜爱路口改造工程提前完工 省道206线内江蟠龙冲收费站至胜爱路口段公路路面大修改造工程起于蟠龙冲收费站，止于蟠龙冲胜爱路口，全长1.057公里。该路段全部位于内江市城区段。采用二级公路设计，设计时速40公里。工程2012年9月开工，内江市公路局积极协调，及时处理好建设中遇到的问题和干扰，在保证质量的前提下于2012年12月31日提前1个月完成建设任务。

（内江市公路局）

公路养护管理 2012年内江市共投入4972.8万元开展公路小修保养，投入4066.88万元完成农村公路大中修180.377公里，投入761.6万元完成危（病）桥整治5座，投入1943.4万元完成安保工程181.283公里，完成生态路建设78公里，全市二级以上地方骨干公路里程达到391.902公里，国省干线公路路面使用性能指数达到88.2，超省政府目标任务4.2，创历史最好成绩。（内江市公路局）

农村公路建设 2012年，内江市农村公路建设完成投资14.32亿元，为市政府目标任务的358%，同比增长66个百分点。建成农村公路1810公里，为市政府下达目标任务的175.47%，同比增长17个百分点。其中，建成通乡油（水泥）路335.2公里，通村油（水泥）路1474.8公里。按照"康庄惠民工程"建设实施方案，东兴区、隆昌县基本实现村村通油（水泥）路，截至今年底，全市有三个县（区）（市中区、东兴区、隆昌县）实现惠民工程。

（内江市公路局）

内江市交通水泥厂建制撤销 2012年11月5日，内江市委机构编制委员会下发《关于撤销市交通水泥厂等有关事项的批复》(内委编发〔2012〕97号)文件，同意撤销内江市交通水泥厂事业单位建制，将实有在编人员62名连人带编分别划转到内江养路段(10名)和资中养路段(52名)，退休人员86名划入资中养路段管理。

内江市交通水泥厂筹建于1972年，前身为隶属于四川省内江公路养护管理总段的资中水泥厂。2000年，市委编委《关于同意内江公路养护管理总段内江分段等4个单位更名的通知》，将原四川省内江公路养护管理总段资中水泥厂更名为内江市交通水泥厂，正科级事业单位。为配合国家加快转变经济发展方式，促进产业结构调整和优化升级，根据国务院《关于进一步加强淘汰落后产能工作的通知》(国发〔2010〕7号)和省、市相关政策，地处资中县的内江市交通水泥厂被纳入2012年底前关闭范围。2012年7月31日由市政府副秘书长刘昌贵主持召开研究关闭内江市交通水泥厂涉及财产处置和人员安置等相关问题的专题会议，2012年10月9日形成会议纪要。

(内江市公路局)

启动沱江内江段复航工作 2012年3月，省交通运输厅航务局在自贡市召开沱江复航协调会，省交通勘察设计院、泸州、内江、自贡三市交通运输局、航务局领导参加会议。会议议定：泸州河口至内江龙门镇155公里航道规划为四级，内江龙门镇至金堂江汇口341公里航道规划为五级。内江至泸州段航道复航作为第一阶段沱江复航工程率先实施。省航务局副局长杨伯超表示，希望泸州、自贡、内江三市紧密合作，分别完成各自境内段工程可行性研究报告，然后由省局打捆立项并向交通运输部申请补助资金。8月至12月，内江市航务局与省交通运输厅交通勘察设计研究院相关专家组成联合调查组，再次对沱江内江白马至自贡牛佛段进行现场踏勘，认为白马至自贡牛佛28公里航段，除个别滩险外，通航条件较好，采取渠化、疏浚等措施进行航道整治后，全年基本可通行300吨级船舶。从工程技术角度出发，白马至自贡牛佛航段率先复航是完全可行的。内江市航务局向市政府、主管部门作专题汇报，对白马至牛佛段航道先行整治，列入沱江内江段复航的第一期工程，并与自贡、泸州沱江航道整治工程打捆立项申请交通运输部专项资金，力争2014年开工建设。

(彭晓娟)

安装船舶油水分离设备 沱江流经内江市境内154公里，全市航运主要活动范围均在沱江流域，有269艘机动船在沱江上从事客货运输，每日产生约1000升含油污水。这些含油污水若直接向沱江排放，将极大威胁沱江内江段生态环境和沿线居民饮用水源安全。内江市航务海事局依据《中华人民共和国海事局船舶与海上设施法定检验规则》和《中华人民共和国水污染防治法》等法律法规，按照市委、市政府关于保护内江市饮用水源的工作部署，分两阶段对沱江内江段主机总功率或电站总容量大于22千瓦的船舶安装船用油水分离设备，主机总功率小于22千瓦的船舶配备污水桶。含油污水经处理后，污油可回收利用，排往舷外的处理水含油量低于百万分之15，符合国家法定排放标准。截至2012年底，完成项目市场考察、数据分析等工作，上报市政府采购中心准备招投标的相关事项。预计到2013年底，沱江内江段所有机动船将全部安装油水分离设备。

(彭晓娟)

水上交通运输安全管理 2012年，内江市航务海事局坚持“安全第一、预防为主”的安全生产方针，做到责任落实，目标明确，预防有力，措施到位。以“救生衣行动”“安全生产百日督查专项行动”“治超打非”专项行动、“贯彻法规、落实责任专项整治”“乡镇船舶安全管理规范化建设”等专项行动为突破口，认真宣传贯彻《四川省水上交通安全管理条例》，规范乡镇船舶安全管理，严格现场监控，加强从业人员的管理和培训，严厉打击违规违章行为，确保汛期及各个重点时段的水上交通安全。通过坚持不懈的努力，实现连续12年零事故、零伤亡安全生产。

(彭晓娟)

整治水上交通隐患 2012年，内江市航务海事局将清流河桐车堰船闸大坝和沱江白马滩两大隐患列入水上交通安全隐患整治的重点，多方协调，联系专业设计院、请专家进行通航论证、认真研究隐患整治方案，争取资金190万元，于汛期前完成全部整治工作。两大隐患整治工程的顺利完工，解决了过往船只因滩涂险峻无法在枯水期航行的安全问题，确保汛期水上交通安全形势的稳定，为顺利完成全年水上交通安全运输目标打下坚实基础。

资中县银山镇的沱江菱角滩，是沱江内江航段航行密度较大的航道。受上游五里店水电站发电的影响，水位变迁、洪水冲刷及河道砂石开采，导致堤坝垮塌，形成漏浩，使航道内60%的水流失，航道变窄、变浅，河床裸露，主航道淤积，给过往船只造成严重安全隐患。内江市航务海事局派出专家组实地勘察、制定方案，完成沱江菱角滩航道隐患整治工程一阶段施工图纸设计，并通过省交通运输厅航务局组织的专家评审会验收。争取63万元专项资金，预计2013年汛期前完成该隐患项目的整治，确保航行安全。

(彭晓娟)

运输站场建设 2012年，内江市公路运输管理处积极推进内江综合客运中心站建设，完成立项报批、环评审查、勘察设计招投标等前期工作，取得项目选址意见书、用地规划许可。该站的设计方案通过交通运输部的评审并列入2013年的建设计划，争取到5000万元的国家项目补助

1 2012年1月29日，省交通运输厅厅长高烽（前左一）慰问省道303线工程建设者

2 2012年4月1—9日，交通运输部专家组在四川指导国道108线示范工程建设

1 2012年5月31日，省交通运输厅副厅长鲜雄（中）检查指导甘孜交通重点建设项目

2 2012年9月17日，省交通运输厅副厅长鲜雄、厅公路局局长朱学雷听取绵茂公路建设汇报

3 2012年8月28日，厅公路局党委书记涂正国（右一）到绵竹指导抢险救灾

4 2012年，厅公路局副局长聂平（左二）检查指导金川县农村公路建设

5 2012年12月20日，四川省政府召开取消政府还贷二级公路收费工作会议

6 2012年，厅公路局召开全省公路工作会议

施工地段
车辆慢行

4

1 攀枝花农村公路养护作业现场
2 平昌县常态化的公路路政巡查
3 国道318线达州大竹段
4 国道212线南部段绿化作业
5 广安市环湖路农村客运招呼站

5

四川省交通运输厅航务管理局

SICHUANSHENG JIAOTONG YUNSHU TING HANGWU GUANLIJU

1

2

1 2012年3月20日，交通运输部副部长高宏峰（前右一）调研宜宾港并慰问建设者

2 2012年7月4—5日，四川省副省长王宁（前右三）到广安航运建设工程现场进行调研

3 2012年6月28日，省交通运输厅厅长高烽（前左一）一行到广安调研渠江航运建设

4 2012年3月2日，省交通运输厅副厅长冯文生（右三）在泸州调研船厂生产经营情况

5 2012年6月29日，厅航务管理局局长许东明（前左三）在广安市武胜县桐子壕港航枢纽检查运行情况

四川省交通运输厅航务管理局

SICHUANSHENG JIAOTONG YUNSHU TING HANGWU GUANLIJU

1

2

3

4

1 2012年3月9日，厅航务管理局局长许东明调研南充市仪陇县海事处视频监控中心

2 2012年5月23日，上海海事局与四川省地方海事局“结对子”首次会议在成都举行

3 2012年3月23—24日，四川岷江航电犍为枢纽工程可行性研究报告评估会在成都召开

4 2012年9月27日上午，“2012自贡富顺沱江水上应急搜救演练”在沱江水域举行

5 厅航务管理局参演的2012年全省防灾救灾大演练综合实践活动现场

6 航行在长江上的1000吨级船舶

7 厅航务管理局选送的《川江情韵》参加省交通运输厅喜迎十八大四川交通职工文艺汇演

1 2 厅运管局局长邱小发（上图右三，下图右四）下基层开展防汛抗洪调研和在扎营村研究帮扶规划方案

3 厅运管局党委书记王晓世（前右一）在车站检查工作

4 厅运管局副局长任胜平到车站检查安全工作

5 2012年11月8日，厅运管局召开川、渝、鄂三省市公水联运促进甩挂运输发展协调会

广告招商：13547785799
文明出行 春运平安
1

春运宣传点
春运安全宣传点
成都交通运政
2

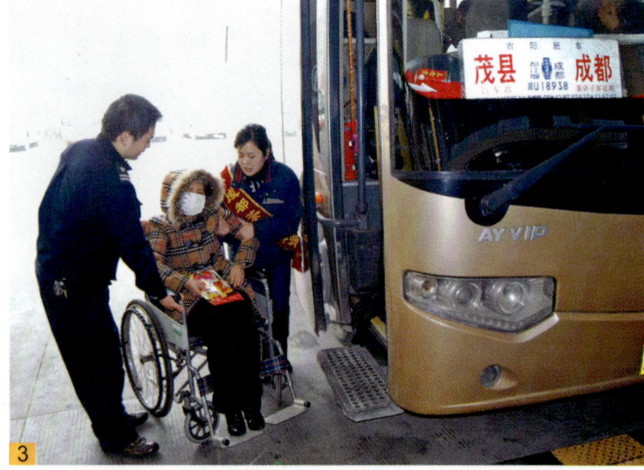
茂县
成都
3

4

1 2 3 4 春运期间客运站点秩序井然

5 广汉市汽车客运中心

6 德阳汽车客运北站

5

6

红原汽车站
热烈欢迎各位领导莅临车站竣工验收

4

5

1 资阳客运中心站

2 宜宾临港客运站

3 红原汽车站

4 检查人员对客运车辆进行燃料消耗量限值核查

5 成都公交集团LNG公共汽车

6 工作人员正在对车辆加注LNG（液化天然气）

7 道路运输市场整治现场

6

7

1

2

3

1 省交通运输厅厅长彭琳（前左二）到厅结算中心调研

2 2012年，省交通运输厅副厅长周道平（右二）调研雅西高速公路

3 2012年11月14日，省交通运输厅副厅长张琪（左二）检查指导新通车高速公路项目投运准备工作

4 2012年8月22日，厅高管局（厅高速公路交通执法总队）党委书记刘刚（前右二）检查指导高速公路服务区改造工作

5 厅高管局副局长（厅高速公路交通执法总队副总队长）梁奕（右三）检查西攀高速公路运行管理工作

6 厅高管局副局长（厅高速公路交通执法总队副总队长）陈光华（前右二）检查应急服务点免费物资供应情况

7 厅高管局总工程师祁家全（中）出席厅高速公路交通执法五支队民主生活会

四川省交通运输厅高速公路管理局

SICHUANSHENG JIAOTONG YUNSHU TING GAOSU GONGLU GUANLIJU

1　2012年11月21日，厅高管局（厅高速公路交通执法总队）党委集体学习党的十八大会议精神

2　清障救援

3　清除积雪

4　规范养护管理

四川省交通运输厅高速公路交通执法总队

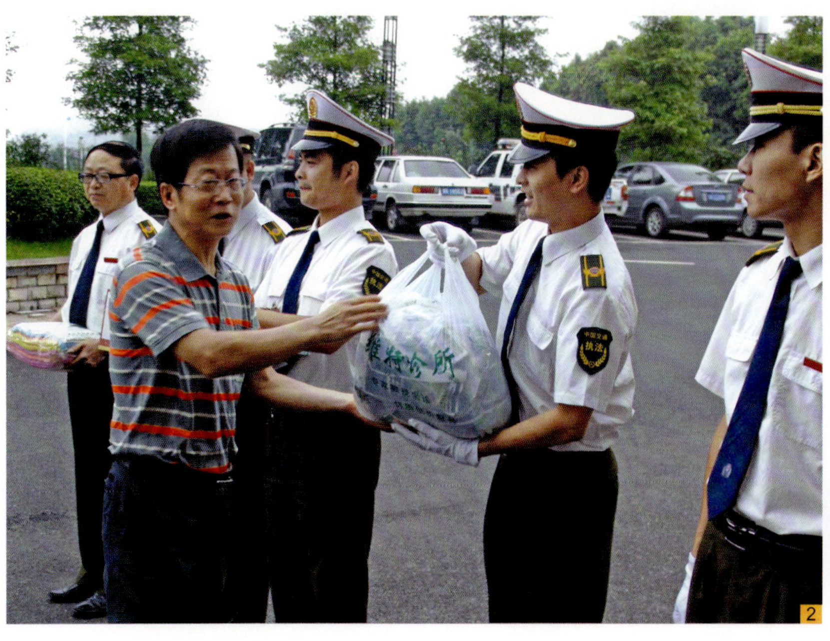

1 2012年1月21日，省交通运输厅副厅长张琪（右一）检查指导春运工作

2 厅高管局（厅高速公路交通执法总队）党委书记刘刚（前左一）为一线执法人员发放防暑降温物资

3 厅高管局副局长（厅高速公路交通执法总队副总队长）梁奕（中）检查移动视频单兵系统运行工作

四川省交通运输厅高速公路交通执法总队

1 厅高管局副局长（厅高速公路交通执法总队副总队长）陈光华（前右二）检查指导交通执法工作

2 厅高管局总工程师祁家全（左一）检查高速公路建设养护工作

3 严查危化品运输

4 强化施工监管

5 排查安全隐患

6 联勤联动

7 公正执法　热心为民

8 爱国主义教育

9 厅高管局（厅高速公路交通执法总队）代表队获得全省安全演讲比赛二等奖

四川省交通运输厅高速公路交通执法第一支队

1 安全宣传
2 排查安全隐患
3 严查超限车辆
4 重温入党誓词

四川省交通运输厅高速公路交通执法第二支队

1 交通行政执法监督考试现场

2 宣传交通法规

3 消防演练

4 清除积雪

5 查处夜间违章车辆

6 勘测路损培训

四川省交通运输厅高速公路交通执法第三支队

1 安排部署环境综合治理专项工作

2 查处违章货运车辆

3 加强党风廉政建设

4 文明单位创建验收会现场

四川省交通运输厅高速公路交通执法第四支队

1 防洪防汛应急救援演练
2 法制宣传
3 救助伤员
4 安排部署防汛保通工作
5 为民服务获好评

四川省交通运输厅高速公路交通执法第五支队

1 廉政建设工作会议现场
2 安全宣传咨询
3 应急抢险演练
4 检查大件运输车辆
5 军事训练

四川省交通运输厅高速公路交通执法第六支队

1 评议执法案件
2 签订目标责任书
3 客运车辆安全检查
4 发放交通法规宣传单

四川省交通运输厅高速公路交通执法第七支队

1 严查危化品运输车辆
2 大件运输专项检查
3 加强施工现场管控
4 比形象、比作风、比业务竞赛活动开幕式
5 庆祝建党91周年文艺活动

1 2012年9月25日，交通运输部质监总局局长李彦武（左一）率队督查四川高速公路建设质量

2 2012年9月24日，交通运输部专家现场检查四川高速公路建设质量

3 2012年7月25日，厅质监局在成（都）仁（寿）高速公路开展检测机构数据比对试验

4 2012年8月22日，厅质监局检测人员对成自泸赤高速公路成仁段开展交工验收检查

1

2

1 2012年3月11日，四川省副省长钟勉（右二）一行到厅公路设计院温江科研基地调研

2 2012年3月10日，成都市委常委、副市长孙平（右二）一行到厅公路设计院调研

3 2012年5月4日，国家开发银行国合局局长王革凡（右二）等一行到厅公路设计院温江科研基地考察调研

4 2012年9月26日，省交通运输厅副厅长周道平（中）到厅公路设计院听取工作汇报

5 2012年1月30日，省交通运输厅副厅长白理成（中）到厅公路设计院听取工作汇报

1

1 2 3 2012年4月29日，由厅公路设计院设计的雅西高速公路建成通车

1 2012年9月10日，由厅公路设计院设计的成自泸赤高速公路成都段建成通车

2 2012年11月28日，由厅公路设计院设计的纳黔高速公路全线通车

3 2012年11月29日，由厅公路设计院设计的映汶高速公路建成通车

4 2012年12月19日，由厅公路设计院设计的广甘高速公路建成通车

5 2012年9月26日，由厅公路设计院设计的黑龙江丹东至通化高速公路建成通车

4

5

情绪与压力管理专题培训
质量为本 科技领先
1

厅公路设计研究院"青春献交通·妙手绘蓝图"设计绘图比赛
管理科学 服务优质
2

1 2012年5月15日，院举办《情绪与压力管理》专题培训

2 2012年5月8日，院举办“青春献交通 妙手绘蓝图”设计绘图比赛

3 4 5 2012年3月，技术人员冒着大雪严寒对汶（川）马（尔康）高速公路开展勘察测量

6 2012年5月14日，院技术人员对在建的成都市新二环路进行现场勘察

省交通运输厅公路设计院捐资助学
现金20000元整 实物5000元
四川华地新能源环保科技公司捐资助学
现金20000元整

1

年贺新春
活动

2

1 2012年10月13日，院组织人员到广元市苍溪县漓江镇小学开展捐资助学活动

2 2012年1月18日，院举办一年一度的贺新春综艺活动

3 2012年5—6月，院组织开展“红色故里行”党史教育活动

4 2012年7月13日，院举办首届职工运动会

5 2012年9月20日，院组织参加省交通运输厅举办的文艺汇演，演出舞蹈“阳光路上”

1 2012年，省交通运输厅副厅长周道平（中）一行到厅交通设计院检查指导工作

2 2012年，省交通运输厅副厅长白理成（右二）一行到厅交通设计院检查指导工作

3 厅交通设计院首次开展的代建项目石渠至玛尼干戈公路改建工程现场

4 厅交通设计院设计的泸州集装箱码头一期工程

5 厅交通设计院获2012—2012年四川省优秀测绘工程奖银奖

6 厅交通设计院获国家科学技术进步二等奖

7 厅交通设计院获得环境管理体系认证证书

8 厅交通设计院获职业健康安全管理体系认证证书

2010-2012年四川省优秀测绘工程奖

银 奖

完成单位：四川省交通运输厅交通勘察设计研究院

二〇一二年十月

5

国家科学技术进步奖

证 书

为表彰国家科学技术进步奖获得者，特颁发此证书。

奖励等级：二等

获 奖 者：四川省交通运输厅交通勘察设计研究院

证书号：2012-J-223-2-03-006

6

副本

环境管理体系认证证书

证书编号：00112E21915R0M/5100

兹证明

四川省交通运输厅交通勘察设计研究院

中国四川省成都市太升北路35号

建立的环境管理体系符合标准：

ISO14001:2004

GB/T 24001-2004

通过认证范围如下：

水运、公路工程的勘察、测量、设计、咨询和服务和相关管理活动；建设项目的水土保持方案编制、环境影响评价和服务和相关管理活动。

首次发证日期：2012年9月6日　本次发证日期：2012年9月6日　有效期至：2015年9月5日

Signed by: Wang Kejiao

中国质量认证中心

中国·北京·南四环西路188号9区　100070

http://www.cqc.com.cn

E 0017497　2009年版

7

副本

职业健康安全管理体系认证证书

证书编号：00112S20987R0M/5100

兹证明

四川省交通运输厅交通勘察设计研究院

中国四川省成都市太升北路 35 号

建立的职业健康安全管理体系已经符合如下管理体系标准

OHSAS 18001:2007

GB/T 28001-2011

本证书适用于与下述相关的所有活动

水运、公路工程的勘察、测量、设计、咨询和服务和相关管理活动；建设项目的水土保持方案编制、环境影响评价和服务和相关管理活动。

首次发证日期：2012年9月6日　本次发证日期：2012年9月6日　有效期至：2015年9月5日

Signed by: Wang Kejiao

中国质量认证中心

中国·北京·南四环西路188号9区　100070

http://www.cqc.com.cn

S 0010021　2008年版

8

四川省交通运输厅高速公路监控结算中心

1

2

3

1 省交通运输厅副厅长张琪（后排右二）出席厅结算中心民主生活会

2 厅高管局党委书记刘刚（左一）到厅结算中心指导工作

3 高速公路“12122”话务人员工作现场

1 2012年12月3日，厅造价站组织召开全省重点公路建设项目造价监督工作座谈会

2 厅造价站工作人员在乐雅高速公路检查项目造价情况

3 2012年10月22日，厅造价站组织召开全省部分市（州）造价管理站站长座谈会

1 2012年1月21日，四川省省长蒋巨峰（右一）春运期间在成都市公交集团301车队慰问一线公交职工

2 2012年1月10日，交通运输部党组成员、政策法规司司长何建中（前左二）率部春运检查组检查成都市春运工作

3 2012年2月14日，四川省委常委、成都市委书记黄新初（前右二）调研天府新区交通规划及建设

4 2012年1月19日下午，四川省政府副省长、省政府安委会主任刘捷（前右一）在成宇汽车总站检查春运安全

5 2012年2月17日，成都市市长葛红林（中）调研三环路智能交通管控系统

6 2012年2月24日下午，四川省交通运输厅厅长高烽（右一）率队检查指导成安渝高速公路成都段建设情况

7 2012年12月25日，四川省交通运输厅副厅长张晓燕（前左一）、张琪（前中）一行检查指导成德南高速公路建设情况

8 2012年，四川省交通运输厅督查工作组检查成都市2012年春运及安全工作

1 成绵乐铁路客运专线铺轨仪式
2 匝道控制系统
3 已建成的天府货运大道川陕复线段
4 建成通车的成新蒲快速通道蒲江段
5 成兰铁路线路平面示意图
6 成都至蒲江铁路平面示意图
7 改建成都至昆明线成都至峨眉段扩能改造工程线路平面示意图
8 截至2012年底，成都市已投入运营300台电动公交车
9 公共自行车租赁点
10 “96515”交通服务投诉热线开放接待日
11 中心城区出租汽车行业“文明出行规范服务”活动启动现场

新建铁路成都至兰州线线路平面示意图

新建成都至蒲江铁路线路平面示意图

1 2012年7月17日，省交通运输厅厅长高烽（右二）调研自贡高速公路建设情况

2 2012年1月18日，自贡市委副书记、市长彭琳（前右二）调研自贡客运总站旅客疏运情况

3 2012年5月3日，自贡市人民政府与成都铁路局签订铁路物流中心建设合作协议

4 2012年3月30日，自贡市公交“雷锋号”车组命名暨“学雷锋，创公交优质服务精品”启动仪式

5 2012年9月3日，建成通车后的成自泸赤高速公路自贡段

6 2012年3月5日，改造后的渝（重庆）昆（明）高速自贡大山铺收费站

7 2012年6月4日，自贡路政执法人员依法对超限车辆实施强制卸载

8 2012年9月27日，自贡市举行水上应急搜救演练

2012年，在泸州市委、市政府的坚强领导下，市交通运输局牢牢把握“高位求进、加快发展”的工作基调，紧紧围绕“构建综合交通运输体系，打造全域泸州交通”主题，全力加快重点交通项目建设，统筹抓好交通运输各项工作，攻坚克难，真抓实干，全年工作成绩斐然，亮点纷呈：

1

一是交通建设完成投资78.09亿元，再创历史新高。

二是交通“10路1港1站”（高速公路实现建成两条、加快两条、开工两条、筹备两条，一级公路（港城大道）开工两条，百万标箱大港建成使用，川南最大客运站—泸州客运中心站建成投运）建设出彩。国省干线改造、农村公路建设成效明显。

三是物流运输全省领先，城乡客运一体化日益完善，新增207辆出租汽车实现平稳投放。

四是成功抗击“7·23”特大洪灾，无一人伤亡，无一艘船舶翻沉。

五是政府还贷二级公路取消收费工作顺利开展。

2

3

4

5

6

7

8

9

1 川南最大客运站——泸州客运中心站建成投运

2 泸州客运中心站开业剪彩

3 4 建成通车的纳黔高速公路

5 改造完工的国道321线大纳路

6 泸渝高速公路康博大桥

7 泸渝高速公路波司登大桥

8 农村公路开通公交车

9 骑行幸福路

10 泸州港集装箱码头，百万标箱大港建成使用

10

1 成德南高速公路德阳段

2 成绵复线高速公路

3 2012年5月8日，成绵复线高速公路通车

4 城乡公交极大方便了农民群众出行

5 旌江快速干线施工现场

6 7 8 9 10 “德行天下，阳光交通”宣传主题活动

德行天下 阳光交通
每天最大的心愿：平平安安回家
德阳市裕兴公交公司三车队驾驶员 袁宏
6

德行天下 阳光交通
甘当人民的铺路石
四川省十佳优秀养路工人 蒋军
7

德行天下 阳光交通
保通保畅，维护路产路权
德阳市交通运输局路政处
8

德行天下 阳光交通
乡村公路村连村，农民生活节节高。
中江县辑庆镇中心村五组 张德森
9

德行天下 阳光交通
桥修好了，妈妈不会担心了。
中江县石庙小学 肖玉
10

1

2

3

4

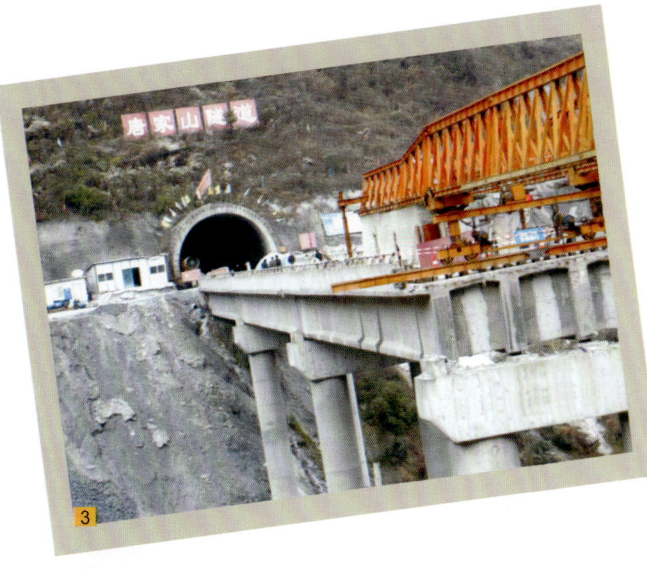

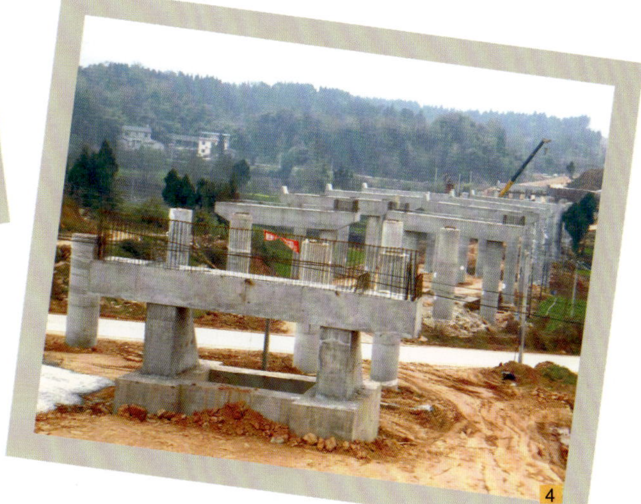

1 打击非法营运百日攻坚行动启动仪式
2 在建的黄土梁隧道
3 在建的唐家山隧道
4 在建的绕城高速南环线回龙大桥
5 擂禹路冒火山段

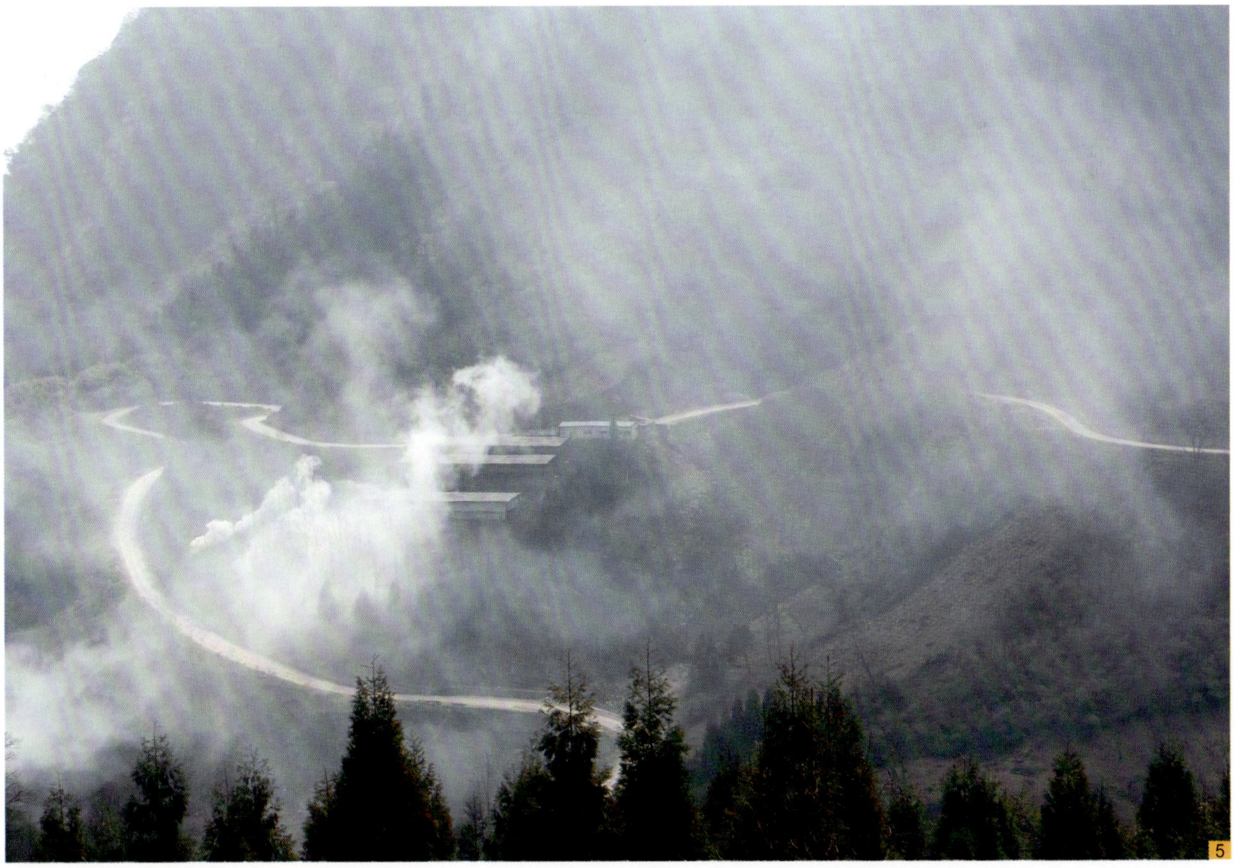
5

1

2

1 2012年11月30日，省交通运输厅厅长高烽（左一）、副厅长鲜雄（右二）调研遂宁高速公路建设

2 2012年10月29日，遂宁市委书记崔保华（左一）调研遂资高速公路建设

3 2012年2月14日，遂宁市交通运输局局长周华（前左二）检查路政执法工作

4 遂宁市畅洁绿美的国道

5 2012年5月9日，遂内高速公路建成通车

6 2012年1月6日，遂资高速公路遂宁段在建现场

7 成南、遂渝高速公路遂宁桂花互通

2012年，乐山交通坚持大交通建设，扎实开展交通重点项目建设。狠抓“两港、四梯级、五铁、十高速”重点项目攻坚，加快市境内国省干线公路建设改造和农村公路建设，各项工作全面推进。

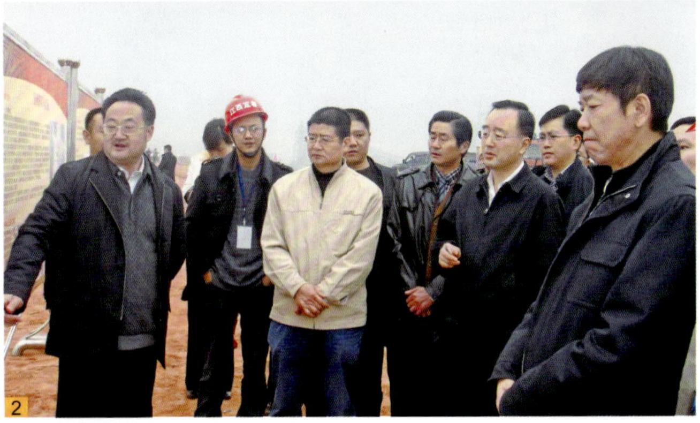

重点项目

两港
水运港和航空港（乐山港和乐山机场）。

四梯级
岷江上航电老木孔、东风岩、犍为、龙溪口四个梯级枢纽。

五铁
成绵乐铁路、成贵铁路、成昆铁路新线、雅乐铁路、乐自泸铁路。

十高速
乐宜高速、乐雅高速、乐自高速、乐汉高速、仁沐新高速、绕城高速、成乐高速扩容、金会高速、乐西高速、德乐高速。

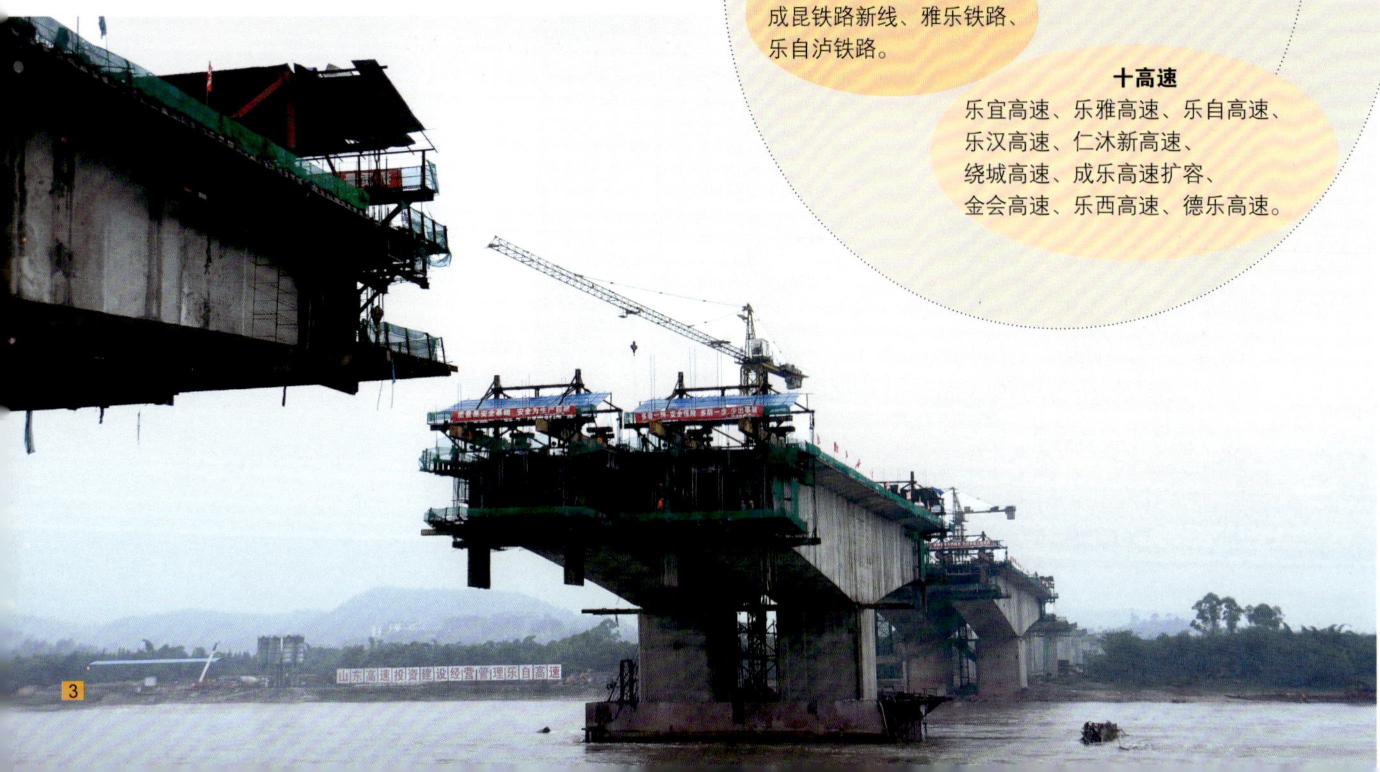

1 2012年3月13日，四川省副省长甘霖（前左二）视察乐山港老江坝作业区

2 2012年3月14日，省交通运输厅厅长高烽（前右二）调研乐山交通重点项目建设

3 在建的乐（山）自（贡）高速岷江特大桥

4 袁家溪彝族新村公路

5 在建的成绵乐铁路

6 乐（山）峨（眉山）高速公路

7 乐（山）峨（眉山）雅（安）高速公路施工现场

1

2

1 2012年，省交通运输厅厅长高烽（前右三）在南充市委副书记、市长向东（前右二）陪同下察看巴南高速公路南充段建设情况

2 南充市交通运输局局长蔡绍雄（中）检查公路水毁情况

3 新建成的双向六车道南充市下中坝嘉陵江大桥

4 巴（中）南（充）高速公路建设现场

5 南（充）大（竹）梁（平）高速公路建设现场

6 南充北收费站

7 广南高速公路最长的大桥——西河大桥

1

2

3

1 武胜县白坪乡村民投工投劳修建农村公路

2 岳池县裕民镇新建成的连通武胜县猛山乡的农村公路

3 广安区大安镇南桥村新建成投入使用的农村公路，带动小青瓦“别墅”式农民新村建设

4 武胜县飞龙镇卢山村新建成的农村公路

5 岳池县酉溪片区新开通的试点乡村客运“巴士”正在营运

6 渠江广安港开港作业

7 广安港第一艘货轮装载首批集装箱货物驶向重庆

8 巴（中）广（安）渝（重庆）高速公路罗渡渠江大桥施工现场

1

巴中市区域交通枢纽规划图

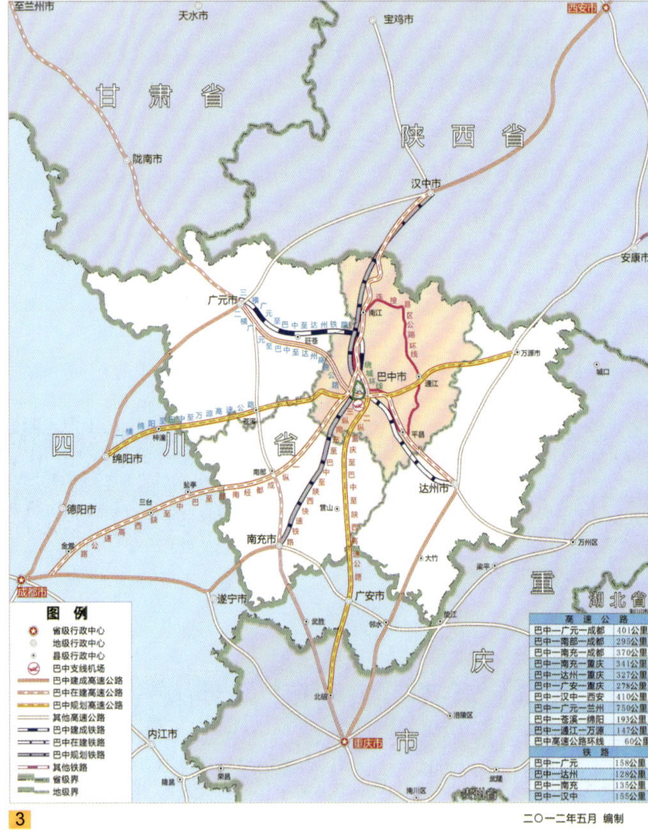

高速公路	
巴中—广元—成都	401公里
巴中—南部—成都	295公里
巴中—南充—成都	370公里
巴中—南充—重庆	341公里
巴中—达州—重庆	327公里
巴中—广安—重庆	278公里
巴中—汉中—西安	410公里
巴中—广元—兰州	750公里
巴中—苍溪—绵阳	193公里
巴中—通江—万源	147公里
巴中高速公路环线	60公里
铁路	
巴中—广元	158公里
巴中—达州	128公里
巴中—南充	135公里
巴中—汉中	155公里

3

二○一二年五月 编制

2

4

1 2012年，省交通运输厅副厅长鲜雄（前左三）检查指导巴中交通建设情况
2 省交通运输厅副厅长冯文生（左二）检查指导巴中汛期水上安全工作
3 2012年7月，《巴中市综合交通枢纽发展规划（2011—2020年）》正式获批出台
4 巴中西华山隧道
5 巴中回风大桥夜景
6 在建的陇桥立交桥
7 省道101线巴中西连接线
8 巴中公路养护迈上新台阶
9 整洁的巴中乡村公路

1

2

3

1 汉源观音岩特大桥（康成 摄）
2 汉源九襄木瑾村道（郑汝成 摄）
3 汉源汽车站（申荆争 摄）
4 建设中的禁门关大桥（刘桢祥 摄）
5 建设中的雅乐高速公路（王国权 摄）
6 海事巡查
7 省道210线夹金山段（康成 摄）

1

2

1 2012年5月3日，四川省省长蒋巨峰（前左二）听取眉山市委书记李静汇报综合交通规划和干线公路建设情况

2 2012年，省交通运输厅厅长高烽（前左二）调研成自泸赤高速公路仁寿段

3 2012年10月30日，眉山市交通运输局局长龙学渊推介成都经济区环线高速公路简阳至蒲江段BOT项目

4 建成后的成自泸赤高速公路仁寿段

5 国道213线仁寿二峨山隧道

6 省道106线眉州大道转盘

7 省道305线洪雅绕城段

1 2012年9月21日，省交通运输厅副厅长鲜雄（前右一）检查指导凉山州农村公路建设情况

2 2012年7月26日，凉山州交通基础设施建设项目集中开工仪式

3 2012年8月30日，凉山州召开农村公路建设现场会及参会代表参观六铁乡通乡油路

4 西攀高速公路德昌段

5 西攀高速公路小高段

6 宁南县海子乡通乡油路

7 在建的金沙江鱼鲊大桥

8 会理县至太平镇通乡油路

5

6

7

8

1

2

3

1 2012年4月10日，交通运输部副部长高宏峰（前中）慰问广甘高速公路建设者

2 2012年3月1日，省交通运输厅厅长高烽（前右二）慰问广南高速公路建设者

3 2012年3月29日，广南广巴高速公路连接线建成通车。图为省交通运输厅副厅长杨占昌（前中）出席通车仪式

4 2012年9月3日，广元市委书记马华（前中）在广元港红岩作业区建设现场调研（刘仁 摄）

5 2012年10月6日，广元市委副书记、市长王菲（前右二）在广陕广巴连接线建设工地调研

6 铺筑乔木路面现场

7 2012年6月5日，公路应急抢险突击队正在抢通国道212线

8 通往旺苍县天星乡的乡村公路

1 建成后的广甘高速公路青川县木鱼收费站全景（沈若飞 摄）

2 广甘高速公路观音店乡境内（沈若飞 摄）

3 广元罗家沟互通立交（姜显华 摄）

1 2012年6月27日，省交通运输厅厅长高烽（中）调研遂资眉高速公路（苏贤圣 摄）

2 2012年5月9日，内资遂高速公路建成通车

1 内资遂高速公路施工现场
2 成（都）安（岳）渝（重庆）高速公路路面摊铺
3 在建的遂资眉高速公路沱江特大桥
4 已建成通车的成简快速通道
5 三岔湖旅游快速通道
6 改造后的国道319线乐至境段
7 四通八达的乡村道
8 简阳建合村按新标准建成的农村公路

4

5

6

7

8

1 2012年，交通运输部部长李盛霖（前右三）在省交通运输厅厅长高烽（前右二）陪同下视察甘孜州交通

2 全国人大主任委员、前交通部部长黄镇东（左一）视察甘孜州交通

3 四川省省长蒋巨峰（前右一）视察甘孜州交通工作

4 2012年，省交通运输厅厅长高烽（前左二）、副厅长白理成（左一）到甘孜州指导交通工作

5 2012年4月19日，甘孜州交通三年集中攻坚在康定县呷巴乡奠基

6 铺油现场

7 国道318线康（定）东（俄洛）路

年攻坚
雪域新坦
甘孜州交
奠
基
5

HAMM
6

7

甘孜交通

GANZI JIAOTONG

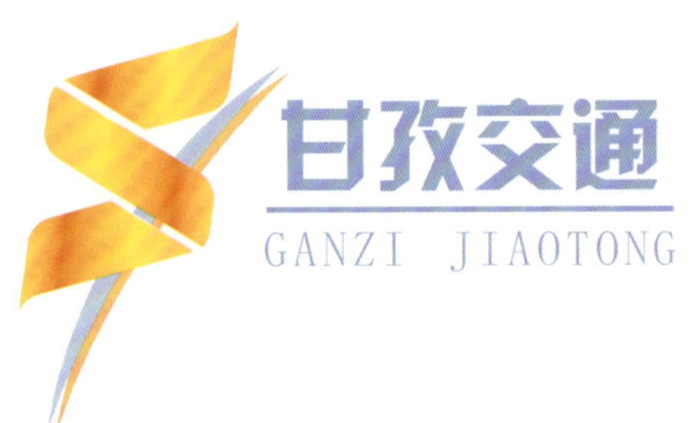

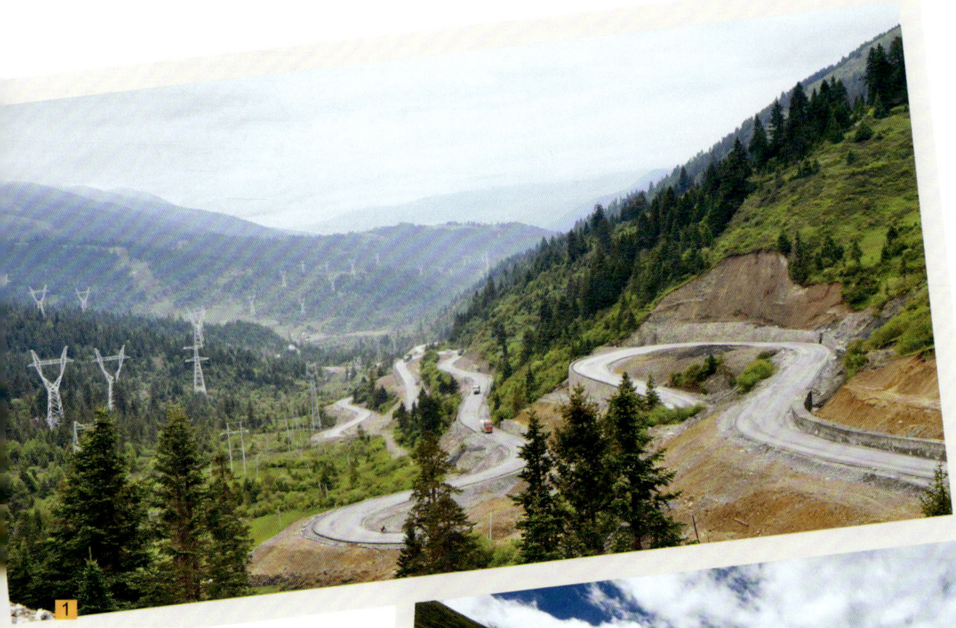

1 省道303线松林口段

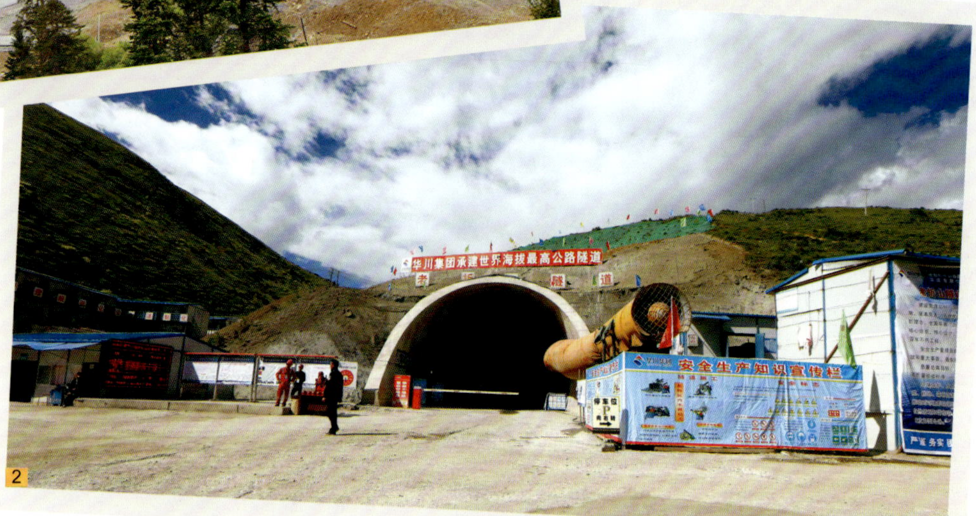

2 在建的国道317线老折山隧道

3 甘孜交通抢险应急演练

4 甘孜州交通运输局在德格县温拖乡、年古乡开展十八大精神宣讲

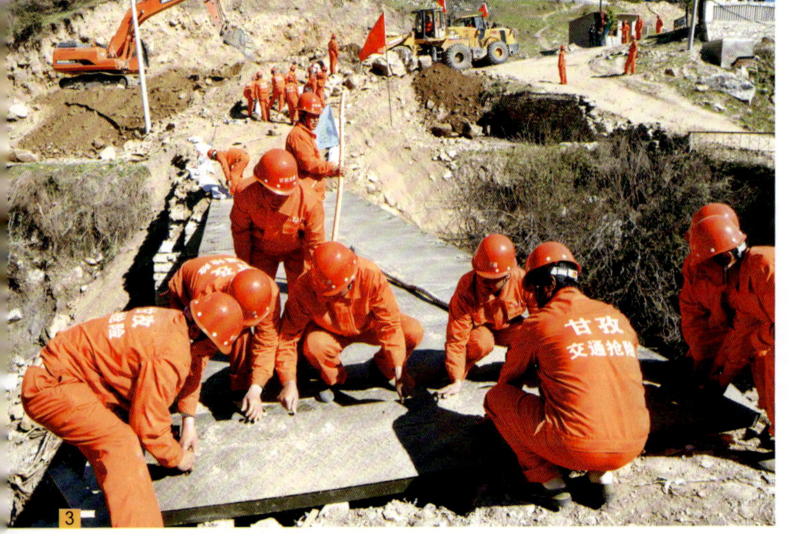

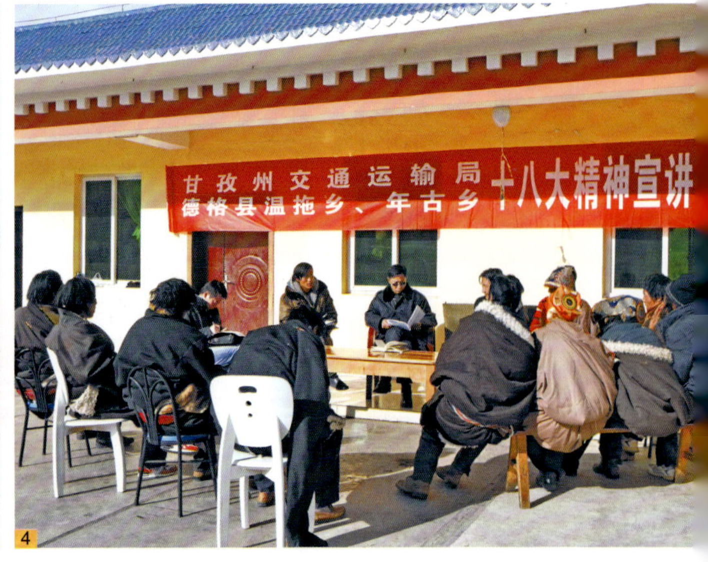

资金。（陈念东）

城市客运服务 2012年，内江市公路运输管理处做好城区到期700辆出租车延续经营工作，全面开展出租汽车服务质量信誉考核，实施出租汽车驾驶员从业资格管理。进一步规范出租汽车管理，树立行业形象，城区700辆出租车全部安装GPS卫星定位系统、电召服务系统及车载终端设备，车顶统一安装LED顶灯。

推进公交优先战略，大力发展城市公交，全年全市新增城市公交车186辆。抓好优质服务，开展"国学在车厢"活动，得到省交通运输厅运管局好评。组织人员开展市场调查，深入研究和分析城市公交现状，拟制《关于优先发展城市公交的实施意见》及《城市公交十二五发展规划》上报市政府，以规划引领城市公交发展。（陈念东）

营造安全畅通公路通行环境 2012年，内江市公路路政管理支队，坚持"依法治路、文明执法"，圆满完成了全年各项目标任务。全年全市公路巡查率为94%，路政案件查处率为100%，路政案件抽查合格率达100%，无公路"三乱"行为，没有因路政管理失控而出现的交通事故。全年全市共检测货运车辆63余万辆，查处超限运输车辆32199台，卸载2108辆，卸货1.72万吨，有效保护全市公路桥梁安全。国道321线内江段国家Ⅰ类"治超"站建设项目，完成开工前的土地、环评、设计、放线、资金筹措等工作。公路、公路用地、公路附属设施和公路建筑控制区管理更加规范，全年共查处取缔公路建控区违法违规建筑物79处，查处损坏公路及其设施案63件、占用公路及其留地案113件、公路接道案12件、清障排障案1268件，广告牌设置14处。（王宏）

区域交通重点项目建设 2012年，内江市市中区交通运输局围绕内江市中区经济社会发展总体目标，完成交通重点建设项目投资4575万元。其中，南（瓜桥）美（四美桥）路二级公路改造工程，完成投资2305万元，建设里程7.761公里，路基宽8.5米，行车道宽7米，沥青混凝土路面，设计时速40公里。改造区内白（马）方（碑）路沱江至凌家段，完成投资2270万元，建设里程12.829公里，按山重四级技术标准，路基宽6.5米，行车道宽5.5米。（章孝忠）

"7·21"抗洪抢险 2012年7月21日19时到7月22日8时，内江市东兴区境内普降暴雨，导致道路边坡塌方、路基、桥梁、路面被冲毁。据统计，全区农村公路受损1332.42公里，其中路基1115处278.32公里，路面受损278.32公里386.17平方米，桥梁局部毁损131座6161延米。洪灾发生当晚，东兴区交通运输局立即启动防汛抢险应急预案，主要领导连夜实地查看受灾情况，召集局班子成员、局机关中层以上干部和局属各事业单位主要负责人召开紧急会议，安排抗洪抢险工作，取消上下班和节假日，全体干部职工保持24小时通讯畅通，随时待命，坚守岗位，履职尽责，领导干部深入抢险第一线，现场指挥和处理抢险工作。通过连续24小时轮班抢险，清理倒伏行道树、垮塌沉陷土石方，处置危桥，抢通抢险通道，确保全区抗洪抢险人员、物资的及时疏散和送达。（孙先度）

资中公路建设养护管理 2012年，资中县交通运输局狠抓公路养护管理，最大限度维护公路使用寿命，保护交通建设成果。县政府先后印发《资中县通村公路建设管理暂行办法》《资中县通村公路养护管理暂行办法》《资中县公路路政管理暂行办法》，规范全县公路建、管、养工作。公路建设做到严把"四关"，即：严把设计质量关、严把施工队伍准入关、严把施工质量监督关、严把工程验收关。公路养护做到了机构、人员、项目、资金四落实。全年全县共投入养护资金2057万元，总投资名列内江市各区县榜首。完成南资路12公里、胜青路18公里水泥混凝土路面大中修，完善安保工程，改造苏大路22.9公里的急弯、陡坡、视距不良、连续下坡、路侧险要等行车隐患路段。加固整治龙结一、二号桥2座80延米危桥。对省道207线资泸路资中段全长20公里路段进行绿化，种植了1万余株榕树、三叶树、小叶榕等，绿化面积2000余平方米。完成贾资路、内资路、球马路等沥青路面的整治，恢复水毁路面8万多平方米。清除顺富路、板新路等塌方200立方米，新修挡墙4000立方米。全县由乡镇负责管养的农村共投入养护资金190万元，完成1819公里的养护工作。（周洁）

隆昌交通基础设施建设投资 2012年，隆昌县交通运输局完成交通固定资产投资13.1亿元，在全市交通系统年度考核中被评为一等奖，在全县年终目标考核中获得二等奖。

完成招商引资到位资金4.1亿元，其中省外到位资金3.29亿元，项目包装6个。其中：到位省内资金省道305线隆昌段改造工程11147万元；到位国内省外资金农村断头公路5526万元和成渝客专隆昌北站至隆昌县城快速通道24766万元。

民生工程累计完成投资20517.6万元，实施并完成民生工程384.5公里。其中：投资2888.8万元建成通乡油（水泥）路即县乡联网水泥（油）路21.5公里；投资17038.9万元建成通村水泥路317.3公里；国省干线公路（省道305线隆雅路）路面使用性能指数98.2；投资589.9万元完成石安路、响富路、田界路、省道305线隆雅路隆昌段安保工程45.7公里。

三项重点工程全面完成。投资9548.2万元建成省道305线隆雅路隆昌段32.295公里（水泥混凝土路面8.5公里、沥青混凝土路23.795公里)路面改造;投资2888.8万元升级田界路、富荣路县乡联网水泥路21.5公里;投资17038.9万元改建通村水泥路317.3公里;投资7173万元完成国道321线8.414公里沥青混凝土路面改造。

(唐 敏)

威远县交通建设 2012年,威远县交通运输局加快推进交通工程建设进度,取得成绩。连界互通威连公路改线工程及其延伸段工程建设于2012年7月底全面建成,比正常施工工期提前了60天完成,极大的推动"新连界,新川威"建设。威远县二环路东段道路工程提前于4月全面完成,并于5月1日开放交通,11月2日通过竣工验收合格,标志着威远县在加快基础设施建设、推进城镇化进程上又迈出坚实一步,使县城城区规划面积得以扩展,为构建中等城市夯实基础。二环路西北段改(扩)建工程前期工作启动,完成工程可行性报告编制、初步设计图、施工图设计、安评、环评、水保评估等融资所需的前期系列工作。协助连界镇完成连界镇旧城改造道路施工图设计和预算及财政评审工作。全年全县建设农村公路365.5公里,完成安保工程32公里,开创威远县农村公路建设史上的新纪录,为"十二五"期间实现全县村村通水泥公路目标奠定坚实基础。

(李 立)

威远县东联镇李家坪村道公路　　威远县交通运输局 供稿

乐山市交通
LESHAN SHI JIAOTONG

2012年乐山市水陆交通运输能力概况

公路			
通车里程	总里程(公里)		9260.593
	其中	高速公路	112.031
		一级公路	128.329
		二级公路	552.005
		三级公路	543.653
		四级公路	6696.966
		等外公路	1227.609
公路密度	按国土面积计算:百平方公里71.328公里		
	按人口计算:万人25.842公里		
通达程度	通公路的乡镇211个,占乡镇100%		
	通公路的村(社区)2046个,占村100%		
客运站	总数(个)		92
	其中	一级站	3
		二级站	11
		三级站	4
		四级及以下站	74
营运车辆	总数(辆)		29490
	其中	客车2027辆49090座	
		货车27463辆144163吨	
公路运量	客运	运量(万人次)	8537
		周转量(万人公里)	330419
	货运	运量(万吨)	9488
		周转量(万吨公里)	887247
内河			
通航里程	总里程(公里)		976
	其中	四级航道	89
		六级航道	32
		七级航道	172
港口(码头)	总数(个)		5(港)20(码头)
	吞吐量	旅客吞吐量(万人次)	21830
		货物吞吐量(万吨)	3805252
水路运量	客运	运量(万人次)	271
		周转量(万人公里)	2267
	货运	运量(万吨)	358
		周转量(万吨公里)	89064

<table>
<tr><td rowspan="3">营运
船舶</td><td colspan="2">总数(艘)　381</td></tr>
<tr><td rowspan="2">其
中</td><td>客船175艘6101座</td></tr>
<tr><td>货船206艘59788吨</td></tr>
</table>

交通项目投资基本情况 2012年,乐山市交通运输坚持大交通建设为先导,扎实开展交通重点项目建设集中攻坚活动,狠抓"两港四梯级、五铁十高速"为重点的枢纽项目建设,加快国省干线公路改造和农村公路建设,强化交通行业管理和干部队伍建设,交通各项工作全面推进。全年完成交通投资70.07亿元,占年计划的108%,同比增长7.5%。

乐自高速公路岷江特大桥建设现场　　乐山市交委 供稿

乐山高新进港大道建成通车 2012年11月21日,乐山市高新区进港大道建成通车,乐山市经进港大道至五通桥的首条城际公交301路同步运行。进港大道是乐山港的重要配套基础性工程,是四川省大件运输通江达海的港口主通道,是乐山市第一条采用建设—移交模式建设的高等级公路,也是连接市中区与五通桥区的重要城市快速干道。项目全长16.8公里,路基宽60米,双向12车道。

乐雅高速公路乐峨段建成通车 2012年12月28日,乐雅高速公路乐峨段建成通车。该路为乐雅高速公路中的一段,全长22.2公里,路基宽24.5米,双向四车道。乐峨高速建成通车后从乐山到峨眉山仅需12分钟车程,缩短乐山大佛—峨眉山两大旅游景区的交通时间。乐雅高速公路计划2013年6月建成通车。

重大交通项目建设基本情况 2012年,乐自高速公路乐山段路基基本贯通,正在进行桥梁吊装和路面底基层铺筑,计划2013年底建成通车。成绵乐铁路乐山段路基、桥涵工程全面完成,开展轨道板铺设工作,计划2013年年底建成通车。岷江航电枢纽项目8大类38个专题,有30个取得批复,5个专题已审待批。绕城高速公路初步设计获省交通运输厅批复。完成乐汉高速公路、仁沐新高速公路工程可行性研究报告,正抓紧开展勘察设计工作。成贵铁路调整后的初步设计方案,上报铁道部待审;完成成昆铁路新线成峨段修改完善后的工程可行性研究报告,上报铁道部待批。

刘奇葆调研乐山交通 2012年3月25日至28日,省委书记、省人大常委会主任刘奇葆到乐山调研,强调要充分发挥交通优势,发展通道经济。

甘霖视察乐山港老江坝作业区 2012年3月13日,四川省副省长甘霖视察规划中的乐山港老江坝作业区,强调要按照"以航为主"的开发原则,扎实抓好岷江港航电综合开发,为四川西部综合交通枢纽建设和天府新区建设打好水运基础。

高烽调研乐山高速公路项目建设 2012年3月14日,省交通运输厅党组书记、厅长高烽深入乐雅高速公路乐山段、乐自高速公路岷江特大桥等施工现场调研,强调要强化质量管理,加快建设进度,确保乐雅高速、乐自高速按期建成。

唐坚调研乐山大交通建设 2012年10月19日,乐山市委书记唐坚率队深入乐自高速、乐雅高速、成绵乐铁路等项目建设现场,专题调研交通项目建设工作,强调要从战略的高度认识大交通的先导地位,优先发展,加快构建西部综合交通次级枢纽,为乐山大城市建设、大产业发展、彝区扶贫攻坚打下坚实基础。

改造提升国省干线 2012年,乐山市国省干线公路改造和地方重点公路建设完成105公里,完成投资10.42亿元。成乐高速公路夹江连接线、苏稽至沙湾公路改造、国道213线沙嘴段、嘉(农)燕(岗)公路等项目建成通车。省道103线马边至美姑界公路改建工程、峨眉山市绕城货运通道、沙湾大渡河一桥、沐川县城绕城段等一批地方重点交通项目加快建设。

农村公路建设 2012年,新(改)建农村公路671.9公里,为民生工程目标任务的134.4%。其中,通乡公路完成151.8公里,为民生工程任务的151.8%,通村公路完成520.1公里,为民生工程目标130.03%。公路安全保障工程建设完成98.5公里,为目标任务60公里的164.17%。全年建成农村客运站3个,公益性渡口码头3个。

公路养护管理 2012年,乐山市突出抓好公路机械化养护和预防性养护工作。全年完成沥青路面修补41027.57平方米、水泥路面修补45160.64平方米、路面灌缝处治裂缝98532.97米。完善标志牌541套,标线72354平方米、减速带3706平方米、波形护栏19.392千米,示警桩6506个,确保干线公路的安全畅通。狠抓病危桥梁整治,全年完成省道103线板桥铺桥,省道305线游龙堰2号桥、黄土立交桥,省道306线乐峨路黑桥整治。强化公路环境治理,从9月中旬起,在全系统抽调35名工程技术人员组成10个公路质量监督小组,集中对全市国省干线公路组织开展为期45天的国省干线公路"隐患大排查、公路大整治"活动,确保干线公路"畅、洁、绿、美"。

岷江航电综合开发通过审查 2012年2月22日,《四川岷江航电综合开发(乐山—龙溪口)航道渠化工程项目建议书》顺利通过国家发改委审查,标志着岷江航电四个梯级枢纽项目取得了国家发改委的建设许可,前期工作取得重大突破,为项目全面开工奠定了基础。

大件码头吊装最大最重贯流式水轮发电机 2012年3月18日,由东方电机有限公司制造的巴西杰瑞贯流式水轮机组首台(2号)定子,单机容量75MW,直径10.5米,单件重量220吨,在乐山大件码头成功吊装,突破码头吊装最大、最重的贯流式水轮发电机定子记录。

管道运输建设 2012年4月24日,乐山市政府与中国石油西南油气田分公司在成都签署战略合作协议。西南油气田分公司将通过平衡天然气资源和市场分布格局,进一步加大在乐山地区天然气管道建设力度,加快在乐山的天然气勘探开发,大力发展天然气(CNG)和液化天然气(LNG)清洁能源项目,确保乐山地区天然气供应量稳步增长,支持乐山"两化"互动发展。乐山市将积极为西南油气田分公司在天然气勘探开发、管道建设、城市燃气市场开发经营等营造一流的服务环境。同时,双方还将全面加快推进乐山市天然气、液化天然气加气站开发项目。

乐山市邮政管理局成立 2012年11月13日,乐山市邮政管理局成立揭牌,隶属乐山市交通运输委员会,其机构规格比照同级政府部门管理机构确定。乐山市邮政管理局成立,既是完善四川省级以下邮政监管体制的重大部署,也是构建乐山综合运输体系的重要环节,将更加有利于保障乐山地方邮政普遍服务,进一步加强邮政市场监管,促进乐山邮政事业健康发展。

重点公路路政工作上收市统一管理 从2012年12月22日起,乐山市国省道和重要市级公路路政工作及治超站(点)上收市统一管理,基本实现干线公路以市为主的建、管、养模式管理。同时,加强对各县(市、区)农村公路治超工作的规范化管理,每季度开展一次农村公路治超工作专项督查,严肃查处违法违纪行为,确保道路安全通行。

"共产党员示范车"命名 2012年7月19日,全市"共产党员示范车"命名暨创建"文明示范出租车"活动启动。此次命名的"共产党员示范车"共有50辆,其中10辆公交车、20辆出租车、20辆客运班车。此次活动,将进一步推进乐山市道路运输行业更加优质规范、和谐文明,提升窗口行业文明形象,为推进乐山"三大联动,六个跨越"发展注入动力。

"嘉州小公交"开行 2012年9月30日,乐山市"嘉州小公交"在中心城区开行,首条营运线路为204线。"嘉州小公交"系乐山市城市公共交通的有机构成,车辆统一为柳州五菱GL6466L4,10+1座,延伸扩大公交汽车服务功能。全年投放小公交80辆,开行6条线路,覆盖中心城区背街小巷等公交盲区,有效地适应了市民的公交需求。

乐山客运中心站开通网上购票 2012年12月18日,乐山市客运中心站开通网络售票平台,迈出乐山市客运现代化管理新的一步。旅客登陆"乐山汽车客运中心站网络售票平台"(网址:www.lszxz.com),根据提示选择班

犍为县发展公交微型巴士　　乐山市交委 供稿

次、填写订单、在线支付，即可足不出户购买车票。

政府还贷二级公路全部停止收费 2012年1月21日凌晨零时，乐山市境内省道104青衣坝收费站、国道213桥沟收费站、省道103丰都庙收费站同时撤销，停止收费。12月26日上午9时30分，乐山境内全福、凌云、永兴、盘渡河、卡防坡、黄丹、鞠槽、峨边、荣丁9个二级公路收费站停止收费。至此，乐山市境内政府还贷二级公路全部停止收费。

《乐西公路》出版发行 纪念抗日战争胜利67周年、乐西公路通车70周年，由乐山市交通运输委员会组织编写的抗战筑路史《乐西公路》，2012年8月正式出版发行。全书25万字，编撰历时18个月，交通运输部部长李盛霖为该书作序。乐西公路是抗战时期修筑的乐山至西昌的战略公路，分流转运滇缅、中印公路、驼峰航线国际物资，并起到取道迁都西昌、安康稳藏的作用，抗战公路地位突出。《乐西公路》首开国内为一条路写史先河，填补了中国公路史和四川地方史的空白，得到国内相关各界专家学者和筑路者后代的充分肯定。

交通赠书乡镇文化站 2012年国庆前夕，乐山市交通运输委员会开展"庆国庆·喜迎十八大基层赠书活动"，将交通文化建设组织编写的《远去的辙痕——乐山交通文史掌故与传说》、抗战筑路史《乐西公路》共1500册，赠予全市200多个乡镇、社区文化站及交通基层单位。赠书价值2万余元。

乐山交通运输廉政测试 2012年10月22—23日，全省交通运输系统党风廉政和政风行风建设交叉检查组来乐山市检查。检查组发放100份《四川省交通运输部门行风评议测评表》，对交通系统政风行风进行社会测评。乐山市交通运输廉政测试满意度100%。

乐山市交委被评为全国交通运输行业文明单位 2012年12月，乐山市交通运输委员会被交通运输部评为"2010—2011年度全国交通运输行业文明单位"。

沐川县交通运输局被命名为"全国交通运输企业文化建设优秀单位" 2012年11月12日，沐川县交通运输局被中国交通企业管理协会、交通行业优秀企业管理成果评审委员会命名为"全国交通运输企业文化建设优秀单位"。 （本栏目供稿单位：乐山市交委）

南充市交通

NANCHONG SHI JIAOTONG

2012年南充市水陆交通运输能力概况

公路			
通车里程	总里程（公里）		20581.986
	其中	高速公路	319.074
		一级公路	148.99
		二级公路	790.486
		三级公路	328.113
		四级公路	15536.088
		等外公路	3459.235
公路密度	按国土面积计算：百平方公里171.517公里		
	按人口计算：万人27.218公里		
通达程度	通公路的乡镇422个，占乡镇100%		
	通公路的村（社区）5382个，占村100%		
客运站	总数（个）		632
	其中	一级站	4
		二级站	10
		三级站	8
		四级及以下站	610
营运车辆	总数（辆）		92828
	其中	客车3590辆89238座	
		货车11783辆212727.053吨	

<table>
<tr><td rowspan="4">公路运量</td><td rowspan="2">客运</td><td>运量(万人次)</td><td>11929.287</td></tr>
<tr><td>周转量(万人公里)</td><td>604013.671</td></tr>
<tr><td rowspan="2">货运</td><td>运量(万吨)</td><td>5155.838</td></tr>
<tr><td>周转量(万吨公里)</td><td>508448.442</td></tr>
<tr><td colspan="4">内　河</td></tr>
<tr><td rowspan="3">通航里程</td><td colspan="2">总里程(公里)</td><td>1729.8</td></tr>
<tr><td rowspan="2">其 中</td><td>四级航道</td><td>301.30</td></tr>
<tr><td>七级航道</td><td>1428.50</td></tr>
<tr><td rowspan="3">港口(码头)</td><td colspan="3">总数(个)　1(港口)253(泊位)</td></tr>
<tr><td rowspan="2">吞吐量</td><td>旅客吞吐量(万人次)</td><td>40.3</td></tr>
<tr><td>货物吞吐量(万吨)</td><td>4333</td></tr>
<tr><td rowspan="4">水路运量</td><td rowspan="2">客运</td><td>运量(万人次)</td><td>623</td></tr>
<tr><td>周转量(万人公里)</td><td>5175</td></tr>
<tr><td rowspan="2">货运</td><td>运量(万吨)</td><td>956.3</td></tr>
<tr><td>周转量(万吨公里)</td><td>31131</td></tr>
<tr><td rowspan="3">营运船舶</td><td colspan="2">总数(艘)</td><td>1741</td></tr>
<tr><td rowspan="2">其中</td><td colspan="2">客船341艘15496座</td></tr>
<tr><td colspan="2">货船1400艘10385吨</td></tr>
</table>

高速公路项目建设基本情况　2012年,南充市实施高速公路项目5个,年度计划投资36.66亿元,完成投资50.44亿元,为年度计划的137.59%。

巴南高速公路南充段建设完成投资22.86亿元,完成年度目标的152.4%。项目主体工程全部完工,年底建成通车。

成德南高速公路南充段建设完成投资5.58亿元,完成年度目标155%。项目主体工程全部完工,年底建成通车。

南大梁高速公路南充段已完成投资15亿元,完成年度目标的125%。南充段红线内土地交付全部完成,搬迁1366户,占应搬迁总量1385户的98.6%;完成路基土石方约94%,软基处治基本完成;桥涵工程完成72%,交叉工程完成64%,隧道工程完成92%。全段主要结构物中5座隧道全部贯通,桥梁梁板预制完成1115片,安装980片,完成梁板安装(现浇)桥梁19座,成桥5座。

巴南广高速公路南充段、遂西高速公路南充段分别完成投资5亿元、2亿元,均完成年度目标的100%。截至年底,完成两条高速公路施工、监理、检测招标。实施放线埋桩和开展征拆工作,控制工程施工单位已进场。

南绵高速公路建设前期工作已基本就绪,正在进行环评公示和投资人招商,预计2013年开工建设;南达、南泸高速公路建设可行性研究报告编制完成,待评审,其他相关前期工作有序推进。

港口码头建设　2012年,南充市都京作业区多用途码头一期工程建设完成投资3亿元,完成年度目标的100%。完成三场一站和生活区等设施、4个泊位180根灌注桩基的浇筑和1、2号结构段承台地梁施工、陆域强夯施工6000平米。实施浇筑3号结构段承台地梁,完成其余结构段破桩。南充旅游码头建设完成投资0.6亿元,完成年度目标的120%。主体工程土建完成100%,园林景观工程完成85%,内部装饰及安装工程有序推进。建成公益性渡口码头49个,增加候船设施2个,更新改造渡船59艘。

干线公路建设　2012年,南充市二级路网建设共完成投资13.16亿元,完成年度目标188%。改扩建国省干道370公里(含结转续建项目),国省干道路面使用性能数(PQI)达83.58,县道公路安全畅通;实施公路安保工程287.8公里,完成投资0.969亿元,安全防护设施不断完善,干线公路使用安全性能进一步提升。

新建成的双向六车道南充市下中坝嘉陵江大桥　　南充市交通运输局 供稿

嘉陵江桥梁建设　2012 年，南充市下中坝嘉陵江大桥完成投资 3.75 亿元，完成目标 104.16%，一期工程全面完成，大桥主桥于 12 月 12 日正式通车。二期工程高坪、顺庆岸延伸线设计招标公示完毕，其他相关工作正有序推进。嘉陵江五桥完成项目立项，可行性研究报告编制完成待批复，桥型方案报市政府审定。

“民生工程”建设　2012 年，南充市民生工程建设共计完成投资 21.5 亿元，完成年度目标 215%。农村公路建设：建成通乡公路 305 公里，占年度目标完成年度目标的 203.87%。建成通村公路 2094 公里，完成年度目标的 174.5%；站点建设：仪陇汽车城北客运站和蓬安汽车站建设（搬迁）完成投资 0.705 亿元。高坪汽车客运站和顺庆城北货运物流中心建设（迁建）前期工作加紧进行。建成农村客运站点 24 个。

高等级航道建设　2012 年，嘉陵江南充段高等级航道建设稳步推进，二期工程项目工程预可行性研究报告通过专家审查，各项专题报告委托相关单位加紧编制，南充段环评报告编制完成，待四川省嘉陵江航运发展规划环评审查批复后再向省环保局报批，预计 2013 年底前可开工建设。

高烽调研南充交通　2012 年 3 月 7—8 日，省交通运输厅党组书记、厅长高烽率厅党组部分成员及川高公司、省交通设计院、厅质监站、厅航务局等单位主要负责人，对南充市广南、巴南、成德南、南（充）大（竹）梁（平）高速公路，南充港都京多用途码头一期工程建设情况进行调研。

省交通运输厅厅长高烽（前右二）在南充市委书记刘宏建（前右一）、市交通运输局局长蔡绍雄（左二）等陪同下察看南充下中坝嘉陵江大桥　　南充市交通运输局 供稿

10 月 22 日，高烽厅长再率张晓燕副厅长及省交投集团董事、省港航公司重事长贺晓春、省交投集团常务副总经理周黎明等一行到南充调研南充都京港一期工程、下中坝嘉陵江大桥、成德南高速、巴南高速公路建设情况。

公路航道养护管理　2012 年，南充市公路养护积极推进养护机械化、专业化、精细化，广泛推行新工艺、新材料、新技术，干线公路通达深度和承载能力不断增强，公路服务水平进一步提升；航道养护管理深入推进，执法监督力度进一步加强，有效遏制乱采、乱挖和损坏航道设施行为。维护航标 407 座（棒标）726170 标天，灯标 26 座 7800 标天，航道整治有序开展，确保航道安全畅通。

交通运输生产安全管理　2012 年，南充市交通运输系统深入开展“安全生产年”活动，强化“一岗双责”机制，狠抓基层基础工作，拉网排查安全隐患，铁腕整治突出问题，把各种安全隐患发现在基层，消除在萌芽状态。全年水上交通安全四项控制指标全部为零，道路交通运输杜绝因行业管理部门把关责任导致的安全事故，城市公交无重特大安全事故发生。公路、航道养护和交通建设工程施工无任何安全生产事故发生。

运输市场管理　2012 年，南充市道路运输市场管理不断加强，完善和出台相应的管理办法，出租汽车、公交车、客运车辆管理进一步规范，行业文明和服务质量显著提升，投诉总量明显下降。稳妥推进出租汽车运力增加、车型更换，通过广泛征求群众意见、社会公示、召开听证会、审慎制定方案、综合权衡各方利益等一系列措施落实，市

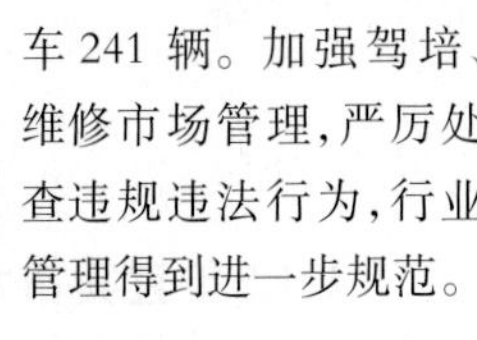

辖三区顺利新增出租汽车 241 辆。加强驾培、维修市场管理，严厉处查违规违法行为，行业管理得到进一步规范。

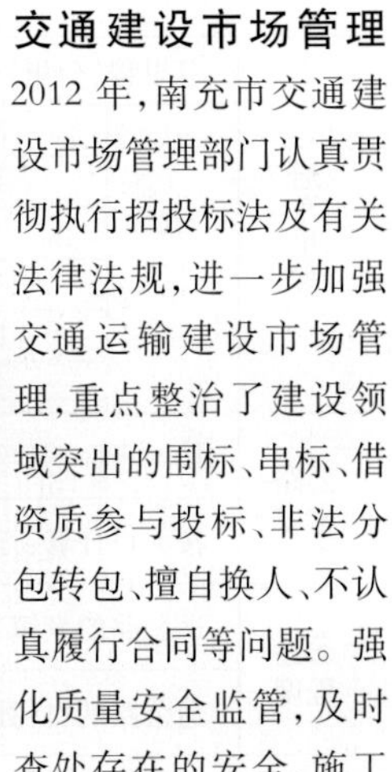

交通建设市场管理　2012 年，南充市交通建设市场管理部门认真贯彻执行招投标法及有关法律法规，进一步加强交通运输建设市场管理，重点整治了建设领域突出的围标、串标、借资质参与投标、非法分包转包、擅自换人、不认真履行合同等问题。强化质量安全监管，及时查处存在的安全、施工

质量问题，交通建设的招投标、施工组织、安全管理、质量监控等工作进一步得到加强和规范，确保交通重点项目建设工程质量合格。

城市公共交通 2012 年，南充市交通运输局全面贯彻落实市政府加快城市公交发展实施意见，不断加强行业管理，狠抓教育培训，加大资金投入，加快公交场站建设，积极调整优化公交线路，加速公交车辆更新，积极为市民提供良好的乘车服务，公交服务能力和水平大为提升。

交通行政审批工作 2012 年，南充市交通运输行政审批和行政许可工作进一步加强，政务服务中心交通运输窗口建设不断规范，"两集中、两到位"落实到位，截至 11 月底，交通运输政务服务窗口共承办行政审批和许可事项 1672 件，办结 1671 件，正在办理的 1 件，现场办结率和按时办结率均达到 100%。

交通行政执法 2012 年，南充市认真贯彻落实《全面推进依法行政实施纲要》，狠抓行政执法责任制度和执法监督机制建设，持续开展交通行政执法风纪整顿，加大案件查处力度，及时纠正行业不正之风。认真落实交通规范性文件审核、备案和清理等各项制度，严把规范性文件出台关；按照"两集中、两到位"的要求，确保了交通运输行政审批和许可项目全部入驻市政务服务中心；强化交通行政复议制度和运行机制建设，不断提高预防和化解行政争议的能力；认真贯彻《公路法》《道路交通安全法》和《路政管理条例》，强力维护路产路权，公路沿线建筑控制区得到有效保护；深入开展治理车辆超限超载工作，超限超载行为得到有效遏制；加强治理公路"三乱"工作，加大明察暗访和案件查处力度，有效防止了公路"三乱"现象反弹和新的乱象产生。

信访维稳工作 2012 年，南充市交通运输局全面贯彻落实信访维稳"一岗双责"和责任追究制，着力加大解决力度，通过强化"人文关怀、政策宣传、基层稳控、中途劝返、蹲点值守"等措施，及时、妥善化解广南高速公路客运公司化改造、到期出租汽车经营权处置等交通运输系统出现的新矛盾和问题，越级上访、非正常上访得到有效防控，实现五一、国庆、省第十次党代会和党的"十八大"等全国全省重大活动期间"零进京"、"零到省"目标，维护了行业稳定，树立南充"和谐交通"的良好形象。

（本栏目撰稿人：申安荣 谢胜东）

宜宾市交通
YIBIN SHI JIAOTONG

2012 年宜宾市水陆交通运输能力概况

公路			
通车里程	总里程（公里）		18041.702
	其中	高速公路	201
		一级公路	53.88
		二级公路	737.876
		三级公路	362.281
		四级公路	13385.139
		等外公路	3301.526
公路密度	按国土面积计算：百平方公里 135.65 公里		
	按人口计算：万人 33.3 公里		
通达程度	通公路的乡镇 185 个，占乡镇 100%		
	通公路的村（社区）2950 个，占村 100%		

客运站	总数（个）		137
	其中	一级站	2
		二级站	9
		三级站	5
		四级及以下站	121
营运车辆	总数（辆）		21305
	其中	客车 2086 辆 57145 座	
		货车 19219 辆 74184 吨	
公路运量	客运	运量（万人次）	18244
		周转量（万人公里）	520677
	货运	运量（万吨）	5643
		周转量（万吨公里）	377278

内河			
通航里程	总里程(公里)		963.3
	其中	三级航道	100
		四级航道	76.2
		五级航道	107
		七级航道	219
港口(码头)	总数(个)		166
	吞吐量	旅客吞吐量(万人次)	68
		货物吞吐量(万吨)	1483
水路运量	客运	运量(万人次)	139.11
		周转量(万人公里)	1384
	货运	运量(万吨)	481.96
		周转量(万吨公里)	147045
营运船舶	总数(艘)		531
	其中	客船219艘9918座	
		货船312艘239825吨	
备注	港口1个,泊位163个		

交通基础设施建设投资基本情况 2012年,宜宾市交通完成投资73.2亿元,同比增长45.2%。其中重点项目完成投资57.8亿元,水运建设完成投资1.5亿元,农村公路建设完成投资13.9亿元。

宜泸高速公路建成通车 2012年12月26日,宜宾至泸州高速公路建成通车。宜泸高速公路是国家高速公路成渝地区环线的重要路段,路线起于泸州市纳溪区白鹤林互通立交,沿长江而上,经宜宾市江安县怡乐镇、长宁县下场镇、南溪区罗龙镇、翠屏区沙坪镇,穿龙头山隧道和观斗山隧道,与乐宜高速公路象鼻枢纽互通立交相接,全长约76.87公里(宜宾境内61.2公里),路基宽24.5米,设计行车时速80公里。项目于2008年11月6日开工建设。

宜叙高速公路开工建设 2012年12月26日,宜宾至叙永高速公路取得项目核准批复并举行开工动员仪式,标志宜叙高速公路正式开工建设。宜宾至叙永高速公路,起于高速公路联络线绥庆枢纽立交,经翠屏区李端镇、长宁县竹海镇、龙头镇、双河镇、梅硐镇、兴文县僰王山镇、古宋镇,在叙永县双桥互通接纳黔高速公路,路线全长114公里(含连接线18公里),其中宜宾境内103公里,泸州境内11公里,路基宽24.5米,设计行车时速80公里,工程总投资约107亿元。

宜屏快速通道建设 宜宾至屏山快速通道第一期工程起于翠屏区菜坝工业组团喜捷方向立交口,止于倒骑龙屏山新县坡规划接口,路线全长15.09公里。公路等级为一级公路,路基宽20米,设计行车时速60公里,路基挖方143.72万立方米,路基填方113.7万立方米,圬工砌体62506立方米,桥梁10座1249米。项目于2012年6月全面开工建设,截至年底完成路基设计量工程的7.57%。

屏新复建公路建设 省道307线屏山至新市镇复建公路起于底坝大桥,从原307线跨河后沿富荣河展线至龙华,经盐井窝、大石包、新开滩,止于新市镇。线路长度约43公里,其中大桥55座7317.52米、中桥28座1604.98米,隧道3座932延米。公路等级为三级公路,设计行车时速40公里(部分困难路段30公里)、路基宽7.5米至8.5米,沥青混凝土路面。工程设计总概算约84261万元,其中建安费约63977万元,平均每公里造价约1939万元。工程由四川省交通运输厅勘察设计研究院设计,武警交通工程队施工,中南院监理。施工工期22个月。截至2012年12月,全线路基基本形成,部分路段通车,正积极加快路面及附属设施的建设。

宜泸高速公路南溪长江大桥　　宜宾市交通运输局 供稿

水运港口建设 2012年,宜宾市水运基础设施建设有序推进。宜宾港志城作业区一期工程4个多用途泊位及1个滚装泊位完成部分标段验收;新开工宜宾县三块石码头改扩建项目1个;长宁香炉滩码头项目已通过审核并被批准建设。南溪罗龙作业区一期、江安阳春坝作业区、三滩子码头港口岸线上报待批准,推进皖北煤业江安二龙口作业区、志城重件泊位等项目前期工作,完善华龙码头设计;完成向家坝库区龙尾等6个码头及屏山新县城2个码头设计,正在按行业要求完善相关手续。完成向家坝354米蓄水航道应急维护设施建设工作，继续推进长江宜宾以下航道建设，力争尽早按二级航道实施建设；继续推进宜宾至水富三级航道建设；岷江宜宾至月波三级航道整治进入倒计时，业主单位正在进行工程可行研究报告及渔内等专项审查申报工作。

农村客运 2012年，宜宾市共新增农村客运线路42条，新增农村客运车61辆。截至年底，全市共有农村客运线路528条，农村客运车辆1275辆。统筹城乡客运发展，大力推进城乡客运一体化试点工作，实现全市乡镇客车（含城乡公交车）通达率100%，建制村客车（含城乡公交客车）通达率82%，有效确保群众出行需求。

农村公路建设 2012年，宜宾市农村公路建成通乡及联网路240公里，为目标任务的120%；建成通村水泥路1260公里，为目标任务的140%；完成安保工程建设96公里，为目标任务的120%；建成农村断头公路283公里。获2010-2012年四川省农田基本建设"李冰杯"交通项目一等奖。

宜宾市兴文县周家镇村道　　兴文县交通运输局 供稿

公路养护管理 2012年，宜宾市公路养护部门以科学养护为目标，全面提升服务水平，国省干线公路优良率达85%，为年初计划的103%，公路技术状况指数（MQI）87，超年初计划5个点，名列全省前茅。生态路建设稳步提升，新建10公里生态路，全面巩固提高487公里生态路创建成果。宜宾市交通运输局获2011年"市级机关城乡环境综合治理先进单位"称号，并被四川省绿化委员会评为"2011年度绿化模范单位"。

交通建设质量监督 2012年，宜宾市交通运输局以省交通运输厅"平安工地建设、砼通病治理、监理行业树新风和试验检测专项治理"四个专项活动为抓手，进一步强化质量监督工作。一是实行项目质量监督责任制，确保监督工作质量。二是设立驻地质量监督办公室，确保监督工作扎实到位。三是严格质量监督台帐制度，确保问题处理得到落实。四是抓监督工作重点，力争质量受控。五是严格无损检测，监督数据化工作再上台阶。六是严格工程竣（交）工验收。通过不断修改完善质量监督制度、措施，质量监督工作更加严格规范。全年圆满完成1个高速公路项目、1个水运工程项目、4个独立桥梁工程项目、1个独立隧道项目、7个重点公路工程项目的质量监督任务，监督里程共计191.1公里。

交通运输安全生产管理 2012年，宜宾市交通运输部门以"安全生产年"为契机，加强领导、落实责任，增添措施、整治隐患，汲取教训、规范管理。突出汛期安全，成功应对21年来的超大洪水，采取"人盯船、昼夜值守"等八条有效安全措施，辖区内船舶、人员无损害和伤亡；突出向家坝电站下闸蓄水安全，做到方案预案拟定、救援力量准备、水陆保通等"一船一策"，强化责任、措施有力到位，确保电站蓄水顺利安全。全市交通安全生产形势平稳，圆满地完成各项交通安全工作目标任务，全年水上无安全生产事故，创历史最好纪录，客渡船继续保持零事故率；水上交通安全继续保持安全平稳态势。无道路交通源头管理、路政管理、公路建设和养护施工事故。无公路工程建设施工和养护生产、企业职工伤亡等事故。各项指标均在省、市控制指标范围内，保持全市交通安全生产总体平稳态势。

开展交通安全生产月宣传活动　　宜宾市交通运输局 供稿

道路运输市场管理 2012年，宜宾市大力推进道路运输行业诚信制度建设，积极开展出租车驾驶员星级评定和公交服务精品线创建活动，引导企业树立品牌意识，诚信经营、规范服务。认真开展运输市场专项整治，从严查处违法违规经营行为。把市场整治行动上升到"政府意志和行为"，坚持政府牵头、部门联动、综合治理。查处非法运营车455辆、出租车异地经营59辆、春节期间违规从事民工运输异地籍旅游车3辆，整治火车站、南门桥江北加气站等非法营运车辆聚集点11个、非法组客点7个。有效遏制违法违规行为，运输市场秩序进一步规范，确保合法经营者的利益。

公路路政管理 2012年，宜宾市以"建优秀路政队伍、抓优质服务效率、创优良公路环境"为总体目标，推动和完善"政府负责、部门配合、群众参与、综合治理"路政格局，切实履行维护路产路权职责，保障公路的安全、完好、畅通。全年全市发生损坏公路及设施案241起，查处239起，结案率99%；发生违法建筑案50起、占用公路及留地案131起、非法接道案24起、超限运输案58805起，全部查处；发生设置广告标牌案1021起，查处1019起，结案99%；清障排障2926处，清理占道作业1215处。政务中心窗口受理路政许可4696件，全部按时办结；路政巡查率达80%以上。全年无行政复议，无行政错案，无责任事故。

交通法制建设 2012年，宜宾市交通运输法制建设不断加强，积极开展以学法为基础，用法为目的，执法为核心的依法行政工作，取得了显著成效。一是完成了全市交通运输系统1120名执法人员（含乡镇交管站）和422名协管员的培训、考试、换发证工作；二是完成了行政权力清理规范工作；三是开展交通运输行政执法“四统一”（执法标志、执法文件、执法服装、执法专场所外观）的前期工作；四是认真开展交通运输行政执法评议，进一步规范了执法工作；五是深入开展普法宣传，完成了对行政强制法的宣传、培训工作。全年交通系统没有发生一起行政复议和行政诉讼败诉案件，全系统行政执法工作再上新台阶。

交通环境综合治理 2012年，宜宾市交通运输行业以开展城乡环境综合治理和创建国家卫生城市为总牵引，建立健全领导机制，分解落实责任目标，深入扎实地开展交通环境综合治理活动。切实加强舆论宣传，通过出租车LED顶灯屏发布公益广告27条、在公交站棚发布公益广告390条，营造创国家级卫生城市良好氛围。成立了专项检查小组，加强对公交、出租车、客（货）运站场、货运车辆扬尘等综合管理，对车容车貌、站牌标识、语音报站、统一着装、规范服务和扬尘、撒漏等违章违规进行重点检查和整改。

春运工作 2012年春运期间，宜宾市道路运输日均投放客车2280辆，累计运行客运班车24.3525万车次（其中加班车8644车次）、疏运旅客549.4570万人次（其中疏运农民工23.2758万人次），同比增长9.5%；投入公交车624辆，开行趟次28.1339万次，疏运旅客2128.4507万人次；投入出租车1225辆，疏运旅客844.734万人次。春节七天，全市共开行道路客运班车3.7981万班次、疏运旅客82.5836万人次；开行公交车4.9162万班次，疏运旅客365.0834万人次；出租车疏运旅客152.7155万人次。春运期间全市未发生一起较大以上道路交通责任事故，为构建平安宜宾、和谐宜宾做出了积极贡献。

公路货物运输 2012年，宜宾市积极推进五粮液物流中心、南溪四通物流园区13.33公顷二期扩建项目、兴文九天物流产业园6.67公顷一期工程建设。《宜宾市道路物流“十二五”发展规划》通过专家组评审。五粮液集团公司安吉物流被交通运输部正式确定为甩挂运输项目试点单位；宜宾欣联物流甩挂运输项目，购入30辆甩挂运输车。承办全国首届“放射性物品道路运输从业资格培训”，得到交通运输部和厅运管局高度重视和大力支持，专门从北京抽调专家为培训提供师资力量，全程负责授课和考试工作。宜宾建中运业、省核工业地质调查院共50名放射性物品道路运输从业人员分别参加驾驶、押运、装卸管理等三个类别的从业资格培训和考试。

驾驶员培训管理 2012年，宜宾市认真开展“驾驶培训质量年”活动并取得较好成效。一是驾校收费行为进一步规范。印制《学员学驾流程图》，将学员在学习期间的全部流程、以及收费项目和收费标准等全部告知学员，让学员在驾校明明白白消费。二是服务水平和服务质量有所提升。全市驾校于5月起率先启用全省统一格式的驾驶培训合同，进一步明确驾校和学员双方权利、义务。部分驾校还尽力满足社会化需求，充实教练员，配备了女教练员，专门配备了VIP教学车辆和服务人员，获得了社会的认可。三是驾校教学机构进一步完善。各驾校建立健全了教务处，进一步强化教学管理，统一合理安排学员培训、考试。积极开展教练车的清理工作。清理非法“挂靠”教练车6辆，淘汰不适应教学工作的教练车45辆，更新和新增教练车68辆。驾校IC卡系统完成优化升级，保证培训质量、保障驾校和学员双方的合法权益、提高学员的安全意识和驾驶技能、规范驾校经营行为、提升行业管理效能和形象。

宜宾市首届驾校教练员技能竞赛暨驾驶员培训成果汇报展示活动启动仪式　　宜宾市运管局 供稿

推进船舶标准化进程 2012年，宜宾市航务部门按照部、省、市老旧运输船舶拆解工作要求，大力推进长江干线船舶标准化及船舶拆解工作，正确引导船舶向“标准化，大型化，优良化”方向发展，鼓励船舶技术进步和更新改造，协助厅航务局开展岷江货船标准化船型研究工作，组织科研人员对“100TEU集装箱船”进行课题研究，完成

"100TEU 集装箱船"船型开发,促进宜宾船舶运输结构合理调整,有力地推动川江及三峡库区船型标准化工作进程。

农村客渡船舶燃油补贴 2012 年,宜宾市对 2011 年清算资金和 2012 年提前预拨资金进行了统计上报,由省财政下达两笔补贴资金共 183.35 万元(除扩权县外),补贴船舶 52 艘,补贴功率 2323.7 千瓦,于 2012 年 6 月底兑现支付。

公路超限超载治理 2012 年,宜宾市切实加强公路超限超载治理,对全市治超站点进行暗访,督促超限检测站进行整改,有效规范治超站点执法行为,树立路政窗口良好形象。全市主干线公路共检测货运车辆 1398416 辆次,其中超限 58805 辆次,卸载 65 辆次 625 吨,行政处罚 370 辆次。超限率控制在 4% 左右,圆满完成省交通运输厅下达超限率控制在 5% 以下工作目标。

交通扶贫开发 2012 年,宜宾市交通运输局充分"发挥部门优势,突出交通帮扶",坚持抓好"五个注重"。积极开展以村道建设为重点的扶贫工作,先后 4 次到扶贫村开展活动,共计为扶贫村纳入计划新建农村公路 10 余公里,协调落实建设资金 146 万元。看望慰问帮扶贫困户 60 多户,解决多项民生问题。宜宾市交通运输局被宜宾市委、市政府表彰为扶贫开发先进集体。

综治维稳工作 2012 年,宜宾市交通运输局始终把综治维稳工作作为统揽全局的政治任务,突出重点,创新管理,狠抓落实,确定"分类实施、整体推进、扩大数量、确保质量、齐抓共管、维护稳定"的工作思路,以狠抓交通工程建设征地拆迁补偿、拖欠民工工资和向家坝断航补偿影响社会稳定和交通发展的突出矛盾纠纷排查化解工作为重点,积极探索维稳工作的长效机制和运作机制,认真落实责任制和各项防范措施,认真贯彻落实《信访条例》和中央、省、市关于新时期信访和群众工作的一系列决策部署,扎实做好交通系统信访和群众工作,印发《2012 年维稳工作意见》,采取"四定""六包""一保"措施,认真受理信访,积极稳妥化解社会矛盾,全年受理人民网网民留言 2 件,省长信箱 11 件,"12345 市民热线"547 件,"市长与网民"98 件(含徐进市长签批件 26 件),宜宾市委、市政府、省交通运输厅信访接转件 10 件,来访 15 批次 150 余人,办结、回复率 100%,息诉息访率 90% 以上。全年无退案处理件、专题督办件、超期办结件。群众信访问题在基层得到妥善处理和解决,消除非法集访、越级上访等不稳定因素。

(本栏目撰稿人:隆兴银)

达州市交通

DAZHOU SHI JIAOTONG

2012 年达州市水陆交通运输能力概况

公路			
通车里程	总里程(公里)		19325.301
	其中	高速公路	327
		一级公路	32.727
		二级公路	936.708
		三级公路	408.513
		四级公路	14787.008
		等外公路	2836.345
公路密度	按国土面积计算:百平方公里 113.7 公里		
	按人口计算:万人 28.3 公里		

通达程度	通公路的乡镇 312 个,占乡镇 100%		
	通公路的村(社区)2835 个,占村 100%		
客运站	总数(个)		202
	其中	一级站	4
		二级站	5
		三级站	6
		四级及以下站	187
营运车辆	总数(辆)		37236
	其中	客车 4853 辆	
		货车 32383 辆	

公路运量	客运	运量(万人次)	9808
		周转量(万人公里)	296296
	货运	运量(万吨)	14267
		周转量(万吨公里)	1117612
内 河			
通航里程	总里程(公里)		368
	其 中	三级航道	152
		七级航道	216
港口(码头)	总数(个)		230
	吞吐量	旅客吞吐量(万人次)	503
		货物吞吐量(万吨)	426
水路运量	客运	运量(万人次)	533
		周转量(万人公里)	4859
	货运	运量(万吨)	535
		周转量(万吨公里)	7681
营运船舶	总数(艘)		1070
	其中	客船 359 艘	
		货船 670 艘	

交通基础设施建设基本情况 2012 年,达州市公路水路交通基础设施建设完成投资 77.98 亿元,为年度计划投资 58.5 亿元的 133.3%,占全市固定资产总投资 826.3 亿元的 9.4%。全市高速公路建设完成投资 50 亿元。达陕高速公路(达州境)北向出川通道全线长 143.244 公里,于 2012 年 4 月建成通车,达万高速公路(达州境)东向出川通道全线长 63.788 公里,于 2012 年 12 月建成通车,结束了万源市、开江县不通高速公路的历史。全市已建成高速公路 327 公里。巴(中)达(州)、南(充)大(竹)梁(重庆梁平)高速公路建设加快。2012 年全市国省干线公路建设完成投资 16.2 亿元,改造完成 391.5 公里。全市农村公路完成投资 11.78 亿元。其中,全市通乡公路建设开工 268.8 公里,建成 236.6 公里,全市 310 个乡(镇)全部实现通油(水泥)路。通村公路建设开工 1517.3 公里,建成 1517.3 公里,实现了 2215 个村通水泥路,占 2767 个建制村的 80.05%。安保工程开工 350.54 公里,完工274.54 公里。

达万高速公路魏兴互通立交　　何其伦 摄

交通枢纽规划 为加快建设全国次级综合交通枢纽,达州市交通运输局编制了《达州市全国次级综合交通枢纽发展规划》《达州市国家公路运输主枢纽规划》《达州市"十二五"综合交通运输枢纽规划》《"十二五"路网结构建设改造规划》《达州市内河航运发展规划》《"十二五"农村联网公路建设规划》《创建非地震灾区灾后恢复重建规划》等一系列专项规划。围绕"两航七铁十一高速"的构架,统筹推进"铁公水空"立体交通体系建设,着力构建功能配套、畅通便捷的区域一体化基础设施体系,达州成为全国 179 个公路运输主枢纽城市和全省 12 个西部次级综合交通枢纽城市之一。

公路养护管理 2012 年,达州市交通运输部门以城乡环境综合治理活动为契机,重点加强干线公路、西河路(机场专用道)、塔莲路、城区进出口 10 公里范围内公路环境综合治理和扬尘专项治理工作。扎实开展"工程质量年"活动,工程质量明显提升。加强路政管理,采取"只卸载、不收费、不罚款"的措施,加大车辆超限治理。对国省道 54 处加水洗车点进行规范整治,公路收费无服务质量事故发生。12 月 30 日,全市一次性撤销了政府收费还贷二级公路收费站 11 个(全市共 16 个已全部撤销),涉及公路里程 791 公里。

公路水路客货运输 2012 年,达州市完成水陆客运 10410.8 万人次、货运 15114 万吨。建成乡(镇)汽车客运站 9 个,完成渡口码头改造 23 座,建设候船设施 12 个。新增农村客运线路 22 条,新增客运车 50 辆;调整优化公交线路 4 条,更新公交车 50 辆;更新出租汽车 88 辆;建造公益性渡船 16 艘、改造标准化客船 11 艘,更新快艇 18 艘,淘汰老旧客渡船 78 艘,新建货船 35 艘,技术改造 22 艘。做好重要节日、重要时期的交通运输保障工作。广泛开展以高速客运、出租客运、干线客运以及机动车维修、危货运输、车站周边环境、船舶船员整治为重点的专项整治活动,进一步规范运输经营行为。

交通运输安全生产管理 2012 年,达州市交通运输系统认真落实"三把关一监督"和"三不进站、五不出站""六不发航"等管理规定,严格落实安全生产两个主体责任,开展严厉打击非法违法生产、经营、建设专项行动。加强应急救援建设,完善公路交通信息发布机制。扎实开展安全隐患排查整治,投入整改资金3181.1万元,完成省下达的公路隐患整治2处,市下达的隐患整治355处,整治危(病)桥17座,整治水上交通安全隐患13处,基本实现全年交通运输安全生产总体平稳的目标。

办理人大意见及政协提案 2012年,达州市交通运输局高效办理人大意见及政协提案,切实解决人民群众关心关注的热点难点问题。一是认真执行人大的决议、决定。把市人大每年通过的《政府工作报告》中所明确的交通工作任务,作为重点工作来抓,每年均超额完成市政府承诺的为民办实事交通建设工作任务。二是认真办理人大代表意见建议和政协提案。将办理工作与单位年度工作考核相结合,做到了责任到领导、任务到科室、办理到专人的责任制。坚持每年都邀请人大代表、市政协委员对交通建设项目进行视察,听取代表的意见和建议,不断改进交通各项工作。全年共办理人大代表建议19件(协办1件),政协提案41件(协办5件)做到见面率、回复率和满意率均达100%,办理工作得到市委、市政府的肯定。三是虚心接受人大工作评议。根据市人大常委会2012年度工作评议方案的安排,9月上旬至12月中旬,市人大常委会对市交通运输局开展工作评议。经过评议提出"强化项目意识,进一步加快交通基础设施建设;合理规划路网,适应经济社会发展的长远需要;进一步加大交通资金保障力度;进一步加强运输市场监管;进一步深化交通体制改革;加强队伍建设,提高交通运输管理服务水平"六个方面的意见。经过整改落实,交通运输工作取得阶段性成效。

达州市邮政管理局成立 2012年9月16日,四川省邮政管理局召开各市、州邮政管理局成立暨领导干部任命大会,达州市交通运输局副局长何峰任达州市邮政管理局首任局长。11月26日,市政府举行达州市邮政管理局成立揭牌仪式。其主要职责有:贯彻执行国家邮政法律法规、方针政策和邮政服务标准,研究拟订本地区邮政发展规划,监督管理本地区邮政市场及邮政普遍服务和机要通信等特殊服务的实施,负责行业安全生产监管、统计等工作,保障邮政通信与信息安全,承办上级邮政管理部门和地方人民政府交办的其他事项。

达州市邮政管理局成立揭牌仪式 何其伦 摄

"7·3"特大暴雨洪灾 2012年7月3日—12日,达州市断断续续发生暴雨到大暴雨,造成山洪暴发,导致国、省、县、乡村公路多处断道,交通一度陷入瘫痪。此次造成全市道路损毁路面(不含路基冲毁)1150.89万平方米(574.1公里),塌方203.34万立方米,冲毁路基188.85万立方米(802.2公里),局毁和全毁涵洞622道,国省干线公路中断74处(4条)。全市公路水毁直接损失12.5亿元,水运交通水毁损失360万元,公路运输行业经济损失573万元,全市交通水毁损失共计12.63万元。灾情发生后,省交通运输厅厅长高烽、副厅长鲜雄多次询问灾情。按照市委、市政府的统一部署,市交通运输局及时启动III级预案,组织交通运输系统干部职工迅速投入抗洪抢险救灾工作。

洪灾期间,全市共关闭车站44个,停发客运班线500条,停发客运班车1870辆,停发公交线路25条,停发公交车辆200辆。海事、运管、车站、渡管和运输企业等单位全力疏散旅客3.3万人次,共施救遇险船舶50艘,营救遇险人员55人,转移群众2500人。期间未发生一起交通运输事故。

达州市交通运输局党组书记、局长马先奎在"7·3"特大暴雨洪灾现场指挥道路抢通保畅 何其伦 摄

渠县风洞子航运枢纽工程通过预可评审 2012年12月19日至21日,受四川省交通运输厅委托,来自省、市级有关部门60多名专家、代表会聚达州,实地研判并通过了渠县风洞子航运枢纽工程预可行性研究评审。经过比选,风洞子航运枢纽工程选址百碛滩,设计通行能力每年797万吨。评审基本同意船闸工程工期3年,电站工期建设66个月,项目总投资25亿元。风洞子航运枢纽工程的实施是贯彻国务院《关于加快长江等内河水运发展的意见》,构建达州现代综合运输体系,转变交通运输发展方式的重要项目,对于治理渠江水患、提升水动能力和将达州努力建成全国次级综合交通枢纽意义重大深远。

(本栏目撰稿人:李自东)

广安市交通

GUANGAN SHI JIAOTONG

2012年广安市水陆交通运输能力概况

公 路			
通车里程	总里程(公里)		9876.362
	其中	高速公路	218.7
		一级公路	76.381
		二级公路	358.567
		三级公路	429.225
		四级公路	7340.859
		等外公路	1388.630
公路密度	按国土面积计算:百平方公里162.948公里		
	按人口数量计算:万人20.976公里		
通达程度	通公路的乡镇181个,占乡镇100%		
	通公路的村1999个,占村72.114%		
客运站	总数(个)		47
	其中	一级站	1
		二级站	5
		三级站	1
		四级及以下站	40
营运汽车	总数(辆)		17941
	其中	客车2313辆49680座	
		货车15628辆44168吨	
公路运量	客运	运量(亿人次)	1.04
		周转量(亿人公里)	22.4
	货运	运量(亿吨)	4426
		周转量(亿吨公里)	30.7
内 河			
通航里程	总里程(公里)		522.05
	其 中	四级航道	190.7
		五级航道	19
		七级航道	14.62
港口(码头)	总数(个)		192
	吞吐量	旅客吞吐量(万人次)	106.35
		货物吞吐量(万吨)	554.84
水路运量	客运	运量(万人次)	182.6
		周转量(万人公里)	1045.7
	货运	运量(万吨)	423.9
		周转量(亿吨公里)	2.1
营运船舶	总数(艘)		568
	其中	客船295艘10955座	
		货船273艘45640吨	

重点交通工程建设基本情况 2012年,广安市完成交通投资29.96亿元。巴(中)广(安)渝(重庆)、遂(宁)广(安)高速公路广安段主要控制性工程实现开工。广安港新东门作业区一期工程5、6号泊位开港试运行;富流滩一线船闸保通工程完成,二线船闸建设、航道整治工程施工队伍已经进场施工。武胜嘉陵江二桥完成主桥合龙,渠江流杯滩大桥开工建设,省道304线邻水城南至重庆界公路工程完成路面48.7公里,国道210线邻水绕城段公路全面启动征地拆迁工作。

农村公路建设 2012年,广安市围绕配套省级新农村示范片和"千斤粮、万元钱"现代农业产业基地建设,以"李冰杯"创建活动为载体,注重与新农村建设、扶贫开发、农业产业化发展、民生工程紧密结合,改(扩)建低等级公路,打通"断头路",建设联网公路(水泥路或油路)203公里、村级公路1127公里。在全省"李冰杯"评比中荣获二等奖。

广安市交通工程质量监督管理站质量检测人员对广安区新建成投入使用的农村公路进行质量检测 吴德权 摄

交通运输规划编制 2012年，广安市交通运输局与交通运输部规划研究院合作，对《广安市构建川东综合交通枢纽规划（2009—2030）》进行完善，编制《国省干线公路建设十年规划（2012-2022）》，形成初步成果。同时，与西南交通大学合作，编制完成《广安市驾培行业2012年—2017年发展规划》，加紧编制《城市公共交通发展规划（2012—2020）》。渠江全流域航运发展规划编制正式启动，截至年底，完成渠江水运资源调查。

争取交通建设项目 2012年，广安市交通运输局积极争取到国省干线改造、小山坝景区红色旅游公路、国道210线广安邻水县城绕城段、省道304线广安大龙渠江特大桥、官盛渠江特大桥、邻水石滓至重庆界改造等重大项目。全年争取省到位补助资金比去年有大幅提高，达8.2亿元。花罗路彭家至枣山段改线工程、国道210线邻水城南至重庆渝北快速物流通道等5个项目全部完成工程可行性、立项及初步设计批复，并上报省交通运输厅。积极争取将省道203线和省道304线纳入国道路网调整规划、将花罗路等6条县道纳入省道路网规划，并利用省道203线升国道路线调整解决广安“双百”组团城市间快速通道建设问题。同时，编制上报2013年公路固定资产投资、地方公路建设和“十二五”后三年国省干线公路建设计划，项目储备不断加强。

“民生工程”建设 2012年，广安市交通运输局强化“心系民生、意在民生、干为民生”的理念，着眼人民群众最迫切、最现实的利益问题，扎实做好省市和自办民生工程，其中，自办民生工程出资7800元，帮助26户贫困户；出资3000元，帮助广安区北辰街道北街社区建设；出资13万元，定点联系帮助华蓥市高兴镇高兴村，建设村级公路4公里，完善村级活动室1个。

广安区虎城乡农村公路建成后带动农民新村发展　吴德权 摄

安保工程建设 2012年，广安市整治公路危险及滑坡地段26处，增设标志牌654块、波形护栏30198米、警示墩1715米。基本完成全市危（病）桥整治。有效控制省道304线佛手岩、中滩大桥病害、国道318线水毁路段、武胜嘉陵江大桥险情等重大隐患。完成国道公路绿化47公顷、省道公路绿化50公顷、县道公路绿化44公顷，全面完成“通道森林工程示范路（段）”建设。全市国、省道公路路面使用性能指数（PQI）达80.9。

公路水路客货运输 2012年，广安市公路运输成效显著。新增省际客运线路5条，更新省市际客运线路8条。新增投放出租车64辆、更新投放出租车131辆。新发展农村客运片区5个、投放车辆67辆，城市公交向乡镇延伸线路10条。物流转型快速提升，新发展甩挂运输企业西南燃气广安分公司、国家一级物资枢纽站四川宝根物流有限公司。水路运输切实改善。争取市政府出台《加快渠江嘉陵江水运发展的实施意见》，公益性渡口建设成效明显，得到省交通运输厅高度评价并在全省通报推广。

交通行业管理 2012年，广安市强化交通运输行业管理，狠抓行政执法。加强运输秩序整治，严厉打击非法客运和超限运输违规行为，超限运输率控制在5%以内。加强路产路权维护，路政人员巡查率、查处率分别达91%、95%。加强路桥收费管理，扎实开展政府收费还贷二级公路新增债务及里程审计核实工作，上报的相关资料已顺利通过省发展改革委、财政厅、交通运输厅、审计厅审查；全市政府还贷二级公路收费站按要求全部撤除，人员安置工作有序推进。狠抓质量监管。以全省交通重点项目三年集中攻坚建设和交通建设质量安全年为契机，扎实开展“平安工地建设”“试验检测专项治理”等活动，全力做好预防高空坠落、防垮塌、防触电“三防”工作，确保工程建设质量安全。狠抓造价管理。切实将造价工作纳入绩效考核，层层签订目标责任书，完成白塔连接线路面修补整治工程、国道318线广安境内段水毁恢复工程施工图预算等8个项目审查，审减率达10.68%。狠抓安全维稳。注重宣传教育，依托客运站和渡口码头等重点场所，大力开展交通安全法律法规和安全知识宣传，共悬挂安全宣传横幅135幅、发放安全宣传资料25000余份、发送安全提示短信3000余条，开展警示教育30余次，培训安全管理人员和驾乘人员3000余人次。加大投入力度，新增船载视频78艘，渠江水域建立AIS船舶防碰撞系统；督促超长客车辆安装3G视频监控18辆，部分客运车辆安装行车记录仪。落实长途客车夜间运行停车休息制度，推行长途客运车辆凌晨2时至5时停止运行或实行接驳运输。开展隐患治理，依托“打非治违”“救生衣行动”、道路交通、城市公交、驾驶员承诺等各类专项活动，深入开展隐患排查工作。加强应急管理，组织400余人、车船100余辆次（艘）参加市级防灾救灾应急大演练，完成汽车站候车厅旅客应急疏散演练、汽车站停车场车辆火灾及旅客应急疏散应急演练、公路塌方抢通应急演练，交通运输系统应急处置能力不断提高。强化矛盾纠纷排查与化解，坚持“一把手”带头接访、带头包案的工作制，落实信访维稳工作24小时值班制和领导带班制，重点对系统内部的信访积案，可能出现群访、集访和越级访的重大涉稳隐患进行排查梳理和建立台账，并按轻重缓急，明确化解稳控的具体措施、责任单位、包案领导、具体责任人和化解时限。全年交通运输源头安全平稳，未发生影响稳定的群体性事件。

党风廉政建设 2012年，广安市交通运输系统深入推进惩治和预防腐败体系建设，构建具有交通特色的7大机制、74项制度惩防体系基本框架。出台交通运输系统科级领导干部竞争上岗和交流轮岗实施办法；组织干部职工到四川省嘉陵监狱进行警示教育。加强工程招投标、设计变更、材料采购、计量支付、工程验收、行政审批、行政处罚等重点领域的明查暗访，加大对权钱交易、吃拿卡要等违纪违法行为的查处力度，“廉洁交通”取得实效。同时，深入推进政风行风评议和文明行业创建、“道德讲堂”“十大惠民行动”等活动，积极拓宽政务公开渠道；按时按质办结人大代表建议、政协委员提案，满意度、办结率均达100%；机关党建、交通战备、科技教育、平安综治、工青妇、政工人事、信息与调研等工作扎实推进。

（本栏目撰稿人：刘 毅 江 杨）

巴中市交通

BAZHONG SHI JIAOTONG

2012年巴中市水陆交通运输能力概况

公路			
通车里程	总里程（公里）		
	其中	高速公路	86
		二级公路	628.737
		三级公路	344.136
		四级公路	14152.549
		等外公路	761.630
公路密度	按国土面积计算：百平方公里133.918公里		
	按人口计算：万人41.418公里		
通达程度	通公路的乡镇188个，占乡镇100%		
	通公路的村2428个，占村100%		
客运站	总数（个）		389
	其中	一级站	1
		二级站	4
		三级站	10
		四级及以下站	194
		客运招呼站	180
公路运量	客运	运量（万人次）	6417
		周转量（万人公里）	300781
	货运	运量（万吨）	2869
		周转量（万吨公里）	222928
内河			
通航里程	总里程（公里）		194.16
	其中	仅有七级航道	194.16
港口（码头）	总数（个）		234
	吞吐量	旅客吞吐量（万人次）	200
		货物吞吐量（万吨）	278
水路运量	客运	运量（万人次）	200
		周转量（万人公里）	662
	货运	运量（万吨）	278
		周转量（万吨公里）	1858

交通基础设施建设基本情况 2012年，巴中市交通建设累计完成投资117.45亿元，是2011年的167%。

高速公路建设全年完成投资63.7亿多元，巴南高速公路、巴（中）达（州）高速公路建设加快推进；巴（中）广（安）渝（重庆）高速公路开工建设；巴（中）万（州）高速公路前期工作有序推进。

交通重点建设全年完成建设投资13.23亿元。省道101线巴中西连接线大修工程实际工期仅33天，西华山隧道比合同工期提前7个月完工；兴文汽车客运中心连接线公路、回风大桥、通（江）前（进）路、通（江）铁（溪）路建设（改造）按期竣工；黄家沟应急通道、巴城后河桥整治等应急工程按期完工；兴文汽车客运中心、陇桥立交桥建设有序推进；东门大桥、南杨大桥、省道202线平昌过境公路加快推进；采取BT+EPC模式招商加快建设巴城北环线、西环线。

乡村道路建设全年完成投资39亿元。超额完成2011年8月、2012年1月两次下达的任务，改造县道公路572.1

公里，建设乡镇联网路885.6公里、通村水泥路3668.1公里。

站点码头建设全年完成投资1.52亿元。完成8个县级客运站、24个乡镇客运站、9座渡改人行桥、15个码头、21个候船设施建设，更新改造渡船37艘。（李艳梅）

公路养护管理 2012年，巴中市积极开展了公路“养护管理年活动”，加强公路日常养护管理，实施国省干线公路大中修76公里，整治危（病）桥14座，实施安保工程311公里，实施水毁修复工程192处，在全省率先实现当年水毁当年恢复，干线公路路面使用性能指数达83；强化路政管理，查处路政案件2796件，结案2792件，路政案件查处率达100％，结案率99%，检测货运车63万辆次，查处超限车2.9万辆次，超限率4.6%，控制在省规定的5%以内。强化公路森林走廊建设，调整1072公里公路建筑控制区土地，拆除建筑控制区违章建筑915处14万平方米，整理983.8公里公路沿线土地，植树500万株，形成公路森林走廊8864公里。（李艳梅）

交通运输安全生产管理 2012年，巴中市狠抓春运、五一、十一“黄金周”交通安全工作，强化安全责任的落实，实现“安全、优质、高效、有序”的目标，坚持“交通运输一切工作服从安全第一”的原则，建立完善“两线一网”监管机制，扎实开展“安全生产月”“平安工地”“安全生产大检查大整治”和“打非治违”等专项行动，狠抓隐患排查治理，强化源头监管，水上交通、公路养护、路政管理、施工建设和交通所属企业安全生产事故为零，责任事故率、责任死亡率、责任受伤率、经济损失率分别同比下降98.8%、86.3%、97.5%、48.1%，无源头责任事故发生。（李艳梅）

道路客货运输 2012年，全市道路运输完成客运量、旅客周转量、货运量、货物周转量同比2011年分别增长13.5%、13.7%、14.4%、16.8%。实行运管人员对出租车、公交车一对一挂包监管，完成160辆出租汽车更新换代，恢复公交线路9条、新开5条，完成新增60标台公交车前期工作，完成巴城新增97辆出租车审批工作，查扣非法营运车970辆次。开通县、乡、村旅游观光公交线路2条。巴州区新增县乡线路9条，乡到乡线路24条，乡到村线路17条，规划试运行城乡公交4条。通江县对3条距县城25公里班线客运实行公交化改造，新增农村短线15条，规范130辆农村私家车从事农村客运。南江县开通长赤镇公交客运。（李艳梅）

王宁考察巴达高速公路建设 2012年6月27日，副省长王宁率省级相关部门负责人深入考察巴中市巴达高速建设工作。在认真察看巴达高速公路驷马互通口建设现场后，王宁指出，巴达高速公路建设进度比较快，建设得很不错。现在到了建设的关键时期，要继续组织好施工，严格工程监理，严把工程材料关，在确保质量、安全的前提下尽快完成。巴中是贫困地区和革命老区，要为老区人民建设一条高质量的高速路，才对得起老区人民，力争巴达高速早日建成通车。随后，王宁还到西华山左洞隧道和陇桥立交桥施工现场，看望慰问了一线筑路工人。

（李艳梅）

副省长王宁（前中）考察巴中交通建设情况 巴中市交通运输局 供稿

李刚慰问交通运输干部职工 2012年1月30日上午，带着祝福、带着真情、带着关怀，巴中市委书记李刚到市交通运输局看望慰问干部职工并致以新春节日祝福。在听取运管、航务海事、公路管理等相关工作汇报后，李刚指出，近几年，全市大交通主骨架基本形成，为巴中人民走出大山、融入大世界做了大量艰辛、卓有成效的工作。当前，全市交通建设正处于攻坚时期，仍需要竭尽全力打好交通大会战，有很多艰巨的任务需要交通人去落实、去完成，需要交通战线的全体同志继续努力、励精图治、苦干实干，深信在新的一年里，交通人会创造出新的业绩来，全市人民对交通运输干部职工寄予希望！李刚同时强调，交通发展是与老百姓生产生活息息相关的大事业，既要抓好建设，又要抓好管理，按照市场化的方式，依法依规做好出租车管理，解决好市民基本出行问题。要统筹考虑水运发展，增强巴中综合交通支撑发展的能力。要严格路产路权管理，禁止沿路出现违章违规建筑，保障公路畅通、安全、美观。（李艳梅）

鲜雄调研巴中农村公路建设 2012年3月12日至13日，省交通运输厅副厅长鲜雄前往巴中调研农村公路建设工作，对巴中市开展的公路森林长廊建设工作给予充分肯定。鲜雄副厅长参观了巴中市三县一区境内的部分公路路段，指出公路森林走廊既发挥了行道树绿化作用，又通过这道生态屏障杜绝了少数人沿公路建房的乱修乱建行为，也为以后的道路拓宽改造解决了产权纠纷带来的后顾之忧。鲜雄副厅长希望，公路森林走廊既要发挥公益效益，也要注重群众的经济效益，要通过发展林下种植业、养殖业等林下产业；要提高栽植成活率，使绿化带的速生林成为一片经济林，把公路森林走廊打造成经济走廊，让人民群众得实惠。（刘 平）

冯文生检查巴中汛期水上安全工作 2012年7月17日，省交通运输厅副厅长冯文生率厅规划处、厅航务局等相关人员，到巴中市巴州区化成水库，检查汛期水上安全工作。在化成镇船舶管理站，冯文生副厅长详细察看了船舶签单发航记录和船载视频监控并了解汛期水上安全措施落实情况。

副厅长冯文生现场检查巴中汛期水上安全
巴中市交通运输局 供稿

副厅长冯文生强调，目前正值主汛期，水上安全一刻都不能放松。一是思想不能放松。要时刻绷紧水上安全这根弦，特别是要做好防大汛、抗大灾的思想准备、人员准备和物资准备。二是责任不能放松。要进一步落实水上安全责任，加强部门之间的信息沟通和协调配合，提高应急处置能力。三是措施不能放松。要严格落实客渡船舶“六不发航”和签单发航制度，一旦洪水超过警戒水位，立刻封渡停航。四是监管不能放松。要切实加强水上安全监管工作，充分发挥船载视频的监控作用，抓好隐患排查整治，确保水上交通安全渡汛。（郭 亮）

《巴中市综合交通枢纽发展规划(2011-2020)》出台 2012年7月，由巴中市交通运输局会同西南交通大学编制完成的《巴中市综合交通枢纽发展规划(2011-2020)》报市政府批准同意后正式出台。

根据规划，到2015年，巴中将投资659.61亿元，形成2条铁路、5条高速公路、8条干线公路组成的综合交通运输体系，建成7条出境大通道；到2020年，将投资502.89亿元，形成“南连北接、承东启西”放射形铁路网、巴中机场、“七射一绕”高速公路网和“五纵四横四绕”的干线公路网全面建成。规划期内，巴中市域内的一区三县全部通达高速公路，干线公路等级均在二级以上，形成以巴中市区为中心，对内实现30分钟到达所辖各县，对外形成至周边毗邻地市达州、广元、南充、汉中90分钟交通圈，至成都、重庆、西安3小时左右的高速交通圈，形成“南连北接、承东启西、外畅内达、便捷快速”的综合交通网络。（李艳梅）

巴中西环线开工建设 2012年9月27日上午，巴中西环线正式开工建设，市区1000多名机关干部、市民到现场庆贺。市委书记李刚宣布巴中西环线建设开工。西环线起于恩阳镇燕飞村，止于大茅坪镇大佛寺，与北环线、省道101线相接，全长10.45公里，双向四车道，工程概算总投资7.07亿元，建设工期为两年。西环线建成后，对拉大巴城城市框架、健全城市交通网络、提升城市引领能力具有十分重要的意义。（李艳梅）

全省农村公路工作现场会在巴中召开 2012年11月13日，四川省农村公路建设与养护管理工作现场会在巴中市平昌县召开。省交通运输厅副厅长鲜雄等领导出席会议。厅规划处、厅建管处及厅公路局相关处室负责人，全省各市(州)交通运输局(委)主要负责人及相关县政府分管领导等300余人参加会议。会上，鲜雄指出，平昌今天交通建设取得的成绩来源于平昌县委、县政府真正认识到交通给贫困地区、偏远山区带来的发展变化，认识到交通的带动性、重要性。抓交通就是抓产业，抓交通就是抓旅游收入，抓交通就是抓城市，所以下定了决心，坚持“五个统筹”统筹了各路资源。平昌交通建设能取得大发展，第一，核心是主要领导高度重视、真抓实干。第二，坚持科学的态度，坚持标准、提高质量。第三，在养护上下工夫，有了基础、有了条件。就全省农村公路建设，鲜雄要求，要按照突破一个重点、实现三个转变的总要求，一是从

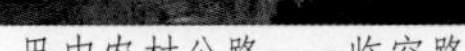

巴中农村公路——临空路
巴中市交通运输局 供稿

速度规模向质量、效益、安全转变,从全面掀起建设高潮向突破60个特殊困难县交通瓶颈制约转变。二是坚持建管养运一体化,协调发展、一体化发展,做到同时规划、同时部署、同时实施。三是向建管养运并重转化,重建轻管、重建轻养、重建轻运必须要转变。就养护说养护、就养护抓养护是没有效果的,一定要把养护和建设结合起来。四是交通围绕产业、围绕新农村综合体、围绕新型农村社区是以后坚持交通发展不能偏移的主题。（李艳梅）

西华山隧道左洞贯通 2012年4月27日下午15时32分,西华山隧道左洞顺利贯通。西华山隧道是省道101线、省道302线和广巴、巴达、巴南、巴(中)陕(西)高速公路过境巴城的重要连接口。新建工程左洞全长950米,概算投资13850万元,采用一级公路分离式技术标准建设,设计时速60公里。自2011年8月29日开工以来,为加快工程进度,全体施工人员抢晴天、战雨天,在保证安全和质量的前提下,采取增加人员、增加机具、增加作业面,延长工作时间的"三增加一延长"工作方法,双面掘进,三班倒24小时不间断施工,掘进工期提前7个月完成,初支完成总量的93%,二衬完成70%,路基土石方完成80%,涵洞完成67%。下步工作中,施工人员表示将继续发扬连续作战的工作作风,确保在2012年6月底全面完成后续工程提前通车,向党的十八大献礼。西华山隧道左洞建成后,对进一步打开巴中西南门户、改善交通环境、提高城市品位,构建巴中"一体两翼"格局,促进巴中经济发展起到重要的推动作用。（李艳梅）

回风大桥建成通车 2012年12月19日,巴中市回风大桥建成通车。该桥是省道101线、省道102线、省道302线三条省道过境巴中城区的交通枢纽,是连接巴城南北的重要通道,横跨巴河,南连回风大道,北接江北干道。项目由市发展改革委2008年批复立项,由铁二院工程有限公司设计,全长592.4米,桥面宽31米,双向六车道,高54.9米,桥梁结构为中跨160米、边跨各90米的预应力混凝土连续钢结构,设计基准期100年,防洪标准按100年一遇设防,设计行车时速50公里。该大桥的建成将成为巴中一大景观工程和标志性工程,对凸现巴中城市特色,提升城市品位,改善城乡居民的人居环境具有十分重要作用。（李艳梅）

雅安市交通
YAAN SHI JIAOTONG

2012年雅安市水陆交通运输能力概况

公路			
通车里程	总里程(公里)		5937.625
	其中	高速公路	236.2
		一级公路	28.656
		二级公路	512.124
		三级公路	283.382
		四级公路	4260.535
		等外公路	616.728
公路密度	按国土面积计算:百平方公里37.214公里		
	按人口计算:万人38.135公里		
通达里程	通公路的乡镇149个,占乡镇100%		
	通公路的村1068个,占村99.9%		
客运站	总数(个)		171
	其中	一级站	2
		二级站	4
		三级站	5
		四级及以下站	160
营运车辆	总数(辆)		21701
	其中	客车1203辆19496座	
		货车20498辆82970吨	
公路运量	客运	运量(万人次)	2517
		周转量(万人公里)	104500
	货运	运量(万吨)	4523
		周转量(万吨公里)	506698
内河			
通航里程	总里程(公里)		176
	其中	六级航道	84
		七级航道	92

<table>
<tr><td rowspan="3">港口
(码头)</td><td colspan="2">数量(个)</td><td>19</td></tr>
<tr><td rowspan="2">吞吐量</td><td>旅客吞吐量(万人次)</td><td>15.6</td></tr>
<tr><td>货物吞吐量(万吨)</td><td></td></tr>
<tr><td rowspan="2">水路
运量</td><td rowspan="2">客
运</td><td>运量(万人次)</td><td>15.6</td></tr>
<tr><td>周转量(万人公里)</td><td>4.68</td></tr>
<tr><td rowspan="3">营运
船舶</td><td colspan="2">总数(艘)</td><td>19</td></tr>
<tr><td rowspan="2">其
中</td><td>客船5艘100座</td><td></td></tr>
<tr><td>货船艘　吨</td><td></td></tr>
</table>

交通重点工程建设　2012年，雅西高速公路建成通车；雅乐高速公路建设有序推进；雅（安）康（定）高速公路控制性工程二郎山隧道开工建设。7月启动国道318线飞仙关至二郎山隧道段改造维修工程建设，计划2013年4月完工；9月国道108线示范工程开工建设，计划2013年8月全面完工；省道211线石棉大岗山电站复建工程完成预定工程量。

“民生工程”建设　2012年，雅安市农村公路建设按照“安全、通畅、联网”的原则，重点建设乡镇之间的联网公路、通村水泥路，实施危桥改造、渡改桥、农村客运站、安保工程建设。全年完成农村公路建设762.3公里，完成投资43384万元，为目标任务的181%。其中，完成县、乡公路改造258.3公里，完成投资18855万元；完成通村水泥路建设504公里，完成投资23229万元。建设农村客运站8个，完成目标任务的133%。完成隐患路段整治安保工程81.2公里，完成投资1300万元，为目标任务的101%。

雅安市农村公路建设场景　　张明康 摄

重点路网规划工作　2012年，雅安市交通运输局围绕雅西高速公路建成通车，编制完成雅西高速公路沿线旅游景区、景点连接道路规划方案；结合名山撤县设区工作，提前谋划并编制完成名山与市区道路路网规划方案，为名山区和市区融入创造条件；启动芦山大川至荥经牛背山、芦山飞仙至荥经瓦屋山调整升级为省道路网、省道210线升级为国道路网的工程可行性研究编制工作；完成宝兴县城绕城、灵关绕城、芦山二期绕城、荥经荥天路绕城的初步设计工作；编制完成芦山与成都邛崃快速通道线路方案。

公路养护与管理　2012年，雅安市以“公路养护管理年”活动为契机，强化养护管理工作，全面提升国省干线公路管养水平。经厅公路局检测，雅安市国省干线公路路面养护性能综合值达79，是上级下达目标78的102%；投资2600余万元，完成国道108线雅安至菩萨岗、国道318线雅安至二郎山段水毁恢复工程；抓好省市挂牌督办的公路危险路段治理工作，完成天全县国道318线2707公里加800米至821米路基缺口、天全县国道318线2725公里加825米至845米路基缺口、天全县国道318线2675公里加100米至160米路基缺口、荥经县国道108线2432公里加700米至2432公里加900米三大弯滑坡路段4处危险路段整治工作，全面完成2012年重大安全隐患点整治任务。

道路客货运输　2012年，雅安市交通运输部门完成客运量2517万人次，同比2011年增长5.6%；完成客运周转量104500万人公里，同比2011年增长11.5%；完成货运量4523万吨，同比2011年增长11.3%；完成货运周转量506698万吨公里，同比2011年增长13.5%。

交通路政管理　2012年，雅安市发生路政案件878件，查处867件，查处率98%，结案867件，结案率为100%；公路巡查率达95%，清障排障2521处，公路“九乱”现象得到有效遏制。加大路政宣传力度，以《公路安全保护条例》等法律法规为宣传重点，统一印制专项整治通告、宣传资料5万余份，录制宣传CD 20余张，制作卡通宣传标牌30余套下发各区县和“治超”检测站（点），并通过雅安电视台、雅安日报、雅安广播电台、北纬网等媒体进行广泛宣传报道。对公路用地、路肩、边沟及绿化带内设置的各类非公路标志标牌进行清理，清理非交通标志标牌550余处。对公路沿线洗车、加水点、公路沿线摆摊设点以及车辆维修点占用公路接道现象进行清理规范。加大“治超”工作力度，全年出动路政执法人员30949人次，检测货运车433981辆，其中查处超限车11965辆，占货运车辆的2.8%，卸载超限车1268辆，卸载货物总质量8283吨，抄告超限车79辆。

交通执法管理　2012年，雅安市交通运输部门完善执法监督制度，先后制订下发《交通行政执法监督检查制度》《交通行政执法错案追究制度》《交通行政执法重大行政处罚决定备案审查制度》等7项制度性文件材料，将执法评议考核结果与干部绩效考评相关联，实行考评情况通报、工作奖惩、执法监督检查、交通行政执法过错责任追究等制度，并将制度落实纳入年度法制目标考核内容。落实交通行政执法责任制，成立雅安市交通运输行政执法建设领导小组，将行政执法工作目标层层分解落实，形成责任明确、组织机构健全的领导体制和工作机制。坚持定期组织执法检查、执法案卷评查和执法评议考核，开展规范执法集中排查整治活动。规范自由裁量权，根据《四川省规范交通行政处罚自由裁量权实施办法》规范监督管理办法、责任追究制度以及交通行政处罚自由裁量权的具体实施标准，合理确定处罚种类和处罚幅度。规范执法程序，在行政处罚过程中，严格按照《交通行政处罚行为规范》规定的立案、调查取证、核审、决定等程序进行执法，符合听证条件的依法举行听证，实施行政强制的严格依法进行。规范执法文书，各级交通运输行政执法单位严格按照交通运输部执法文书式样，规范认真填写，建立基础台账制度，实行一案一卷。精心组织全市345人参加全省统一执法换证考试。年内，雅安市交通运输行政执法工作获得交通运输部通报表扬。

节能减排工作　2012年，雅安市交通运输部门建立道路运输业准入与节能减排挂钩制度，在客运企业线路招投标和审批中，未完成节能减排指标的企业不新增线路，实载率低于70%的线路不再新增运力，对货运企业未完成节能减排指标的企业不再新增车辆。优化调整运输车辆结构，要求各运输企业对油耗值过高的车辆淘汰出运输市场，加快老旧车报废更新步伐。加大对出租汽车、城市公交车油改气或油气双燃料的推广应用力度，减少污染物排放。对现有教练车进行节能减排改造，推广CNG模式驱动，使用高质量的节油装置，降低燃料消耗水平。在运输企业中大力发展现代物流技术，推进信息技术在道路运输行业上的应用，提高单车次运输能力，减少车辆空驶率，降低单位燃油消耗。对营运车辆运行中的节能降耗实行监督管理，要求营运车辆在行驶中保持经济车速。

构建安全事故防范长效机制　2012年，雅安市道路交通未发生安全生产责任事故；水上交通运输全年无事故、无死亡、无经济损失；公路养护系统安全生产无事故、无死亡、无经济损失。认真落实安全生产责任制，与各县（区）交通局、局属各单位签订安全目标责任书，各县（区）局和局属单位与下属单位和企业签订安全目标责任书，企业与车主、船主和驾驶员签订安全生产责任书，层层落实责任，明确职责。结合“安全生产年”活动和安全生产“三项行动”，加大安全生产投入力度，排查和整治安全隐患，安排项目资金1600多万元，整治完成4个2012年全省公路重大安全隐患项目，整治危（病）桥梁8座，整治、恢复19处水毁路基缺口。强化源头安全监督和管理，督促运输企业严格落实企业安全生产主体责任，严格执行道路客运“三把关一监督”“三不进站”“五不出站”“三品”检查、安检、趟次签单等规章制度。做好公路应急抢险保通工作，落实应急抢险保通经费230多万元、挖掘机18台、装载机30台、推土机13台、运输车辆32辆、钢梁160米、木材10立方米、发电机6台，及时将抢险保通人员、抢险保通机具和设备合理安排到各条国省干道重点部位，有效处置国省干道和重要旅游公路受损断道近百次。

城乡环境综合治理　2012年，雅安市交通运输部门印发《雅安市公路河道沿线和汉源火车站周边环境综合治理专项行动实施方案》，将城乡环境综合整治工作与交通运输各项工作紧密结合起来，公路养护、运管、路政、海事、收费等部门整体联动共同推进城乡环境综合治理工作。全年完成公路路面清扫3126公里，清理路肩327957米，疏理桥涵263座，整治道班房169座，国省干线绿化栽植23883株，成活率达98%。

（本栏目供稿单位：雅安市交通运输局）

农村绿化公路　　周昆 张毅 摄

眉山市交通

MEISHAN SHI JIAOTONG

2012年眉山市水陆交通运输能力概况

公路			
通车里程	总里程(公里)		7348.156
	其中	高速公路	141
		一级公路	100.151
		二级公路	334.129
		三级公路	304.517
		四级公路	4693.215
		等外公路	1775.144
公路密度	按国土面积计算:百平方公里102.26公里		
	按人口数量计算:万人24.68公里		
通达程度	通公路的乡镇128个,占乡镇100(%)		
	通公路的村1186个,占村100(%)		
客运站	总数(个)		183
	其中	一级站	1
		二级站	6
		三级站	2
		四级及以下站	174
营运车辆	总数(辆)		26443
	其中	客车2771辆42926座	
		货车23672辆86404吨	
公路运量	客运	运量(万人次)	6769.995
		周转量(万人公里)	231861.359
	货运	运量(万吨)	4838.286
		周转量(万吨公里)	476624.148
内河			
通航里程	总里程(公里)		768.08
	其中	六级航道	78.7
		七级航道	11.02
港口(码头)	总数(个)		80
	吞吐量	旅客吞吐量(万人次)	422
		货物吞吐量(万吨)	
水路运量	客运	运量(万人次)	422
		周转量(万人公里)	920
营运船舶	总数(艘)		293
	其中	客船231艘5598座	
		货船62艘3308吨	
备注	营运车辆客车中未含319辆城市公交车,货车中未含7168辆拖拉机		

成自泸赤高速公路仁寿段建成通车 2012年9月8日,成自泸赤高速公路仁寿段建成通车。成自泸赤高速仁寿段长66.345公里,穿眉山市仁寿县的鳌林、文宫、古佛、珠嘉、青岗、文林、宝马、富加、石咀、农旺、宝飞、禄加、汪洋、天峨等14个乡镇,有隧道1座(二峨山隧道双洞4车道)总长4701米,大桥23座,中桥14座,设文宫、仁寿、富加、宝飞、汪洋5座互通式立交桥。项目采取BOT方式建设,2009年4月2日通过公开招投标,确定四川成渝高速公路股份有限责任公司为项目投资人,四川公路工程咨询监理公司和云南路通建设公路咨询有限公司负责工程监理。按属地管理原则,眉山市政府成立高速公路建设领导小组办公室负责协调工作,仁寿县政府成立成赤高速公路仁寿段工程建设指挥部,仅用32天完成放线、埋桩、清点、土地勘测定界、现场勘丈登记、房屋拆迁,以及安置补偿资金兑付等全部征地拆迁工作,共征地400公顷,涉及41个村、225个社3858户、12000人,拆迁住房881户,拆迁人口3328人。2009年8月28日,省政府在眉山市仁寿县举行成自泸赤高速公路开工典礼,仁寿段正式开工建设,2011年10月完成全部路基工程,2012年9月8日仁寿段

建成后的成自泸赤高速公路仁寿段　眉山市交通运输局 供稿

建成通车，完成投资36.3亿元，结束仁寿县没有高速公路的历史。 （魏 平 刘书全）

眉山工业环线象耳至思蒙公路竣工通车 眉山工业环线象耳至思蒙公路建设工程，起于省道106线尚义路口往眉山方向500米处，经尚义、象耳、松江、修文、思蒙、崇仁等6个乡镇，连接眉山机械园区、眉山铝硅园区、眉山金象化工园区和眉山经济开发新区4个工业园区，止于机械产业园区眉山车辆厂，全长16.855公里，按二级公路技术标准修建，宽12米，沥青混凝土路面，新建大桥一座，中桥六座，涵洞64道，征地42公顷，拆迁房屋167户（27138平方米），拆迁企业6家，拆迁杆管线等132处，安置拆迁人口525人。其中经开新区段长1.922公里，按照二级城市次干路设计，道路宽24米。该工程由四川君羊建设集团有限公司承建，四川省公路工程咨询监理事务所负责工程监理。2010年5月21日开工建设，2012年12月26日竣工通车，完成投资17574.9万元。 （魏 平 刘书全）

眉山6条大道进入天府新区规划 2012年10月19日，副省长黄彦蓉在成都主持召开由省级相关部门负责人和眉山、资阳两市政府领导参加的《天府新区综合交通发展规划》审查会议。审查并通过了省交通运输厅组织编制的《天府新区综合交通规划》，眉山市工业大道、滨江大道、岷东大道、天府仁寿大道、站华快速路南延线和红星路快速路南延线6条大道进入天府新区“一环九射”交通外配套路网体系。眉山6条大道规划建设里程330.5公里，一级公路标准，估算投资282.4亿元。其中：工业大道起于省道103线与夹江交界处，接成新蒲快速路新津段，双向六车道，全长60公里，投资39亿元，彭山县石化园区段已于2012年11月22日开工建设；滨江大道起于青神县城，接省道103线新津邓双界，双向八车道，全长60公里，投资60亿元，彭山彭祖新城段已于2012年12月21日开工建设；岷东大道起于青神县中岩寺，接双流县黄龙溪双黄路，双向六车道，全长68.5公里，投资50.4亿元，眉山岷东新区段于2012年9月19日开工建设；天府仁寿大道起于仁寿县城以南，接成都天府大道，双向八车道，全长52公里，投资80亿元，视高段已于2012年12月7日开工建设；成都红星路南延线仁寿段，双向四车道，全长55公里，投资28亿元；成都站华快速路南延线仁寿段，双向四车道，全长35公里，投资25亿元。项目实施为眉山实现“融入成都，同城发展”的发展思路，加速眉山市经济社会发展，推进天府新区眉山区域建设将发挥积极重要的作用。 （魏 平 刘书全）

省道106线眉丹段和洪丹段路面改造工程完工 省道106线眉山至丹棱段一级公路路面改造工程，起于东坡区高河坎，止于丹棱县丹蒲路口，全长21.6公里。洪龙路洪雅至丹棱段一级公路路面改造工程，起于洪雅县城，止于丹棱县丹蒲路口接省道106线，全长22公里。两段路面改造工程采用一级公路技术标准建设，全长43.6公里，沥青混凝土路面，设计时速80公里，双向四车道，路基宽23米。项目采用BT模式，由重庆巨能（建设）集团公司投资建设，四川省公路工程监理事务所负责工程监理。2012年5月22日开工建设，12月1日全线贯通，完成投资2.45亿元。 （魏 平 刘书全）

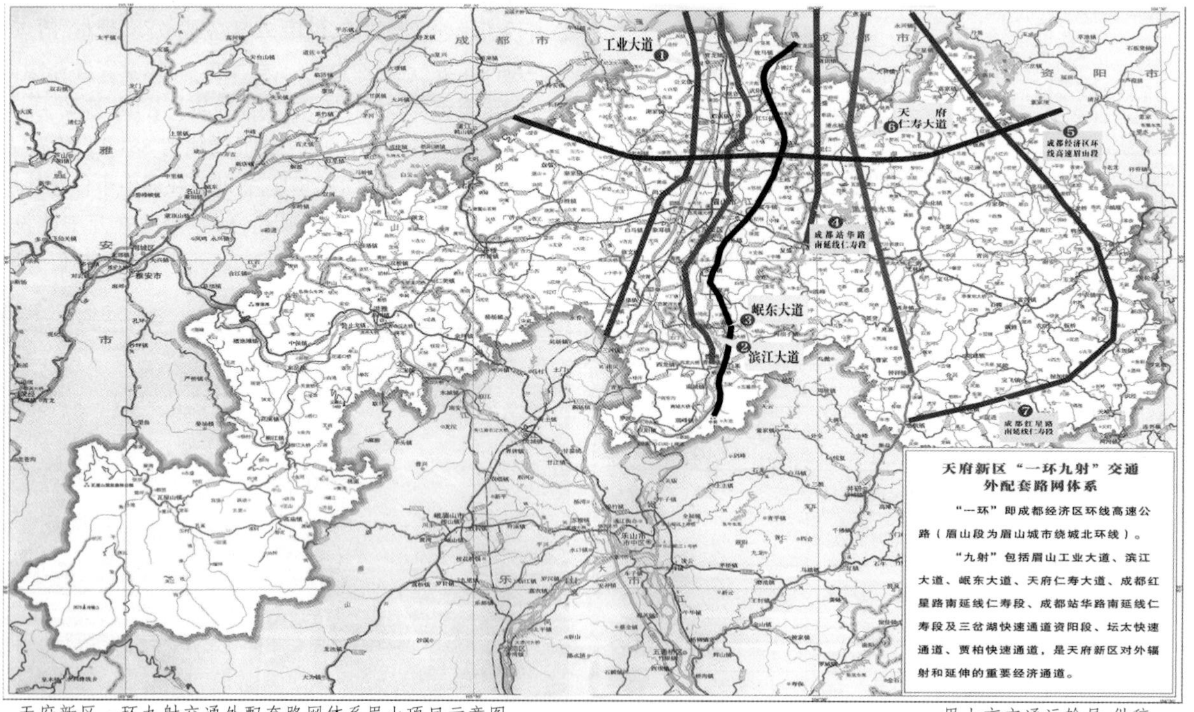

天府新区一环九射交通外配套路网体系眉山项目示意图 眉山市交通运输局 供稿

《眉山港总体规划》通过评审 《眉山港总体规划》是眉山市重要规划之一。2012年6月，眉山市委办公室印发《研究汤坝航电工程推进工作的会议纪要》，明确眉山港总体规划（含彭山、东坡、青神3个港区），统一由市交通运输局负责编制。市交通运输局及时成立港口规划编制工作领导小组，多次研究规划工作，先后组织相关人员分赴南充、达州、广元、重庆等地学习，与多家规划设计单位咨询、洽谈，并责成市海事局具体办理。7月20日，市公共资源交易中心公开招标确定了规划编制单位。规划编制单位认真组织，严格按要求，安排人员深入现场，积极配合勘察港口岸线，参与落实选址，全面收集资料，积极协调处置相关问题。初稿形成后及时召开会议广泛征求相关区县政府及市县两级相关部门意见，完成眉山港总体规划编制任务。12月13日，市交通运输局受市政府委托主持《眉山港总体规划编制报告》评审会，邀请厅航务局、四川省航海学会和眉山市内相关专家共7人对眉山市地方海事局和中交武汉港湾工程设计研究院有限公司联合编制的《眉山港总体规划》进行评审。《眉山港总体规划》根据码头所处的地理位置、自然条件、开发利用现状，结合港口交通条件、城市总体规划、产业布局、运输需求等，将岷江干流港口的眉山港划分为彭山、东坡、青神三大港区。三港区规划在2015年前新建三个500吨级客货梯步码头，泊位24个，旅客年吞吐量777万人次，货物年吞吐量131万吨，总投资2.4亿元。其中彭山港作业区占用岸线长约460米，新建500吨级（远期1000吨级）客货码头泊位6个，实施后作业区货物年通过能力35万吨，旅游年通过能力270万人次，投资0.5亿元；东坡港区作业区占用岸线长约500米，陆域纵深约80米，新建500吨级（远期1000吨级）客货码头泊位7个，实施后作业区货物年通过能力81万吨，旅客年通过能力262万人次，投资0.7亿元；青神港区作业区占用岸线长约780米，陆域纵深约200米，新建500吨级（远期1000吨级）客货码头泊位11个，实施后作业区货物年通过能力15万吨，旅客年通过能力245万人次，投资1.2亿元。经与会专家认真评审，《眉山港总体规划》获专家组全票通过。 （魏 平 刘书全）

交通运输安全生产管理 2012年，眉山市交通运输局坚持“安全第一、预防为主、综合治理”的方针，按照国家、省、市关于加强安全生产工作的一系列部署和要求，继续深入开展“安全生产年活动”，围绕市政府和省交通运输厅下达的安全生产工作目标，认真履行安全生产职责，强化落实主体责任，狠抓基础建设、科技运用和法制体制建设，严密组织，深入开展隐患排查专项整治，促进交通运输安全形势持续稳定。以“百安活动”和全国第11个“安全生产月”活动为契机，充分利用各种宣传手段，深入宣传做好交通运输安全工作的重要性，在车站、渡口码头和公交车、出租汽车张贴安全警示语，向车主、驾驶员发送安全提醒信息，先后组织培训道路运输管理人员470人和船员297人，培训交通运输从业人员16000人次，组织参加省厅安全应急培训2期。突出重点，全力抓安全监管和隐患排查治理。制定《眉山市交通运输局安全隐患排查治理体系建设实施方案》，实行隐患排查常态化管理。对省、市安委会向社会公告或通报的重大安全隐患，实行挂牌督查整治和销号制。道路运输源头安全管理，严格落实“三把关一监督”（详见《附录》），在客运车站严格执行“三不进站、五不出站”“三品”检查等制度，以“查隐患、强监督、反超速”为重点，对客运、危货、公交、出租汽车、机动车维修、机动车驾驶员培训及客货运输站点等行业安全隐患进行专项整治，对全市客运车辆、出租汽车、危险化学品车辆全部实行GPS管理，对全市425条道路11家客运企业1803辆客运车全部实行分段限速。全年开展道路运输安全检查1102次，出动检查人员5186人次，检查运输企业586个次，检查营运车15680辆次，查处安全隐患126处，查纠客运违法行为68起，查处无证非法营运车121辆。水上运输安全管理切实抓好重点船舶、重点时段、重点水域和渡口码头的安全监管。以岷江、青衣江、槽渔滩、黑龙滩、瓦屋山两江三库区重点水域和太和、青龙下渡等渡口码头为重点，及时纠正处理安全设施设备不齐，船况不好、证照不齐的客渡船，全年检查渡口码头386次、船舶850艘次，销毁非法载客自用船6艘，依法查扣并处置无证无照船舶14艘，查处水上安全隐患36处，并全部限时进行整改。加大公路隐患整治和安保资金投入，全年投入1072万元完成危（病）桥整治5座，投入2248万元完成波形护栏157公里、标志牌719个、警示桩14183根、防护墩1100个。投入380万元完成省、市重大隐患省道305线洪雅至雅安段和省道106线丹蒲路整治任务。采取有效措施，加大在建交通工程项目施工安全监管，对21个交通建设监管项目，组织人员深入施工现场，先后开展62次安全大检查，对高速公路建设项目中的桥梁、隧道、深基坑、边坡防护工程中涉及的起重机械、支架、脚手架搭设、拆除以及工程建设特种设备等进行全面检查，查处安全隐患18处。全市水上交通安全继续保持事故、经济损失、死亡人数“三为零”的目标；道路运输没有发生源头管理责任事故和较大以上安全事故；公路在建工程没有发生人员死亡事故，安全指标控制在省、市下达的目标范围内。

（魏 平 刘书全）

“黄金周”小型客车免费通行 为认真贯彻国务院首次实行小型客车免费通行的惠民政策，眉山市交通运输局严格按照要求，统一部署安排，组织市公路收费管理处，积极主动与厅公路局，市纪委、市公安交警支队联系，在国庆长假期间联合对市境内省道106线卓家收费站、国道213线仁寿城北收费站、仁富路仁寿收费站、县道峨洪路东岳收费站实施重大节假日免收小型客车通行费情况进行全面检查。经检查,全市各公路收费站领导重视,明确有关规定和责任,节前组织收费人员认真学习国务院通知精神和市有关文件精神,加强收费人员相关业务知识培训,充分准备,精心组织,带领收费人员坚守岗位,勤奋工作,认真开展优质服务保通畅工作,圆满完成国庆"黄金周"小型客车免收通行费任务。在2012年国庆"黄金周"7天假日期间,全市各收费站执行小型客车免费通行惠民政策免费放行7座以下小型客车21.53万辆次,免收通行费152.56万元,未发现通行不畅和车辆拥堵现象,未发生安全责任事故。（魏 平 刘书全）

超限超载运输治理 2012年,眉山市继续深入贯彻国家、省、市政府和交通运输部、省交通运输厅有关加强超限超载运输治理工作的指示精神,进一步细化责任。坚持从实际出发,积极主动向各级党委政府汇报"治超"工作情况,争取政策支持,形成政府主导、部门联动和属地管理长效治理格局。以固定超限运输检测站点为主阵地,配合路面机动巡查,双管齐下,强化"治超",严格按照"治超"工作流程规范执法程序,推行执法标准公示化、检测程序规范化、治理结果公开化的"阳光执法作业"制度。坚持实行岗位责任制管理,建立上下一体、职责明确、层层负责、相互制约的治超规范管理体系。全市3个固定和6个流动检测站工作人员及路政执法人员,严格执行省政府执法"十不准"和省交通运输厅"八禁止""八不准"规定,依法行政,文明执法,规范行为,不断提高执法水平。配合"打非治违"专项行动,与公安、交警、运政管理部门密切协作,联合治超,重点查处强行闯卡、绕行逃避检测的超限超载运输车辆。截至年底,全市共出动路政执法人员74355人次,检查运输车辆175926辆次,其中超限车辆6631辆次,卸载1259辆次,卸载货物7770吨,查处无牌无证、严重超限、任意冲站运输车辆10余起,查扣车辆15台。（魏 平 刘书全）

"打非治违"专项行动 2012年,眉山市交通运输局认真贯彻落实省交通运输厅《关于印发四川省交通运输系统集中开展"打非治违"专项行动方案的通知》精神,统一部署,集中时间,认真开展"打非治违"专项行动。市和区县交通运输局建立机构,专门召开会议,研究制定"打非治违"行动方案,组织运政执法人员,采取灵活多样方式,深入眉山中心城区、乡镇和各运输企业,认真宣传道路运输业有关政策法规,教育引导运输企业和经营业户依法合法经营,诚实守信,优质服务,营造"打非治违"专项行动的良好社会氛围。对客货运输公司、物流场站、机动车维修企业、驾驶员培训学校经营管理情况进行全面了解,在城乡结合部,城区医院、学校、商场以及车站等人流聚集地,认真摸排"打野车"活动规律,准确掌握第一手资料,"打非治违"专项行动中,与公安交警、城管部门和新闻媒体相互配合,严格按要求组织执法人员,对全市所有客运公司、出租汽车公司、客运车站、危险品货物运输公司、普通货物运输公司、机动车维修企业、驾校训练场等进行全面检查,采取机动巡查的方式,严查客、货运输车辆经营活动中出现的违规、违法行为,有效打击无证经营、非法载客、超范围维修作业、违规操作和乱设驾校报名点等扰乱道路运输市场管理秩序的违法行为。专项行动全市共制作宣传布标24幅,办宣传专栏10期,发放宣传资料3000份,出动执法人员12588人次,检查各型客、货运输车辆37550辆次,查处各类违规行为8603次,查纠服务质量问题1450次,依法查处擅自经营796次,超范围经营991次,违反车辆技术要求行为1023次,收缴无效证牌356个,对52辆无证经营车辆车主依法进行行政处罚。（魏 平 刘书全）

国防交通专业保障队伍应急能力建设 2012年,眉山市交通运输局切实加强国防交通专业保障队伍应急能力建设,组织人员深入调研,进一步修改完善国防交通专业保障队伍十项管理制度和应急应战交通保障方案,明确任务,落实责任,强化管理,严格要求,确保交通专业保障队伍应急能力建设制度化、规范化。集中时间,组织对全市3支国防交通专业保障队伍人员、保障车船进行点验,检查应急保障人员的职责、分工以及综合素质状况,对超龄驾驶员及时更换,对保障车辆和船舶技术状况进行检查,严格按要求对技术性能较差的车辆和船舶进行更换补充。针对水域安全管理工作特点,拟定船舶碰撞、人员落实救助、船舶失火以及救援被困群众等应急演练科目,开展专业保障人员适应性训练,2012年5月,在青神中岩岷江水域举办水上应急演练。更新《国防交通空间数据库平台》,按省交战办统一制作的基础资料为规范,将全市搜集的基础资料进行整理录入汇总,更新专业保障队伍民用保障车辆数据库数据,新增公路大型桥梁和国道省道公路加油点分布情况数据,对交通战备机构人员和民用运力潜力准确掌握,做到心中有数,为随时执行应急保障任务打下了坚实基础。（魏 平 刘书全）

眉山岷东大道成彭段开工建设 2012年11月5日,眉山岷东大道彭山成彭段开工建设。眉山岷东大道彭山成彭段全长12.980公里,其中改建5.185公里,新建7.795公里,总投资6亿元。项目起于彭山县南河大桥东桥头,止于成都双流县双黄路,采用双向八车道一级公路技术标准建设,设计时速80公里,路基宽32米,沥青混凝土路面,由安徽省交通规划勘测设计研究院设计,中国华西工程设计建设有限公司监理,道隧集团工程有限公司投资建设。该项目的建设使眉山市彭山县更好的融入成都平原经济圈,快速带动区域经济实现跨越式发展,有利于加快与成都同城化进程,项目的建设是成眉一体化公路交通规划中的主干线公路,对眉山市提前的"融入成都、同城发展、无缝对接”的发展具有重要意义。

（彭山县交通运输局）

眉山滨江大道彭山段开工建设 眉山滨江大道彭山县境内全长23公里，估算投资27亿元，起于彭山与东坡区交界处，沿岷江经凤鸣、彭溪、观音、青龙接新津县邓双省道103线，采用双向八车道一级公路技术标准建设，设计时速80公里，路基宽24.5米，沥青混凝土路面。项目由新疆维吾尔自治区交通规划勘察设计研究院设计，四川省公路咨询监理事务所监理，四川圣蓝投资有限公司投资建设，已于12月21日开工，完成投资5000万元。

（彭山县交通运输局）

城际铁路彭山北站综合交通站场开工建设 2012年9月11日，成绵乐城际铁路彭山北站综合交通站场开工建设。成绵乐城际铁路彭山境内里程21公里，彭山北站综合交通站场系成绵乐客运专线专用站房，规划建设综合客运、周边道路、站前广场、商业服务等设施，总投资0.5亿元。截至年底，完成站前广场地勘、施工图设计、征地拆迁、引道硬化等工作，完成投资约3000万元。

（彭山县交通运输局）

仁寿县开通高速公路班线客运 2012年9月成自泸赤高速公路建成通车，按照《四川省高速公路旅客运输管理实施细则》要求，根据仁寿实际，县交通运输局未雨绸缪，及早谋划，迅速组织精干力量开展成仁高速客运市场的调查研究工作，及时召集县内3家客运公司、94个客运车辆业主多次进行磋商、反复酝酿，听取各方意见，统筹协调各方利益，先后10余次到厅运管局、眉山市运管处衔接汇报，积极寻求上级主管部门的支持，尽最大努力争取有利政策支持。在省、市运管部门的关心支持下，迅速制订《关于成仁高速公路客运实行公司化经营的实施方案》，指导3家公司在年底分别与车主达成经营协议，创造条件，顺利开通仁寿至成都高速班线，方便群众出行。

（仁寿县交通运输局）

资阳市交通

ZIYANG SHI JIAOTONG

2012年资阳市水陆交通运输能力概况

公　路			
通车里程	总里程（公里）		14611.87
	其中	高速公路	129.065
		一级公路	8.163
		二级公路	452.547
		三级公路	302.206
		四级公路	10098.047
		等外公路	3621.842
公路密度	按国土面积计算：百平方公里183.542公里		
	按人口计算：万人29.224公里		
通达程度	通公路的乡镇171个，占乡镇100%		
	通公路的村2815个，占村100%		
客运站	总数（个）		216
	其中	一级站	2
		二级站	7
		三级站	13
		四级及以下站	194
营运车辆	总数（辆）		30498
	其中	客车1955辆	
		货车28543辆	
公路运量	客运	运量（万人次）	7322
		周转量（万人公里）	374016
	货运	运量（万吨）	5933
		周转量（万吨公里）	575467
内　河			
通航里程	总里程（公里）		506
	其中	七级航道	162
港口（码头）	总数（个）		1
	吞吐量	旅客吞吐量（万人次）	85.5
		货物吞吐量（万吨）	430
水路运量	客运	运量（万人次）	122.7
		周转量（万人公里）	826.5
	货运	运量（万吨）	430
		周转量（万吨公里）	2357

<table>
<tr><td rowspan="3">营运船舶</td><td colspan="2">总数(艘)　　497</td></tr>
<tr><td rowspan="2">其中</td><td>客船 220 艘 5884 座</td></tr>
<tr><td>货船 277 艘 11131 吨</td></tr>
</table>

交通基础设施建设投资基本情况　2012 年,资阳市交通建设投资再创历史新高,达到 124.8 亿元,占全市固定资产投资总额 605 亿元的 20.6%,继续保持全省第二的领先水平。

在 2011 年资阳市交通建设投资突破 100 亿元大关达到 102 亿元,占全省交通基础设施建设投资 1002 亿元的 10.2% 的基础上,2012 年加大交通建设力度,投资增长,再创历史新高。

成安渝、遂资眉高速公路童家枢纽互通　　苏贤圣 摄

国省干线路况保持良好　2012 年,资阳市在前两年对 363.9 公里国省干线进行路面升级改造的基础上,继续对省道 106 线乐至段 9.3 公里和雁江段 13.7 公里共计 23 公里实施升级改造,预计 2013 年 10 月完成,届时全市国省干线改造里程将达到 386.9 公里,升级改造率达到92.3%,继续保持全省领先水平。同时,资阳市在全省率先建立了大型项目建设业主超限运输建筑材料损坏公路的补偿机制,有力地巩固了国省干线的改造成果。全年共检查超限车辆 3855 辆(次),卸载 1357 辆(次),查处各类路政违法案件 217 件。

高速公路建设　2012 年,资阳市在建高速公路 4 条,建设总里程达 336 公里,连续两年位居全省第一。围绕高速公路建设集中攻坚目标,市交通运输部门发挥牵头负责的主体作用,实施倒排工期,加强量化考核,认真落实安全监管措施,切实加强质量监督,严格执行造价审核,配合搞好征地拆迁、地材保障、施工环境维护、工程合同纠纷调解处置等协调服务,实现全市高速公路建设整体有序推进。2012 年 5 月 9 日,全长 119.7 公里,其中资阳段长 56.7 公里的内资遂高速公路建成通车,全市高速公路通车里程达到 129.065 公里,结束资阳建区设市以来没有新建成一条高速公路的历史。

公路水路运输　2012 年,资阳市完成公路客货运输总周转量比上年增长 20.07%,完成水路客货运输总周转量比上年增长 21.93%。公路客货运输总周转量、水路客货运输总周转量增幅均高于上年 20%,有力支撑了资阳市经济社会的跨越发展。资阳市水陆客货运输周转量位居全省第二位。

公路站场建设　2012 年 4 月 23 日简阳城东汽车客运站投入运营,11 月 23 日,资阳城区第一家汽车客运一级站资阳汽车客运中心建成启用。资阳公交

已建成的成简快速通道 A 段　　苏贤圣 摄

总站部分场坝及配套设施基本建成并开行部分班线，建成乡镇客运站29个。

农村公路村道畅达率全面提升 2012年，资阳市交通运输局牢固树立“城乡交通运输一体化”思想，严格执行乡道路面宽度不小于5.5米、村道路面宽度不小于4.5米的新颁农村公路技术标准；加强现场督查，确保农村公路建设质量。截至年底，全市共有县、乡、村三级农村公路14034公里，全市171个乡镇提前三年实现百分之百公路“硬化到乡”，2815个建制村提前两年实现百分之百公路“村村通达”，村通油（水泥）路率86.9%，比全省平均水平高20.7个百分点。2012年，省交通运输厅下达资阳市农村公路建设计划707.2公里，其中重要乡镇连接公路120.5公里，通村水泥路586.7公里。全年全市完成重要乡镇连接公路121.1公里，超全年目标100公里21.1%。完成通村水泥路703公里，超全年目标450公里56.2%。

交通运输安全生产管理 2012年，资阳市交通运输部门坚持安全工作永远从零抓起，牢记安全生产责任重于泰山，警钟长鸣，常抓不懈。新建波形护栏40.1公里。对全市108座国省干线桥梁进行全面排查，整治危（病）桥11座。建成客货运输GPS监控平台35个，48处客渡码头和船载运输实现视频监控。更新客车235辆、客渡船舶7艘。查扣非法营运车辆及“三无船舶”72辆（艘）。开展路运、水运安全大培训12次，培训人员726人次。坚持公路运输“五不出站”、水上运输“六不发航”、项目建设“平安工地”等制度措施，交通安全生产实现“四个未发生和一个下降”目标。全市水陆运输未发生一起因源头管理造成的安全事故。

成都新机场正式落户资阳 2013年6月20日，国家民航局正式批准成都新机场选址资阳市简阳芦葭，涉及草池、清风、福田三个镇乡的部分村社，场址覆盖面积30.5平方公里。成都新机场场址位于龙泉山麓东南面、资阳西北方向，距成都市中心约51公里，距资阳市中心约25公里，距简阳市中心约15公里。

成都新机场定位为国内领先、世界一流的大型国际主枢纽机场，飞行等级为可起降空客A380等各类大型飞机的最高等级“4F”级，建成后达到年旅客运送量8000万人次、货邮吞吐量600万吨、起降85万架次的规模，将以运行国际航线和国内干线为主。成都新机场将于2014年启动建设，2018年建成运营后，将使资阳成为继北京、上海、广州之后第四个拥有国际枢纽空港的城市。

（本栏目撰稿人：吴培琦）

阿坝藏族羌族自治州交通

ABA ZANGZU QIANGZU ZIZHIZHOU JIAOTONG

2012年阿坝州水陆交通运输能力概况

公路			
通车里程	总里程（公里）		12863.551
	其中	高速公路	51.406
		一级公路	6.475
		二级公路	1363.146
		三级公路	721.494
		四级公路	9808.273
		等外公路	912.757
公路密度	按国土面积计算：百平方公里15.498公里		
	按人口计算：万人143.087公里		
通达里程	通公路的乡镇228个，占乡镇100%		
	通公路的村1269个，占村93.24%		
客运站	总数（个）		180
	其中	二级站	7
		三级站	4
		四级及以下站	169
营运车辆	总数（辆）		23227
	其中	客车3584辆55765座	
		货车19643辆80764.7吨	
公路运量	客运	运量（万人次）	3434.79
		周转量（万人公里）	291470.99
	货运	运量（万吨）	2440.66
		周转量（万吨公里）	593254.82

交通基础设施建设基本情况 2012年，阿坝州完成

交通建设投资9.01亿元。映汶高速公路全面建成通车；汶(川)马(尔康)高速公路征地拆迁工作有序推进，汶(川)马(尔康)高速控制性工程鹧鸪山隧道已进入实质性掘进阶段；汶(川)九(寨沟)、绵(阳)九(寨沟)等高速公路前期工作稳步推进。水运基础设施方面，建成农村客运码头1个。农村公路建成通乡公路90公里、通村公路480公里。国省干线改造建成30公里，国道317线马尔康至俄尔雅塘(试验段)二级公路、省道302线红原安曲乡至阿坝县城、省道211线红旗桥至金川丹巴界、省道303映线映秀至卧龙水毁重建、狮子坪电站水毁恢复、巴郎山隧道等项目加快推进。建成县级客运站1个、续建县级客运站3个、建成乡镇客运站8个。全年完成安保工程45公里。（杨启宴）

映汶高速公路　　都汶公司 供稿

交通运输部道路运输司到阿坝州考察调研　2012年7月14日，交通运输部道路运输司司长李刚一行到汶川县水磨镇、映秀镇调研，在听取相关工作汇报后，对阿坝州交通灾后重建取得的成绩给予充分肯定。李刚指出，旅游产业作为阿坝州的支柱产业，道路旅游客运在其中发挥着至关重要的作用。阿坝州道路运输主管部门要充分发挥职能作用，正确引导道路旅游客运行业可持续发展，为阿坝州旅游二次创业作出积极贡献。同时高度重视道路运输安全工作，全国安全生产工作的重点已转移到道路交通安全上，道路交通安全的重点是道路客运安全。道路运输管理机构和道路运输企业要进一步加强和改进道路运输安全管理工作，预防和减少道路运输行车事故，特别是要有效防范和坚决遏制重特大道路运输事故的发生。

（杨启宴）

高烽白理成到阿坝州调研　2012年3月6日，省交通运输厅厅长高烽、副厅长白理成率厅公路局和厅高管局主要负责人一行到阿坝州调研交通枢纽建设情况。高烽、白理成等到省道302线和国道213线察看交通建设情况。高烽指出，阿坝州要深刻认识加快交通枢纽建设的重要性和紧迫性，进一步完善道路交通基础设施建设，按照"加快工程进度，确保工程质量，保障施工安全，抓好廉政建设"的要求，做好河道清理和边坡治理等工作，在雨季来临前，确保全州运输应急道路安全畅通。（杨启宴）

交通安全生产管理　2012年，阿坝州交通运输局将安全监管职责纳入年度目标责任书，层层落实安全管理责任制。加强对"96515"投诉的处理力度，共接投诉800余起，投诉处理反馈率100%。加强安全培训和宣传。在运输企业中广泛开展《道路旅客运输企业安全管理规范(试行)》和《关于进一步加强客货驾驶人安全管理工作的意见》的学习活动；举办37期"全州客运和危险品运输驾驶员安全培训班"，培训驾驶员2043人；开展"安全生产月"宣传活动，发放宣传资料4000余份、张贴标语135张、悬挂横幅18幅。加强源头安全监管，在全州三级以上客运站派驻运政执法人员，严格履行驻站管理职责；全面开展"安全带—生命带"行动；除加强日常安全监管外，特别加强对重大节日和重要时段、重点领域的安全监管，在春运、"两会"、五一、国庆期间早安排、早布置、早落实，层层制订详细的工作方案和预案，做到组织、人员、责任、措施、监督管理落实。

水上继续推行"救生衣"行动，无一起交通事故发生；全州道路未发生因交通部门管理负主要责任的较大以上源头安全事故。（杨启宴）

农村公路建设管理　2012年，阿坝州交通运输完成交通扶贫项目投资1.1亿元；完成通乡公路车购税项目投资1.88亿元；完成农林场公路建设项目投资7780万元；完成安保工程车购税补助和省补助计划危路处治45公里，完成投资3216万元；完成断头公路新建计划投资200万元，新建桥梁1座；完成危桥改造省补助计划投资200万元，新建桥梁1座；完成通村油(水泥)路水毁恢复投资260万元，修复水毁公路5.2公里；完成交通重点项目投资2.885亿元；完成通村水泥路建设计划投资7536.5万元；完成通村公路通达计划498.9公里，完成投资1.44亿元。同时,通村水泥路建设第二批计划、通村通达建设计划和新农村示范片农村公路建设省补助计划项目进入前期工作阶段,各项目合计完成投资9.22亿元,为年度目标任务的108.4%。 (罗安兵)

道路运输管理 2012年,阿坝州更新营运客车250余辆,高级车所占比例42.6%。全州有客运车3584辆,其中班线车479辆、旅游车1331辆、农用客车824辆、出租车859辆、公交车91辆。开行省际班线14条、市际班线50条、县际班线48条、县内班线324条(含农村客运)。开展客运企业服务质量信誉考核及单车服务质量和安全考核,分别与企业发展和单车继续经营许可挂钩。客运站建设投资2100万元,建成金川客运站、红原客运站、松潘川主寺客运站、3个双向港湾站和8个农村客运站。水磨客运站、金川客运站、红原客运站初步确定为三级客运站。全州客运量、旅客周转量、货运量、货物周转量分别完成3434.79万人、291470.99万人公里、2440.66万吨、593254.82万吨公里,分别同比2011年增长19%、18%、19%、18%。 (周玉贵)

道路汛期保障 2012年汛期,阿坝州国省干线公路被阻断交通114次,累计阻车741小时。发生泥石流和坍塌方累计46.5184万立方米,路基损毁2.3616万立方米、冲毁2.644万立方米,路面损毁18.6643万平方米,挡土墙损毁5.5808万立方米,棚洞损毁12米,损失金额6235.23万元。全州累计投入应急抢险及抢修机械2602台班、人员14043工日、投入抢通经费1227余万元。 (罗安兵)

公路养护管理 2012年,阿坝州完成小金、阿坝、黑水、金川、松潘、理县、九寨沟养护站维修及风貌改造工程18个;完成国道213线川汶路、国道317线汶马路、省道209线若刷路安全防护设施整治和修复计62处;完成省道205线、省道301线九寨沟境内路面病害整治、国道213线茂县绵簇防护工程、国道213线茂县叠溪回头线拓宽及安全设施安装工程;组织实施全州水毁路基缺口恢复工程44处。创建文明样板路88公里,标美路工程58.5公里,公路绿化305公里;实施安装干线公路自动化交通量观测站点建设10个。年底,红原瓦切机械化养护中心项目完工;全州国省干线公路公路养护综合值(PQI)值超过厅公路局下达的目标要求。 (阿坝州交通运输局)

交通运政路政执法 2012年,阿坝州交通运政路政部门在各超限站设置"绿色通道",对整车合法装载的运输鲜活农产品的车辆继续执行"不扣车、不卸载、不罚款"的三不政策,规范检测执法,严厉打击恶意超限超载行为。全年检查车1020358辆次,卸载货物10087吨,挽回路产损失3099万元。 (阿坝州交通运输局 供稿)

甘孜藏族自治州交通

GANZI ZANGZU ZIZHIZHOU JIAOTONG

2012年甘孜州水陆交通运输能力概况

公路			
通车里程(公里)	总里程:		27140.718
	其中	二级公路	144.541
		三级公路	1005.162
		四级公路	21415.859
		等外公路	4575.156
公路密度	按国土面积计算:百平方公里17.739公里		
	按人口计算:万人255.803公里		
通达程度	通公路的乡镇325个,占乡镇100%		
	通公路的村2242个,占村82%		
客运站	总数(个)		100
	其中	二级站	2
		三级站	8
		四级及以下站	90
营运车辆	总数(个)		
	其中	客车1965辆29592座	
		货车5487辆47212吨	
公路运量	客运	运量(万人次)	1617.719
		周转量(万人公里)	264407.174
	货运	运量(万吨)	566.315
		周转量(万吨公里)	10794.093

交通基础设施建设基本情况 2012 年是执行省政府批准的《甘孜州(2009-2012 年)公路建设推进方案》的最后一年,建设 26 个交通基础设施项目,实现州内全部国道和 90% 的省道干线公路达到三级及以上、70% 的乡通油路、90% 的村通公路的建设目标。同时,甘孜州启动了交通建设三年集中攻坚活动。

全年共完成国道 318 线康定至东俄洛、塔公至康定机场至王母旅游公路、省道 217 线石渠至安卜拉山口(青海界)3 个项目;完成省道 303 线小八路、省道 217 线理君路、国道 318 至国道 317 线连接线三期等 3 个项目的主体工程;国道 318 线东(俄洛)海(子山)路完成全部 276 公里路基工程并铺筑路面 100 公里、国道 317 线俄(尔雅塘)岗(托)路完成试验段 221 公里路基工程并铺筑路面 100 公里、国道 317 线雀儿山隧道累计完成路基试验段 2 公里并掘进隧道 150 米、雅(安)康(定)高速公路二郎山隧道完成掘进 111.8 米;亚(丁)三(江口)路完成全部路基工程,省道 217 线至 216 线理(塘)亚(丁)路、省道 215 线瓦(泽)九(龙)路、色(达)年(龙)路完成路基工程的 40%。全年新开工项目 8 个 1229.8 公里,在建干线公路里程达 2355.83 公里,完成投资 81.39 亿元。建成通乡油路路基工程 574.86 公里,铺设油路 357.49 公里;建成通村公路 1244.383 公里。航空方面亚丁机场完成主体工程并实现校飞。

构建川滇藏青次级交通枢纽 2012 年 3 月 9 日,甘孜州召开交通建设 3 年集中攻坚动员大会;4 月 19 日,甘孜州在康定县呷巴乡立启村举行交通重点项目集中开工动员大会,标志着甘孜州交通建设 3 年攻坚进入实施阶段。

"3 年交通集中攻坚"以打通出口、提高等级、完善网络、形成枢纽为思路,3 年内实现甘孜州内全部国道和 90% 的省道干线公路达三级及以上、70% 的乡通油路、90% 的村通公路的建设目标,构建"四纵四横五联三枢纽"交通骨架。到"十二五"期末,甘孜州将拥有 3 个机场、1 条铁路、2 条高速公路进出州大通道,形成通达天府新区、云南、西藏、青海的快捷运输通道,川滇藏青"次级交通枢纽"初步形成。

相关链接:

四纵四横多联三枢纽

四纵:一是起自省道 211 线阿坝州界的丹巴巴底,经丹巴、康定泸定、至雅安界的雨洒河;二是起自阿坝州界的色达年龙,经色达炉霍、道孚、康定、九龙,至凉山州界的罗卜丝;三是起自青海玉树州界的安卜拉山口,经石渠、马尼干戈、甘孜、新龙、理塘、稻城、南止云南三江口;四是起自青海玉树州界的石渠真达乡,经德格、白玉、巴塘、得荣、南止与云南接壤的子庚乡。

四横:一是起自阿坝州的俄尔雅塘,经炉霍、甘孜、德格、西止岗托;二是起自与阿坝州接壤的太平桥,经丹巴、道孚、新龙、白玉、西止白玉县绒盖乡;三是起自二郎山隧道西洞口,经泸定、康定、雅江、理塘、巴塘,西止竹巴笼;四是起自雅安石棉的白水河,经九龙、雅江、理塘县、稻城、乡城、接云南省东旺乡,西止得荣古学。

多联:石渠真达(青海界)-洛须-石渠-阿日扎-达日(青海界)、青海下红科-色达-甘孜-昌台、新龙-道孚、雅江-新龙、道孚-雅江、乡城青麦-稻城赤土、泸定兴隆-雅安汉源、康定金汤-雅安宝兴等。

三大枢纽:以康定为中心的川藏铁路、高速、国省干线及康定机场建设;以甘孜县为中心的川青铁路、国省干线及甘孜机场建设;以理塘(稻城)为中心的川藏铁路、高速、国省干线及亚丁机场建设。

第一个国家Ⅰ类公路超限检测站投入运行 2012 年 5 月 10 日,甘孜州首座国家Ⅰ类超限检测站——国道 318 线泸定超限超载检测站正式启动运行。检测站位于泸定县泸桥镇大坝村境内,占地面积约 0.24 公顷,建设投资总额近 500 万元。该站以视频监控为中心,以卸货场为平台,拥有办公、食宿等工作和生活设施,配备动静结合的信息化检测设备,对所有通行的货运车辆实时抓拍。执法人员四班倒,24 小时全天候检测、监控,全部执法过程电子化,数据全国联网、信息共享。

交通运输部专家组调研雅康高速公路 2012 年 2 月 27—28 日,交通运输部综合规划司带领部规划院专家

2012 年 2 月,交通运输部专家组在雅康高速公路调研　　甘孜州交通运输局 供稿

组及编制单位一行实地查看雅康高速公路走向，再次开展可行性研究。专家组认真听取编制单位对工程预可行性方案的汇报，现场查看该线路的终点菜园子和大渡河特大桥、泸定互通、二郎山隧道出口等，并就相关问题现场咨询。

农村客运编制计划 2012 年，甘孜州交通运输局完成《2011—2020 年农村客运编制计划》，规划全州 325 个乡镇 2797 个建制村全部开通农村客运班车，规划建设次级枢纽客货站场 4 个，新建改造升级县级客运站 25 个，新建货运站场 6 个，新建改造升级农村客运站 249 个，新建乡镇物流配送站点 34 个，规划估算总投资 5.78 亿元。

雅康高速公路二郎山隧道动工 2012 年 8 月 16 日，雅康高速公路二郎山隧道泸定出口破土动工，甘孜州第一条高速公路建设项目正式启动。二郎山隧道起于天全县新沟乡长河坝，止于泸定县泸桥镇五里沟，穿越天险二郎山，全长 13400 米，是雅康高速公路的重要组成部分，预计建设工期 5 年半。

客运安全综合检查 2012 年 3 月 26 日至 4 月 1 日，甘孜州交通运输局、甘孜州交警支队、甘孜州安监局组成道路客运安全联合检查组，对全州 6 家道路客运企业开展安全生产综合检查。检查以道路客运行业为重点，排查和整治交通运输行业安全生产隐患，完善安全生产责任体系，强化道路运输安全生产源头管理，集中解决影响交通运输安全生产的薄弱环节和突出问题。

雀儿山隧道工程初步设计审查会 2012 年 3 月 21—22 日，交通运输部专家组实地考察雀儿山隧道工程后，并于 3 月 24 日下午在成都市召开国道 317 线雀儿山隧道工程两阶段（初步设计、施工图设计）初步设计审查会。交通运输部公路局、中交二院、省交通运输厅、厅公路局、四川公路工程咨询监理公司、甘孜州交通运输局及厅公路设计院、厅交通设计院等设计单位与会。会议认为，国道 317 线雀儿山隧道工程方案总体合理，符合交通运输部《公路工程基本建设项目设计文件编制办法》要求，设计文件内容齐全、图表清晰，文字资料较完整，编制内容符合交通运输部有关要求。同时，为进一步完善该项目初步设计，专家组经过充分讨论，对设计文件提出部分修改意见，建议勘察设计单位根据审查意见对设计方案进行必要的调整和优化修改。

服务新甘石电网工程建设 2012 年，甘孜州交通运输部门联合甘孜州公安局为新甘石电网联网工程建材运输车和其他工作用车印制车辆通行证，在交通管制路段对持有“新甘石电网联网工程建材运输通行证”车辆予以优先放行，为新甘石电网联网工程建设车辆建立“绿色通道”。同时，加大公路养护力度、巡查力度、整治力度，各工程建设指挥部加强施工道路管理，及时排查通行路段各类安全隐患，确保道路安全畅通。新甘石电网联网工程所涉县运管所还指定 1—2 家信誉较好的汽车维修企业，主动为新甘石电网联网工程运输车辆提供维修服务。

“两节”期间城乡环境综合治理 2012 年春节、藏历年期间，甘孜州交通运输局出动执法人员、清洁人员 6585 人次，清理卫生死角垃圾 64.5 吨，规范流动商贩及违规占道经营 8 处，拆除清理违章设置的户外广告 4 个，治理机动车、非机动车违章停放 24 辆，处罚驾乘人员“三乱”行为 18 人次，清理和规范施工现场材料堆放 11 吨，治理施工现场扬尘污染 12 处，查处抛洒建筑垃圾车 4 辆，治理乱搭乱建 2 个，清理建筑立面 300 平方米。在平面媒体开设专题、专栏 17 个，在立体媒体上刊播宣传片、公益广告 10 个，组织群众性主题宣传活动 39 次，组织开展文明劝导行动 125 次，劝导“不文明、不卫生”行为 27 人次。

康定县“百安”活动 2012 年，康定县开展“百日安全”活动，发放宣传资料 2000 余份，检查车辆维修厂 28 家，取

交通运输部专家组一行考察雀儿山隧道建设　　甘孜州交通运输局 供稿

缔无证维修厂2家，检查车辆3000余台，查扣非法营运车辆5台，其他违规车辆10台；整治道路安全隐患10处，增设安全标示牌4个，清除路障5处，清理违法占道2处；增加北木路至景区道路管养清洁工2人负责路面清扫。

康定整治运输市场 2012年一季度，康定县运管所采取蹲点守候和流动检查相结合的形式，抽调85名执法人员打击康定地区非法营运车辆。截至3月30日，共出动执法人员255人次、执法车5辆，检查车辆500余辆，查扣非法从事运营车10辆，纠正违规、违章货车220辆。

康定农村公路建设 2012年，康定县交通运输局制定落实"两包"（行政包、技术包：即确定1名行政负责人负责项目管理，1名技术负责人负责项目技术管理）、"五落实"（落实项目进度、质量、安全、协调、投资控制）责任制工作方案，及时开展年度计划实施的续建项目前期工作，对90公里通畅工程、80公里通达工程以及7座桥梁等重点工程实行倒计时工期制。

李盛霖调研甘孜州交通建设 2012年8月14—15日，交通运输部部长李盛霖一行调研甘孜州交通发展情况。调研组深入国道318线改建工程施工现场，实地察看建设情况，听取甘孜州交通发展情况汇报，看望慰问折多塘养护站的全体职工。李盛霖高度重视甘孜州的交通建设与发展，对甘孜交通建设取得的历史性跨越给予充分肯定，他表示将进一步关心甘孜交通发展，对甘孜州提出的雅康高速公路、泸石高速公路、康定至新都桥高速公路和亚丁机场至格聂神山旅游公路等"三高速""一旅游"项目给予支持，力争纳入国家高速公路路网调整规划、"十二五"交通规划、《四省藏区交通规划》以及《交通扶贫规划》，破解甘孜州交通"瓶颈"制约。

蒋巨峰调研甘孜州交通建设 2012年9月4—6日，四川省委副书记、省长蒋巨峰率省直相关部门负责人到甘孜州就交通建设、旅游发展、"民生工程"等进行调研。蒋巨峰先后深入泸定、丹巴、道孚、康定等县，考察多个交通项目工地和路面病害整治工程，察看拟建项目选址，研究康定新都桥镇等重要枢纽的建设规划。他强调交通建设要因地制宜，既完善功能，又尽可能节约土地和资金，还要与沿线产业发展和群众增收统筹考虑，实现综合效益最大化。蒋巨峰要求科研人员着力破解高原公路建设的特殊难题，依靠科技，保证质量，延长道路使用寿命。

周海涛调研甘孜州藏区公路建设 2012年8月24—26日，交通运输部总工程师周海涛一行在四川和西藏两省区交通运输厅相关负责人陪同下，对甘孜州境内省道211线泸石路和国道318线东海路等进行调研。周海涛强调，要提前做好国道318线改造建成通车后的保障工作，明确甘孜州交通运输基础设施建设任务，树立"一盘棋"思想，充分做好高速公路方案的研究，在技术标准的掌握方面下功夫。同时，交通运输部门要重视农户入户路建设并给予一定的支持。

建设中的国道318线东海路　　史毅波 摄

援藏干部技术传帮带 2012年，由省交通运输厅组织的第二批交通援藏干部11人到甘孜州后开展传帮带活动，共帮助对象34人，县级干部每人传帮带4人，科级干部每人传帮带3人。甘孜州交通运输系统充分吸收援州干部的专业特长，结合岗位实际，采取"一对一"或"一对X"的工地现场指导，从道路交通规划、交通工程管理、交通工程设施设计、交通工程造价管理以及道路工程设计、施工技术、施工管理等方面展开业务学习和提升。

交通建设百日劳动竞赛落幕 2012年7月8日，甘孜州开展"交通建设百日劳动竞赛"活动，交通建设3年攻坚项目中有13个项目指挥部管理的17个项目参加"百日劳动竞赛"活动。在历时3个月的活动中，参加百日劳动竞赛的在建项目共完成投资24.388亿元，提前两个月超额完成年度目标任务。10月30日，州政府在丹巴县召开"交通建设百日劳动竞赛"总结表彰大会，对表现突出的集体和个人进行表彰奖励。

交通建设质量督查 2012年，甘孜州交通运输局按照《甘孜州交通建设三年攻坚活动工作方案》的要求，明确督查原则，确定督查目标，落实督查重点，强化督查力量，以质量、进度为抓手，成立康东、康南、康北3个质量进度安全监督检查小组，采取专项检查、综合检查和巡视检查等方式，以每季度不少于2次的频率不定期到工地现场进行检查和督导，使质量监督管理始终贯穿在3年攻坚建设的全过程。　（本栏目供稿单位：甘孜州交通运输局）

凉山彝族自治州交通

LIANGSHAN YIZU ZIZHIZHOU JIAOTONG

2012 年凉山州水陆交通运输能力概况

公 路			
通车里程	总里程(公里)		21204.57
	其中	高速公路	228
		一级公路	40.135
		二级公路	397.055
		三级公路	977.998
		四级公路	13394.921
		等外公路	8418.457
公路密度	按国土面积计算:百平方公里 38.115 公里		
	按人口计算:万人 48.813 公里		
通达程度	通公路的乡镇 603 个,占乡镇 98.5%		
	通公路的村 3229 个,占村 86.27%		
客运站	总数(个)		87
	其中	一级站	1
		二级站	7
		三级站	13
		四级及以下站	66
营运车辆	总数(辆)		44901
	其中	客车 4227 辆 58059 座	
		货车 40674 辆 154340 吨	
公路运量	客运	运量(万人次)	7360
		周转量(万人公里)	269406
	货运	运量(万吨)	7527
		周转量(万吨公里)	539208
内 河			
通航里程	总里程(公里)		860.77
	其 中	五级航道	156.05
		六级航道	164.83
		七级航道	76.84
港口(码头)	总数(个)		1
	吞吐量	旅客吞吐量(万人次)	
		货物吞吐量(万吨)	38630
水路运量	客运	运量(万人次)	58.15
		周转量(万人公里)	582.63
	货运	运量(万吨)	34.5
		周转量(万吨公里)	1535.1
营运船舶	总数(艘)		285
	其中	客船 249 艘 3803 座	
		货船 36 艘 1275 吨	

交通基础设施建设基本情况 2012 年,凉山州规划编制普通国省干线公路建设项目 45 个,规划总投资 243.2 亿元。国省干线重点项目在建项目 10 个(两个新开工)、已完成工程可行性研究进入设计阶段的项目 10 个。至年底,完成投资 13.2 亿元。建成通乡油路 349.5 公里,占“民生工程”目标任务(200 公里)的 174.8%;建成通村公路 518.1 公里(其中通村通达公路 189.2 公里、通村通畅公路 328.9 公里),占“民生工程”目标任务(500 公里)的 103.6%,农村公路投资 5.7 亿元。

2012 年凉山州交通基础设施项目集中开工仪式
凉山州交通运输局 供稿

高速公路建设项目前期工作 2012 年,凉山州交通运输局规划编制泸沽至黄联关高速公路改扩建、新建西昌至泸沽湖、西昌至昭通、宜宾至攀枝花高速公路凉山段 4 个建设项目,建设规模 762 公里,总投资 937 亿元。西昌至泸沽湖高速公路获省政府招商授权,BOT 投资人招标的招标文件编制工作启动。项目可行性研究报告通过省交通运输厅审查,地震评估、安全评估、水保、矿产压覆、地质灾害评估、通航论证等可行性研究报告子报告部分获得批复。泸沽至黄联关高速公路改造项目可行性研究报告已编制完成,并经国家发展改革委和交通运输部组织评审。西昌至昭通高速公路已获得省政府招商授权,项目预可行性研究报告已编制完成并审查通过,工程可行性研究报告编制等相关工作进展顺利。宜宾至攀枝花沿金沙江高速公路凉山段项目与宜宾、攀枝花签订框架合作协议,设计单位已开展项目方案研究和工程可行性研究。乐山至昭觉高速公路前期工作已向省政府报告。乐山、凉山两市(州)交通运输部门联合报请省交通运输厅启动项目工程可行性研究,确保该项目建设与西昌至昭通、西昌至泸沽湖高速公路基本同步,力争用最短时间打通从乐山经马边、美姑、昭觉至西昌并连接泸沽湖和通向香格里拉地区的高速公路旅游大通道,加快形成西昌至成都、攀西地区与成都经济区特别是天府新区的第二通道。

公路水路客货运输 2012 年,凉山州道路运输完成客运量 7360 万人次,客运周转量 269406 万人公里,分别比上年增长 12.9%、13.21%;完成货运量 7527 万吨,货运周转量 539208 万吨公里,同比 2011 年分别上升 14.06%、12.14%。水路旅客运输完成客运量 58.15 万人次,同比 2011 年增长 90%;旅客周转量 582.63 万人公里,同比 2011 年增长 150%,货运量 34.5 万吨、货物周转量1535.1 万吨公里。

交通运输安全生产管理 2012 年,凉山州发生道路交通事故 3 起(其中一般事故 2 起、较大事故 1 起),死亡 9 人、受伤 13 人,未突破省州下达的控制指标。道路运输安全在交通部门管理的职责范围内没有发生责任事故,危险品运输未发生事故。水上交通、交通建设施工均未发生安全事故。

交通抢险救灾 2012 年夏季,凉山州全域持续强降暴雨,发生特大泥石流灾害,凉山州 17 个市(县)不同程度受灾,公路交通基础设施严重受损。特别是喜德、冕宁、昭觉等县部分路段遭受毁灭性损毁,无法原址修复,直接经济损失达 9 亿多元。凉山州交通运输局迅速启动应急预案,向省交通运输厅和凉山州委、州政府报告灾情的同时成立抗洪抢险指挥部,协调督导全州的道路畅通抢险救灾应急指挥,同时科学制订抢险救灾方案。9 月 2—5 日,国省干线投入抢险机械 2309 台班,投入抢险资金 1813.53 万元,投入抢险人员 10220 人次,抢通公路 843 处。配合相关县市做好灾后重建项目的申报及资金争取工作。

公路路政管理 2012 年,凉山州共检查货运车 873993 辆次,查处超限车 39321 辆次,其中对 1979 辆超限车辆实施卸载,卸载 6100.37 吨,超限车辆比例下降到 4.5%。截至 2012 年 11 月 30 日,凉山州收取超限运输补偿费 3098 万元,已全额上缴财政专户。

道路运输管理 2012 年,凉山州交通运输局组织运政等部门开展严厉打击非法违法生产经营专项行动,组织 36 次大规模的整治行动,抽调凉山州运管处、各县运管所、执法人员 714 人次,查处非法营运的“黑车”156 辆次。同时集中开展道路客运隐患整治专项行动,出动运政人员 497 人次、稽查车 156 辆次,检查各类道路运输企业 56 家,整改各类隐患 11 起,处理违章 97 起。

交通执法队伍建设 2012 年,凉山州交通运输局通过做好交通执法“四统一”等工作,树立良好的交通执法形象。2012 年 10 月 21 日,凉山州交通运输局在西昌举行凉山州交通运输系统 IC 卡执法换证考试。全州共 607 名交通行政执法人员参加这次换证考试(其中路政 202 人、换证 53 人、运管 162 人、综合执法 102 人、高速公路 56 人、协管人员 32 人),做到交通执法持证上岗。启动交通执法服装换装工作,按四川省交通运输厅规定量身定制全省统一的交通执法服装,2013 年初将统一换装。按四川省要求统一交通执法车辆制式,安装警报装置。按省要求启动交通执法场所规范工作,做到交通执法场所美观、规范、统一。

应急体系建设 2012 年,凉山州交通运输局成立凉山州交通运输局交通应急突发事件应急工作领导小组及办公室,对应急管理工作实行“一岗双责”(详见《附录》)的管理体制。制定《凉山交通突发事件信息报告和处理办法》《凉山州交通突发公共事件应急预案》以及《雨雪冰冻灾害等交通应急预案》《春运道路保障预案》覆盖企业、港口、码头、客运车站等生产一线,全州交通系统基本形成“横向到边,纵向到底”的应急管理工作体系及较完备的预案体系。

城市公共客运 2012 年,凉山州交通运输局深入基层调研,有针对性的加强相关县的城市公共客运规划编制工作布置,加强出租汽车行业稳控工作,努力打造和谐稳定的城市公共客运环境。大力发展城乡公交车和出租汽车,全年新增公交车 37 辆、出租车 230 辆,乡镇客车通达率达到 50%、建制村客车通达率达到 70%。

交通扶贫工作 2012 年,凉山州交通运输局按照凉山州委“万名干部下基层”和“挂包帮”工作要求,创新性地开展扶贫攻坚工作,通过开办 3 年制的中等职业教育“雷波扶贫班”,招收学生 42 名,定点对扶贫乡(后根据实际扩大到周边乡镇)开展智力扶贫,培养“道路与桥梁”“汽车维修与检测”等专业型职业教育实用人才。凉山州交通运输局属各单位也开展了形式多样且成效显著的扶贫工作，得到帮扶对象的肯定。2012 年 3 月，路政支队为美姑县依果觉乡的老师和孩子们送去价值 2.7 万元的学习生活用品，9 月，又投入 5 万元资金用于修建村民活动室。

国道 108 线凉山段示范工程建设细化设计 为做好“十二五”干线公路改造工作，交通运输部决定将国道 108 和国道 205 两条国道线作为示范工程进行试点建设，以总结经验指导全国干线公路改造工作。

国道 108 线凉山段示范工程建设任务共 13 个项目、390.899 公里，建设任务全省最重。凉山州示范工程建设项目涉及冕宁、西昌、德昌、会理等 4 市(县)，涵盖公路升级改造、路面改造、中修工程、预防性养护、养护中心、安保工程、灾害治理、危桥加固、停车区、改造平交道口、路域环境综合治理、交调站建设等。2012 年 5 月 25 日，国道 108 线凉山段示范工程建设领导小组成立，《108 国道凉山段改造示范工程实施方案》下发实施；13 个项目初设方案已经省交通运输厅公路局审核通过。现国道 108 线凉山段示范工程建设细化设计工作已全面展开。

国道 108 线会理段　　凉山州交通运输局 供稿

凉山港雷波港区建设和航运开发启动 2012 年 4 月 1 日，凉山州雷波县政府与宜宾县文富港务有限责任公司签订金沙江雷波港区项目投资合作协议，标志着凉山港雷波港区建设和航运开发正式启动。

金沙江在雷波县境内流经 135 公里。2012 年和 2013 年在金沙江上修建的向家坝和溪洛渡巨型水电站将下闸蓄水，形成较好的水运条件。2012 年初，凉山州政府批准《凉山港雷波港区总体规划》，共规划 8 个作业区、10 个码头，主要以化工、矿产等大宗货物运输为主，兼顾发展区域旅游和中转换乘、公路水路联运等，把雷波港区建设成凉山州乃至攀西地区“通江达海”的桥头堡。

雷波县政府与宜宾县文富港务有限责任公司签订的港区项目投资合作协议，规划总投资 4 亿元。主要涉及向家坝库区大河湾作业区和下河坝作业区的建设和航运开发。协议的签订，标志着雷波港区规划进入实施阶段。

永郎至会理快速通道建设项目合同签订 2012 年 3 月，会理县人民政府与东北军辉路桥集团有限公司签订《凉山州永郎至会理快速通道项目投资合作协议》，项目采用 EPC+BOT 模式建设(即勘察设计+采购+建设+经营+移交)。

凉山州永郎至会理快速通道建设项目纳入凉山州“十二五”交通发展规划和“8·30”地震灾后重建规划，是西攀高速公路和宜攀高速公路之间重要的联络线，是凉山州“十二五”交通发展规划中“五纵”之一国道 108 线的重要组成部分。

该项目采用一级公路标准，设计时速 80 公里，路基宽 24.5 米，设置长隧道 3 座 6597 延米，中隧道 2 座 1530 延米。设置沙坝、大坪地、益门互通式立交 3 座，全线采用沥青混凝土路面。路线起于德昌县永郎镇境内，经甸沙关、益门、县城西外环，止于城南国道 108 线汪家坝，与规划宜攀高速会理互通相接。项目全长 60.669 公里，估算总金额 50.07 亿元。东北军辉路桥集团出资 3000 万元，在会理注册成立凉山永会快速通道公路有限公司，并设置机构。

2012 年 6 月 14 日，会理县人民政府与东北军辉路桥集团有限公司正式签订《凉山州永郎至会理快速通道建设项目合同书》，这标志永会快速通道建设工作取得实质性的重大进展。

雅西高速公路客运 2012年，雅西高速建成后，从成都到西昌的总里程由500公里缩减为420公里。雅西高速公路通车前，凉山州交通运输局、州运管处和运输企业确定运行组织方案，高速客运均实现公司化运营模式。凉山州参与营运的客车共25辆。其中，西昌至成都线路投放20辆49座斯堪尼亚大型高三级客车，德昌至成都线投放2台49座中国青年大型高三级客车，冕宁至成都线投放2台49座中国青年大型高一级客车。

国道5线高速雅西段地理环境复杂，桥梁、隧道多，有长达51公里的长坡和超过10公里的隧道，道路情况复杂，气候环境变化大，为保障安全，凉山州交通运输局在车型选择、驾驶员培训、应急准备等方面作了充分准备：一是在车辆选型和配置上根据雅西高速公路特点，选用全承载和防侧滑功能高的斯堪尼亚和中国青年大型高级客车，从硬件上保障客运安全。二是做好驾驶员的招录和培训，选择有8年以上客车驾驶经历、身体健康的驾驶员；根据雅西高速公路特点，聘请汽车制造厂方专家和四川交通职业技术学院老师对驾驶员进行针对性强化培训。三是根据省、州运管部门的统一安排，在车辆投入营运前，企业组织所有运输管理人员、驾驶员、乘务员在高速公路进行全程的驾车、乘车体验。四是根据车辆运行在隧道中的安全需要，随车配有氧气袋。五是试运行初期每车配备企业管理人员1名，全程随车，以便处置各种情况。

雅西路拖乌山北坡越岭线　　川高公司 供稿

完成多项交工检测任务 2012年，凉山州质监分站严格按程序审核质量证明资料，确认项目满足交工条件后，再合理组织安排交工质量检测工作。完成西昌宁远桥、木里河固增桥、普格县城道路整治工程4.8公里、木里阿比店梁子至一林场39.3公里等地方公路及甘洛前进村通村公路(2.1公里，中纪委扶贫项目)、普格县螺髻山至特补乡2.2公里、西洛乡至孟干乡2.9公里、鱼塘乡至大桂乡7.21公里、扇子坝至向阳乡3.5公里、甘天地乡2.1公里等通乡油路项目的交工质量检测工作，并及时下达交工质量缺陷整改通知，待整改完成后，及时出具交工质量检测意见。参加了官地电站库区淹没复建工程盐源县竹(子坝)巴(则乡)公路A、B、C合同段11.8公里、甘洛凉红桥、安宁河大桥加固工程、喜德米热通乡公路26.9公里等项目的交(竣)工验收工作。

雷波12条通乡油(水泥)路交竣工验收合格 2012年12月9—11日，凉山州交通运输局副局长陈兵文一行组成的农村公路交(竣)工验收委员会对雷波县曲依乡、八寨乡、松树乡、桂花乡、罗山溪乡、沙沱乡、黄琅镇、杉树堡乡、溪洛米乡、永盛乡、帕哈乡、五官乡等12条通乡油(水泥)路进行交竣工验收。

根据交通运输部《公路工程交(竣)工验收办法实施细则》的规定，交(竣)工验收委员会分别听取项目业主单位、设计、施工、监理、质量监督单位的汇报，查看竣工图表、设计、变更、工程决算、财务决算、财务审计等相关资料，并分组进行实地检查。经交(竣)工验收委员会评议，12条通乡油(水泥)路项目交(竣)工验收合格。

(本栏目供稿单位：凉山州交通运输局)

政策法规选编

ZHENGCE FAGUI XUANBIAN

亚丁风景区雪峰——夏偌多吉　王建中 摄

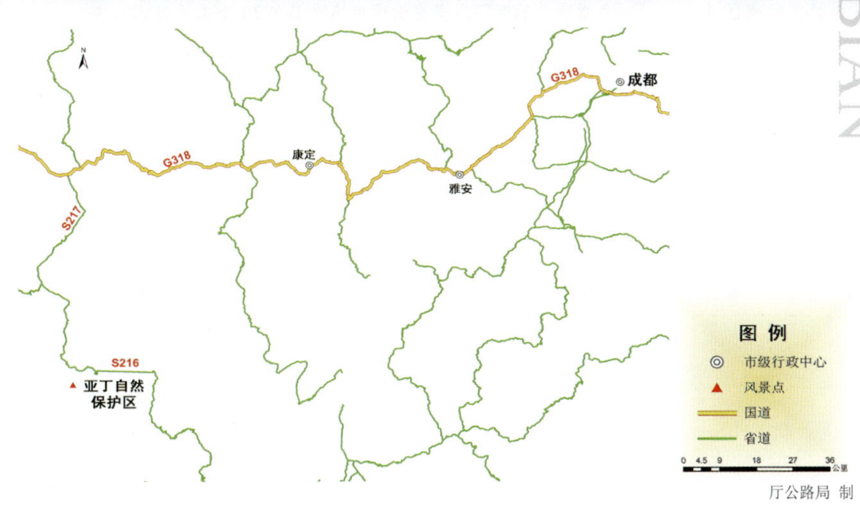

中华人民共和国国务院令

第625号

《国内水路运输管理条例》已经2012年9月26日国务院第218次常务会议通过,现予公布,自2013年1月1日起施行。

总 理 温家宝

二〇一二年十月十三日

国内水路运输管理条例

第一章 总 则

第一条 为了规范国内水路运输经营行为,维护国内水路运输市场秩序,保障国内水路运输安全,促进国内水路运输业健康发展,制定本条例。

第二条 经营国内水路运输以及水路运输辅助业务,应当遵守本条例。

本条例所称国内水路运输(以下简称水路运输),是指始发港、挂靠港和目的港均在中华人民共和国管辖的通航水域内的经营性旅客运输和货物运输。

本条例所称水路运输辅助业务,是指直接为水路运输提供服务的船舶管理、船舶代理、水路旅客运输代理和水路货物运输代理等经营活动。

第三条 国家鼓励和保护水路运输市场的公平竞争,禁止垄断和不正当竞争行为。

国家运用经济、技术政策等措施,支持和鼓励水路运输经营者实行规模化、集约化经营,促进水路运输行业结构调整;支持和鼓励水路运输经营者采用先进适用的水路运输设备和技术,保障运输安全,促进节约能源,减少污染物排放。

国家保护水路运输经营者、旅客和货主的合法权益。

第四条 国务院交通运输主管部门主管全国水路运输管理工作。

县级以上地方人民政府交通运输主管部门主管本行政区域的水路运输管理工作。县级以上地方人民政府负责水路运输管理的部门或者机构(以下统称负责水路运输管理的部门)承担本条例规定的水路运输管理工作。

第五条 经营水路运输及其辅助业务,应当遵守法律、法规,诚实守信。

国务院交通运输主管部门和负责水路运输管理的部门应当依法对水路运输市场实施监督管理,对水路运输及其辅助业务的违法经营活动实施处罚,并建立经营者诚信管理制度,及时向社会公告监督检查情况。

第二章 水路运输经营者

第六条 申请经营水路运输业务,除本条例第七条规定的情形外,申请人应当符合下列条件:

(一)具备企业法人条件;

(二)有符合本条例第十三条规定的船舶,并且自有船舶运力符合国务院交通运输主管部门的规定;

(三)有明确的经营范围,其中申请经营水路旅客班轮运输业务的,还应当有可行的航线营运计划;

(四)有与其申请的经营范围和船舶运力相适应的海务、机务管理人员;

(五)与其直接订立劳动合同的高级船员占全部船员的比例符合国务院交通运输主管部门的规定;

(六)有健全的安全管理制度;

(七)法律、行政法规规定的其他条件。

第七条 个人可以申请经营内河普通货物运输业务。

申请经营内河普通货物运输业务的个人,应当有符合本条例第十三条规定且船舶吨位不超过国务院交通运输主管部门规定的自有船舶,并应当符合本条例第六条第六项、第七项规定的条件。

第八条 经营水路运输业务,应当按照国务院交通运输主管部门的规定,经国务院交通运输主管部门或者设区的市级以上地方人民政府负责水路运输管理的部门批准。

申请经营水路运输业务,应当向前款规定的负责审批的部门提交申请书和证明申请人符合本条例第六条或者第七条规定条件的相关材料。

负责审批的部门应当自受理申请之日起30个工作日内审查完毕,作出准予许可或者不予许可的决定。予以许可的,发给水路运输业务经营许可证件,并为申请人投入运营的船舶配发船舶营运证件;不予许可的,应当书面通知申请人并说明理由。

取得水路运输业务经营许可的,持水路运输业务经营许可证件依法向工商行政管理机关办理登记后,方可从事水路运输经营活动。

第九条 各级交通运输主管部门应当做好水路运输市场统计和调查分析工作,定期向社会公布水路运输市场运力供需状况。

第十条 为保障水路运输安全,维护水路运输市场的公平竞争秩序,国务院交通运输主管部门可以根据水路运输市场监测情况,决定在特定的旅客班轮运输和散装液体危险货物运输航线、水域暂停新增运力许可。

采取前款规定的运力调控措施,应当符合公开、公平、公正的原则,在开始实施的60日前向社会公告,说明采取措施的理由以及采取措施的范围、期限等事项。

第十一条 外国的企业、其他经济组织和个人不得经营水路运输业务,也不得以租用中国籍船舶或者舱位等方式变相经营水路运输业务。

香港特别行政区、澳门特别行政区和台湾地区的企业、其他经济组织以及个人参照适用前款规定,国务院另有规定的除外。

第十二条 依照本条例取得许可的水路运输经营者终止经营的,应当自终止经营之日起15个工作日内向原许可机关办理注销许可手续,交回水路运输业务经营许可证件。

第十三条 水路运输经营者投入运营的船舶应当符合下列条件:

(一)与经营者的经营范围相适应;

(二)取得有效的船舶登记证书和检验证书;

(三)符合国务院交通运输主管部门关于船型技术标准和船龄的要求;

(四)法律、行政法规规定的其他条件。

第十四条 水路运输经营者新增船舶投入运营的,应当凭水路运输业务经营许可证件、船舶登记证书和检验证书向国务院交通运输主管部门或者设区的市级以上地方人民政府负责水路运输管理的部门领取船舶营运证件。

从事水路运输经营的船舶应当随船携带船舶营运证件。

海事管理机构办理船舶进出港签证,应当检查船舶的营运证件。对不能提供有效的船舶营运证件的,不得为其办理签证,并应当同时通知港口所在地人民政府负责水路运输管理的部门。港口所在地人民政府负责水路运输管理的部门收到上述通知后,应当在24小时内作出处理并将处理情况书面通知有关海事管理机构。

第十五条 国家根据保障运输安全、保护水环境、节约能源、提高航道和通航设施利用效率的需求,制定并实施新的船型技术标准时,对正在使用的不符合新标准但符合原有标准且未达到规定报废船龄的船舶,可以采取资金补贴等措施,引导、鼓励水路运输经营者进行更新、改造;需要强制提前报废的,应当对船舶所有人给予补偿。具体办法由国务院交通运输主管部门会同国务院财政部门制定。

第十六条 水路运输经营者不得使用外国籍船舶经营水路运输业务。但是,在国内没有能够满足所申请运输要求的中国籍船舶,并且船舶停靠的港口或者水域为对外开放的港口或者水域的情况下,经国务院交通运输主管部门许可,水路运输经营者可以在国务院交通运输主管部门规定的期限或者航次内,临时使用外国籍船舶运输。

在香港特别行政区、澳门特别行政区、台湾地区进行船籍登记的船舶,参照适用本条例关于外国籍船舶的规定,国务院另有规定的除外。

第三章 水路运输经营活动

第十七条 水路运输经营者应当在依法取得许可的经营范围内从事水路运输经营。

第十八条 水路运输经营者应当使用符合本条例规定条件、配备合格船员的船舶,并保证船舶处于适航状态。

水路运输经营者应当按照船舶核定载客定额或者载重量载运旅客、货物,不得超载或者使用货船载运旅客。

第十九条 水路运输经营者应当依照法律、行政法规和国务院交通运输主管部门关于水路旅客、货物运输的规定、质量标准以及合同的约定,为旅客、货主提供安全、便捷、优质的服务,保证旅客、货物运输安全。

水路旅客运输业务经营者应当为其客运船舶投保承运人责任保险或者取得相应的财务担保。

第二十条 水路运输经营者运输危险货物,应当遵守法律、行政法规以及国务院交通运输主管部门关于危险货物运输的规定,使用依法取得危险货物适装证书的船舶,按照规定的安全技术规范进行配载和运输,保证运输安全。

第二十一条 旅客班轮运输业务经营者应当自取得班轮航线经营许可之日起60日内开航,并在开航15日前公布所使用的船舶、班期、班次、运价等信息。

旅客班轮运输应当按照公布的班期、班次运行;变更班期、班次、运价的,应当在15日前向社会公布;停止经营部分或者全部班轮航线的,应当在30日前向社会公布并报原许可机关备案。

第二十二条 货物班轮运输业务经营者应当在班轮航线开航的7日前,公布所使用的船舶以及班期、班次和运价。

货物班轮运输应当按照公布的班期、班次运行;变更班期、班次、运价或者停止经营部分或者全部班轮航线的,应当在7日前向社会公布。

第二十三条 水路运输经营者应当依照法律、行政法规和国家有关规定,优先运送处置突发事件所需的物资、设备、工具、应急救援人员和受到突发事件危害的人员,重点保障紧急、重要的军事运输。

出现关系国计民生的紧急运输需求时,国务院交通运输主管部门按照国务院的部署,可以要求水路运输经营者优先运输需要紧急运输的物资。水路运输经营者应当按照要求及时运输。

第二十四条 水路运输经营者应当按照统计法律、行政法规的规定报送统计信息。

第四章 水路运输辅助业务

第二十五条 运输船舶的所有人、经营人可以委托船舶管理业务经营者为其提供船舶海务、机务管理等服务。

第二十六条 申请经营船舶管理业务,申请人应当符合下列条件:

(一)具备企业法人条件;

(二)有健全的安全管理制度;

(三)有与其申请管理的船舶运力相适应的海务、机务管理人员;

(四)法律、行政法规规定的其他条件。

第二十七条 经营船舶管理业务,应当经设区的市级以上地方人民政府负责水路运输管理的部门批准。

申请经营船舶管理业务,应当向前款规定的部门提交申请书和证明申请人符合本条例第二十六条规定条件的相关材料。

受理申请的部门应当自受理申请之日起30个工作日内审查完毕,作出准予许可或者不予许可的决定。予以许可的,发给船舶管理业务经营许可证件,并向国务院交通运输主管部门备案;

不予许可的，应当书面通知申请人并说明理由。

取得船舶管理业务经营许可的，持船舶管理业务经营许可证件依法向工商行政管理机关办理登记后，方可经营船舶管理业务。

第二十八条 船舶管理业务经营者接受委托提供船舶管理服务，应当与委托人订立书面合同，并将合同报所在地海事管理机构备案。

船舶管理业务经营者应当按照国家有关规定和合同约定履行有关船舶安全和防止污染的管理义务。

第二十九条 水路运输经营者可以委托船舶代理、水路旅客运输代理、水路货物运输代理业务的经营者，代办船舶进出港手续等港口业务，代为签订运输合同，代办旅客、货物承揽业务以及其他水路运输代理业务。

第三十条 船舶代理、水路旅客运输代理业务的经营者应当自企业设立登记之日起15个工作日内，向所在地设区的市级人民政府负责水路运输管理的部门备案。

第三十一条 船舶代理、水路旅客运输代理、水路货物运输代理业务的经营者接受委托提供代理服务，应当与委托人订立书面合同，按照国家有关规定和合同约定办理代理业务，不得强行代理，不得为未依法取得水路运输业务经营许可或者超越许可范围的经营者办理代理业务。

第三十二条 本条例第十二条、第十七条的规定适用于船舶管理业务经营者。本条例第十一条、第二十四条的规定适用于船舶管理、船舶代理、水路旅客运输代理和水路货物运输代理业务经营活动。

国务院交通运输主管部门应当依照本条例的规定制定水路运输辅助业务的具体管理办法。

第五章 法律责任

第三十三条 未经许可擅自经营或者超越许可范围经营水路运输业务或者国内船舶管理业务的，由负责水路运输管理的部门责令停止经营，没收违法所得，并处违法所得1倍以上5倍以下的罚款；没有违法所得或者违法所得不足3万元的，处3万元以上15万元以下的罚款。

第三十四条 水路运输经营者使用未取得船舶营运证件的船舶从事水路运输的，由负责水路运输管理的部门责令该船停止经营，没收违法所得，并处违法所得1倍以上5倍以下的罚款；没有违法所得或者违法所得不足2万元的，处2万元以上10万元以下的罚款。

从事水路运输经营的船舶未随船携带船舶营运证件的，责令改正，可以处1000元以下的罚款。

第三十五条 水路运输经营者未经国务院交通运输主管部门许可或者超越许可范围使用外国籍船舶经营水路运输业务，或者外国的企业、其他经济组织和个人经营或者以租用中国籍船舶或者舱位等方式变相经营水路运输业务的，由负责水路运输管理的部门责令停止经营，没收违法所得，并处违法所得1倍以上5倍以下的罚款；没有违法所得或者违法所得不足20万元的，处20万元以上100万元以下的罚款。

第三十六条 以欺骗或者贿赂等不正当手段取得本条例规定的行政许可的，由原许可机关撤销许可，处2万元以上20万元以下的罚款；有违法所得的，没收违法所得；国务院交通运输主管部门或者负责水路运输管理的部门自撤销许可之日起3年内不受理其对该项许可的申请。

第三十七条 出租、出借、倒卖本条例规定的行政许可证件或者以其他方式非法转让本条例规定的行政许可的，由负责水路运输管理的部门责令改正，没收违法所得，并处违法所得1倍以上5倍以下的罚款；没有违法所得或者违法所得不足3万元的，处3万元以上15万元以下的罚款；情节严重的，由原许可机关吊销相应的许可证件。

伪造、变造、涂改本条例规定的行政许可证件的，由负责水路运输管理的部门没收伪造、变造、涂改的许可证件，处3万元以上15万元以下的罚款；有违法所得的，没收违法所得。

第三十八条 水路运输经营者有下列情形之一的，由海事管理机构依法予以处罚：

（一）未按照规定配备船员或者未使船舶处于适航状态；

（二）超越船舶核定载客定额或者核定载重量载运旅客或者货物；

（三）使用货船载运旅客；

（四）使用未取得危险货物适装证书的船舶运输危险货物。

第三十九条 水路旅客运输业务经营者未为其经营的客运船舶投保承运人责任保险或者取得相应的财务担保的，由负责水路运输管理的部门责令限期改正，处2万元以上10万元以下的罚款；逾期不改正的，由原许可机关吊销该客运船舶的船舶营运许可证件。

第四十条 班轮运输业务经营者未提前向社会公布所使用的船舶、班期、班次和运价或者其变更信息的，由负责水路运输管理的部门责令改正，处2000元以上2万元以下的罚款。

第四十一条 旅客班轮运输业务经营者自取得班轮航线经营许可之日起60日内未开航的，由负责水路运输管理的部门责令改正；拒不改正的，由原许可机关撤销该项经营许可。

第四十二条 水路运输、船舶管理业务经营者取得许可后，不再具备本条例规定的许可条件的，由负责水路运输管理的部门责令限期整改；在规定期限内整改仍不合格的，由原许可机关撤销其经营许可。

第四十三条 负责水路运输管理的国家工作人员在水路运输管理活动中滥用职权、玩忽职守、徇私舞弊，不依法履行职责的，依法给予处分。

第四十四条 违反本条例规定，构成违反治安管理行为的，依法给予治安管理处罚；构成犯罪的，依法追究刑事责任。

第六章 附 则

第四十五条 载客12人以下的客运船舶以及乡、镇客运渡船运输的管理办法，由省、自治区、直辖市人民政府另行制定。

第四十六条 本条例自2013年1月1日起施行。1987年5月12日国务院发布的《中华人民共和国水路运输管理条例》同时废止。

道路旅客运输及客运站管理规定

2005 年 7 月 12 日交通部发布

根据 2008 年 7 月 23 日交通运输部《关于修改〈道路旅客运输及客运站管理规定〉的决定》第一次修正。

根据 2009 年 4 月 20 日交通运输部《关于修改〈道路旅客运输及客运站管理规定〉的决定》第二次修正。

根据 2012 年 3 月 14 日交通运输部《关于修改〈道路旅客运输及客运站管理规定〉的决定》第三次修正。

根据 2012 年 12 月 11 日交通运输部《关于修改〈道路旅客运输及客运站管理规定〉的决定》第四次修正。

关于修改《道路旅客运输及客运站管理规定》的决定

（交通运输部令 2012 年第 8 号）

《关于修改〈道路旅客运输及客运站管理规定〉的决定》已于 2012 年 11 月 27 日经第 9 次部务会议通过，现予公布，自公布之日施行。

交通运输部部长 杨传堂

二〇一二年十二月十一日

交通运输部决定对《道路旅客运输及客运站管理规定》（交通运输部令 2012 年第 2 号）作如下修改：

一、第六十二条 第一款修改为：客运包车应当凭车籍所在地道路运输管理机构核发的包车客运标志牌，按照约定的时间、起始地、目的地和线路运行，并持有包车票或者包车合同，不得按班车模式定点定线运营，不得招揽包车合同外的旅客乘车。

第二款修改为：客运包车除执行道路运输管理机构下达的紧急包车任务外，其线路一端应当在车籍所在地。省际、市际客运包车的车籍所在地为车籍所在的地区，县际客运包车的车籍所在地为车籍所在的县。

删除第三款。

二、第六十三条 增加一款，作为第二款，内容为：从事省际包车客运的企业应按照交通运输部的统一要求，通过运政管理信息系统向车籍地道路运输管理机构备案后方可使用包车标志牌。

原第二款变为第三款。

三、第九十条 第一款第三项修改为：（三）客运包车未持有效的包车客运标志牌进行经营的，不按照包车客运标志牌载明的事项运行的，线路两端均不在车籍所在地的，按班车模式定点定线运营的，招揽包车合同以外的旅客乘车的；

同时，对附件 10 省际包车客运标志牌的样式和附件 11 省际包车客运标志牌的制式规范进行相应调整。

本决定自公布之日施行。

《道路旅客运输及客运站管理规定》根据本决定作相应修正，重新公布。

道路旅客运输及客运站管理规定

第一章 总 则

第一条 为规范道路旅客运输及道路旅客运输站经营活动，维护道路旅客运输市场秩序，保障道路旅客运输安全，保护旅客和经营者的合法权益，依据《中华人民共和国道路运输条例》及有关法律、行政法规的规定，制定本规定。

第二条 从事道路旅客运输（以下简称道路客运）经营以及道路旅客运输站（以下简称客运站）经营的，应当遵守本规定。

第三条 本规定所称道路客运经营，是指用客车运送旅客、为社会公众提供服务、具有商业性质的道路客运活动，包括班车（加班车）客运、包车客运、旅游客运。

（一）班车客运是指营运客车在城乡道路上按照固定的线路、时间、站点、班次运行的一种客运方式，包括直达班车客运和普通班车客运。加班车客运是班车客运的一种补充形式，是在客运班车不能满足需要或者无法正常运营时，临时增加或者调配客车按客运班车的线路、站点运行的方式。

（二）包车客运是指以运送团体旅客为目的，将客车包租给用户安排使用，提供驾驶劳务，按照约定的起始地、目的地和路线行驶，按行驶里程或者包用时间计费并统一支付费用的一种客运方式。

（三）旅游客运是指以运送旅游观光的旅客为目的，在旅游景区内运营或者其线路至少有一端在旅游景区（点）的一种客运方式。

本规定所称客运站经营，是指以站场设施为依托，为道路客运经营者和旅客提供有关运输服务的经营活动。

第四条 道路客运和客运站管理应当坚持以人为本、安全第一的宗旨，遵循公平、公正、公开、便民的原则，打破地区封锁和垄断，促进道路运输市场的统一、开放、竞争、有序，满足广大人民群众的出行需求。道路客运及客运站经营者应当依法经营，诚实信用，公平竞争，优质服务。

第五条 国家实行道路客运企业等级评定制度和质量信誉考核制度，鼓励道路客运经营者实行规模化、集约化、公司化经营，禁止挂靠经营。

第六条 交通运输部主管全国道路客运及客运站管理工作。

县级以上地方人民政府交通运输主管部门负责组织领导本行政区域的道路客运及客运站管理工作。

县级以上道路运输管理机构负责具体实施道路客运及客运站管理工作。

第二章 经营许可

第七条 班车客运的线路根据经营区域和营运线路长度分为以下四种类型：

一类客运班线：地区所在地与地区所在地之间的客运班线或者营运线路长度在800公里以上的客运班线。

二类客运班线：地区所在地与县之间的客运班线。

三类客运班线：非毗邻县之间的客运班线。

四类客运班线：毗邻县之间的客运班线或者县境内的客运班线。

本规定所称地区所在地，是指设区的市、州、盟人民政府所在城市市区；本规定所称县，包括县、旗、县级市和设区的市、州、盟下辖乡镇的区。

县城城区与地区所在地城市市区相连或者重叠的，按起讫客运站所在地确定班线起讫点所属的行政区域。

第八条 包车客运按照其经营区域分为省际包车客运和省内包车客运，省内包车客运分为市际包车客运、县际包车客运和县内包车客运。

第九条 旅游客运按照营运方式分为定线旅游客运和非定线旅游客运。

定线旅游客运按照班车客运管理，非定线旅游客运按照包车客运管理。

第十条 申请从事道路客运经营的，应当具备下列条件：

（一）有与其经营业务相适应并经检测合格的客车：

1. 客车技术要求：

（1）技术性能符合国家标准《营运车辆综合性能要求和检验方法》（GB18565）的要求；

（2）外廓尺寸、轴荷及质量符合国家标准《道路车辆外廓尺寸、轴荷及质量限值》（GB1589）的要求；

（3）从事高速公路客运或者营运线路长度在800公里以上的客运车辆，其技术等级应当达到行业标准《营运车辆技术等级划分和评定要求》（JT/T198）规定的一级技术等级；营运线路长度在400公里以上的客运车辆，其技术等级应当达到二级以上；其他客运车辆的技术等级应当达到三级以上。

本规定所称高速公路客运，是指营运线路中高速公路里程在200公里以上或者高速公路里程占总里程70%以上的道路客运。

2. 客车类型等级要求：

从事高速公路客运、旅游客运和营运线路长度在800公里以上的客运车辆，其车辆类型等级应当达到行业标准《营运客车类型划分及等级评定》（JT/T325）规定的中级以上。

3. 客车数量要求：

（1）经营一类客运班线的班车客运经营者应当自有营运客车100辆以上、客位3000个以上，其中高级客车在30辆以上、客位900个以上；或者自有高级营运客车40辆以上、客位1200个以上；

（2）经营二类客运班线的班车客运经营者应当自有营运客车50辆以上、客位1500个以上，其中中高级客车在15辆以上、客位450个以上；或者自有高级营运客车20辆以上、客位600个以上；

（3）经营三类客运班线的班车客运经营者应当自有营运客车10辆以上、客位200个以上；

（4）经营四类客运班线的班车客运经营者应当自有营运客车1辆以上；

（5）经营省际包车客运的经营者，应当自有中高级营运客车20辆以上、客位600个以上；

（6）经营省内包车客运的经营者，应当自有营运客车5辆以上、客位100个以上。

（二）从事客运经营的驾驶人员，应当符合下列条件：

1. 取得相应的机动车驾驶证；

2. 年龄不超过60周岁；

3. 3年内无重大以上交通责任事故记录；

4. 经设区的市级道路运输管理机构对有关客运法规、机动车维修和旅客急救基本知识考试合格而取得相应从业资格证。

本规定所称交通责任事故，是指驾驶人员负同等或者以上责任的交通事故。

（三）有健全的安全生产管理制度，包括安全生产操作规程、安全生产责任制、安全生产监督检查、驾驶人员和车辆安全生产管理的制度。

（四）申请从事道路客运班线经营，还应当有明确的线路和站点方案。

第十一条 申请从事客运站经营的，应当具备下列条件：

（一）客运站经有关部门组织的工程竣工验收合格，并且经道路运输管理机构组织的站级验收合格；

（二）有与业务量相适应的专业人员和管理人员；

（三）有相应的设备、设施，具体要求按照行业标准《汽车客运站级别划分及建设要求》（JT/T200）的规定执行；

（四）有健全的业务操作规程和安全管理制度，包括服务规范、安全生产操作规程、车辆发车前例检、安全生产责任制、危险品查堵、安全生产监督检查的制度。

第十二条 申请从事道路客运经营的，应当按照下列规定提出申请：

（一）从事县级行政区域内客运经营的，向县级道路运输管理机构提出申请；

（二）从事省、自治区、直辖市行政区域内跨2个县级以上行政区域客运经营的，向其共同的上一级道路运输管理机构提出申请；

（三）从事跨省、自治区、直辖市行政区域客运经营的，向所在地的省、自治区、直辖市道路运输管理机构提出申请。

第十三条 申请从事客运站经营的，应当向所在地县级道路运输管理机构提出申请。

第十四条 申请从事道路客运经营的，应当提供下列材料：

（一）申请开业的相关材料：

1.《道路旅客运输经营申请表》（见附件1）；

2.企业章程文本；

3.投资人、负责人身份证明及其复印件，经办人的身份证明及其复印件和委托书；

4.安全生产管理制度文本；

5.拟投入车辆承诺书，包括客车数量、类型及等级、技术等级、座位数，以及客车外廓长、宽、高等，如果拟投入客车属于已购置或者现有的，应当提供行驶证、车辆技术等级证书（车辆技术检测合格证）、客车等级评定证明及其复印件；

6.已聘用或者拟聘用驾驶人员的驾驶证和从业资格证及其复印件，公安部门出具的3年内无重大以上交通责任事故的证明。

（二）同时申请道路客运班线经营的，还应当提供下列材料：

1.《道路旅客运输班线经营申请表》（见附件2）；

2.可行性报告，包括申请客运班线客流状况调查、运营方案、效益分析以及可能对其他相关经营者产生的影响等；

3.进站方案，已与起讫点客运站和停靠站签订进站意向书的，应当提供进站意向书；

4.运输服务质量承诺书。

第十五条 已获得相应道路班车客运经营许可的经营者，申请新增客运班线时，除提供第十四条第（二）项规定的材料外，还应当提供下列材料：

（一）《道路运输经营许可证》复印件；

（二）与所申请客运班线类型相适应的企业自有营运客车的行驶证、《道路运输证》复印件；

（三）拟投入车辆承诺书，包括客车数量、类型及等级、技术等级、座位数，以及客车外廓长、宽、高等，如果拟投入客车属于已购置或者现有的，应当提供行驶证、车辆技术等级证书（车辆技术检测合格证）、客车等级评定证明及其复印件；

（四）拟聘用驾驶人员的驾驶证和从业资格证及其复印件，公安部门出具的3年内无重大以上交通责任事故的证明；

（五）经办人的身份证明及其复印件，所在单位的工作证明或者委托书。

第十六条 申请从事客运站经营的，应当提供下列材料：

（一）《道路旅客运输站经营申请表》（见附件3）；

（二）客运站竣工验收证明和站级验收证明；

（三）拟招聘的专业人员、管理人员的身份证明和专业证书及其复印件；

（四）负责人身份证明及其复印件，经办人的身份证明及其复印件和委托书；

（五）业务操作规程和安全管理制度文本。

第十七条 县级以上道路运输管理机构应当定期向社会公布本行政区域内的客运运力投放、客运线路布局、主要客流流向和流量等情况。

道路运输管理机构在审查客运申请时，应当考虑客运市场的供求状况、普遍服务和方便群众等因素。

第十八条 道路运输管理机构应当按照《中华人民共和国道路运输条例》和《交通行政许可实施程序规定》，以及本规定规范的程序实施道路客运经营、道路客运班线经营和客运站经营的行政许可。

第十九条 道路运输管理机构对道路客运经营申请、道路客运班线经营申请予以受理的，应当自受理之日起20日内作出许可或者不予许可的决定；道路运输管理机构对客运站经营申请予以受理的，应当自受理之日起15日内作出许可或者不予许可的决定。

道路运输管理机构对符合法定条件的道路客运经营申请作出准予行政许可决定的，应当出具《道路客运经营行政许可决定书》（见附件4），明确许可事项，许可事项为经营范围、车辆数量及要求、客运班线类型；并在10日内向被许可人发放《道路运输经营许可证》，并告知被许可人所在地道路运输管理机构。

道路运输管理机构对符合法定条件的道路客运班线经营申请作出准予行政许可决定的，应当出具《道路客运班线经营行政许可决定书》（见附件5），明确许可事项，许可事项为经营主体、班车类别、起讫地及起讫站点、途经路线及停靠站点、日发班次、车辆数量及要求、经营期限；并在10日内向被许可人发放《道路客运班线经营许可证明》（见附件8），告知班线起讫地道路运输管理机构；属于跨省客运班线的，应当将《道路客运班线经营行政许可决定书》抄告途经上下旅客的和终到的省级道路运输管理机构。

道路运输管理机构对符合法定条件的客运站经营申请作出准予行政许可决定的，应当出具《道路旅客运输站经营行政许可决定书》（见附件6），并明确许可事项，许可事项为经营者名称、站场地址、站场级别和经营范围；并在10日内向被许可人发放《道路运输经营许可证》。

道路运输管理机构对不符合法定条件的申请作出不予行政许可决定的，应当向申请人出具《不予交通行政许可决定书》。

第二十条 受理跨省客运班线经营申请的省级道路运输管理机构，应当在受理申请后7日内发征求意见函并附《道路旅客运输班线经营申请表》传真给途经上下旅客的和目的地省级道路运输管理机构征求意见；相关省级道路运输管理机构应当在10日内将意见传真给受理申请的省级道路运输管理机构，不予同意的，应当依法注明理由，逾期不予答复的，视为同意。

相关省级道路运输管理机构对跨省客运班线经营申请持不同意见且协商不成的，由受理申请的省级道路运输管理机构通过其隶属的省级交通运输主管部门将各方书面意见和相关材料报交通运输部决定，并书面通知申请人。交通运输部应当自受理之日起20日内作出决定，并书面通知相关省级交通运输主管部门，由受理申请的省级道路运输管理机构按本规定第十九条、第二十二条的规定为申请人办理有关手续。

第二十一条 被许可人应当持《道路运输经营许可证》依法向工商行政管理机关办理登记手续。

第二十二条 被许可人应当按确定的时间落实拟投入车辆承诺书。道路运输管理机构已核实被许可人落实了拟投入车辆承诺书且车辆符合许可要求后，应当为投入运输的客车配发《道路运输证》;属于客运班车的,应当同时配发班车客运标志牌(见附件7)。正式班车客运标志牌尚未制作完毕的,应当先配发临时客运标志牌。

第二十三条 已取得相应道路班车客运经营许可的经营者需要增加客运班线的,应当按本规定第十二条的规定进行申请。

第二十四条 向不同级别的道路运输管理机构申请道路运输经营的,应当由最高一级道路运输管理机构核发《道路运输经营许可证》,并注明各级道路运输管理机构许可的经营范围,下级道路运输管理机构不再核发《道路运输经营许可证》。下级道路运输管理机构已向被许可人发放《道路运输经营许可证》的,上级道路运输管理机构应当按上述要求予以换发。

第二十五条 中外合资、中外合作、外商独资形式投资道路客运和客运站经营的,应当同时遵守《外商投资道路运输业管理规定》。

第二十六条 道路客运经营者设立子公司的,应当按规定向设立地道路运输管理机构申请经营许可;设立分公司的,应当向设立地道路运输管理机构报备。

第二十七条 对同一客运班线有3个以上申请人的,或者根据实际情况需要,道路运输管理机构可采取服务质量招投标的方式实施道路客运班线经营许可。

相关省级道路运输管理机构协商确定通过服务质量招投标方式,实施跨省客运班线经营许可的,可采取联合招标、各自分别招标等方式进行。一省不实行招投标的,不影响另外一省进行招投标。

道路旅客运输班线经营权服务质量招投标管理办法另行制定。

第二十八条 在道路客运班线经营许可过程中,任何单位和个人不得以对等投放运力等不正当理由拒绝、阻挠实施客运班线经营许可。

第二十九条 客运经营者、客运站经营者需要变更许可事项或者终止经营的,应当向原许可机关提出申请,按本章有关规定办理。

客运班线的经营主体、起讫地和日发班次变更和客运站经营主体、站址变更按照重新许可办理。

客运经营者和客运站经营者在取得全部经营许可证件后无正当理由超过180天不投入运营或者运营后连续180天以上停运的,视为自动终止经营。

第三十条 客运班线的经营期限由省级道路运输管理机构按《中华人民共和国道路运输条例》的有关规定确定。

第三十一条 客运班线经营者在经营期限内暂停、终止班线经营,应当提前30日向原许可机关申请。经营期限届满,需要延续客运班线经营的,应当在届满前60日提出申请。原许可机关应当依据本章有关规定作出许可或者不予许可的决定。予以许可的,重新办理有关手续。

客运经营者终止经营,应当在终止经营后10日内,将相关的《道路运输经营许可证》和《道路运输证》、客运标志牌交回原发放机关。

第三十二条 客运站经营者终止经营的,应当提前30日告知原许可机关和进站经营者。原许可机关发现关闭客运站可能对社会公众利益造成重大影响的,应当采取措施对进站车辆进行分流,并向社会公告。客运站经营者应当在终止经营后10日内将《道路运输经营许可证》交回原发放机关。

第三十三条 客运经营者在客运班线经营期限届满后申请延续经营,符合下列条件的,应当予以优先许可:

(一)经营者符合本规定第十条规定;

(二)经营者在经营该客运班线过程中,无特大运输安全责任事故;

(三)经营者在经营该客运班线过程中,无情节恶劣的服务质量事件;

(四)经营者在经营该客运班线过程中,无严重违法经营行为;

(五)按规定履行了普遍服务的义务。

第三章 客运车辆管理

第三十四条 客运经营者应当依据国家有关技术规范对客运车辆进行定期维护,确保客运车辆技术状况良好。

客运车辆的维护作业项目和程序应当按照国家标准《汽车维护、检测、诊断技术规范》(GB18344)等有关技术标准的规定执行。

严禁任何单位和个人为客运经营者指定车辆维护企业;车辆二级维护执行情况不得作为道路运输管理机构的路检路查项目。

第三十五条 客运经营者应当定期进行客运车辆检测,车辆检测结合车辆定期审验的频率一并进行。

客运经营者在规定时间内,到符合国家相关标准的机动车综合性能检测机构进行检测。机动车综合性能检测机构按照国家标准《营运车辆综合性能要求和检验方法》(GB18565)和《道路车辆外廓尺寸、轴荷及质量限值》(GB1589)的规定进行检测,出具全国统一式样的检测报告,并依据检测结果,对照行业标准《营运车辆技术等级划分和评定要求》(JT/T198)进行车辆技术等级评定。客运车辆技术等级分为一级、二级和三级。

车籍所在地县级以上道路运输管理机构应当将车辆技术等级在《道路运输证》上标明。

第三十六条 机动车综合性能检测机构应当使用符合国家和行业标准的设施、设备,严格按照国家和行业有关营运车辆技术检测标准对客运车辆进行检测,如实出具车辆检测报告,并建立车辆检测档案。

第三十七条 县级以上道路运输管理机构应当定期对客运车辆进行审验,每年审验一次。审验内容包括:

(一)车辆违章记录;

(二)车辆技术档案;

(三)车辆结构、尺寸变动情况;

(四)按规定安装、使用符合国家标准的行车记录仪情况;

(五)客运经营者为客运车辆投保承运人责任险情况。

审验符合要求的,道路运输管理机构在《道路运输证》审验记录栏中注明;不符合要求的,应当责令限期改正或者办理变更手续。

第三十八条 鼓励使用配置下置行李舱的客车从事道路客运。没有下置行李舱或者行李舱容积不能满足需求的客运车辆,可在客车车厢内设立专门的行李堆放区,但行李堆放区和乘客区必须隔离,并采取相应的安全措施。严禁行李堆放区内载客。

第三十九条 营运客车类型等级评定由县级以上道路运输

管理机构依据行业标准《营运客车类型划分及等级评定》(JT/T325)和交通部颁布的《营运客车类型划分及等级评定规则》的要求实施。

第四十条 禁止使用报废的、擅自改装的、拼装的、检测不合格的客车以及其他不符合国家规定的车辆从事道路客运经营。

第四十一条 客运经营者和县级以上道路运输管理机构应当分别建立客运车辆技术档案和管理档案,并妥善保管。对相关内容的记载应当及时、完整和准确,不得随意更改。

客运经营者车辆技术档案主要内容应当包括:车辆基本情况、主要部件更换情况、修理和二级维护记录(含出厂合格证)、技术等级评定记录、类型及等级评定记录、车辆变更记录、行驶里程记录、交通事故记录等。

道路运输管理机构车辆管理档案主要内容应当包括:车辆基本情况、二级维护和检测记录、技术等级评定记录、类型及等级评定记录、车辆变更记录、交通事故记录等。

第四十二条 客运车辆办理过户变更手续时,客运经营者应当将车辆技术档案完整移交。县级以上道路运输管理机构应当对经营者车辆技术档案的建立情况实施监督管理。

第四十三条 客运经营者对达到国家规定的报废标准或者经检测不符合国家强制性标准要求的客运车辆,应当及时交回《道路运输证》,不得继续从事客运经营。

第四章　客运经营管理

第四十四条 客运经营者应当按照道路运输管理机构决定的许可事项从事客运经营活动,不得转让、出租道路运输经营许可证件。

第四十五条 道路客运企业的全资或者绝对控股的经营道路客运的子公司,其自有营运客车在10辆以上或者自有中高级营运客车5辆以上时,可按照其母公司取得的经营许可从事客运经营活动。

本条所称绝对控股是指母公司控制子公司实际资产51%以上。

第四十六条 道路客运班线属于国家所有的公共资源。班线客运经营者取得经营许可后,应当向公众提供连续运输服务,不得擅自暂停、终止或者转让班线运输。

第四十七条 客运班车应当按照许可的线路、班次、站点运行,在规定的途经站点进站上下旅客,无正当理由不得改变行驶线路,不得站外上客或者沿途揽客。

经许可机关同意,在农村客运班线上运营的班车可采取区域经营、循环运行、设置临时发车点等灵活的方式运营。

本规定所称农村客运班线,是指县内或者毗邻县间至少有一端在乡村的客运班线。

第四十八条 客运经营者不得强迫旅客乘车,不得中途将旅客交给他人运输或者甩客,不得敲诈旅客,不得擅自更换客运车辆,不得阻碍其他经营者的正常经营活动。

第四十九条 严禁客运车辆超载运行,在载客人数已满的情况下,允许再搭乘不超过核定载客人数10%的免票儿童。

客运车辆不得违反规定载货。

第五十条 客运经营者应当遵守有关运价规定,使用规定的票证,不得乱涨价、恶意压价、乱收费。

第五十一条 客运经营者应当在客运车辆外部的适当位置喷印企业名称或者标识,在车厢内显著位置公示道路运输管理机构监督电话、票价和里程表。

第五十二条 客运经营者应当为旅客提供良好的乘车环境,确保车辆设备、设施齐全有效,保持车辆清洁、卫生,并采取必要的措施防止在运输过程中发生侵害旅客人身、财产安全的违法行为。

当运输过程中发生侵害旅客人身、财产安全的治安违法行为时,客运经营者在自身能力许可的情况下,应当及时向公安机关报告并配合公安机关及时终止治安违法行为。

客运经营者不得在客运车辆上从事播放淫秽录像等不健康的活动。

第五十三条 客运经营者应当为旅客投保承运人责任险。

第五十四条 客运经营者在运输过程中造成旅客人身伤亡,行李毁损、灭失,当事人对赔偿数额有约定的,依照其约定;没有约定的,参照国家有关港口间海上旅客运输和铁路旅客运输赔偿责任限额的规定办理。

第五十五条 客运经营者应当加强对从业人员的安全、职业道德教育和业务知识、操作规程培训。并采取有效措施,防止驾驶人员连续驾驶时间超过4个小时。

客运车辆驾驶人员应当遵守道路运输法规和道路运输驾驶员操作规程,安全驾驶,文明服务。

第五十六条 客运经营者应当制定突发公共事件的道路运输应急预案。应急预案应当包括报告程序、应急指挥、应急车辆和设备的储备以及处置措施等内容。

发生突发公共事件时,客运经营者应当服从县级及以上人民政府或者有关部门的统一调度、指挥。

第五十七条 客运经营者应当建立和完善各类台账和档案,并按要求及时报送有关资料和信息。

第五十八条 旅客应当持有效客票乘车,遵守乘车秩序,文明礼貌,携带免票儿童的乘客应当在购票时声明。不得携带国家规定的危险物品及其它禁止携带的物品乘车。

第五十九条 客运车辆驾驶人员应当随车携带《道路运输证》、从业资格证等有关证件,在规定位置放置客运标志牌。客运班车驾驶人员还应当随车携带《道路客运班线经营许可证明》。

第六十条 遇有下列情况之一,客运车辆可凭临时客运标志牌运行:

(一)原有正班车已经满载,需要开行加班车的;

(二)因车辆抛锚、维护等原因,需要接驳或者顶班的;

(三)正式班车客运标志牌正在制作或者不慎灭失,等待领取的。

第六十一条 凭临时客运标志牌运营的客车应当按正班车的线路和站点运行。属于加班或者顶班的,还应当持有始发站签章并注明事由的当班行车路单;班车客运标志牌正在制作或者灭失的,还应当持有该条班线的《道路客运班线经营许可证明》或者《道路客运班线经营行政许可决定书》的复印件。

第六十二条 客运包车应当凭车籍所在地道路运输管理机构核发的包车客运标志牌,按照约定的时间、起始地、目的地和线路运行,并持有包车票或者包车合同,不得按班车模式定点定线运营,不得招揽包车合同外的旅客乘车。

客运包车除执行道路运输管理机构下达的紧急包车任务外,

其线路一端应当在车籍所在地。省际、市际客运包车的车籍所在地为车籍所在的地区,县际客运包车的车籍所在地为车籍所在的县。

非定线旅游客车可持注明客运事项的旅游客票或者旅游合同取代包车票或者包车合同。

第六十三条 省际临时客运标志牌(见附件9)、省际包车客运标志牌(见附件10)由省级道路运输管理机构按照交通运输部的统一式样印制,交由当地县以上道路运输管理机构向客运经营者核发。省际包车客运标志牌和加班车、顶班车、接驳车使用的省际临时客运标志牌在一个运次所需的时间内有效,因班车客运标志牌正在制作或者灭失而使用的省际临时客运标志牌有效期不得超过30天。

从事省际包车客运的企业应按照交通运输部的统一要求,通过运政管理信息系统向车籍地道路运输管理机构备案后方可使用包车标志牌。

省内临时客运标志牌、省内包车客运标志牌样式及管理要求由各省级交通运输主管部门自行规定。

第六十四条 在春运、旅游"黄金周"或者发生突发事件等客流高峰期运力不足时,道路运输管理机构可临时调用车辆技术等级不低于三级的营运客车和社会非营运客车开行包车或者加班车。非营运客车凭县级以上道路运输管理机构开具的证明运行。

第五章 客运站经营

第六十五条 客运站经营者应当按照道路运输管理机构决定的许可事项从事客运站经营活动,不得转让、出租客运站经营许可证件,不得改变客运站用途和服务功能。

客运站经营者应当维护好各种设施、设备,保持其正常使用。

第六十六条 客运站经营者和进站发车的客运经营者应当依法自愿签订服务合同,双方按合同的规定履行各自的权利和义务。

客运站经营者应当按月和客运经营者结算运费。

第六十七条 客运站经营者应当依法加强安全管理,完善安全生产条件,健全和落实安全生产责任制。

客运站经营者应当对出站客车进行安全检查,采取措施防止危险品进站上车,按照车辆核定载客限额售票,严禁超载车辆或者未经安全检查的车辆出站,保证安全生产。

第六十八条 客运站经营者应当禁止无证经营的车辆进站从事经营活动,无正当理由不得拒绝合法客运车辆进站经营。

客运站经营者应当坚持公平、公正原则,合理安排发车时间,公平售票。

客运经营者在发车时间安排上发生纠纷,客运站经营者协调无效时,由当地县级以上道路运输管理机构裁定。

第六十九条 客运站经营者应当公布进站客车的班车类别、客车类型等级、运输线路、起讫停靠站点、班次、发车时间、票价等信息,调度车辆进站发车,疏导旅客,维持秩序。

第七十条 进站客运经营者应当在发车30分钟前备齐相关证件进站等待发车,不得误班、脱班、停班。进站客运经营者不按时派车辆应班,1小时以内视为误班,1小时以上视为脱班。但因车辆维修、肇事、丢失或者交通堵塞等特殊原因不能按时应班,并且已提前告知客运站经营者的除外。

进站客运经营者因故不能发班的,应当提前1日告知客运站经营者,双方要协商调度车辆顶班。

对无故停班达3日以上的进站班车,客运站经营者应当报告当地道路运输管理机构。

第七十一条 客运站经营者应当设置旅客购票、候车、乘车指示、行李寄存和托运、公共卫生等服务设施,向旅客提供安全、便捷、优质的服务,加强宣传,保持站场卫生、清洁。

在客运站从事客运站经营以外的其他经营活动时,应当遵守相应的法律、行政法规的规定。

第七十二条 客运站经营者应当严格执行价格管理规定,在经营场所公示收费项目和标准,严禁乱收费。

第七十三条 客运站经营者应当按规定的业务操作规程装卸、储存、保管行包。

第七十四条 客运站经营者应当制定公共突发事件应急预案。应急预案应当包括报告程序、应急指挥、应急设备的储备以及处置措施等内容。

第七十五条 客运站经营者应当建立和完善各类台账和档案,并按要求报送有关信息。

第六章 监督检查

第七十六条 道路运输管理机构应当加强对道路客运和客运站经营活动的监督检查。

道路运输管理机构工作人员应当严格按照法定职责权限和程序进行监督检查。

第七十七条 道路运输管理机构及其工作人员应当重点在客运站、旅客集散地对道路客运、客运站经营活动实施监督检查。此外,根据管理需要,可以在公路路口实施监督检查,但不得随意拦截正常行驶的道路运输车辆,不得双向拦截车辆进行检查。

第七十八条 道路运输管理机构的工作人员实施监督检查时,应当有2名以上人员参加,并向当事人出示交通运输部统一制式的交通行政执法证件。

第七十九条 道路运输管理机构的工作人员可以向被检查单位和个人了解情况,查阅和复制有关材料。但应当保守被调查单位和个人的商业秘密。

被监督检查的单位和个人应当接受道路运输管理机构及其工作人员依法实施的监督检查,如实提供有关资料或者说明情况。

第八十条 道路运输管理机构的工作人员在实施道路运输监督检查过程中,发现客运车辆有超载行为的,应当立即予以制止,并采取相应措施安排旅客改乘。

第八十一条 客运经营者在许可的道路运输管理机构管辖区域外违法从事经营活动的,违法行为发生地的道路运输管理机构应当依法将当事人的违法事实、处罚结果记录到《道路运输证》上,并抄告作出道路客运经营许可的道路运输管理机构。

第八十二条 客运经营者违反本规定的,县级以上道路运输管理机构在作出行政处罚决定的过程中,可以按照行政处罚法的规定将其违法证据先行登记保存。作出行政处罚决定后,客运经营者拒不履行的,作出行政处罚决定的道路运输管理机构可以将其拒不履行行政处罚决定的事实通知违法车辆车籍所在地道路运输管理机构,作为能否通过车辆年度审验和决定质量信誉考核结果的重要依据。

第八十三条 道路运输管理机构的工作人员在实施道路运输监督检查过程中,对没有《道路运输证》又无法当场提供其他有效证明的客运车辆可以予以暂扣,并出具《道路运输车辆暂扣凭证》(见附件12)。对暂扣车辆应当妥善保管,不得使用,不得收取或者变相收取保管费用。

违法当事人应当在暂扣凭证规定的时间内到指定地点接受处理。逾期不接受处理的,道路运输管理机构可依法作出处罚决定,并将处罚决定书送达当事人。当事人无正当理由逾期不履行处罚决定的,道路运输管理机构可申请人民法院强制执行。

第七章 法律责任

第八十四条 违反本规定,有下列行为之一的,由县级以上道路运输管理机构责令停止经营;有违法所得的,没收违法所得,处违法所得2倍以上10倍以下的罚款;没有违法所得或者违法所得不足2万元的,处3万元以上10万元以下的罚款;构成犯罪的,依法追究刑事责任:

(一)未取得道路客运经营许可,擅自从事道路客运经营的;

(二)未取得道路客运班线经营许可,擅自从事班车客运经营的;

(三)使用失效、伪造、变造、被注销等无效的道路客运许可证件从事道路客运经营的;

(四)超越许可事项,从事道路客运经营的。

第八十五条 违反本规定,有下列行为之一的,由县级以上道路运输管理机构责令停止经营;有违法所得的,没收违法所得,处违法所得2倍以上10倍以下的罚款;没有违法所得或者违法所得不足1万元的,处2万元以上5万元以下的罚款;构成犯罪的,依法追究刑事责任:

(一)未取得客运站经营许可,擅自从事客运站经营的;

(二)使用失效、伪造、变造、被注销等无效的客运站许可证件从事客运站经营的;

(三)超越许可事项,从事客运站经营的。

第八十六条 违反本规定,客运经营者、客运站经营者非法转让、出租道路运输经营许可证件的,由县级以上道路运输管理机构责令停止违法行为,收缴有关证件,处2000元以上1万元以下的罚款;有违法所得的,没收违法所得。

第八十七条 违反本规定,客运经营者有下列行为之一,由县级以上道路运输管理机构责令限期投保;拒不投保的,由原许可机关吊销《道路运输经营许可证》或者吊销相应的经营范围:

(一)未为旅客投保承运人责任险的;

(二)未按最低投保限额投保的;

(三)投保的承运人责任险已过期,未继续投保的。

第八十八条 违反本规定,取得客运经营许可的客运经营者使用无《道路运输证》的车辆参加客运经营的,由县级以上道路运输管理机构责令改正,处3000元以上1万元以下的罚款。

违反本规定,客运经营者不按照规定携带《道路运输证》的,由县级以上道路运输管理机构责令改正,处警告或者20元以上200元以下的罚款。

第八十九条 违反本规定,客运经营者(含国际道路客运经营者)、客运站经营者及客运相关服务经营者不按规定使用道路运输业专用票证或者转让、倒卖、伪造道路运输业专用票证的,由县级以上道路运输管理机构责令改正,处1000元以上3000元以下的罚款。

第九十条 违反本规定,客运经营者有下列情形之一的,由县级以上道路运输管理机构责令改正,处1000元以上3000元以下的罚款;情节严重的,由原许可机关吊销《道路运输经营许可证》或者吊销相应的经营范围:

(一)客运班车不按批准的客运站点停靠或者不按规定的线路、班次行驶的;

(二)加班车、顶班车、接驳车无正当理由不按原正班车的线路、站点、班次行驶的;

(三)客运包车未持有效的包车客运标志牌进行经营的,不按照包车客运标志牌载明的事项运行的,线路两端均不在车籍所在地的,按班车模式定点定线运营的,招揽包车合同以外的旅客乘车的;

(四)以欺骗、暴力等手段招揽旅客的;

(五)在旅客运输途中擅自变更运输车辆或者将旅客移交他人运输的;

(六)未报告原许可机关,擅自终止道路客运经营的。

第九十一条 违反本规定,客运经营者、客运站经营者已不具备开业要求的有关安全条件、存在重大运输安全隐患的,由县级以上道路运输管理机构责令限期改正;在规定时间内不能按要求改正且情节严重的,由原许可机关吊销《道路运输经营许可证》或者吊销相应的经营范围。

第九十二条 违反本规定,客运经营者不按规定维护和检测客运车辆的,由县级以上道路运输管理机构责令改正,处1000元以上5000元以下的罚款。

第九十三条 违反本规定,客运经营者使用擅自改装或者擅自改装已取得《道路运输证》的客运车辆的,由县级以上道路运输管理机构责令改正,处5000元以上2万元以下的罚款。

第九十四条 违反本规定,机动车综合性能检测机构不按照国家有关技术规范进行检测、未经检测出具检测结果或者不如实出具检测结果的,由县级以上道路运输管理机构责令改正,没收违法所得,违法所得在5000元以上的,并处违法所得2倍以上5倍以下的罚款;没有违法所得或者违法所得不足5000元的,处5000元以上2万元以下的罚款;构成犯罪的,依法追究刑事责任。

第九十五条 违反本规定,客运站经营者有下列情形之一的,由县级以上道路运输管理机构责令改正,处1万元以上3万元以下的罚款:

(一)允许无经营许可证件的车辆进站从事经营活动的;

(二)允许超载车辆出站的;

(三)允许未经安全检查或者安全检查不合格的车辆发车的;

(四)无正当理由拒绝客运车辆进站从事经营活动的。

第九十六条 违反本规定,客运站经营者有下列情形之一的,由县级以上道路运输管理机构责令改正;拒不改正的,处3000元的罚款;有违法所得的,没收违法所得:

(一)擅自改变客运站的用途和服务功能的;

(二)不公布运输线路、起讫停靠站点、班次、发车时间、票价的。

第九十七条 道路运输管理机构工作人员违反本规定,有下列情形之一的,依法给予行政处分;构成犯罪的,依法追究刑事责任：

（一）不依照规定的条件、程序和期限实施行政许可的；

（二）参与或者变相参与道路客运经营以及客运站经营的；

（三）发现违法行为不及时查处的；

（四）违反规定拦截、检查正常行驶的运输车辆的；

（五）违法扣留运输车辆、《道路运输证》的；

（六）索取、收受他人财物，或者谋取其他利益的；

（七）其他违法行为。

第八章　附　则

第九十八条　出租汽车客运、城市公共汽车客运管理根据国务院的有关规定执行。

第九十九条　客运经营者从事国际道路旅客运输经营活动，除一般行为规范适用本规定外，有关从业条件等特殊要求应当适用交通运输部制定的国际道路运输管理规定。

第一百条　道路运输管理机构依照本规定发放的道路运输经营许可证件和《道路运输证》，可以收取工本费。工本费的具体收费标准由省、自治区、直辖市人民政府财政、价格主管部门会同同级交通运输主管部门核定。

第一百零一条　本规定自2005年8月1日起施行。交通部1995年9月6日发布的《省际道路旅客运输管理办法》（交公路发〔1995〕828号）、1998年11月26日发布的《高速公路旅客运输管理规定》（交通部令1998年第8号）、1995年5月9日发布的《汽车客运站管理规定》（交通部令1995年第2号）、2000年4月27日发布的《道路旅客运输企业经营资质管理规定（试行）》（交公路发〔2000〕225号）、1993年5月19日发布的《道路旅客运输业户开业技术经济条件（试行）》（交运发〔1993〕531号）同时废止。

2012年交通法规索引

规章类

类　别	颁布时间	名　称	颁发机关及文号
行政法规	2012.10.13	国内水路运输管理条例	中华人民共和国国务院令第625号
交通综合	2012.11.17	邮政业标准化管理办法	中华人民共和国交通运输部令2012年第7号
运输管理	2012.03.14	道路货物运输及站场管理规定	中华人民共和国交通运输部令2012年第1号
	2012.03.14	关于修改<道路旅客运输及客运站管理规定>的决定	中华人民共和国交通运输部令2012年第2号
	2012.12.11	关于修改<道路旅客运输及客运站管理规定>的决定	中华人民共和国交通运输部令2012年第8号
海事管理	2012.03.14	关于修改<内河交通事故调查处理规定>的决定	中华人民共和国交通运输部令2012年第3号
	2012.03.14	关于修改<船舶载运危险货物安全监督管理规定>的决定	中华人民共和国交通运输部令2012年第4号
	2012.05.03	关于修改<长江干线船舶港务费征收办法>的决定	中华人民共和国交通运输部令2012年第5号
	2012.05.22	港口岸线使用审批管理办法	中华人民共和国交通运输部令2012年第6号
	2012.12.17	中华人民共和国海船船员值班规则	中华人民共和国交通运输部令2012年第10号
	2012.12.20	水运工程建设项目招标投标管理办法	中华人民共和国交通运输部令2012年第11号

稻城红草地 王建中 摄

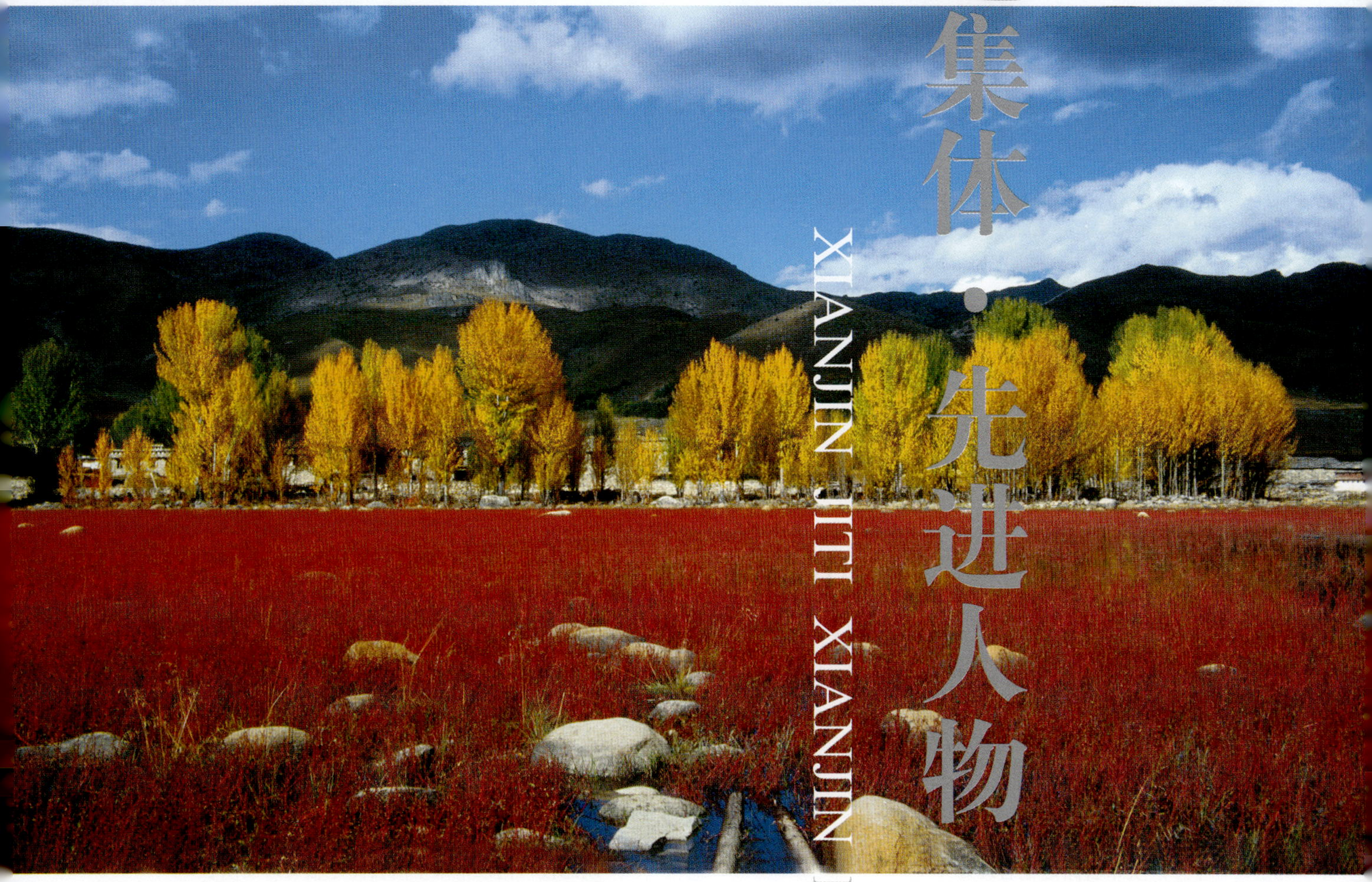

先进集体·先进人物

XIANJIN JITI XIANJIN RENWU

厅公路局 制

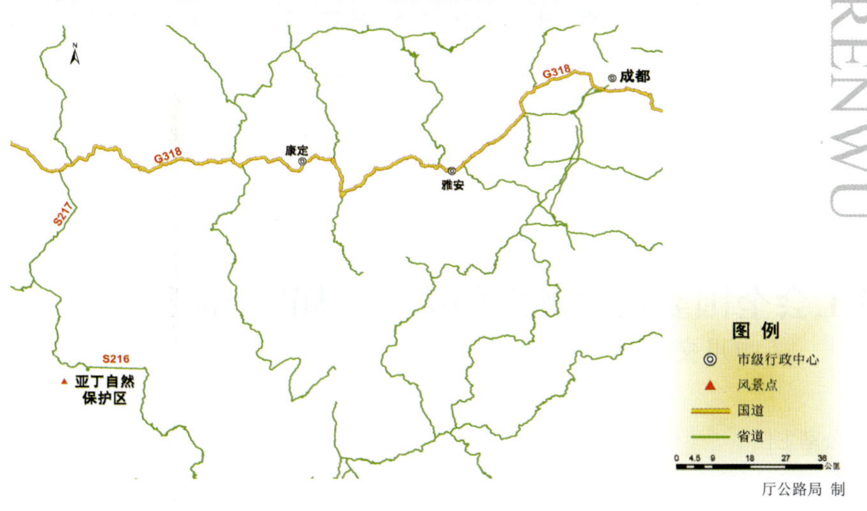

先进集体·先进人物
XIANJINJITI　XIANJIN RENWU

2012 年中华全国总工会颁发的全国“五一”劳动奖章
（四川交通部门）

牟廷敏　四川交通运输厅公路规划勘察设计研究院桥梁分院副总工程师

（省交通运输工会 供稿）

2012 年中华全国总工会表彰的全国“工人先锋号”先进集体
（四川交通部门）

四川成渝高速公路股份有限公司渔箭收费站

（省交通运输工会 供稿）

2012 年交通运输部 中国海员建设工会全国委员会表彰的“春运农民工平安返乡（岗）安全优质服务竞赛”先进集体、先进个人
（四川交通部门）

先进集体

南充市嘉陵区地方海事处

广安市公路运输管理处

巴中市交通运输局公路运输管理局

成都市交通运输委员会道路运输管理处

先进个人

王隐（女）　江安县航务（海事）处处长

罗崇凌　内江市航务管理局运政科长

杨光才　四川南充当代运业（集团）仪陇嘉新分公司安全副经理

胡志俊　内江市市中区公路运输管理所所长

袁　体　泸州市道路运输管理局龙马潭区分局安全稽查股长

龙飞雨　苍溪县公路运输管理所交管站站长

刘绍兵　宜宾市城乡道路运输管理局党组成员、副局长

（省交通运输工会 供稿）

2012 年中国海员建设工会全国委员会颁发的第十三届“金锚奖”
（四川交通部门）

郭友敬　达州市宣汉县地方海事处办公室主任

刘明全　南充市嘉陵江航道管理局段长

邓长虹　广安市武胜县地方海事局副处长

（省交通运输工会 供稿）

2012年全国“安康杯”竞赛组织委员会表彰 2011年度全国“安康杯”竞赛优胜单位

（四川交通部门）

四川广甘高速公路有限责任公司

（省交通运输工会 供稿）

2012年中国海员建设工会和交通运输部安全会员会表彰的2011年全国水运系统船舶班组安全竞赛先进集体

（四川交通部门）

优秀船舶

长江水运有限责任公司——“川集37”轮

泸州市公交航运公司——“明月”号

南充市嘉陵江航道局——“航政16”号

宜宾市南溪区南溪镇人民政府——“川南溪渡0138”号

广安市邻水县关门石水库管理所——“川安渡4025”号

达州市通川区东城办事处——“川达港渡0092”号

绵阳市好运旅游开发有限公司——“好运002”号

优秀班组

巴中市巴州区化成镇人民政府化成库区客运船舶联运组

乐山市航务局航道队九龙滩信号台

内江市威远县观音滩镇人民政府金溪水上客运安全联营班组

南充市蓬安县金溪镇人民政府金溪水上客运安全联营班组

自贡市景河开发有限公司景河清漂打捞队

优秀组织奖单位

四川省交通运输厅航务管理局

（省交通运输工会 供稿）

2012年四川省总工会颁发的四川省“五一”劳动奖状

（交通部门）

四川广甘高速公路有限责任公司　（省交通运输工会 供稿）

2012年四川省总工会颁发的四川省“五一”劳动奖章

（交通部门）

宋大强　南充南部县公路管理一局职工　（省交通运输工会 供稿）

2012年四川省总工会表彰的四川省“工人先锋号”先进集体

（交通部门）

四川嘉陵江桐子壕航电公司机械检修班　（省交通运输工会 供稿）

2012 年交通运输部表彰的第三批交通运输文化建设示范单位

（四川交通部门）

四川南充汽车运输有限公司

（厅文明办 供稿）

2012 年交通运输部表彰的 2010 至 2011 年度全国交通运输行业文明单位

（四川交通部门）

四川省交通运输厅公路局
四川省交通运输厅航务管理局
乐山市交通运输委员会
绵阳市交通运输局
四川省川南高等级公路开发股份有限公司

（厅文明办 供稿）

2012 年交通运输部表彰的 2010 至 2011 年度全国交通运输行业文明示范窗口、文明职工标兵

（四川交通部门）

文明示范窗口

四川省宜宾公路养护管理总段
四川省武胜县航务管理处
四川省成都市公共交通集团公司综合服务大厅热线中心
四川省交通运输厅高速公路交通执法第三支队四大队
四川嘉陵江桐子壕航电开发有限公司船闸运行维护班

文明职工标兵

于天才　四川省交通运输厅公路局副总工程师
周溢辉　泸州市航务管理局龙马潭区航务管理处高坝所所长
李俊峰　甘孜州公路运输管理处二郎山稽查站站长
聂红峰　四川省交通运输厅高速公路交通执法第五支队一大队大队长
吴昱翰　四川成渝高速公路股份有限公司成仁分公司工程处副处长

（厅文明办 供稿）

2012 年交通运输部表彰的全国交通运输行业精神文明建设先进工作者

（四川交通部门）

陈　岗　四川省交通运输厅高速公路交通执法第七支队副支队长

（厅文明办 供稿）

2012 年四川省交通运输厅获奖情况

1. 被省委、省政府表彰为 2012 年“5・12”全省防灾救灾大演练先进集体
2. 被省政府表彰为 2011 年度四川省科技进步奖获奖单位
3. 被省政府表彰为 2012 年度绩效管理先进单位
4. 被省政府表彰为 2011 年度实现安全生产目标单位
5. 被交通运输部表彰为 2011 年度交通运输政务信息工作先进单位
6. 被交通运输部表彰为 2011 年度交通运输部门政府网站共建工作先进单位
7. 被交通运输部表彰为 2011 年度交通运输行业优秀政府网站
8. 被中国海员建设工会全国委员会、交通运输部表彰为 2012 年度春运农民工平安返乡（岗）安全优质服务竞赛先进集体

（厅办公室 供稿）

统计资料

TONGJI ZILIAO

四川省广汉市三星堆博物馆　余茂智 摄

厅公路局 制

公路水路运输综合统计

GONGLU SHUILU YUNSHU ZONGHE TONGJI

2012 年全省公路、水路营业性旅客运输量(分地区)

地　区	客运量(万人次)			旅客周转量(万人公里)		
	合　计	公　路	水　路	合　计	公　路	水　路
合　计	**269613**	**266338**	**3275**	**10074400**	**10047117**	**27283**
成　都	91027	90981	46	3119501	3119239	262
自　贡	9819	9737	82	269036	268361	675
攀枝花	5929	5898	31	136052	135267	785
泸　州	13468	13232	236	886269	884122	2147
德　阳	12063	12063		284821	284821	
绵　阳	9635	9609	26	516554	516302	252
广　元	13939	13858	81	392753	391551	1202
遂　宁	5629	5398	231	224119	221893	2226
内　江	10659	10349	310	337455	335709	1746
乐　山	8808	8537	271	332686	330419	2267
南　充	12552	11929	623	609190	604014	5176
眉　山	6864	6770	94	232781	231861	920
宜　宾	18383	18244	139	522061	520677	1384
广　安	10460	10270	190	236526	235215	1311
达　州	10341	9808	533	301155	296296	4859
雅　安	2522	2522		105575	105575	
巴　中	6618	6417	201	301443	300781	662
资　阳	7445	7322	123	374842	374016	826
阿　坝	3436	3436		291471	291471	
甘　孜	1618	1618		264407	264407	
凉　山	8398	8340	58	335703	335120	583

2012 年全省公路、水路营业性货物运输量(分地区)

地 区	货运量(万吨)			货物周转量(万吨公里)		
	合 计	公 路	水 路	合 计	公 路	水 路
合 计	**165557**	**158396**	**7161**	**14288684**	**13251917**	**1036767**
成 都	38777	38777		2367464	2367464	
自 贡	5074	4831	243	518171	513997	4174
攀枝花	11466	11449	17	569541	568533	1008
泸 州	7145	5484	1661	1358806	644764	714042
德 阳	8858	8858		622991	622991	
绵 阳	6329	6328	1	609253	609244	9
广 元	6451	5461	990	616116	613412	2704
遂 宁	3353	3065	288	484215	480759	3456
内 江	5922	5645	277	573086	571498	1588
乐 山	9846	9488	358	916811	827747	89064
南 充	6112	5156	956	539579	508448	31131
眉 山	4838	4838		476624	476624	
宜 宾	6125	5643	482	524323	377278	147045
广 安	5038	4428	610	357205	328092	29113
达 州	14803	14268	535	1125294	1117613	7681
雅 安	4551	4551		505142	505142	
巴 中	3148	2869	279	224788	222928	1860
资 阳	6363	5933	430	577824	575467	2357
阿 坝	2441	2441		593255	593255	
甘 孜	566	566		107943	107943	
凉 山	8351	8317	34	620252	618717	1535

2012 年全省公路、水路分货类运输量

分 类	公 路		水 路	
	货运量(万吨)	货物周转量(万吨公里)	货运量(万吨)	货物周转量(万吨公里)
合 计	**158396**	**13251917**	**7161**	**1036767**
(一)煤炭及制品	21031	1976863	361	294963
(二)石油、天然气及制品	4688	472371	63	85508
其中:原油	1384	112079	61	85508

分　类	公　路		水　路	
	货运量（万吨）	货物周转量（万吨公里）	货运量（万吨）	货物周转量（万吨公里）
(三)金属矿石	12168	694259	49	8648
(四)钢铁	8988	568132	2	1304
(五)矿物性建筑材料	8849	710285	6140	283049
(六)水泥	14012	1110871	26	3966
(七)木材	3731	370041	3	629
(八)非金属矿石	4225	317218	186	61446
其中:磷矿	1078	68684	159	43373
(九)化学肥料及农药	4227	319719	70	28931
(十) 盐	2168	173717	14	8893
(十一) 粮食	15506	1349226	22	9746
(十二)机械、设备、电器	3659	637524	16	22466
(十三)化工原料及制品	2901	350377	93	101645
(十四)有色金属	1091	88017	6	7608
(十五)轻工、医药产品	4381	400746	5	8726
其中:日用工业品	2021	176746		
(十六)农林牧渔业产品	6952	640062	12	13036
其中:棉花	1048	98162		
(十七)其他	39819	3072489	93	96203

2012 年全省公路、水路集装箱运输量

分　类	箱运量(个)	货运量(吨)
公路标准集装箱合计(标箱)	**430555**	**7710367**
45 英尺	6938	239390
40 英尺	97141	3094893
35 英尺		
20 英尺	217309	4309025
10 英尺	6706	67059
水路标准集装箱合计(标箱)	**19885**	**316170**
45 英尺		
40 英尺	286	5720
35 英尺		
20 英尺	19313	310450
10 英尺		

（本栏目供稿单位:厅规划处）

公路交通统计

GONGLU JIAOTONG TONGJI

2012年全省公路里程年底达到数(总表)

单位:公里

指标	年底达到数			国道		省道	
	2012年	2011年	2012年比2011年±%	2012年	2011年	2012年	2011年
公路里程合计	**293499**	**283268**	**3.6**	**8505**	**7949**	**12442**	**11734**
(一)等级路	234293	220947	6.0	8505	7949	12334	11551
其中:高速公路	4334.17	3009	44.1	3191	2623	1105	349
一级公路	3015	2834	6.4	598	599	752	731
二级公路	13752	13140	4.7	3520	3351	5631	5395
三级公路	11674	11664	0.1	615	745	2091	1856
四级公路	201518	190300	5.9	580	630	2755	3220
(二)等外路	59206	62321	-5.0			108	183
(三)有铺装、简易铺装路面里程	158158	145503	8.7	8428	12050	12050	11216
其中:有铺装路面	136981	122069	12.2	7715	10660	10660	9771
(四)绿化里程	120473	117572	2.5	7786	10110	10110	9235
(五)养护里程	273260	265735	2.8	8505	12442	12442	11734

续表:

指标	县道		乡道		村道		专用公路	
	2012年	2011年	2012年	2011年	2012年	2011年	2012年	2011年
公路里程合计	**40664**	**40552**	**52050**	**51498**	**174918**	**166650**	**4920**	**4886**
(一)等级路	37499	37189	39077	37769	134840	124529	2038	1961
其中:高速公路	38	37						
一级公路	890	844	506	390	252	253	17	17
二级公路	3566	3456	646	556	305	304	85	79
三级公路	6582	6611	1465	1571	776	743	144	137
四级公路	26423	26241	36460	35252	133508	123229	1792	1728
(二)等外路	3164	3363	12974	13730	40078	42121	2882	2925

指标	县道		乡道		村道		专用公路	
	2012年	2011年	2012年	2011年	2012年	2011年	2012年	2011年
(三)有铺装、简易铺装路面里程	31511	30667	27540	25786	77371	64592	1258	1192
其中:有铺装路面	24088	22955	22687	20420	70801	57285	1031	978
(四)绿化里程	30099	29780	28808	27904	41663	38556.3	2007	1988
(五)养护里程	40644	40471	50347	49792	156640	146654	4682	4641

2012年全省公路密度及通达通畅情况(分地区)

地区	公路密度		乡镇通达情况						
	以国土面积计算(公里/百平方公里)	以人口计算(公里/万人)	乡镇总数(个)	已通畅数(个)	已通畅所占比重(%)	已通达未通畅数(个)	已通达未通畅所占比重(%)	未通达数(个)	未通达所占比重(%)
合计	**60.515**	**32.606**	**4488**	**4141**	**92.268**	**347**	**7.732**		
成都	185.115	19.331	263	263	100.000				
自贡	158.023	19.389	96	96	100.000				
攀枝花	66.616	41.897	44	44	100.000				
泸州	109.149	26.076	128	128	100.000				
德阳	134.564	20.745	125	125	100.000				
绵阳	97.231	35.885	278	278	100.000				
广元	107.535	55.341	234	234	100.000				
遂宁	174.262	22.845	105	105	100.000				
内江	200.405	23.549	115	115	100.000				
乐山	71.395	26.263	211	211	100.000				
南充	171.370	27.357	410	410	100.000				
眉山	105.124	21.079	128	128	100.000				
宜宾	138.704	33.454	185	185	100.000				
广安	162.948	20.976	181	181	100.000				
达州	120.693	28.171	312	312	100.000				
雅安	40.845	39.553	149	149	100.000				
巴中	133.918	41.418	188	188	100.000				
资阳	181.942	29.047	171	171	100.000				
阿坝	15.498	143.087	228	222	97.368	6	2.632		

地　区	公路密度		乡镇通达情况						
	以国土面积计算(公里/百平方公里)	以人口计算(公里/万人)	乡镇总数(个)	已通畅数(个)	已通畅所占比重(%)	已通达未通畅数(个)	已通达未通畅所占比重(%)	未通达数(个)	未通达所占比重(%)
甘　孜	17.739	255.803	325	201	61.846	124	38.154		
凉　山	37.774	47.326	612	395	64.542	217	35.458		

续表：

地　区	建制村通达情况						
	建制村总数(个)	已通畅数(个)	已通畅所占比重(%)	已通达未通畅数(个)	已通达未通畅所占比重(%)	未通达数(个)	未通达所占比重(%)
合　计	**48709**	**32252**	**66.214**	**15624**	**32.076**	**833**	**1.710**
成　都	2849	2846	99.895	3	0.105		
自　贡	1140	963	84.474	177	15.526		
攀枝花	352	263	74.716	89	25.284		
泸　州	1471	931	63.290	540	36.710		
德　阳	1454	1454	100.000				
绵　阳	3417	2745	80.334	672	19.666		
广　元	2499	1413	56.543	1086	43.457		
遂　宁	2096	1812	86.450	284	13.550		
内　江	2071	1628	78.609	443	21.391		
乐　山	2083	1701	81.661	382	18.339		
南　充	5382	3041	56.503	2341	43.497		
眉　山	1186	1095	92.327	91	7.673		
宜　宾	2950	2223	75.356	727	24.644		
广　安	2772	1999	72.114	773	27.886		
达　州	2835	1636	57.707	1199	42.293		
雅　安	1069	886	82.881	182	17.025	1	0.094
巴　中	2428	1646	67.792	782	32.208		
资　阳	2815	2445	86.856	370	13.144		
阿　坝	1361	520	38.207	749	55.033	92	6.760
甘　孜	2734	155	5.669	2087	76.335	492	17.996
凉　山	3745	850	22.697	2647	70.681	248	6.622

2012年全省公路里程年底达到数(按地区、管养单位分)

单位:公里

地区和单位	全省公路里程合计	按技术等级分						等外公路合计
		合计	高速	一级	二级	三级	四级	
合计	293499	234293	4334	3015	13752	11674	201518	59206
成都	21848	19902	361	1303	1977	2282	13979	1945
自贡	6267	4816	109	100	191	311	4104	1450
攀枝花	4519	2888		39	272	133	2445	1631
泸州	12876	7902		19	833	151	6899	4974
德阳	7975	7153		299	674	696	5483	822
绵阳	19257	12305		414	820	912	10159	6952
广元	16806	10846	56	37	892	291	9570	5960
遂宁	8583	7430	97	116	265	506	6446	1153
内江	9880	6181		62	413	470	5236	3700
乐山	9171	7943	22	128	552	544	6697	1228
南充	20369	16909	106	149	790	328	15536	3459
眉山	7285	5510	78	100	334	305	4693	1775
宜宾	17914	14628	78	54	738	362	13396	3285
广安	9594	8205		76	359	429	7341	1389
达州	19065	16229	64	33	937	409	14787	2836
雅安	6076	5460	175	29	512	283	4461	617
巴中	16029	15267	142		629	344	14153	762
资阳	14483	10861		8	453	302	10098	3622
阿坝	12454	11668		6	1140	721	9801	786
甘孜	27141	22566			145	1005	21416	4575
凉山	22517	16291	65	40	486	889	14811	6226
卧龙特区	135	75			67		8	60
川中片区	340	340	337	3				
川东片区	315	315	315					
川南片区	223	223	221		2			
川南片区纳黔段	135	135	135					
川西片区	159	159	159					
川北片区	412	412	364		49			
雅攀片区	292	292	292					
成渝公司	227	227	227					
成雅分公司	145	145	145					

地区和单位	全省公路里程合计	按技术等级分						等外公路合计
		合计	高速	一级	二级	三级	四级	
成乐公司	86	86	86					
成绵公司	92	92	92					
郎川公司	223	223			223			
南充分公司	201	201	201					
达陕公司	140	140	140					
乐宜高速	138	138	138					
成名高速	53	53	53					
汉龙高速	78	78	78					

2012年全省公路里程年底达到数(按行政等级分)

单位:公里

地区和单位	合计	国道	省道	县道	乡道	村道	专用公路
合计	**293499**	**8505**	**12442**	**40664**	**52050**	**174918**	**4920**
成都	21848	324	489	2770	8247	9930	88
自贡	6267		339	904	876	4087	60
攀枝花	4519	57	391	850	622	2566	32
泸州	12876	243	334	2609	3409	6190	91
德阳	7975	77	264	1446	2522	3593	75
绵阳	19257	99	731	2435	3073	12696	223
广元	16806	425	254	4166	2464	9453	43
遂宁	8583	210	175	851	1507	5823	17
内江	9880	129	152	2170	1403	6018	7
乐山	9171	189	483	1258	1214	5692	335
南充	20369	287	567	2491	2389	14585	49
眉山	7285	79	316	1515	1114	3988	273
宜宾	17914	98	541	2025	2612	12539	98
广安	9594	126	274	1088	1028	6997	81
达州	19065	382	527	2557	3636	11927	36
雅安	6076	567	290	1031	640	3163	385
巴中	16029		804	1592	2280	11297	55
资阳	14483	260	159	1198	1854	10982	29
阿坝	12454	643	1320	1815	1365	6821	490
甘孜	27141	998	1752	2893	4447	15710	1341

地区和单位	合 计	国 道	省 道	县 道	乡 道	村 道	专用公路
凉 山	22517	455	1791	2970	5348	10841	1111
卧龙特区	135		114			20	
川中片区	340	300	40				
川东片区	315	306		9			
川南片区	223	209		13			
川南片区纳黔段	135	135					
川西片区	159	110	48				
川北片区	412	271	141				
雅攀片区	292	292					
成渝公司	227	227					
成雅分公司	145	137	2	6			
成乐公司	86		86				
成绵公司	92	92					
郎川公司	223	223					
南充分公司	201	201					
达陕公司	140	140					
乐宜高速	138	135	3				
成名高速	53		53				
汉龙高速	78	78					

2012年全省公路里程年底达到数(按路面等级分)

单位:公里

地区和单位	合 计	有铺装路面里程			简易铺装路面里程
		小 计	沥青混凝土	水泥混凝土	
合 计	**293499.441**	**136980.645**	**28655.523**	**108325.122**	**21177.312**
成 都	21847.641	17811.797	5074.895	12736.902	1384.103
自 贡	6266.534	3288.336	629.586	2658.750	1141.288
攀枝花	4518.956	2306.313	451.638	1854.675	112.508
泸 州	12876.065	6192.647	796.314	5396.333	5.656
德 阳	7975.183	6695.796	680.187	6015.609	294.312
绵 阳	19257.210	8545.516	620.187	7925.329	2302.376
广 元	16805.518	6221.207	2193.362	4027.845	1287.402
遂 宁	8582.904	5886.298	681.318	5204.980	440.647
内 江	9880.453	3366.350	460.353	2905.997	842.473

地区和单位	合 计	有铺装路面里程			简易铺装路面里程
		小 计	沥青混凝土	水泥混凝土	
乐 山	9170.562	6293.721	1130.198	5163.523	46.548
南 充	20368.605	9601.890	1257.052	8344.838	3028.751
眉 山	7285.027	5699.408	505.603	5193.805	181.404
宜 宾	17913.567	8641.823	711.339	7930.484	45.206
广 安	9593.662	3932.450	341.042	3591.408	1397.297
达 州	19065.101	9051.192	1112.743	7938.449	717.007
雅 安	6076.425	4263.336	719.445	3543.891	234.446
巴 中	16028.832	9088.237	983.824	8104.413	654.246
资 阳	14482.805	6413.370	355.376	6057.994	548.599
阿 坝	12454.241	5067.239	3212.137	1855.102	878.592
甘 孜	27140.718	1646.961	1112.977	533.984	3352.159
凉 山	22516.763	3633.900	2394.319	1239.581	2282.292
卧龙特区	134.535	74.724	67.008	7.716	
川中片区	339.937	339.937	339.937		
川东片区	315.326	315.326	309.596	5.730	
川南片区	222.637	222.637	222.637		
川南片区纳黔段	134.800	134.800	134.800		
川西片区	158.873	158.873	158.873		
川北片区	412.123	412.123	412.123		
雅攀片区	291.915	291.915	217.515	74.400	
成渝公司	226.713	226.713	219.527	7.186	
成雅分公司	145.229	145.229	139.031	6.198	
成乐公司	86.023	86.023	86.023		
成绵公司	92.270	92.270	92.270		
郎川公司	223.369	223.369	223.369		
南充分公司	201.000	201.000	201.000		
达陕公司	139.518	139.518	139.518		
乐宜高速	137.780	137.780	137.780		
成名高速	52.677	52.677	52.677		
汉龙高速	77.944	77.944	77.944		

续表：

地区和单位	未铺装路面里程	可绿化里程	已绿化里程	养护里程
合　计	**135341.484**	**237736.813**	**120473.409**	**273260.324**
成　都	2651.741	19969.544	10937.923	21845.483
自　贡	1836.910	4462.963	2148.838	5777.824
攀枝花	2100.135	1361.104	977.831	4512.635
泸　州	6677.762	11679.429	6609.193	12754.298
德　阳	985.075	6601.490	3742.329	7970.020
绵　阳	8409.318	18664.558	7350.302	15995.448
广　元	9296.909	16105.010	6806.631	16776.619
遂　宁	2255.959	6615.251	2882.485	8580.093
内　江	5671.630	4901.438	2574.621	6093.484
乐　山	2830.293	6294.385	3095.316	8547.620
南　充	7737.964	9105.454	5115.011	15348.240
眉　山	1404.215	6940.428	3572.334	7283.851
宜　宾	9226.538	13975.829	5974.780	16060.957
广　安	4263.915	7628.777	3054.162	9547.623
达　州	9296.902	18922.471	8316.217	18710.146
雅　安	1578.643	4768.759	2658.042	5748.634
巴　中	6286.349	15903.218	6336.965	15202.858
资　阳	7520.836	12131.636	9455.168	13447.151
阿　坝	6508.410	11389.934	4927.849	12229.412
甘　孜	22141.598	24264.731	12520.906	25296.764
凉　山	16600.571	12662.245	8073.244	22138.495
卧龙特区	59.811	134.535	91.898	134.535
川中片区		339.937	339.937	339.937
川东片区		315.326	315.326	315.326
川南片区		222.637	222.637	222.637
川南片区纳黔段		134.800	134.800	134.800
川西片区		158.873	158.873	158.873
川北片区		412.123	412.123	412.123
雅攀片区		291.915	291.915	291.915
成渝公司		226.713	226.713	226.713
成雅分公司		145.229	145.229	145.229
成乐公司		86.023	86.023	86.023
成绵公司		92.270	92.270	92.270

地区和单位	未铺装路面里程	可绿化里程	已绿化里程	养护里程
郎川公司		223.369	221.109	223.369
南充分公司		201.000	201.000	201.000
达陕公司		139.518	139.518	139.518
乐宜高速		137.780	137.780	137.780
成名高速		48.167	48.167	52.677
汉龙高速		77.944	77.944	77.944

2012 年全省高速公路明细表(按线路分)

线路名称	起讫地点	高速公路(公里)			验收通车时间
		合　计	四车道	六车道	
合　计		**4334.2**	**4075.5**	**258.7**	
成渝路	成都—简阳—商家坡	226.7	226.7		1995.09
成绵路	磨家—唐家寺—白鹤林	91.7	91.7		1998.12
成都城北出口高速公路	青龙场—白鹤林	10.3		10.3	1998.12
成都机场路	成都—双流机场	11.9	11.9		1999.07
内宜路	内江—自贡—宜宾	106.9	106.9		1999.12
成乐路	彭山(青龙场)—乐山	86.4	86.4		1999.12
成灌路	成都—都江堰	40.1		40.1	2000.07
西昌卫星基地路	西昌(泸沽)—黄联关	70.0	70.0		2000.11
隆纳路	隆昌—纳溪	84.4	84.4		2000.11
成雅路	成都—雅安(对岩)	145.5	103.7	41.8	2000.12
达渝路罗江至大竹	罗江—大竹	77.4	77.4		2000.12
广邻路	广安—邻水	44.6	44.6		2000.12
成都绕城高速公路	白家—三河场—白家	85.0		85.0	2001.08
遂回路	遂宁—回马	19.5	19.5		2001.12
国道 108 线广(元)南段	瓷窑铺—沙溪坝	44.0	44.0		2001.12
成南路	成都十里店—南充高坪	215.4	188.8	26.6	2002.12
绵广路	磨家—沙溪坝	135.5	135.5		2002.12
西昌卫星基地路	黄联关—黄水	4.4	4.4		2002.12
达渝路大竹至重庆界	大竹—重庆界	88.4	88.4		2004.06
南广路	南充高坪—广安邻水	69.7	69.7		2004.05
成温邛路	成都—温江—邛崃	65.1	39.0	26.1	2004.10
成彭路	成都—彭州	21.3	21.3		2004.10

线路名称	起讫地点	高速公路(公里)			验收通车时间
		合　计	四车道	六车道	
宜水路	宜宾—云南水富	28.9	28.9		2006.11
南充绕城	兰家沟—马市铺—二洞桥	27.0	27.0		2007.12
西攀路	黄水—米易	101.0	101.0		2007.12
遂渝路	遂宁罗家湾—川渝界双龙庙	36.7	36.7		2007.11
西攀路	米易—攀枝花	57.4	57.4		2008.09
攀田路	攀枝花—田房	59.4	59.4		2008.12
南渝路	南充—川渝界	66.0	66.0		2008.12
邻垫路	邻水—垫江	35.5	35.5		2008.12
都映路	都江堰—映秀	25.5	25.5		2009.05
广巴路	元坝—普济镇	58.3	58.3		2009.12
广巴路	普济—巴中城守乡	62.8	62.8		2010.12
邛名高速	桑园—新店	52.7	52.7		2010.11
绵遂高速	金华—蓬溪	97.0	97.0		2010.12
乐宜高速	乐宜高速止点—翠屏区沙坝村	137.8	137.8		2010.12
雅西高速	对岩—荥经青龙乡	25.0	25.0		2010.12
雅西高速	菩萨岗—泸沽	65.0	65.0		2010.12
广陕路	上西坝—棋盘关	46.2	46.2		2011.05
达陕路	普光镇—达县罗江	33.0	33.0		2011.12
绵遂高速	游仙区—金华	77.9	77.9		2011.12
广南高速	阆中市—武胜	97.0	97.0		2011.12
纳黔路	叙永县—渠坝	73.0	73.0		2011.12
广巴路	与达陕高速交叉点—四川界	63.8	63.8		2012.04
遂内高速	遂宁—内江	120.5	120.5		2012.05
兰海高速	甘肃界—阆中	160.3	160.3		2012.04
包茂高速	大巴山隧道北口—普光镇	106.5	106.5		2012.04
广巴路	广南连接线—广元元坝镇	16.9	16.9		2012.04
京昆高速	荥经县—菩萨岗	150.0	150.0		2012.04
成绵复线高速	成都—绵阳	86.2	86.2		2012.06
成自泸高速	成都—富顺	214.4	186.9	27.484	2012.09
成仁高速连接线	成都市—双流县	1.3		1.3	2012.09
成都至德格至西藏高速	映秀—汶川县城	48.4	48.4		2012.11
厦蓉高速	贵州界—叙永县	61.8	61.8		2012.12
成渝环线高速	纳溪区白鹤林—宜宾市象鼻镇	78.0	78.0		2012.12.
成渝环线高速	张徐坝立交—峨眉山	22.0	22.0		2012.12
成巴高速	成都—三台	97.0	97.0		2012.12

线路名称	起讫地点	高速公路(公里)			验收通车时间
		合　计	四车道	六车道	
成巴高速	西充—仪陇	78.7	78.7		2012.12
成巴高速	柳林—东兴场	21.3	21.3		2012.12

2012 年全省高速公路明细表(按行政等级分)

线路名称	行政级别编号	起讫地点	高速公路(公里)			验收通车时间
			合计	四车道	六车道	
合　计			4334.2	4075.5	258.7	
成雅连接线	G108	雅安东收费站—姚桥镇	2.4	2.4		1999.12.31
兰磨路	G213	映秀永安村—成都绕城高速	60.1	25.5	34.6	2009.05.12
成那路	G317	都汶高速出口—高速止点	5.5		5.5	2000.12.30
沪聂路	G318	成都绕城高速—国道 318 线连接线	65.8	40.1	25.6	2004.12.31
沪蓉高速	G42	邻水县兴仁镇—成都市成华区	356.4	329.7	26.6	2008.12.31
成都绕城高速	G4201	成都市武侯区—成都市武侯区	85.0		85.0	2001.12.31
京昆高速	G5	陵江—对岩	403.4	367.4	36.0	2002.10.01
京昆高速	G5	泸沽—田房	291.9	291.9		2008.12.01
京昆高速	G5	对岩—荥经青龙乡	25.0	25.0		2010.12.01
京昆高速	G5	菩萨岗—泸沽	65.0	65.0		2010.12.01
京昆高速	G5	上西坝—棋盘关	46.2	46.2		2011.05.23
京昆高速	G5	荥经县—菩萨岗	150.0	150.0		2012.04.30
包茂高速	G65	达县罗江—邻水邱家河	165.5	165.5		2004.06.01
包茂高速	G65	普光镇—达县罗江	33.0	33.0		2011.12.31
包茂高速	G65	大巴山隧道北口—普光镇	106.5	106.5		2012.04.14
兰海高速	G75	马市铺—二洞桥	13.3	13.3		2007.10.01
兰海高速	G75	南充—武胜	65.7	65.7		2008.11.01
兰海高速	G75	阆中市—武胜	97.0	97.0		2011.12.31
兰海高速	G75	甘肃界—阆中	160.3	160.3		2012.04.01
厦蓉高速	G76	渠坝—五桂桥	285.7	285.7		2000.11.01
厦蓉高速	G76	叙永县—渠坝	73.0	73.0		2011.12.31
厦蓉高速	G76	贵州界—斜永县	61.8	61.8		2012
渝昆高速	G85	内江隆昌县—隆昌连接线	14.5	14.5		1995.09.01
渝昆高速	G85	内江苏家桥—云南水富	135.7	135.7		2006.10.01
成渝环线高速	G93	遂宁罗家湾—川渝界双龙庙	18.9	18.9		2007.12.01
成渝环线高速	G93	金华—蓬溪	97.0	97.0		2010.12.01

线路名称	行政级别编号	起讫地点	高速公路(公里)			验收通车时间
			合计	四车道	六车道	
成渝环线高速	G93	成乐高速止点—翠屏区沙坝村	137.8	137.8		2010.12.26
成渝环线高速	G93	游仙区—金华	77.9	77.9		2011.12.31
成渝环线高速	G93	纳溪区白鹤林—宜宾市象鼻镇	78.0	78.0		2012.12.06
成渝环线高速	G93	张徐坝立交—峨眉山	22.0	22.0		2012.12.27
邛名高速	S008	桑园—新店	52.7	52.7		2010.11.09
原二河线	S040	虎星村—陵江	3.0	3.0		2001.08.01
成都—双流机场	S102	人民南路南站立交桥—机场	11.9	11.9		1999.10.01
成都—五通桥	S104	成雅、成乐高速交界处—青龙	1.7	1.7		1999.12.01
成青路	S105	新都区大丰镇—护国林	21.2	21.2		2004.09.01
成绵复线高速	S1	成都—绵阳	86.2	86.2		2012.06.30
成巴高速	S2	成都—三台	97.0	97.0		2012.12.31
成巴高速	S2	西充—仪陇	78.7	78.7		2012.12.31
成巴高速	S2	柳林—东兴场	21.3	21.3		2012.12.31
成自泸高速	S2	成都—富顺	214.4	186.9	27.484	2012.09.17
成乐高速	S7	青龙—乐山辜李坝	86.0	86.0		1999.12.28
成都至德格至西藏高速	S9	映秀—汶川县城	48.4	48.4		2012.12.31
遂内高速	S11	大英回马镇—蓬溪	37.3	37.3		2007.11.14
遂内高速	S11	遂宁—内江	120.5	120.5		2012.12.31
广巴路	S20	元坝—普济	58.3	58.3		2009.12.31
广巴路	S20	普济—巴中城守乡	62.8	62.8		2010.12.01
广巴路	S20	广南连接线—广元元坝镇	16.9	16.9		2012.04.28
广巴路	S20	与陕西高速交叉点—四川界	63.8	63.8		2012.12.31
南充绕城高速	SA56	兰家沟—马市铺	13.7	13.7		2005.12.01
成都城北出口高速	XA45	青龙场—绕城高速	10.3		10.3	1997.12.31
高速公路泸州连接线	XE29	收费站—加油站	8.6	8.6		1999.09.01
厦蓉纳溪连接线	XE99	纳溪区渠坝镇—渠坝	2.7	2.7		2000.11.01
成雅路城区连线	XN88	城区—收费站	6.2		6.2	1999.12.01
高速公路连接线	XT28	高速出口—连接线	0.2	0.2		1999.12.01
成仁高速连接线	XAAA	成都市—双流	1.3		1.3	2012.12.31
白塔连接线	XX60	植物油厂—广安县红土地村	8.9	8.9		2000.12.25

2012 年全省收费公路基本情况

项目		收费公路里程（公里）	主线收费站数(个)	投资情况			债务情况		
				累计投资总额（万元）	银行贷款总额（万元）	其他债务总额（万元）	累计债务余额（万元）	银行贷款余额（万元）	其他债务余额（万元）
合计		**4930.8**	**48**	**19948114**	**12536218**	**1744659**	**12146772**	**10895625**	**1251146**
还贷性		1171.5	15	5676799	2945013	836876	3466812	2679855	786957
经营性		3759.3	33	14271315	9591205	907783	8679959	8215770	464189
高速	小计	3983.8	30	18316980	11565827	1551175	11281738	10205402	1076335
	还贷性	671.4	6	4406299	2156754	693860	2845067	2130144	714923
	经营性	3312.4	24	13910680	9409073	857315	8436671	8075258	361413
一级	小计	637.1	13	1389402	832099	177889	699668	592150	107518
	还贷性	497.4	9	1253109	776661	135674	602806	538112	64693
	经营性	139.7	4	136293	55438	42215	96863	54038	42825
二级	小计	304.6	4	193309	111870	5892	131832	73780	58052
	经营性	304.6	4	193309	111870	5892	131832	73780	58052
独立桥梁	小计	5.3	1	48424	26422	9703	33533	24292	9241
	还贷性	2.6		17391	11598	7342	18940	11598	7342
	经营性	2.7	1	31033	14824	2361	14593	12694	1899

续表：

项目		年度收支情况							收费及管理人员数
		收费额（万元）	还贷额（万元）	养护支出（万元）	运营管理支出（万元）	税费支出（万元）	折旧或摊销（万元）	其他支出（万元）	
合计		**1209439**	**1409859**	**81424**	**218885**	**63816**	**271724**	**1925**	**17182**
还贷性		163630	360062	8753	37379	2486		836	3221
经营性		1045809	1049797	72671	181506	61331	271724	1089	13961
高速	小计	1096093	1323475	60752	193960	62537	259430	681	15875
	还贷性	75804	283572	2385	19950	2486		34	2344
	经营性	1020289	1039903	58366	174010	60052	259430	647	13531
一级	小计	101738	80545	17144	18587	834	5445	600	1034
	还贷性	87280	76490	6368	17203			600	851
	经营性	14458	4056	10777	1384	834	5445		183
二级	小计	8635	4534	2179	5435	309	5549	442	193
	经营性	8635	4534	2179	5435	309	5549	442	193
独立桥梁	小计	2973	1305	1350	903	136	1300	202	80
	还贷性	546			226			202	26
	经营性	2427	1305	1350	677	136	1300		54

2012年全省公路桥梁年底实有数(按建筑材料和使用年限分)

指标	合计		危桥		永久性		半永久性		临时性	
	座	米	座	米	座	米	座	米	座	米
(一)上年年底达到数	34168	1509027.69	2161	81961.37	33299	1487042.35	573	13911.64	296	8073.70
国道	4470	522986.13	56	3042.16	4470	522986.13				
其中:国家高速公路	2641	411528.36			2641	411528.36				
省道	3480	227204.64	84	4689.90	3475	227002.04	4	60.00	1	142.60
县道	8015	295847.13	787	33090.08	7904	293340.99	66	1917.74	45	588.40
乡道	6462	185834.11	512	20168.58	6255	181506.51	118	2829.20	89	1498.40
专用公路	438	11871.35	25	887.00	427	11711.35	5	54.00	6	106.00
村道	11303	265284.33	697	20083.65	10768	250495.33	380	9050.70	155	5738.30
(二)当年年底达到数	35734	1867586.83	2390	102225.61	34847	1844270.39	588	14788.14	299	8528.30
国道	5197	772260.83	48	4159.12	5197	772260.83				
其中:国家高速公路	3346	659562.11			3346	659562.11				
省道	3872	301916.97	169	11958.20	3867	301714.37	4	60.00	1	142.60
县道	8124	311048.16	828	38005.78	8016	308586.22	64	1883.74	44	578.20
乡道	6593	194438.21	547	21992.33	6387	190026.61	119	2943.20	87	1468.40
专用公路	441	12018.35	27	1101.80	429	11754.35	6	158.00	6	106.00
村道	11507	275904.31	771	25008.38	10951	259928.01	395	9743.20	161	6233.10

2012年全省公路桥梁、渡口年底实有数(按跨径分)

指标	合计		互通式立交桥		特大桥		大桥		中桥		小桥		渡口总计	机动渡口
	座	米	座	米	座	米	座	米	座	米	座	米	处	处
(一)上年年底达到数	34168	1509028	215	22576	82	120960	3034	605693	7131	358553	23921	423821	153	96
国道	4470	522986	153	17490	50	86554	1310	322676	1290	76605	1820	37151	3	3
其中:国家高速公路	2641	411528	144	16556	43	79775	1025	267541	788	48493	785	15719		
省道	3480	227205	23	3496	17	19280	549	120931	865	45324	2049	41669	1	1
县道	8015	295847	15	497	12	13836	540	87869	1711	84435	5752	109706	9	8
乡道	6462	185834	3	686	3	1290	318	41784	1215	57714	4926	85046	37	28
专用公路	438	11871	3	38			30	3532	87	3389	321	4951	2	2
村道	11303	265284	18	369			287	28901	1963	91086	9053	145298	101	54
(二)当年年底达到数	35734	1867587	231	27643	130	201948	3885	852834	7606	386077	24113	426729	149	92
国道	5197	772261	178	20291	93	153329	1853	495684	1416	85476	1835	37772	3	3
其中:国家高速公路	3346	659562	167	19295	86	146550	1562	440525	900	56480	798	16007		
省道	3872	301917	47	6574	22	33688	747	173023	975	52052	2128	43153		

指　标	合　计		互通式立交桥		特大桥		大　桥		中　桥		小　桥		渡口总计	机动渡口
	座	米	座	米	座	米	座	米	座	米	座	米	处	处
县道	8124	311048	4	121	12	13641	584	100823	1783	87941	5745	108643	9	8
乡道	6593	194438	2	656	3	1290	344	46684	1274	60645	4972	85820	36	28
专用公路	441	12018					31	3636	87	3389	323	4994	2	2
村道	11507	275904					326	32983	2071	96574	9110	146346	99	51

2012 年全省公路桥梁年底达到数(按使用年限分)

地区和单位	合　计		危　桥		按建筑材料和使用性质分					
					永久性		半永久性		临时性	
	座	延米	座	延米	座	延米	座	延米	座	延米
合　计	**35734**	**1867586.83**	**2390**	**102225.61**	**34847**	**1844270.39**	**588**	**14788.14**	**299**	**8528.30**
成　都	3171	146301.39	59	4254.78	3167	146188.19	4	113.20		
自　贡	818	38006.11	117	5263.70	807	37611.61	9	324.50	2	70.00
攀枝花	549	22443.36	17	1599.68	549	22443.36				
泸　州	1244	38305.31	2	73.00	1244	38305.31				
德　阳	1247	38273.69	40	3869.90	1236	38057.19	10	206.50	1	10.00
绵　阳	2488	83826.36	272	10101.06	2457	82691.56	9	309.00	22	825.80
广　元	1366	58259.20	176	10759.67	1342	57141.00	23	1105.70	1	12.50
遂　宁	1162	43382.01	40	2521.90	1159	43355.01			3	27.00
内　江	1255	36686.93	53	2845.93	1252	36637.93	3	49.00		
乐　山	1485	49396.53	23	2194.56	1483	49175.53	1	209.00	1	12.00
南　充	2244	64009.45	194	6596.30	1951	57528.05	238	4901.40	55	1580.00
眉　山	1342	39647.74	30	3421.20	1340	39623.84	1	8.90	1	15.00
宜　宾	1805	78515.73	147	5364.10	1762	77518.73	37	811.00	6	186.00
广　安	1079	35039.40	36	2378.50	1057	34634.90	21	396.50	1	8.00
达　州	2533	71897.72	428	11301.25	2506	71345.22	24	507.50	3	45.00
雅　安	1564	178092.65	62	2668.65	1554	177688.75	8	191.30	2	212.60
巴　中	1034	61364.72	178	11574.13	1023	61050.72	7	225.00	4	89.00
资　阳	1425	33033.02	84	2349.40	1421	32991.02	3	24.00	1	18.00
阿　坝	1415	54027.87	105	4001.50	1306	50988.67	66	2167.30	43	871.90
甘　孜	1180	37356.74	276	7051.30	928	30053.40	117	3075.34	135	4228.00
凉　山	1876	68297.03	51	2035.10	1851	67816.53	7	163.00	18	317.50
卧龙特区	21	644.93			21	644.93				
川中片区	212	26337.78			212	26337.78				
川东片区	197	24351.89			197	24351.89				
川南片区	162	19700.09			162	19700.09				
川南片区纳黔段	70	14391.62			70	14391.62				
川西片区	191	30526.02			191	30526.02				

地区和单位	合计		危桥		按建筑材料和使用性质分					
					永久性		半永久性		临时性	
	座	延米	座	延米	座	延米	座	延米	座	延米
川北片区	531	159649.27			531	159649.27				
雅攀片区	611	100023.31			611	100023.31				
成渝公司	187	9711.70			187	9711.70				
成雅分公司	129	10749.95			129	10749.95				
成乐公司	88	2861.00			88	2861.00				
成绵公司	191	9440.23			191	9440.23				
郎川公司	79	5074.74			79	5074.74				
南充分公司	235	67357.37			235	67357.37				
达陕公司	248	64939.65			248	64939.65				
乐宜高速	149	29595.27			149	29595.27				
邛名高速	74	4510.63			74	4510.63				
汉龙高速	77	11558.42			77	11558.42				

2012 年全省公路桥梁、渡口年底达到数(按跨径分)

地区和单位	合计		互通式立交桥		特大桥		大桥		中桥		小桥		渡口	机动渡口
	座	延米	座	延米	座	延米	座	延米	座	延米	座	延米	处	处
合计	**35734**	**1867586.83**	**231**	**27642.59**	**130**	**201947.73**	**3885**	**852833.69**	**7606**	**386076.60**	**24113**	**426728.81**	**149**	**92**
成都	3171	146301.39	15	3307.83	6	20206.10	229	54502.41	713	36143.37	2223	35449.51		
自贡	818	38006.11	7	405.10	1	490.00	85	14768.20	180	10036.90	552	12711.01	2	2
攀枝花	549	22443.36			8	2365.10	46	6320.34	120	5818.73	375	7939.19	1	1
泸州	1244	38305.31			2	2730.50	66	7074.40	193	8851.57	983	19648.84	17	4
德阳	1247	38273.69					65	14907.26	209	9871.04	973	13495.39		
绵阳	2488	83826.36					166	30999.66	515	23799.01	1807	29027.69	32	18
广元	1366	58259.20			1	388.00	123	23167.24	361	18126.45	881	16577.51	20	17
遂宁	1162	43382.01	6	774.51	2	2028.00	82	18067.57	173	8404.05	905	14882.39	13	1
内江	1255	36686.93					36	5140.50	201	10364.43	1018	21182.00	5	3
乐山	1485	49396.53	4	145.60	2	1096.00	99	14297.97	351	16206.64	1033	17795.92	2	2
南充	2244	64009.45	2	130.00	4	3796.20	64	12249.80	369	17151.99	1807	30811.46	10	10
眉山	1342	39647.74	2	165.09			45	10168.03	257	12596.64	1040	16883.07	4	3
宜宾	1805	78515.73	6	470.19	5	4669.63	172	26792.93	468	23374.60	1160	23678.57	13	10
广安	1079	35039.40					31	5612.90	313	15217.50	735	14209.00	7	6
达州	2533	71897.72	2	50.00			117	15431.28	457	22212.33	1959	34254.11	17	13
雅安	1564	178092.65	3	186.02	35	55153.10	354	92692.84	356	16668.00	819	13578.71		
巴中	1034	61364.72	4	285.00	1	904.00	170	27476.28	383	21274.44	480	11710.00	2	1
资阳	1425	33033.02					12	2523.12	128	7331.80	1285	23178.10	1	
阿坝	1415	54027.87					201	25975.01	326	15161.07	888	12891.79		

地区和单位	合计		互通式立交桥		特大桥		大桥		中桥		小桥		渡口	机动渡口
	座	延米	座	延米	座	延米	座	延米	座	延米	座	延米	处	处
甘孜	1180	37356.74			3	1091.10	100	10928.13	246	11988.10	831	13349.41	2	
凉山	1876	68297.03	4	174.64	6	5958.40	153	22161.40	351	16565.52	1366	23611.71	1	1
卧龙特区	21	644.93							9	388.43	12	256.50		
川中片区	212	26337.78	19	1146.63	3	5301.76	68	14035.89	94	5957.20	47	1042.93		
川东片区	197	24351.89	11	1292.69	1	371.24	87	18126.83	76	5071.26	33	782.56		
川南片区	162	19700.09	11	503.58	3	4070.62	52	10865.16	53	3352.03	54	1412.28		
川南片区纳黔段	70	14391.62	3	124.13			47	12903.57	21	1468.05	2	20.00		
川西片区	191	30526.02	16	4293.94	4	5943.22	63	19450.43	67	3982.98	57	1149.39		
川北片区	531	159649.27	24	5409.67	17	45435.67	317	103612.45	126	8708.17	71	1892.98		
雅攀片区	611	100023.31	30	2746.74	10	14651.63	249	72623.73	180	10068.04	172	2679.91		
成渝公司	187	9711.70	8	386.16			33	4869.35	43	2574.34	111	2268.01		
成雅分公司	129	10749.95	8	287.54	1	4805.34	12	2461.88	29	1592.34	87	1890.39		
成乐公司	88	2861.00	6	324.00			3	368.00	23	1302.00	62	1191.00		
成绵公司	191	9440.23	10	894.41	1	1035.03	13	3857.18	33	1791.01	144	2757.01		
郎川公司	79	5074.74					15	3108.39	18	1101.34	46	865.01		
南充分公司	235	67357.37	10	1199.10	5	8329.06	187	56358.01	36	2478.30	7	192.00		
达陕公司	248	64939.65	7	1429.42	4	4151.94	189	57035.09	44	3510.12	11	242.50		
乐宜高速	149	29595.27	8	1136.12	4	5709.03	89	19991.66	55	3873.58	1	21.00		
邛名高速	74	4510.63			1	1267.06	8	1891.05	9	522.56	56	829.96		
汉龙高速	77	11558.42	5	374.48			37	10017.75	20	1170.67	20	370.00		

2012 年全省公路隧道年底达到数

指标	合计		特长隧道		长隧道		中隧道		短隧道	
	米	处	米	处	米	处	米	处	米	处
(一)上年年底达到数	**292652**	**433**	**59575**	**14**	**118308**	**74**	**56561**	**80**	**58208**	**265**
国道	208039	232	56475	13	79653	47	39203	56	32709	116
其中:国家高速公路	138534	161	29362	6	54738	32	30350	44	24084	79
省道	48314	98			22698	16	11551	16	14065	66
县道	21271	42			12098	8	3608	5	5564	29
乡道	9015	26	3100	1	1200	1	1684	2	3031	22
专用公路	3459	6			2659	2			800	4
村道	2555	29					515	1	2040	28
(二)当年年底达到数	**554661**	**593**	**166512**	**37**	**232078**	**132**	**86656**	**121**	**69415**	**303**

指　标	合　计		特长隧道		长隧道		中隧道		短隧道	
	米	处	米	处	米	处	米	处	米	处
国道	401375	366	122184	27	170135	93	64445	89	44612	157
其中:国家高速公路	329850	291	95071	20	143935	77	55592	77	35253	117
省道	112244	121	41228	9	41826	26	15859	23	13331	63
县道	25469	44			16258	10	3608	5	5602	29
乡道	9560	27	3100	1	1200	1	2229	3	3031	22
专用公路	3459	6			2659	2			800	4
村道	2555	29					515	1	2040	28

2012年全省公路隧道年底达到数(按隧道长度分)

地区和单位	合　计		特长隧道		长隧道		中隧道		短隧道	
	道	延米	道	延米	道	延米	道	延米	道	延米
合　计	**593**	**554660.59**	**37**	**166511.96**	**132**	**232077.77**	**121**	**86655.60**	**303**	**69415.26**
成　都	14	9716.20			4	6563.00	2	1495.00	8	1658.20
自　贡	2	3689.00			2	3689.00				
攀枝花	10	6777.00			3	4511.00	1	620.00	6	1646.00
绵　阳	24	6018.70			1	1614.70	2	1510.00	21	2894.00
广　元	24	8082.00			3	5132.00	2	1270.00	19	1680.00
遂　宁	14	4964.82					4	2328.00	10	2636.82
内　江	2	280.00							2	280.00
乐　山	7	4647.00	1	3923.00					6	724.00
南　充	5	811.50					1	573.00	4	238.50
眉　山	4	4735.00			2	4660.00			2	75.00
宜　宾	23	36264.48	2	7275.00	8	22192.15	7	5998.33	6	799.00
广　安	2	595.00					1	515.00	1	80.00
达　州	23	5562.10			2	3299.00	1	568.00	20	1695.10
雅　安	74	93825.50	4	26203.00	30	53392.00	10	7118.50	30	7112.00
巴　中	10	3382.50			1	1048.00	2	1487.00	7	847.50
阿　坝	41	34913.42	2	7340.00	9	16333.42	6	4431.00	24	6809.00
甘　孜	14	13033.00	1	3451.00	3	4834.00	5	3919.00	5	829.00
凉　山	22	16824.00			9	14385.00			13	2439.00
卧龙特区	2	528.00							2	528.00

地区和单位	合计		特长隧道		长隧道		中隧道		短隧道	
	道	延米	道	延米	道	延米	道	延米	道	延米
川中片区	8	3561.67					2	1006.00	6	2555.67
川东片区	17	32776.30	6	29362.30			2	1576.00	9	1838.00
川南片区	1	445.00							1	445.00
川南片区纳黔段	10	13567.00			6	11559.00	1	610.00	3	1398.00
川西片区	23	68434.20	13	56727.20	5	8417.00	5	3290.00		
川北片区	61	44340.96			15	23780.50	18	11608.00	28	8952.46
雅攀片区	45	34953.10			13	20093.00	13	9451.00	19	5409.10
成渝公司	2	1519.00					2	1519.00		
成雅分公司	1	511.00					1	511.00		
郎川公司	4	2313.00			1	1646.00			3	667.00
南充分公司	46	37432.40	2	6528.00	9	11710.00	17	12787.00	18	6407.40
达陕高速	54	58911.74	6	25702.46	6	13219.00	16	12464.77	26	7525.51
汉龙高速	4	1246.00							4	1246.00

2012 年全省民用机动车辆数

分类	计算单位	总计	个人	新注册
合计	**辆**	**11556009**	**10672361**	**1498719**
(一)汽车	辆	4949594	4103237	822117
1.载客汽车	辆	4060750	3513125	715666
其中:大型	辆	64790	1756	9508
中型	辆	33205	8522	2906
小型	辆	3631195	3201048	697732
微型	辆	331560	301799	5520
基中:轿车	辆	2793721	2526072	477780
2.载货汽车	辆	837749	565074	102505
其中:重型	辆	162717	58959	23333
中型	辆	175309	101258	9720
轻型	辆	497027	402453	69434
微型	辆	2696	2404	18
其中:普通载货	辆	375152	298973	50104
3.其他车	辆	51095	25038	3946
其中:三轮汽车	辆	2424	2352	198
低速货车	辆	15005	12010	895

分类	计算单位	总计	个人	新注册
(二)摩托车	辆	6556831	6528702	643867
(三)拖拉机(农机部门)	辆	37500	37500	30698
(四)挂　车	辆	11025	2237	2035
(五)其他类型	辆	1059	685	2

注:该表数据来源于省公安厅车管处2012年年报。

2012年全省营业性汽车拥有量(分地区)

地区	合计	载货汽车		专用载货汽车		集装箱车			载客汽车		高级客车	
	辆	辆	吨位	辆	吨位	辆	吨位	标箱	辆	客位	辆	客位
合计	**573994**	**525104**	**2176372**	**22438**	**267607**	**1486**	**44686**	**2488**	**48890**	**1093286**	**8633**	**293864**
成都	134464	127208	550012	11770	142130	940	28246	1780	7256	201858	2553	88630
自贡	18309	16852	67026	448	5980	51	1550	72	1457	38510	238	8253
攀枝花	23923	22852	119014	779	7337	25	667	25	1071	18181	102	4095
泸州	27306	24058	138298	1599	27846	325	10410	395	3248	80560	593	21503
德阳	33354	31732	111217	1221	12939				1622	40055	178	6259
广元	19490	17535	56004	336	2992				1955	39289	243	9893
宜宾	17207	15121	65770	416	5088	17	522	17	2086	57145	401	14299
遂宁	16157	14072	60442	317	3530				2085	40846	187	6477
内江	17475	15105	69102	206	2201				2370	59747	384	11416
乐山	26864	24837	140970	1525	19437	20	511	20	2027	49090	564	17112
绵阳	34595	30690	92507	498	3057	63	1375	122	3905	77183	303	10877
南充	32495	29316	135653	838	8497				3179	73556	380	13510
达州	34764	32219	134387	594	7018	16	628	32	2545	55479	367	11460
雅安	20498	19295	81851	512	6502	8	202	8	1203	19496	134	4743
巴中	20992	17141	34366	140	553				3851	43619	209	9043
广安	16668	15319	42536	156	1352				1349	32552	132	5229
资阳	25163	23208	68282	190	3149	4	124	4	1955	46337	131	5112
眉山	25549	23646	85724	578	5412	17	451	13	1903	38586	221	6943
阿坝	22000	19442	76038	160	896				2558	55761	940	26445
甘孜	6721	5456	47173	155	1691				1265	25436	373	12565
凉山	43728	40502	161459	389	2727				3226	45782	197	6313

2012年全省营业性客车拥有量(分地区)

地区	载客汽车		租赁客车		旅游客车		包车客车	
	辆	客位	辆	客位	辆	客位	辆	客位
合计	**48890**	**1093286**	**1480**	**9485**	**3660**	**112969**	**607**	**23402**
成都	7256	201858	869	6073	1364	44996	478	18440
自贡	1457	38510			47	1516	14	532
攀枝花	1071	18181			21	747	105	4033
泸州	3248	80560	203	1175	48	1583		
德阳	1622	40055	17	120	103	3739	2	86
广元	1955	39289	9	58	45	1371		
宜宾	2086	57145	44	226	43	1494		
遂宁	2085	40846	20	100	15	465		
内江	2370	59747			21	727	5	198
乐山	2027	49090			52	1463		
绵阳	3905	77183	54	283	113	3844		
南充	3179	73556	60	308				
达州	2545	55479	65	337	20	699		
雅安	1203	19496						
巴中	3851	43619	78	465				
广安	1349	32552	50	263	4	108		
资阳	1955	46337	2	17	60	2599		
眉山	1903	38586	9	60	8	261		
阿坝	2558	55761			1311	35878		
甘孜	1265	25436			385	11479	3	113
凉山	3226	45782			92	2291		

2012年全省公路客货运输站点基本情况

单位:个

地区	合计	客运站							货运站				
		小计	等级站					简易站及招呼站	小计	等级站			
			一级站	二级站	三级站	四级站	五级站			一级	二级	三级	四级
合计	**7525**	**2091**	**53**	**135**	**138**	**513**	**1252**	**5417**	**17**	**8**	**1**	**3**	**5**
成都	943	89	12	17	20	23	17	849	5	3	0	1	1
自贡	156	128	1	5		18	104	26	2	2			

地区	合计	客运站							货运站				
		小计	等级站					简易站及招呼站	小计	等级站			
			一级站	二级站	三级站	四级站	五级站			一级	二级	三级	四级
攀枝花	91	42	1		2	2	37	49					
泸州	64	53	3	6	4	37	3	11					
德阳	258	48	3	6	9	14	16	210					
广元	215	116	1	5	7	44	59	99					
宜宾	131	105	2	9	8	39	47	26					
遂宁	380	57	4	3	2	28	20	323					
内江	127	78	3	6	4	31	34	49					
乐山	980	92	3	11	4	10	64	888					
绵阳	933	125	4	8	7	63	43	808					
南充	551	169	4	10	9	25	121	382					
达州	706	196	3	6	5	47	135	509	1	1			
雅安	172	69	2	4	5	2	56	102	1	1			
阿坝	477	188		8	5	2	173	285	4				4
巴中	395	209	1	4	10	43	151	186					
广安	254	51	1	5	1	5	39	202	1	1			
眉山	183	75	1	6	2	47	19	108					
凉山	109	59	2	7	13	21	16	50					
资阳	219	42	2	7	13	4	16	174	3		1	2	
甘孜	181	100		2	8	8	82	81					

2012 年全省公路客运线路班次

地区	公路客运线路班次合计		高速公路客运线路		跨省线路		跨地(市)线路		跨县线路		县内线路	
	条	平均日发班次	条	平均日发班次	条	平均日发班次	条	平均日发班次	条	平均日发班次	条	平均日发班次
合计	**10977**	**130429**	**1690**	**8013**	**944**	**2141**	**1445**	**12138**	**2121**	**22587**	**6467**	**93563**
成都	1627	15376	601	4127	189	257	845	4108	366	5019	227	5992
自贡	471	3422	65	151	24	43	101	431	94	1240	252	1708
攀枝花	94	7051	17	109	19	45	23	103	9	380	43	6523
泸州	951	8822	68	246	143	236	119	323	190	1173	499	7090
德阳	452	4639	31	216	6	5	156	945	59	1027	231	2662
广元	739	4139	44	50	21	45	93	327	136	913	489	2854
宜宾	709	4561	59	121	72	168	103	332	211	1259	323	2802

地区	公路客运线路班次合计		高速公路客运线路		跨省线路		跨地(市)线路		跨县线路		县内线路	
	条	平均日发班次	条	平均日发班次	条	平均日发班次	条	平均日发班次	条	平均日发班次	条	平均日发班次
遂　宁	450	6478	63	226	47	384	90	607	90	1144	223	4343
内　江	616	9495	149	565	41	164	203	851	70	946	302	7534
乐　山	397	7553	34	173	18	15	122	743	51	2320	206	4475
绵　阳	913	7988	101	163	29	39	175	558	172	1502	537	5889
南　充	1029	7251	183	567	140	278	161	429	191	1470	537	5074
达　州	497	4999	28	28	45	112	65	173	135	1422	252	3292
雅　安	163	6173	49	304	2	2	63	332	24	421	74	5418
巴　中	641	7459	42	37	38	48	60	168	58	430	485	6813
资　阳	678	5023	56	309	26	73	196	591	34	182	422	4177
广　安	363	3544	65	422	42	158	39	136	52	412	230	2839
眉　山	439	6907	30	101	9	18	138	663	21	690	271	5536
阿　坝	436	2073			14	18	50	54	47	108	325	1893
甘　孜	233	641			9	9	52	67	33	97	139	468
凉　山	522	6836	5	100	10	24	34	198	78	432	400	6182

2012 年全省城市(含县城)公共汽车、电车综合表

地区	运营车数(辆)						标准运营车数(标台)	运营线路总长(公里)	经营业户数(户)	从业人员数(人)	客运量(万人次)
	合 计	汽油车	柴油车	天然气车	双燃料车	纯电动客车					
合　计	**23626**	**332**	**2241**	**14576**	**6135**	**124**	**27435**	**28763**	**218**	**57112**	**398599**
成　都	12385	80	313	10759	919	124	15142	12684	51	24415	185193
自　贡	903		67	9	827		984	1404	7	2841	18770
攀枝花	637	37	600				717	451	2	2490	14712
泸　州	1031		48		983		1209	1486	7	3248	20386
德　阳	591			491	100		659	728	7	1413	9167
绵　阳	1480	4	29	258	1189		1581	2364	10	4291	31440
广　元	458	4	62	363	29		493	804	8	1102	7817
遂　宁	358		30	203	125		397	370	7	1313	6807
内　江	818				818		856	1074	4	1705	16212
乐　山	631	17	79	531	4		664	1073	15	2020	9817
南　充	961	11	82	711	157		1104	956	10	3090	15757
眉　山	319		8	138	173		320	404	9	864	3708
宜　宾	788	17	134	421	216		945	1003	14	1993	17538

地区	运营车数(辆)						标准运营车数(标台)	运营线路总长(公里)	经营业户数(户)	从业人员数(人)	客运量(万人次)
	合计	汽油车	柴油车	天然气车	双燃料车	纯电动客车					
广安	201		72		101		214	315	8	616	4699
达州	447	5	56	372	14		465	578	12	1894	13589
雅安	192		92		100		208	252	8	527	2907
巴中	246	26	55	128	37		252	338	5	644	4894
资阳	351	5	76	28	242		346	346	7	787	4733
阿坝	110	21	89				107	639	11	254	463
甘孜	23	3	20				19	45	2	43	137
凉山	696	102	329	164	101		755	1449	14	1562	9852

2012年全省城市(县城)出租汽车、轨道交通综合表

地区	出租汽车				轨道交通				
	运营车数(辆)	出租汽车经营业户数(户)	从业人员数(人)	客运量(万人次)	运营车数(辆)	标准运营车数(辆)	轨道交通经营业户数(户)	从业人员数(人)	客运量(万人次)
合计	**41378**	**1212**	**97950**	**166789**	**240**	**600**	**1**	**2836**	**10308**
成都	17543	172	40052	39669	240	600	1	2836	10308
自贡	1436	24	3472	2076					
攀枝花	1477	11	3011	7139					
泸州	1679	25	4518	11070					
德阳	1388	26	3104	7338					
绵阳	2168	151	6268	11232					
广元	912	15	2183	6662					
遂宁	1015	10	2558	5099					
内江	1075	10	2782	6368					
乐山	1250	24	3046	6664					
南充	2239	34	6091	14337					
眉山	868	15	1946	4421					
宜宾	1271	13	3008	7355					
广安	763	13	1844	4985					
达州	1859	20	5242	12769					
雅安	354	9	997	1947					
巴中	732	10	1945	4443					
资阳	556	183	1514	4646					

地 区	出租汽车				轨道交通				
	运营车数（辆）	出租汽车经营业户数（户）	从业人员数（人）	客运量（万人次）	运营车数（辆）	标准运营车数（辆）	轨道交通经营业户数（户）	从业人员数（人）	客运量（万人次）
阿 坝	868	54	1195	1935					
甘 孜	681	311	884	1134					
凉 山	1244	82	2290	5501					

2012 年全省公路货物营业性运输工具拥有量

分类	计算单位	合 计		按标记吨位分			
			个 体	大 型	重 型	个 体	个 体
合 计	**辆**	**616250**	**402702**				
	吨位	2470362	1080793				
(一)载货汽车	辆	565606	361822	158918	97366	33649	66548
	吨位	2337831	1029015	1762398	1405934	448445	645328
1. 按车型结构分							
拦板货车	辆	509336	337022	138329	82325	31135	62939
	吨位	2035478	962957	1507828	1187745	418013	608012
厢式车	辆	42935	23172	7927	4152	993	2036
	吨位	122063	46931	75807	52231	11946	18361
冷藏保温车	辆	151	2	67	53		2
	吨位	1225	23	1065	984		23
集装箱车	辆	1486		1486	1486		
	吨位	44686		44686	44686		
	标箱	2488		2488	2488		
罐车	辆	11849	1628	11176	9403	1521	1573
	吨位	135604	19127	134077	121272	18486	18955
2. 按经营范围分							
普通载货汽车	辆	542779	358049	141984	83071	31553	63993
	吨位	2067497	990574	1502720	1162339	422191	609207
专用载货汽车	辆	22827	3773	16934	14295	2096	2555
	吨位	270334	38441	259678	243595	26254	36121
商品汽车运输车	辆						
	吨位						
大型物件运输车	辆	189		188	183		
	吨位	4690		4688	4653		
危险货物运输车	辆	10484		6664	4888		
	吨位	105332		98992	87187		

分类	计算单位	合 计		按标记吨位分			
			个 体	大 型			个 体
					重 型		
						个 体	
3. 按燃料类型分							
汽油车	辆	65379	51863				
柴油车	辆	461860	283590				
双燃料车	辆	24172	15037				
其他燃料车	辆	14195	11332				
(二)其他载货机动车	辆						
	吨						
(三)轮胎式拖拉机	辆	46125	40094				
	吨位	44008	38261				

续表：

分类	计算单位	按标记吨位分				安装 GPS 的车辆	安装行驶记录仪的车辆
		中 型	个 体	小 型	个 体		
合 计	辆						
	吨位						
(一)载货汽车	辆	49265	27024	357423	268250	13312	2260
	吨位	156046	81381	419387	302306	154294	26815
1. 按车型结构分							
拦板货车	辆	45915	25711	325092	248372	3684	1077
	吨位	144094	76572	383556	278373	38552	14954
厢式车	辆	3027	1265	31981	19871	2487	627
	吨位	10892	4643	35364	23927	16242	6236
冷藏保温车	辆	18		66		38	
	吨位	61		99		321	
集装箱车	辆					893	4
	吨位					25980	124
	标箱					1577	4
罐车	辆	323	48	350	7	5557	487
	吨位	1060	166	467	6	61303	4125
2. 按经营范围分							
普通载货汽车	辆	47350	26639	353445	267417	1177	60
	吨位	151282	80289	413495	301078	13569	502
专用载货汽车	辆	1915	385	3978	833	12433	2164
	吨位	4764	1092	5892	1228	143584	26169
商品汽车运输车	辆						
	吨位						
大型物件运输车	辆			1		121	

分类	计算单位	按标记吨位分				安装 GPS 的车辆	安装行驶记录仪的车辆
		中型	个体	小型	个体		
	吨位			2		2809	
危险货物运输车	辆	855		2965		10484	1739
	吨位	2954		3386		105332	22214
3. 按燃料类型分							
汽油车	辆						
柴油车	辆						
双燃料车	辆						
其他燃料车	辆						
(二)其他载货机动车	辆						
	吨						
(三)轮胎式拖拉机	辆						
	吨位						

补充资料:车辆中:牵引车 1169 辆,其中安装 GPS 的 749 辆、安装行驶记录仪的 347 辆,个体牵引车 274 辆;挂车 3350 辆、88523 吨位,其中个体 512 辆、13517 吨位。

2012 年全省公路旅客营业性运输工具拥有量

分类	计算单位	总计		按标记客位分					
			个体	大型	个体	中型	个体	小型	个体
合计	辆	**52116**	**868**						
	客位	1139068	7788						
(一)载客汽车	辆	52116	868	9805		22964	115	19347	753
	客位	1139068	7788	383780		579892	2189	175396	5599
其中:卧铺客车	辆	147		145		2			
	客位	5843		5784		59			
1. 按经营范围分									
班车客运客车	辆	46276	867	7356		21428	115	17492	752
	客位	990913	7780	285698		542825	2189	162390	5591
旅游客车	辆	3753	1	1967		1436		350	1
	客位	115268	8	77882		34230		3156	8
包车客车	辆	607		482		100		25	
	客位	23402		20200		2837		365	
其他客车	辆	1480						1480	
	客位	9485						9485	
其中:租赁客车	辆	1480							
	客位	9485							
2. 按燃料类型分									
汽油车	辆	12828	708						

分 类	计算单位	总 计		按标记客位分					
			个 体	大 型	个 体	中 型	个 体	小 型	个 体
柴油车	辆	27838	130						
双燃料车	辆	8974	30						
其他燃料车	辆	2476							
(二)其他载客机动车	辆								
	客位								

续表:

分 类	计算单位	按车长分				按等级分			安装 GPS 的车辆	安装行驶记录仪的车辆
		特大型	大 型	中 型	小 型	高 级	中 级	普 通		
合 计	辆									
	客位									
(一)载客汽车	辆	152	6639	22807	22518	8830	12304	30982	31862	3978
	客位	6863	267620	620630	243955	300177	341137	497754	680012	67729
其中:卧铺客车	辆	4	140	3		60	85	2	135	3
	客位	176	5556	111		2354	3421	68	5394	132
1.按经营范围分										
班车客运客车	辆	138	4924	20764	20450	6016	10540	29720	28616	3833
	客位	6278	198770	558328	227537	211478	293670	485765	593750	63696
旅游客车	辆	9	1258	1914	572	2637	1065	51	2735	122
	客位	387	50436	57950	6495	83018	30851	1399	78676	3834
包车客车	辆	5	457	129	16	171	345	91	145	3
	客位	198	18414	4352	438	5651	14256	3495	5415	99
其他客车	辆				1480	6	354	1120	366	20
	客位				9485	30	2360	7095	2171	100
其中:租赁客车	辆								45	
	客位								441	
2.按燃料类型分										
汽油车	辆									
柴油车	辆									
双燃料车	辆									
其他燃料车	辆									
(二)其他载客机动车	辆									
	客位									

(本栏目供稿单位:厅规划处)

内河航运统计

NEIHE HANGYUN TONGJI

2012年全省内河航道里程年底达到数

分 类	计算单位	航道里程	通航航道	库区航道
合 计	**公里**	**11725**	**11003**	**1558**
(一)等级航道	公里	4026	4026	204
一级	公里			
二级	公里			
三级	公里	228	228	
四级	公里	773	773	
五级	公里	483	483	195
六级	公里	913	913	
七级	公里	1629	1629	9
(二)等外航道	公里	7699	6977	1354

注:界河航道里程全部计入。

2012年全省内河航道构筑物年底达到数

指 标	枢纽数量	具有通航功能	通航建筑物数量 船 闸	正常使用 船 闸
	处	处	座	座
当年年底达到数	**374**	**85**	**90**	**49**
一级航道				
二级航道				
三级航道				
四级航道	7	7	7	5
五级航道	4	4	4	2
六级航道	10	2	2	1
七级航道	39	25	25	15
等外航道	314	47	52	26

2012年全省运输船舶拥有量(分地区)

地区	运输机动船					驳船		
	艘数(艘)	净载重量(吨)	载客量(客位)	标准箱位(标箱)	功率(千瓦)	艘数(艘)	净载重量(吨)	载客量(客位)
合计	**7490**	**983911**	**96273**	**4988**	**494856**	**1395**	**57320**	**724**
成都	114		2117		2750			
自贡	476	21053	3847		17350			
攀枝花	93	940	887		4573	8	2168	
泸州	544	452811	5804	4188	145840	12	5170	
德阳								
绵阳	75	30	1651		3020			
广元	155	4803	2934		6072	343	8222	
遂宁	353	5725	2178		11105	425	7415	
内江	451	21768	5323		25305			
乐山	382	58379	6101		36471	1	69	
南充	1378	80744	15496		80703	356	23107	
眉山	183		3890		3820			
宜宾	439	236607	6537	800	79393	11	3218	
广安	470	49894	8300		17398	4	3620	
达州	1070	26773	15175		34327	1	30	
雅安								
巴中	736	16505	7016		10977			
资阳	380	6830	5884		10690	140	4301	
阿坝								
甘孜								
凉山	191	1049	3133		5062	94		724

2012年全省民用运输船舶实有数

指标	计算单位	总计	个体及联户
(一)机动船	艘	7490	6637
总载重量	吨	1042793	421437
净载重量	吨	983911	384287
载客量	客位	96273	81646
标准箱位	标箱	4988	
功率	千瓦	494856	325454
1.客船	艘	2852	2380
载客量	客位	96273	81646

指　标	计算单位	总　计	个体及联户
功率	千瓦	69740	57939
2.货船	艘	4424	4062
总载重量	吨	1042793	421437
净载重量	吨	983911	384287
标准箱位	标箱	4988	
功率	千瓦	407765	254720
内:油船	艘	36	4
总载重量	吨	40558	238
净载重量	吨	38585	185
功率	千瓦	23140	100
3.集装箱船	艘	20	
总载重量	吨	51760	
净载重量	吨	50301	
标准箱位	标箱	2390	
功率	千瓦	12132	
4.拖船	艘	214	195
功率	千瓦	17351	12795
(二)驳船	艘	1395	1364
净载重量	吨	57320	47004
载客量	客位	724	724

2012 年全省港口吞吐量(按港口分)

港　口	货物吞吐量				集装箱吞吐量			旅客吞吐量		利用自然岸坡完成船舶货物装卸量(万吨)
	合计(万吨)	其中:外贸	出港	其中:外贸	箱数(万标箱)	重量(万吨)	货重	(万人)	出港	
合　计	7706	35	2296	20	16.05	184	152	1730	855	1046
(一)长江干流	2983	35	1151	20	16.05	184	152	1		226
宜　宾	1064		653		2.53	23	19			226
泸　州	1919	35	498	20	13.52	161	133	1		
(二)长江支流	4723		1145					1729	855	820
自　贡	245							82	41	
攀枝花	17		2					31	16	
泸　州	429		98							
绵　阳	1							26	13	

港口	货物吞吐量				集装箱吞吐量			旅客吞吐量		利用自然岸坡完成船舶货物装卸量(万吨)
	合计(万吨)	其中:外贸	出港	其中:外贸	箱数(万标箱)	重量		(万人)	出港	
						(万吨)	货重			
广元	990		14					81	40	
遂宁	223		111					212	110	
内江	277		139					310	152	6
乐山	381		377					2	1	75
南充	433		61					40	20	58
眉山	5							422	211	
宜宾	165		163					68	33	28
广安	555		29					106	51	
达州	293		151					61	28	
巴中	279							201	97	223
资阳	430							86	43	430

(本栏目供稿单位:厅规划处)

宜宾安吉码头　　厅航务局 供稿

固定资产投资统计

GUDING ZICHAN TOUZI TONGJI

2012年全省交通固定资产投资完成情况

单位：万元

指　标		序号	数　量
计划总投资		1	53263738
其中：中央投资		2	3872632
自开始建设至当年底	累计完成投资	3	28134689
	建筑工程	4	22167961
	安装工程	5	103899
	设备工器具购置	6	414092
	其他	7	5448737
	累计新增固定资产	8	766483
当年计划投资		9	8933101
其中：中央投资		10	1605371
当年完成投资		11	12218319
1. 按交通行业分			
水上运输业		12	477087
航道		13	356589
内河航道		14	356589
沿海港口出海航道		15	
港口		16	120498
内河港口		17	120498
沿海港口		18	
国际集装箱中转站		19	
水上运输部门		20	
公路运输业		21	11733892
公路基础设施		22	11014646
其中：国家高速公路		23	1588161
地方高速公路		24	5766417
公路场站基础设施		25	252506
公路运输部门		26	252506
支持系统		27	2120
其中：海事、救助、打捞		28	
交通部门其他		29	5220
2. 按建设性质分			
新建		30	8475085
扩建		31	129479
改建		32	3382947
单纯购置		33	216808
其他		34	14000
3. 按构成分			
建筑工程		35	9857872

指　标	序号	数　量
安装工程	36	77775
设备、器具购置	37	293264
其他	38	1989408
当年新增固定资产	39	483283
当年资金来源合计	40	10353396
上年末结余资金	41	1025759
其中：国家预算内	42	44270
部专项资金	43	33280
当年资金来源小计	44	9327637
国家预算内	45	758207
中央预算内资金	46	27115
中央国债	47	
地方预算内资金	48	731092
地方国债	49	
部专项资金	50	1547716
车购税	51	1547716
港建费	52	
内河支出	53	
国内贷款	54	3529757
其中：开发银行	55	842045
利用外资	56	49461
其中：外商直接投资	57	25106
地方自筹资金	58	1665695
省自筹	59	209560
燃油税返还	60	76403
通行费	61	
转让经营权收入	62	
地方机动财力	63	
其他	64	133157
市(州)自筹	65	1389447
县自筹	66	60209
乡自筹	67	
村自筹	68	6479
企事业单位资金	69	1345416
其他资金	70	431385
其中：集资	71	
当年各项应付款合计	72	
其中：工程款	73	
设备、器材款	74	
当年施工项目个数(个)	75	34843
其中：新开工(个)	76	33384
当年建成项目个数(个)	77	33550

2012 年全省交通建设投资完成情况

单位:万元

名　称	计划投资	完成投资
合　计	**11330000**	**11940546**
(一)公路建设	10980000	11463459
高速公路	7950000	7354578
干线公路	1350000	1910000
农村公路	1550000	1730000
场站建设	130000	252506
养护及其他		216375
(二)水运建设	350000	477087

2012 年全省交通固定资产投资额和资金来源情况(按行业分)

单位:万元

交通行业	当年完成投资	当年新增固定资产	当年资金来源合计	上年未结余资金	当年资金到位合计
合　计	**11953099**	**758393**	**10345836**	**1025759**	**9320077**
(一)水上运输业	477087		490212	17963	472249
1.航道	356589		377502	15683	361819
沿海港口出海航道					
内河航道	356589		377502	15683	361819
2.港口	120498		112710	2280	110430
沿海港口					
内河港口	120498		112710	2280	110430
3.国际集装箱中转站					
4.水上运输部门					
(二)公路运输业	11478740	753173	9847846	1003796	8844050
1.公路线路基础设施	11014646	116389	8957913	1003796	7954117
公路线路	11008799	115222	8953332	1003796	7949536
独立公路桥梁	5847	1167	4581		4581
独立隧道					
2.公路场站基础设施	252506	149976	403125		403125
汽车客运站	136294	109105	114304		114304
汽车货运站	116212	40871	288821		288821
停车场					
3.公路运输部门	486808	486808	486808		486808

交通行业	当年完成投资	当年新增固定资产	当年资金来源合计	上年末结余资金	当年资金到位合计
(三)支持系统	2120		7008	4000	3008
1.海事					
2.救助、打捞					
3.科研					
4.教育					
5.信息、通信	2120		7008	4000	3008
(四)交通部门其他	5220	5220	770		770
1.工业、建筑企业					
2.其他单位	5220	5220	770		770

续表2:

单位:万元

交通行业	国家预算内资金		
	合　计	中央预算内	地方预算内
合　计	**758207**	**27115**	**731092**
(一)水上运输业	5230	5230	
1.航道	5230	5230	
沿海港口出海航道			
内河航道	5230	5230	
2.港口			
沿海港口			
内河港口			
3.国际集装箱中转站			
4.水上运输部门			
(二)公路运输业	750969	21885	729084
1.公路线路基础设施	750419	21885	728534
公路线路	748458	21885	726573
独立公路桥梁	1961		1961
独立隧道			
2.公路场站基础设施	550		550
汽车客运站	550		550
汽车货运站			
停车场			
3.公路运输部门			
(三)支持系统	2008		2008
1.海事			

交通行业	国家预算内资金		
	合　计	中央预算内	地方预算内
2. 救助、打捞			
3. 科研			
4. 教育			
5. 信息、通信	2008		2008
(四)交通部门其他			
1. 工业、建筑企业			
2. 其他单位			

续表3：　　　　单位：万元

交通行业	部专项资金		国内贷款	
	合　计	车购税	合　计	开发银行
合　计	**1547716**	**1547716**	**3529757**	**842045**
(一)水上运输业	47107	47107	227194	
1. 航道	20410	20410	173979	
沿海港口出海航道				
内河航道	20410	20410	173979	
2. 港口	26697	26697	53215	
沿海港口				
内河港口	26697	26697		53215
3. 国际集装箱中转站				
4. 水上运输部门				
(二)公路运输业	1500149	1500149	3302563	842045
1. 公路线路基础设施	1499269	1499269	3287178	831045
公路线路	1497799	1497799	3287178	831045
独立公路桥梁	1470	1470		
独立隧道				
2. 公路场站基础设施	760	760	12560	11000
汽车客运站	760	760	1000	1000
汽车货运站			11560	10000
停车场				
3. 公路运输部门	60	60	2825	
(三)支持系统	400	400		
1. 海事				
2. 救助、打捞				
3. 科研				

交通行业	部专项资金		国内贷款	
	合　计	车购税	合　计	开发银行
4. 教育				
5. 信息、通信	400	400		
(四)交通部门其他	60	60		
1. 工业、建筑企业				
2. 其他单位	60	60		

续表4:

单位:万元

交通行业	利用外资	地方自筹	企事业单位资金	其他资金
合　计	**49461**	**1665695**	**1345416**	**431385**
(一)水上运输业		40010	152708	
1. 航道		9492	152708	
沿海港口出海航道				
内河航道		9492	152708	
2. 港口		30518		
沿海港口				
内河港口		30518		
3. 国际集装箱中转站				
4. 水上运输部门				
(二)公路运输业	49461	1625105	1185228	430695
1. 公路线路基础设施	49461	1474110	679841	213839
公路线路	49461	1472960	679841	213839
独立公路桥梁		1150		
独立隧道				
2. 公路场站基础设施		39930	312461	36864
汽车客运站		38890	59545	13559
汽车货运站		1040	252916	23305
停车场				
3. 公路运输部门		111065	192926	179992
(三)支持系统		600		
1. 海事				
2. 救助、打捞				
3. 科研				
4. 教育				
5. 信息、通信		600		
(四)交通部门其他		316		394
1. 工业、建筑企业				
2. 其他单位		316		394

(本栏目供稿单位:厅建管处)

交通事故统计

JIAOTONG SHIGU TONGJI

2012年全省水上交通安全控制目标执行情况统计

地区	事故件数(件)			死亡人数(人)			经济损失(万元)		
	控制指标	实际发生	占%	控制指标	实际发生	占%	控制指标	实际发生	占%
合计	230	7	3.04	118	9	7.63	1200	372.9	31.08
成都	5			3			20		
自贡	6	1	16.67	4			20	104.3	521.5
攀枝花	2			4			20		
泸州	26	1	3.85	17	2	11.76	200	200	100
德阳	2			1			10		
广元	13	1	7.69	6	1	16.67	25	7	28
遂宁	5			4			20		
绵阳	5			4			20		
内江	10			5			20		
资阳	9			4			20		
乐山	18			12			180		
眉山	10			5			25		
南充	16	2	12.5	11	3	27.27	100	9.6	9.6
宜宾	24	1	4.17	16	1	6.25	180	32	17.78
广安	9	1	11.11	6	2	33.33	25	20	80
达州	10			7			25		
巴中	5			3			15		
雅安	2			1			10		
凉山	5			4			20		
阿坝	2			1			10		
其他	46						235		

注:该表水上交通事故死亡统计人数系省交通运输厅下达并考核各地交通运输管理部门的运输船舶事故死亡人数。

(本栏目供稿单位:厅安全处)

专稿

2012年度四川交通经济运行分析

厅规划处

2012年，全省交通运输行业牢牢把握“稳定增势、高位求进、加快发展”的工作基调，克服宏观经济调控的不利影响，攻坚克难，狠抓落实，全年交通运输经济运行平稳，发展质量效益显著提高。

一、交通建设投资创历史新高，连续两年超千亿

2012年，全省交通建设投资保持高位增长，全年交通建设完成投资1195亿元，比上年增长19.2%，投资规模创历史新高，居全国各省（自治区、直辖市）首位，连续两年投资超千亿元。其中，高速公路完成投资736亿元，比上年增长8.2%；干线公路完成投资191亿元，比上年增长51.5%；农村公路完成投资173亿元，比上年增长9.5%；站点建设完成投资25亿元，比上年增长101.1%；内河水运完成投资48亿元，比上年增长89.6%；养护工程完成投资22亿元。至2012年底，全省公路总里程超过29万公里，继续居全国各省（自治区、直辖市）第1位；高速公路通车里程突破4300公里，居全国各省（自治区、直辖市）第7位、西部第1位。2012年 全省交通行业投资完成情况总的特点是：

（一）构建西部综合交通枢纽取得新突破

2012年，雅西、成仁、映汶、宜泸等16个项目1327公里建成通车，建成达陕、纳黔、广甘、达万等4个出川通道，全省高速公路通车里程达4334公里。宜宾至叙永高速公路开工建设。截至2012年底，全省建成和在建高速公路总里程达到6647公里，居全国各省（自治区、直辖市）第2位。新改造普通国省干线公路2074公里，全省国省干线公路中二级及以上公路比重达80%。新改（建）农村公路2.24万公里、桥梁137座，新建成农村渡改桥236座。全省港口集装箱吞吐能力达165万标箱。成都龙泉公路货运集散中心、达州公路物流港（二期）等3个物流枢纽项目开工建设，泸州客运中心站、西昌客运中心站等7个客运枢纽项目以及3个县级客运站、153个农村客运站建成投运。

（二）强化资金要素保障

克服银行信贷持续紧缩的不利影响，积极争取交通运输部支持，全年落实部补助资金居全国各省（自治区、直辖市）第一位，全年共到位中央和省补助资金219亿元；由于资金信贷规模收紧，已签订合同项目的贷款到位情况普遍滞后，银行贷款460亿元占全年应到位669亿元的68.8%。坚持全面开放交通投资市场，充分发挥市州政府的主体作用，巩固发展多元化投融资格局，有效分散筹资压力和风险。制定实施《2012年全省交通建设资金落实工作方案》，建立健全与金融监管部门、银行业金融机构及省级相关部门间的协调联动机制，进一步加大招商引资力度，宜宾至叙永、成都经济区环线简阳至蒲江段2个高速公路BOT项目招商成功，总里程237.3公里，引进社会资金260亿元。

（三）交通建设发展仍不平衡

随着交通建设的持续快速推进，后续项目经济普遍效益低下，社会公益性特征更加突出。大量项目处于地质复杂、工程艰巨、施工条件差的边远地区，受到地质灾害、气候条件等的不利影响，部分项目征地拆迁协调工作困难，个别BOT项目业主缺乏必要的交通建设管理经验，与地方政府协作配合也不够，导致项目前期工作进展缓慢，工程进度滞后，项目推进情况不理想。尤其是盆周山区及三州地区，建设项目普遍投资大、里程长、造价高、施工难度大，筹资能力弱，资金缺口较大，发展极不平衡。与高速公路建设加快相比，政府还贷性二级公路收费政策取消后，国省干线公路筹融资面临新的困境。

二、公路运输平稳增长，运输结构优化

2012年，四川交通继续抓住两化互动统筹城乡发展机遇，加快转变交通运输发展方式，公路客货运输实现平稳较快增长。全年完成公路客运量266338万人次、旅客运周转量10047117万人公里，分别比上年增长9.8%和11.5%；完成货运量158396万吨、货物周转量13251917万吨公里，分别比上年分别增长13.3%和16.3%。全省公路客运量、货运量分别居全国各省（自治区、直辖市）第2位和第8位，在全省综合运输体系中占比分别达95%和91%以上。

（一）公路运输保障能力增强

顺利完成全省“5·12”防灾救灾综合实战演练；组织全省应急保障车辆1300辆，圆满完成汛期道路运输应急保障任务；组织内江、乐山两市开展道路运输应急演练，进一步提升应急保障能力。圆满地完成春运等各项工作任务，运输旅客1.32亿人次，取得了良好的社会效益。

（二）道路客运结构调整初见成效

抓住13条高速公路通车时机，加快干线客运结构调整，基本实现全省干线客运高速化，新开通高速直达客运班线36条，线路覆盖区域新增两个市（州）和18个县，基本形成成都辐射全省各个市（州）和多数县（区）的高速公路直达客运网络。农村客运车辆新增1300余辆，总量突破3万辆，乡镇、建制村班车通达率分别达92.5%、76.8%。新增中小型旅游客车400辆，全省旅游客车达3752辆，其中高级客车比重上升到70%。全省公路客运平均运距达37.7公里，比上年增长1.6%。

（三）道路货运发展加快

2012年，四川省被交通运输部列入甩挂运输试点省份，成都长途汽车运输（集团）公司、宜宾五粮液安吉物流有限责任公司、

四川达州运输(集团)有限公司等3家企业甩挂运输项目被列入部试点项目。全省营运货车达61.6万辆,比上年增长1.8%,集装箱车辆达到1486辆,比上年增长20%。全省货车平均吨位4.1吨,比全国平均吨位低35.8%,中小型货车比重达71.9%货运车辆大型化、专业化仍需加快结构调整。

(四)城市客运有序发展

截至2012年底,全省城市公交车达2.35万辆,新增2300辆;出租汽车达4.1万辆,新增2453辆。全省已有7个市编制出台城市公交客运发展规划。积极配合有关部门落实国家新购置公交车免征车购税扶持政策,惠及全省207家公交企业。成都市启动建设全省首条BRT公交快速通道。指导各地开展优质服务公交精品线创建活动,创建公交精品线44条。成都地铁1号线(一期)日均客运量达30万人次,地铁2号线(一期)于2012年9月开通试运行,日均客运量达24万人次。

三、水路货运增速放缓,船型标准化步伐加快

全省完成水路货运量7161万吨、货物周转量103.7亿吨公里,分别比上年增长12.5%和15%,完成水路客运量3276万人、旅客周转量2.7亿人公里,分别比上年增长6.3%和3.8%。

(一)水路货运增速放缓

受宏观经济影响,干散货和集装箱运价处于低位,全年共完成货物吞吐量7705万吨,比上年增长8.9%,增速放缓。由于大件拆分运输、大件公路维护等因素影响,年内大件运输运量增加、批次减少,共完成170批次,40369吨,分别比上年减少7.6%和增长2.0%。全年共完成矿建材料运输量6140万吨,占全省水路货运量的85.7%。比上年增长16.7%。受煤炭航运市场不景气影响,完成煤炭运输量361万吨,比上年减少23.2%。

(二)运输船舶标准化进程加快

2012年新投入营运1000载重吨以上标准船舶38艘、8.99万载重吨,全省1000载重吨以上的营运船舶达284艘、63.36万吨,平均吨位达2231吨。全省拥有省际船舶运力639艘、75万载重吨,平均吨位达1174吨,较2011年底船舶数量减少6艘、吨位增加8.7万吨、平均吨位增加145吨;过闸船舶315艘、61.3万吨,平均吨位1946吨,较2011年底船舶数量减少31艘、吨位增加5.3万吨、平均吨位增加327吨;过闸船舶标准化率达58.7%,较2011年底增加20个百分点。已淘汰长江干线船型标准化老旧落后船舶242艘、8.9万总吨,已核准拆解船舶数量89艘,完成拆解57艘。到2012年底,全省拥有运输船舶8885艘、1041231吨、494856千瓦、4988标箱、96997客座,分别比上年增长2.2%、9.6%、13.6%、27.7%、减少7.3%。

(三)港口集装箱吞吐量快速增长

受益于全省进出主要港口集装箱运输车辆通行费优惠政策和港口集装箱快班轮优先过闸政策利好,港口集装箱运输加快发展,2012年开行551班集装箱快班轮,共完成水路集装箱吞吐量16万标箱,比上年增长47.8%,其中,泸州港完成13.5万标箱,比上年增长34.5%;宜宾港完成2.53万标箱,比上年增长215%。

四川省泸沽湖　彭建商 摄

附录

FU LU

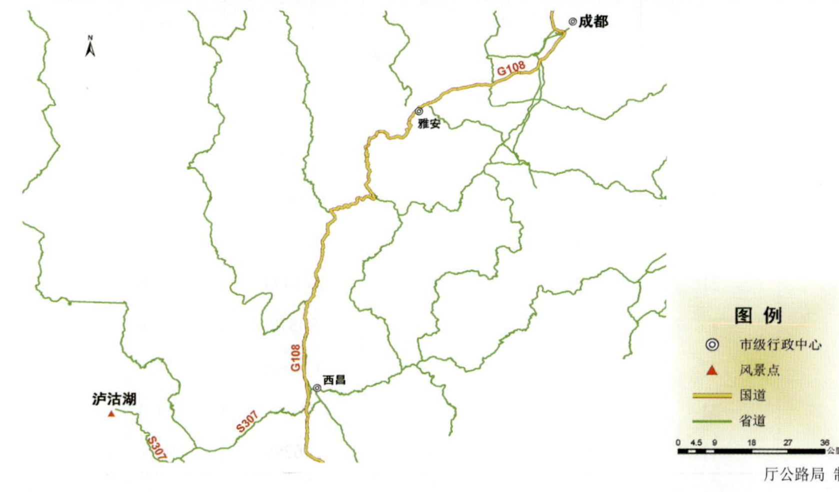

厅公路局 制

参考资料
CANKAO ZILIAO

2012年全国各省、自治区、直辖市公路状况及所占比重

省、自治区、直辖市	公路总里程（公里）	公路密度				公路等级	
		以国土面积计（公里/百平方公里）	所占位次	以人口总数计（公里/万人）	所占位次	等级路（公里）	等级路占比重（%）
合　计	**4237508**	**44.14**		**31.45**		**3609600**	**85.2**
北　京	21492	130.96	6	10.65	30	21299	99.1
天　津	15391	129.34	7	11.36	29	15391	100.0
河　北	163045	86.86	16	22.50	25	155439	95.3
山　西	137771	88.15	15	38.34	11	134242	97.4
内蒙古	163763	13.84	28	66.24	4	151046	92.2
辽　宁	105562	72.35	19	24.81	21	90033	85.3
吉　林	93208	49.74	23	33.90	14	85414	91.6
黑龙江	159063	35.04	26	41.61	9	129260	81.3
上　海	12541	197.77	1	5.28	31	12541	100.0
江　苏	154118	150.21	3	19.45	27	146100	94.8
浙　江	113550	111.54	10	23.75	24	110024	96.9
安　徽	165157	127.04	8	24.02	23	159427	96.5
福　建	94661	77.97	18	25.26	20	76503	80.8
江　西	150595	90.23	14	33.55	15	120332	79.9
山　东	244586	156.09	2	25.57	19	243037	99.4
河　南	249649	149.49	4	24.47	22	194406	77.9
湖　北	218151	117.35	9	37.75	12	203145	93.1
湖　南	234040	110.50	11	32.80	16	203627	87.0
广　东	194943	109.58	12	18.40	28	177204	90.9
广　西	107906	45.59	24	20.76	26	91583	84.9
海　南	24265	71.58	20	27.99	18	23540	97.0
重　庆	120728	146.51	5	36.58	13	86810	71.9
四　川	293499	60.19	21	32.61	17	234293	79.8
贵　州	164542	93.44	13	47.43	6	86577	52.6
云　南	219052	55.60	22	47.02	7	171960	78.5
西　藏	65198	5.31	31	214.96	1	41776	64.1
陕　西	161411	78.51	17	43.13	8	146290	90.6

省、自治区、直辖市	公路总里程（公里）	公路密度				公路等级	
		以国土面积计（公里/百平方公里）	所占位次	以人口总数计（公里/万人）	所占位次	等级路（公里）	等级路占比重（%）
甘　肃	131201	28.87	27	51.17	5	101372	77.3
青　海	65988	9.15	30	118.29	2	52061	78.9
宁　夏	26522	39.94	25	41.44	10	26009	98.1
新　疆	165909	9.99	29	75.11	3	118861	71.6

2012 年全国各省、自治区、直辖市公路等级情况

单位：公里

省、自治区、直辖市	公路总里程（公里）	高速公路		二级以上公路		等外公路	
		小　计	位　次	小　计	位　次	小　计	位　次
合　计	**4237508**	**96200**		**501926**		**627 908**	
北　京	21492	923	28	5324	27	193	29
天　津	15391	1103	27	5550	26		
河　北	163045	5069	3	27310	5	7606	22
山　西	137771	5011	4	21947	8	3529	24
内蒙古	163763	3110	17	21868	9	12717	19
辽　宁	105562	3912	13	24535	6	15530	15
吉　林	93208	2252	23	13087	20	7794	21
黑龙江	159063	4084	9	15228	14	29803	10
上　海	12541	806	29	4437	29		
江　苏	154118	4371	6	36991	2	8018	20
浙　江	113550	3618	14	17968	11	3527	25
安　徽	165157	3210	16	14901	16	5730	23
福　建	94661	3372	15	12397	21	18158	12
江　西	150595	4229	8	15312	13	30263	8
山　东	244586	4975	5	38714	1	1549	26
河　南	249649	5830	1	31772	4	55244	3
湖　北	218151	4006	11	23754	7	15006	17
湖　南	234040	3957	12	15125	15	30413	7
广　东	194943	5524	2	35110	3	17740	13
广　西	107906	2883	19	13587	18	16322	14
海　南	24265	757	30	2516	30	725	27
重　庆	120728	1909	24	10096	22	33918	6
四　川	293499	4334	7	21101	10	59206	2
贵　州	164542	2630	20	6869	25	77965	1
云　南	219052	2943	18	14216	17	47092	4
西　藏	65198		31	994	31	23422	11
陕　西	161411	4083	10	13434	19	15121	16

省、自治区、直辖市	公路总里程（公里）	高速公路		二级以上公路		等外公路	
		小　计	位　次	小　计	位　次	小　计	位　次
甘　肃	131201	2549	21	9375	23	29829	9
青　海	65988	1148	26	7502	24	13927	18
宁　夏	26522	1324	25	5037	28	513	28
新　疆	165909	2277	22	15866	12	47049	5

2012年全国各省、自治区、直辖市公路里程（按技术等级分）

单位：公里

省、自治区、直辖市	总　计	等级公路						等外公路
		总计	高速	一级	二级	三级	四级	
合　计	**4237508**	**3609600**	**96200**	**74271**	**331455**	**401865**	**2705809**	**627908**
北　京	21492	21299	923	1118	3283	3641	12335	193
天　津	15391	15391	1103	1145	3302	1248	8592	
河　北	163045	155439	5069	4679	17562	17224	110905	7606
山　西	137771	134242	5011	2137	14799	17871	94424	3529
内蒙古	163763	151046	3110	4666	14092	29231	99948	12717
辽　宁	105562	90033	3912	3263	17360	32307	33190	15530
吉　林	93208	85414	2252	1921	8914	10658	61669	7794
黑龙江	159063	129260	4084	1521	9623	32182	81850	29803
上　海	12541	12541	806	423	3208	2709	5395	
江　苏	154118	146100	4371	10476	22144	15137	93971	8018
浙　江	113550	110024	3618	4903	9447	7836	84220	3527
安　徽	165157	159427	3210	1758	9933	16416	128110	5730
福　建	94661	76503	3372	716	8309	7413	56692	18158
江　西	150595	120332	4229	1543	9540	9497	95523	30263
山　东	244586	243037	4975	9051	24688	24426	179898	1549
河　南	249649	194406	5830	986	24956	19537	143096	55244
湖　北	218151	203145	4006	2515	17233	12269	167122	15006
湖　南	234040	203627	3957	1057	10111	6168	182334	30413
广　东	194943	177204	5524	10544	19042	17210	124884	17740
广　西	107906	91583	2883	984	9720	8320	69676	16322
海　南	24265	23540	757	279	1480	1234	19790	725
重　庆	120728	86810	1909	579	7608	5240	71475	33918
四　川	293499	234293	4334	3015	13752	11674	201518	59206
贵　州	164542	86577	2630	179	4060	8453	71255	77965
云　南	219052	171960	2943	974	10299	8372	149372	47092
西　藏	65198	41776		38	956	7112	33670	23422
陕　西	161411	146290	4083	974	8377	14795	118061	15121
甘　肃	131201	101372	2549	178	6648	13424	78571	29829

省、自治区、直辖市	总 计	等级公路						等外公路
		总计	高速	一级	二级	三级	四级	
青 海	65988	52061	1148	312	6042	5275	39283	13927
宁 夏	26522	26009	1324	918	2795	6635	14337	513
新 疆	165909	118861	2277	1417	12172	28354	74640	47049

2012 年全国各省、自治区、直辖市公路密度及通达率

省、自治区、直辖市	公路密度		公路通达率(%)			
	以国土面积计算(公里/百平方公里)	以人口计算(公里/万人)	乡(镇)	通硬化路面所占比重	行政村	通硬化路面所占比重
总 计	**44.14**	**31.45**	**99.97**	**97.43**	**99.55**	**86.46**
北 京	130.96	10.65	100.00	100.00	100.00	100.00
天 津	129.34	11.36	100.00	100.00	100.00	100.00
河 北	86.86	22.50	100.00	100.00	100.00	99.41
山 西	88.15	38.34	100.00	100.00	99.92	99.37
内蒙古	13.84	66.24	99.18	99.04	99.98	48.44
辽 宁	72.35	24.81	100.00	100.00	100.00	100.00
吉 林	49.74	33.90	100.00	99.44	99.72	98.23
黑龙江	35.04	41.61	100.00	99.56	98.42	96.11
上 海	197.77	5.28	100.00	100.00	100.00	100.00
江 苏	150.21	19.45	100.00	100.00	100.00	100.00
浙 江	111.54	23.75	100.00	100.00	99.59	99.56
安 徽	127.04	24.02	100.00	100.00	99.99	99.98
福 建	77.97	25.26	100.00	100.00	100.00	100.00
江 西	90.23	33.55	100.00	100.00	100.00	100.00
山 东	156.09	25.57	100.00	100.00	100.00	99.78
河 南	149.49	24.47	100.00	100.00	100.00	99.94
湖 北	117.35	37.75	100.00	99.92	100.00	97.60
湖 南	110.50	32.80	100.00	100.00	99.79	90.00
广 东	109.58	18.40	100.00	100.00	100.00	100.00
广 西	45.59	20.76	100.00	99.82	99.95	75.64
海 南	71.58	27.99	100.00	100.00	99.97	99.91
重 庆	146.51	36.58	100.00	100.00	99.99	47.15
四 川	60.19	32.61	100.00	92.27	98.29	66.21
贵 州	93.44	47.43	100.00	100.00	100.00	43.50
云 南	55.60	47.02	99.85	93.93	98.01	35.97
西 藏	5.31	214.96	99.71	40.84	90.03	14.28
陕 西	78.51	43.13	100.00	98.40	98.32	69.85
甘 肃	28.87	51.17	100.00	96.99	100.00	44.59
青 海	9.15	118.29	100.00	95.48	100.00	63.61

省、自治区、直辖市	公路密度		公路通达率(%)			
	以国土面积计算(公里/百平方公里)	以人口计算(公里/万人)	乡(镇)	通硬化路面所占比重	行政村	通硬化路面所占比重
宁　夏	39.94	41.44	100.00	100.00	100.00	86.43
新　疆	9.99	75.11	99.85	97.75	97.98	73.97

2012年全国各省、自治区、直辖市公路里程路面情况

单位:公里

省、自治区、直辖市	总　计	有铺装路面(高级)			简易铺装路面(次高级)	未铺装路面(中级、低级、无路面)
		合　计	沥青混凝土	水泥混凝土		
总　计	**4237508**	**2295055**	**641893**	**1653162**	**503544**	**1438909**
北　京	21492	18474	13882	4593	1776	1241
天　津	15391	15124	11858	3267	56	210
河　北	163045	125323	53001	72322	12357	25365
山　西	137771	92540	27722	64819	25405	19826
内蒙古	163763	56833	40556	16277	17724	89206
辽　宁	105562	44638	39108	5530	25005	35920
吉　林	93208	68850	18772	50078	63	24294
黑龙江	159063	102559	12493	90066	1372	55132
上　海	12541	12541	5500	7041		
江　苏	154118	136716	41841	94875	1531	15870
浙　江	113550	104824	30322	74502	5470	3256
安　徽	165157	94816	11296	83520	28544	41798
福　建	94661	72383	3671	68711	3238	19040
江　西	150595	105944	9907	96037	6486	38166
山　东	244586	149994	66070	83923	74873	19719
河　南	249649	132655	38932	93723	48178	68816
湖　北	218151	155488	14433	141055	21056	41607
湖　南	234040	150403	9661	140742	5329	78308
广　东	194943	134808	11165	123643	4892	55244
广　西	107906	47572	6131	41441	19613	40721
海　南	24265	22457	3348	19109	611	1197
重　庆	120728	49526	11134	38391	6957	64245
四　川	293499	136981	28656	108325	21177	135341
贵　州	164542	21610	5781	15830	31988	110943
云　南	219052	53817	38277	15540	10510	154725
西　藏	65198	6897	6569	329	1999	56303

省、自治区、直辖市	总 计	有铺装路面(高级)			简易铺装路面(次高级)	未铺装路面(中级、低级、无路面)
		合 计	沥青混凝土	水泥混凝土		
陕 西	161411	88628	23029	65599	21288	51495
甘 肃	131201	28939	10420	18518	30720	71542
青 海	65988	20755	9674	11082	5103	40130
宁 夏	26522	14826	11042	3783	5903	5794
新 疆	165909	28135	27644	492	64321	73453

2012 年全国各省、自治区、直辖市公路桥梁数

省、自治区、直辖市	总 计		特大桥		大 桥		中 桥		小 桥	
	数量(座)	长度(米)	数量(座)	长度(米)	数量(座)	长度(米)	数量(座)	长度(米)	数量(座)	长度(米)
总 计	**713393**	**36627791**	**2688**	**4688576**	**61735**	**15181618**	**156700**	**8392205**	**492270**	**8365392**
北 京	4707	332432	28	58420	617	153244	1247	72575	2815	48193
天 津	3106	497926	96	182394	676	236829	954	52254	1380	26449
河 北	36588	2284670	193	351754	4147	1056231	8607	492859	23641	383826
山 西	13825	1115848	72	111552	2575	661322	3143	192817	8035	150157
内蒙古	14578	562267	16	35179	932	196754	2421	147380	11209	182954
辽 宁	36007	1308522	56	91747	2020	467579	5850	336126	28081	413070
吉 林	12275	462510	11	16025	679	138795	2669	154746	8916	152944
黑龙江	20371	710403	19	31638	1064	221981	4186	240006	15102	216778
上 海	10393	611328	65	143849	606	213927	2731	119464	6991	134087
江 苏	67159	3050891	203	393533	3567	961612	17481	830634	45908	865112
浙 江	46669	2432092	208	442715	3352	913961	10687	526151	32422	549265
安 徽	32493	1636985	142	295296	2039	595000	5882	319074	24430	427614
福 建	22379	1444998	124	221439	2695	721638	4620	250410	14940	251512
江 西	25075	1249987	47	86891	2550	593218	6338	335769	16140	234108
山 东	47302	2039878	72	167116	2670	623400	11705	646363	32855	602999
河 南	42550	1741997	56	110272	2580	568867	10620	544725	29294	518133
湖 北	35367	1704056	164	314247	2624	635397	5739	305263	26840	449150
湖 南	36099	1482184	72	119938	2698	600352	6204	328103	27125	433790
广 东	44468	2801751	368	605105	4077	1199029	8617	479833	31406	517785
广 西	15669	708918	11	10298	1349	276899	4030	230617	10279	191104
海 南	5397	176522	3	3632	220	45213	1112	59846	4062	67832
重 庆	9819	620520	73	59908	1553	336953	2045	109653	6148	114005
四 川	35734	1867587	130	201948	3885	852834	7606	386077	24113	426729
贵 州	14946	1080402	119	113431	2375	626953	3237	170273	9215	169744

省、自治区、直辖市	总计		特大桥		大桥		中桥		小桥	
	数量（座）	长度（米）	数量（座）	长度（米）	数量（座）	长度（米）	数量（座）	长度（米）	数量（座）	长度（米）
云南	23007	1704208	101	135001	4490	970450	6479	384216	11937	214541
西藏	6437	170288	14	12236	280	32612	1301	54672	4842	70768
陕西	22241	1794109	179	315048	3706	970959	4974	287862	13382	220240
甘肃	8662	311150	9	2778	638	98982	2241	115188	5774	94202
青海	4466	184541	12	17978	307	59187	1040	58641	3107	48736
宁夏	3994	181944	12	16537	302	62354	1062	59032	2618	44021
新疆	11610	356878	13	20671	462	89086	1872	101577	9263	145544

2012年全国各省、自治区、直辖市公路客、货运输量及位次

省、自治区、直辖市	客运量		旅客周转量		货运量		货物周转量	
	合计（万人次）	位次	合计（亿人公里）	位次	合计（万吨）	位次	合计（亿吨公里）	位次
合计	**3557010**		**184675460**		**3188475**		**595348647**	
北京	132333	10	3047757	21	24925	28	1397736	29
天津	24483	26	1504338	26	27735	27	3181778	26
河北	97218	13	5781684	11	195530	4	61334734	4
山西	33662	25	2306121	25	73150	16	12022480	16
内蒙古	23310	27	2640394	24	125260	11	32998233	5
辽宁	90650	14	4271836	15	174355	6	26754397	6
吉林	66175	19	3067562	20	47130	22	9740552	17
黑龙江	41551	23	2968116	22	47465	21	9290352	18
上海	3748	30	1127151	28	42911	24	2881960	27
江苏	255358	3	14183886	2	153698	9	14524488	14
浙江	220517	5	9211780	7	113393	13	15255891	13
安徽	206888	6	13276815	3	259461	2	72667708	1
福建	75044	18	3685245	18	59431	19	7710868	21
江西	77650	16	3718895	17	113703	12	25597786	7
山东	254711	4	13099518	4	296754	1	70592234	2
河南	197785	7	13095846	5	251772	3	68630071	3
湖北	118369	11	8040718	10	97136	15	15654466	12
湖南	174386	8	8539604	9	166670	7	23924942	9
广东	556510	1	24701065	1	189034	5	24349487	8
广西	86449	15	8579786	8	135112	10	18782932	10
海南	44374	22	1476315	27	16600	29	1093533	30
重庆	152249	9	4706255	13	71272	17	7318521	22

省、自治区、直辖市	客运量		旅客周转量		货运量		货物周转量	
	合计(万人次)	位次	合计(亿人公里)	位次	合计(万吨)	位次	合计(亿吨公里)	位次
四　川	266338	2	10047117	6	158396	8	13251917	15
贵　州	77172	17	4268009	16	44892	23	4645614	25
云　南	44839	21	4701960	14	63239	18	7025120	23
西　藏	3739	31	232044	31	1042	31	278732	31
陕　西	105647	12	4885548	12	104593	14	17446452	11
甘　肃	61884	20	2864380	23	39517	25	8946320	19
青　海	12100	29	595000	30	9700	30	2810000	28
宁　夏	15666	28	796893	29	32646	26	7001227	24
新　疆	36206	24	3253821	19	51954	20	8238116	20

2012 年全国各省、自治区、直辖市水路客、货运输量

省、自治区、直辖市	客运量(万人次)	旅客周转量(万人公里)	货运量(万吨)	货物周转量(万吨公里)
总　计	**25752**	**774791**	**458705**	**817075789**
北　京				
天　津	76	2578	10371	70126902
河　北			2590	5096022
山　西	117	949	30	596
内蒙古				
辽　宁	588	75042	12631	74833231
吉　林	241	3254	331	10832
黑龙江	329	3738	1175	75584
上　海	353	9868	50302	200671863
江　苏	594	13852	58639	60529536
浙　江	3454	61581	73817	73664495
安　徽	159	2947	40716	16136607
福　建	1702	27178	21100	29229942
江　西	255	3169	7931	2072641
山　东	2574	124961	13704	24381282
河　南	249	6046	7705	4841487
湖　北	444	29882	19927	19571806
湖　南	1349	26292	18705	5622609
广　东	2725	100088	57737	68202853
广　西	470	22767	19398	13723355
海　南	1581	31519	9528	14291225
重　庆	1256	113164	12874	17399476
四　川	3276	27283	7160	1036766

省、自治区、直辖市	客运量（万人次）	旅客周转量（万人公里）	货运量（万吨）	货物周转量（万吨公里）
贵　州	2453	58521	1098	164698
云　南	855	20197	465	87110
西　藏				
陕　西	369	5790	192	7436
甘　肃	94	2130	25	28
青　海	48	651		
宁　夏	142	1343		
新　疆				
不分地区			10553	115297405

2012年全国各省、自治区、直辖市公路营运汽车拥有量

省、自治区、直辖市	汽车数量合计（辆）	载客汽车		载货汽车	
		辆	客　位	辆	吨　位
合　计	**13398917**	**867055**	**21665517**	**12531862**	**80621408**
北　京	212836	49200	688646	163636	705198
天　津	123974	9342	357103	114632	304727
河　北	1032157	32250	779780	999907	9241756
山　西	424072	14764	410503	409308	4179485
内蒙古	359773	12768	398179	347005	2946074
辽　宁	673635	27332	757578	646303	4103404
吉　林	321337	14151	419916	307186	1864434
黑龙江	465916	20653	526646	445263	2953249
上　海	195989	21508	548591	174481	1698934
江　苏	659825	44221	1639611	615604	5254975
浙　江	540580	33348	1032800	507232	2534201
安　徽	647425	38143	946386	609282	4318585
福　建	256579	20328	531908	236251	1477468
江　西	322099	18953	492156	303146	1821929
山　东	1050897	34723	1016987	1016174	8671807
河　南	998012	49472	1400262	948540	6445077
湖　北	407847	42075	894766	365772	1588247
湖　南	436650	46862	1075748	389788	1767915
广　东	906641	43963	1618126	862678	4320857
广　西	385696	34362	905561	351334	1789790

省、自治区、直辖市	汽车数量合计（辆）	载客汽车		载货汽车	
		辆	客 位	辆	吨 位
海 南	61689	5800	157897	55889	207753
重 庆	255784	22638	578403	233146	1112363
四 川	617722	52116	1139068	565606	2337831
贵 州	252235	29627	598186	222608	754429
云 南	555542	48766	774035	506776	1854055
西 藏	33566	5096	103533	28470	182310
陕 西	357336	29405	585096	327931	1958003
甘 肃	237221	18819	405846	218402	988821
青 海	89281	4020	84626	85261	425007
宁 夏	125528	5820	160423	119708	869615
新 疆	391073	36530	637151	354543	1943109

2012年全国各省、自治区、直辖市交通固定资产投资额(按地区和使用方向分)

单位:万元

省、自治区、直辖市	投资完成额	公路建设	沿海建设	内河建设	其他建设
总 计	**145124851**	**127139515**	**10041362**	**4896829**	**3047145**
东部地区	54789642	41607011	9101485	1905743	2175403
中部地区	36332578	34262326		1697259	372993
西部地区	54002631	51270178	939877	1293827	498749
北 京	1118606	844656			273950
天 津	2336004	940613	1391060		4331
河 北	8709866	6775595	1846416		87855
山 西	5896145	5852610			43535
内 蒙 古	5595692	5590612			5080
辽 宁	3407533	2598377	766673	1055	41428
吉 林	1163910	1163471		439	
黑 龙 江	2277058	2226159		29533	21366
上 海	1730781	977801	154958	46080	551942
江 苏	6251030	4165330	532636	1519266	33798
浙 江	8729117	6397281	1218293	186505	927038
安 徽	3743956	3339674		392381	11901
福 建	8561830	7477290	1055346	4800	24394
江 西	3604423	3445541		154868	4014
山 东	5654899	4505302	997862	103299	48436
河 南	4882023	4766762		91070	24191
湖 北	6633296	5646881		733213	253202
湖 南	8131767	7821228		295755	14784

省、自治区、直辖市	投资完成额	公路建设	沿海建设	内河建设	其他建设
广　东	7183695	6305266	791572	44738	42119
广　西	7253030	5813477	939877	457838	41838
海　南	1106281	619500	346669		140112
重　庆	4026726	3668701		283775	74250
四　川	11957893	11267152		470840	219901
贵　州	6123305	6079150		41190	2965
云　南	4648276	4623751		24125	400
西　藏	1009738	1009088			650
陕　西	3661699	3656190		4002	1507
甘　肃	3606463	3503116		6457	96890
青　海	1703620	1650522		3500	49598
宁　夏	729420	727320		2100	
新　疆	3686769	3681099			5670
兵　团	407851	407851			

2012 年全国各省、直辖市、自治区民用运输轮驳船拥有量

省、直辖市、自治区	艘　数	净载重量（吨位）	载客量（客位）	集装箱箱位（标箱）	功　率（千瓦）
合　计	**178591**	**228486244**	**1025058**	**1573567**	**63894591**
北　京					
天　津	460	8583373	2719	1398	2007003
河　北	145	3616344		262	525965
山　西	248	3377	3304		14288
内蒙古					
辽　宁	574	8113432	29639	6871	1422973
吉　林	913	41694	19700		40251
黑龙江	1592	238119	22578		121952
上　海	1912	31636940	75609	1076355	11759568
江　苏	48818	39849317	41121	38632	10344263
浙　江	19584	22612379	76854	14286	6374708
安　徽	29481	27491682	15726	21609	8431011
福　建	2707	6874203	29172	103378	2116892
江　西	4190	2266471	10967	2663	714384
山　东	12326	14299716	59260	22574	3078885
河　南	5121	5246918	11835		2032022
湖　北	4895	8340647	38064	1994	1978982
湖　南	8297	2839617	76691	3386	1151602
广　东	8563	22581535	78953	126781	6069018
广　西	8880	6817663	111394	78516	1831268

省、直辖市、自治区	艘 数	净载重量（吨位）	载客量（客位）	集装箱箱位(标箱)	功 率（千瓦）
海 南	536	1735293	30807	17078	594584
重 庆	4011	5102072	93491	52786	1440254
四 川	8885	1041231	96997	4988	494856
贵 州	2500	141026	45123		141850
云 南	920	111444	17482	10	78105
西 藏					
陕 西	1459	29169	20426		42809
甘 肃	548	3046	11524		29894
青 海	62		1391		12533
宁 夏	865	1373	4231		27756
新 疆					
不分地区	99	8868163			1016915

（本栏目供稿单位：厅规划处）

常用缩略语注释

国家高速公路"7918"网：2005年，国务院审议通过的《国家高速公路网规划》由7条首都放射线、9条南北纵线和18条东西横线组成，简称"7918"网，总规模约8.5万公里。

农村公路"四项机制"：自上而下的宣传机制、自下而上的民主决策机制、公开透明的群众监督机制、全社会支持参与的援助机制。

治理公路"三乱"：乱设站卡、乱罚款、乱收费。

运输管理"三把关一监督"：严把运输经营者市场准入关，严把营运车辆技术关，严把驾驶员资格关；强化源头管理，完善动态监督。

汽车客运站管理"三不进站，五不出站"：易燃、易爆、易腐蚀物品不进站，无关人员不进站，无关车辆不进站；行驶证、驾驶证、从业资格证、道路运输证、客运线路标志牌、超长客运派车通知单不全或不符合规定的，报班车辆安检不合格的，驾驶员酒后和不按规定配备驾驶员的，车辆超载、超高的，天气恶劣不宜行车等情况不能出站。

超长客运管理"五统一"：建立超长客运管理中心、客运站、代办点三级售票网络，将车票代售网点建到每一个乡镇，实行统一售票；实行政府指导价，统一超长客运票价；根据售票情况，统一运力调度；对客车线路牌收发、运行费用报销、单车服务质量实施统一管理；实行单车趟次结算、按座位系数结算的分配方式，统一营收分配。

严禁旅客携带"三品"：易燃品、易爆品、危险品。

建设工程管理"两项达标、四项严禁、五项制度"：施工人员管理达标，施工现场防护达标。严禁在泥石流区、滑坡体、洪水位下等危险区域设置施工驻地；严禁违规进行挖孔桩作业，钻孔确有困难的不良地质区，设计单位要进行专项安全设计并按设计变更规定，经批准后实施；严禁长大隧道无超前预报和监控量测措施施工；严禁违规立体交叉作业。施工现场危险告知制度，施工安全监理制度，专项施工方案审查制度，设备进场验收登记制度和安全生产费用保障制度。

安全管理"一岗双责"：主要负责人对安全工作负总责，其他副职领导既对各自分管的业务和部门负责，又对分管业务范围内的安全生产工作负责。

行政审批管理"两集中，两到位"：部门的行政审批职能向一个内设机构相对集中，该内设机构向政务服务中心集中；部门将行业审批权向政务服务中心窗口授权到位，行政审批事项在政务服务中心办理到位。

行政执法管理"八禁止，八不准"：禁止酒后执法、禁止粗暴执法、禁止单人执法、禁止无证执法、禁止越权执法、禁止随意执法、禁止趋利执法、禁止谋私，执法主体不合法不准处罚、执法人员着便装不准处罚、执法程序不合法不准处罚、执法文书不合法不准处罚、认定事实不准确不准处罚、罚款收据不规范不准处罚、适用法规不正确不准处罚、缴罚收支不分离不准处罚。

一枢纽、三中心、四基地：即建设贯通南北、连接东西、通江达海的西部综合交通枢纽，建设西部物流中心、商贸中心和金融中心，建设重要战略资源开发基地、现代加工制造业基地、科技创新产业化基地、农产品深加工基地。

两个加快：即加快建设灾后美好新家园、加快建设西部经济发展高地。

四江六港：四江即长江、岷江、嘉陵江、渠江，六港即宜宾港、泸州港、乐山港、广元港、南充港、广安港。

两客一危：指从事旅游的包车、三类以上班线客车和运输危险化学品、烟花爆竹、民用爆炸物品的道路专用车辆。两客是指单次运营里程超过800公里的客运车辆和高速公路客运车辆；一危是指危险品运输车辆。

再造一个都江堰灌区：从2009年至2016年，加快推进水利基础设施建设，新增和恢复蓄引提水能力86亿立方米，新增有效灌面1069万亩，相当于"再造一个都江堰灌区"。

两基：即基本普及九年义务教育、基本扫除青壮年文盲。

藏区"9+3"教育计划：从2009年到2013年，在全面实施九年义务教育的基础上，每年组织藏区1万名初中毕业生和未升学的高中毕业生到内地免费接受中等职业教育；支持藏区发展职业教育，办好中职学校，使藏区中职学校年招生规模由现在的不到3000人发展到4000人。

机构及领导名录
JIGOU JI LINGDAO MINGLU

2012年交通运输部部领导名录

党组书记、部长 李盛霖(2012年7月卸任)
党组书记、部长 杨传堂(2012年7月上任)
党组副书记、副部长(兼中国民用航空局局长、党组书记,正部级) 李家祥
党组副书记、副部长 翁孟勇
党组成员、副部长(兼部直属机关党委书记、部党校校长) 高宏峰
党组成员、副部长 冯正霖
党组成员、副部长(兼部海事局局长、中国海上搜救中心主任) 徐祖远
党组成员、中央纪委驻交通运输部纪检组组长 李建波(2012年4月任职)
党组成员(兼国家邮政局局长、党组书记) 马军胜

(厅办公室 供稿)

2012年四川省交通运输厅厅领导名录

党组书记、厅长 高 烽
党组副书记、副厅长 杨占昌
(2012.07免职,转任巡视员)
党组副书记、副厅长 周道平
(2012.07任职)
党组成员、副厅长 白理成
党组成员、副厅长 鲜 雄
党组成员、副厅长 张晓燕
党组成员、副厅长 冯文生
党组成员、副厅长 黄英权
党组成员、副厅长 张 琪
(2012.08任职)
党组成员、机关党委书记 代宗明
(2012.07免职,转任巡视员)
党组成员、省纪委(监察厅)派驻厅纪检组组长、监察专员 李传林
党组成员、机关党委书记 侯 钫
(2012.09任职)
党组成员、总工程师 陈乐生
党组成员、安全总监 胡大昌
巡视员 王义广
(2012.10任职)
副巡视员 黄兴棣
副巡视员 赵家栋
副巡视员 寇小兵
副巡视员 陈双全
(2012.09任职)
副巡视员 涂正国
(2012.09任职)
副巡视员 周奇奇
(2012.09任职)

(厅人事处 供稿)

2012年四川省交通运输厅内设机构及领导名录

厅办公室(精神文明建设办公室)

主任　廖文彬
副主任、调研员　冯书明
副主任、调研员　杨　丽
(2012.11任调研员)
副主任　屈洪斌

厅政策法规处(行政审批处)

处长　王　波
副处长　黄　利
副处长　潘玉华

厅综合规划处

处长　刘四昌
副处长、调研员　李武强
(2012.11任调研员)
副处长　李永亮

厅财务处

处长　周奇奇
(2012.11免职)
处长　刘洁梅
(2012.11任职)
副处长　陈亚莉

厅人事劳动处

处长　胡洪波
副处长、调研员　但　伦
副处长　李　可

厅建设管理处

处长　蒋永林
副处长　王茂奎
副处长　刘玉荣
(2012.04任职)

厅运输管理处

处长　吴　波
副处长　彭　涛

厅安全监督处(应急办公室)

处长　周　英
副处长　黎　黛

厅审计处

处长　李荣华

厅科技教育处

处长　黄　浩
副处长　权　全

厅外经外事处

处长　谌试义
副处长　姚　平

厅城市公共客运指导处(出租车行业指导办公室)

处长　蒋　毅
副处长　李欣荣
(2012.04任职)

厅信访处

处长　姜洪武
(2012.11任职)

省纪委驻厅纪检组、省监察厅驻厅监察室

副组长、主任　涂孝忠

厅公安处

副处长、调研员　费世奇

厅离退休人员工作处

副处长、调研员　程　玲
副处长　李宏琳

厅机关党委

副书记　张　钧

省交通战备办公室

主任　王义广
(2012.10免职)
副主任　王子开
副主任　廖兴国
(2012.02任职)

2012年四川省交通运输厅直属单位领导名录

四川省交通运输厅公路局

局长、党委书记　朱学雷
(2012.09明确为副厅级,2012.11任党委书记)
党委书记、副局长　涂正国
(2012.11免职)
党委副书记、副局长　聂　平
(2012.11任党委副书记)
副局长　罗玉宏
副局长　蒲宜仙
党委副书记、纪委书记　许　磊
总工程师　沈忠仁
(2012.07免职,改任调研员)
工会主席　谢能剑
总工程师　于天才
(副县级,2012.11任职)

四川省交通运输厅航务管理局(四川省地方海事局、四川省船舶检验局)

局长、党委书记　许东明
副局长　伍　岗
副局长　王宗荣
副局长　杨伯超
副局长　杨小宁
党委副书记、纪委书记　赵旭东
监督长　李跃勤

四川省交通运输厅道路运输管理局

局长、党委副书记　邱小发
党委书记、副局长　王晓世

副局长　任胜平
副局长　赵　建
总工程师　张　洪
副局长　刘　剑
(2012.02 任正县级)
党委副书记、纪委书记　左思英
(2012.07 任正县级)

四川省交通运输厅高速公路管理局(四川省交通运输厅高速公路交通执法总队)

局长(总队长)、党委副书记　张　琪
党委书记、副局长(副总队长)、纪委书记　刘　刚
副局长(副总队长)　梁　奕
副局长(副总队长)　陈光华
总工程师　祁家全

四川省交通运输厅高速公路交通执法第一支队

支队长　龚文春
副支队长　卓德辉
副支队长　杨远见

四川省交通运输厅高速公路交通执法第二支队

支队长　黄　健
副支队长　李俊国
副支队长　付华全
副支队长　王　庆

四川省交通运输厅高速公路交通执法第三支队

支队长　雷　健
(2012.02 任职)
副支队长　赵　刚
副支队长　廖兴国
(2012.02 免职)
副支队长　刘　坚

四川省交通运输厅高速公路交通执法第四支队

支队长　王明福
副支队长　王　翌
副支队长　唐南彬
副支队长　吴　晨

四川省交通运输厅高速公路交通执法第五支队

支队长　陈钟明
副支队长　杨建刚
副支队长　陈其勇
副支队长　吕　军

四川省交通运输厅高速公路交通执法第六支队

支队长　李　伟
副支队长　梁国滨
副支队长　胡　刚

四川省交通运输厅高速公路交通执法第七支队

支队长　李威明
(2012.02 任职)
副支队长　王建军
副支队长　陈　岗

四川省交通运输厅高速公路监控结算中心(四川省交通科学研究所、四川智能交通系统管理有限责任公司)

主任(所长、总经理)、党委书记　柏吉琼
监控结算中心副主任　周　敏
监控结算中心副主任　龚文安
监控结算中心工会主席　何　伟
科研所副所长　戴　元
科研所副所长　罗　强
科研所副所长　张礼虎
(2012.04 任职)

四川省交通运输厅公路工程质量监督局(2012.08 由四川省交通运输厅公路水运质量监督站更名)

局长、党总支书记　刘孝明
(2012.10 由站长改任局长)
副局长、党总支副书记　刘　星
(2012.10 由副站长改任副局长)
副局长、工会主席　刘金涛
(2012.10 由副站长改任副局长)

四川省交通运输工会委员会

主席　陈双全
副主席　涂　蕻
副主席　刘念江

四川交通职业技术学院

党委书记　侯　钫
院长、副书记　魏庆曜
党委副书记、副院长　王东平
副院长　李全文
副院长　王永莲
副院长　唐　涌
党委副书记、纪委书记　孙永辉
工会主席　黄先琪
(2012.02 任职)

四川省交通管理学校

校长　王东平(兼)
党委书记　谢玉树
党委副书记、纪委书记兼工会主席　王志荣
(2012.06 任职)
副校长　张建成
(2012.07 免职,保留副处级)
副校长　穆树林
副校长　瞿　勇
(2012.06 任职)
副校长　赵　明
(2012.06 任职)

四川省交通运输职业学校

副校长　李　青
(主持工作)
副校长　李　毅
副校长　周　萍
副校长　王雪飞
(2012.11 任职)
原四川省交通运输技工学校副校长　赵茂荣
(保留副处级)

四川省交通运输厅公路规划勘察设计研究院

院长、党委书记　唐永建
副院长　徐德玺
(保留正处级)
副院长　罗凤林
(2012.11 免职)
副院长　刘云辉
副院长　李玉文
副院长　吉随旺
党委副书记、工会主席　王　毅
副院长、总工程师　庄卫林
(2012.07 任副院长)
副院长　刘万春
(2012.11 任职)
纪委书记　宋光润

四川省交通运输厅交通勘察设计研究院

院长、党委书记　王　玮
副院长　曾　林
副院长　蒋自强
党委副书记　张世慧
副院长　蹇　依
(2012.09 任职)
总工程师　李崇明
工会主席　李新江

四川省交通运输厅交通建设工程造价管理站

站长　钱育锋
副站长　马海燕
副站长、工会主席　李世洪

四川省重点公路工程监理处(四川公路工程咨询监理公司)

处长、董事长　肖鸣学
(2012.07 免处长职务)
处长、总经理　吴六政
(2012.07 任职)
党总支书记　范洪成
副处长　唐元华
副处长　段永煌
副处长　刘　臻
工会主席　陈　谋

四川省大件公路管理处

处长、党总支书记　寇长全
(2012.06 免职,保留正处级)
副处长、党总支副书记　刘晓东
(2012.06 任职,主持工作)
副处长、党总支副书记　何天茂
副处长　王志荣
(2012.06 免职)

四川省交通宣传中心

主任　吴　丹
副主任　周显仁
副主任　徐　航

四川省交通运输厅信息中心

主任　范双成
副主任　钟映梅

四川省交通运输厅交通史志总编室

总编辑　黄　丽
副总编辑　陈建萍

四川省交通运输厅机关后勤服务中心

党委书记、主任　李光德
副主任　李　明
副主任　周德树
副主任　唐蓉华
(2012.09 任职)

四川省交通运输厅就业服务中心

主任　孙　建

四川兴蜀公路建设发展有限责任公司

董事长、总经理、党委书记　曾　宇
(2012.07 免总经理职务)
董事、总经理　柯　勇
(2012.07 任总经理)
董事、副总经理、党委副书记、纪委书记　鞠友才
董事、副总经理　晏大蓉
董事、副总经理　刘　涛
董事、总工程师　袁　泉
工会主席　刘　健

四川省交通运输厅公路局医院

院长　甘华山
党委书记　邓华贵

四川省公路职工疗养院

院长、党总支书记　王雪飞
(2012.11 免职)

2012 年四川省市(州)交通运输局(委)领导名录

成都市交通运输委员会

党组书记、主任　胡庆汉
党组副书记、副主任(正局级)　涂　智
党组成员、副主任　张子祥
党组成员、副主任　叶　辉
党组成员、副主任　江　河
党组成员、副主任　张殿业
(2012.06 调离市交委)
党组成员、机关党委书记　王　宏
巡视员　喻林霞
副巡视员　王增勇

自贡市交通运输局

党组书记、局长　杨万山
党组成员、副局长　江　冷
党组成员、副局长　高建军
党组成员、纪检组长　黄贵明
(2012.9 党组成员兼副局长,邮政管理局局长)
党组成员、总工程师　张代江
党组成员、公路局局长　张世斌

攀枝花市交通运输局

党委书记、局长　雷　雨
党委副书记、市交通战备办主任　苟顶才
党委委员、副局长　朱　斌
党委委员、副局长　朱良清
党委委员、副局长　王　勇
党委委员、纪委书记、工会主席　强兴林
党委委员、总工程师　刘应贵
党委委员、副局长　胡昱冰
(2012.2.24 任职)

泸州市交通运输局

党组书记、局长　梁中元
党组成员、副局长　陶泊滔
副局长　蒲　俐
党组成员、副局长　兰　均
党组成员、纪检组长　杜文杰
总工程师　王顺蓉
安全总监　陈曲平
机关党委书记　肖云贵

德阳市交通运输局

党委副书记、局长　成　剑
(2012.02 离职)
党委书记、局长　季　涛
(2012.02 任职)
党委委员、副局长　刘仁森
党委委员、副局长　郑国伟
副局长　汪国华
党委委员、副局长、总工程师　曾俊明
党委委员、副局长　罗绪平
党委委员、纪委书记　高　云
(2012.03 任职)
党委委员兼副局长,邮政管理局局长　禹　刚

（2012.10 任党委委员；2012.11 月兼任副局长）

绵阳市交通运输局

党委书记、局长　董晓彬
（2012.10—11 免职）
党委书记、局长　段　扬
（2012.10—11 任职）
党委副书记　周　兴
党委委员、副局长　练才伟
党委委员、副局长　王明庚
党委委员、副局长　黄传钢
党委委员（兼）、副局长（兼）　景　炜
（2012.10—11 任职）
总工程师　刘国学
党委委员、纪委书记　莫成贵
党委委员、机关党委书记　兰　宏
交通战备办公室主任　曹建龙
（2012.11 任职）
安全总监　何　俊
调研员　廖和平
调研员　谢焕康

广元市交通运输局

党组书记、局长　王国培
党组成员、副局长，市交战办主任　夏长万
（2012.10 任职）
党组成员、副局长　张益民
党组成员、广元市纪委驻局纪检组组长　杜　娟
（2012.10 离职）
党组成员、副局长　吴文斌
党组成员、副局长　王　强
党组成员、副局长　韩顺东
党组成员、广元市纪委驻局纪检组组长　吕广林
（2012.10 任职）
党组成员、直属机关党委书记　马　军
（2012.11 任职）
总工程师　陈代平
安全总监　赵　华
（2012.9 任职）
交通工会主席　王建国
（2012.8 离职）
交通工会主席　张凯旋
（2012.11 任职）
护线办主任（交战办副主任）　杨贵宗
（2012.8 离职）

遂宁市交通运输局

局长　周　华
党委书记　杨忠义
（2012.9 任职）
党委副书记　舒兆康
（2010.8 任职）
副局长　袁仕平
（2008.7 任职）
副局长　邹　坤
副局长　余礼军
（2010.12 任职）
纪委书记　赵　铭
（2008.12 任职）

内江市交通运输局

党委书记、局长　杨　忠
党委委员、副局长　刘　波
（2012.9 任职）
党委委员、副局长　王　亮
（2011.9 任职）
副局长　刘晓泉
党委委员、市路政支队长　肖忠祥
（2010.11 任职）
党委委员、市交战办主任　陈跃冬
党委委员、总工程师　徐洪友
调研员　程大军
调研员　张金华
调研员　董吉德

乐山市交通运输委员会

党组书记、主任　刘忠福
党组副书记、副主任　熊建新
（2012.01 任党组副书记）
党组成员、副主任　张开立
党组成员、副主任　吴礼刚
党组成员、副主任　彭治中
（2012.01 任职）
党组成员、副主任　邓绍连
（2012.10 任职）
党组成员、副主任　涂泽江
（2012.11 任职）
副主任　毛志坚
党组成员、市公路局局长　王　川
党组成员、市航务（海事）局局长　刘　敏
（2012.01 离任副主任，任航务（海事）局局长）
党组成员、市运管局局长　邓世龙
党组成员、纪检组长　刘　合
党组成员、市高管办主任　刘凤枢
党组成员、市重点办主任　梁　新
（2012.09 离职）
党组成员、市铁路办主任　袁　平
党组成员、安全总监　李　锦
党组成员、直属机关党委书记　刘　陈
党组成员、市航电办主任　李中华
党组成员、总工程师　刘俊学
（2012.01 任职）

南充市交通运输局

党委书记、局长　蔡绍雄
党委委员、副局长　庞腾科
（2012.4 调市住房和城乡建设局）
党委委员、副局长　黄　伟
（2012.4 市住房和城乡建设局调入）
党委委员、副局长　刘　平
党委委员、副局长　蒲五才
党委委员、副局长、市邮政管理局局长　罗通明
党委委员、纪委书记、监察室主任　张学明
党委委员、总工程师　谭晓斌
党委委员、安全总监　杨淮森
党委委员、市交通战备办公室主任　薛加双
党委委员、市公路管理局党委书记、局长　李　翔
党委委员、市航务（海事）管理局党委书记、局长　李　平
党委委员、市交通运输管理处处长　曾　颖

宜宾市交通运输局

党委书记、局长　李仕华
党委委员、交战办主任　谢宾山
党委副书记、运管局局长　刘　炯
党委副书记　刘　骐
纪委书记　吴定源
党委委员、副局长　华　涛
党委委员、副局长　黄　斌
副局长　李兴岷
副局长　罗　昕
（2012.09 任职）
交战办副主任　杨万明

达州市交通运输局

党组书记、局长　马先奎
党组成员、市公路局局长　蔡大明
党组成员、副局长、市交战办主任　苏万生

党组成员、副局长 王乐钢
党组成员、副局长、市邮政管理局局长 何 峰
党组成员、纪检组长 张 胜
党组成员、机关党委书记 甘立刚
局党组成员、副局长 刘巨明

广安市交通运输局

党组书记、局长 王晓明
党组成员、市运管处处长 张德坤
党组成员、副局长 曾祖军
党组成员、机关党委书记 李兴华
党组成员、副局长(兼),市邮政管理局局长 陈武林
党组成员、副局长 刘 伟
党组成员、副局长 郑永锋
党组成员、纪检组组长 柳维波
党组成员、副局长(挂职) 张晓峰
党组成员、市航务海事局局长 周进才
党组成员、市公路处处长 姚建国
总工程师 段正中

巴中市交通运输局

党委书记、局长 熊 彬
党委委员、副局长 周益云
党委委员、副局长 杨述兰
(2012.11 任职)
党委委员、纪委书记 向凌波
(2012.10 任职)
党委委员、市公路局 何清元
党委委员 杨培静

雅安市交通运输局

党委书记、局长 张 桥
党委委员、副局长 王 翔
党委委员、副局长 叶其林
(2012.9 任雅安市邮政局局长)
党委委员、副局长 马永强
党委委员、副局长 曹孝君
(2012.10 任职)
党委委员、纪委书记 彭勇强
党委委员、局机关党委书记 文 平

眉山市交通运输局

党组书记、局长 龙学渊
党组成员、市公路管理局局长 刘小伶
党组成员、副局长 汪文毅
党组成员、副局长 覃建伟
(2012.12 兼任市邮政管理局局长)
党组成员、副局长 韩顺江
党组成员、总工程师 牟德明
党组成员、纪检组长 卓红梅
(2012.11 离任)
党组成员、纪检组长 陈 行
(2012.12 任职)
党组成员、机关党委书记 罗小川
(2012.1 离任)
党组成员、机关党委书记 崔秀丽
(2012.7 任职)

资阳市交通运输局

党委书记、局长 严小平
党委委员、副局长 傅裕强
副局长 倪 勋
党委委员、副局长 施 毅
党委委员、副局长,市邮政管理局局长 周向阳
副局长 郑 勇
党委委员、局纪工委书记 樊代英
党委委员、市交通战备办公室专职副主任 魏 鲲
党委委员、机关党委书记 宋晓星
党委委员、总工程师 张祖德

阿坝州交通运输局

党组书记、局长 陈 琪
副局长、州公路局长(兼) 朱天猛
党组成员、副局长 刘显辉
党组成员、纪检组长 朱燕菊
党组成员、副局长 李友强
副局长 刘 刚
(交通运输部扶贫挂职干部)
党组成员、总工程师 詹永康
党组成员、交通战备办公室专职主任 刘文忠
(2012.11 调离)
党组成员、副局长 吕 军
(2012.7 援藏挂职干部)
党组成员、安全总监 尹 忠
党组成员、州运管处处长 马兴明

甘孜州交通运输局

党委书记、局长 冉 义
党委副书记、副局长 倪子文
党委委员、副局长 丁 虹
党委委员、副局长 夏晓敏
副局长 闻 琼
副局长 李王斌
党委委员、副局长 刘 江
党委委员、副局长(援州干部) 刘晓东
党委委员、副局长(援州干部) 权 全
总工程师 刘军儒
党委委员、政治部主任 康秀英
党委委员、纪委书记 唐劲松
党委委员、安全总监 周道良

凉山州交通运输局

党组书记、局长 沈鲁清
(2012.4 任职)
原党组书记、局长 李宏伟
(2012.4 调离)
党组副书记、常务副局长 雷 鸣
(2012.11 任职)
党组成员、副局长、凉山州公路局局长 赵 勇
党组成员、交通战备办公室主任 吴晓平
(2012.11 调离)
副局长 陈兵文
党组成员、副局长 卢汉荣
党组成员、副局长 姚 平
(2012.4 任职)
党组成员、机关党委书记 冉永新
党组成员、纪检组长 张万松
党组成员、总工程师 林 芳
党组成员、凉山州地方海事局副局长 沙 勇
(2012.3 任党组成员)
党组成员、凉山州路政支队队长 阿木古合
(2012.3 任党组成员)
党组成员、安全总监、财务科长 李 波
(2012.11 任职)

索　引
SUO　YIN

说　明

一、本索引按汉语拼音字母顺序排列。内文中包含的表格、内文插图、专稿、资料在其款目后括号内分别注明“表”、“图”、“专”、“资”,彩色插页标识注明“彩”。

二、索引款目后的数字表示内容所在的页码,数字后的拉丁字母(a、b)表示栏别(即版面的1、2栏)。

A

B

C

D

E

F

G

H

J

K

L

M

N

P

Q

R

S

T

W

X

Y

Z

1 2012年2月28日，川高系统召开年度工作会

2 2012年12月7日，川高公司党委召开中心组扩大学习会

1

2

1 2012年11月28日，纳黔高速公路建成通车。图为省交通运输厅、川高公司领导与建设者合影

2 2012年12月11日，川高公司董事长唐勇（前左三）在巴（中）陕（西）高速公路调研

3 2012年12月7日，川高系统创先争优表彰会

4 2012年5月18日，川高公司第三届职工运动会

1 2012年3月31日，广南高速公路建成通车

2 3 2012年4月28日，雅西高速公路建成通车

4 2012年12月17日，达万高速公路建成通车

5 2012年11月29日，映汶高速公路建成通车

6 2012年11月28日，纳黔高速公路建成通车

7 2012年12月31日，巴南高速公路部分路段建成通车

1 广甘高速公路银子坝隧道

2 2012年12月19日，广甘高速公路建成通车

3 2012年12月30日，成德南高速公路建成通车

3

四川省港航开发有限责任公司

1

2

3

1 2012年3月23日，四川省委副书记、省长蒋巨峰（前右一）到广安港视察渠江广安航运建设工程

2 2012年3月8日，省交通运输厅厅长高烽（左二）一行调研南充港都京作业区一期工程建设情况

3 2012年11月12日，省发展改革委主任唐利民（前左一）一行调研南充港都京作业区一期工程建设情况

4 2012年10月25日，省交投集团董事长朱以庄（前右三），泸州市委书记刘国强等领导到泸州港国际集装箱码头检查指导工作

5 2012年8月9日，省交投集团副董事长郑勇（前中）调研犍为航电枢纽前期工作推进情况

6 2012年7月20日，省交通运输厅副厅长冯文生（前左一）到新政航电枢纽检查指导工作

7 2012年7月25日，省交通运输厅副厅长黄英权（前右二）到广安港新东门作业区一期工程现场检查汛期安全工作

8 2012年3月2日，省港航公司董事长贺晓春（右二）检查凤仪公司工程建设和生产经营情况

四川省港航开发有限责任公司

1 2012年建成投产的凤仪航电枢纽全景图

2 建设中的苍溪航电枢纽全景图

3 建设中的广安港新东门作业区

4 建设中的南充港都京作业区一期工程

5 2012年2月24日9时28分，苍溪航电枢纽首台机组正式启动运行

6 2012年5月7—12日，国家电力监管委员会四川省电力监管委员办公室并网安全评价专家组对凤仪航电枢纽1号、2号机组，苍溪航电枢纽1号机组，沙溪航电枢纽3号机组进行现场查评

7 2012年5月18日，新政航电公司2号机组发电机定子检修完毕。图为检修技术人员正在进行定子回吊

四川省港航开发有限责任公司

1

2

1 2012年3月28—29日，岷江犍为航电枢纽工程可行性研究报告通过审核

2 2012年5月8日，国家环保部自然生态保护司副司长朱广庆（左前三）调研岷江港航电综合开发环境保护工作

3 2012年7月9—14日，岷江老木孔、东风岩、龙溪口航电枢纽工程移民安置规划报告审查会在成都召开

4 2012年5月17日，省港航公司年度职工篮球联赛在南充举行

5 2012年11月13日，省港航公司举办以"放飞梦想·共创未来"为主题的"港航杯"青年员工辩论赛

1 2012年9月29日，省交投集团董事长朱以庄（右一）到公司慰问一线员工

2 2012年9月5日，省环境综合治理办公室副主任李虹（中）到成绵高速公路德阳南收费站检查环境综合治理工作

3 2012年6月12日，厅高管局党委书记刘刚（中）带领考评组到成绵高速公路德阳南服务区考评检查公司2011年度工作绩效

4 2012年，公司安委会与各部门负责人签订安全责任书

5 2012年3月12日，公司党委组织全体党员和共青团员到成绵高速公路什邡互通立交绿化带开展植树活动

6 2012年5月，公司参加川高系统第三届职工运动会并取得多项佳绩

7 成绵高速公路广汉北段

成
绵
党
团
林
5

四川高速公路系统第三届
6

1

2

1 2012年3月14日，公司召开年度工作会

2 2012年10月25日，省交通投资集团公司董事长朱以庄（正面左五），总经理郑勇（正面左六），时任泸州市市委书记刘国强（正面左四）到公司调研

3 2012年12月28日，公司通过省级文明单位复查验收

4 2012年7月26日，公司组织党团员志愿者参加泸州特大洪灾后的清淤工作

5 2012年5月11日，公司组织开展“党团创先争优 喜迎十八大”知识竞赛

6 2012年9月25日，公司开展职工劳动竞赛

7 2012年3月31日，公司开展学习雷锋志愿者服务活动

川南公司省级文明单位复查汇报会
3

4

四川省川南高等级公路开发股份有限公司（川南片区）
2012年职工劳动竞赛
6

川南公司“党团创先争优 喜迎十八大”知识竞赛
5

川南公司学习雷锋 志愿者服务活动
7

（川东片区）

1 2012年7月12日，省交投集团总经理、川高公司董事长高淳（左二）在川东片区公司总经理吴宗奇（前右一）陪同下检查指导公司工作

2 2012年9月13日，省交投集团公司副总经理张志英（中）一行到川东片区公司看望并慰问一线收费员工

3 2012年8月21日，川高公司纪委书记郑凤庆（左三）检查指导川东片区公司服务区改造工作

4 2012年9月18日，川高公司工会工作委员会主任王源龙（前排右二）在川东片区公司检查指导安全生产及中秋、国庆双节保通保畅工作

5 2012年5月23日，达渝高速公路三期工程——大竹至邻水邱家河段工程项目通过竣工档案专项验收

6 2012年8月15日，达渝高速公路三期工程通过环境保护验收

7 2012年12月19—20日，北京中大华远认证中心专家对川东片区公司质量管理体系扩大范围后的实施情况进行现场审核

8 2012年10月25日，川东片区公司达州管理处党总支开展“重温党史、创先争优”知识竞赛活动

9 2012年7月5日，川东片区公司联合广安市消防支队、高速交警大队、高速执法大队、广安市人民医院等在广邻高速公路华蓥山隧道举行灭火救援联动演习

1 2012年5月9日，四川省副省长王宁（左二）在省交通运输厅厅长高烽（右三）等陪同下到公司检查指导工作

2 2012年9月，成都市政协主席唐川平（前左二）视察永宁服务区

3 2012年，省交投集团董事长朱以庄（前右二）一行视察永宁服务区

4 2012年，省交通运输厅副厅长张琪（左五）到公司检查指导缓堵保畅工作

5 2012年，公司召开职工代表大会

6 2012年，公司召开专题会议安排国庆大假免收小型客车通行费工作

7 2012年，公司召开党建工作暨党风廉洁建设部署会

（川西片区）

1

2

3

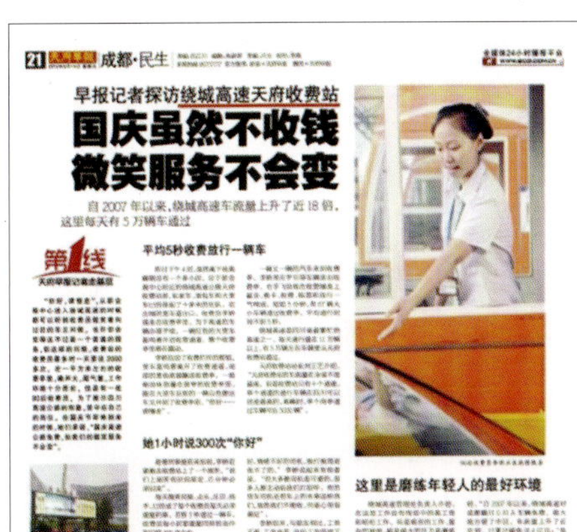
21 成都·民生

早报记者探访绕城高速天府收费站

国庆虽然不收钱 微笑服务不会变

自2007年以来，绕城高速车流量上升了近18倍，这里每天有5万辆车通过

第1线

平均5秒收费放行一辆车

她1小时说300次"你好"

这里是磨练年轻人的最好环境

1 2012年，公司领导班子昼夜坚守府河大桥整治工作一线

2 2012年，公司总经理刘宏（中）在一线检查打击偷逃工作开展情况

3 2012年，公司总经理刘宏（右二）现场指导收费工作

4 2012年11月30日，绕城高速货运大道站正式开通

5 媒体赞誉绕城高速天府收费站服务工作

6 2012年，公司管护队员进行消防演练

7 2012年，公司开展收费人员礼仪服务培训

8 公司道路环境整治成效显著。图为整治后的成都绕城高速公路

1 时任广元市委书记罗强（右一），时任省交通运输厅副厅长杨占昌（右二）慰问广南、广巴高速公路连接线参建人员

2 省交通运输厅副厅长张晓燕(前右一）检查广陕、广巴高速公路连接线工程建设情况

3 时任省交投集团总经理、川高公司董事长高淳（左二），川高公司副总经理张正国（左一）检查广陕、广巴高速公路连接线工程建设情况

4 川高公司监事会主席何刚（前左三）慰问广陕、广巴高速公路连接线建设者

5 广巴公司2012年党建暨各项责任书签订会议

6 2012年4月28日，广南、广巴高速公路连接线通车撞红现场

7 使用红色抗滑标线的广南、广巴高速公路连接线龙潭段

8 广南、广巴高速公路连接线龙潭河大桥

5

6

7

8

1 2012年6月7日，交通运输部部长李盛霖（前右二）调研映汶高速公路

2 2012年10月12日，四川省副省长王宁（前右三）到映汶高速建设工地调研

3 2012年1月19日，省交通运输厅厅长高烽（前右二）、副厅长张晓燕（前右一）到映汶高速公路施工现场向一线员工拜年

4 2012年3月31日，省交通运输厅副厅长白理成（右一）一行在映汶高速公路调研

5 2012年8月21日，省交投集团副董事长郑勇（前左二）慰问映汶高速公路建设者

6 映汶高速公路

7 映汶高速公路桃关一号彩色棚洞

8 2012年5月5日，桃关2号特长隧道双洞贯通

1

2

3

1 2012年8月30—31日，省交通运输厅副厅长张晓燕（中）带领厅建管处、川高公司等相关部门负责人检查成德南高速公路施工现场

2 2012年11月12日，省交通运输厅副厅长鲜雄（左三）一行检查成德南高速公路建设情况

3 2012年10月29日，省交通运输厅总工程师陈乐生（前右四）检查成德南高速公路建设情况

4 2012年11月2日，省交投集团董事长朱以庄（前右四）、董事贺晓春（前右三）一行检查成德南高速公路建设情况并听取成德南公司总经理黄兵（前左一）情况汇报

5 2012年6月26日，省交投集团副董事长郑勇（左二）一行检查成德南高速公路项目建设情况

6 成德南高速公路提前建成通车

1 成德南高速公路梓江特大桥

2 3 4 成德南高速公路提前建成通车

5 6 公司采用“标准化建场、规范化备料、程序化交路、精细化施工”确保工程建设质量

7 8 公司采用“专业监控、专题会议、专家咨询、专项费用”四专机制保证高瓦斯特长隧道安全贯通

9 龙泉山高瓦斯特长隧道

10 公司员工参加省交投集团演讲比赛获二等奖

11 公司员工参加川高系统运动会并获佳绩

1 2012年5月29日，省委巡视组到公司检查指导工作

2 2012年6月4日，省交通运输厅厅长高烽（前右四）听取乐雅高速公路建设情况汇报

3 2012年，交通运输部质监总局局长李彦武（前右一）检查乐雅高速公路建设质量

4 2012年，省交投集团副董事长郑勇（前右二）调研乐雅高速公路建设情况

2

5 2012年，公司党建及基层组织建设年述职报告会
6 乐雅高速公路标准化钢筋加工场
7 乐雅高速公路眉山境内路面水稳层施工
8 建成的乐雅高速公路
9 乐雅高速公路乐峨段峨眉山收费站

1 2012年1月10日，交通运输部党组成员何建中（前右一）慰问成雅高速公路员工

2 2012年7月31日，省交通运输厅厅长高烽（左一）检查蒲江服务区工作

3 成雅高速公路路面整治

4 2012年1月16日，新扩建的成雅高速公路绕城（东）副站开通

5 2012年，成雅高速公路新津服务区加油站建成并投入使用

6 2012年5月1日，新津、蒲江服务区改造和招商工作完成，并正式对外营业

7 公司和高速交警、执法大队开展联合打击冲关逃费违法行为

8 2012年6月13日，公司开展应急救援演练

9 2012年7月30日，公司参加成渝公司“安全与我同行”演讲比赛

4

5
6

7

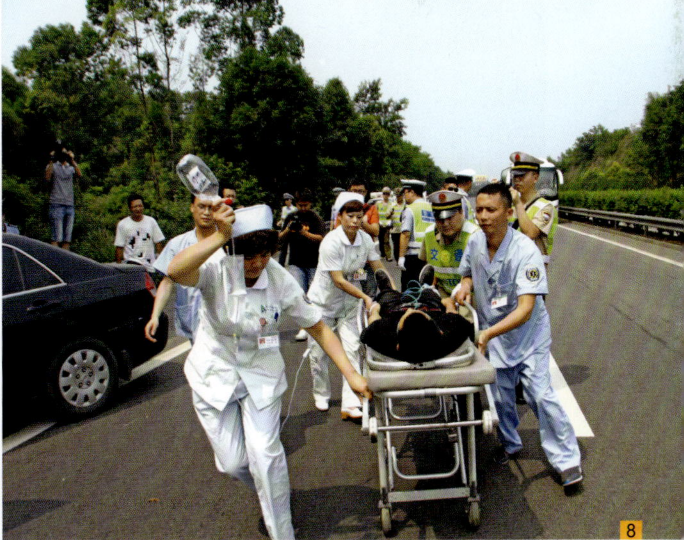
8

9

1

打击偷逃通行费违法犯罪行
区公安局 成乐高速交警大队 交通执法第四支队 成乐高速公路公司 举报电话：13980378777

2

Waste Discarding Prohibited

3

1 省交通运输厅厅长彭琳（左二）、省交投集团公司总经理郑勇（左一）在公司总经理曾玉平（前右一）陪同下察看成乐高速公路

2 2012年1月29日，省交投集团总经理郑勇（右二），成渝公司监事会主席冯兵（右三）春节期间慰问一线员工

3 2012年12月25日，成渝公司党委书记、董事长周黎明（前左三）一行检查指导成乐公司工作

4 2012年9月25日，成渝公司总经理张志英（右五）检查成乐高速节前安全工作

5 2012年10月19日，省档案局专家检查成乐公司档案工作

7 2012年9月，公司总经理曾玉平被授予2010—2012年省国资委、省交投集团“创先争优”优秀共产党员称号

8 2012年10月18日，公司召开百日收费业务劳动竞赛动员大会

"纪念五四 歌颂青春"
庆祝共青团建团9 周年青年歌手赛
成乐公司庆"七一"暨创先争优表彰大会

1

2

成乐公司2012年公开竞聘收费站站长笔试、面试会
竞聘席

3

1 2012年5月15日，公司团委举办“纪念五四　歌颂青春”庆祝共青团建团90周年青年歌手赛

2 2012年6月28日，公司庆七一表彰大会

3 2012年7月31日，公司公开竞聘收费站站长笔试面试会

4 2012年10月24日，公司参加成渝公司第二届“成渝杯”足球比赛并获第一名

5 2012年9月20日，公司参加由省交通运输厅举办的“大道出川 蜀道不难 喜迎十八大”四川交通文艺汇演

1

2

3

1 2 3 2012年，公司开展安全生产活动

4 2012年，公司以迎接城市文明程度指数测评为契机开设道德讲堂

5 2012年，公司开展"岗位学雷锋、争做好员工"主题班会

6 7 2012年，公司参加成都交投集团首届"高速杯"职工男子篮球比赛并获一等奖

交通摄影作品选登

《四川交通年鉴》2012卷选登交通摄影作品特等奖、一等奖、二等奖，2013卷选登二等奖、三等奖、优秀奖。

1

2

1 天府沃土、旧貌新颜　二等奖　高月谨　成都市交委

2 蜿蜒　二等奖　高月谨　成都市交委

3 魅力新蜀道　三等奖　王耿熙　川北公司

交通摄影作品选登

1 机械化养护在高原　优秀奖　王　军　阿坝州公路管理局

2 入川首站　优秀奖　杨万隆　川南公司

3 井然有序　优秀奖　李新江　厅交通设计院